FUSÕES E AQUISIÇÕES EM ATO

GUIA PRÁTICO: GERAÇÃO E DESTRUIÇÃO DE VALOR EM M&A

O GEN | Grupo Editorial Nacional – maior plataforma editorial brasileira no segmento científico, técnico e profissional – publica conteúdos nas áreas de ciências sociais aplicadas, exatas, humanas, jurídicas e da saúde, além de prover serviços direcionados à educação continuada e à preparação para concursos.

As editoras que integram o GEN, das mais respeitadas no mercado editorial, construíram catálogos inigualáveis, com obras decisivas para a formação acadêmica e o aperfeiçoamento de várias gerações de profissionais e estudantes, tendo se tornado sinônimo de qualidade e seriedade.

A missão do GEN e dos núcleos de conteúdo que o compõem é prover a melhor informação científica e distribuí-la de maneira flexível e conveniente, a preços justos, gerando benefícios e servindo a autores, docentes, livreiros, funcionários, colaboradores e acionistas.

Nosso comportamento ético incondicional e nossa responsabilidade social e ambiental são reforçados pela natureza educacional de nossa atividade e dão sustentabilidade ao crescimento contínuo e à rentabilidade do grupo.

EDUARDO LUZIO

2ª edição

FUSÕES E AQUISIÇÕES EM ATO

GUIA PRÁTICO: GERAÇÃO E DESTRUIÇÃO DE VALOR EM M&A

- O autor deste livro e a editora empenharam seus melhores esforços para assegurar que as informações e os procedimentos apresentados no texto estejam em acordo com os padrões aceitos à época da publicação, *e todos os dados foram atualizados pelo autor até a data de fechamento do livro.* Entretanto, tendo em conta a evolução das ciências, as atualizações legislativas, as mudanças regulamentares governamentais e o constante fluxo de novas informações sobre os temas que constam do livro, recomendamos enfaticamente que os leitores consultem sempre outras fontes fidedignas, de modo a se certificarem de que as informações contidas no texto estão corretas e de que não houve alterações nas recomendações ou na legislação regulamentadora.

- Data do fechamento do livro: 26/03/2025

- O autor e a editora se empenharam para citar adequadamente e dar o devido crédito a todos os detentores de direitos autorais de qualquer material utilizado neste livro, dispondo-se a possíveis acertos posteriores caso, inadvertida e involuntariamente, a identificação de algum deles tenha sido omitida.

- **Atendimento ao cliente:** (11) 5080-0751 | faleconosco@grupogen.com.br

- Direitos exclusivos para a língua portuguesa
  Copyright © 2025
  Editora Atlas Ltda.
  Uma editora integrante do GEN | Grupo Editorial Nacional
  Travessa do Ouvidor, 11
  Rio de Janeiro – RJ – 20040-040
  www.grupogen.com.br

- Reservados todos os direitos. É proibida a duplicação ou reprodução deste volume, no todo ou em parte, em quaisquer formas ou por quaisquer meios (eletrônico, mecânico, gravação, fotocópia, distribuição pela Internet ou outros), sem permissão, por escrito, da Editora Atlas Ltda.

- Capa: MANU | OFÁ Design
- Imagem de capa: iStockphoto | simoningate

- Editoração eletrônica: Sílaba Produção Editorial

- Ficha catalográfica

CIP-BRASIL. CATALOGAÇÃO NA PUBLICAÇÃO
SINDICATO NACIONAL DOS EDITORES DE LIVROS, RJ

L994f
2. ed.

Luzio, Eduardo
 Fusões e aquisições em ato : guia prático : geração e destruição de valor em M&A / Eduardo Luzio. – 2. ed. – Barueri [SP] : Atlas, 2025.

 Inclui bibliografia e índice
 ISBN 978-65-5977-699-3

 1. Empresas – Fusão e incorporação. 2. Empresas – Avaliação. 3. Empresas – Compra. 4. Sociedades comerciais – Reorganização. I. Título.

25-96366

CDD:658.162
CDU: 658.168.5

Meri Gleice Rodrigues de Souza – Bibliotecária – CRB-7/6439

À Juliana, Fefê e Tutu.

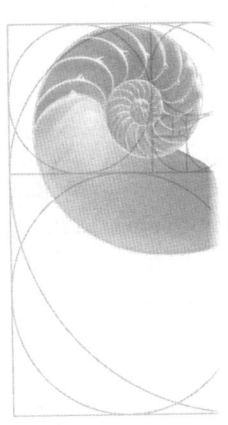

PREFÁCIO

Desde 1995, atuo como assessor em M&A (abreviatura para fusões e aquisições, tradução do termo *Mergers & Acquisitions*, em inglês). Esse percurso é marcado por altos e baixos, muitas satisfações e frustrações. Não é à toa que chamamos também de *Misery & Anguish* ("Miséria & Angústia"). "Da tese de investimentos à pulsante realidade negocial, vai longo caminho e desafiador" (Paixão Jr., 2024). As transações demoram muito, às vezes anos, e com frequência não dão certo. Enfim, é um trabalho intenso e tenso, mas, ao mesmo tempo, não imagino a hipótese de parar de exercer esta atividade que há 30 anos me desafia.

Aprendi, e aprendo, sobre M&A na prática: no início em um banco de investimentos e até hoje em minha própria consultoria. No que diz respeito à parte teórica, até 2011, quando comecei a esboçar as primeiras linhas da primeira edição desta obra, tinha lido apenas dois livros específicos sobre M&A, ambos em inglês. Na época, visitei as principais livrarias de São Paulo e, para minha surpresa, encontrei poucos títulos brasileiros sobre o assunto – a maioria escrita por advogados. Felizmente, hoje já há mais títulos disponíveis em português. Por outro lado, nos Estados Unidos, encontrei vários livros sobre o tema e suas consequências, de autores diversos, por exemplo: Bruner (2004; 2005); Calacanis (2017); Carreyrou (2019), Carrol e Mui (2009); Finkelstein (2004); Gaughan (2011); Reed e Lajoux (1995); Rock, Rock e Sikora (1994); e Veras e Menai (2020).

Por que um tema tão importante como M&A não dispunha de maior sortimento de livros no Brasil? Além disso, não apenas a bibliografia era escassa; os cursos também. Assim, no segundo semestre de 2011, decidi oferecer um curso sobre M&A, de 16 horas de duração, em minha consultoria, para um número limitado de participantes. Nascia, então, o curso "Fusões & Aquisições em Ato!", o embrião deste livro.

Na primeira turma, que contou com a participação de executivos, empresários, advogados e consultores especializados, mal eu havia terminado de dizer "bom dia" e Antônio Luiz, um astuto empresário, sentado na primeira fileira disparou: "O que você quer dizer com 'em ato'?".

Na hora, lembrei-me de um intrigante e-mail que havia recebido na semana anterior de um possível participante dizendo: "Não acho que [o curso] valha a pena. Muito focado em M&A, o que não é o caso. *Valuation*, Contabilidade, Excel e Modelagem, sim". O que importa em M&A é um *valuation* produzido por um modelo em Excel? Quanto um modelo pode ajudar a definir uma negociação? M&A é muito mais que isso. Com "em ato", quero dizer M&A na prática, o que, muito além de modelos de avaliação, envolve expectativas, alternativas, estratégias, inúmeros detalhes jurídicos e operacionais, muita negociação, muitas emoções conscientes e inconscientes e uma dose de "sorte".

Na obra *Finanças corporativas: teoria e prática* (Luzio, 2015), comparo o exercício de estimar o valor de uma empresa com o de contar uma história. Uma história sobre o futuro da empresa, sua capacidade de crescer e de gerar dinheiro a seus acionistas, remunerando-os pelos riscos que incorrerão por suas escolhas e por suas não escolhas. Entretanto, por melhor que seja o exercício de estimar o valor de uma empresa, este não garante que o resultado da planilha se confirme na prática, "no ato" da transação de M&A.

Em linhas gerais, *Fusões e aquisições em ato* trata da prática em M&A. A proposta aqui é compartilhar minha experiência, pela qual tive a oportunidade de aprender não apenas com as transações bem-sucedidas, mas principalmente com os insucessos. Escrever este livro foi surpreendentemente enriquecedor para mim. Ao longo do processo de redação, tive a oportunidade de revisitar e de ressignificar meu percurso profissional. Espero que, igualmente, esta leitura venha a contribuir para você também.

O autor

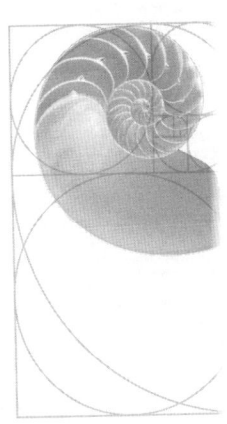

AGRADECIMENTOS

Quase dez anos se passaram desde a primeira edição do *Fusões e aquisições em ato*. Foram dez anos de intensa atividade em M&A, e tive a oportunidade de trabalhar com clientes em potenciais Transações, entre as quais algumas prosperaram, outras não. Em ambas as situações, por vezes, meus clientes me convidaram a seguir trabalhando com eles como conselheiro estratégico em uma ampla gama de temas, incluindo a gestão das suas empresas. Este era um sonho antigo que se transformou em realidade. Sempre quis ser algo mais do que consultor em M&A. As oportunidades de participar da gestão de empresas me propiciaram ricos aprendizados no que meus alunos conhecem como "o essencial que é invisível aos olhos". Ao avaliar empresas, o ponto de partida são os demonstrativos contábeis, entretanto, números são resultados de complexas dinâmicas dentro e fora das empresas, envolvendo pessoas, processos, tecnologias, sistemas de TI, concorrentes (atuais e potenciais), fornecedores, sócios e clientes. No entanto, os números contábeis são 10% do *iceberg*, ou seja, a área emersa do bloco de gelo. Os outros 90% do *iceberg* estão imersos, portanto, invisíveis aos olhos. São justamente essas complexas dinâmicas dentro e fora das empresas que raramente são consideradas no processo de avaliar empresas. E avaliar empresas é crucial para o sucesso ou insucesso de qualquer transação de M&A, tanto para o Vendedor quanto para o Comprador. A esses clientes, meus sinceros agradecimentos.

Sou grato à equipe GEN | Atlas pelo grande apoio na revisão e diagramação do texto e na obtenção das devidas autorizações dos autores e obras citadas. Em particular, agradeço a Carla Nery (diretora editorial), Ana Paula Ribeiro (editora de aquisição), Bárbara Peroni Fazolari (editora de produção) e Amanda Severino de Santana (analista editorial), que produziu esta obra.

Como prefiro deixar o melhor por último, registro aqui meu maior agradecimento: à generosidade e ao companheirismo de minha esposa, Juliana. Além de reler e comentar vários esboços desta obra, Ju me apoiou em meus instantes de devaneio intelectual e minhas angústias. Ela suportou com serenidade os momentos de solidão que a decisão de escrever um livro impõe à família do autor.

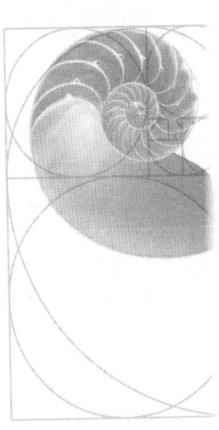

SUMÁRIO

Introdução, 1
    Considerações preliminares: definições e nomenclaturas, 1
    Fundos de capital privado (*private equities*), 4
    Por que comprar empresas?, 6
    E M&A gera valor?, 10
    Abordagem e organização, 12
    Organização, 15

CAPÍTULO 1 – O PROCESSO DE FUSÕES E AQUISIÇÕES: VENDEDOR, 19

Fase 1 – Prelúdio e mérito, 23
    Motivações explícitas, 24
    Motivações implícitas, 26

Fase 2 – Contratação do Assessor em M&A, 30
    Capacitações, 31
    Limites, 35
    Cláusulas típicas de um contrato de assessoria, 37

Fase 3 – Preparação, 44
    Estimativa do valor do Alvo para o Vendedor, 46
    Elaboração do memorando de oferta, 52
    Análise do momento do mercado, 52

Fase 4 – Abordagem a potenciais investidores, 56
    O primeiro contato, 57
    O momento de maturidade: a solicitação de cartas de intenção, 59

O que uma LOI pode dizer?, 61
Exemplo de LOI, 63
Escolhendo a melhor LOI, 65

Fase 5 – Negociação, 68
Objetivos, 68
Seis aspectos de uma negociação eficaz, 72
- Metas e expectativas, 73
- Relacionamentos, 76
- Interesses da outra Parte, 77
- Padrões e normas dominantes, 78
- Estilo pessoal, 81
- Poder de influência, 84

Considerações sobre negociação, 86

Fase 6 – Contratação dos Assessores técnicos, 88

Fase 7 – Execução contratual (*Signing*), 91
Preâmbulo, 91
O CCVA, 92
Exemplo de contrato de compra e venda de ações, 96

Fase 8 – *Due diligence*, 102
Momento da *due diligence*, 102
O que é analisado, 103
Como lidar com fatos negativos, 107
Como se preparar, 108

Fase 9 – Fechamento (*Closing*), 110

Fase 10 – Pós-transação, 113
O que mais importa?, 113
Possíveis relações entre as partes no Pós-fechamento, 113
Principais temas de um Acordo de Acionistas, 116

CAPÍTULO 2 – O PROCESSO DE FUSÕES E AQUISIÇÕES: COMPRADOR, 121

Fase 1 – Prelúdio e mérito, 124
Oportunidade, vaidade ou estratégia?, 125
Por que comprar uma empresa?, 131

Fase 2 – Concepção e planejamento estratégico, 136
Fontes de poder de uma boa estratégia, 139

Fase 3 – Originação e seleção de Alvos, 142
Exemplos de filtros para seleção de Alvos, 146

Fase 4 – **Contratação do Assessor em M&A, 152**

Fase 5 – **Abordagem aos Alvos seletos, 153**

Fase 6 – **Avaliação preliminar dos Alvos selecionados, 154**
- Exemplo de lista preliminar de informações, 155
- Sinergias, 158
- Valor das marcas, 159
- Outras considerações, 160
- Concorrência na transação, 160

Fase 7 – **Negociação, 162**
- Principais diferenças com o Vendedor, 162
- Curva de aprendizagem, 164

Fase 8 – **Contratação de Assessores técnicos, 168**

Fase 9 – *Due diligence*, **169**
- Quando começar?, 170
- Escopo, 170

Fase 10 – **Execução contratual, 174**
- A primeira minuta, 175
- Risco moral e seleção adversa, 175
- Preço e forma de pagamento, 176
- Representações e garantias, 177
- Condução dos negócios do Alvo até o fechamento, 178
- Condições suspensivas, 178
- Indenizações, 179
- Outras condições, 179

Fase 11 – **Fechamento, 182**
- Aprovação do Cade, 183
- Memorando da transação (do Comprador), 184

Fase 12 – **Pós-transação, 185**
- Erros comuns na Pós-transação: três casos, 189

CAPÍTULO 3 – MÉTODOS DE AVALIAÇÃO DE EMPRESAS, 193
- Desafio, 193
- Análise de múltiplos de bolsa, 194
- Preço das ações, 195
- Prêmio de controle, 196
- Denominador do múltiplo, 196
- Comparação com empresas "similares", 196

Vantagens do uso de múltiplos, 197
   Análise de múltiplos em Transações de M&A, 201
   O método do Fluxo Descontado de Caixa, 202
Essência, 202
Quantificando estratégias: o futuro da geração de caixa, 203
Valor presente líquido: quantificar o futuro no presente, 209
Remuneração do capital: taxas de desconto, 214
Custo de Oportunidade dos Acionistas (R_c), 216
Taxa Interna de Retorno, 217
Taxa Mínima de Atratividade, 218
Custo Médio Ponderado do Capital, 218
Implicações para uma Transação, 224
O desafio de estimar o valor residual, 225
   O valor do Alvo no FDC, 229
   Transações *money in* e *money out*, 231
   Cálculos do FOC e do FLC, 232
Conclusão, 235
Simulações de Monte Carlo, 236

CAPÍTULO 4 – ELABORAÇÃO DO MEMORANDO DESCRITIVO DA TRANSAÇÃO, 239

Redação de um Memorando de Oferta, 241
   Tópicos de um Memorando de Oferta, 242
Acordo de confidencialidade, 244
Sumário executivo, 246
Transação proposta, 249
   Primeira seção: empresa, 252
Histórico, 252
Diferencial competitivo, 252
Produtos e mercados, 254
Estrutura societária, 256
Organograma administrativo, 257
Desempenho operacional e financeiro histórico, 257
Sistemas de informação, 266
Clientes, 267
Fornecedores, 268
Canais de distribuição, 269
Estrutura de armazenagem e logística, 269
Crédito ao consumidor, 270
Licenças, autorizações e certificações, 270

Ativos realizáveis a longo prazo, 270
Recursos Humanos, 271
    Segunda seção: Mercados, 273
    Terceira seção: projeções operacionais e financeiras da administração, 275
Premissas, 277
    Premissas críticas de uma projeção eficaz, 277
Resultados, 287
    Quarta seção: Anexos, 290
Redação de um Memorando de Análise da Transação, 290

CAPÍTULO 5 – ESTUDOS DE CASO, 295

Caso Ícaro, 295
    Ponto de partida, 295
    Pandora no Brasil, 296
    Concepção e planejamento, 296
    Implementação, 298
    Aquisição da Troia, 298
    Pós-aquisição, 299
    Teoria e prática, 300
    A salvação?, 300
    The end?, 301
    Reflexão, 302
Caso Collins, 307
    Histórico até 2001, 307
    Uma nova fase, 308
    As fases Preparação e Abordagem para os potenciais Compradores, 309
    As fases Negociação e Execução, 313
    Invidia, 314
    Manejo: negócio são pessoas, 315
    Desfecho, 316
    Reflexão, 317
    Avaliando a Collins & Sons pelo Fluxo Descontado de Caixa (FDC), 321
    Análise do cenário do Vendedor, 322
    Destrinchando a Collins & Sons, 324
    Valor de liquidação da Collins e da Pink, 327
    A construção do cenário do Comprador, 328
Caso Lispector: empresas de alta tecnologia em mercado novo, 331
    Construindo o cenário base, 333
    Possíveis saídas para a Lispector, 335

Cenário Aquisição da GH Soluções Inteligentes Ltda., 337
A aquisição da GH, 340
Reflexões sobre os erros da transação, 342
Possíveis soluções para a Lispector, 343
Caso Quixote: reestruturação financeira, 345
Introdução, 345
Estratégias de crescimento e valor, 346
Primeiro cenário: base, 350
Segundo cenário: expansão de lojas, 355
Terceiro cenário: expansão com crédito ao consumidor, 358
Crise de liquidez, 365
1997, 365
1998, 368
1999, 371
Reestruturação financeira, 377
Vender bens operacionais?, 377
Segregar a operação na busca de valor (*carve-out*)?, 377
Vender bens não operacionais?, 378
Reestruturação operacional?, 378
Auxílio do BNDES?, 378
Emitir ações?, 378
Vender tudo?, 379
Entrar em concordata?, 379
Uma empresa em concordata em um arcabouço jurídico ineficaz, 379
Buscando a solução para a crise de liquidez, 380
Negociação: razão e sensibilidade, 385
Prólogo, 385
Estilo pessoal, 386
Metas e expectativas, 387
Padrões e normas dominantes, 390
Relacionamentos, 392
Interesses da outra parte, 395
Poder de influência, 397
Fusão: "o salvador da pátria", 398
Negociando com os credores, 398
Negociando com Sr. Gerson, 405
Desespero, 409
Negociando com a Mobilete, 410
Conclusões, 411

Caso *Crazy Fish*, 412
    Introdução & Contexto, 412
        Introdução, 412
        Contexto, 413
    Estruturando o MBO & LBO, 418
    Desfecho, 435
        Negociando o MBO & LBO com a Matriz, 435
    Considerações finais sobre o caso *Crazy Fish*, 435

Considerações finais, 437

Referências, 441

Índice alfabético, 447

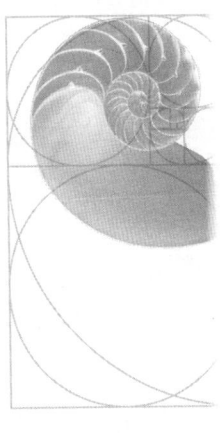

PRINCIPAIS SIGLAS UTILIZADAS

ACC	Adiantamento de Contrato de Câmbio
AI	Ativo Intangível
AIB	Ativo Imobilizado Bruto
AIL	Ativo Imobilizado Líquido
Aneel	Agência Nacional de Energia Elétrica
ARLP	Ativo Realizável a Longo Prazo
BP	Plano de Negócio (ou *Business Plan*)
BP	Balanço Patrimonial
Cade	Conselho Administrativo de Defesa Econômica
CAR	Contas a Receber
CD	Centro de Distribuição
CCVA	Contrato de Compra e Venda de Ações
CCVE	Contrato de Compra e Venda de Energia
CG	Capital de giro
CLT	Consolidação das Leis Trabalhistas
CMV	Custo da Mercadoria Vendida
CMU	Custo Médio Unitário
CNPJ	Cadastro Nacional de Pessoas Jurídicas
Cofins	Contribuição para o Financiamento da Seguridade Social
CP	Curto Prazo
CPV	Custo do Produto Vendido
CSP	Custo do Serviço Prestado
CVM	Comissão de Valores Mobiliários
DDL	Distribuição Disfarçada de Lucros

DDM	Modelo de Dividendos Descontados (ou *Dividend Discount Model*)
DFC	Demonstração de Fluxos de Caixa
DLP (ou DRE)	Demonstrativo de Lucros e Perdas (ou Demonstrativo de Resultado do Exercício)
Ebida	Lucro Antes de Juros, Depreciação e Amortização (ou *Earnings Before Interest, Depreciation and Amortization*)
Ebit	Lucro Operacional (ou *Earnings Before Interest and Tax*)
Ebitda	Lucro Antes de Juros, Impostos, Depreciação e Amortização (ou *Earnings Before Interest, Tax, Depreciation and Amortization*)
EDL	Entregas Diretas na Loja
Embi	Índice de Títulos da Dívida de Mercados Emergentes (ou *Emerging Markets Bond Index*)
FDC	Fluxo Descontado de Caixa
FIDC	Fundo de Investimento em Direitos Creditórios
FLC	Fluxo Livre de Caixa
FN	Fato Negativo
FOC	Fluxo Operacional de Caixa
FPE	Fundo de Capital Privado
GAAP	Princípios Contábeis Geralmente Aceitos (ou *General Accepted Accounting Principles*)
GMROI	Margem Bruta sobre Estoques (ou *Gross Margin Over Inventory*)
GMROL	Margem Bruta por Funcionário (ou *Gross Margin Over Labor*)
GMROS	Margem Bruta sobre as Vendas (ou *Gross Margin Over Sales*)
ICMS	Imposto sobre Circulação de Mercadorias e Serviços
ICSD	Índice de Cobertura do Serviço da Dívida
IGP-M/FGV	Índice Geral de Preços do Mercado da Fundação Getulio Vargas
IOF	Imposto sobre Operações Financeiras
IPC/Fipe	Índice de Preços ao Consumidor da Fundação Instituto de Pesquisas Econômicas
IPI	Imposto sobre Produtos Industrializados
IPO	Oferta Pública de Subscrição Inicial ou Oferta Pública de Abertura de Capital (ou *Initial Public Offering*)
IPTU	Imposto Predial e Territorial Urbano
IR&CS	Imposto de Renda e Contribuição Social
IRPF	Imposto de Renda da Pessoa Física
IRPJ	Imposto de Renda da Pessoa Jurídica
ISS	Imposto sobre Serviços de Qualquer Natureza
JSCP	Juros sobre o Capital Próprio
KPIs	Indicadores-chave de *Performance* (ou *Key Performance Indicators*)
Lair	Lucro Antes do Imposto de Renda
Lajida	Lucro Antes de Juros, impostos (de renda e contribuição social), Depreciação e Amortização
Lalur	Livro de Apuração do Lucro Real
LBO	Aquisição Alavancada (ou *Leveraged Buy-Out*)

LL	Lucro Líquido
LOI	Carta de Intenções (ou *Letter of Intent*)
LP	Longo Prazo
LT	Linha de Transmissão
Ltda.	Sociedade Limitada
MAT	Memorando de Análise da Transação
MBO	Aquisição da Empresa pelos seus Gestores (ou *Management Buy-Out*)
M&A	Fusões e Aquisições (ou *Mergers & Acquisitions*)
MOU	Memorando de Entendimento (ou *Memorandum of Understanding*)
NDA	Acordo de Confidencialidade (ou *Non-Disclosure Agreement*)
OM	Memorando de Oferta (ou *Offering Memorandum*)
Pb	Ponto-base (0,01%)
PC	Passivo Circulante
PCH	Pequena Central Hidroelétrica
PDD	Provisão para Devedores Duvidosos
PDV	Ponto de Venda
P&D	Pesquisa e Desenvolvimento
PELP	Passivo Exigível a Longo Prazo
PEPS (ou FIFO)	Primeiro a Entrar é o Primeiro que Sai (ou *First In, First Out*)
PIB	Produto Interno Bruto
PIS	Programa de Integração Social
PL	Patrimônio Líquido
PMEs	Pequenas e Médias Empresas
PMU	Preço Médio Unitário
PPC	Paridade do Poder de Compra
PR	Preço de Reserva
Rc	Remuneração (esperada) pelo Capital
Rd	Remuneração do Endividamento Oneroso
Refis	Programa de Recuperação Fiscal
RFR	Direito de Primeira Recusa (ou *Right of First Refusal*)
ROA	Lucro Líquido sobre o Total de Ativos (ou *Return on Assets*)
ROB	Receita Operacional Bruta
ROE	Lucro Líquido sobre o Patrimônio Líquido (ou *Return on Equity*)
ROL	Receita Operacional Líquida
SA	Sociedade Anônima
Selic	Sistema Especial de Liquidação e de Custódia
SIN	Sistema Integrado Nacional
SKU	Número de Itens de Estoque (ou *Stock Keeping Unit*)
SPE	Sociedade de propósitos específicos

TAC	Taxa de Abertura do Cadastro
TACC	Taxa Anual de Crescimento Composto
TIR	Taxa Interna de Retorno
TJLP	Taxa de Juros de Longo Prazo
TMA	Taxa Mínima de Atratividade
UEPS (ou LIFO)	Último a Entrar é o Primeiro a Sair (ou *Last In, First Out*)
US$	Dólar norte-americano
VEA	Valor Econômico Agregado ao Acionista (ou *Shareholder Value Added*)
VEE	Valor Econômico da Empresa (ou *Enterprise Value*)
VLA	Valor Líquido da Aquisição
VP	Valor Presente
VPL	Valor Presente Líquido
WACC	Custo Médio Ponderado do Capital (ou *Weighted Average Cost of Capital*)
Zopa	Zona Potencial de Acordo

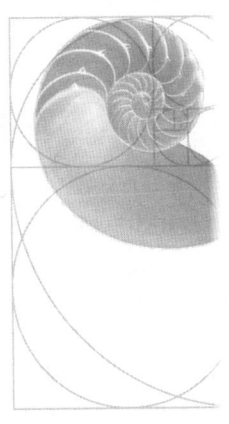

INTRODUÇÃO

CONSIDERAÇÕES PRELIMINARES: DEFINIÇÕES E NOMENCLATURAS

Para começar, é necessário que sejam apresentados alguns conceitos e nomenclaturas básicos para abordar o amplo e complexo tema de M&A. O primeiro desafio é definir uma "Transação de M&A", o que não é tão simples quanto parece. Segundo a Pricewaterhouse Coopers (PwC), uma Transação de M&A pode abranger as seguintes possibilidades:[1]

1. aquisição de participação controladora (maior que 50% do capital da empresa adquirida);
2. aquisição de participação não controladora (menor que 50% do capital);
3. *joint venture* (dois ou mais sócios criam uma nova empresa, mas os sócios continuam a existir como operações independentes);
4. fusão (duas empresas se juntam e deixam de existir isoladamente, dando origem a uma terceira nova empresa. Ou seja, A + B = C, em que C é a nova empresa);
5. incorporação (uma empresa absorve as operações da outra, que deixa de existir, ou seja, A + B = A); e
6. cisão (uma empresa é dividida para surgir outra, ou seja, A se transforma em A' e A, independentes).

Todas essas situações podem se combinar; por exemplo: uma empresa que faz uma cisão de uma unidade de negócio para formar uma *joint venture* com uma terceira empresa. Entretanto, historicamente, a maior parte das Transações de M&A envolve aquisições de participações majoritárias, isto é, do tipo 1.

Independentemente do modo como a Transação de M&A se materializa, na essência, há sempre alguém que vende parte ou o todo de um negócio e alguém que o compra. Para simplificar a leitura, ao longo deste livro, são usadas as nomenclaturas apresentadas a seguir, considerando o contexto de M&A no Brasil.

---

[1] Classificação utilizada pela PwC (2013).

- Transação: em seu sentido mais amplo, Transação de M&A que englobe as situações 1 a 4;
- Alvo: o negócio que é objeto da Transação (ações, operações ou ativos de uma empresa nova ou existente).
- Vendedor: o proprietário do Alvo, seja ele uma ou mais pessoas jurídicas e/ou uma ou mais pessoas físicas.
- Comprador: o Comprador do Alvo, seja ele constituído por pessoas jurídicas ou físicas.
- Partes: o Vendedor e o Comprador, coletivamente. Se o Vendedor ou Comprador forem pessoas jurídicas, serão empregadas as palavras "sócios" ou "acionistas" para designar os proprietários das empresas.[2]
- Assessor: o Assessor de M&A, seja ele contratado pelo Comprador ou pelo Vendedor.
- Preço: o valor pago pelo Comprador ao Vendedor na Transação.

Com o fim do processo hiperinflacionário promovido pelo Plano Real e a retomada do crescimento de nossa economia, o número de Transações vem crescendo, e a economia brasileira se consolidando e se internacionalizando. Segundo pesquisas das empresas KPMG e PwC, desde a implantação do Plano Real, houve 19.777 Transações no Brasil, representando um crescimento médio de 7,4% ao ano, enquanto o PIB cresceu 2,2% nesse período (1994/2023).

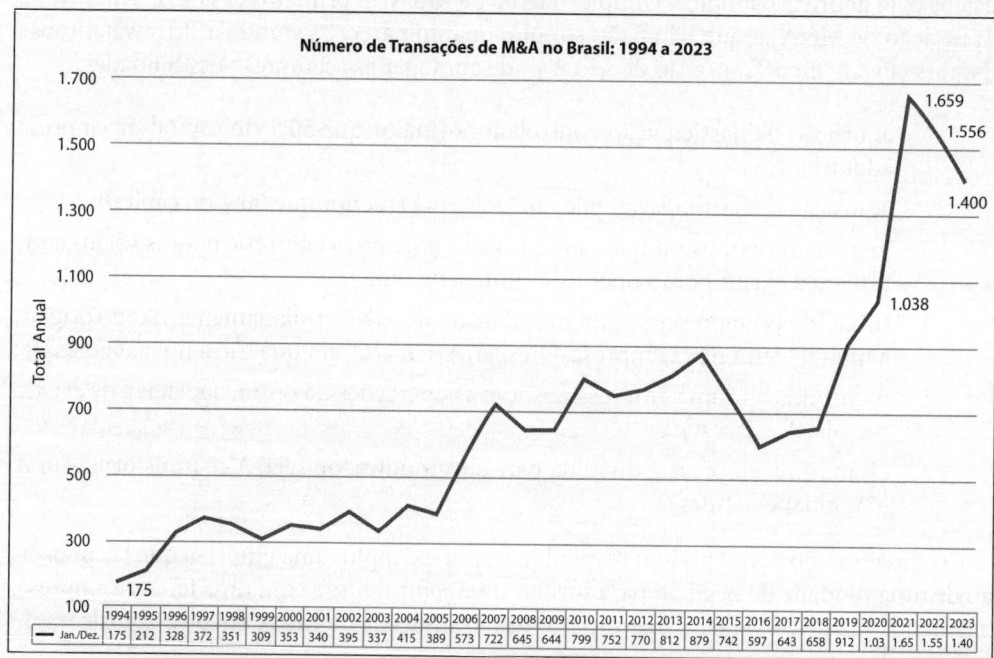

Figura I.1 - Número de Transações M&A no Brasil, segundo KPMG e PwC.
Fontes: Dados de 1994 a 2001: KPMG. Dados de 2002 a dezembro de 2023: PwC.

---

[2] Em rigor, essas palavras não são consideradas sinônimos. "Sócios" é uma qualificação mais genérica aos proprietários de partes do capital social de uma empresa, que pode ser uma Ltda. ou uma SA. "Acionistas" é um termo mais específico, pois se refere aos sócios de uma SA.

É interessante observar que a média de Transações vem crescendo entre 1994 e 2023, exceto durante 2014/2017, período da última grande recessão brasileira. Saímos de uma média de 0,74 em 1994/1997 para 4,05 Transações por dia corrido em 2022/23:

Quadro I.1 – Média quadrienal de Transações entre 1994 e 2023

Quadriênio	Média anual período	Média diária	Variação entre quadriênios	Variação acumulada desde 1994/1997
1994/97	272	0,74	-	-
1998/2001	338	0,93	24%	24%
2002/05	384	1,05	14%	41%
2006/09	646	1,77	68%	138%
2010/13	783	2,15	21%	188%
2014/17	715	1,96	-9%	163%
2018/21	1.067	2,92	49%	293%
2022/23*	1.478	4,05	39%	444%

(*) Biênio.

Essa tendência de crescimento do número de Transações parece estar relacionada diretamente com a evolução do PIB e inversamente com a percepção de risco do Brasil (medida pelo EMBI-Brasil – *Emerging Markets Bond Index* ou Índice de Títulos da Dívida de Mercados Emergentes).

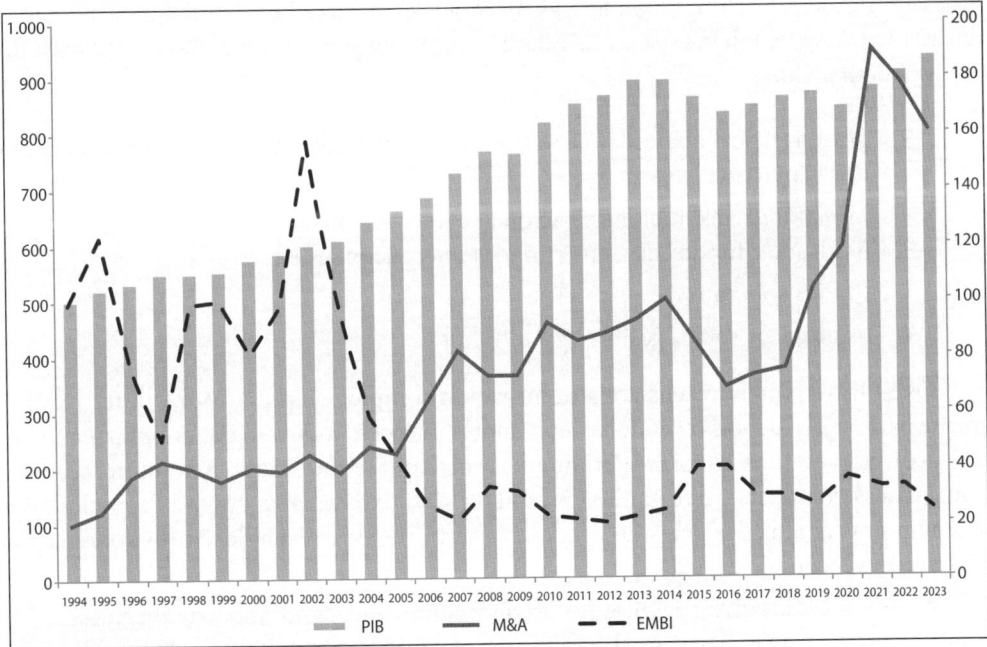

Figura I.2 – Evolução do número de Transações de M&A, do PIB e do EMBI-Brasil.

Nota: para comparar essas variáveis, construímos índices nos quais 1994 = 100.

Fontes: https://www.ibge.gov.br e http://www.ipeadata.gov.br/Default.aspx

Acredito que essas estatísticas subestimam os reais números de Transações, pois não devem incluir aquelas de pequeno e médio portes, executadas em cidades distantes do eixo São Paulo-Rio de Janeiro, onde se concentra a maior parte dos bancos de investimentos e consultorias especializadas em M&A. No curso de Fusões & Aquisições do Insper em que venho ministrando aulas desde 2016, o número de participantes de fora do eixo São Paulo-Rio de Janeiro e a pluralidade de profissionais (advogados, médicos, engenheiros, publicitários etc.) são sinais de que M&A se expandiu no Brasil.

Outro sinal interessante da atividade de M&A está relacionado às empresas em crise de liquidez. Com a modernização do arcabouço legal das Recuperações Judiciais (RJ), o M&A de empresas em RJ tem se expandido. "Empresas com graves problemas financeiros estão sendo vendidas por valores simbólicos" (Guimarães; Scaramuzzo, 2024). A rede espanhola de supermercados Dia em RJ foi vendida por € 100, a concessionária Rodovias do Tietê por R$ 1. Soma-se a essa tendência outra correlata: a expansão da recuperação extrajudicial (Guimarães; Mattos, 2024), em que a Casas Bahia é um expoente recente, com R$ 8,9 bilhões em dívidas; outro exemplo é o da petroquímica Unigel. O mercado amplia-se ainda mais quando consideramos os recordes de pedidos de RJ de micro e pequenas empresas (Villar, 2024). O estudo de caso Quixote, no Capítulo 5, descreve a complexidade e o potencial de M&A para empresas em crise de liquidez.

FUNDOS DE CAPITAL PRIVADO (*PRIVATE EQUITIES*)

Segundo a Associação Brasileira de Private Equity & Venture Capital (ABVCAP), em 2018, havia R$ 12,7 bilhões captados por FPEs (Fundos de Private Equity) mais R$ 0,9 bilhões em fundos de *venture capital* (FVCs). Naquele ano, os FPEs detinham participações em 122 empresas, enquanto os FVCs estavam em 80 empresas.[3] As fontes de recursos dos FPEs podem incluir:

- pessoas físicas abastadas (*wealthy individuals*), cujos recursos podem ser captados via *private banks*;
- investidores institucionais nacionais e internacionais (fundos de pensão públicos e privados, fundos de universidades internacionais etc.);
- fundos soberanos; e
- os próprios sócios gestores do FPE.

Os FPEs remuneram seus cotistas buscando comprar empresas por valores relativamente baixos para depois revendê-las por valores maiores. Tudo isso em um prazo máximo pré-acordado com os cotistas (geralmente, entre oito e dez anos). A remuneração dos cotistas será composta desse ganho de capital e do fluxo de caixa que o FPE puder obter das empresas adquiridas antes de vendê-las (na forma de dividendos, juros sobre capital próprio e reduções de capital).

A realização dos investimentos nos Alvos pode acontecer por meio de aberturas do capital na bolsa (oferta pública de subscrição inicial ou IPOs – *Initial Public Offerings*), vendas

---

[3] Fonte: https://www.abvcap.com.br/Download/IndustriaPEVCSobreSetor/4187.pdf. Acesso em: 13 set. 2024.

para investidores estratégicos e/ou a vendas para os outros sócios do Alvo (por exemplo, por uma opção de venda – *put*). Entre ganhos de capital e pagamentos aos acionistas (dividendos e outros), os FPEs buscam superar o retorno mínimo pré-acordado com seus cotistas. No Brasil, geralmente, os FPEs buscam retornos sobre o capital investido de 25% a 30% ao ano (a "*hurdle rate*").

Os FPEs podem se especializar em setores, tipos de Transação (mezanino, LBOs etc.), regiões geográficas e/ou momento da empresa (*startups*, empresas em crise de liquidez etc.). Geralmente, desenvolvem "teses" de investimentos e captam recursos para investimentos com base nessas teses. Com o aumento dos crimes cibernéticos e da quebra de sigilo na Internet, por exemplo, um FPE pode defender que empresas de *software* de segurança terão muita demanda por seus serviços e consequente valorização. Daí os sócios do FPE partem para a "caça" de empresas para comprar: participam de feiras, entrevistam grandes clientes e buscam identificar as melhores empresas que podem ser adquiridas.

Em sua maioria, os FPEs adquirem participações via aportes de capital para usar o dinheiro para o crescimento do Alvo. São Transações do tipo "*money in*" ou "*cash in*" (veja mais detalhes no Capítulo 3). Os FPEs não gostam de Transações em que seu dinheiro compra ações dos proprietários do Alvo, para que esses possam se tornar "turistas profissionais" (*cash out*). Os FPEs querem acionistas que tenham "sangue nos olhos", "faca nos dentes" e sejam obcecados por trabalho.

Para diluírem o risco, por vezes, os FPEs formam um grupo para adquirir um Alvo, nos chamados *club deals*.

Quadro I.2 – Principais FPEs no Brasil

Advent International	Riverwood Capital
General Atlantic	XP Asset Management
Kinea Investimentos	Mubadala Capital
Pátria Investimentos	Aqua Capital
Vinci Partners	Tarpon
Warburg Pincus	Gávea Investimentos
Crescera Capital	Starboard Asset
H.I.G. Capital	3G Capital

Fonte: Disponível em: https://www.leadersleague.com/en/rankings/asset-management-private-equity-funds-ranking-2024-investment-funds-brazil. Acesso em: 13 ago. 2024.

O que os FPEs oferecem aos sócios do Alvo? Dinheiro para crescimento e a oportunidade de tornar milionários os proprietários do Alvo. Todos os FPEs adoram contar histórias incríveis sobre seus investimentos passados: "compramos o Alvo ZZ por R$ 30 milhões e vendemos dois anos depois por R$ 700 milhões". Isso soa como música para os ouvidos dos proprietários dos Alvos potenciais. Eles "compram" a ideia de que com a ajuda do FPE repetirão esse sucesso. Às vezes, esses casos de sucesso se repetem, outras vezes não. Mais precisamente: de cada dez aquisições dos FPEs, uma ou duas terão um final feliz.

> **NA PRÁTICA:** um caso bem-sucedido de FPE no Brasil foi o investimento do FPE Tarpon na calçadista Arezzo. "Quatro anos depois de comprar 25% da fabricante de bolsas e calçados Arezzo por R$ 76 milhões [em novembro de 2007], a gestora de recursos Tarpon deixou o capital da companhia. Nesse período, embolsou quase seis vezes o que investiu, cerca de R$ 435 milhões [em março de 2013]." Quando a Arezzo fez seu IPO em 2011, foi "avaliada em R$ 1,7 bilhão – quase seis vezes os R$ 300 milhões que a Tarpon lhe atribuiu de valor quando ingressou em seu capital [...] Desde a estreia na bolsa, as ações da Arezzo se valorizaram 61%, e a empresa vale agora R$ 2,6 bilhões".[4] No caso, tanto a Tarpon quanto os sócios fundadores da Arezzo capturaram bons retornos em seus investimentos.

Os FPEs que têm participações minoritárias atuam, direta ou indiretamente, no dia a dia dos Alvos de duas maneiras: por sua participação em reuniões mensais do Conselho de Administração; e/ou pela indicação de um executivo de sua confiança para ocupar os principais cargos (geralmente, a diretoria financeira). Há FPEs que preferem não interferir na gestão do Alvo indicando executivos, mas estão mais próximos do dia a dia por meio de reuniões periódicas no Conselho de Administração. Nessas reuniões, os temas são decisões financeiras e estratégicas: analisam-se a viabilidade de investimentos e suas fontes de financiamento; a *performance* da empresa; a contratação de executivos-chave; o sistema de remuneração dos funcionários; as oportunidades de M&A; a administração de capital de giro; a distribuição de dividendos; e outras maneiras de remunerar o capital.

> **NA PRÁTICA:** os acionistas de uma tradicional empresa de serviços em infraestrutura decidiram profissionalizar sua gestão. Primeiro, contrataram um presidente "do mercado". Depois, venderam uma participação minoritária para um FPE que catalisou uma importante reorganização. Quando o presidente assumiu a empresa, encontrou líderes acomodados e uma cultura organizacional desatualizada para o dinamismo que o setor de infraestrutura estava passando. Era preciso "chacoalhar" os líderes, atualizar processos e modernizar a cultura organizacional. Para evitar o desgaste com seus diretores, o presidente "usou" a demanda por melhores práticas do FPE para pressionar a empresa a se modernizar.

POR QUE COMPRAR EMPRESAS?

O que motiva uma Transação para o Comprador? Aumentar ou preservar o valor de seu próprio negócio. A resposta parece óbvia, mas, como?

> **NA PRÁTICA:** "Uma empresa pode ser pensada como uma coleção de projetos" (Brealey; Myers, 2005). Cada projeto tem suas peculiaridades, seu potencial de crescimento, rentabilidade e riscos. Além disso, assim como uma carteira de títulos de investimentos, os projetos também podem estar correlacionados. Correlação esta que pode ser positiva (ou seja, as *performances* dos projetos variam na mesma direção); nula (a *performance* de um não depende da *performance* do outro); ou negativa (a *performance* dos projetos varia em direções opostas). Se há correlação negativa, diz-se que um projeto é o *hedge* do outro.

---

[4] Baseado em Ragazzi (2012).

> M&A é um meio de complementar o portfólio de projetos de uma empresa, não apenas agregando novas possibilidades de crescimento e rentabilidade, mas também diversificando o risco de todo o portfólio.

É possível classificar as Transações pela estratégia que motiva o Comprador, a saber:[5]

- **Aquisição horizontal**, quando as Partes são concorrentes. Portanto, a estratégia que motiva a Transação é aumentar a participação do Comprador em seu mercado de atuação e eliminar um concorrente. Por exemplo: as aquisições da Chocolates Garoto pela Nestlé (fevereiro de 2002), da Varig pela Gol (março de 2007), da Sadia pela Perdigão (maio de 2009) e da Uniban pela Anhanguera (setembro de 2011).

Um curioso tipo de aquisição horizontal são as múltiplas aquisições para consolidação de mercados fragmentados, conhecida como *rollup*. No Brasil, há alguns exemplos: Brasil Insurance (corretoras de seguros), Brasil Realty (corretoras de imóveis), Inbrands (varejos de moda), Brasil Pharma (farmácias), Anhanguera (universidades) etc. A Brasil Pharma, por exemplo, fez seu IPO em junho de 2011, a fim de captar R$ 466 milhões para pagar suas aquisições e investir em capital de giro e sistemas de TI. A Brasil Pharma é um interessante exemplo de como uma tese de investimento aparentemente atraente pode enfrentar problemas de execução massivos, como a integração de culturas corporativas, sistemas de TI, compras, logística e descentralização da gestão.[6] A empresa que chegou a ter sete marcas e 1,2 mil pontos de venda, com receita de R$ 3,5 bilhões, em 2019 teve sua falência decretada.

Quadro I.3 – Aquisições da Brasil Pharma

Período	Alvo	Capital adquirido (%)	Valor da Transação (em milhões de reais)
Abr./2012	Beauty'in	40	30,6
Fev./2012	Sant'ana	100	497
Nov./2011	Big Ben	100	453,3
Nov./2011	Estrela Galdino	100	14
Fev./2011	Mais Econômica	60	n.d.
Dez./2010	Farmais (franquias)	100	n.d.
Out./2010	Guararapes	67	n.d.
Jul./2010	Drogaria Rosário	44	n.d.
Maio/2010	Farmácia dos Pobres	100	n.d.

n.d. = não disponível.

---

[5] Classificações utilizadas por Gaughan (2011) e Rock, Rock e Sikora (1994).

[6] Fonte: Disponível em: https://www.gazetadopovo.com.br/economia/nova-economia/como-o-sonho-de-um-banco-em-criar-a-maior-rede-de-farmacias-do-pais-acabou-afundado-em-dividas-0e5qnv2infl3jcfo7x1kljqtl/. Acesso em: 13 set. 2024.

- **Aquisição concêntrica**, quando o Comprador adquire Alvos que têm tecnologias, produtos ou mercados que estendem a atuação do Comprador no mercado. São Transações cuja estratégia é explorar economias de escopo[7] e de escala.[8] No Brasil, um interessante exemplo de aquisições concêntricas são as 11 aquisições da Abril Educação entre julho de 2010 e julho de 2013, somando R$ 2,1 bilhões, para explorar economias de escopo na geração de conteúdo educativo e estratégias pedagógicas:

Quadro I.4 – Aquisições da Abril Educação

Período	Alvo	Setor	Capital adquirido (%)	Valor da Transação (em milhões de reais)*
Jul./2010	Anglo	Sistemas de ensino	100	717
Abr./2011	p.H.	Colégio	100	228
Abr./2011	ETB	Curso profissionalizante	61,6	4
Jul./2011	Livemocha	Escolas *on-line* idiomas	5,9	3,1
Out./2011	Máxi	Sistemas de ensino	100	43
Fev./2012	Escola Satélite	Empresa de satélite	51	6,1
Jun./2012	Geo	Sistemas de ensino	100	44
Jul./2012	Red Balloon	Escolas de inglês	51	29,8
Out./2012	Alfacom	Escola preparatória	51	5,5
Fev./2013	Wise-Up	Escolas de idiomas	100	877
Jul./2013	Colégio Sigma	Colégio	100	130
Total				2.087,5

* Valor convertido pelo dólar de junho/2011 (Ptax).
Fonte: Baseado em Koike (2013, p. B4).

Em 2015, a família Civita vendeu o controle da Abril Educação para a Tarpon por R$ 1,3 bilhão e mudou de nome para Somos Educação. Nos anos subsequentes, a Somos executou uma série de aquisições, incluindo o Sistema Mackenzie de Ensino. Em 2021, a Somos faturou R$ 829 milhões, contra R$ 998 milhões no ano anterior, reflexo da crise causada pela pandemia de Covid-19.

Outro exemplo emblemático é o da JBS S.A., a maior empresa de processamento de proteína animal do mundo. A estratégia de aquisições da JBS combina Transações horizontais e concêntricas, dentro e fora do Brasil.

---

[7] Economias de escopo ocorrem quando a oferta de dois produtos (ou serviços) conjuntamente custa menos do que oferecê-los separadamente.

[8] Economias de escala ocorrem quando há aumentos nas receitas, no volume de produção, sem um proporcional aumento nos custos, o que gera ganhos na margem de rentabilidade.

Quadro I.5 – Aquisições recentes da JBS

Período	Alvo	Setor
2022	TriOak Foods (EUA)	Alimentos
2021	Vivera, Bio Tech Foods, Kerry Group (Reino Unido), Huon Aquaculture (Austrália), Kings (Itália)	Alimentos
2020	Ativos de maionese e margarina da Bunge	Alimentos
2019	Tulip (Reino Unido), PPC, Marba	Alimentos
2017	Plumrose (EUA)	Carnes
2015	Primo Smallgoods (Austrália) e Mou Park (Irlanda)	Carnes
2014	Operações de aves da Tyson Foods no México	Carnes
Jun./2013	Seara Brasil	Carnes
Jun./2013	Granja André da Rocha – BRF	Carnes
Abr./2013	Pilgrim's	Carnes
2012	Frangosul e XL Foods (EUA)	Carnes
Fev./2012	Canal Rural	Mídia
Nov./2012	Agrovêneto	Carnes
Abr./2012	Frigorífico Independência	Carnes
Abr./2012	MJE e Jema	Carnes
Out./2011	Assim, Sim e Mat Inset	Produtos de limpeza
Maio/2011	Bertini Higiene	Produtos de limpeza
2011	Rigamonti (Itália)	Embutidos
2010	Tatiara Meats e Rockdale Beef na Austrália	Carnes
Ago./2010	Grupo Toledo	Alimentos
Set./2009	Pilgrim's (EUA)	Carnes

- **Aquisição vertical**, quando as Partes têm uma relação de cliente ou fornecedor. A aquisição vertical pode ser para trás (*backward integration*), quando o Comprador adquire um fornecedor de insumos, infraestrutura ou prestadores de serviços essenciais – por exemplo, a aquisição da Diveo Broadband (*backbone*) pela UOL (dezembro de 2010) –, ou para a frente (*forward integration*), quando o Comprador adquire um distribuidor de seus produtos, como a aquisição dos postos de combustíveis da Esso pela Cosan (abril de 2008).[9]

---

[9] A Cosan também adquiriu a Comgás, em maio de 2012, o que pode ser caracterizado como uma aquisição concêntrica.

A estratégia que motiva uma aquisição vertical almeja consolidar a posição do Alvo em seu mercado-foco, criando vantagens competitivas, seja por fazer uma barreira de entrada, uma vantagem de custo e/ou um diferencial na proposta de valor agregado ao cliente. As aquisições verticais permitem aos Compradores capturar a margem de lucro do Alvo (cliente ou fornecedor) em sua própria rentabilidade.

- **Aquisição de conglomerado**, quando as Partes não são concorrentes, tampouco têm algum tipo de relação comercial. Por exemplo: a aquisição da empresa de moda Osklen pela São Paulo Alpargatas (outubro de 2012). A estratégia por trás desse tipo de Transação é criar um portfólio de empresas em mercados distintos. A ideia é combinar investimentos que otimizem o binômio risco-retorno.

Um exemplo curioso que coaduna aquisições de conglomerado e horizontais é o da Hypermarcas, que, entre 2001 e 2011, adquiriu várias empresas de bens de consumo e produtos farmacêuticos, envolvendo desembolsos da ordem de R$ 8,4 bilhões (parte em troca de ações). Entretanto, em 2011, a estratégia de aquisições chegou ao limite, e a alta alavancagem reverteu a expectativa dos investidores: as ações da empresa chegaram a cair 62% (próximo ao nível de 2008, quando ocorreu o IPO). Como resposta aos investidores, ainda em 2011, a Hypermarcas vendeu 26 de suas 60 marcas de alimentos e produtos de limpeza, arrecadando R$ 445 milhões.

Quadro I.6 - Aquisições da Hypermarcas

Ano	Empresas adquiridas
2001	Prátika (proprietária da Assolan)
2002	Help e Brilmis
2005	Quimivale Indústria e Clean Ltda.
2006	Etti, Salsaretti e PuroPurê, Éh Cosméticos (50%)
2007	Sulquímica, Fluss e Finn, DM Farmacêutica
2008	Éh Cosméticos (50% restantes), laboratório Farmasa, Ceil, Brasil Cosméticos, NY Looks e Niasi
2009	Hydrogen, Pom Pom Produtos Higiênicos, Ind. Nacional de Artefatos de Latex (Olla), Neo Química
2010	Versoix Participações (Jontex), Sapeka, York, Facilit, Laboratório Luper
2011	Laboratório Mantecorp, Mabesa, Digedrat, Peridal e Lopigrel

Fonte: Baseado em Scaramuzzo (2013, p. B3).

E M&A GERA VALOR?

Na literatura estrangeira, há evidências de que parte significativa das Transações destrói valor para os Compradores. Carrol e Mui (2009) citam um estudo da consultoria Bain indicando que mais de dois terços das aquisições reduziram o valor dos Alvos.

Dos 250 executivos entrevistados pela Bain, metade disse que houve falhas nos processos de auditoria (*due diligence*) e metade relatou que os Alvos estavam organizados para ocultar problemas. Dois terços afirmaram que as sinergias estimadas pré-M&A não se materializaram após a Transação. A implicação lógica dessa pesquisa é que os Alvos foram adquiridos por valores superestimados.

Outros cinco estudos (Deogun; Lipin, 2000; Ratner, 1999; Hiday, 1998; Jensen; Ruback, 1983; Deener, 2004 apud Finkelstein, 2004, p. 77), também indicam a perda de valor para os Compradores. Em um deles, a KPMG analisou 700 das grandes aquisições entre 1996 e 1998: 83% das aquisições não agregaram valor aos Compradores (sendo que 53% das aquisições destruíram valor para os Compradores).

Bruner (2005), por outro lado, questiona interpretações catastróficas das evidências de destruição de valor em M&A, argumentando que todos os negócios têm risco: das 501 empresas relacionadas no Nyse (New York Stock Exchange) em 1925, somente 13 (2,6%) ainda existiam de forma independente em 2004. A maior parte das invenções patenteadas não é bem-sucedida comercialmente, bem como a maioria dos novos produtos lançados sai de linha pouco depois de seus lançamentos (Sarasvathy; Menon, 2002; Gartner, *apud* Bruner, 2005, p. 1). Na indústria fonográfica, menos de 10% dos CDs lançados se tornam rentáveis,[10] ou seja, M&A, tal como qualquer outro tipo de decisão de investimento corporativo, é arriscado e também fracassa.

A única pesquisa brasileira de que tenho conhecimento constatou que 70% dos presidentes das maiores empresas brasileiras acreditam que M&A "não atinge os resultados desejados" (Tanure; Cançado, 2005, *apud* Tanure e Patrus, 2011, p. 5). Afinal, por que no Brasil seria diferente do restante do mundo?

E não é apenas para o Comprador que uma Transação pode destruir valor. Para o Vendedor, a tentativa de vender sua empresa também pode trazer frustrações. Na minha experiência pessoal, para cada tentativa de venda bem-sucedida, há pelo menos três ou quatro que não conseguiram ser executadas, ou por falta de interessados, ou porque o "preço de mercado" foi baixo demais. FPEs rejeitam de 90% a 95% das propostas de Transação que examinam (Tanure; Cançado, 2005, *apud* Tanure e Patrus, 2011, p. 5). Além disso, quando a venda do Alvo é parcial, ou seja, o Comprador e o Vendedor se tornam sócios, se o Comprador perde dinheiro com a Transação, provavelmente o Vendedor também poderá perder.

Por que Transações podem trazer tantas frustrações para Compradores e Vendedores? No meu entender, M&A pode destruir valor para o Vendedor, se a avaliação do Alvo e/ou a condução das negociações forem malfeitas. Para o Comprador, aplicam-se também essas duas possibilidades, mas podemos ainda somar mais outras três possíveis fontes de problemas: mérito questionável (incluindo sinergias), auditoria (*due diligence*) ineficaz e falhas na integração do Alvo na Pós-transação. Neste livro, são abordados todos esses temas.

---

[10] Segundo a Record Industry Association of America. Citados em Anderson, C. "The Long Tail". Disponível em: www.changethis.com. Acesso em: 19 set. 2014.

Não há uma Transação típica. Não há negociações e conjunturas acionárias e de mercado iguais. Cada caso é um caso. Isso torna M&A um desafio que resiste a simplificações; é um aprendizado contínuo, no qual há sempre espaço para inovação e ousadia. Por vezes, a ousadia surpreende, como no exemplo a seguir, de anúncio geralmente publicado em classificados de jornais de grande circulação:

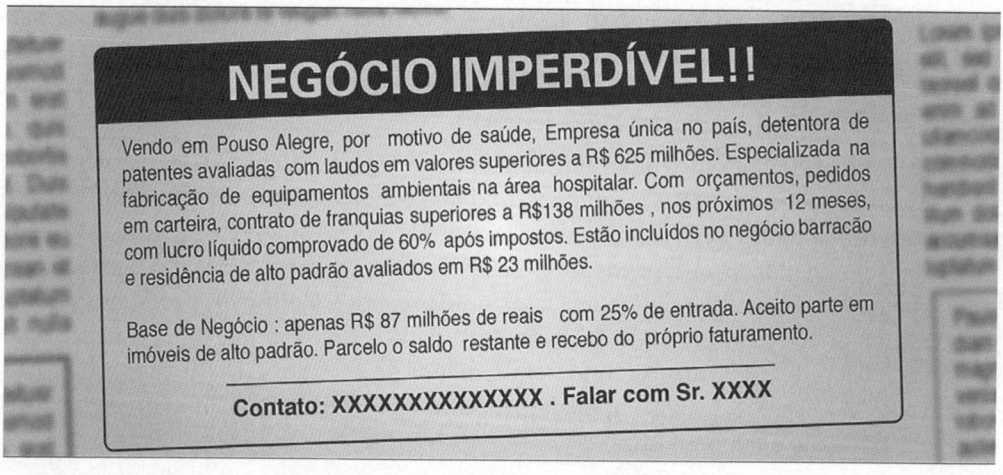

Figura I.3 - Exemplo de um anúncio de jornal.

Entretanto, será que vender uma empresa é tão simples quanto pôr um anúncio como esse em um jornal de grande circulação? Considerada a relevância das Transações, no Brasil e no mundo, e seu risco de destruir valor, como descrever e analisar um tema tão desafiador em um livro?

ABORDAGEM E ORGANIZAÇÃO

M&A é um tema amplo, multidisciplinar e multifacetário, além de ser fascinante, poderoso e, ao mesmo tempo, assustador.

Amplo, pois há vários tipos de Transações, tanto no que se refere à sua forma jurídica quanto às estratégias que as fundamentam. Multidisciplinar, porque envolve não apenas empresários, mas também bancos, investidores, consultores, economistas, contadores, advogados, psicólogos etc. Multifacetário, pois pode ser abordado sob mais de um ângulo: do ponto de vista do Comprador, do Vendedor, dos funcionários das Partes, dos órgãos reguladores etc.

M&A fascina, pois cada Transação representa um novo negócio, que, independentemente do volume de dinheiro envolvido, é muito desafiador e complexo para todos os envolvidos. Uma Transação pode tanto aumentar o poder do Comprador em seu mercado de atuação quanto destruí-lo, e, nesses casos, M&A é assustador. Assustador também pela concentração de mercado que pode criar e os possíveis abusos do poder econômico que podem emergir.

Uma Transação pode levar anos e simplesmente não acontecer. A Transação mais rápida que testemunhei levou quatro meses, e a mais longa, 14 anos. O desfecho de uma Transação depende de inúmeras variáveis exógenas que nem sempre estão sob o controle das Partes. A evolução das condições macroeconômicas no Brasil e no exterior (expectativas sobre o crescimento do PIB, a inflação, a taxa de câmbio e a instabilidade política), o contexto setorial (preços, custos, tecnologia, concorrência e mudanças na legislação), a existência de outros potenciais Compradores e outras empresas similares à venda também afetam a percepção de valor do Alvo. Se uma das Partes for estrangeira, somam-se a todos esses fatores potencialmente desestabilizadores as condições macroeconômicas e setoriais do país de origem do Comprador, além de suas próprias questões organizacionais.

Entretanto, acredita-se que a condução do processo de M&A, por parte tanto do Comprador quanto do Vendedor, tem papel importante no desfecho, bem-sucedido ou não, da Transação.

O processo de M&A é formado por subprocessos, cada um com sua importância na construção das perspectivas do Comprador e do Vendedor quanto ao valor do Alvo. Ao longo desses subprocessos, informações e sinais são produzidos e trocados, afetando a percepção de valor do Alvo para as Partes.

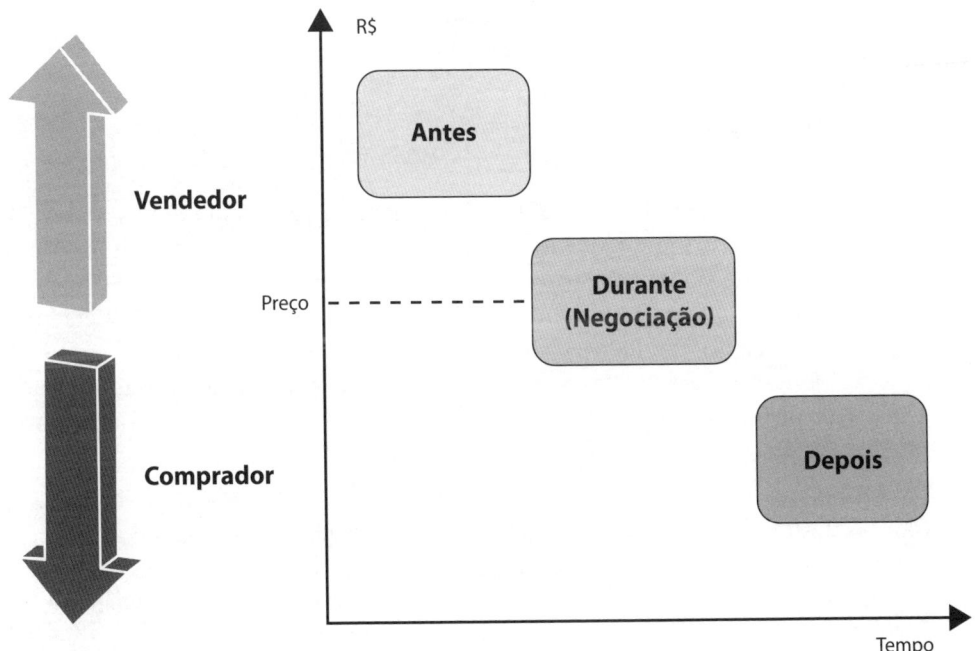

Figura I.4 – Tempo *versus* percepção de valor em M&A.

Desde seus primórdios até a data do fechamento da Transação, as Partes estarão se perguntando quanto realmente vale o Alvo. As percepções de valor são dinâmicas e se alteram até depois da Transação. Geralmente, o Comprador quer pagar menos do que o Vendedor gostaria. Há, portanto, uma tensão entre essas duas posições que pode começar nas primeiras abordagens e se estender por anos após concluída a Transação.

Exposta a problemática da percepção de valor do Comprador e do Vendedor, como abordar o tema multifacetário do processo de M&A? Afinal, a Transação pode ser analisada do ponto de vista do Vendedor, do Comprador ou de ambos, como no caso da transferência parcial das ações em que as Partes se tornam sócias (por um período pré-acordado ou para "sempre").

Figura I.5 - Posicionamento *versus* percepção de valor em M&A.

Para responder a esse desafio, a abordagem foi organizada apresentando o processo de M&A sob duas óticas: a do Vendedor e a do Comprador. São duas faces da mesma moeda: a Transação. E a terceira ótica, a da sociedade entre as Partes? A tese defendida é de que, para criar uma base alinhada de uma sociedade próspera, o Comprador precisa entender o processo sob a ótica do Vendedor, e vice-versa. A combinação desses dois pontos de vista pode ser poderosa para as Partes, ao habilitar abordagens inovadoras ao mercado. Uma negociação de M&A, como outras interações entre humanos, requer a compreensão do ponto de vista do outro para um desfecho mais produtivo.

RECOMENDAÇÃO: considerada a importância de entender o processo de M&A sobre as duas óticas, recomendo que, independentemente de sua posição atual (Vendedor ou Comprador), este livro seja lido na sequência de seus capítulos. Além disso, conceitos desenvolvidos no Capítulo 1, sobre o Vendedor, também serão usados no Capítulo 2, sobre o Comprador.

Para descrever e analisar o processo de M&A de forma didática, o processo foi dividido em dez "macro" fases que depois são detalhadas, desdobradas e até reordenadas, dependendo da ótica abordada (do Vendedor e do Comprador). As dez macrofases são apresentadas na Figura I.6.

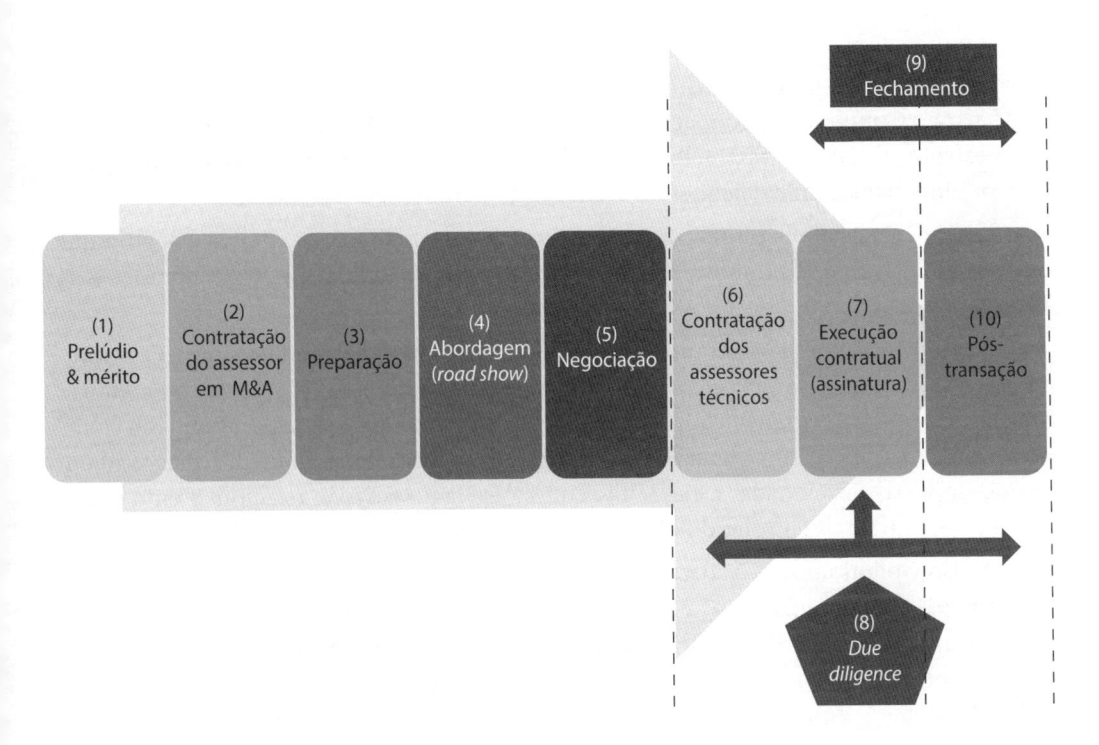

Figura I.6 – As dez macrofases do processo de M&A.

É possível antecipar que, na prática, essas fases podem não seguir a sequência temporal apresentada. Por exemplo, a fase da *due diligence*, uma das mais críticas do processo para as Partes, por envolver informações estratégicas importantes, pode acontecer em momentos diferentes, dependendo da evolução do processo e do poder de barganha das Partes.

ORGANIZAÇÃO

O livro é dividido em cinco capítulos principais. No Capítulo 1, é apresentada e discutida cada uma das dez fases do processo para o Vendedor. No Capítulo 2, é abordado o processo sob a ótica do Comprador, o qual é mais complexo que o do Vendedor. Para o Comprador, o processo desdobra-se em 12 fases. Dada a extensão dos capítulos 1 e 2, ao fim de cada seção, é apresentado um sumário executivo para auxiliar o leitor a fixar as principais ideias.

No Capítulo 3, a parte mais técnica de todo o livro, são apresentadas quatro metodologias de avaliação de uma empresa: parâmetros contábeis, múltiplos de bolsa de valores, múltiplos de Transações similares e Fluxo Descontado de Caixa (FDC). Esta última é apresentada e discutida com mais detalhes, pois é a principal metodologia de avaliação disponível. Sua apresentação é ilustrada com a análise de viabilidade de uma Pequena Central Hidroelétrica (PCH), a PCH Rio Azul.

No Capítulo 4, são abordados os desafios de redigir um Memorando Descritivo da Transação (MDT), considerando semelhanças e diferenças entre três tipos genéricos de empresa:

indústria, varejista e prestadora de serviços. O MDT para o Vendedor é conhecido como Memorando de Oferta (OM), e uma de suas funções é apresentar o Alvo ao Comprador. O MDT para o Comprador é conhecido como Memorando de Análise da Transação (MAT), e sua estrutura muito se assemelha à do OM. O MAT pode servir para os executivos do Comprador analisarem e defenderem a Transação perante seus acionistas.

Para encerrar, no Capítulo 5, são apresentados os cinco casos citados a seguir, que buscam ilustrar aspectos importantes da Transação do ponto de vista do Comprador e do Vendedor e articular os conceitos apresentados.

O caso Ícaro aborda os desafios de investir em um novo mercado no Brasil. O empreendedor vê-se diante de um dilema: montar uma fábrica do zero (*greenfield*) ou comprar uma fábrica operante (*brownfield*). O investimento apresenta uma série de desafios ao Comprador na Pós-transação, o que acaba por afetar não apenas o empreendedor, mas também outras empresas relacionadas a ele. Muitas questões da gestão e do relacionamento societários emergem no desenrolar do caso.

O caso Collins aborda os desafios da venda de uma empresa familiar (pertencente a dois irmãos) para um grupo estrangeiro. Entre os temas discutidos no caso, um se destaca: o pagamento pela Transação é estruturado como um *earn-out*, cujo pagamento é feito pelo Comprador para o Vendedor ao longo de anos em função da *performance* do Alvo. Para o Comprador, o *earn-out* é um modo interessante de dividir o risco da Transação com o Vendedor, pois, se a *performance* futura do Alvo ficar aquém da expectativa, o Comprador pagará um Preço menor. Entretanto, para o Vendedor, o *earn-out* pode representar uma oportunidade de ganhar mais na Transação, caso a *performance* futura do Alvo fique acima da expectativa.

O caso Lispector analisa uma aquisição e seu potencial impacto estratégico e financeiro antes e depois da Transação. O caso envolve uma empresa familiar e um FPE e demonstra a importância da *due diligence*.

O Caso Quixote ilustra a complexidade do M&A de uma empresa em crise de liquidez que recorre ao instituto da concordata, hoje denominada Recuperação Judicial.

Por fim, o Caso Crazy Fish, meu favorito, descreve o M&A de uma empresa de pequeno porte que, apesar dos seus atributos, não encontra Compradores. Na ausência de Compradores, a multinacional dona da Crazy Fish contemplou a venda para seus próprios diretores, caracterizando um *Management Buyout* (MBO), que, como tal, também foi um Leveraged Buyout (LBO).

Ao longo do livro, são ilustrados aspectos importantes das Transações de M&A com situações reais em quadros denominados "Na prática", cujas informações são extraídas de livros, jornais e revistas nacionais e estrangeiros, além de casos de minha própria vivência. A intenção do "Na prática" também é mostrar as nuances dos diferentes tipos de Transação, tanto para o Vendedor quanto para o Comprador.

Em virtude da confidencialidade inerente às Transações de M&A, muitos dos casos relatados nos quadros "Na prática" têm as identidades de seus protagonistas mantidas em sigilo. Isso não tira o seu mérito, tampouco o valor a agregar da experiência ao leitor astuto.

As explicações sobre conceitos importantes de finanças e contabilidade são complementadas com quadros intitulados "Nota técnica". Há, ainda, os quadros "Recomendação", com dicas oriundas de minha prática como assessor em M&A. Cabe observar que tais recomendações refletem minha opinião e não são verdades absolutas, uma vez que cada Transação é única, e as Partes e seus Assessores devem sempre buscar o bom senso exigido pelas circunstâncias.

Enfim, espero que a leitura deste livro contribua em seu percurso profissional. E não se esqueça de compartilhar suas experiências – meu *blog* eduardoluzio.wordpress.com é um canal à disposição para essa possível troca.

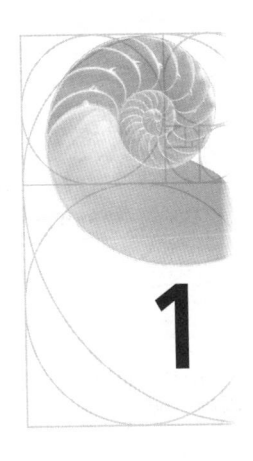

1 O PROCESSO DE FUSÕES E AQUISIÇÕES: VENDEDOR

> "No dia da corrida [Maratona de Nova York], enquanto corro por essas ruas, será que conseguirei apreciar esse outono em Nova York? Ou estarei preocupado demais? Não vou saber enquanto não começar de fato a correr. Se existe uma regra curta e grossa sobre maratonas, é essa."
>
> Murakami (2010, p. 116)

Quando li essa passagem no delicioso livro de Murakami, associei imediatamente uma maratona com uma transação de Mergers & Acquisitions (M&A). Entretanto, que associação é essa? Será que realmente podemos comparar uma transação com uma maratona? Sem dúvida, há transações que levam meses, por vezes anos, que, sim, podem ser comparadas com uma maratona, até com uma ultramaratona. Transações são processos que testam nosso intelecto, nossa resistência emocional e física, nossas convicções, e sobretudo nosso desejo. Tal como maratonas, transações exigem preparo técnico e emocional: "a dor é inevitável, mas sofrer é opcional".

Mesmo que considerássemos transações mais fáceis, que duram poucos meses, poderiam, ainda sim, ser comparadas a maratonas. Considere que até chegar à transação em si, o vendedor, o comprador, e o intermediário (se houver) têm de percorrer seus próprios processos internos e externos que os levaram até este encontro, a transação.

Podemos pensar também na transação como um processo que ocorre junto com vários outros, como se fossem os corredores de uma maratona. Empresas tentando conquistar posições em seus mercados, investindo em tecnologias, infraestrutura, redes de distribuição, adquirindo outras empresas, enfim, tal como em uma maratona, todos os participantes têm seus motivos, mas um objetivo em comum: conseguir terminar a prova. Cada um no seu tempo, com seu passado, presente e percepção de futuro.

Uma maratona, tal como um M&A, pode ser apenas mais uma prova, uma conquista, que pode gerar satisfação. Pode gerar fadiga, frustração, que ofuscam o fato de se ter completado uma maratona. Pode gerar uma ânsia por novas maratonas (aquisições), como podem gerar também o *runner's blue*, ou seja, um tipo de vazio psicológico que corredores de alta *performance* podem experienciar. Tipo: "e agora, o que vai me tirar da cama todo dia com o entusiasmo e a energia que eu tinha no passado recente?"

Maratonas também podem causar lesões graves que persistem por um logo tempo após seu término, como transações de M&A que falharam na precificação, no *due diligence*, e/ou em contratos mal redigidos.

Para ilustrar a "maratona" do M&A, elaboramos uma sequência de dez fases, com propósitos didáticos (Figura 1.1). Na prática, essas fases podem se apresentar em sequências distintas e algumas podem até não existir (por exemplo, a segunda e a quarta fases).

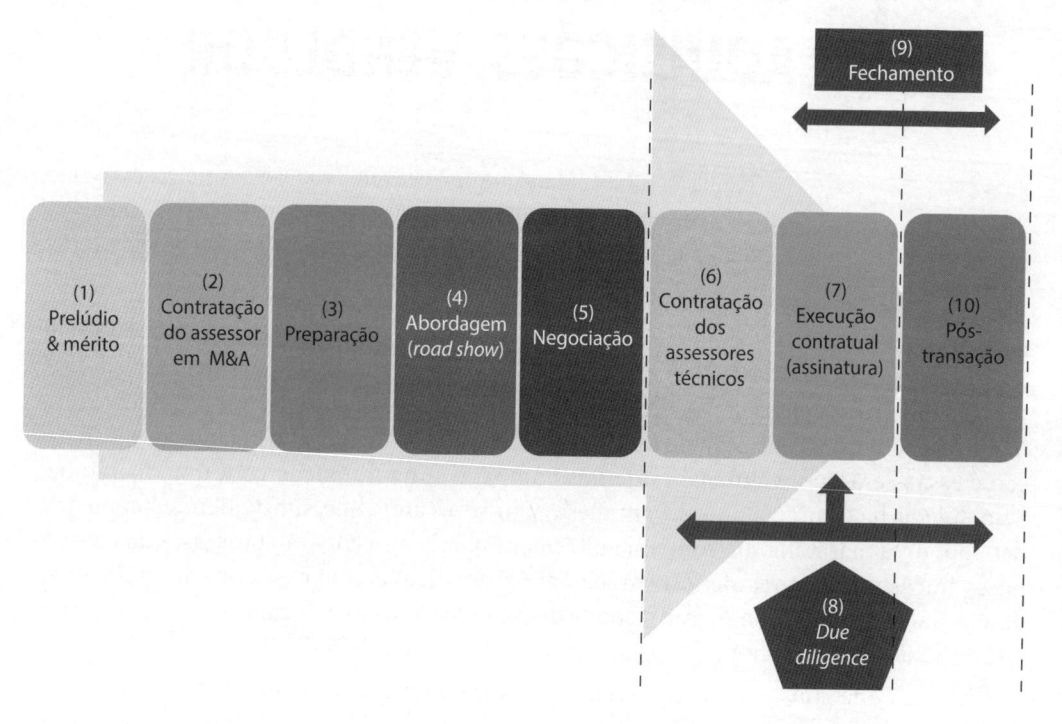

Figura 1.1 - As dez fases do processo de M&A.

Antes de descrever cada fase com detalhes, convém fazer um breve resumo dos objetivos de cada uma delas, para que o leitor possa construir uma ideia do todo. Veja o Quadro 1.1.

Quadro 1.1 - Descrição geral do processo de M&A, seus principais eventos e idiossincrasias

Fase	Eventos/Objetivos	Idiossincrasias
(1) Prelúdio e mérito	Acionistas decidem vender o Alvo, motivados por questões pessoais ou de mercado.	A real motivação para a venda pode não ser objetiva, tampouco explícita. Fatores emocionais conscientes e inconscientes, como apego e vaidade, podem inviabilizar a Transação.

continua

continuação

Fase	Eventos/Objetivos	Idiossincrasias
(2) Contratação do Assessor em M&A	Vendedor contrata ou não um Assessor especializado em M&A (banco de investimentos, boutiques de M&A, escritórios de advocacia, empresas de auditoria etc.).	O Assessor pode ter conflitos de interesse com o cliente que deveria representar.
(3) Preparação	Estimativa de valor do Alvo para o Vendedor. Redação do Memorando de Oferta (OM). Identificação dos potenciais Compradores. Definição da estratégia de abordagem.	Nesse momento, constroem-se expectativas de valor e tempo da Transação. Se superestimar o valor do Alvo, o Assessor pode gerar expectativas infundadas e insensatas sobre a Transação e inviabilizar seu sucesso.
(4) Abordagem (*road show*)	Demonstrações de interesse. Assinaturas dos acordos de confidencialidade. Inicia-se a troca de informações que culmina com ofertas indicativas de valor.	Pode levar meses. Os mercados são dinâmicos: potenciais Compradores podem surgir inesperadamente. Compradores e Vendedores constroem as primeiras "leituras" uns dos outros. Um Comprador que inicialmente era considerado desinteressado pode ser aquele que concluirá a Transação. O contrário também pode acontecer.
(5) Negociação	Negociação dos principais termos da Transação (valor, modo e prazo de pagamento, garantias e responsabilidades, início da *due diligence*, relações entre as Partes após a Transação).	Há momentos de muita tensão, mas ainda há muito mais pela frente. É fundamental construir alternativas. O Preço "de mercado" é revelado e pode ser muito diferente daquele discutido na fase de Preparação.
(6) Contratação dos Assessores técnicos	Contratação de advogados, tributaristas, auditores, laudos técnicos etc.	Assessores devem ter não apenas qualificação técnica, mas também bom senso, para não comprometer todo o processo de M&A.[1]
(7) Execução contratual	Assinatura ("*signing*") do Contrato de Compra e Venda de Ações (CCVA) e de outros instrumentos jurídicos assessórios, por exemplo, Acordo de Acionistas, Contrato de Fornecimento de longo prazo, Contratos de Retenção de Executivos.	É a fase de maior tensão. O Vendedor geralmente deseja que essa acabe o quanto antes, impondo muita pressão a seus Assessores e ao Comprador. Detalhes da Transação são negociados exaustivamente. Alerta: "Deus mora nos detalhes."

continua

---

[1] Um amigo advogado relatou que um cliente, que estava vendendo sua empresa, contratou uma empresa de auditoria para ajudá-lo nas discussões da *due diligence* com o Comprador. O auditor criou tantos problemas para seu próprio cliente, que a conclusão da Transação demorou um ano e terminou com a contratação de outra empresa de auditoria.

continuação

Fase	Eventos/Objetivos	Idiossincrasias
(8) *Due diligence*	Verificação, por auditores independentes, dos ativos, passivos e contingências do Alvo. Pode ser uma oportunidade importante para os executivos do Comprador analisarem o negócio do Alvo "por dentro".	Identificação de passivos ocultos pode comprometer a Transação, uma vez que afetam o valor a ser pago pelo Alvo. Por outro lado, ativos ocultos podem reforçá-la.
(9) Fechamento (*closing*)	Condições precedentes e suspensivas cumpridas, a Transação efetiva-se, com o pagamento (parcial ou total) do Preço e a transferência da propriedade do Alvo.	Todos os acionistas (ou do bloco de controle) do Alvo precisam participar. Inventários e dissidências societárias podem ser problemáticos. Se for negociado que acionistas permaneçam na operação por alguns anos, mediante compensação/prêmios (*earn-out*), o *closing* final pode demorar anos.
(10) Pós-transação	Liquidação financeira da Transação.	Pode levar anos e ser tumultuada pelo surgimento de passivos não identificados na *due diligence*, ou até mesmo pela *performance* do Alvo.

É importante ressaltar que a forma como a Transação se materializa (aquisição de controle, aquisição minoritária, *joint venture*, fusão, incorporação, cisão) é resultado das motivações do Comprador e dos objetivos do Vendedor. Essas motivações afetam também a maneira como o processo da Transação nasce e evolui, incluindo a avaliação do Alvo, a abordagem, a negociação e a execução contratual. Por isso, convém diferenciar tais motivações.

Como mencionado na Introdução, as Transações podem ser classificadas pela estratégia que motiva o Comprador.[2] Relembrando:

- **Aquisição horizontal**, quando o Comprador quer aumentar sua fatia de mercado e/ou eliminar um concorrente inoportuno.
- **Aquisição concêntrica**, quando o Comprador adquire Alvos que têm tecnologias, produtos ou mercados que estendem a atuação do Comprador no mercado. A estratégia é explorar economias de escopo e de escala.
- **Aquisição vertical**, quando as Partes têm uma relação de cliente (*forward integration*) ou fornecedor (*backward integration*). A estratégia é consolidar a posição do Comprador no mercado, criando vantagens competitivas.
- **Aquisição de conglomerado** ocorre quando as Partes não são concorrentes, tampouco têm algum tipo de relação comercial. A estratégia é criar um portfólio de empresas rentáveis e com baixa ou nenhuma correlação de negócios.

---

[2] Classificações utilizadas por Gaughan (2011); e Rock, Rock e Sikora (1994).

Esses diferentes tipos de estratégias que fundamentam a Transação afetam não apenas o valor pago pelo Alvo, mas também a estrutura contratual da aquisição e a relação com o Comprador na Pós-Transação. A estratégia da Transação afeta, ainda, a conduta das Partes em duas das suas fases mais sensíveis: a *due diligence* e o fechamento. Em aquisições horizontais e verticais, por exemplo, a *due diligence* do Alvo é "nervosa", pois há o risco de informações estratégicas serem disponibilizadas ao Comprador antes da concretização da Transação. Se a Transação for abortada, o uso dessas informações pode gerar prejuízos significativos ao Vendedor. Já na aquisição de conglomerado, como não há relação comercial entre as Partes, a *due diligence* pode não gerar tantas suscetibilidades.

Por fim, vale mencionar que, no caso de aquisições horizontais que intensificam a concentração em um setor da economia ou mercado regional, pode-se enfrentar a resistência do Conselho Administrativo de Defesa Econômica (Cade).

Fase 1 – Prelúdio e mérito

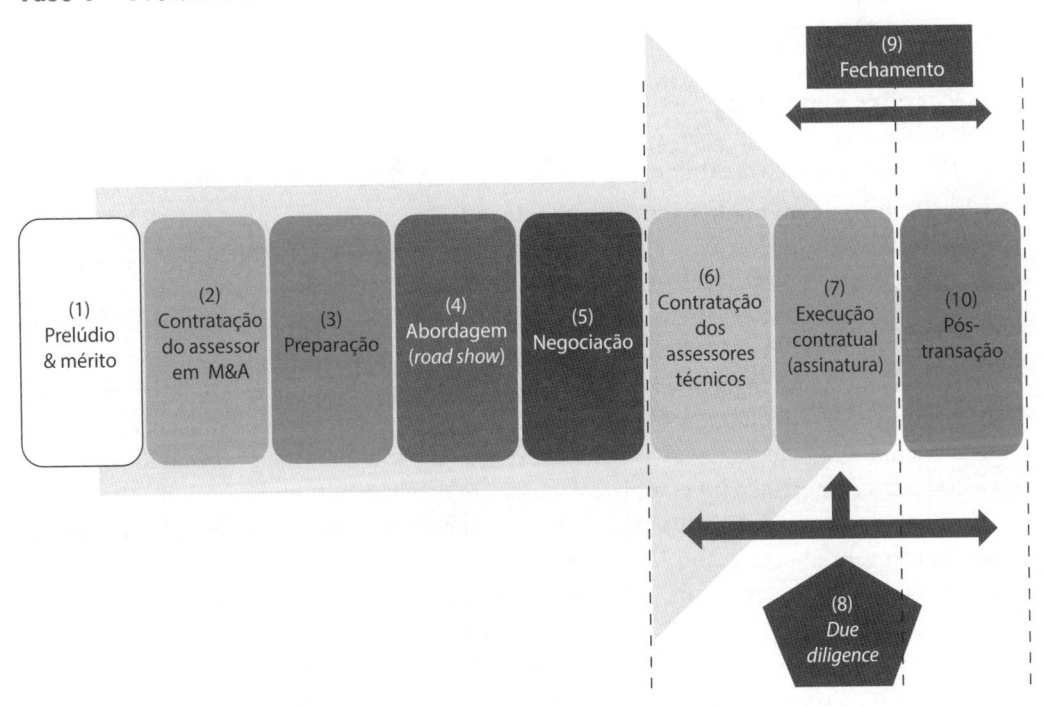

Figura 1.2 – Fase 1: Prelúdio e mérito.

Uma Transação pode nascer anos antes de sua materialização, quando o futuro Vendedor desenvolve uma percepção sobre sua empresa, o mercado de atuação e/ou sua vida pessoal que o motiva a vender o Alvo. A Transação também pode ter sido resultado de uma análise de reposicionamento estratégico de um grupo de empresas que decide vender uma de suas subsidiárias.

Independentemente da origem das razões que motivam um acionista (ou grupo de acionistas) a vender o Alvo, essas são cruciais para o sucesso da Transação. Entretanto, nem sempre essas razões são objetivamente percebidas, seja pelo próprio Vendedor, seja por seus Assessores.

Em geral, a motivação para a Transação pode ter causas explícitas e implícitas. Todavia, vale ressaltar que a motivação implícita pode estar no inconsciente do Vendedor e do Comprador. Como Wheeler (2013, p. 12) constata: "o Comprador sempre mente". No entanto, o Vendedor também mente. E não necessariamente é uma mentira deliberada.

O fato é que o desconhecimento das reais razões para a Transação pode comprometer sua evolução e seu desfecho.

RECOMENDAÇÃO: a primeira reunião entre o Vendedor e seu Assessor em M&A bem como a primeira reunião com um potencial Comprador são fundamentais para entender as reais motivações das Partes envolvidas na Transação. Nesses momentos, é crucial manter os ouvidos bem abertos. Entretanto, no transcorrer do processo de M&A, sinais diretos e indiretos serão revelados pelo Vendedor e pelo Comprador sobre suas reais motivações.

MOTIVAÇÕES EXPLÍCITAS

Entre as motivações explícitas, pode haver um ou mais dos seguintes aspectos:

1. Posição de mercado e tendências setoriais: a decisão de venda pode ser motivada pela percepção de que o Alvo está em uma posição de mercado fragilizada. A "posição de mercado" de uma empresa é constituída por: seu diferencial competitivo com seus atuais e potenciais concorrentes, diretos e indiretos; seu poder de barganha junto a seus fornecedores; sua relação com seus clientes/consumidores; sua relação com o governo (impostos, restrições e exigências regulatórias). Uma empresa de tecnologia, por exemplo, investiu anos em Pesquisa e Desenvolvimento (P&D) para criar um produto revolucionário. Entretanto, após concluir a fase de desenvolvimento e testes, a empresa não tinha capacidade financeira e estrutura comercial para viabilizar a venda em escala de um novo produto. Nesse caso, o acionista decidiu vender uma parte de sua empresa para alguém que pudesse resolver esses desafios. Em outro exemplo, o proprietário de uma pequena rede regional de farmácias, assistindo à crescente concentração do setor no Brasil, decidiu vendê-la antes que a concorrência reduzisse ainda mais suas margens. Enfim, a posição de mercado do Alvo e as tendências do setor de atuação podem motivar o acionista a vender parte ou a sua totalidade, buscando reposicioná-lo estrategicamente, ou simplesmente sair do mercado e realizar monetariamente o investimento acumulado no Alvo.

NA PRÁTICA: em setembro de 2013, a Microsoft comprou os ativos de telefonia móvel da Nokia. Steve Ballmer, na ocasião CEO da Microsoft, relatou que: apesar de a parceria de dois anos entre as duas empresas estar sendo frutífera, a Microsoft quis ter controle direto e total sobre a operação (telefonia móvel) – que é crítica em sua estratégia – e que as mudanças de mercado são rápidas e exigem reações rápidas também.

> A Nokia, por sua vez, perdeu boa parte de sua participação no mercado de celulares por subestimar o sucesso dos *smartphones* da Apple. A venda dos ativos de telefonia móvel representou uma oportunidade para a Nokia concentrar seu capital em setores com melhores condições competitivas: rede e mapas.

2. Estrutura societária: é um aspecto decisivo para o sucesso, ou fracasso, de qualquer empresa. As motivações para venda oriundas da estrutura societária podem incluir inúmeras situações. Desde um acionista que está doente, ou em idade avançada, até sócios com objetivos distintos que pleiteiam a realização de seus investimentos nas ações do Alvo. Este último pode ser o caso de empresas com Fundos de Capital Privado (FPEs[3]) como sócios. Desavenças e até brigas societárias também podem motivar os acionistas a vender o Alvo. Nesses casos, é fundamental que haja o mínimo de coesão entre os acionistas quanto à liderança na condução da Transação e consenso na percepção do valor de suas ações. Caso contrário, o risco de a Transação fracassar é enorme, para não dizer de 100%.

A ausência de sucessão é outra motivação muito comum em empresas familiares. Isso se dá quando o fundador não tem filhos ou os tem, mas estes não têm interesse/aptidão em trabalhar na empresa. Não há estatísticas, mas acredito que essa possa ser uma motivação frequente para a venda de uma empresa, especialmente empresas familiares. Nesses casos, geralmente o Vendedor reluta em revelar sua real motivação para a Transação ao Comprador e usa outra explicação, como a captação de recursos financeiros para investir em outro negócio.

3. Oportunidade de fazer um excelente negócio: por vezes, o acionista do Alvo não considerava vendê-lo, mas o inesperado interesse de um Comprador, acompanhado de uma oferta percebida como vantajosa, pode levá-lo à Transação. É simplesmente a oportunidade de se fazer um excelente negócio.

4. Crise de liquidez: muitos acionistas que se deparam com alto risco de insolvência financeira, seja na pessoa física ou na jurídica, optam por vender o Alvo e sua dívida. "A crise de um pode ser a oportunidade de ouro", diz o ditado popular. No entanto, a realidade pode ser bem mais difícil, especialmente quando um setor da economia, ou o país todo, está em crise. Foi o caso do setor de varejo no Brasil entre 1998 e 2001.

> **NA PRÁTICA:** empresas em crise de liquidez exigem uma análise ainda mais criteriosa de sua situação tanto operacional e financeira quanto societária. Uma vez me deparei com um caso inusitado: uma empresa com excelentes produtos, mas com uma dívida impagável. Na primeira reunião, constatei que um de seus quatro acionistas havia gerado prejuízos recorrentes que originaram o endividamento, o qual comprometia a continuidade da empresa. Esse acionista havia sido compulsoriamente afastado da gestão pelos outros acionistas, mas ainda mantinha pequena participação societária.

---

[3] *Private Equities* em inglês.

> Os outros três acionistas eram FPEs que não estavam dispostos a investir sequer mais R$ 1,00. Um dos três detinha mais da metade das ações e estava em uma condição ingrata: como perderia mais com a iminente quebra da empresa, os outros dois acionistas esperavam que ele, como majoritário, aportasse o capital necessário e aceitavam ser diluídos.
>
> Era uma situação que impunha muitos desafios ao sucesso de uma Transação: dívida excessiva; escassez de capital e tempo; desalinhamento entre os três FPEs; e o risco jurídico do quarto acionista que se sentia injustiçado pelos outros. Era um quadro triste, pois, apesar de tudo, era uma empresa com grande potencial, dadas a qualidade de seus clientes e a rentabilidade de seus produtos.
>
> Para piorar, os executivos da empresa, por sua vez, estavam desgastados. Eram muito cobrados pelos acionistas e buscavam avidamente um Assessor para vendê-la. Nesse caso, o Assessor teria um papel muito além de vender a empresa, pois precisaria servir de interlocutor entre os quatro acionistas e entre os acionistas e os executivos. Como vender uma empresa nessas condições?
>
> A estratégia que usei para começar a relação com os acionistas com o "pé direito" foi condicionar a apresentação do Alvo aos potenciais Compradores se, e somente se, a empresa atingisse certos índices de alavancagem: dívida total sobre o EBITDA de, no máximo, 3,5 e um Índice de Cobertura do Serviço da Dívida (ICSD) de, no mínimo, 1,5.[4] Dessa maneira, promovi uma discussão entre os acionistas sobre o endividamento que me deu tempo e condições para analisar a viabilidade da Transação.

MOTIVAÇÕES IMPLÍCITAS

> Repare se seus julgamentos objetivos não são, no fundo, subjetivos.
>
> A. Schopenhauer[5]

> O "eu" não é senhor nem mesmo em sua própria casa.
>
> S. Freud[6]

As motivações implícitas do Vendedor para a Transação podem ser conscientes e/ou inconscientes.

Entre as possíveis motivações implícitas conscientes da Transação, é possível destacar os riscos do Alvo que o Vendedor queira transferir ao Comprador, por exemplo: obsolescência tecnológica; elevadas contingências tributárias, trabalhistas e/ou ambientais; ausência sucessória e/ou conflitos societários etc. Com receio de que a revelação desses riscos enfraqueça sua posição negocial, o Vendedor pode escondê-los até de seu próprio Assessor. Entretanto, abordar esses riscos de maneira aberta com o Assessor, e até mesmo com o Comprador, pode ser fundamental para o sucesso da Transação.

---

[4] Veja no Capítulo 3 as definições de EBITDA e ICSD.
[5] *In*: Safranski (1991).
[6] "Conferências introdutórias sobre psicanálise", AE, v. XVI, p. 260-1; ESB, v. XVI, p. 336.

NA PRÁTICA: uma das experiências mais dramáticas que tive com a motivação implícita consciente foi com o fundador de uma empresa industrial, que, já idoso e acometido de uma doença degenerativa, não estava mais no quadro societário. Seus filhos eram os legítimos proprietários do Alvo e o administravam com muita dedicação e empenho profissional. Por se tratar de uma empresa de médio porte que atuava em um setor em consolidação, os filhos/acionistas me contrataram para identificar oportunidades de ganhar escala pela venda parcial de suas ações.

Ao analisar seu histórico financeiro, observei que o Alvo havia passado por anos difíceis, mas estava se recuperando. Os filhos explicaram que, há três anos, o mercado estava ruim e o Alvo passou por uma reestruturação societária, quando os filhos compraram as ações do pai a prazo. Desde então, a amortização da dívida comprometia boa parte dos dividendos que os filhos recebiam.

Trabalhava na Transação há três meses, quando recebi uma ligação inesperada do fundador, a quem eu ainda não havia sido apresentado. Ele me convidou para um café, no qual me contou sobre a fundação do Alvo e sua história. Falamos sobre o setor e potenciais Compradores. Por fim, o fundador me confidenciou que era um jogador compulsivo e estava em situação financeira muito difícil por causa de dívidas acumuladas em jogo. Doente e endividado, o fundador queria que eu intercedesse junto a seus filhos para poder antecipar parte do pagamento das ações.

Obviamente, se tratava de uma questão de família, na qual eu não poderia, tampouco deveria, interceder. Entretanto, essa questão familiar poderia afetar a Transação, indiretamente, pela pressão de tempo para a conclusão das Transações, ou diretamente, pela influência que o fundador ainda mantinha com fornecedores estratégicos do Alvo. Havia ainda o risco de o fundador questionar a possível diferença positiva entre o valor da Transação e o valor de venda de suas ações aos seus filhos há três anos.

Esse caso é uma ilustração de como questões familiares e subjetivas dos acionistas podem afetar, e até comprometer, a evolução da Transação. O fator humano é um elemento-chave, não apenas em empresas familiares, mas também em grandes empresas "profissionalizadas" nacionais e multinacionais.

Um fenômeno intrigante que constato em minha experiência como Assessor é o de que, por vezes, o Vendedor que, objetivamente, tem inúmeras razões para vender seu Alvo, subjetivamente não o quer. Para ilustrar esse fenômeno, cito outra experiência marcante.

NA PRÁTICA: há cerca de dez anos, fomos contratados para vender uma empresa de um senhor que não tinha herdeiros e tinha uma doença grave. Sua empresa era líder de mercado, tanto em vendas como em rentabilidade. Esse senhor tinha construído a empresa do zero e ao longo de toda sua vida a transformou em uma referência do setor. Seu valor foi estimado em R$ 150 milhões. O empresário se surpreendeu com o montante e nos autorizou a apresentar o Alvo a uma lista pré-aprovada de potenciais Compradores, que incluía FPEs, empresas similares no Brasil e no exterior. Um FPE gostou e fez uma oferta: US$ 300 milhões. Todos nós, inclusive o empresário, ficamos surpresos. Entretanto, o empresário desconfiou da situação, pensando que "se há alguém querendo pagar US$ 300 milhões pela minha empresa, ela deve valer muito mais". Resultado: apesar de nossas ponderações e tentativas de esclarecimento, o empresário se recusou a vender o Alvo.

Esse caso me ensinou a importância do "não dito" em uma Transação. O empresário, na verdade, não queria vender o Alvo. A proposta do FPE somente o convenceu de que o Alvo era muito bom. O Preço não era a questão. O apego falou mais alto que US$ 300 milhões e sua grave doença.

Essa e outras experiências me ensinaram a importância da primeira reunião com um Vendedor, especialmente se o Alvo for liderado por um acionista e/ou executivo centralizador. É fundamental entender não somente por que o líder quer vender o Alvo, mas também o que ele fará após a conclusão da Transação. Qual é a função que o Alvo tem na vida pessoal e profissional do líder? Ele quer vender o Alvo para embolsar uma fortuna e se aposentar? Ou o Alvo é a sua vida?

As motivações implícitas inconscientes podem ser ainda mais obscuras, complexas e subjetivas, incluindo vaidade, ciúmes, ganância, apego e orgulho.

NA PRÁTICA: conheci um empresário cuja empresa enfrentava uma severa crise de liquidez e poderia ir à falência. Foi encontrado um Comprador que salvaria o Alvo, mas não pagaria muito ao Vendedor. Na hora de assinar o compromisso de compra e venda, a vaidade do Vendedor o fez desistir da Transação. O Alvo foi à falência, empregos foram perdidos e, além de não receber nada por suas ações, o Vendedor ficou com dívidas. Novamente, trata-se da importância do "não dito".

RECOMENDAÇÃO: qualquer que seja a motivação do Vendedor, é importante a coesão do quadro societário (acionistas majoritários e minoritários) para o sucesso da Transação. Um renomado consultor societário afirma que 70% dos empreendimentos não dão certo "em razão de conflitos societários não resolvidos". Qual é a saída? "A sociedade é tão saudável quanto a forma como administra suas divergências."[7] Divergências são um fato da vida. O desafio é como resolvê-las em prol de um objetivo comum. Subscrevo a tese de que o alinhamento entre sócios é crucial para a prosperidade e sustentabilidade de uma empresa.

Considerando que sempre há certo grau de dissonância entre o objetivo e o subjetivo, a coesão entre os acionistas é crítica para o sucesso da Transação. É preciso nunca perder de vista que, ao vender um Alvo, além de apresentá-lo aos potenciais Compradores, apresentam-se também seus sócios. Uma sociedade em desarmonia, em conflito, desalinhada pode tornar qualquer transação de captação de recursos (financiamentos e/ou capital) inviável.

NA PRÁTICA: lembro-me de um potencial cliente que queria contratar minha assessoria em M&A para vender uma participação no capital do Alvo, mas relutava em revelar quem eram seus atuais sócios. Primeiro, disse-me que eram estrangeiros, depois me revelou que eram brasileiros, representados por um procurador. Indignado, esse potencial cliente ficou irritado com minhas insistentes perguntas a respeito dos sócios: "Por que você quer saber tanto sobre eles?" "Porque venderei a empresa deles", respondi. Ter um procurador já foi um sinal ruim. Acabei desistindo de fazer a proposta de assessoria.

O fenômeno de dissonância entre o objetivo e o subjetivo não é privilégio somente de empresas familiares, mas também de empresas ditas "profissionalizadas". Isso vale para o

---

[7] Baseado em Bernhoeft (2011, p. D12).

Comprador: se o Comprador for uma grande empresa, nacional ou multinacional, é crítico que haja consenso entre os tomadores de decisão sobre a Transação.

> **RECOMENDAÇÃO:** recentemente, um cliente cuja empresa estava indo muito bem, mas não tinha sucessores, me indagou: "Quando é a melhor hora para vender meu negócio?"
>
> Como era de seu estilo, ele perguntou e nem me deu tempo de responder: "Eu já sei. Quando eu tiver uma proposta!" É verdade, mas ainda seria melhor quando ele tiver mais de uma proposta! É por isso que existem processos organizados de se vender uma empresa. Processos estes que buscam gerar propostas interessantes para a Transação. Independente de seu sucesso em concluir a Transação, estes processos, quando bem-feitos, produzem informações importantes sobre a liquidez do Alvo (ou seja, quão rápido as participações societárias no Alvo podem ser convertidas em dinheiro) e o valor de mercado do Alvo.
>
> As seções seguintes vão abordar em detalhes as etapas de um processo organizado para se vender uma empresa.

Sumário executivo da Fase 1 – Prelúdio: contexto estratégico dos acionistas

- Uma Transação começa muito antes de sua materialização, quando o acionista desenvolve uma percepção sobre sua empresa, o mercado de atuação e/ou sua vida pessoal que o motiva a vender o Alvo.
- É importante entender o momento estratégico do Alvo em seu mercado, do Vendedor (no caso de este ser uma pessoa física) e dos potenciais Compradores. Esses motivos são essenciais para o sucesso da Transação.
- A primeira reunião entre o Vendedor e seu Assessor bem como a primeira reunião com um potencial Comprador são fundamentais para entender as reais motivações das Partes. É crucial manter-se bem atento. No transcorrer do processo de M&A, sinais diretos e indiretos serão revelados pelo Vendedor e pelo Comprador sobre suas reais motivações.
- Em geral, a motivação para venda tem duas causas: uma explícita e outra implícita. A motivação implícita pode ser consciente ou estar nos inconscientes do Vendedor e do Comprador.
- Entre as motivações explícitas do Vendedor, pode haver um dos seguintes aspectos: posição de mercado e tendências setoriais, estrutura societária (incluindo ausência de sucessão), oportunidade de fazer excelente negócio e crise de liquidez.
- Entre as possíveis causas implícitas conscientes, é possível destacar riscos do Alvo que o Vendedor percebe como eminentes e quer evitá-los, por exemplo: obsolescência tecnológica; contingências tributárias, trabalhistas e/ou ambientais elevadas; intervenção governamental; ausência sucessória e/ou conflitos societários etc.
- As motivações implícitas inconscientes podem incluir vaidade, ciúmes, ganância e orgulho. Essas motivações não são privilégio apenas de empresas familiares, mas também de empresas ditas "profissionalizadas", até mesmo multinacionais. Trata-se da importância do "não dito".
- Considerando que sempre há certo grau de dissonância entre o objetivo e o subjetivo, a coesão entre os acionistas do Vendedor é crucial para o sucesso da Transação. Uma sociedade em desarmonia, em conflito, desalinhada pode tornar qualquer transação de captação de recursos (financiamentos e/ou capital de risco) inviável.

> "Quem trabalha comigo já sabe: na hora eu estouro. (...) Por isso, para extrair o máximo de uma negociação, evito estar à frente delas. Na minha opinião, o dinheiro mais bem pago é de um bom intermediário. Tem muita emoção envolvida numa negociação. Se é você quem dá a última palavra e, ao mesmo tempo, está lá negociando, a sua ansiedade vai transparecer. A outra parte acaba tirando vantagem disso. Além do quê, os ânimos exaltados podem impossibilitar o diálogo e acabar jogando um bom negócio pelos ares. Acompanhando de perto, mas sem estar na linha de frente, consigo o espaço de que preciso para recobrar o controle das emoções e tomar as decisões mais acertadas."
>
> Rubens Ometto Silveira Mello, *In*: O Inconformista:
> "A trajetória e as reflexões do empresário que fez a Cosan
> um dos maiores sucessos corporativos do Brasil",
> Ed. Portfolio Penguin, 2021, p. 36-37.

Fase 2 – Contratação do Assessor em M&A

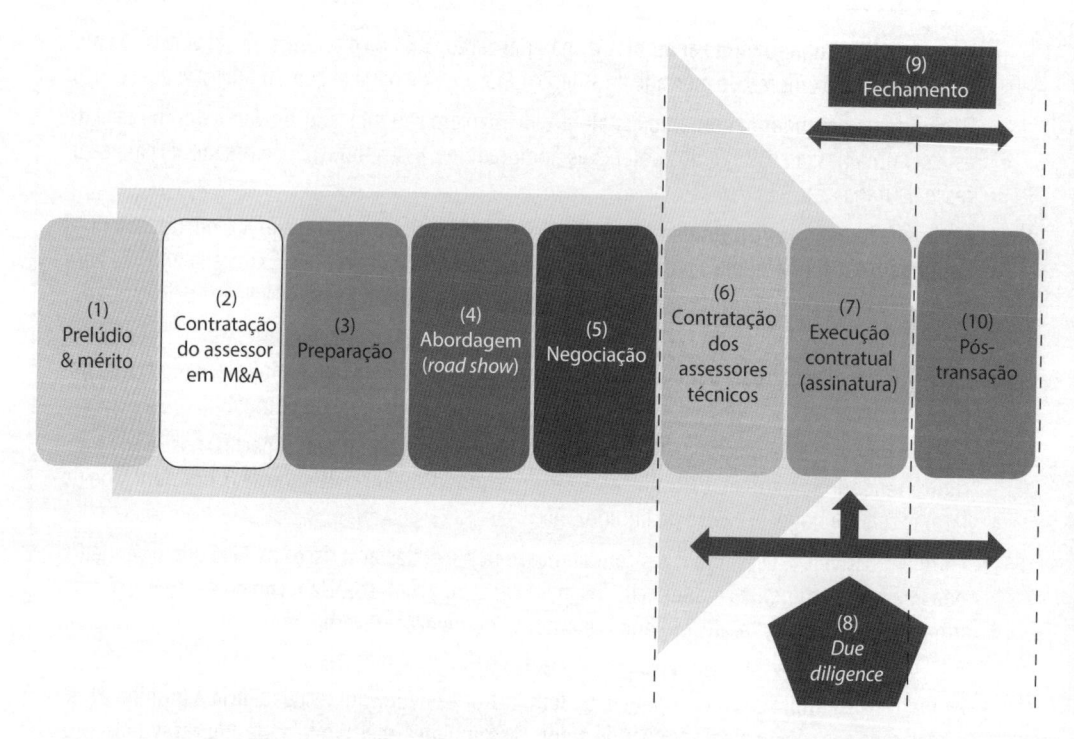

Figura 1.3 – Fase 2: Contratação do Assessor em M&A.

Um Vendedor deve contratar um Assessor em M&A? Essa é uma importante questão. É de extrema relevância o valor que um bom Assessor pode agregar ao Vendedor em uma Transação. Ao longo deste livro, o valor agregado de um bom Assessor se tornará claro ao leitor.

Entretanto, como em todas as profissões, há bons e maus profissionais. Nos últimos anos, houve uma proliferação de consultorias em M&A, mas nem todas são realmente capazes de prestar uma boa assessoria.

Um Assessor não é um corretor de imóveis, embora existam no mercado corretores de empresas (*brokers*). Como os Assessores, os *brokers* também identificam e apresentam potenciais Compradores e podem ganhar uma comissão se o negócio for fechado, mas não fazem o trabalho analítico de avaliação do Alvo e também podem não ter experiência técnica para acompanhar a execução contratual da Transação. Afinal, vender uma empresa é bem mais complexo que vender um imóvel.

Nesta seção, será apresentado e discutido o trabalho de um Assessor e não de um *broker*. A formação de um profissional de M&A é extensa e complexa, pois não há curso de formação disponível em faculdades. A experiência prática e a maturidade pessoal são essenciais.

> **NA PRÁTICA:** um dia, recebi um e-mail de um rapaz de 30 anos, formado em Economia, perguntando como ele poderia se capacitar como Assessor em M&A e "entrar" no mercado. Minha resposta foi: "O processo de formação de um profissional de M&A é longo e boa parte ocorre *on the job*", ou seja, você pode e deve ler e estudar matérias que acrescentem conhecimento, como Contabilidade, Direito Societário e Contratual, Finanças, *Valuation*, Análise Estratégica e Técnicas Negociais.
>
> Para começar a trabalhar, há caminhos que podem levá-lo ao M&A, como trabalhar no departamento de *Equity Research* de um banco ou corretora. Muitas pessoas da minha equipe do Unibanco vieram da área de *Equity Research*. Outra maneira é trabalhar na área de Novos Negócios e/ou Planejamento Estratégico em uma empresa que tenha um histórico de crescimento por aquisições. Uma terceira "porta de entrada", talvez menos acessível por causa de sua formação, são as empresas de auditoria que prestam assessoria em M&A.
>
> A melhor porta de entrada nesse campo é começar ocupando um cargo júnior em um banco de investimento (na área de M&A) ou em uma consultoria especializada, tipo boutique. Dada a falta de experiência, provavelmente o salário inicial será relativamente baixo.
>
> Prepare-se para uma longa carreira permeada de muito trabalho e angústias, pois as pressões e tensões são enormes. Em contrapartida, você sempre estará lidando com tomadores de decisões, conhecerá diversos setores da economia com profundidade e aprenderá muito sobre negócios e a natureza humana. É preciso ter paciência e perseverança, pois uma transação de M&A pode levar anos e ainda não dar certo, apesar da sua competência e dedicação.
>
> Trabalhar em M&A é um desafio intelectual e pessoal constante. Uma coisa é certa: "não há espaço para tédio".

CAPACITAÇÕES

Um bom Assessor tem as seguintes qualidades/capacitações:

- **Ausência de conflitos de interesses.** Isso é crítico. Um Assessor não pode representar, ao mesmo tempo, o Vendedor e o Comprador, tampouco ter algum interesse de o Vendedor concluir a Transação com um Comprador específico em troca de ganhos indiretos. Por exemplo, um banco estrangeiro atuando no Brasil em M&A com interesse em favorecer determinado investidor estrangeiro que tenha outros negócios com a matriz do banco no exterior. Ou, ainda, um banco comercial que tem exposição de crédito com um Alvo em crise, cujo Vendedor é assessorado pela área de M&A do mesmo banco.

- **Exclusividade.** Do meu ponto de vista, o Assessor deve representar apenas o Vendedor. O Vendedor, por sua vez, deve ter um só Assessor oferecendo e negociando o Alvo. É uma exclusividade de duas mãos, mútua. A falta de exclusividade pode causar prejuízos ao Vendedor por várias razões. Primeiro, a questão da confiança entre o Vendedor e o Assessor é fragilizada. Como um Vendedor pode confiar em um Assessor que também representa o Comprador? Como um Assessor pode confiar no Vendedor se este tem outros Assessores vendendo o mesmo o Alvo? Como já dizia Napoleão Bonaparte: "Na guerra, um general ruim é melhor do que dois dos bons."[8]

NA PRÁTICA: já vi casos em que o mesmo assessor representava o Comprador e o Vendedor. Infelizmente, esse tipo de caso é mais frequente do que imaginamos. Pessoalmente, eu acredito que é uma posição de muito risco para todas as partes envolvidas, especialmente para o Assessor, que vai estar sempre "no fio da navalha": qualquer escorregão, qualquer movimento que desperte desconfiança, pode comprometer a transação e o relacionamento com as Partes. Acho que é possível funcionar em casos muito específicos, quando o Assessor tem um longo histórico de confiança com ambos o Comprador e o Vendedor. A contratação do Assessor deve ser transparente para ambos o Comprador e o Vendedor.

NA PRÁTICA: vender uma empresa não é como vender um apartamento. Um apartamento pode estar sendo comercializado por várias corretoras ao mesmo tempo, mas uma empresa não. Mesmo no caso do apartamento, há margens para prejuízo. Outro dia, um amigo relatou que estava procurando sítios para comprar. O primeiro sítio visitado foi o que ele mais gostou. Naquele dia, o corretor lhe mostrou vários, mas o primeiro foi o preferido. Estranhamente, o corretor não insistiu muito em falar do primeiro sítio, preferindo enfatizar as qualidades e o preço de outro. Intrigado, meu amigo foi pesquisar na Internet outras corretoras que atuavam na região e, para sua surpresa, descobriu que havia a foto de seu sítio preferido em sites de outras corretoras e com preços diferentes do informado pelo corretor! Meu amigo perdeu seu tempo e a confiança no corretor. Desde então, não confiou em mais nenhum corretor que não fosse exclusivo.

- **Remuneração contingente.** Geralmente, o Assessor ganha boa parte de sua remuneração condicionada ao sucesso da Transação (*Success Fee*) e a diferença uma remuneração fixa conhecida como *retainer*. Considerando que uma Transação pode demorar anos e ainda não dar certo – e, com o passar dos

---

[8] Citado em Gomes (2011, p. 43).

anos, exigir atualizações no *valuation* e no Memorando de Oferta –, não é incomum encontrarmos Assessores que cobram *retainers* mensais, ou anuais. Ou ainda um pagamento de uma quantia fixa pré-estipulada sempre que uma atualização precisa ser feita, ou quando algum fato importante ocorrer, como a assinatura de um Acordo de Confidencialidade e/ou o recebimento de uma Carta de Intenções.

NA PRÁTICA: já tive clientes que me propuseram me pagar por homem/hora de assessoria. É tentador, pois como a Transação pode demorar anos e ainda não dar certo, ganhar por tempo investido parece não ser uma má ideia. Especialmente quando se trata de empresas de pequeno e médio porte que, devido à relação de confiança construída, o Vendedor começa a pedir ajuda do Assessor em outras tarefas importantes para o Alvo, mas fora do escopo da assessoria. Por exemplo, apoio na contratação de executivos, renegociação com bancos etc.

Minha única experiência com honorários por hora não foi boa. Como as Transações são longas e intensas, em especial na fase de negociação e execução, chegou um momento em que meu cliente começou a se incomodar com as crescentes quantidades de horas e optou por cancelar o nosso contrato.

É uma situação complexa, pois muitas vezes, durante uma reunião aparentemente técnica, onde o Assessor tem pouco ou nada a acrescentar, o Comprador pode sinalizar uma preocupação ou um interesse específico no Alvo que os ouvidos treinados do Assessor precisam considerar. Se o Assessor não é convidado para uma reunião como essa para poupar homem/hora, algo importante para a Transação pode ser perdido.

RECOMENDAÇÃO: do ponto de vista do assessor em M&A, o primeiro grande desafio, mesmo antes de ser contratado pelo Vendedor, é descobrir se o Alvo tem valor e liquidez. O Alvo pode ter muito valor, mas não ter liquidez no mercado, ou seja, pode não haver Compradores interessados na Transação. Nesse caso, o Assessor investirá muito tempo e esforço e poderá não ser remunerado, uma vez que a Transação não acontecerá. É importante que ambos, o Vendedor e seu Assessor, tenham consciência de que estão fazendo uma aposta no sucesso da Transação.

- **Disponibilidade e dedicação sênior.** Com frequência, há relatos de clientes sobre executivos seniores, com muita experiência, que vendem o serviço de M&A, mas, após assinado o mandato, no transcorrer do processo, ficam cada vez menos presentes, e um assistente mais jovem e inexperiente ocupa seu lugar. Conclusão: muitas vezes, "comprar" um ilustre nome como Assessor pode custar muito caro.
- **Pragmatismo e bom senso na avaliação do Alvo.** Prover o Vendedor com uma estimativa pragmática do valor do Alvo é fundamental para alinhar as expectativas sobre um bom desfecho para a Transação. Projeções excessivamente otimistas e/ou incoerentes superestimam a expectativa de valor do Alvo para o Vendedor, o que pode ser muito difícil de ser revertido caso as ofertas dos potenciais Compradores estejam muito aquém das expectativas do Vendedor.

É fundamental que o Assessor insista que a estimativa de valor é apenas uma estimativa e não uma certeza, muito menos um laudo técnico de valor. O "mercado" é soberano na definição do valor. Entretanto, o mercado pode atravessar momentos tumultuados com aversão a riscos e subestimar o valor do Alvo. Nesses momentos, cabe ao Vendedor esperar ou aceitar o preço que o mercado pode oferecer.

- **Rede de relacionamentos.** O Assessor que mantém uma boa rede de contatos no setor de atuação do Alvo, no Brasil e no exterior, possivelmente é capaz de extrair informações que podem ser agregadas à Transação. Essas podem ir de referências sobre os potenciais Compradores, tendências de mercado a referências de outros profissionais (advogados, tributaristas etc.) que possam agregar alguma expertise ao Alvo na Transação. Muitas vezes, o Assessor não tem contato direto com um potencial Comprador, mas pode ter um bom contato indireto por intermédio de amigos e colegas. Esses acessos aos tomadores de decisão são muito valiosos.

- **Experiência em Transações similares.** Ter experiência em Transações similares no setor de atuação do Alvo sem dúvida faz diferença. Entretanto, como as transações de M&A são longas, é difícil encontrar um Assessor com experiência recente na área de interesse, especialmente se for um nicho de mercado. Há poucos setores da economia brasileira que sejam diversificados o bastante para permitir desenvolver Assessores de M&A especializados, por exemplo, varejo, farmacêutico, mídia e TI.

RECOMENDAÇÃO: o imperativo da ausência de conflitos de interesse impede que boa parte dos Assessores acumule muitas experiências em um mesmo tipo de indústria. Consequentemente, o Vendedor não deve esperar que seu Assessor já conheça seu negócio ou o setor de atuação, tampouco que tenha uma rede significativa de contatos de potenciais Compradores estratégicos. O que realmente deve se esperar de um bom Assessor é que este tenha experiência no processo de M&A. Por isso, a execução de um processo de M&A é um trabalho em equipe que exige a contribuição tanto do Assessor quanto do Vendedor para contatos de potenciais Compradores e esclarecimentos sobre o Alvo e seu setor de atuação.

- **Razão e sensibilidade.** O Assessor precisa ter equilíbrio emocional suficiente para ser capaz de administrar as tensões entre o Vendedor e os potenciais Compradores que fazem parte de qualquer negociação. O Assessor funciona como um amortecedor entre a agressividade das Partes. Além de ter de conduzir essas tensões, o Assessor precisa ajudar o Vendedor a administrar sua ansiedade. O processo de M&A, geralmente, é uma sequência de altos e baixos, de entusiasmo e frustração. As tensões entre os dois extremos são crescentes, e o Assessor deve sempre ter isso em mente para ajudar o Vendedor a manter-se sereno.

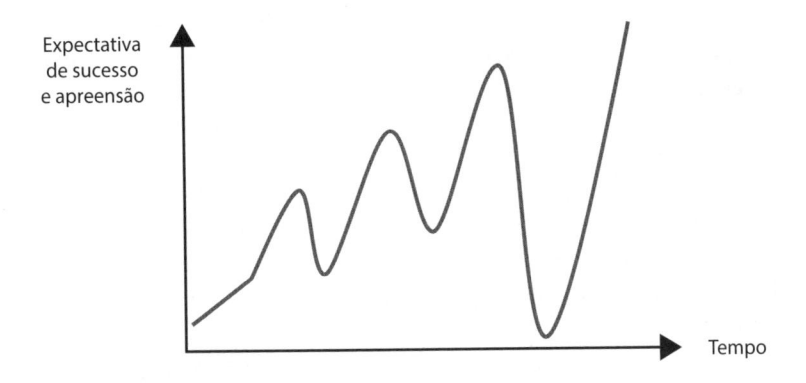

Figura 1.4 – Altos e baixos de um processo de M&A.

LIMITES

O Vendedor, antes de contratar um Assessor, não deve ter ilusões sobre o que este último pode fazer pela Transação e pelo Alvo. Entre os limites dos Assessores, destacam-se:

- **Ilusões e heroísmo.** Assessores não devem "garantir" prazos para o término da Transação, tampouco seu valor. A única garantia do processo de M&A é que há um começo. O fim, a conclusão da Transação, se for possível, é imprevisível a todos os envolvidos: Assessor, Vendedor e Comprador. O Assessor muito menos pode ser considerado um herói, um salvador da pátria, que solucionará os problemas de um Alvo em dificuldades financeiras, por exemplo.
- **Especializações.** Geralmente, o Assessor não é um especialista em assuntos de auditoria (*due diligence*), direito, tributos, meio ambiente e outros que se mostrem necessários (por exemplo, certificadores técnicos para atestar a velocidade dos ventos em centrais eólicas).

Esse ponto é fundamental. Não é recomendável deixar a cargo exclusivo do Assessor a elaboração do Contrato de Compra e Venda de Ações (CCVA), pois, como o Assessor ganha com a concretização da Transação, este pode recomendar seu cliente a aceitar riscos intoleráveis, algo que um bom advogado seria contra. Do mesmo modo, como será abordado mais adiante, pode ser muito arriscado deixar a condução da *due diligence* com o Assessor na compra de um Alvo. O Assessor pode descobrir um passivo oculto significativo na *due diligence* do Alvo e omitir essa descoberta para não pôr em risco a Transação. Ambas as situações geram conflitos de interesse, que podem ser facilmente resolvidos com a contratação direta, por parte do Vendedor e do Comprador, de advogados e auditores especializados.

Enfim, é importante também que o Vendedor contrate e pague diretamente esses especialistas para garantir a ausência de conflitos de interesse. Entretanto, por ter participado de outras Transações, o Assessor pode conhecer especialistas competentes que possam ser úteis ao Vendedor. Nesse contexto, o Vendedor pode aceitar do Assessor algumas sugestões e indicações de nomes desses especialistas, entrevistá-los e selecionar quem considerar ser o melhor.

- **Atestar demonstrativos contábeis e projeções.** O Assessor não é auditor contábil do Alvo[9] e, como tal, não pode se responsabilizar pelos demonstrativos contábeis, tampouco pelas projeções que utilizou para estimar o valor do Alvo. As projeções baseiam-se em informações, premissas e tendências fornecidas pelo Vendedor. Claro que o Assessor deve questionar estas, mas, como pode ser neófito no setor, tem limitações.
- **Integridade pessoal e profissional.** O Assessor deve buscar fazer a melhor Transação para seu cliente, sem abrir mão de seus valores éticos e sua integridade profissional e pessoal. Se o Vendedor quiser fazer alguma ação de muito risco, ou que possa até violar alguma lei, o Assessor não deve apoiá-lo.
- **Relação de confiança.** A relação entre o Assessor e seu cliente, o Vendedor, no caso, deve ser de confiança, de ambos os lados. Quando essa confiança é abalada, o Assessor pode ser incapacitado a continuar seu trabalho. No limite, o contrato de assessoria pode ser terminado.

NA PRÁTICA: outro episódio dramático de minha carreira ocorreu na sala de espera de um grande escritório de advocacia em São Paulo, minutos antes de assinarmos um CCVA de um Alvo. Meu cliente, o Vendedor, estava em concordata. O Alvo devia muito dinheiro a vários credores e havia quase dois anos que buscávamos um Comprador que pudesse salvar o Alvo da falência e minimizar as perdas dos envolvidos, os acionistas e centenas de credores e empregados. Após muito esforço, havíamos negociado a dívida com os credores e a venda das ações ao Comprador. O humor do Vendedor oscilava entre alívio e arrependimento. Tinha um lado dele que acreditava que a crise de liquidez do Alvo era solucionável por si só e que não havia necessidade de vendê-la. No entanto, isso não era da ordem da realidade, e sim da ordem emocional.

No dia de assinar o CCVA, quando entrei na sala de espera de nossos advogados, encontrei meu colega lívido. O Vendedor havia decidido não assinar o CCVA. Voltou a repetir seu credo de que o Alvo era viável em suas mãos e que havia um futuro promissor de crescimento e rentabilidade. Ouvi seus argumentos e me posicionei com firmeza: "Se o senhor não assinar este CCVA, não vou mais assessorá-lo. Vou informar seus credores de sua decisão e da minha. Nossa relação termina aqui, pois eu acredito que o senhor está errado. Esse erro inviabilizará o Alvo, o pagamento das dívidas com os credores e os empregos de seus funcionários e eu não o apoiarei."

Meu posicionamento firme o fez mudar de ideia, e o CCVA foi finalmente assinado. O Alvo sobreviveu por mais alguns anos até finalmente sucumbir, e o Vendedor continuou se torturando com a possibilidade de ter vendido sua empresa antes da hora.

---

[9] Há empresas de auditoria que contam com departamentos de M&A. Eu mesmo já trabalhei em uma. Todavia, para evitar conflitos de interesse, o auditor do Alvo não deve também ser o Assessor do Vendedor.

CLÁUSULAS TÍPICAS DE UM CONTRATO DE ASSESSORIA

Além de definir a remuneração do Assessor, o objetivo do contrato é alinhar interesses e evitar problemas futuros. O texto é geralmente muito customizado às circunstâncias do Alvo, do Vendedor e da Transação almejada. Entretanto, há elementos em comum que descrevo e analiso em seguida:

Quadro 1.2 – Elementos do contrato de assessoria na venda de um Alvo

Elemento	Comentários
Caracterização do Vendedor	A quem pertence o Alvo? Quem contrata o Assessor é o proprietário do Alvo, seja este outra(s) empresa(a) ou pessoa(s) física(s). Se o Alvo pertencer a um grupo de pessoas físicas, é importante que todos, ou pelo menos o bloco controlador do Alvo, assinem o contrato de assessoria. Isso é crucial para o Vendedor e para o Comprador. Afinal, é fundamental para o Comprador saber se está comprando 100% do capital do Alvo, ou uma participação minoritária, ou ainda apenas o bloco de controle.
Definição da Transação	Essa definição é essencial. O que o Vendedor quer do Comprador? A Transação pode assumir diferentes formas jurídicas que apenas serão reveladas no futuro. É possível que se trate de uma venda de até 100%, de uma *joint venture* em uma nova empresa, da venda de ativos etc. Por isso, a definição da Transação pode ser genérica o suficiente para permitir essas variações. Por exemplo: "O Vendedor contrata o Assessor com exclusividade na venda de até 100% do capital social do Alvo."
Exclusividade	Por que é importante ter um só Assessor? Esse aspecto já foi discutido anteriormente, no início desta seção. A exclusividade deve ser de ambos os lados. Tanto o Assessor só pode representar o Vendedor quanto o Alvo e a Transação também devem ter um só Assessor.
Contexto	Breve descrição dos principais produtos e serviços do Alvo e principais parâmetros econômico-financeiros (faturamento, lucro líquido, endividamento, patrimônio líquido). No elemento Contexto, o Assessor descreve as razões que levam o Vendedor à Transação. Isso é muito importante, pois documenta as informações mais importantes sobre o Alvo, o Vendedor e a Transação. Se o Vendedor, por algum motivo, omite e/ou distorce alguma informação importante sobre a situação do Alvo, o Assessor terá um documento que evidenciará uma possível má-fé do Vendedor. Isso é comum em empresas muito endividadas que o Vendedor precisa vender com urgência e não consegue convencer Assessores a trabalharem para ele.
Escopo da assessoria	Definir o escopo da assessoria é fundamental para delimitar o que pode e o que não pode ser esperado do Assessor. Essas fases são detalhadas nas seções seguintes deste capítulo, portanto, aqui será apresentado um breve relato.
F1. Preparação	Nessa primeira fase do escopo da assessoria, o Assessor elabora: um intervalo de estimativas de valor para o Alvo, o Memorando de Oferta (OM) e uma lista com potenciais Compradores. Essas atividades são feitas com intenso apoio do Vendedor e de seus executivos, uma vez que o Assessor, geralmente, pode não ser um especialista no setor de atuação. A fonte primária de informações nessa fase é o Alvo e o Vendedor.

continua

continuação

Elemento	Comentários
F2. Abordagem	Com o sumário executivo do OM, o Assessor abordará os potenciais Compradores, preservando a identidade do Vendedor até o momento da assinatura do Acordo de Confidencialidade. Embora essa fase geralmente comece logo após a conclusão da Preparação, pode antecedê-la e se estender ao longo de todo o processo.
	É muito importante o Vendedor estar consciente de que quem manda no processo de abordagem é ele, não o Assessor. Se, no limite, o Vendedor não quiser abordar nenhum potencial Comprador e desistir da Transação, ele pode fazê-lo. O Assessor só pode abordar potenciais Compradores pré-aprovados pelo Vendedor.
	Vivenciei uma situação em que o Vendedor, decepcionado com a estimava de valor para o Alvo produzido em F1, desistiu de vendê-lo. Entre o desconto do endividamento elevado, o Imposto de Renda da Pessoa Jurídica (IRPJ) que pagaria na Transação e meus Honorários de Sucesso, o Vendedor achou que lhe restaria pouco e preferiu não prosseguir com a abordagem aos potenciais Compradores. Entretanto, vale enfatizar que a estimativa de valor produzida em F1 é uma referência de valor; o valor do Alvo apenas será revelado pelo mercado, durante F3 e F4.
F3. Negociação	Uma Transação demanda inúmeras reuniões, até com um mesmo Comprador. O Assessor pode apoiar o Vendedor, direta e indiretamente, nas negociações. Haverá reuniões negociais das quais poderá ser conveniente que o Vendedor não participe e seja representado pelo Assessor. Em outras reuniões, pode ser interessante para a Transação que o Assessor não participe. O apoio do Assessor nas negociações não se restringe somente ao momento da reunião com o Comprador, mas antes e depois também. Informações e sinais são trocados nessas reuniões, e o Assessor pode ajudar o Vendedor a interpretá-los.
F4. Execução	O Assessor pode apoiar o advogado, contratado pelo Vendedor, na revisão dos contratos que concretizarão a Transação (CCVA, Acordo de Acionistas etc.).
	Atuando em conjunto, ambos os profissionais podem contribuir muito para a negociação e redação final desses documentos.
Honorários de Retenção ou Honorários Fixos	Os Honorários de Retenção costumam ser uma quantia fixa em reais paga em parcelas periódicas (por exemplo, mensais) ou em momentos predefinidos, como uma parcela à vista e outra ao término da F1 e/ou F2.
	Três pontos são importantes aqui. O primeiro é que, como não se pode prever quanto tempo dura uma Transação, e geralmente elas são longas, concordar com Honorários de Retenção mensais pode custar muito caro ao Vendedor, além de poder gerar um conflito de interesse com o Assessor, que ganhará mais quanto mais demorada for a Transação.
	O segundo ponto de atenção é que, quando os Honorários de Retenção são vinculados ao término da F1, é comum o Vendedor acreditar que o "preço" pago se refere à avaliação do Alvo e do OM. Essa associação não é correta; é apenas uma coincidência que os Honorários de Retenção sejam pagos ao fim da F1. Os objetivos dos Honorários de Retenção são dois: garantir ao Assessor uma remuneração mínima na Transação, independentemente de seu desfecho ser incerto e longo; e selar um compromisso financeiro entre o Vendedor e seu Assessor.

continua

continuação

Elemento	Comentários
Honorários de Retenção ou Honorários Fixos	O terceiro ponto de atenção é que a quantia paga como Honorários de Retenção pode ser dedutível dos Honorários de Sucesso, se/quando a Transação for concluída – esse, no entanto, é um ponto negocial entre o Assessor e o Vendedor. Se os Honorários de Retenção propostos forem muito baixos, simbólicos, geralmente a dedutibilidade não se aplica. Entretanto, se os Honorários de Retenção forem significativos, geralmente sua dedutibilidade é razoável. Do ponto de vista do Assessor, cobrar Honorários de Retenção é salutar, caso contrário, a remuneração fica 100% contingente ao sucesso da Transação. Isso pode ser muito confortável para o Vendedor, mas não para o Assessor, que fica sem nenhuma evidência financeira do comprometimento do Vendedor com a Transação.
Honorários de Sucesso	Geralmente, é um percentual do Preço, que pode ou não incluir um valor mínimo predeterminado. O valor mínimo é útil para o Assessor quando este não tem noção do valor do Alvo e/ou se o percentual do capital social a ser alienado na Transação não estiver definido. O valor mínimo predeterminado pode ser pertinente se o Alvo estiver muito endividado e/ou em recuperação judicial. Nesse caso, a Transação pode não gerar um pagamento significativo para o Vendedor, pois a assunção da dívida já justificaria a Transação. Para Transações de grande porte, os Honorários de Sucesso podem variar entre 1% e 3% do valor da Transação. Em Transações menores, os Honorários podem ser bem maiores: de 3% a 10%. Já ouvi dizer de casos em que se cobraram 15%. Gaughan (2011, p. 17) cita a Fórmula de Lehman, que define Honorários de Sucesso decrescentes com o valor da Transação. Por exemplo: 5% para o primeiro R$ 1 milhão; 4% para o segundo milhão; 3% para o terceiro milhão; 2% para o quarto milhão; 1% para o quinto milhão. Se a Transação for pequena, pode-se adotar o dobro da fórmula de Lehman. É preciso definir o que é o valor da Transação: é o Valor Econômico da Empresa (VEE) ou o Valor Econômico Agregado ao acionista (VEA)? A diferença entre esses dois conceitos (que são apresentados e discutidos no Capítulo 3) é basicamente a dívida e o dinheiro acumulado na tesouraria do Alvo na data de conclusão da Transação. Se o endividamento do Alvo for "normal" para os padrões do setor em que atua, os Honorários de Sucesso devem ter como base o VEA. Caso contrário, se o Alvo está excessivamente endividado, e a dívida é, portanto, um problema que precisa ser resolvido, a base dos Honorários de Sucesso deve ser o VEE, até porque o VEA pode ser ínfimo. Nesse caso, pode-se também estabelecer os Honorários de Sucesso como um percentual da diferença entre o valor contábil da dívida e o valor presente da dívida renegociada, ou seja, um percentual do deságio negociado com os credores como parte da Transação. Um aspecto importante a ressaltar são exceções aos Honorários de Sucesso. Por vezes, o Vendedor já fez contatos prévios com potenciais Compradores e demanda que os Honorários de Sucesso do Assessor sejam menores no caso de a Transação ocorrer com algum desses Compradores. Por exemplo, os Honorários de Sucesso acordados são de 4%, mas, se a Transação ocorresse com Compradores pré-identificados pelo Vendedor, esses Honorários seriam de 2%. Isso pode parecer justo ao Vendedor, mas é a semente para um grave conflito de interesse.

continua

continuação

Elemento	Comentários
Honorários de Sucesso	Com Honorários de Sucesso diferenciados por Compradores, o Assessor terá incentivos para favorecer os Compradores que não estão na lista prévia do Vendedor, o que não necessariamente pode gerar a melhor Transação. Além disso, diferenciar Honorários de Sucesso pode indicar que o Vendedor não entendeu a função do Assessor e está confundindo-a com a de um corretor de imóveis. A função do Assessor é maximizar o valor quantitativo e qualitativo da Transação por meio de um leilão privado, no qual, quanto mais ofertantes houver, melhor a chance de otimizar a Transação para o Vendedor.
Modo de pagamento	Geralmente, os Honorários de Sucesso são pagos quando da execução (ou seja, da assinatura) dos contratos que celebram a Transação, independentemente do prazo de pagamento do Preço da Transação acordado entre o Vendedor e o Comprador. Isso implica o fato de que, se o Vendedor aceitar receber 50% do Preço da Transação à vista e os outros 50% em dez anos, terá de pagar ao seu Assessor 100% dos Honorários de Sucesso à vista. Essa condição pode parecer injusta para o Vendedor, mas não é, especialmente quando os pagamentos das parcelas a prazo dependem da *performance* futura do Alvo (*earn-out*). Nesses casos, o Assessor pode não ter nenhuma ingerência e informação sobre o futuro do Alvo.
Honorários de desistência (*drop-off fee*)	Apesar do bom trabalho do Assessor e das boas ofertas obtidas pelo Alvo, o Vendedor pode decidir abortar a Transação. Seja por razões pessoais ou não, tal desistência implicará prejuízos ao Assessor que mobilizou horas de sua agenda na Transação. Por isso, o Assessor pode exigir em seu contrato que, caso se obtenham ofertas "razoáveis" e em "boa-fé" (*bona fide*), e o Vendedor decidir abortar a Transação, o Vendedor terá de pagar um montante fixo ao Assessor como compensação pelo serviço prestado. Alguns Assessores incluem uma multa rescisória, que pode ser um montante predefinido. Há ainda Assessores que estipulam uma multa cujo valor é vago, como: "O Vendedor se compromete a reembolsar custos e despesas incorridos pelo Assessor no caso de rescisão." Vale notar que, nesse caso, o Vendedor poderá pagar um valor significativo, que, dependendo da interpretação, poderá incluir até os salários dos Assessores.
Despesas	Geralmente, todas as despesas relacionadas diretamente à Transação são pagas pelo Alvo e/ou pelo Vendedor. Essas despesas incluem desde transporte (táxis, estacionamentos, passagens aéreas, quilometragem), hospedagem, traduções, encadernações e cópias de materiais, até, e principalmente, assessores jurídicos, tributários e outros especialistas que devem ser contratados diretamente pelo Vendedor e/ou pelo Alvo. O Vendedor precisa ter cuidado com essa questão. Há bancos de investimento e consultorias que têm como padrão que seus funcionários viajem em classe executiva e se hospedem em hotéis de cinco estrelas, por exemplo. O Vendedor pode gastar muito dinheiro com essas "despesas", que podem extrapolar o razoável quando o Assessor inclui na equipe funcionários de escritórios fora do país. A recomendação é que o Vendedor exija, em contrato, que despesas individuais acima de R$ 500, por exemplo, tenham sua anuência prévia.

continua

continuação

Elemento	Comentários
Prazo, rescisão e *"tail"*	Geralmente, não há prazo predefinido para a duração do contrato de assessoria, uma vez que é muito difícil, se não impossível, prever se/quando a Transação ocorrerá; portanto, geralmente, os contratos de assessoria em M&A não têm prazo de validade. Se a Transação demorar muito para acontecer, isso pode indicar que o momento de mercado (*market timing*) não é favorável ou que o Alvo não tem valor estratégico para os possíveis Compradores. Em ambos os casos, somente o tempo poderá indicar. Se o tempo se estender muito, o Vendedor e seu Assessor podem deixar o contrato em aberto para ser retomado em outro momento ou rescindi-lo. No caso de rescisão, o Assessor pode exigir do Vendedor um *"tail"*, ou seja, que pelos próximos 24 a 60 meses após a rescisão do contrato, se a Transação acontecer, com ou sem a participação direta do Assessor, este receberá parte ou a integralidade dos Honorários de Sucesso previstos no contrato original.
Confidencialidade	Esse conjunto de cláusulas do mandato garante ao Vendedor que as informações do Alvo serão mantidas confidenciais pelo Assessor, que não deverá fazer uso destas a não ser para o contexto da Transação. Do mesmo modo, o Vendedor deverá manter as informações e análises produzidas pelo Assessor em confidencialidade. O Vendedor pode exigir que o Assessor mantenha as informações recebidas confidenciais por prazo predefinido, de cinco a dez anos, ou simplesmente por prazo indeterminado.
Ausência de conflitos de interesse	Em certas circunstâncias, quando há mais de um Assessor representando o Vendedor na Transação, pode ser importante incluir uma cláusula que garanta ao Vendedor que, caso surja algum indício de conflito de interesse envolvendo um dos Assessores, o Assessor em conflito deverá informar o Vendedor e os outros Assessores imediatamente. Além de não ter mais acesso às informações do Alvo e da Transação, o Assessor em conflito pode também sofrer um desconto significativo (de até 100%) nos Honorários de Retenção e de Sucesso.
Indenização	A evolução de uma Transação pode gerar prejuízos ao Comprador. Por exemplo, o Vendedor pode fornecer informações falsas ou incompletas ao Comprador, com a participação direta ou indireta do Assessor, que gerem prejuízos. O potencial Comprador também pode investir muito tempo e dinheiro na avaliação do Alvo, e o Vendedor pode decidir executar a Transação com outro potencial Comprador. Nesses exemplos, o Comprador pode processar o Vendedor e o Assessor por perdas e danos. Como não é sua função auditar as informações do Vendedor (primeiro exemplo), tampouco decidir com quem a Transação deve ocorrer (segundo exemplo), o Assessor não é culpado pelos eventuais prejuízos do Comprador e deve ser defendido, juridicamente, pelo Vendedor. Uma exceção a essa cláusula deve ser feita no caso de "incompetência ou ato ilegal por parte do Assessor e/ou seus funcionários".
Anúncio público	O Assessor poderá publicar na mídia (jornais, *sites* etc.) a conclusão da Transação. Essa propaganda é importante para a divulgação de seu trabalho. Entretanto, cabe ao Vendedor o direito de aprovar o conteúdo do anúncio, que, muitas vezes, exclui o valor da Transação, o qual é guardado em segredo, a não ser que o Alvo e/ou o Comprador seja de capital aberto. Nesse caso, a Transação e seu valor devem ser divulgados, inclusive por meio de "Fato Relevante", pela empresa de capital aberto envolvida na Transação.

continua

continuação

Elemento	Comentários
Validade da proposta de assessoria	Especificar o prazo de validade da proposta é importante para o Assessor, uma vez que o Vendedor pode recebê-la e demorar semanas, até meses, para decidir contratar o Assessor. Nesse meio-tempo, o Assessor pode não ter mais agenda disponível e pode se ver obrigado a fazer um serviço proposto há muito tempo, em circunstâncias muito distintas.
Résumé da equipe	Não é comum os Assessores, principalmente as grandes empresas de consultoria e bancos de investimentos, incluírem os *résumés* da equipe que trabalhará na Transação. Essas grandes empresas podem fazer isso por uma questão de *turnover* de seus quadros e/ou por não quererem fixar seus executivos mais seniores na Transação. Para o Vendedor, é importante saber quem será seu Assessor, pois um *turnover* no meio de uma Transação pode interromper a memória e o fluxo do processo.

Ainda sobre a questão da exclusividade, cabe incluir mais alguns comentários. Primeiro, não é raro, no meio de um processo de M&A, aparecer uma terceira pessoa, que promete apresentar um potencial Comprador em troca de uma comissão. O Vendedor pode demandar que o Assessor ceda parte de seus Honorários de Sucesso para esse "corretor", o que pode gerar desconfortos e até impasses. Nesses casos, vale o bom senso de ambos, Vendedor e Assessor, para tentar acomodar a comissão do "corretor" em prol do sucesso da Transação. O importante é que o processo de M&A seja centralizado no Assessor. O "corretor" não deve dividir essa responsabilidade com o Assessor. Já dizia a sabedoria popular: "Cachorro com dois donos morre de fome!".

Segundo, o cuidado com Assessores que queiram impressionar deve ser redobrado. Ser capaz de impressionar e ser eficaz podem ser coisas bem diferentes. Por exemplo, um Assessor pode prometer entregar a avaliação do Alvo em uma semana. Isso é impressionante, mas é eficaz, no sentido de que o trabalho será bem-feito? Outro exemplo: um assessor pode ter uma rede de contatos internacionais com investidores na China, Austrália e outros países distantes do Brasil. Isso garante que a melhor Transação ocorra?

NA PRÁTICA: "Transação proposta" e Representação

Este caso inusitado me foi relatado. Uma empresa de especialidade química pertence a um grupo familiar (80% do capital acionário), e seu principal executivo (20% do capital acionário) vivia um momento tenso de seu relacionamento societário. O sócio-executivo comunicou ao grupo majoritário sua intenção de vender suas ações e, para tanto, contratou uma consultoria, de nome Alpha, para assessorá-lo a buscar Compradores. Ao longo do processo, o sócio-executivo disse ao grupo majoritário que grandes empresas nacionais e estrangeiras estariam investindo nessa especialidade química e que o mercado iria se tornar muito competitivo, o que deixou o grupo tenso e preocupado com o futuro do Alvo. Oportunamente, o sócio-executivo disse ao grupo majoritário que havia um FPE interessado no Alvo, o que aumentou ainda mais a ansiedade do grupo.

Um consultor de confiança do majoritário pediu para ler as cópias do contrato de M&A que o sócio-executivo assinou com a Alpha e do Memorando de Oferta (OM). Para sua surpresa, na "Transação proposta" do OM, lia-se: "80% do capital do Alvo estão à venda, e 20% do capital que pertencem a sr. W. [o sócio-executivo] permanecerão na sociedade e este ocupará o cargo de presidente". Ou seja, o sócio-executivo contratou a Alpha não para vender suas ações, mas para vender as ações do grupo majoritário! Por si só, isso já é um fato inusitado. Mais ainda é como a Alpha aceitou vender ações do Alvo sem representação. Quem pagaria os honorários da Alpha, sr. W. ou o grupo majoritário? Os absurdos continuavam: o OM continha projeções muito otimistas, do tipo que combinam crescimento de receita operacional bruta (ROB), margem EBITDA, sem investimentos em capital fixo e capital de giro; o OM dava o nome dos principais executivos do Alvo! Um FPE mal-intencionado poderia usar essa relação societária conflituosa a seu favor.

Mais inusitado ainda foi o desfecho dessa Transação: o Alvo foi vendido ao FPE, e seus acionistas majoritários e o sócio-executivo ficaram satisfeitos. O tempo mostrará se o Comprador também ficará satisfeito com a *performance* do Alvo e com a gestão de sr. W.

Sumário executivo da Fase 2 – Contratação do Assessor em M&A

- Um bom Assessor deve: ter remuneração contingente, prestar dedicação sênior, ser pragmático e ter bom senso na avaliação do Alvo, possuir boa rede de relacionamentos, ter experiência em transações similares e não ter conflitos de interesse.
- Prover o Vendedor com uma estimativa pragmática do valor do Alvo é fundamental no alinhamento das expectativas sobre um bom desfecho para a Transação. Projeções excessivamente otimistas superestimam o valor do Alvo para o Vendedor, o que pode ser difícil de ser revertido caso as ofertas dos potenciais Compradores estejam muito aquém das expectativas do Vendedor.
- É fundamental que o Assessor insista no fato de que a estimativa de valor é apenas uma estimativa, não uma certeza, muito menos um laudo técnico de valor. O "mercado" é soberano na definição do valor. Entretanto, o mercado pode atravessar momentos tumultuados com aversão a riscos e subestimar o valor do Alvo. Nesses momentos, cabe ao Vendedor esperar ou aceitar o preço que o mercado pode oferecer.
- O Assessor precisa ter equilíbrio emocional para administrar as tensões entre o Vendedor e os potenciais Compradores que fazem parte de qualquer negociação.
- O Assessor não deve "garantir" prazos para o término da Transação. A única garantia de um processo de M&A é que há um começo, mas o fim é imprevisível.
- O Assessor não deve atuar como especialista em assuntos de auditoria (*due diligence*), direito, tributos, meio ambiente e outros. É importante também que o Vendedor contrate diretamente esses especialistas para evitar conflitos de interesse.
- O Assessor não é auditor contábil do Alvo e não pode se responsabilizar por seus demonstrativos contábeis, tampouco pelas projeções que utilizou para estimar seu valor. As projeções baseiam-se em informações, premissas e tendências fornecidas pelo Vendedor. É claro que o Assessor deve questionar essas premissas, mas, como pode ser neófito no setor, tem limites.
- A relação entre o Assessor e seu cliente, o Vendedor, deve ser de confiança mútua. Quando essa confiança é abalada, o Assessor pode ser incapacitado a continuar seu trabalho.
- Foram apresentados os principais elementos de um contrato de assessoria em M&A, que são fundamentais para o alinhamento de interesses entre o Assessor e o Vendedor.

Fase 3 – Preparação

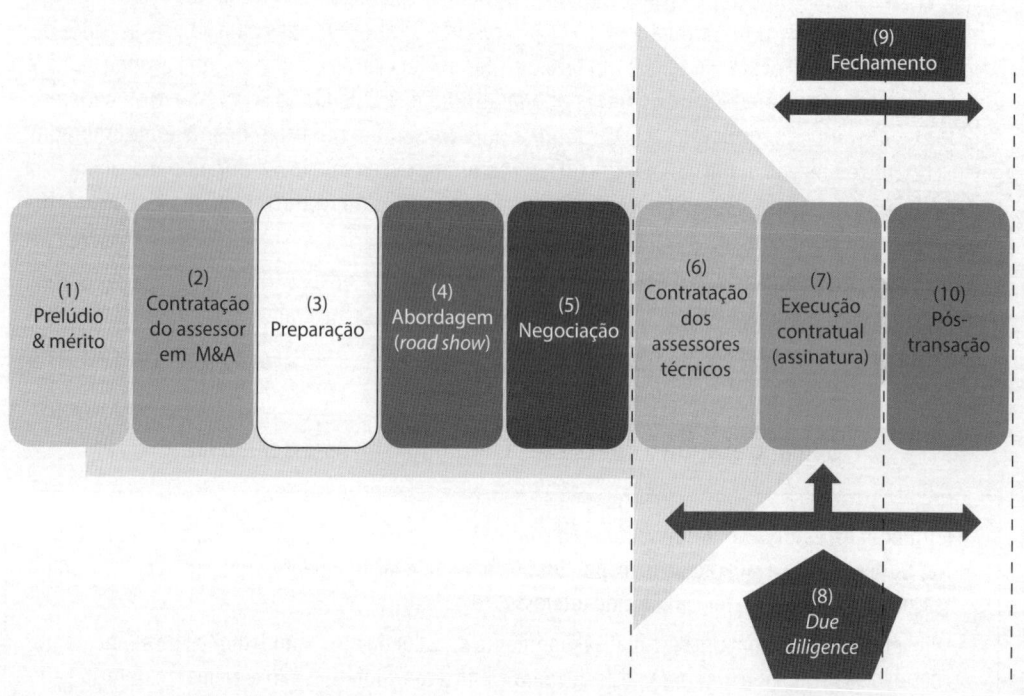

Figura 1.5 – Fase 3: Preparação.

A fase Preparação é uma das poucas no processo de M&A em que o Vendedor pode ter controle da duração. A Preparação inclui três importantes tarefas que vão ajudar na organização preliminar da Transação:

a) **estimativa do valor do Alvo para o Vendedor**, no que denomino de Cenário Base, acompanhada de uma Análise de Sensibilidade para demonstrar a força ou a fragilidade da estimativa;

b) **elaboração do Memorando Descritivo da Transação (MDT) ou Memorando de Oferta (OM ou *Offering Memorandum*)** para apresentação do Alvo e da Transação aos potenciais Compradores; e

c) **análise do momento do mercado**, incluindo a identificação, preliminar, das pessoas de contato dos potenciais Compradores e o cronograma de abordagem.

Geralmente, essa fase dura de 30 a 90 dias, dependendo da complexidade do Alvo e da organização e disponibilidade de suas informações contábeis, financeiras e operacionais.[10] Essas informações sobre o Alvo serão complementadas com outras informações sobre o setor de atuação para serem usadas nas tarefas (a) e (b). Quanto maiores o detalhe e a precisão das informações, melhores serão os produtos de (a) e (b).

---

[10] Se o Alvo for uma nova empresa, por exemplo, oriunda de uma cisão da empresa do Vendedor, a avaliação pode demorar mais tempo (6 a 12 meses). O prazo de avaliação, nesse caso, dependerá da disponibilidade de informações sobre o Alvo e, principalmente, de seu mercado de atuação.

É na fase Preparação que o Assessor aprenderá sobre o Alvo, o setor de atuação, sua estrutura societária e administrativa. É tarefa do Assessor identificar aspectos do Alvo que podem afetar seu valor e possíveis dificuldades que possam surgir na Transação.

A fase Preparação começa com a coleta de informações sobre o Alvo, o mercado de atuação e os potenciais Compradores. Cada empresa é uma empresa. Cada setor de atuação tem suas peculiaridades, seus jargões e índices de *performance* mais utilizados. Para exemplificar o grau de detalhamento necessário para essa fase, o Quadro 1.3 reúne as informações necessárias para se avaliar uma empresa varejista e redigir seu OM. O Capítulo 4 descreve em detalhes o conteúdo de um OM.

Quadro 1.3 – Exemplo genérico de lista de informações necessárias para avaliação de uma empresa de varejo e redação do OM

Natureza	Informações	Objetivos
Operacional	Número e localização das lojas, área de vendas (em m^2), número de *check-outs*; propriedade (imóvel alugado ou próprio do CNPJ do Alvo),[11] faturamento médio por unidade de área de venda (ROB/m^2), descrição dos centros de distribuição (localização, área, capacidade de manuseio, em toneladas ou número de caixas), número de itens de estoque (SKUs), número de empregados nas lojas, nos centros de distribuição e na administração etc.	Descrever a capacidade instalada do Alvo em gerar receitas e da sua posição estratégica no mercado de atuação.
Mercado	Principais concorrentes (existentes e potenciais), fornecedores, evolução das médias de margem bruta, margem EBITDA e da margem líquida nos últimos cinco anos do setor ou de concorrentes com capital aberto, indicadores de *performance* e múltiplos de mercado de empresas "similares" no Brasil e no exterior (por exemplo, ROB/m^2).	Entender e descrever a posição competitiva do Alvo no setor de atuação.
Contábil	Demonstrativos contábeis dos últimos cinco anos do Alvo. Detalhamento das principais receitas, despesas, capital de giro e investimentos em ativos fixos. Evolução da margem bruta, margem EBITDA e margem líquida nos últimos cinco anos.	Descrever e analisar o histórico financeiro e da *performance* do Alvo.
Sistemas	Sistemas de TI utilizados no *backoffice*, na frente de loja e nos Centros de Distribuição (CD) do Alvo.	Demonstrar como o Alvo organiza e controla seus processos. Os sistemas de TI refletem a organização e poder das ferramentas de controle do Alvo, além da sua capacidade de gerar informações operacionais e contábeis de qualidade.

continua

---

[11] É comum os imóveis "próprios" de uma empresa varejista pertencerem a seus acionistas. Nesse caso, a propriedade dos imóveis estará associada aos CPFs dos acionistas.

continuação

Natureza	Informações	Objetivos
Societária e administrativa	Estrutura societária direta e indireta, *résumé* dos acionistas com atuação no Alvo; organograma do Alvo, *résumé* dos principais executivos (sem citar nomes).	Descrever a propriedade do Alvo e sua estrutura administrativa.
Outros	Contingências trabalhistas e de outras naturezas, partes relacionadas, principais acordos com terceiros que podem afetar a Transação (por exemplo, licenciamento de marcas, contratos de aluguel etc.).	Identificar possíveis passivos ocultos.
Potenciais Compradores	Potenciais Compradores e seus executivos de contato (de preferência, nos principais cargos de decisão).	Identificar os "melhores" e "piores" Compradores. Identificar riscos na abordagem e como mitigá-los.

A seguir, são descritas com detalhes as três tarefas da Preparação.

ESTIMATIVA DO VALOR DO ALVO PARA O VENDEDOR

Na fase Preparação, a estimativa de valor do Alvo para o Vendedor tem um principal e essencial objetivo: alinhar expectativas do Vendedor em relação ao potencial valor da Transação. Essa estimativa é de uso interno, para alinhar a expectativa do Vendedor, e, a princípio, não deve ser disponibilizada aos potenciais Compradores.

Vender uma empresa não é vender um automóvel de luxo do ano 2022. Para carros usados, há um mercado amplo e com indicações de preços disponíveis na Internet, mas, mesmo assim, há especificidades do carro que podem afetar seu preço de venda, como quilometragem, acessórios, cor, dia do rodízio etc. Uma empresa, mesmo de capital aberto, não tem um mercado amplo, tampouco preços disponíveis na Internet.[12]

O valor de um Alvo depende do uso que seu potencial Comprador lhe reserva. Um investidor estrangeiro, com acesso a fontes baratas de capital, pode estar disposto a pagar mais por uma empresa brasileira bem posicionada em um mercado atrativo que seu concorrente brasileiro. Por isso, exceto em algumas situações muito peculiares, a estimativa de valor do Alvo deve ser mantida com confidencialidade pelo Vendedor. Entretanto, cada negociação é única e, portanto, pode haver situações em que o valor de venda tem de ser dito. Ao longo de toda a minha experiência, testemunhei três ocasiões em que isso ocorreu. Dessas, apenas uma se mostrou justificada *a posteriori*.

A estimativa de valor do Alvo para o Vendedor deve ser elaborada de maneira ponderada e crítica com base nas melhores informações disponíveis. Se superestimado, pode

---

[12] Há aqueles que defendem que os valores de pequenas empresas podem, sim, ser divulgados na Internet. O argumento é que, por se tratar de empresas pequenas, são transações mais simples. Pessoalmente, eu não consigo aceitar essa tese.

comprometer a Transação de maneira irreversível. Por outro lado, subestimar o valor do Alvo, talvez não seja tão nocivo quanto superestimá-lo, pois um processo competitivo bem conduzido entre os potenciais Compradores pode revelar o real valor do Alvo, que pode, inclusive, ser superior à expectativa inicial do Vendedor. Por isso, insisto: o Vendedor deve evitar revelar o valor do Alvo aos potenciais Compradores.

Do mesmo modo, se o processo competitivo entre os potenciais Compradores produzir um valor para o Alvo abaixo da expectativa inicial do Vendedor, este deve reconsiderar sua expectativa ou adiar a Transação para um momento de mercado mais favorável.

O valor do Alvo para o Vendedor geralmente é estimado pelo método do Fluxo Descontado de Caixa (FDC) descrito no Capítulo 3. Se houver disponibilidade, a análise do FDC pode ser complementada por outros métodos, como a análise de múltiplos de mercado e múltiplos de Transações similares.

A avaliação do Alvo pelo FDC é baseada em uma projeção futura de sua geração de caixa. Como ninguém tem bola de cristal, essa projeção se fundamenta sob uma perspectiva de hoje sobre o futuro. Essa perspectiva sobre o futuro é denominada de "cenário". Na fase Preparação, o cenário para a projeção que produzirá a estimativa de valor do Alvo para o Vendedor é denominado Cenário Base.

NA PRÁTICA: bola de cristal, o possível e o razoável. Desafios da avaliação de empresas.[13]

Se non è vero, è ben trovato.
(ditado popular italiano)

Desafios. Avaliar uma empresa é contar uma história. É um exercício de ficção, mas, não é qualquer ficção, e sim uma perspectiva sensata sobre o futuro não apenas da empresa como também da concorrência, da macroeconomia e de todas as variáveis que podem afetar sua rentabilidade.

Bola de cristal. É fato também que não temos bola de cristal, e se tivéssemos estaríamos, provavelmente, investindo nosso tempo em comprar bilhetes de loterias. Estamos, portanto, todos nas mesmas condições: a decisão de investir em uma empresa é uma aposta no futuro. Futuro este que podemos "estimar" com base nas melhores informações que possuímos hoje.

O possível. O desafio de se avaliar uma empresa é, no mínimo, triplo: usar as melhores informações disponíveis hoje, utilizar corretamente a melhor metodologia de que dispomos e analisar os resultados da metodologia, a fim de estimar riscos e rentabilidades possíveis, porém, incertas, da empresa. Entretanto, não é só isso...

Subjetividade. Em 2011, na última aula do curso Avaliação de Empresas (*Valuation*) que ministro na FGV-EESP, perguntei aos alunos o que eles achavam do método do FDC para estimar o valor de empresas. Uma queixa comum entre as respostas que obtive foi: "subjetividade". Muitos alunos responderam que achavam que as premissas que construímos para estimar o valor pelo FDC eram muito subjetivas. E são. No entanto, não há alternativas. Ninguém compra ou vende uma empresa

---

[13] *Post* publicado no *blog* eduardoluzio.wordpress.com, em 9 de setembro de 2011.

apenas pelo que foi ou pelo que tem hoje, mas pelo que pode gerar no futuro. O passado e o presente são importantes como base para se pensar em futuros possíveis, mas não há garantias sobre o futuro das empresas.

Multiplicidade. "Se o futuro é o que importa e o futuro é uma opinião subjetiva, então é possível uma mesma empresa ter vários valores?", perguntou-me um cliente, recentemente. "Sim", respondi! Dependendo de quem, de onde, quando e de como se avalia uma empresa, há várias possíveis estimativas de valor. "Qual é a certa?" A "certa" não existe agora, somente depois, quando o futuro não é mais futuro, e sim passado. Não conseguimos escapar da "aposta".

Crenças. No contexto de avaliações de empresas para M&A, há outro grande desafio: as crenças dos empresários envolvidos. Acredito ser esse um dos principais desafios.

A Paixão e o Razoável. Não é raro haver expectativas errôneas, e por vezes ingênuas do valor da empresa e/ou do empreendimento. Um empreendedor com quem conversei me disse: "Busco um investidor apaixonado! Que entenda do meu negócio, acredite no seu retorno e não precise de muitas explicações." Ideia maravilhosa na teoria, mas na prática... A prática demonstra que investidores querem, sim, ter "explicações" detalhadas sobre o empreendimento, seus líderes, riscos e expectativa de retorno. Nada mais justo e sensato. Pode haver "investidores apaixonados", mas estes são raros.

Poder. Outro empresário me disse que procura investidores, mas não quer dividir o controle, o poder decisório. É possível? Sim, porém é difícil. Como o valor está no futuro, geralmente os investidores querem, e precisam, ter alguma ingerência na construção do futuro da empresa e no seu dia a dia. Não ter acesso ao poder decisório implica maior risco ao investidor, e, quanto maior o risco, menor a percepção de valor da empresa.

Em suma, avaliar uma empresa é contar uma história possível, sensata, explicada com detalhes. Repetindo, como se diz em italiano: *Se non è vero, è ben trovato*.

Toda projeção de fluxo de caixa parte de informações sobre o passado recente do Alvo e que precisam ser adaptadas ao modelo de projeção. Entretanto, há informações sobre o futuro do Alvo que podem não estar disponíveis e que precisam ser estimadas por meio de *proxies*. Isso é especialmente difícil em empresas com breve histórico ou em mercados novos. Por exemplo, como estimar o crescimento das vendas de uma fazenda de produtos orgânicos? Como estimar a demanda por aeronaves de propriedade fracionada?[14] No Brasil, esses dois mercados ainda são incipientes e, para estimar o potencial deles, podem-se utilizar dados de países nos quais esses mercados já tenham históricos mais longos.

As premissas do Cenário Base sobre as receitas, as despesas, os investimentos (em capital de giro e ativos fixos) e o risco do Alvo devem ser serenas, ou seja, nem otimistas, nem

---

[14] Há empresas de áreas privadas que compram aviões e helicópteros e vendem cotas proprietárias para grupos de usuários. Assim, um empresário pode ter um jato de luxo compartilhando seu uso (e gastos com manutenção) com outros empresários. Nos Estados Unidos, a NetJet (www.netjets.com), pertencente à Warren Buffet, é um exemplo desse tipo de empresa.

pessimistas. O Cenário Base deve representar um futuro factível em que o Vendedor e seus principais executivos acreditam e são capazes de defender em detalhes com convicção. Para o ex-presidente dos Estados Unidos, Lyndon B. Johnson:

> "O que convence é a convicção. Acredite no argumento que você está lançando. Se você não acreditar, você está perdido. A outra pessoa sentirá que está faltando alguma coisa, e nenhum encadeamento racional, não importando quão lógico, elegante ou brilhante seja, irá ganhar o caso para você".

Para vender bem uma empresa, o Vendedor, seus principais executivos e o Assessor precisam demonstrar convicção sobre o futuro do Alvo a uma plateia de investidores qualificados e que serão muito críticos em suas perguntas e contra-argumentos. Em épocas em que os mercados estão avessos a riscos, as premissas do Cenário Base precisam ser ainda mais equilibradas. Lembre-se de que o potencial Comprador pode propor que o pagamento da Transação seja feito a prazo, contingente ao desempenho do Alvo (*earn-out*, veja o caso Collins no Capítulo 5) previsto no Cenário Base! Além disso, mostrar premissas excessivamente otimistas pode trazer descrédito ao Vendedor, o que é fatal para a Transação.

NA PRÁTICA: veja um exemplo de *earn-out* e suas possíveis implicações. Imagine uma situação na qual o Comprador de um Alvo em crise de liquidez estima seu valor em R$ 3 milhões e o Vendedor a avalia em R$ 6 milhões ou mais. Pode-se construir uma ponte entre as diferenças de percepções de valor por meio de um acordo de *earn-out*. Comprador e Vendedor concordariam em concluir a venda de 51% do Alvo pelo equivalente a R$ 3 milhões, ou seja, R$ 1,53 milhão (53 × 0,51). O Vendedor elaboraria projeções do Cenário Base, que acreditasse ser factível. Se o Cenário Base se comprovar verdadeiro ao longo dos anos, o Vendedor teria a opção de vender os 49% restantes de suas ações por R$ 4,5 milhões de modo a obter o valor médio de venda de R$ 6 milhões. A lógica do negócio é que o Vendedor comprovaria ao Comprador que o Alvo de fato valia R$ 6 milhões. Se não quisesse exercer sua opção de venda, o Vendedor poderia permanecer minoritário, pois é melhor ser minoritário e vender ações de uma empresa que dá certo do que ser majoritário de uma empresa que não deu certo. O Comprador, por sua vez, poderia ter uma opção de compra dos outros 49% por R$ 1,5 milhão ou menos, se o Cenário Base não desse certo, reduzindo o preço médio pago por 100% do Alvo.

Os acordos de *earn-out* podem ser solucionadores de problemas muito poderosos, entretanto há dificuldades. Já vivenciei situações em que um banco foi vendido em um acordo de *earn-out*, com um Cenário Base muito factível na época, mas condições macroeconômicas adversas tornaram a realização do Cenário Base impossível. O Comprador, que possuía uma opção de compra, a exerceu, deixando o Vendedor com menos dinheiro e com uma posição minoritária diminuta no banco. Era o direito do Comprador. Entretanto, o minoritário detinha uma expertise no negócio de nicho do banco e uma atuação expressiva na condução dos negócios. Com uma participação acionária diminuta, o minoritário deixou de empenhar-se pelo progresso do banco. O majoritário, então, decidiu renegociar sua opção de compra, ao reconhecer a importância estratégica do sócio minoritário para o sucesso do banco adquirido.

Os acordos de *earn-out* podem ser adaptados e aplicados a várias situações e podem ser muito eficazes se há simetria nas informações entre as partes envolvidas no acordo. Outro exemplo de *earn-out*

> é uma escala de bônus de um executivo a ser contratado por uma empresa. Por um lado, o executivo concorda em deixar a empresa que trabalha para assumir o risco de trabalhar em outra, até então desconhecida, levando sua expertise e sua *network*. Por outro lado, a empresa contratante deve fornecer informações ao contratado sobre o apoio que terá para viabilizar suas metas de receita, que gerarão os bônus pretendidos pelo contratado. Quando há falhas nessa troca de informações, seja da empresa, seja do executivo contratado, haverá problemas.

Sugere-se que toda estimativa construída do Cenário Base seja complementada com um criterioso exercício de Análise de Sensibilidade. Nesse exercício, deve-se estimar o impacto no valor do Alvo de variações nos chamados vetores críticos de sucesso. Por exemplo, um vetor crítico de sucesso para uma empresa de varejo é a receita bruta por metro quadrado das lojas (ROB/m^2). O que acontece com o valor do Alvo se a ROB/m^2 crescer 2% em vez de 3% ao ano? O que acontece com o valor do Alvo se a margem bruta média for 20% da receita em vez de 20,5%? Inclusive essas variações devem ser cumulativas, pois sempre há mais de uma coisa que dá errado.

Essas simulações da Análise de Sensibilidade ajudam o Vendedor a compreender que o Alvo pode valer R$ 100 milhões no Cenário Base, mas, se houver um risco de o Brasil entrar em recessão no futuro próximo, esse valor pode cair para R$ 70 milhões, por exemplo. Como tal, a Análise de Sensibilidade inaugura o processo de negociação do Alvo, que começa com o próprio Vendedor, "dentro de sua própria casa". É nesse momento que se inicia na negociação a fase que Shell (2001) denominou definição de metas e expectativas. A Análise de Sensibilidade produz um intervalo de valor para o Alvo e fornece ao Vendedor a magnitude da fragilidade dessas estimativas.

Uma Análise de Sensibilidade criteriosa é capaz de identificar e ilustrar para o Vendedor as forças e vulnerabilidades do Alvo. A principal mensagem dessa Análise é que o Vendedor deve se manter aberto e flexível para considerar e entender as propostas de aquisição que pode receber.

> **NA PRÁTICA:** um colega Assessor relatou-me que há alguns FPEs inescrupulosos abordando potenciais Alvos, que logo nas primeiras reuniões "chutam" um valor alto para o valor das ações, mesmo para empresários os quais a princípio não consideravam uma Transação. O potencial Vendedor, então, anima-se e é convencido a assinar um Acordo de Exclusividade com o FPE. Daí o FPE faz uma auditoria no Alvo (*due diligence*), coleta informações estratégicas e começa a reajustar sua "oferta" para menor. E o Assessor tem de se virar para administrar a frustração do Vendedor.

No processo de avaliação, um ponto importante são as possíveis deduções do valor da Transação. Além das dívidas bancárias,[15] o Alvo tem algum outro tipo de dívida e contingências? Por exemplo, o Alvo tem algum contrato com fornecedores e/ou prestadores

---

[15] Há certas dívidas bancárias que têm cláusulas de troca de controle (*exchange of control clauses*). No evento da Transação, o financiador pode declarar a dívida vencida e exigir, da empresa e do seu novo proprietário, o pagamento integral dessa imediatamente.

de serviços que possa gerar multas rescisórias significativas? O Alvo tem pagado todos os impostos devidos? Todos os funcionários são devidamente registrados? Existem processos de qualquer natureza contra o Alvo em andamento? Se positivos, qual o potencial prejuízo ao Comprador?

Um Assessor que conheci tem como prática exigir de seus clientes uma pré-*due diligence*, ou seja, uma *due diligence* paga pelo próprio Vendedor para identificar e mensurar potenciais contingências. Esse não é um procedimento padrão, mas, por vezes, pode fazer muito sentido. Se o Alvo tem práticas arrojadas de "planejamento tributário", o valor das contingências pode ser significativo e até superior ao valor da Transação.

Por fim, vale enfatizar que um Cenário Base bem-feito pode servir como Plano de Negócio (BP ou *Business Plan*) e ajudar na administração do Alvo pelo Comprador.

NA PRÁTICA: Afinal, o que é um *Business Plan* (BP)?[16]

O BP é uma visão quantitativa do futuro de uma empresa, seja ela já existente ou um novo empreendimento. Ele reflete implicitamente uma estratégia de mercado, operacional e financeira. O objetivo do BP é estimar a capacidade da empresa em gerar dinheiro aos acionistas (geralmente cinco anos). Para tanto, projetam-se vendas (preços e quantidades), custos, despesas (operacionais, não operacionais e financeiras) e investimentos (capital de giro e ativos fixos). Há uma metodologia, um procedimento para calcular o dinheiro que estaria disponível aos acionistas. Do mesmo modo, o BP é capaz de indicar os déficits de dinheiro que a empresa pode gerar e que precisarão ser financiados pelos acionistas e/ou seus bancos. Como tal, o BP é um instrumento de múltiplas utilidades.

Apesar de ninguém ter "bola de cristal", projetar o futuro é muito útil na condução de uma empresa. É muito provável que os resultados projetados para o ano que vem sejam diferentes dos que se realizarão. Entender o porquê dessas prováveis diferenças é uma importante fonte de aprendizado. Está comprovado que as empresas que prosperam são as que têm a capacidade de aprender com os sinais do mercado em suas várias dimensões (consumidores, fornecedores, concorrentes, funcionários, processos, tecnologias, tributos, estrutura financeira etc.).

O BP também permite identificar: as variáveis críticas para o sucesso da geração de valor para os acionistas; os principais riscos que a empresa e seus acionistas estão expostos; necessidades de recursos financeiros adicionais para sustentar o crescimento e/ou plano estratégico da empresa; a rentabilidade da empresa e seu possível valor de venda; e parâmetros para a remuneração variável dos colaboradores. Ademais, pode também ser usado como base de comparação para o teste de *impairment*.[17]

---

16   *Post* publicado no *blog* eduardoluzio.wordpress.com, em 15 de outubro de 2010.

17   Conforme Ernst & Young; Fipecafi (2010, p. 351), o objetivo do teste de *impairment* é assegurar que o **valor contábil líquido** de um ativo não seja superior a seu valor recuperável, sendo este último o maior entre o **valor líquido de venda** e o **valor em uso**. Em que:
  - Valor líquido contábil (*carrying amount*): "é o valor pelo qual o ativo está registrado na contabilidade"; e
  - Valor em uso (*value in use*): "é o valor presente da estimativa de fluxos futuros de caixa descontados a valor presente." (grifos do autor)

ELABORAÇÃO DO MEMORANDO DE OFERTA

As recomendações para a elaboração do OM estão descritas em detalhes no Capítulo 4, entretanto, é importante apresentar agora algumas considerações. Assim, é fundamental ter em mente os três principais objetivos do OM a seguir.

a) Apresentar informações essenciais sobre o Alvo, os acionistas e a Transação – o OM não pretende incluir todas as informações sobre o Alvo, mas as principais informações que possam caracterizar seu potencial de geração de valor. Informações detalhadas sobre os ativos do Alvo, por exemplo, apenas serão disponibilizadas aos potenciais Compradores se/quando as tratativas evoluírem a contento do Vendedor.

b) Fornecer aos potenciais Compradores parâmetros que lhes possam ser úteis na avaliação econômico-financeira do Alvo (sem revelar, explicitamente, o valor do Alvo para o Comprador), a saber: o valor do Patrimônio Líquido, Ativo Total, endividamento oneroso, EBITDA, lucro líquido do último exercício; empresas similares com capital aberto que possam indicar múltiplos de mercado (Capítulo 3) pertinentes à Transação.

c) Sinalizar aos potenciais Compradores que há um processo competitivo em andamento – pode até haver apenas um potencial Comprador para o Alvo, mas a existência de um OM indica que pode haver outros investidores sendo abordados. Nesse caso, como no dito americano, "percepção é realidade". A percepção de que há concorrentes pode dar senso de urgência aos potenciais Compradores e incentivo para que estes produzam boas ofertas para a Transação. Nesse sentido, é, inclusive, recomendável que o OM seja traduzido para o inglês (e outras línguas, se necessário) e que a opção de recebê-lo nesse idioma seja oferecida até aos potenciais Compradores brasileiros. Ter um OM disponível em inglês reforça a percepção de que o processo concorrencial será amplo e qualificado.

ANÁLISE DO MOMENTO DO MERCADO

A análise do momento do mercado inclui:

- Identificação de potenciais Compradores e seus possíveis interesses na Transação, incluindo o histórico de aquisições e/ou associações estratégicas.
- Existência de outras empresas à venda, similares ao Alvo, e que possam inviabilizar a Transação. Essa pode ser uma questão crucial se o Alvo estiver em crise de liquidez, ou se estiver sob intensa concorrência. Nesses casos, é importante refletir sobre a sustentabilidade do Alvo se a Transação não acontecer.
- Definição da estratégia de abordagem aos potenciais Compradores, incluindo a estratégia para a troca de informações. A estratégia de abordagem inclui a identificação das pessoas com poder de decisão que devem ser contatadas.

A desafiadora tarefa de se identificar potenciais Compradores começa na fase Preparação e se estende por meses, até anos, ao longo das fases Abordagem e Negociação da venda do Alvo. Em um primeiro momento, na fase Preparação, é importante o próprio Vendedor identificar os potenciais Compradores, que geralmente incluem concorrentes existentes e potenciais entrantes (concorrentes em potencial que ainda não atuem no Brasil).

Geralmente, além dos concorrentes existentes e potenciais entrantes, a lista de potenciais investidores pode incluir: fornecedores (que entendam a Transação como uma oportunidade de verticalização para a frente), FPEs (nacionais e estrangeiros) e até clientes (verticalização para trás).

> **RECOMENDAÇÃO:** ao longo das fases Abordagem e Negociação, novos potenciais Compradores poderão surgir naturalmente, alguns nas páginas dos jornais e revistas especializadas. Outros farão contatos com o Vendedor por ouvirem no mercado que o Alvo está à venda. Ou, ainda, um Comprador que, em um primeiro momento, se mostrou desinteressado, poderá depois mudar de ideia e voltar à mesa de negociação. É o caso de um Comprador que estava no meio de uma transição importante interna (por exemplo, a troca do presidente) ou de uma Transação externa (por exemplo, adquirindo outra empresa ou vendendo uma participação societária a um FPE). É preciso que ambos, Vendedor e Assessor, estejam atentos aos movimentos de mercado e às notícias do setor para identificarem novos potenciais Compradores e/ou mudanças significativas no contexto de investidores que já foram abordados. Já aconteceu comigo de, após um ano de contatos e de quase desistirmos da venda de um Alvo, surgir um Comprador desconhecido que compra o Alvo em poucos meses.

A rede de relacionamentos de um banco de investimentos de presença global pode ser um diferencial para facilitar ou dificultar o acesso a potenciais Compradores. Um banco com escritórios na China ou na Austrália, por exemplo, pode identificar potenciais Compradores que aqui no Brasil ouviu falar. Entretanto, bancos internacionais também podem ter conflitos de interesse no uso de sua rede de relacionamentos. Por exemplo, se um desses bancos tem relacionamentos comerciais intensos com um potencial Comprador, pode não querer apresentar um Alvo à venda no Brasil, para não desviar a atenção do cliente de outras transações mais prioritárias e rentáveis para o banco.

A posição do executivo de contato em um potencial Comprador é chave. Dada a natureza confidencial e estratégica de M&A, os melhores contatos são sempre acionistas, CEOs ou membros do Conselho de Administração. Entretanto, nem sempre o Vendedor e seu Assessor têm acesso a essas pessoas. Isso é um problema que pode não ter solução ou demorar muito tempo para ser resolvido. Grandes multinacionais, por exemplo, podem ser tão inacessíveis que, muitas vezes, o único canal de contato disponível pode ser um endereço de e-mail do tipo "Fale Conosco".

Sem um contato de qualidade, Vendedor e Assessor podem se deparar com profissionais despreparados, como é o caso de executivos da área comercial. Geralmente, esses executivos são extrovertidos, proativos e adoram se envolver com M&A, mas podem não ter preparo e alçada para tanto. Esses contatos geralmente se revelam uma perda de tempo e uma possível fonte de vazamento de informações confidenciais. Se o executivo contatado for inseguro, ele pode até nem levar a informação adiante aos seus superiores por medo de perder seu emprego caso a Transação ocorra. Nessas circunstâncias, o contato foi "queimado" com a abordagem à pessoa errada.

Geralmente, os potenciais Compradores de um Alvo dividem-se em dois grupos: estratégicos e financeiros, podendo ainda ser subdivididos nos que já operam no Brasil e nos que não – e que, portanto, desconhecem nossa economia e nossa cultura. Em suma, os potenciais Compradores podem ser resumidos como apresentado no Quadro 1.4.

Quadro 1.4 – Exemplo genérico de quadro para identificação e análise (de maneira preliminar) de potenciais Compradores

Potenciais Compradores	Operam no Brasil	Concorrente direto da empresa	Potencial concorrente da empresa	Razão para investir	Aquisições similares	Pessoa para contato	Modo de contato
Estratégicos	Sim						
	Não						
Financeiros	Sim						
	Não						

Compradores estratégicos são empresas que atuam direta ou indiretamente no setor de atuação do Alvo, no Brasil e no exterior. Compradores financeiros são formados por FPEs ou empreendedores ricos; alguns deles ex-empresários que venderam suas empresas e acumularam capital. Se os FPEs detiverem participações em empresas concorrentes ou complementares ao Alvo, podem, então, ser considerados Compradores estratégicos.

Se o potencial Comprador nunca operou no Brasil, é preciso ter informações mais detalhadas sobre nossa economia no OM. Além disso, é preciso dar mais tempo a esse potencial Comprador para ele avaliar o Alvo. Esse tipo de Comprador pode, inclusive, demandar mais visitas ao Alvo e mais informações que outros que já conhecem o país.

A questão de o Comprador ser um concorrente direto ou um concorrente potencial é crítica, pois a abordagem e a entrega de informações precisam ser cautelosas. Concorrentes mal-intencionados podem usar a notícia de que o Alvo está à venda para espalhar boatos maldosos para fornecedores, clientes e financiadores.

Embora seja difícil, é importante conhecer o perfil cultural do Comprador. Por exemplo, trata-se de uma multinacional ou de uma empresa familiar com um líder centralizador? Seus sócios são coesos? Por vezes, um dos sócios do Comprador pode ter muito interesse na Transação, mas os outros não.

É importante também ressaltar que, em muitas empresas familiares brasileiras, ainda é um tabu falar de M&A. Nos Estados Unidos e na Europa, onde Transações de M&A existem há décadas, os empresários, inclusive de empresas familiares, não são tão sensíveis ao expor suas empresas à venda – claro que com os devidos cuidados, como é o caso do uso do Acordo de Confidencialidade.

Sumário executivo da Fase 3 – Preparação

- A Preparação inclui três importantes tarefas que auxiliam na organização preliminar da Transação: estimativa do valor do Alvo para o Vendedor, elaboração do OM e análise do momento do mercado.
- O valor do Alvo é estimado pelo método do FDC, podendo ser complementado por análise de múltiplos de mercado e múltiplos de Transações similares.
- A estimativa de valor do Alvo almeja alinhar expectativas do Vendedor em relação ao potencial valor da Transação. Essa estimativa é para uso interno do Vendedor e não deve ser disponibilizada aos potenciais Compradores. As premissas e projeções de fluxo de caixa, entretanto, podem fazer parte do OM.
- Para vender bem o Alvo, o Vendedor, seus principais executivos e o Assessor precisam demonstrar convicção sobre o futuro do Alvo a uma plateia de investidores qualificados e muito críticos. O potencial Comprador pode propor que o pagamento da Transação seja feito a prazo, contingente ao desempenho futuro do Alvo (*earn-out*). Apresentar premissas excessivamente otimistas pode trazer descrédito ao Vendedor, o que é fatal para a Transação.
- O OM é um livro de 50 a 300 páginas com três principais objetivos: apresentar informações essenciais sobre o Alvo, os acionistas e a Transação, fornecer aos potenciais Compradores parâmetros que possam ser úteis na avaliação do Alvo (sem revelar, explicitamente, o valor do Alvo para o Vendedor) e sinalizar aos potenciais Compradores que há um processo competitivo em andamento.
- A análise do momento de mercado inclui: identificação de potenciais Compradores; identificação de alternativas para o Alvo que possam estar disponíveis aos potenciais Compradores e inviabilizar a Transação; definição da estratégia de abordagem aos potenciais Compradores, incluindo a estratégia para a troca de informações.
- A posição do executivo de contato em um potencial Comprador é chave. Dada a natureza confidencial e estratégica de M&A, os melhores contatos são sempre acionistas, CEO ou membros do Conselho de Administração.
- O Assessor também pode propor um cronograma de abordagem aos potenciais Compradores. A ideia aqui é dar mais tempo de análise para os potenciais Compradores que realmente precisam de mais tempo, por exemplo, os investidores que não operam no Brasil.

Fase 4 – Abordagem a potenciais investidores

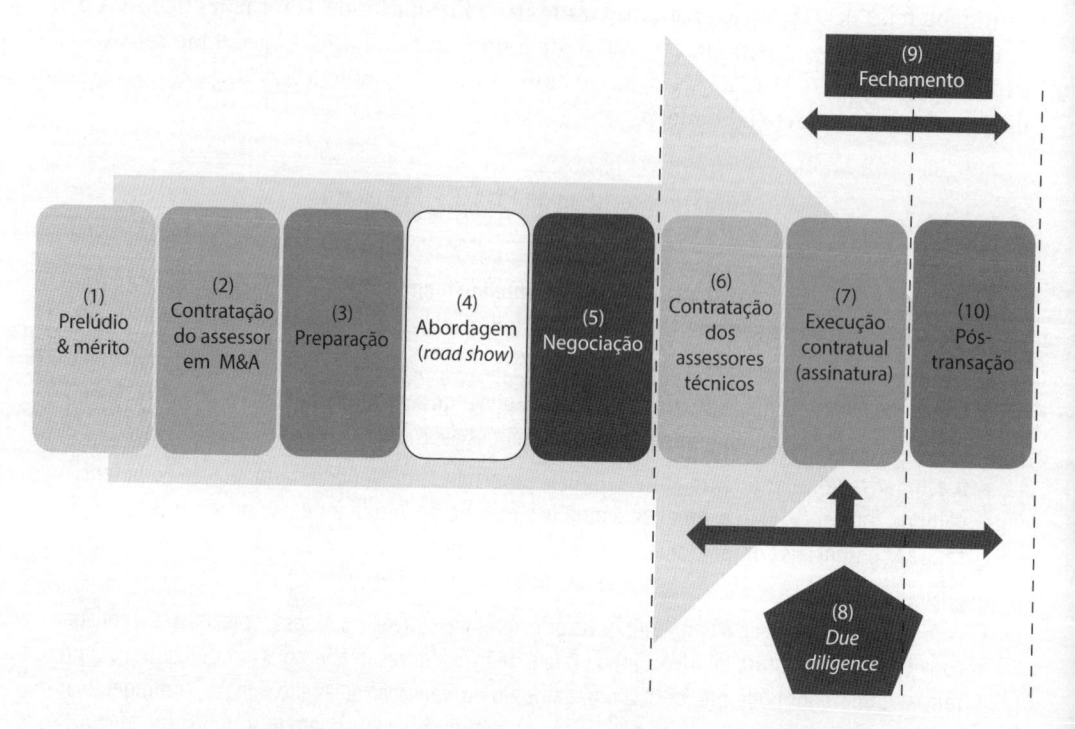

Figura 1.6 – Fase 4: Abordagem.

Na fase Abordagem, a primeira questão que surge é a confidencialidade da Transação. Vender um Alvo requer exposição, o que pode trazer riscos. Geralmente, todos os Vendedores temem o vazamento de informações de que o Alvo está sendo vendido. Esse temor tem fundamento. "Boatos" de que o Alvo está à venda afetam seu clima organizacional, a relação com seus clientes, fornecedores e financiadores. Se o Alvo for de capital aberto, a confidencialidade é ainda mais importante, pois pode gerar oportunidades de uso ilegal de informações privilegiadas (*insider trading*).

Não há como evitar que, em algum momento, surjam especulações dentro e fora do Alvo sobre a Transação. No entanto, há estratégias para minimizá-las, especialmente nas fases Preparação e Abordagem. Na Preparação, os dados contábeis e operacionais do Alvo podem ser levantados diretamente por seu acionista ou presidente, sem a participação direta do Assessor, que pode chamar muito a atenção dos funcionários. As reuniões e apresentações podem ser conduzidas no escritório do Assessor. No entanto, não se deve enganar os clientes: "não há como sair na chuva sem se molhar". Ou seja, em algum momento, especialmente na fase da *due diligence*, é muito difícil evitar especulações.

Durante a abordagem aos potenciais Compradores, há como minimizar o risco de "vazamento" de informações: sempre exigir a assinatura de Acordo de Confidencialidade (NDA ou *Non-Disclosure Agreement*); preservar informações estratégicas valiosas ao máximo até que a conclusão da Transação se mostre interessante e eminente; abordar somente executivos seniores dos potenciais Compradores; centralizar os assuntos relacionados à Transação no menor número de pessoas possível – o Assessor e o(s) principal(ais) executivo(s) do Vendedor –; e evitar contatar potenciais Compradores com fama de desonestos.

NA PRÁTICA: um cliente me relatou o caso de um Alvo que foi "queimado" no mercado pelo Assessor, dada sua excessiva e desordenada exposição aos potenciais Compradores. Entre os "potenciais Compradores", havia empresas sem nenhum interesse objetivo na Transação, que não deveriam, portanto, ter sido contatadas.

RECOMENDAÇÃO: é fundamental que o Assessor só aborde os potenciais Compradores com a expressa permissão do Vendedor. Essa disciplina protege ambos de riscos desnecessários.

O PRIMEIRO CONTATO

O primeiro contato é muito importante. Se o potencial Comprador é uma grande empresa, no Brasil ou no exterior, não é trivial identificar e encontrar a pessoa certa para ser abordada. As denominações dos cargos podem ser imprecisas e levar a conclusões precipitadas. Por exemplo, uma vez, eu estava tentando identificar o responsável por M&A em uma grande empresa brasileira de *software* e me sugeriram falar com o diretor de "*ventures*", que associei a novos negócios. O diretor era realmente de novos negócios, mas ele cuidava apenas do aspecto técnico da especificação de um novo *software*. Sorte minha que ele teve a disposição de me encaminhar à pessoa certa.

A abordagem a potenciais Compradores geralmente se inicia pelo telefone, por e-mail, em uma reunião formal e/ou informal (um almoço ou até um *happy hour*). Redes de relacionamento do tipo LinkedIn, ou até o próprio Facebook, também podem ajudar. A rede de relacionamento dos sócios do Alvo e do Assessor são fundamentais. Muitas vezes, um amigo conhece um amigo que trabalha em um potencial Comprador. O problema com esse tipo de acesso é ter a dedicação do "amigo do amigo" em fazer o contato.

O primeiro contato com um potencial Comprador pode ser muito informativo, mesmo que este não demonstre interesse imediato na Transação e/ou no Alvo. Os potenciais Compradores formam o tal do "mercado", a "entidade poderosa" que determina o valor das empresas. Na primeira conversa, o potencial Comprador pode indicar ter ou não interesse no setor de atuação do Alvo. Essa informação é muito valiosa, pois é capaz de sinalizar tendências de aumento de concorrência, reduções de demanda e/ou choques tecnológicos que podem afetar a percepção do futuro do Alvo. Se mais de um potencial Comprador tiver as mesmas percepções negativas sobre o setor de atuação do Alvo, isso pode ser uma evidência de que a Transação, pelo menos naquele momento de mercado, pode ser inviável e deve ser adiada. FPEs, por exemplo, podem dizer que não têm interesse em Alvos com Ebitda[18] inferior a R$ 10 milhões e/ou que querem adquirir somente participações minoritárias.

---

[18] Em português, Lajida – lucro antes de juros, impostos (de renda e contribuição social), depreciação e amortização.

Do mesmo modo, no primeiro contato, o potencial Comprador pode dar valiosos *insights* sobre o interesse e o formato propostos para a Transação. Intenções de venda de 100% das ações do Alvo podem ser percebidas como um sinal de que o Vendedor não acredita mais em sua capacidade de crescimento e rentabilidade. Se mais de um potencial Comprador questionar o formato proposto para a Transação, pode ser importante rever o discurso de venda e até mesmo alterá-lo.

Por essas razões, a abordagem aos potenciais Compradores deve ser conduzida por um Assessor experiente que seja capaz de captar e interpretar corretamente as informações que surgirão das interações com o "mercado".

RECOMENDAÇÃO: evite fazer a primeira abordagem via e-mail. No mínimo, dê um telefonema, mas o ideal é uma reunião pessoal. Ofertas de Transações via e-mail podem chegar às dúzias por semana a alguns potenciais Compradores. Não é raro um potencial Comprador receber um e-mail com um Sumário Executivo e simplesmente ignorá-lo. Isso se aplica mesmo a potenciais Compradores norte-americanos, que costumam ser mais objetivos e impessoais. O ideal é que esse primeiro contato seja feito pessoalmente, de preferência com a referência de uma pessoa que seja de relacionamento comum entre o Vendedor e o potencial Comprador, para trazer mais credibilidade à apresentação da Transação.

Na primeira abordagem, geralmente se preserva o nome do Alvo, e a Transação é apresentada de maneira conceitual. Por exemplo: "Os acionistas de uma empresa produtora de celulose de fibra curta pretendem vender até 100% do capital por entenderem que o setor está em consolidação, e escala é fundamental."

Após o primeiro contato, caso o potencial Comprador tenha interesse na Transação, poderá solicitar um Sumário Executivo e/ou o Acordo de Confidencialidade. Os FPEs geralmente preferem receber antes o Sumário Executivo para poderem discutir internamente o interesse ou não na Transação.

A execução do NDA é o primeiro marco concreto de interesse do potencial Comprador na Transação, vindo em seguida a entrega do OM. Se o potencial Comprador tiver real interesse na Transação, contatará o Assessor para obter informações adicionais ao OM. É fundamental que a troca de informações com o potencial Comprador seja centralizada e coordenada na figura do Assessor, ou, em sua ausência, no executivo mais sênior do Alvo responsável pela Transação.

RECOMENDAÇÃO: deve-se evitar que o potencial Comprador solicite informações diretamente a outros executivos do Alvo sem passar pelo crivo do Assessor e do encarregado da Transação no Vendedor. O controle do fluxo de informação é essencial para manter a confidencialidade e administrar o processo concorrencial.

A ausência desse controle gera riscos. Por exemplo, um funcionário do Alvo, com medo de perder o emprego caso a Transação se concretize, pode querer "agradar" o potencial Comprador dando informações estratégicas. Em outro extremo, esse funcionário, ainda por receio de perder o emprego, pode querer "sabotar" as informações fornecidas para desmotivar o potencial Comprador.

A troca de informações pode ser organizada em uma sala (*data room*), em arquivos eletrônicos e/ou documentos impressos suplementares ao OM. Essas informações podem ser disponibilizadas até para potenciais Compradores que não as solicitaram. Esse pode ser um meio de manter todos os potenciais Compradores com acesso às mesmas informações e sinalizar que há "muitos interessados".

> **RECOMENDAÇÃO:** informações adicionais podem incluir visitas ao Alvo e entrevistas com os sócios e/ou executivos do Vendedor. Não recomendo expor os executivos mais importantes do Alvo aos potenciais Compradores. Não há Acordos de Confidencialidade "à prova de balas". Apresentar a "prata da casa" para potenciais Compradores expõe o Alvo a perdê-los, pois, antes de potenciais Compradores, estes podem ser potenciais contratadores de talentos!

Muitas vezes, contatos são feitos, NDA assinado, e o potencial Comprador simplesmente desaparece, sem dar nenhuma satisfação. Isso é comum, e não adianta ficar ligando ou mandando e-mails que possivelmente nunca serão respondidos. Inclusive, a insistência em abordar um investidor com esse comportamento pode gerar uma percepção de que o Vendedor está "desesperado para vender o Alvo".

Os pontos mais importantes são: posição do executivo de contato (quanto mais sênior, melhor) e tempo. Tempo para abordar os potenciais Compradores que podem não ser óbvios em uma primeira leitura e para permitir que potenciais Compradores com lentos processos internos de decisão possam estudar a Transação.

> **RECOMENDAÇÃO:** uma questão interessante que surge na estratégia de abordagem é ligar ou não para um potencial Comprador que não demonstrou interesse na Transação. Minha opinião é que não se deve insistir. Passado o tempo, se houver algum fato relevante no Alvo ou no potencial Comprador que possa suscitar uma mudança no interesse, talvez valha a pena um novo contato. Em geral, não acredito na eficácia de repetidos contatos a um mesmo investidor que não demonstra interesse pela Transação, pois considero o potencial benefício menor que o potencial custo.
>
> Uma multinacional que comprou várias empresas pelo mundo colocou em suas diretrizes de M&A as seguintes "bandeiras vermelhas" para uma Transação em estudo que possa indicar uma "aquisição amaldiçoada": "a administração do Alvo parece estar desesperada para vender" e "a Transação produzirá milionários instantâneos" entre os Vendedores. A combinação dessas duas possibilidades pode ser fatal no interesse de qualquer potencial Comprador. Insistir, portanto, em abordar repetitivamente "potenciais" Compradores desinteressados podem gerar boatos de que o Vendedor está "desesperado" em busca de "fortunas", deixando o Alvo com problemas para ser "digerido" pelo Comprador.

O MOMENTO DE MATURIDADE: A SOLICITAÇÃO DE CARTAS DE INTENÇÃO

Em algum momento, difícil de prever, pois depende de cada Transação, os potenciais Compradores terão informações suficientes para fazer uma estimativa do valor do Alvo. Pode durar um mês, dois, três ou até seis meses. Nesse momento, que denomino "momento de maturidade", o Vendedor, diretamente ou por intermédio de seu Assessor, deve convidar os potenciais Compradores a produzirem Cartas de Intenções (LOI ou *Letter of Intent*).

A LOI é um documento juridicamente não vinculante por meio do qual o potencial Comprador indica o valor de sua oferta para a compra do Alvo e seus termos. O objetivo da LOI para o Vendedor é ter a primeira leitura formal do real interesse dos potenciais Compradores e do valor que estes associam ao Alvo.

> **RECOMENDAÇÃO:** como mencionado, sabemos como começa o processo de venda de uma empresa, mas não sabemos quando nem como ele terminará. Ao longo de todo o processo, é preciso manter a serenidade e a objetividade o tanto quanto possível. Se não houver interessados na Transação ou os potenciais Compradores estiverem reagindo em uma velocidade mais lenta que a que o Vendedor gostaria, não adianta tentar forçar definições antes da hora.
>
> Se o interesse pela Transação estiver aquém do desejável, é preciso investigar as possíveis razões para tal. É a situação macroeconômica? São tendências setoriais? Há à venda outras empresas similares que podem estar disputando o interesse dos potenciais Compradores? Pode haver algo de desestimulante na maneira como a Transação e o Alvo estão sendo apresentados aos potenciais Compradores?
>
> Não é à toa que denomino momento de se demandar LOIs de momento de "maturidade" da Transação.

A LOI descreve os principais termos da Transação e geralmente inclui o que está sendo adquirido (a porcentagem do capital social, ativos ou uma parte dos negócios do Alvo), o modo e o prazo do pagamento e as condições precedentes, entre elas a execução da *due diligence*.

Nesse momento do processo, o importante é fazer uma boa análise das LOIs para transformar a melhor oferta em um documento vinculante, o Memorando de Entendimentos (MOU ou *Memorandum of Understanding*) ou até mesmo um Contrato de Compra e Venda de Ações (CCVA). A LOI é "vento", já o MOU é vinculante, com algumas possibilidades de saída limitadas, mas não é definitivo, tampouco contém tantos detalhes quanto o CCVA. Esses documentos vão dar ao Vendedor a segurança necessária sobre o comprometimento do Comprador para permitir que este inicie a *due diligence*.

> **NA PRÁTICA:** a maior parte das negociações de que tive oportunidade de participar exigia que a *due diligence* fosse feita depois do MOU, mas antes do CCVA. Em um curioso caso, assessorei a venda de uma empresa prestadora de serviços para seu maior concorrente. Parte significativa do valor do Alvo era sua coleção de contratos de prestação de serviços que, como era prática de mercado, poderiam ser rescindidos a qualquer momento. Tratava-se de um mercado muito competitivo no qual a fidelidade dos clientes dependia de condições de preço e qualidade dos serviços. O potencial Comprador fez uma proposta de valor muito interessante pelo Alvo, mas demandou uma *due diligence* prévia ao CCVA. Essa demanda foi recusada de imediato, dado o alto risco que representava. Ao examinar os contratos do Alvo, nada impediria o potencial Comprador de abordar os clientes e "roubá-los", reduzindo o preço do serviço marginalmente, por exemplo, em 1%.

Fomos direto da mesa de negociação para o CCVA, sem passar pela LOI ou pelo MOU. Foi condição *sine qua non* que o CCVA fosse assinado e o Preço pago antes da *due diligence*. Seria um caminho sem volta para o Comprador e o Vendedor. Caso fossem encontradas contingências na *due diligence*, o Vendedor se comprometia a ressarcir o Comprador de suas perdas originadas por eventos antes da data da Transação. Claro que a Transação somente foi possível pela combinação de dois eventos pouco comuns: um Comprador com muito interesse na Transação e um Vendedor com reputação e recursos para garantir que o Comprador fosse indenizado por qualquer contingência materializada na Pós-transação. Foi uma combinação muito especial.

O QUE UMA LOI PODE DIZER?

Entre os inúmeros aspectos que podem ser abordados nas LOIs, serão apresentados a seguir os principais: objeto da Transação; valor da oferta; prazo de pagamento; assunção de dívidas e contingências; *due diligence*; exclusividade; funcionários; restrições; condições precedentes; relações Pós-transação; e prazo para o Fechamento (*Closing*) da Transação.

Quadro 1.5 – Aspectos críticos que podem ser abordados nas LOIs

Componentes	Comentários
Objeto da Transação	O que o potencial Comprador quer comprar é o mesmo que o Vendedor quer vender? O Vendedor pode ofertar até 100% do capital social do Alvo, e o potencial Comprador pode ter interesse em apenas 51%, ou 30%, mas com poderes supraminoritários. Pode ser que o potencial Comprador não tenha interesse em adquirir todas as linhas de negócio do Alvo e exija que algumas delas sejam descontinuadas ou excluídas da Transação por uma cisão do Alvo.
Valor da oferta	Quanto maior, melhor? Não necessariamente. Aspectos estratégicos, culturas corporativas e até a empatia entre os sócios do Vendedor e do potencial Comprador devem ser levados em consideração. Caso haja previsão de relações comerciais Pós-transação, como um contrato de fornecimento de longo prazo, a qualidade, os riscos e o valor dessas relações também devem ser considerados.
Prazo de pagamento	Se a liquidação financeira da Transação for a prazo, é preciso descobrir a situação financeira e creditícia do potencial Comprador. Há algum indício nos demonstrativos contábeis do potencial Comprador de que ele possa ter alguma dificuldade em honrar os futuros pagamentos da Transação?
Assunção de dívidas e contingências	Esse é um aspecto importante que o potencial Comprador pode não querer abordar na LOI. Em particular, o impacto dos mecanismos para assunção de contingências pode ser significativo e inviabilizar a Transação (*deal breaker*). Por exemplo, o potencial Comprador pode exigir que 70% do valor da aquisição seja depositado em uma conta caução (*escrow account*) que impediria o acesso do Vendedor ao dinheiro por anos. A sugestão, porém, é que esse tema seja abordado o quanto antes.

continua

continuação

Componentes	Comentários
Due diligence	O potencial Comprador demandará que a *due diligence* seja executada o mais rápido e na maior abrangência possíveis antes de confirmar a sua oferta e torná-la juridicamente vinculante. Isso é natural, pois o potencial Comprador vai querer ter certeza do que está se propondo a comprar e os riscos da Transação. Esse tópico está diretamente relacionado com a assunção de dívidas e contingências. O Vendedor, quer seja por receio de expor informações estratégicas do Alvo, quer seja por medo do potencial Comprador descobrir seus "esqueletos", tentará adiar e limitar a *due diligence* ao máximo. É possível até haver um impasse; um aspecto que deve ser negociado. Se o potencial Comprador quer fazer a *due diligence* logo, o Vendedor deve exigir uma contrapartida. Essa contrapartida pode ser um comprometimento maior do potencial Comprador com a Transação por meio do MOU, ou até mesmo da execução do CCVA, a ser discutido na próxima seção. A contrapartida pode ser, inclusive, uma multa no caso de rescisão.
Exclusividade	Geralmente, ao apresentar a LOI, o potencial Comprador exigirá exclusividade para prosseguir nas negociações da Transação. É um modo de o potencial Comprador evitar concorrentes e gastos desnecessários, pois, daqui em diante, o envolvimento de seus executivos e assessores técnicos (advogados, auditores etc.) tende a ser mais intenso, portanto, mais caro. Para o Vendedor, a exclusividade pode não ser interessante, por restringir seu acesso a outros potenciais Compradores. Entretanto, esse é um aspecto que deve ser negociado. Se o potencial Comprador quer exclusividade, o Vendedor deve exigir uma contrapartida. Essa contrapartida pode ser um comprometimento maior do potencial Comprador com a Transação, que pode incluir um pagamento inicial de parte do valor da oferta e/ou um empréstimo em termos favoráveis ao Vendedor.
Funcionários	Pode acontecer de os funcionários serem um aspecto importante da Transação, especialmente nas empresas intensivas em capital humano. Em um extremo, o potencial Comprador pode exigir a continuidade de executivos-chave. Em outro extremo, o potencial Comprador pode exigir a demissão de certos executivos que já tem em duplicidade em seu quadro. A exigência da retenção de executivos-chave pode ser um ponto delicado, pois depende do interesse de o funcionário querer continuar na empresa após a Transação.
Restrições especiais	O potencial Comprador pode impor restrições na operação do Alvo, por exemplo, novos investimentos, acordos comerciais com concorrentes, e outros. É preciso avaliar o impacto dessas restrições e negociar contrapartidas.
Outras condições precedentes	Outras condições precedentes geralmente incluem a "aprovação dos Conselhos de Administração do Comprador", execução do CCVA em até 60 dias e outras.
Relações Pós-transação	Essas relações podem incluir contratos de aluguéis de imóveis (muito comum no varejo), fornecimento de longo prazo, *earn-out*, assistência técnica etc.
Prazo para fechamento da Transação	Geralmente, o potencial Comprador quer impor seu ritmo na execução dos instrumentos jurídicos que definem a Transação. A questão é saber se esse ritmo convém ao Vendedor.

A seguir, é apresentado um exemplo de LOI de uma empresa fictícia, a Solavanco Ltda.

EXEMPLO DE LOI

São Paulo, 31 de outubro de 2014.

> **Privado e Confidencial**
>
> Aos Sócios e/ou Conselho de Administração,
>
> Esta carta apresenta os termos e condições básicos que a Minuano SA ("Comprador") se propõe a executar um contrato de compra e venda de ações ("CCVA") com os sócios da Solavanco Ltda. ("Empresa") que definirá a aquisição de 100% do capital social da Empresa ("Aquisição"). Antecipamos que a execução da Aquisição deva ocorrer até 31/10/2014, ou em outra data que as Partes acordarem.
>
> **Preço de Aquisição**: de R$ 40 a 60 milhões a serem pagos em até quatro anos.
>
> **Condições para o Fechamento da Transação (*Closing*):**
>
> (a) Aprovações dos Conselhos de Administração do Comprador e do Vendedor.
>
> (b) Executar o CCVA antes de 31/12/2014, contendo termos mutuamente aceitáveis.
>
> (c) A veracidade e autenticidade das representações & garantias e satisfação das condições negociadas.
>
> (d) Execução do contrato de trabalho com os principais executivos da Empresa com o Comprador em termos mutualmente aceitáveis.
>
> (e) A partir de 30/09/2014 (data do último demonstrativo auditado), os negócios da Empresa e suas subsidiárias deverão ser conduzidos dentro da normalidade, sem mudanças significativas nas operações, prospecções, investimentos, financiamentos etc.
>
> (f) Não deve haver distribuição de dividendos, JSCP, redução de capital da data do último demonstrativo auditado até o *Closing*.
>
> **Geral**: confidencialidade, exclusividade na Aquisição por 90 dias, acesso a informações (*due diligence*), prazo de validade da proposta e outros.
>
> Sua assinatura indica a concordância com os termos e condições desta Carta. Atenciosamente,
>
> _____ (potencial Comprador) De Acordo e Aceito
>
> _____ (Alvo e/ou Vendedor)

Observe que, entre as "Condições para o Fechamento da Transação", os itens (a) e (b) dependem muito do empenho do Comprador. Essas condições dão à LOI um caráter não vinculante em termos jurídicos. O texto dos itens (c) e (d) também dá margem a várias interpretações e possíveis "desculpas" para o Comprador desistir da Transação após executar a *due diligence* e ter acesso às informações estratégicas do Alvo. Além disso, observe que o potencial Comprador exige exclusividade na Transação por 90 dias. Ou seja, o potencial Comprador pode desistir da Transação após a *due diligence*, sem constrangimentos, e ainda interromper a possibilidade de negociação com outros potenciais Compradores por 90 dias!

Para evitar textos ambíguos ou vagos, o Vendedor pode direcionar o conteúdo da LOI fornecendo aos potenciais Compradores um modelo de carta com lacunas a serem preenchidas (tipo *"fill in the blanks"*) ou pode deixá-los à vontade para produzirem a LOI do jeito que lhes for conveniente.

> **NA PRÁTICA:** tive a oportunidade de analisar um "convite para participar no processo de investimento do Alvo", em que o Assessor solicitava aos potenciais Compradores uma extensa lista de posições na LOI com os itens a seguir.
> - LOIs deverão ser submetidas ao Assessor por carta até às 18h00 do dia dd/mm/aaaa.
> - Tipo de Transação (compra de participação estratégica *versus* compra de 100% do capital do Alvo *versus* compra de linha de negócios).
> - Estimativa do Preço em dólares norte-americanos para 100% do capital do Alvo. Indicações de Preço com base em múltiplos do patrimônio líquido da Empresa não serão aceitos. Intervalos de Preço não deverão ser "muito abrangentes".
> - Modo de pagamento e descrição da fonte de recursos utilizadas pelo potencial Comprador para pagar o Preço.
> - Descrição do papel pretendido para os acionistas e os principais executivos do Alvo.
> - Informações adicionais que deverão ser fornecidas para completar a *due diligence* do Alvo.
> - Descrição das condições e do processo interno do potencial Comprador para a aprovação da Transação e o tempo necessário para satisfazer essas condições.
> - Lista dos assessores externos (bancos de investimentos, advogados, auditores) que deverão trabalhar para o potencial Comprador na Transação.
>
> Essa carta foi emitida há mais de 20 anos. Apesar dessa detalhada lista, a Transação até hoje não ocorreu. Por quê? No meu entender, porque o Alvo não é bom. Se o Alvo não é bom, não há processo de M&A que faça a Transação se concretizar.

Pessoalmente, não acredito na eficácia de se enviar um modelo da LOI para os potenciais Compradores. Exceto nas licitações públicas, em que há padrões predefinidos por regras rígidas, o potencial Comprador e seu advogado redigirão a LOI de acordo com seus interesses e conveniências. Se o potencial Comprador não seguir seu modelo da LOI, o que você fará? Vai "desclassificá-lo"? O que interessa é ter boas indicações, pois a LOI geralmente não é um fim, mas um começo.

> **RECOMENDAÇÃO:** vale a pena impor um cronograma para a obtenção das LOIs? Algo do tipo: "aceitaremos ofertas indicativas até a meia-noite de dd/mm/aaaa"? Quais são os ganhos e riscos dessa imposição? Se estipularmos um prazo para emissão das LOIs aos potenciais Compradores e eles não cumprirem, o que faremos? Como me disse um cliente: "Não se pode impor um castigo que não se pode aplicar."

ESCOLHENDO A MELHOR LOI

Após o recebimento das LOIs, o Vendedor e seu Assessor devem analisá-las e compará-las. Tal procedimento não é trivial, pois se trata de ofertas multifacetárias. Assim, não é somente o maior Preço que define a melhor oferta indicativa, mas também as características do potencial Comprador, os termos de pagamento e as condições precedentes, com destaque para a *due diligence*.

> **RECOMENDAÇÃO:** não importa quão ruim seja uma LOI, ela nunca deve ser descartada imediatamente. Deve ser "trabalhada", negociada. Uma das vantagens mais valiosas em M&A é ter alternativas. Quanto mais, melhor.

Suponha, por exemplo, que o Alvo tenha recebido quatro LOIs, cujos termos são resumidos no Quadro 1.6.

Quadro 1.6 – Exemplo de tabulação das LOIs para a apreciação do Vendedor

Potenciais Compradores	A	B	C	D
Tipo	Estratégico	Estratégico	Financeiro	Financeiro
Opera no Brasil	Sim	Não	Sim	Não
Concorrente direto	Sim	Não	Sim, por meio de subsidiária	Não
Valor da oferta (100% do VEE, em milhões de reais)	125	120	150	80
Prazo de pagamento	Quatro anos	À vista	Três anos	Cinco anos
Due diligence	Pré-MOU	Pós-MOU	Pré-MOU	Pós-MOU
Condições	Não competição por dez anos	Retenção do CEO e da diretoria	Compra de 51% agora e de restante em *earn-out*	Compra de 40% agora e de restante em *earn-out*

Responda rapidamente: qual proposta você aceitaria? Se você respondeu o potencial Comprador C, é porque você valorizou a maior oferta acima de qualquer aspecto. Será que C é mesmo a melhor oferta?

Segue a análise das propostas em separado.

- **Proposta D:** é a pior proposta em valor (R$ 80 milhões), mas será que deve ser descartada imediatamente? Observe que C também é um investidor financeiro e fez a maior proposta. Talvez a dimensão da proposta de D esteja relacionada com o fato de esse investidor ainda não estar no Brasil. Ele quer comprar 40%

das ações em um primeiro momento e o restante em cinco anos, ou seja, no início o investidor não quer ter o controle acionário do Alvo. Essas condições refletem conservadorismo. Ele "quer molhar o pé, mas não pular na piscina". O investidor D não deve ser descartado imediatamente. O Assessor deve questionar o tamanho de sua oferta e indicar, discretamente, que o outro investidor financeiro propôs um valor que é quase o dobro do seu e se colocar à disposição: "como eu posso ajudá-lo a melhorar sua proposta? De que informações adicionais você precisa?"

- **Proposta C:** é a maior proposta quanto a valor, mas 49% serão pagos em três anos dependendo da *performance* do Alvo. Essa condição é arriscada, pois o Vendedor não estará mais sob o controle societário do Alvo, talvez nem em sua gestão. Além disso, o investidor é um concorrente, por meio de uma subsidiária, o que representa um duplo risco. Primeiro, há sempre o risco da exposição de informações estratégicas na *due diligence*. Observe que C somente confirmará o Preço no MOU após a *due diligence*. Ou seja, até lá a proposta de C é não vinculante. O segundo risco deve-se ao fato de C operar no mesmo mercado do Alvo com sua subsidiária. C pode beneficiar sua subsidiária no mercado em detrimento do Alvo, afetando sua *performance* e o pagamento dos 49% restantes do valor da Transação.

Isso não quer dizer que se deve abandonar C. Deve-se, sim, negociar o prazo e as condições de pagamento, desvinculando este da *performance* futura do Alvo. Deve-se também negociar, com muita firmeza, a execução da *due diligence* somente após a celebração do MOU ou até do CCVA.

- **Proposta B:** é a terceira maior proposta no que se refere a valor da oferta, mas apresenta características interessantes: pagamento à vista, possibilidade da *due diligence* após MOU e retenção da diretoria e CEO. Adicionalmente, B ainda não opera no Brasil, o que pode representar uma possibilidade para negociar um aumento no valor da proposta para, no mínimo, R$ 125 milhões, valor proposto por A, que já opera no Brasil e concorre com o Alvo.

- **Proposta A:** é a segunda maior oferta, mas há características preocupantes. Primeiro, exige a *due diligence* antes do MOU. Como A concorre com o Alvo, os riscos são os mesmos descritos em C. Além disso, aparentemente, o investidor A quer ter 100% das ações, mas pagá-las em quatro anos. Por que tanto tempo? A impressão passada é a de que A pretende comprar o Alvo e pagar com o dinheiro que o próprio Alvo gerará nos próximos quatro anos. A negociação com A deve se concentrar no valor (R$ 150 milhões ou mais), no prazo de pagamento (à vista), e na execução da *due diligence*, que nesse caso deve ser após o CCVA.

Levando em consideração todas as condições e riscos das quatro LOIs, B parece ser a melhor proposta inicial. As propostas A e C, que são concorrentes do Alvo, indicam que o Alvo e sua posição de mercado têm um valor entre R$ 125 e R$ 150 milhões. O fato de B não operar no Brasil significa que a Transação é sua porta de entrada. Como tal, o Alvo para B pode valer mais que seus atuais concorrentes (A e C). Talvez B possa, portanto, pagar até mais que R$ 150 milhões, se tiver condições financeiras para tanto. Dependendo da evolução das negociações com B, o Vendedor pode indicar sua disposição em aceitar a diferença de R$ 120 milhões para R$ 150 milhões (ou mais) a prazo.

Nesse momento, começa a próxima fase: Negociação.

Sumário executivo da Fase 4 – Abordagem a potenciais investidores

- Vender uma empresa requer exposição, e exposição traz riscos. "Boatos" de que o Alvo está à venda afetam seu clima organizacional, a relação com seus clientes, fornecedores e financiadores. Se o Alvo for de capital aberto, a quebra de confidencialidade pode gerar *insider trading*.
- Há maneiras para minimizar o risco de "vazamento" da informação de que o Alvo está à venda, especialmente nas fases Preparação e Abordagem. Na Preparação: os dados contábeis e operacionais do Alvo podem ser levantados diretamente pelo acionista ou pelo CEO. Na Abordagem: é recomendável sempre exigir a assinatura do NDA, preservar informações estratégicas valiosas até que a conclusão da Transação se mostre iminente, abordar somente executivos seniores dos potenciais Compradores e centralizar os assuntos relacionados à Transação ao menor número de pessoas possível.
- Contatos com potenciais Compradores são muito informativos, pois podem indicar as razões do interesse ou não pelo Alvo (concorrência, demanda, tecnologias etc.). Muitas percepções negativas podem indicar que a Transação, pelo menos naquele momento de mercado, pode não ser viável e deva ser adiada.
- A execução do NDA é o primeiro marco do interesse do potencial Comprador. Seguem daí a entrega do Memorando de Oferta e a solicitação de informações adicionais. É fundamental que a troca de informações seja centralizada e coordenada na figura do Assessor ou, na inexistência deste, no executivo mais sênior do Vendedor encarregado da Transação. Deve-se evitar que o potencial Comprador solicite informações diretamente a outros executivos do Alvo sem passar pelo crivo do Assessor e do encarregado da Transação no Vendedor.
- Em algum momento que depende de cada Transação, os potenciais Compradores terão informações suficientes para estimar o valor do Alvo. Nesse momento, o Vendedor pode convidá-los a submeter LOIs.
- Embora a LOI seja um documento juridicamente não vinculante, é sua primeira leitura formal que expressa o real interesse dos potenciais Compradores. Fazer uma boa análise das LOIs é essencial para escolher a melhor e transformá-la em um documento vinculante (um MOU ou até mesmo um CCVA). Esses documentos darão ao Vendedor a segurança necessária sobre o comprometimento do Comprador, para que este permita o início da *due diligence*.
- A comparação e a análise das LOIs não são triviais, por se tratar de ofertas multifacetárias. Não é apenas o maior Preço que define a melhor oferta, mas também as características do potencial Comprador (concorrente ou não, capitalizado ou não etc.), os termos de pagamento e as condições precedentes, com destaque para a *due diligence*.

Fase 5 – Negociação

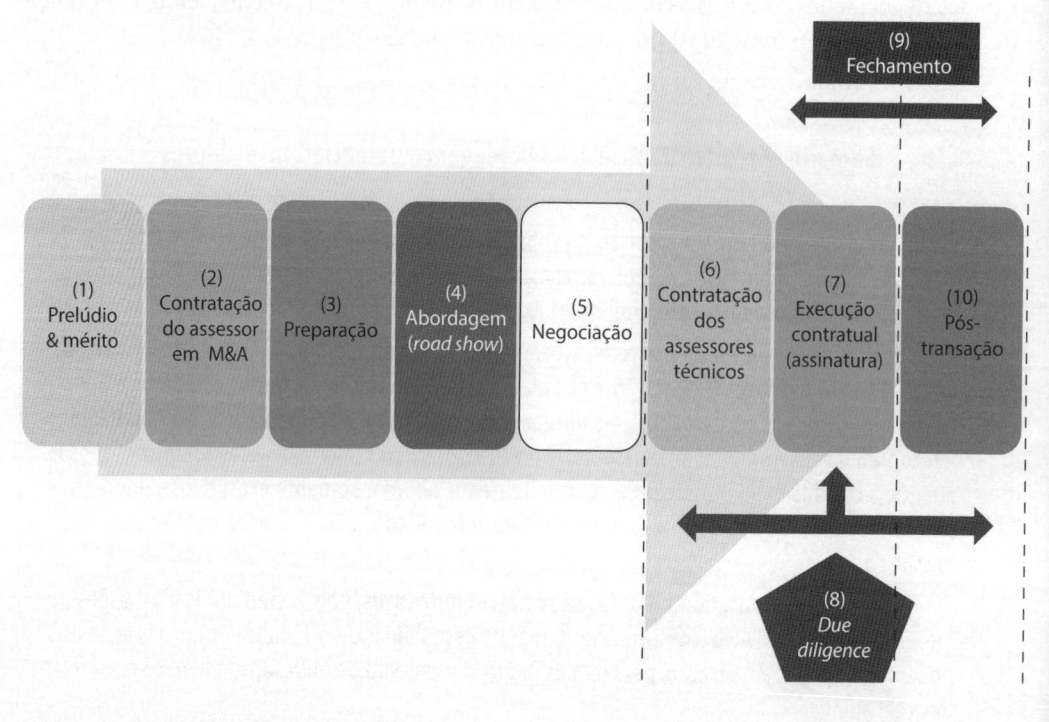

Figura 1.7 - Fase 5: Negociação.

> – Por que demoraste tanto?
> – Não fui eu, tia. Foi o tempo.
>
> Couto (2003, p. 29)

OBJETIVOS

Com o apoio das propostas de valor para a Transação, obtidas na fase Abordagem, inicia-se a fase Negociação. O objetivo dessa fase é adequar a proposta indicativa de valor e suas condições aos interesses do Vendedor e documentá-la em um instrumento jurídico vinculante, um MOU ou um CCVA.

A LOI é um instrumento com pouco valor, um "acordo de acordar".[19] Já o MOU é um instrumento jurídico que descreve um pré-acordo de compra e venda, válido por alguns meses, durante os quais certos procedimentos jurídicos são executados para finalizar a compra e a venda do Alvo. O MOU geralmente tem poucas páginas, mas deve ser mais vinculante que a LOI e menos vinculante que o CCVA. O CCVA será um instrumento jurídico muito mais completo e definitivo, podendo conter centenas de páginas.

---

[19] "*A LOI is an agreement to agree.*" Bruner (2004, p. 768).

O Quadro 1.7 ilustra as diferenças entre uma LOI e um MOU por meio de um exemplo: a venda da Solavanco Ltda. Note como os termos do MOU são mais precisos e vinculantes.

Quadro 1.7 – Exemplo de comparação entre uma LOI e um MOU

LOI	MOU
Aquisição de 100% do capital social da Solavanco Ltda., de R$ 40 a 60 milhões, pagos em até quatro anos.	Aquisição de 100% do capital social da Solavanco Ltda., por R$ 58,5 milhões (Preço), pagos da seguinte maneira: 60% na assinatura do CCVA (*Closing*); 20% em até 360 dias após o *Closing*; e 20% em até 720 dias após o *Closing*.
Condições precedentes.	Condições precedentes.
Aprovações dos Conselhos de Administração do Comprador e do Vendedor.	Para ser assinado, o MOU deve ser aprovado pelos Conselhos de Administração do Comprador e do Vendedor.
Executar o CCVA antes de 31/12/2014, contendo termos mutuamente aceitáveis.	Executar o CCVA antes de 31/12/2014, contendo os termos descritos no presente documento.
Veracidade e autenticidade das Representações e Garantias e satisfação das condições negociadas.	Os sócios da Solavanco serão responsáveis por insubsistências ativas e superveniências passivas da Solavanco cujos fatos geradores tenham ocorrido antes da data do *Closing*. Os sócios concordam em manter 20% do Preço em conta caução por dois anos como garantia contra tais possíveis eventos adversos.
Execução do contrato de trabalho entre os principais executivos do Alvo e o Comprador em termos mutuamente aceitáveis.	Execução do contrato de trabalho com os srs. Walter K., Jacinto P., Clovis B. e Maria Lucia S. Observe que os nomes dos executivos são definidos e provavelmente já foi determinado algum acordo de trabalho com o Comprador, para o Vendedor não correr o risco de um desses executivos emperrar a Transação.
A partir de 30 de setembro de 2014 (data do último demonstrativo auditado), os negócios do Alvo e suas subsidiárias deverão ser conduzidos dentro da normalidade, sem mudanças significativas nas operações, prospecções, investimentos, financiamentos etc.	Repete o texto da LOI.
Não deve haver distribuição de dividendos, JSCP, redução de capital da data do último demonstrativo auditado até o *Closing*.	Repete o texto da LOI.
Geral: Confidencialidade.	Três a quatro cláusulas específicas sobre confidencialidade que podem, inclusive, prever multas pecuniárias no caso de violação.

continua

continuação

LOI	MOU
Geral: Exclusividade na Transação por 90 dias.	Exclusividade por 90 dias é uma exigência comum dos potenciais Compradores para assinar um MOU. Faz sentido, pois nesse momento o potencial Comprador estará incorrendo em custos com advogados e auditores. Se o Vendedor não quiser conceder a exclusividade, o Comprador pode demandar o Direito de Primeira Recusa (*Right of First Refusal* – RFR). Assim, se outro potencial Comprador fizer uma oferta maior durante a *due diligence*, o Comprador signatário do MOU terá o direito de conhecer essa oferta e ajustar seu Preço para igualá-los e concluir a Transação ou não.
Geral: Acesso a informações (*due diligence*).	A *due diligence* ocorrerá no prazo de 45 dias a contar da abertura do *data room* que será montado pela Solavanco no escritório de Roberto Claros Advogados, na Avenida Paulista, nº 500. As informações que farão parte do *data room* estão relacionadas no Anexo a este MOU. Informações adicionais deverão ser solicitadas diretamente ao Assessor.
Geral: Prazo de validade da proposta.	Esse MOU é considerado vinculante entre as Partes e só poderá ser encerrado de comum acordo. O memorando pode ou não ter data de validade. Se tiver, é recomendável prever que o prazo de validade seja prorrogável de comum acordo.
Geral: Outros.	Pode haver necessidade de cláusulas adicionais, como o compromisso de não assediar e contratar funcionários, não lançar produtos similares, não fazer M&A de empresas similares.

O processo negocial que começa com o recebimento das LOIs e que leva à execução do MOU e/ou CCVA pode durar semanas e até meses. É um período tenso que intercala momentos de euforia, quando a Transação parece estar próxima de ser concluída, e momentos de frustração, quando há atrasos, reveses e até interrupções. Tento representar esses altos e baixos na Figura 1.8.

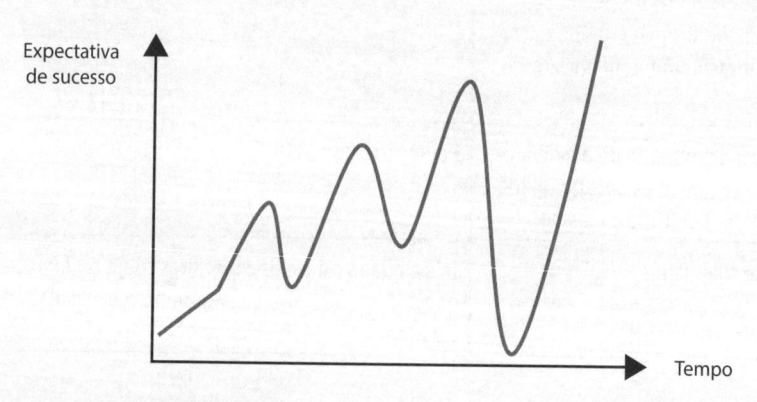

Figura 1.8 – Altos e baixos do processo negocial.

> **NA PRÁTICA:** evite "fusões pessoais"! Se você é o Assessor, lembre-se sempre de que você não é o Vendedor. Caso seja o Vendedor, lembre-se de que seu Assessor não é você. Isso parece óbvio, mas não é, e pode gerar muitos problemas... Durante as Fases de Abordagem, Negociação e Execução, não faltarão momentos de muita tensão. Em alguns casos extremos, como no caso de Alvo em crise de liquidez, poderá haver até momentos de desespero, em que o Vendedor poderá até gritar com seu Assessor. O Vendedor e Comprador podem até tentar se agredir fisicamente. Nesses momentos, é fundamental que o Assessor se mantenha objetivo e focado nos interesses de seu cliente e no sucesso da Transação. O Assessor não estará agregando valor se entrar no desespero ou na ira de seu cliente.

Na essência, o processo negocial em M&A é um leilão implícito, no qual o Vendedor busca capturar o melhor valor pelo Alvo promovendo a concorrência entre os potenciais Compradores. Como discutido no Capítulo 3, o valor do Alvo pode estar relacionado com seu passado, que produz indicadores históricos de crescimento e rentabilidade, além das contingências, mas principalmente com sua perspectiva de ganhos futuros, a qual depende do potencial Comprador que analisa o Alvo. A Figura 1.9 ilustra esse fato.

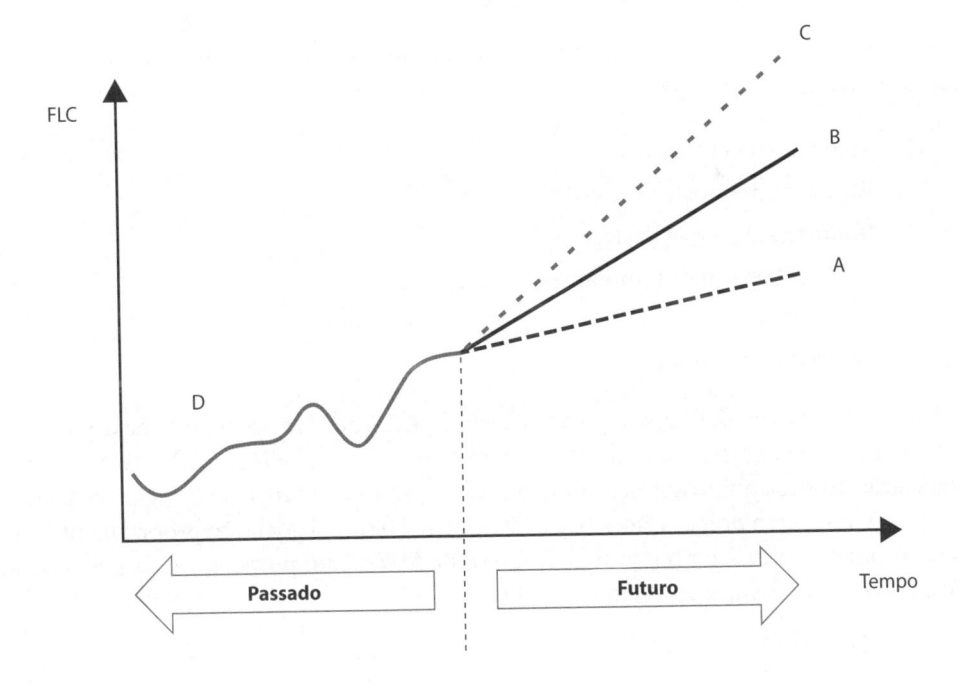

Figura 1.9 – Análise do Alvo pelo Comprador.

A linha "A" representa a tendência do Alvo de gerar dinheiro para seus atuais acionistas (fluxo livre de caixa, ou FLC), caso as médias observadas no passado (crescimento das receitas, margens e investimentos) se repitam no futuro. A linha "B" representa a perspectiva de "crescimento factível" do Alvo que o Vendedor elaborou e apresentou no OM. É entre as linhas "A" e "B" que se encontra o parâmetro de valor "justo" do Alvo para o Vendedor, mas não é esse necessariamente o valor que o Vendedor pode obter na negociação. A linha "C" representa a perspectiva da capacidade futura do Alvo de gerar dinheiro para o potencial Comprador. O interesse do potencial Comprador tem como base "C", mas oferecerá ao Vendedor algo próximo a "B" ou "A". O Vendedor não conhece a linha "C", mas pode descobri-la por meio do mecanismo do leilão implícito que deve promover.

> **RECOMENDAÇÃO:** a eficiência do leilão é diretamente proporcional à percepção dos potenciais Compradores sobre o futuro do Alvo e a existência de concorrentes na Transação. Caso o potencial Comprador acredite que é o único interessado na Transação, não terá nenhum incentivo em pagar o valor presente de "C". Por isso, é fundamental que na análise das LOIs não se descarte nenhuma oferta. Como em tudo na vida, é muito valioso ter alternativas. É fundamental para o Vendedor ter um "plano B". E o principal "plano B" que um Vendedor deve ter é não precisar realizar a Transação a qualquer preço.

SEIS ASPECTOS DE UMA NEGOCIAÇÃO EFICAZ[20]

Para discutir o complexo tema de negociação, adotaram-se a abordagem e a organização proposta por Shell (2001) em seus "Seis aspectos de uma negociação eficaz":

1. Metas e expectativas.
2. Relacionamentos.
3. Interesses da outra Parte.
4. Padrões e normas dominantes.
5. Estilo pessoal.
6. Poder de influência.

Para fins didáticos, define-se aqui que a fase Negociação começa quando há uma oferta indicativa pelo Alvo. Entretanto, pela abordagem proposta por Shell (*op. cit.*), observa-se que a negociação começa muito antes, na fase Prelúdio, pois todo o processo de negociação tem quatro fases, a saber: a preparação, a troca de informações, a negociação propriamente dita e o comprometimento. Combinando o processo de M&A aqui proposto ao de negociação de Shell, tem-se a releitura apresentada na Figura 1.10.

---

[20] Parte significativa do conteúdo a seguir provém de Luzio (2015) e inclui adaptações e textos inéditos pertinentes ao contexto de fusões e aquisições.

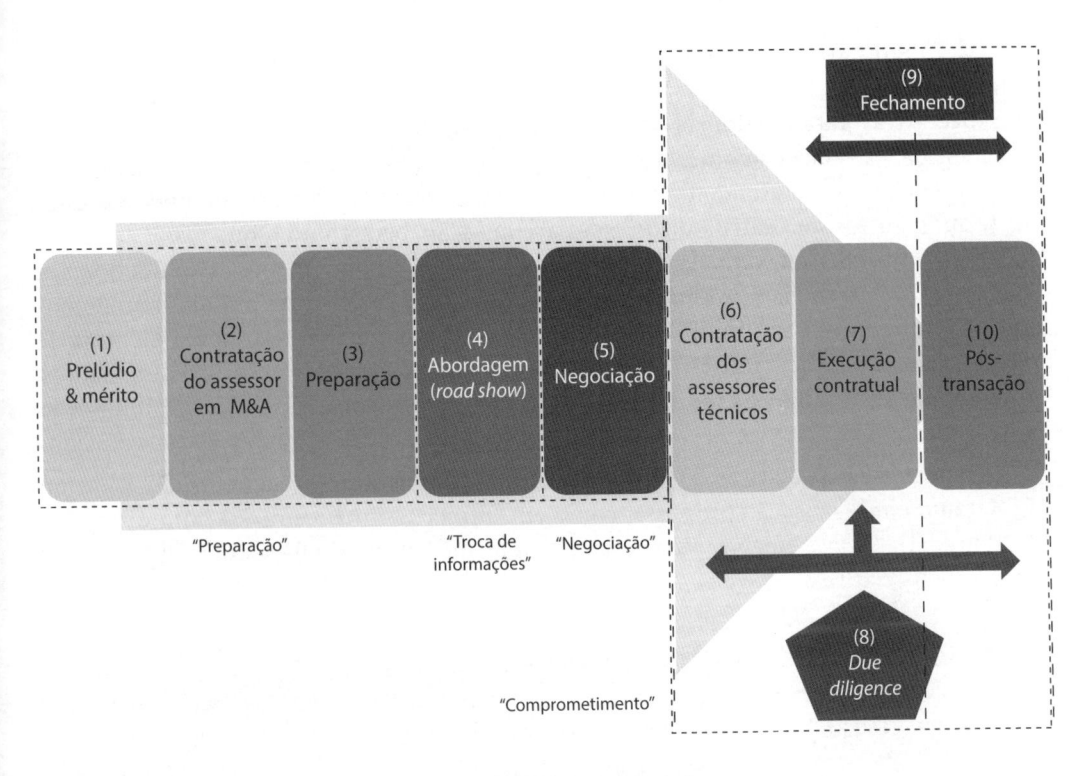

Figura 1.10 – Releitura das dez fases do processo de M&A para o Vendedor.

Metas e expectativas

Expectativa é uma força-chave em economia e um desafio para o ser humano.

Quanto vale o Alvo? Se o Vendedor acredita que vale R$ 50 milhões e os potenciais Compradores oferecerem no máximo R$ 30 milhões, tem-se um problema? Os potenciais Compradores não souberam avaliar o Alvo? O Assessor não fez seu trabalho corretamente?

Em outro extremo: e se os potenciais Compradores oferecerem R$ 100 milhões? Isso representará um problema? Sim, é possível ter problemas tanto com uma oferta menor quanto com a maior, pois a ambição é da natureza humana. O Vendedor que espera R$ 50 milhões se surpreenderá com a oferta de R$ 100 milhões, mas talvez não por muito tempo. Mais cedo ou mais tarde, o Vendedor pode se perguntar: O que o Comprador viu no Alvo que eu não vi? Na Preparação, o Assessor avaliou o Alvo corretamente? Será que estou sendo enganado pelo Comprador e/ou pelo Assessor?

Metas e expectativas começam a se formar na cabeça do Vendedor quando ele concebe a possibilidade da Transação. Nesse momento, começa a se formar uma expectativa de valor do Alvo. Essa expectativa pode não ser quantitativa nesse momento, mas qualitativa do tipo: "Podia vender o Alvo e descansar... viajar... me dedicar a outros projetos... meu colega vendeu sua empresa e está milionário curtindo a vida." O potencial Comprador também pode pensar: "Se eu comprar o Alvo, posso expandir meus negócios em outros mercados... meu nome entrará para a história da minha empresa."

Como discutido na fase Prelúdio e méritos, o Vendedor estabelece sua motivação para a Transação. Na Preparação, o Vendedor, com apoio do Assessor, constrói Metas e Expectativas para o valor da Transação, o prazo de pagamento, os possíveis desdobramentos, as relações comerciais Pós-transação e, especialmente, os impactos das contingências. Nesse momento, o Vendedor cria parâmetros para o que pode vir a ser os termos "justos" ou "satisfatórios" para a Transação, bem como o que não é aceitável. O preço mínimo aceitável pela Transação fica estabelecido na mente do Vendedor. Ter metas e expectativas claras e sensatas ajudam o Vendedor e o Assessor a abordarem potenciais Compradores com um discurso coerente e sereno que lhes dará força na mesa de negociação. A ausência dessa clareza pode gerar discursos contraditórios, dissonantes, que podem vir a minar a credibilidade de ambos, Vendedor e Assessor, inviabilizando a Transação.

As metas e expectativas do Vendedor estarão, direta ou indiretamente, descritas no OM, tanto em "Transação proposta" como em "Projeções financeiras da administração" (Capítulo 4). Na fase Negociação, a escolha da melhor oferta (LOI) será resultado dessas metas e expectativas.

NA PRÁTICA: uma experiência profissional muito dramática que vivi ilustra bem a questão das metas e expectativas. Havíamos sido contratados para vender uma rede de supermercados. Preparamos uma avaliação da empresa que estimava seu valor em R$ 100 milhões. O Vendedor tinha uma expectativa de valor aproximadamente 15% mais alta, mas concordou em apresentar o OM aos potenciais Compradores no Brasil e no exterior. Ao fim do período de apresentação e análise, dois potenciais Compradores submeteram indicações de preço: um grupo nacional ofertou R$ 50 milhões e uma empresa estrangeira ofertou R$ 300 milhões. Ficamos muito surpresos com a proposta do estrangeiro. Interpretamos que a proposta tão acima de nossas estimativas poderia ser resultado do valor estratégico da aquisição, pois esse estrangeiro já atuava no Brasil, mas somente na região Sul, e queria entrar no mercado do Sudeste. Além disso, certamente o grupo estrangeiro tinha um custo médio ponderado do capital (WACC ou *Weighted Average Cost of Capital*) mais barato que o brasileiro.

O Vendedor, indignado com a oferta de R$ 50 milhões e seduzido com a oferta de R$ 300 milhões, ordenou que abortássemos imediatamente as tratativas com o grupo nacional e nos concentrássemos na elaboração de um MOU com o grupo estrangeiro. Como prudência e canja nunca são demais, continuamos as tratativas com o grupo nacional e iniciamos a elaboração do MOU.

Lembro-me de ter passado o feriado da Páscoa inteiro trancado em um escritório de advocacia redigindo o MOU e discutindo suas cláusulas com o Comprador estrangeiro. Após o feriado, enviamos a minuta final ao Comprador, que simplesmente sumiu. Não respondeu a nossas inúmeras ligações. Nunca mais nos contatou.

O que teria acontecido? Por que o potencial Comprador estrangeiro nos fez uma oferta, nos fez preparar um MOU e sumiu? Porque ele não queria comprar o Alvo, mas também não queria que seu competidor, o grupo brasileiro, comprasse. Para evitar a venda ao grupo brasileiro, o estrangeiro foi muito eficiente: elevou as expectativas de valor do Vendedor a um patamar totalmente irreal, ilusório de R$ 300 milhões, para uma empresa que valia R$ 100 milhões.

> Demorou quase um ano para conseguirmos convencer nosso cliente de que a oferta de R$ 300 milhões foi um estratagema e não uma indicação de valor que tivesse algum uso para ele. Como conseguimos convencê-lo? Com a realidade, que sempre é um argumento poderoso... para pessoas sensatas.
>
> Após quase dois anos de envolvimento com a Transação, chegamos à seguinte situação: (a) o grupo estrangeiro com sua proposta extraordinária nunca mais nos contatou; (b) contatamos outros potenciais Compradores no Brasil e no exterior e ninguém demonstrou interesse; (c) havíamos conseguido negociar a proposta do brasileiro que foi dobrada para R$ 100 milhões, que, por coincidência, era o valor da nossa primeira avaliação do Alvo pelo FDC. Estávamos em um impasse. O Vendedor, obcecado com a oferta de R$ 300 milhões, não queria saber da oferta do grupo brasileiro.
>
> Em uma última tentativa, marquei uma reunião com o Vendedor e usei de muita sinceridade: "Tenho apenas 30 anos. O senhor deve ter o dobro ou mais da minha idade e experiência em negócios. Respeito muito o senhor, mas permita-me dizer que essa proposta de R$ 300 milhões simplesmente não existe. Após contatar todos os possíveis interessados, no Brasil e no mundo, a melhor proposta que temos, na realidade, é de R$ 100 milhões, que consideramos justa. Então, das duas uma, ou o senhor está certo e sua empresa vale mesmo R$ 300 milhões e não é tempo de vendê-la, ou... o senhor está errado. Vamos esperar para descobrir qual é a verdade?"
>
> Ele me olhou e disse: "Vamos tentar fechar a venda com o grupo brasileiro." Por que ele tomou essa decisão? Foi meu poder de persuasão? Não acredito. A realidade o persuadiu. A concorrência no setor estava se acirrando. Há poucos meses, o empresário havia inaugurado uma nova loja em um bairro de alta classe em São Paulo. No mês seguinte, seu maior concorrente abriu uma loja maior exatamente do outro lado da rua. Não havia tempo a perder.
>
> Como sabiamente dizem os americanos, *"reality bites"*.[21]

Metas e expectativas referem-se não apenas ao valor do Alvo, mas também a outras condições que o Comprador pode impor. Por exemplo, o Comprador pode reter parte significativa do pagamento em uma conta caução por alguns anos, até ter certeza de que o Alvo não tem passivos ocultos. O Comprador pode também exigir que o Vendedor continue na gestão do Alvo por alguns anos, agora não como acionista, mas como executivo. Essa mudança não é trivial, especialmente para empresas familiares em que o acionista centraliza as decisões e não deve satisfações para ninguém. Esse tipo de questão precisa ser tratado o quanto antes no processo de M&A, de preferência na Preparação, para dar tempo ao Vendedor de refletir sobre conceitos que possam lhe ser inéditos tanto profissional quanto pessoalmente.

Na fase Negociação, a ansiedade e a tensão costumam ser crescentes, pois escolhas e decisões precisam ser tomadas. Essas representarão compromissos de longo prazo e mudanças de vida. Não há tempo para muitas reflexões pessoais. Caso o Vendedor não esteja preparado psicologicamente para tomar certas decisões, a Transação pode ser comprometida.

---

[21] Em tradução livre e literal: "a realidade morde".

Relacionamentos

Os relacionamentos humanos resumem-se a uma frágil dinâmica interpessoal: a confiança. Como construir confiança? Com reciprocidade e consistência no modo de tratar o outro e a existência de interesses comuns. Em uma negociação de M&A, construir confiança entre as Partes é crucial. Construir confiança requer muita sensibilidade e atenção às necessidades e aos interesses do outro.

Para aqueles potenciais Compradores que, até então, eram desconhecidos pelo Vendedor, é na troca de informações, na fase Abordagem, que começa a interação entre eles – a construção de Relacionamentos. No caso de potenciais Compradores já conhecidos do Vendedor, por exemplo, concorrentes, já há um relacionamento antigo que se transformará durante a Transação.

O primeiro contato, a entrega do OM, a solicitação de informações adicionais, visitas e reuniões são momentos de trocas de informação e construção de relacionamentos. É fundamental que os potenciais Compradores tenham confiança na qualidade e solidez das informações fornecidas pelo Vendedor por intermédio de seu Assessor, especialmente se os demonstrativos contábeis do Alvo não forem auditados. Afinal, o potencial Comprador poderá fazer uma oferta pelo Alvo com base, em boa parte, nas informações disponibilizadas (fonte primária). Claro que ele buscará complementar a fonte primária com fontes secundárias, mas a informação primária é fundamental.

Por outro lado, o Vendedor também precisa ter confiança nas intenções do potencial Comprador. Caso desconfie de que o potencial Comprador esteja usando as informações para outros propósitos que não a Transação, a relação estará comprometida.

NA PRÁTICA: há alguns anos, assessoramos a venda de uma empresa pertencente a uma família brasileira de origem espanhola. Como empresários astutos que são, a família conduziu uma extensa negociação, que chegou a bom termo com um Comprador brasileiro, também de origem espanhola. Apesar da mesma origem, as famílias eram concorrentes. Minha sensação era de que havia um misto de admiração e desconfiança por parte de nosso cliente.

Alguns dias após definidos os termos do negócio, celebrado um MOU e iniciada a elaboração do contrato de compra e venda e a *due diligence*, um dos membros da família de nosso cliente, e acionista do Alvo, foi sequestrado! Ficamos todos chocados com o acontecimento, e eu, pessoalmente, cheguei a pensar que a Transação seria abortada.

A família do Comprador já tinha sido vítima de sequestros no passado e tinha todo um *know-how* e um *know-who* no assunto. Conheciam pessoas na polícia, negociadores profissionais especializados etc. As famílias se uniram para tentar resolver o sequestro e conseguiram após quase dois meses de negociação.

Poucos dias após a resolução do sequestro, retomamos os procedimentos de conclusão da transação discutindo as minutas finais do CCVA. Exatamente, naquela semana, em 1999, tivemos a primeira grande desvalorização do real frente ao dólar. O Preço tinha sido acordado em Reais, mas o Vendedor estava vendo uma parte importante de seu patrimônio ser desvalorizada em moeda estrangeira hora após hora. Foram alguns dias de muita angústia, pois acreditei que a desvalorização do real

> iria inviabilizar a assinatura do CCVA e, por conseguinte, a Transação. No entanto, a Transação foi concluída conforme havia sido acordada meses antes. Acredito que a confiança construída no momento de muita apreensão gerado pelo sequestro evitou que nosso cliente desistisse da Transação.

É preciso enfatizar que confiança é essencial para o sucesso da Transação. Confiança se conquista não apenas com consistência entre palavras, ações e na veracidade das informações trocadas, mas também com reciprocidade. Não se constrói uma relação saudável sem trocas. O Vendedor cede algo aqui, o potencial Comprador cede algo acolá. Essas trocas não precisam ser quantitativamente equânimes, até porque há muitas coisas cujo valor é difícil mensurar. O importante é que haja uma percepção de que as trocas são satisfatórias. O valor de algo que é cedido pelo Vendedor depende do interesse do potencial Comprador neste algo. Por isso, é tão importante conhecer os interesses da outra Parte.

Interesses da outra Parte

> O que eu espero, senhores, é que depois de um razoável período de discussão, todo mundo concorde comigo.
>
> Sir Winston Churchill

> As pessoas geralmente brigam porque não conseguem argumentar.
>
> G. K. Chesterton

Ainda na troca de informações na fase Abordagem, Vendedor e Assessor que mantiverem seus ouvidos bem abertos poderão descobrir as motivações dos potenciais Compradores na Transação. Essas motivações vão se revelando explicitamente (nas palavras) e implicitamente (nos atos) ao longo do processo de M&A, inclusive na Pós-transação.

Entender os interesses da outra Parte não é trivial, mas essencial para o sucesso de uma Transação. Nossa tendência é achar que o outro pensa como nós, compartilha nossos valores, especialmente quando nos identificamos com este outro. Todavia, o Vendedor e o Comprador provavelmente terão culturas corporativas diferentes, mesmo que ambos atuem no mesmo mercado. Um médico talvez possa perceber as diferenças entre sua maneira de pensar e a de um garçom, mas será que um médico realmente se percebe diferente, em suas crenças e valores, de outro médico?

Em uma Transação, os interesses da outra Parte podem ser percebidos não somente pelas conversas, mas também pelo tipo de informações que são solicitadas pelo Comprador, por suas questões em relação ao OM, pelos termos apresentados na LOI. É fundamental estar atento aos "sinais" e, por vezes, Vendedor e Assessor estão tão absortos no processo negocial, que não percebem, ou não querem perceber, as reais intenções do Comprador.

Uma vez compreendidos os interesses do potencial Comprador, o que fazer? Avaliar os custos desses interesses e identificar aqueles que podem ou não ser atendidos. Atender ao interesse do Comprador pode ser muito vantajoso na construção de um relacionamento de confiança, não custa caro ao Vendedor tampouco compromete o alcance das suas metas. Vendedores de automóveis são muito bons nessa estratégia: para convencer um cliente a comprar um carro, oferecem jogos de tapetes, instalação de alarme e/ou de insulfilme e tantos outros produtos de menor valor agregado a eles, mas não para os clientes.

Um exemplo de concessão que pode agregar valor ao Alvo é incluir na Transação outro "ativo", como um contrato de fornecimento ou prestação de serviços. A venda de empresas com contratos de prestação de serviços e/ou fornecimento de produtos é um tipo frequente de Transação. Essa Transação é muito mais complexa no antes e no depois. Trata-se não apenas de vender o Alvo e receber o dinheiro, mas também de manter uma relação comercial importante por muito tempo entre as Partes.

NA PRÁTICA: tive uma experiência com esse tipo de transação que tem uma evolução conturbada. Fomos contratados para vender uma empresa de serviço que pertencia a um grande banco. No passado, quando o serviço da empresa era prestado por poucas concorrentes, fazia sentido para o banco adquirir o Alvo para assegurar a qualidade daquele serviço, considerado um diferencial competitivo. Com o aparecimento de várias empresas no setor, ficava caro manter o serviço intensivo em mão de obra dentro do banco, uma vez que todos seus funcionários eram considerados bancários.

O Comprador pagou um excelente valor pelo Alvo, mas com a condição de que o banco firmasse um contrato de prestação de serviço de longo prazo com ele. O banco concordou. Entretanto, ao longo do tempo, o Comprador achou que, por ter pagado muito pela aquisição do Alvo, não precisaria manter a mesma qualidade de serviço. Grande erro. O banco, após longas discussões com seu fornecedor (o Comprador), não encontrou outra saída a não ser limitar o serviço àquele de menor valor agregado, o que não violava o CCVA. O Comprador acabou perdendo, pois pagou caro por sua aquisição. O banco, por sua vez, arrumou alternativas de fornecimento nas quais poderia exigir a qualidade que o Comprador se recusava a manter. Assim que o prazo do contrato expirou, o banco promoveu uma grande licitação privada com vários concorrentes do Comprador para encontrar um prestador de serviços mais atento às necessidades de seu cliente.

Padrões e normas dominantes

> Negociação é um bicho vivo.
> (Frase citada por um advogado brasileiro em uma reunião preparatória para uma negociação.)

Ainda relacionado aos Interesses da outra Parte, temos a questão dos padrões e normas dominantes. Toda negociação, todo relacionamento entre pessoas segue certos padrões, normas e valores que regulam a comunicação e o entendimento, ou desentendimento, entre as Partes envolvidas. Esses padrões e normas são raramente explícitos. Para desvendá-los, é preciso muita sensibilidade e saber ouvir o que é dito e o que não é dito. Desvios dos padrões e normas são interpretados como insensatez e ameaçam a relação de confiança estabelecida.

É comum se estar mais aberto à persuasão ao se deparar com uma ação que seja coerente. É da natureza humana. Um exemplo? Pense em sua própria família. Quem manda e por quê? Quem obedece e por quê? Por que os familiares se desentendem? Por que alguns são mais unidos que outros? Famílias também seguem normas e padrões de comportamento que sustentam as relações e o entendimento (e desentendimento) entre seus membros.

Algumas vezes, nos negócios, esses padrões e normas podem ser identificados com certa facilidade, como negociações que se desenvolvem em torno de avaliações baseadas no FDC. Geralmente, nesse tipo de situação, os negociadores utilizam uma linguagem técnica, com conceitos e argumentos comuns a todos os envolvidos. Todavia, por vezes, os padrões e as normas dominantes não são tão fáceis de se perceber e compreender.

"Negociação é um bicho vivo." Nessa frase, o advogado resumiu um aspecto essencial do processo negocial: é uma dinâmica viva, em que, apesar das convenções, pode haver sempre algo que escapa, imprevisível a princípio. Entretanto, esse "algo que escapa" não é aleatório, tampouco sem fundamento. Trata-se de algo que surge dos valores de uma das Partes na negociação e que, se percebido pelo interlocutor, pode solucionar impasses. Além de o interlocutor perceber esse valor ou demanda da outra Parte, se conseguir "dialogar" com ela, a solução emergirá imediatamente. Foi o que Shell denominou "padrões e normas dominantes" e eu chamo "gramática" da negociação.

NA PRÁTICA: a gramática de cada negociação.[22]

Negociação é um tema fascinante e desafiador. Em meu percurso profissional e pessoal, tive a oportunidade de participar de várias negociações e, em cada uma, aprendi algo de novo. Acredito que cada negociação tem uma "gramática" própria, codificada, implícita. Descobrir e entender essa gramática única de cada negociação é a chave para obter um resultado que nos interessa.

Há algumas semanas, jantei na casa de amigos, boa parte deles psicanalistas colegas de minha esposa. Um deles, que trabalha em uma unidade de atendimento a adolescentes com doenças mentais, relatou um caso que me impressionou. Contou que um jovem atendido nessa unidade frequentemente tem surtos psicóticos que o levam a ofender, cuspir e agredir fisicamente quem estiver por perto. Esse meu amigo descobriu que, para acalmar o jovem, era preciso abraçá-lo e fazer-lhe cócegas. Só assim o jovem se acalmava. Minha reação imediata foi perguntar como ele descobriu a inusitada "fórmula" para acalmar o jovem. Ele respondeu: "Experimentando, improvisando, com base no que eu observava do comportamento e da história deste menino." Fantástico! Uma verdadeira aula de negociação!

Ouvir, experimentar e improvisar são ingredientes críticos em uma negociação. Lembro-me de uma situação que vivi aos 25 anos, quando dava aula nos Estados Unidos. Flagrei um aluno que, com seu caderno aberto no colo, colava descaradamente em uma prova. Por causa da alta frequência de processos judiciais nos Estados Unidos, a universidade ficava muito receosa em punir alunos. Resultado: o caso da cola foi levado ao coordenador do curso, que, por sua vez, passou a "batata quente" para o coordenador de graduação, que passou para o coordenador dos assistentes de professores, e assim por diante, até chegar ao meu chefe principal: o chefe do departamento

---

[22] Trechos do *post* publicado no *blog* eduardoluzio.wordpress.com, em 28 de maio de 2011.

> de Economia. Cada um que recebia a "batata" me convocava para uma reunião. Ouvi questões inusitadas, do tipo: "Você tem certeza de que viu o aluno colando? Viu a retina dele olhando para o papel?" Cômico e trágico.
>
> Ao fim de uma série de entrevistas, eu já estava cansado, mas minha indignação só aumentava. Na última entrevista, com meu chefe, que pagava minha bolsa de estudos, eu estava apreensivo. Ele falou por um tempo, eu ouvi. Por fim, sugeriu: "Você não quer analisar as informações contidas nas duas folhas que estavam abertas no caderno do aluno para zerar apenas as questões que dizem respeito a essas informações?" Essa foi a gota d'água. Eu havia chegado ao meu limite. Por alguns segundos, respirei e respondi calmamente: "Eu sou um jovem professor. Dou aulas há apenas dois anos. O senhor é um professor experiente, com um percurso acadêmico brilhante. Vou fazer o que o senhor me orientar. Apenas quero dizer que acho obsceno deixar um aluno que cola sair impune." Ele olhou para mim e disse: "Vamos dar zero nesta prova!" De alguma maneira, por intuição ou *insight*, eu havia descoberto a maneira de trazer meu chefe para meu lado, de responsabilizá-lo pela decisão. Eu havia descoberto a gramática daquela negociação e a direcionado para meus valores.
>
> Nesses dois exemplos, foi essencial descobrir a "gramática" da negociação. Isso requer tempo, ouvidos bem abertos, improvisações. Para cada acerto, várias tentativas malsucedidas. E não é disso que a nossa vida e as nossas relações tratam?

Como dito anteriormente, o FDC é um tipo de padrão muito frequente nas negociações de M&A, e múltiplos de mercado também (Capítulo 3). No entanto, nem sempre os resultados desses dois métodos de avaliação convergem para um mesmo número.

> **NA PRÁTICA (PARTE 1/2):** na negociação com uma empresa europeia de capital aberto, eu representava um Vendedor brasileiro. Já na primeira reunião, o potencial Comprador sinalizou que não poderia pagar múltiplos de EBITDA superiores àqueles que sua empresa tinha na bolsa europeia. Não havia como justificar aos acionistas minoritários uma aquisição por um valor superior ao da própria empresa. Parecia um argumento sensato, mas não era. Primeiro, desde 2010, as bolsas europeias estavam vivendo um período ruim com a crise do euro. Segundo, não tínhamos informações sobre a liquidez das ações do potencial Comprador; portanto, seus múltiplos poderiam estar muito distorcidos pelas circunstâncias de mercado e falta de liquidez das ações. Terceiro, o mercado brasileiro estava em evidência, com número recorde de transações de M&A. Por que os múltiplos de empresas brasileiras deveriam ser comparáveis a empresas europeias? Sem esses questionamentos e análise, eu poderia ter acatado o argumento do potencial Comprador que continha uma lógica e um fundamento aparentemente sensatos.

Quaisquer que sejam o padrão e a norma dominantes, o que importa é a coerência. Os seres humanos, em geral, não gostam da incoerência. Ou seja, preocupam-se em manter a aparência de coerência e justiça em suas palavras e atitudes. Por vezes, no entanto, a coerência prega peças... É preciso estar atento ao fato de que, dentro de um padrão e norma dominantes, tanto o Vendedor como o Comprador podem cair nas ditas "armadilhas da coerência".

NA PRÁTICA (PARTE 2/2): continuando o relato anterior, o Comprador, insensível a nossos argumentos contra a extrapolação de múltiplos europeus a empresas brasileiras, apresentou uma LOI com um valor para a Transação com um múltiplo de cinco vezes o EBITDA do Alvo no ano corrente. Como eu havia estimado o EBITDA em R$ 6 milhões no OM, o valor da Transação seria de R$ 30 milhões. Na primeira análise, a proposta era baixa. Entretanto, desde a apresentação do OM e da LOI, passaram-se seis meses, e o Alvo havia revisado o EBITDA do ano em mais R$ 2 milhões, já incluindo os resultados reais dos seis meses. Ou seja, o EBITDA do Alvo para o ano subiu de R$ 6 milhões para R$ 8 milhões. Seguindo a lógica do múltiplo de cinco vezes o EBITDA, o valor da Transação passaria de R$ 30 milhões para R$ 40 milhões. O Comprador ficou em uma "saia justa", pois o valor da Transação aumentou utilizando os argumentos dele. Essa é a armadilha da coerência. Nota: pelo FDC, o valor do Alvo foi estimado em R$ 50 milhões. Ainda tínhamos, portanto, de continuar negociando, embora o hiato entre a oferta do Comprador e a expectativa do Vendedor houvesse sido reduzido de R$ 20 milhões para 10 milhões.

Estilo pessoal

> Se consegues fazer um bom julgamento de ti, és um verdadeiro sábio.
>
> Saint-Exupéry (2004, p. 42)

> Bom ou mau, sou eu.
>
> Maria Bethânia[23]

> Piotr Pietróvitch pertencia àquela categoria de pessoas que, pela aparência, são sumamente amáveis em sociedade e revelam uma especial pretensão de amabilidade, mas, tão logo as coisas contrariam um mínimo o seu jeito, perdem de pronto os modos, ficam mais parecidas a sacos de farinha do que a cavalheiros desembaraçados que animam uma sociedade.
>
> Dostoiévski (2004, p. 307)

Todas as negociações começam com o próprio negociador e seu espelho. O autoconhecimento é chave para a eficiência do negociador. Há várias teorias psicológicas que buscam identificar e definir tipos de personalidade. Antes de considerar os tipos que Shell (2001) cita, convém enfatizar que é difícil encontrar uma pessoa que tenha apenas um tipo de personalidade. A personalidade de uma pessoa, geralmente, tem várias dimensões, dependendo de seu momento de vida, nível de estresse, contexto em que se apresenta etc. O que geralmente ocorre é que uma pessoa, em certo momento, pode ter uma dimensão predominante em sua personalidade.

---

[23] Entrevista para o jornal *O Estado de S. Paulo*, de 29/3/2012, p. D9.

Shell (*op. cit.*) cita os cinco tipos básicos de personalidade apresentados a seguir.

- **Competidores:** aqueles que gostam de controlar as negociações e levar vantagem em tudo. Utilizam estratégias para irritar o adversário. Vaidosos, a grande fraqueza dos competidores é o medo de deixar "dinheiro sobre a mesa". É um tipo de negociador que, embora possa ser bem-sucedido, deixa passar grandes oportunidades, uma vez que, a médio e longo prazos, os acordos são fechados na base da percepção do "ganha-ganha".
- **Transigentes:** são pessoas justas que estão interessadas em manter relações produtivas. Cooperativas, porém, em situações limites, são propensas a optar por soluções que preservem o relacionamento daquelas que lhes produzam vantagens. Em impasses, preferem "dividir a diferença" em partes iguais. Para essas pessoas, conceder não é uma má escolha. Funcionam razoavelmente bem em várias situações, mas simplesmente transigir pode ser inimigo de uma solução melhor para a Transação.
- **"Evitadores" de conflito:** são pessoas que não toleram conflitos e tendem a aceitar as condições da outra Parte para evitá-los ou até mesmo romper as negociações, prematuramente, caso não consigam suportar a tensão natural dos conflitos inevitáveis que caracterizam as negociações.

NA PRÁTICA: lembro-me de um caso muito curioso envolvendo um evitador de conflitos. Tínhamos sido contratados para vender uma empresa em concordata e havia um interessado em adquiri-la que tinha esse perfil psicológico. Em uma reunião, conseguimos definir o Preço e as condições da venda, que eram muito interessantes para o Vendedor, especialmente a condição de que o Vendedor não teria nenhuma responsabilidade sobre o passado e futuro do Alvo. Essa era uma condição essencial para nosso cliente, que já estava vendendo o Alvo por um baixo Preço, portanto, não queria ter mais nenhum problema com ele. Seria uma venda de "porteira fechada".

Apesar de fechados os termos básicos da negociação, faltava elaborar o CCVA. Sabendo de suas próprias limitações e características, o evitador de problemas teve uma iniciativa brilhante: contratou um escritório de advocacia muito agressivo para redigir o CCVA conosco. Foi um inferno! Em toda reunião a que íamos para rever a minuta do CCVA, e foram várias, encontrávamos um advogado novo defendendo o Comprador. Quando líamos as cláusulas sobre responsabilidades e garantias, o advogado protestava, encenando grande indignação pela natureza "injusta" daquela cláusula para seu cliente. E, toda vez, tínhamos de explicar que essa condição já havia sido negociada e aceita.

Até na hora da assinatura final do CCVA, à qual o evitador de problemas não foi e mandou um procurador, seu advogado questionou a redação da famosa cláusula. Claro que tudo isso foi uma estratégia negocial que exigiu muita tenacidade de nossa parte para a defesa dos interesses de nosso cliente.

- **Prestativos:** são pessoas que não apenas evitam conflitos, mas também querem agradar a outra Parte. São facilmente manipuláveis, quando não têm consciência dessa característica. Beneficiam-se muito de Assessores que negociem por eles.

Os prestativos e os evitadores de problemas podem nos parecer tipos caricatos, mas não são tão incomuns assim.

- **Solucionadores de problemas:** é o tipo mais raro, pois requer muito conhecimento técnico, autoconhecimento e habilidade interpessoal. É aquele que busca resolver o conflito por meio de franca exposição de interesses, encontra a solução mais elegante, apresenta opções, usando padrões inteligentes de divisões de ganhos e/ou perdas (veja o caso Collins no Capítulo 5).

> **NA PRÁTICA:** tive o prazer de trabalhar com um negociador muito habilidoso, um solucionador de problemas. Lembro-me de um episódio muito interessante. Tínhamos sido contratados para vender uma empresa familiar cujo proprietário tinha a crença de que o Alvo valia R$ 140 milhões. Nossas estimativas pelo FDC apontavam para um número menor, de R$ 120 milhões. Após meses de negociação com um interessado, chegamos a uma oferta de R$ 120 milhões. No último encontro para negociar o Preço, levamos o proprietário do Alvo, nosso cliente, para tentar concluir a Transação com os executivos do Comprador. Os executivos argumentavam que não poderiam aumentar sua oferta para R$ 140 milhões porque não detinham argumentos técnicos para convencer o Conselho de Administração de que tal valor remuneraria seus acionistas nacionais e internacionais. Nosso cliente estava irredutível, mas não conseguia encontrar nenhum argumento técnico, a não ser sua crença de que o valor correto era R$ 140 milhões.
>
> Estávamos em um impasse, até que meu chefe, o negociador solucionador de problemas, teve uma brilhante ideia. Perguntou a nosso cliente quanto era o valor contábil do patrimônio líquido do Alvo: R$ 10 milhões (naquela época, por causa da inflação, era muito comum o patrimônio líquido das empresas estar muito distorcido). Ali estava a solução: na contabilidade. O ágio[24] que seria gerado pela compra do Alvo causaria uma despesa com amortização que poderia ser abatida do imposto de renda do Comprador, que, por sua vez, era uma empresa muito lucrativa e iria se beneficiar muito dessa dedução. A proposta foi, então, que Vendedor e Comprador dividissem o ganho tributário do ágio, completando a diferença entre o preço de oferta e o preço demandado. E, assim, o negócio foi fechado!

Uma análise mais crítica desses cinco tipos de personalidade indica que um pode se sobressair melhor em uma situação negocial que os outros. Não é recomendado que o Vendedor conduza a negociação sozinho. É sempre recomendável serem, ao menos, duas pessoas (que pode ser o Vendedor e o Assessor, ou alguém de sua confiança), de preferência, alguém com uma personalidade diferente da sua, justamente para fazer um contraponto ao julgamento do Vendedor. Acredita-se que negociadores habilidosos tenham: boa memória, agilidade verbal, sensibilidade para ouvir as Partes, capacidade de lidar bem com o estresse e de encontrar soluções criativas para impasses. Todas essas qualidades podem não ser encontradas em uma única pessoa, mas pode existir em uma dupla ou equipe negocial.

---

[24] No caso da compra de uma empresa existente, se o valor da aquisição de suas ações superar o valor patrimonial destas, haverá a geração de um ágio. O contrário gera um deságio. Tanto o ágio quanto o deságio são subcontas da conta Investimento, no Ativo realizável a longo prazo. Na época, o ágio criava um ativo que podia ser consumido gerando uma despesa, no caso, denominada "amortização", que tinha impactos no cálculo do IR a pagar e no lucro líquido.

Poder de influência

Shell (2001) chama de "poder de influência" não apenas a capacidade de fechar um acordo, mas também seu fechamento dentro de suas próprias condições. Uma das precondições para criar esse poder é prestar atenção nas necessidades dos outros não para resolvê-las, mas para atingir seus próprios objetivos. Qual das Partes tem mais a perder caso o acordo não venha a se realizar? Não responda a essa pergunta influenciado por riqueza ou vaidade.

Para obter um real poder de influência, o Vendedor deve convencer o Comprador (ou vice-versa) de que, caso o acordo fracasse, ele perderá algo de concreto na Transação (uma fatia de mercado, a possibilidade da entrada de um novo concorrente, a conquista absoluta da liderança e etc.).

NA PRÁTICA: acho que de todas as experiências profissionais de negociação que vivi, a mais impressionante no aspecto poder de influência foi a que relatarei a seguir. Há alguns anos, fomos contratados para vender a segunda maior empresa de prestação de serviços em telefonia daquela época. Fomos contratados às pressas, pois nosso cliente tinha sido contatado por uma grande multinacional que queria fazer uma proposta agressiva de compra. Essa multinacional era a maior empresa do setor na época; a aquisição de seu maior rival, portanto, a tornaria líder disparada no setor.

Não tivemos tempo de fazer uma avaliação do Alvo e não tínhamos ideia de seu valor, tampouco para o Comprador. Minutos antes da reunião, no *hall* dos elevadores, perguntamos ao Vendedor por quanto ele venderia o Alvo, sem remorsos. Ele pensou por alguns segundos e arriscou: R$ 80 milhões. Muito bem. Fomos para a reunião com o Comprador e seus advogados.

Com esse parâmetro de preço e com a sensação de que a multinacional queria muito fazer a aquisição, fizemos uma oferta de venda por "100 milhões".

Aguardamos a reação. Eles nem piscaram: "Negócio fechado!"

Respiramos e dissemos: "Muito bem, o negócio está fechado por US$ 100 milhões." De novo, aguardamos a reação do Comprador. Nada. Estavam muito tranquilos. Então, rapidamente completamos: "Fechado, então, o valor das ações por US$ 100 milhões. O valor da dívida a ser assumida por vocês será aquele da data de ontem."

Aguardamos, nenhuma contestação. Negócio fechado.

O que aconteceu? Blefamos três vezes. O primeiro blefe foi o valor da oferta de "100", maior que os R$ 80 milhões pedidos. O segundo blefe foi repetir os 100 incluindo a moeda, o dólar. Foi um blefe calculado, pois uma multinacional deveria estar acostumada a pensar em dólares. Ao concordarmos com dólares, tínhamos quase dobrado o valor da Transação. Se eles tivessem dito R$ 100 milhões, teríamos concluído o negócio, sem remorsos.

O terceiro blefe, também calculado, foi repetir a oferta indicando que estávamos nos referindo ao valor das ações e não ao valor do Alvo. A diferença era o valor da dívida (cerca de R$ 40 milhões) que o Comprador assumiria.

Em outras palavras, soubemos interpretar o interesse do Comprador no não dito – eles nem piscaram ou fizeram qualquer outro movimento corporal que indicasse surpresa ou desconforto. Estavam absolutamente tranquilos. Nosso cliente, que pensava em receber R$ 40 milhões por suas ações (após deduzir a dívida de R$ 40 milhões) receberia US$ 100 milhões!

E a história não para aí. Como as empresas eram concorrentes acirradas, não poderíamos seguir o ritual clássico de fechamento da Transação, no qual se firma um MOU, faz-se a *due diligence* e se celebra o CCVA. Havia informações muito valiosas, como os contratos de prestação de serviços com grandes clientes, que não poderiam ser reveladas ao comprador antes de fechado o negócio. Não haveria MOU. Celebraríamos primeiro o CCVA e depois seria realizada a *due diligence*. Ou seja, a multinacional compraria seu maior concorrente "às escuras".

Como o Comprador era uma empresa de capital aberto em várias bolsas de valores ao redor do mundo e essa seria uma aquisição relevante, os executivos ficaram receosos, e com razão, pois poderiam ser questionados judicialmente pelos minoritários. Soubemos entender essa necessidade e fizemos uma contraproposta: forneceríamos uma página com número de clientes, faturamento e margem EBITDA atuais, e projeções desses parâmetros para os próximos cinco anos. Não poderíamos garantir nada sobre as projeções, mas garantiríamos os parâmetros atuais. Se, durante a *due diligence*, ficasse provado que o número de clientes, faturamento e margem EBITDA atuais estivessem aquém daqueles descritos naquela única página, o Vendedor teria de devolver parte do Preço ao Comprador. E assim foi feito.

Concluímos uma Transação significativa, que foi um marco no setor, com uma folha de papel. Como isso foi possível? Por um lado, a importância da aquisição para o Comprador era enorme: não apenas a aquisição consolidaria sua posição de líder, mas também evitaria que outro rival internacional de porte entrasse no setor. Por outro lado, o Vendedor soube usar seu poder de influência maximizando o Preço e sabendo ceder, a um custo relativamente baixo, quando se mostrou necessário.

Para exercer o poder de influência, deve-se ter (ou fazer a outra Parte acreditar que) a melhor alternativa para o acordo negociado. Ameaças são efetivas somente se forem convincentes (e civilizadas).

NA PRÁTICA: vivenciei um caso interessante, no qual uma parte envolvida na Transação acreditava ter um poder de influência que, de fato, não tinha, e a história acabou mal. Fomos contratados pelos sócios de uma empresa que estava em crise de liquidez, muito próxima a uma concordata. O Alvo pertencia a dois sócios: um empresário brasileiro que fundou a empresa e um renomado FPE. O sócio brasileiro tinha o controle acionário do Alvo, mas não tinha recursos para salvá-lo. O FPE queria vendê-lo, pois já havia investido muito nele e sabia que não ia conseguir recuperar o capital alocado.

Contatamos potenciais Compradores. Chegamos a aprofundar as negociações com um deles. Aos poucos, descobrimos, pelo que não é dito, mas insinuado, que havia expectativas irreais do Comprador e do empresário brasileiro sobre os interesses do FPE.

Por um lado, o Comprador acreditava que compraria o Alvo por quase zero, assumiria suas dívidas, mas teria o apoio financeiro do FPE. Por outro lado, o empresário brasileiro acreditava ter um forte poder de barganha na Transação, pois afinal era dono de júri do Alvo. Ele esperava receber algum dinheiro por suas ações – dinheiro este que seria pago pelo FPE. Enfim, ambos acreditavam que o FPE injetaria mais capital na Transação (para apoiar o Comprador e/ou para pagar pelas ações do Vendedor brasileiro) para viabilizar o Alvo e salvar sua reputação.

Grande engano: o FPE tinha uma longa história de investimentos ao redor do mundo e sabia que às vezes se ganha e às vezes se perde. Não hesitou em perder. Aquela seria apenas uma história de

> fracasso no meio de vários sucessos. O impasse societário e a falta de Compradores querendo investir capital novo levaram o Alvo à falência. Trata-se de um caso de assimetria de percepções sobre uma mesma realidade: o valor do Alvo para seus sócios.

Vale ressaltar: o poder de influência baseia-se em percepções da outra parte e não necessariamente nos fatos. Demonstrações de urgência, geralmente, enfraquecem o poder de influência.

> **NA PRÁTICA:** outra experiência interessante ilustra a importância da percepção de valor e o fato de que, nem sempre, a demonstração de urgência enfraquece o poder de influência. Fomos contratados para vender uma empresa de infraestrutura tecnológica, que pertencia a um grupo com dificuldades econômicas. A venda traria recursos financeiros importantes para diminuir a dívida do grupo, além de interromper o fluxo de investimentos que sua subsidiária era obrigada a cumprir sob a pena de perder sua posição estratégica de mercado. As circunstâncias da economia brasileira não eram favoráveis e, além disso, o Vendedor estava com dificuldades financeiras.
>
> Fizemos nossas avaliações pelo FDC que indicavam um valor relativamente baixo para o Alvo, uma vez que esse, apesar de ter investido bastante, ainda tinha de investir mais. Contatamos potenciais Compradores e iniciamos as negociações com um grupo estrangeiro que tinha grandes aspirações para o mercado brasileiro.
>
> Desde o começo das negociações, o Vendedor tinha um forte "tema de posicionamento": haja o que houvesse, não venderia o Alvo por menos que eles já haviam investido nos ativos da infraestrutura tecnológica. Como não sou engenheiro, e sim economista, achava que esse era um tema audacioso, uma vez que as estimativas pelo FDC baseadas em cenários moderados não sustentavam tal valor. Engano meu. Tanto o Vendedor quanto o potencial Comprador eram engenheiros, e para eles não era concebível se vender o Alvo com a última palavra em tecnologia por menos do que se havia investido recentemente. E assim foi feito. O Alvo foi vendido pelo valor do investimento já feito, sem grandes discussões sobre os fluxos futuros de caixa.

CONSIDERAÇÕES SOBRE NEGOCIAÇÃO

> As pessoas falam por códigos, e são muitas vezes mais eloquentes com gestos do que palavras. Um líder é alguém que adquire o dom de entender a linguagem silenciosa das expressões.
>
> Batista (2011, p. 31)

Após tudo o que foi exposto, cabe enfatizar alguns pontos que consideramos essenciais para qualquer negociação:

- Como não existe uma negociação igual a outra, é necessário sempre estar preparado para eventualidades e para se adaptar a elas. Ouvir a outra parte e estar bem informado sobre ela e todo o contexto setorial e macroeconômico é muito importante.
- O não dito, na maior parte das vezes, é muito mais importante que o dito. Quando há discrepância significativa entre palavras e atos, tenha certeza de que você não

está entendendo o que o outro deseja e que o sucesso da sua negociação pode estar comprometido.

- As aparências enganam muito. Muita arrogância, agressividade, veemência, prepotência nos argumentos e apresentações pessoais são sinais de insegurança, apesar de parecer o contrário. Arrogantes podem ser "tigres de papel". A questão, então, é: Por que há insegurança? Há uma tendência humana em se submeter a autoridade, que pode se voltar contra nós. Questione. Desafie premissas tidas como básicas.

- É muito importante investir tempo na procura de ativos e passivos ocultos que podem ser usados como possíveis moedas de troca para a negociação. Sempre lembrando que o valor das coisas não existe em si. O que existe são percepções sobre o valor das coisas.

- Não subestime o peso das vaidades, principalmente nos grandes negócios e/ou negócios envolvendo executivos e empresas de destaque em seus setores de atuação.

- Toda negociação relevante é um processo de altos e baixos. Momentos de otimismo se alternam com frustrações e longas esperas. É preciso ter muita paciência. Afinal, nada realmente importante é construído do dia para noite.

RECOMENDAÇÃO: para encerrar esta seção, uma última recomendação ao Assessor e/ou Vendedor de um Alvo com vários acionistas. Mantenha todos os acionistas bem informados sobre a evolução das negociações e da Transação em geral. Especial atenção para a análise das LOIs. Assessorei a venda de um Alvo com dois acionistas, sendo que um deles era mais ativo na interação comigo, enquanto o outro era informado do que acontecia por e-mail. Quando recebemos uma proposta baixa e a recusamos, meses depois o acionista mais distante se queixou comigo: "Deveríamos ter aceitado aquela proposta." Se eu não o tivesse mantido a par de toda a negociação e das análises que nos levaram a recusar a oferta, esse acionista poderia até questionar minha competência profissional.

Sumário executivo da Fase 5 – Negociação

- O processo negocial em M&A é na essência um leilão privado, implícito, que será tão eficaz quanto a percepção dos potenciais Compradores do "apetite" de seus concorrentes no leilão. Ter alternativas é tão importante para o Vendedor quanto para o potencial Comprador.
- Seis aspectos de uma Negociação eficaz:
    1. Metas e expectativas. Na Preparação, o Vendedor constrói suas metas e expectativas sobre o valor da Transação, possíveis desdobramentos e o que é inaceitável. Ter expectativas claras e sensatas ajudará o Vendedor a abordar os Compradores com um discurso coerente e sereno, proporcionando poder negocial. A ausência dessa clareza gerará discursos contraditórios, dissonantes, que minarão a credibilidade do Vendedor, inviabilizando a Transação.
    2. Relacionamentos produtivos se baseiam em confiança, consistência, reciprocidade e interesses comuns. Os Compradores precisam confiar nas informações fornecidas. Se o Vendedor desconfiar que o Comprador está usando as informações para propósitos escusos, a relação estará comprometida.

3. **Interesses da outra Parte.** É da natureza humana acreditar que o outro pensa como nós. Os interesses do outro podem ser apreendidos em conversas, nas informações solicitadas, nos termos da LOI, do MOU e do CCVA.
4. **Padrões e normas dominantes.** Toda negociação e todo relacionamento seguem certos padrões e normas que regulam a comunicação, entendimento e desentendimento. Esses padrões são raramente explícitos. Para desvendá-los, é preciso saber ouvir o que é dito e o que não é dito. Desvios dos padrões são interpretados como insensatez e ameaçam a relação de confiança.
5. **Estilo pessoal.** São cinco os tipos básicos de personalidade: competidores, transigentes, "evitadores" de conflito, prestativos, solucionadores de problemas. Qual é o seu? Um tipo de personalidade pode se sobressair melhor em determinada situação negocial que outro. Recomendo que o Vendedor sempre vá acompanhado a uma negociação, de preferência de alguém com uma personalidade diferente da sua, justamente para fazer um contraponto ao seu julgamento.
6. **Poder de influência** é a capacidade de fechar um acordo dentro de suas próprias condições, mas gerando uma percepção de ganha-ganha para as Partes. Para tanto, é preciso prestar atenção nas necessidades dos outros, não para resolvê-las, mas para atingir seus próprios objetivos. O poder de influência baseia-se em percepções da outra parte e não necessariamente de fatos. As demonstrações de urgência, geralmente, enfraquecem o poder de influência.

Fase 6 – Contratação dos Assessores técnicos

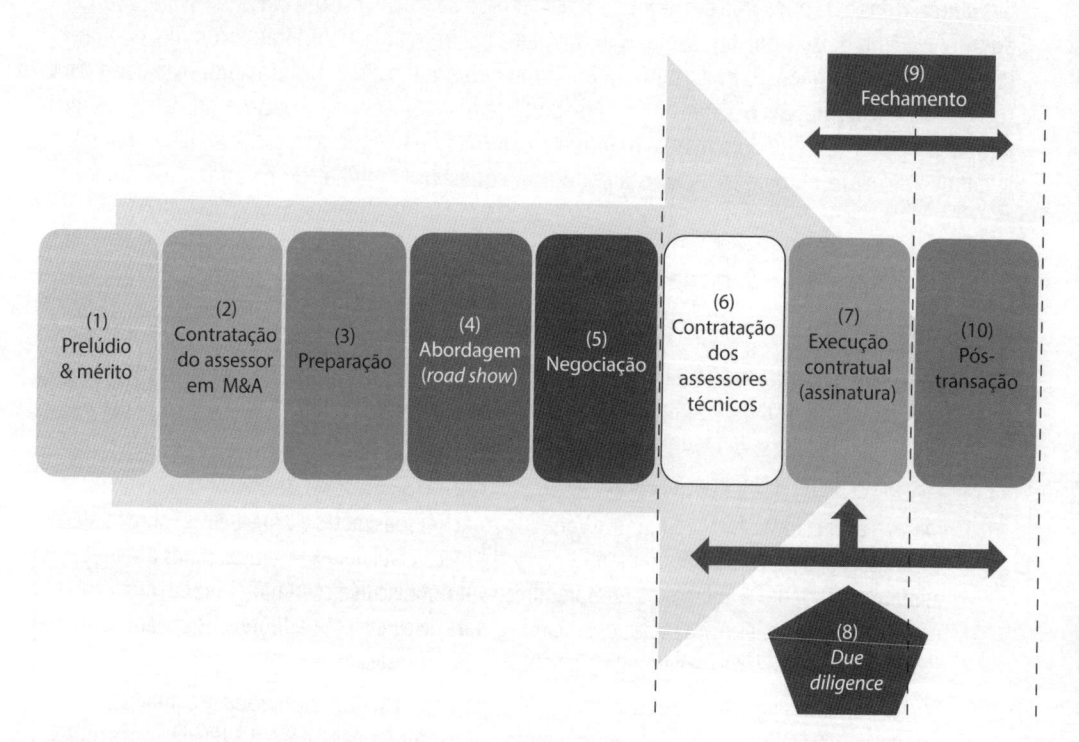

Figura 1.11 – Fase 6: Contratação dos assessores técnicos.

Entre os profissionais especializados mais importantes de que o Vendedor pode precisar em uma Transação estão os advogados que redigirão o MOU, o CCVA e outros instrumentos jurídicos acessórios da Transação (Acordo de Acionistas, contratos de aluguel etc.).

Um bom advogado é essencial para a conclusão satisfatória da Transação. É recomendável não economizar nessa contratação, o que não quer dizer necessariamente que será gasta uma fortuna, como será apresentado mais adiante.

Alguns cuidados necessários na contratação de advogados são basicamente os sugeridos para a contratação do Assessor (segunda fase), a saber:

- ausência de conflitos de interesses;
- exclusividade;
- experiência em Transações similares;
- disponibilidade e dedicação sênior;
- pragmatismo e bom senso.

Destacam-se os últimos dois itens: "disponibilidade e dedicação sênior" e "pragmatismo e bom senso". Há poucos escritórios de advocacia no Brasil com especialistas em M&A. Podem-se citar aqui alguns grandes escritórios com os quais já tive oportunidade de trabalhar: Albino Advogados Associados, Machado Meyer, Pinheiro Neto Advogados, Tozzini Freire Advogados.

Há, também, escritórios menores com experiência em M&A, muitos deles formados por ex-sócios de grandes escritórios, que podem oferecer a disponibilidade e dedicação do advogado sênior. O importante é que o escritório tenha advogados com experiência em M&A. É possível citar alguns escritórios menores com os quais também tive a oportunidade de trabalhar: Adriano Dib Sociedade de Advogados; Araúz & Advogados Associados; CGM Advogados; Nasser Sociedade de Advogados.

Quanto ao quesito pragmatismo e bom senso, vale lembrar que a fase Execução, ou seja, a redação do CCVA, costuma ser a mais tensa de todo o processo de M&A. A ansiedade do Vendedor e do Comprador está em seu nível máximo. Além da expectativa de concluir a Transação, neste momento, os boatos internos e externos sobre a venda do Alvo começam a surgir e incomodar as Partes. É comum nessa fase, os advogados, Assessores, Vendedor e Comprador passarem dias e noites dentro de uma sala discutindo o CCVA.

Os advogados das Partes têm de ter equilíbrio emocional para aguentar a pressão e acima de tudo bom senso nas discussões sobre os inúmeros e inimagináveis detalhes que a Transação poderá trazer à mesa de negociação. Advogados com experiência em M&A podem trazer soluções criativas para impasses.

Acima de tudo, não há negócio sem riscos, ou seja, não há CCVA que possa garantir ao Vendedor que ele não correrá risco algum após a Transação. Por isso, o advogado deve ter o bom senso para assessorar o Vendedor na identificação de quais riscos são aceitáveis e inaceitáveis. Nesse sentido, é importante que o advogado não seja remunerado pelo sucesso da

Transação para evitar conflitos de interesse com seu cliente. O advogado deve ter a isenção suficiente para poder aconselhar o Vendedor a abortar a Transação se o CCVA lhe trouxer riscos excessivos. Geralmente, os honorários do advogado são definidos, portanto, como um valor fixo em reais.

Honorários com base em hora/homem são desaconselháveis, pois a elaboração de um CCVA pode levar muito tempo, e, quanto mais tempo levar, mais o Vendedor pagará, o que pode gerar um conflito de interesse com o advogado. O controle de despesas também é outro item importante. Os mesmos critérios de limites para despesas devem ser aplicados ao Assessor e ao advogado, caso contrário, o Vendedor poderá encontrar situações estranhas, como ele próprio e o Assessor viajando de classe econômica e o advogado viajando de classe executiva.

RECOMENDAÇÃO: como o advogado pode não ser o Assessor, ele não terá participado das fases Preparação, Abordagem e Negociação. É essencial, portanto, que o Assessor e o Vendedor acompanhem o advogado na fase Execução, pois esse histórico é fundamental para as micronegociações que ocorrem na fase Execução.

Outro especialista importante que poderá ser contratado pelo Vendedor na fase da *due diligence* é um auditor. O advogado também pode ser necessário na fase da *due diligence* para participar das discussões com os especialistas do Comprador. As recomendações que faço para a contratação do auditor são iguais às que faço para os advogados (ausência de conflitos de interesses, exclusividade, experiência em transações similares etc.).

NA PRÁTICA: uma vez tive a oportunidade de assessorar uma grande empresa na venda de uma de suas subsidiárias para um FPE. A negociação foi relativamente rápida. Definimos os macroparâmetros negociais (valor da Transação, termos de pagamento, representações e garantias etc.) e já estávamos prontos para redigir o CCVA. O entendimento entre as Partes foi tão bom que nem foi necessário redigir um MOU.

Já com a aprovação dos Conselhos de Administração, os advogados das Partes aguardavam na antessala, enquanto os representantes do Vendedor e Comprador apertavam as mãos. Em seguida, convidamos os advogados a entrarem na sala para iniciar o processo de elaboração do CCVA. O advogado do Vendedor era sócio de um eminente escritório de advocacia brasileiro. Escrevemos no quadro os macroparâmetros negociais acordados entre as Partes para nortear os trabalhos dos advogados. Quando nosso advogado acabou de ler os parâmetros, exclamou: "Eu não concordo! Isso é inaceitável! Vocês venderam o Alvo muito barato!". Seguiu-se um grande tumulto. O Vendedor insistiu com seu próprio advogado: "Não cabe a você decidir por quanto nós vamos vender o Alvo. Nós já decidimos."

A saída foi extrema: o Vendedor teve de ligar para o escritório de seu próprio advogado e pedir que outro sócio viesse substituí-lo. Um jovem sócio do escritório chegou imediatamente, e a Transação foi concluída com relativa rapidez e tranquilidade. O jovem advogado mostrou-se muito capaz e sensato. Foi uma experiência, no mínimo, inusitada.

O processo de fusões e aquisições: Vendedor 91

Fase 7 – Execução contratual (*Signing*)

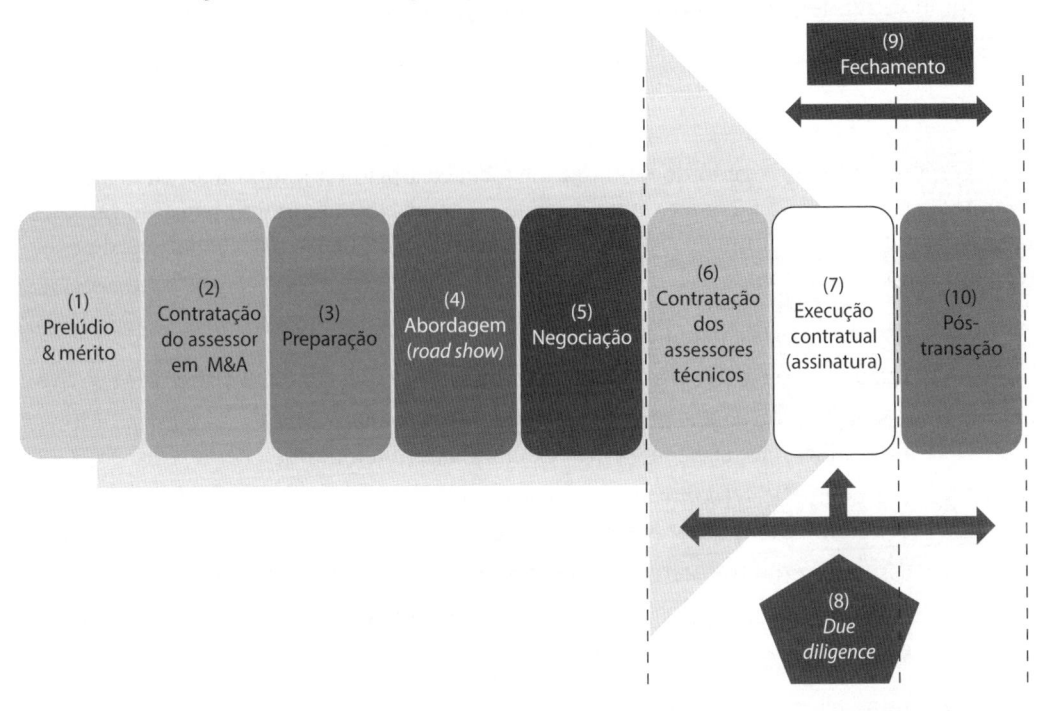

Figura 1.12 – Fase 7: Execução contratual.

PREÂMBULO

A execução contratual em M&A tem como peça central o CCVA. Nele, os macroparâmetros negociais definidos na fase Negociação (valor da Transação, termos de pagamento, tratamento das contingências, representações e garantias etc.) serão minuciosamente descritos. Nesse momento, a Transação está prestes a ser concluída, mas também pode "implodir".

O CCVA pode ser um documento extenso, de centenas de páginas, ou extremamente curto, como foi o caso do CCVA de 20 páginas que regrou a fusão de dois grandes bancos brasileiros. O CCVA de 18 páginas sobre uma operação tão complexa foi conceitual, evitando o amplo escopo de detalhes que uma Transação implica.

Antes da descrição do CCVA, é importante ter em mente alguns aspectos cruciais. Primeiro, o CCVA não é uma intenção, e sim um documento vinculante. Sua rescisão unilateral por qualquer uma das Partes pode gerar perdas e danos.

O segundo aspecto crucial é que o CCVA também é a tentativa das Partes de alocar responsabilidades sobre riscos de prejuízos financeiros da Transação após o *Closing*. O Vendedor quer: (1) concluir a Transação o mais rápido possível; e (2) evitar descontos no Preço. Por sua vez, o Comprador quer: (1) poder abandonar a Transação se houver indícios de possíveis perdas futuras; e (2) ser ressarcido por informações não reveladas com impactos negativos no Alvo. Ou seja, ao longo da elaboração do CCVA, as Partes estarão com a mesma questão em mente: qual é o valor justo da Transação? Todos os envolvidos, Comprador, Vendedor, Assessores e advogados, precisam ter muita paciência um com o outro, para atravessar essa fase crítica.

O CCVA

Geralmente, o advogado do Comprador fornece a primeira minuta ao advogado do Vendedor e, em seguida, começa uma intensa (e possivelmente longa) troca de minutas revisadas e discussões. Inúmeros detalhes operacionais, jurídicos e estratégicos podem ser incluídos no CCVA, como:

- uso de marcas e patentes;
- retenção e/ou demissão de funcionários-chave, especialmente a diretoria do Alvo;
- assunção e/ou cancelamento de contratos existentes do Alvo com fornecedores, prestadores de serviços, Partes relacionadas, funcionários, clientes etc.;
- não competição (*non-compete*), direta e indireta, entre o Vendedor e seus executivos com o Comprador por determinado período (de dois a dez anos, geralmente);
- assunção e/ou transferência da gestão do fundo de pensão do Alvo;
- aprovações dos órgãos governamentais pertinentes ao Alvo e seu setor de atuação, como Cade, Ibama, Cetesb, Bacen.

A estrutura básica de um CCVA pode ser dividida em quatro quadrantes que congregam cláusulas contratuais que versam sobre temas da Transação ilustrados na Figura 1.13. Essa divisão não necessariamente corresponde a uma ordem sequencial de cláusulas em um contrato real, como será apresentado mais adiante com um exemplo de um CCVA hipotético.

(1) Define termos e estrutura da Transação

(2) Revela informações importantes legais, financeiras sobre o Alvo e as Partes

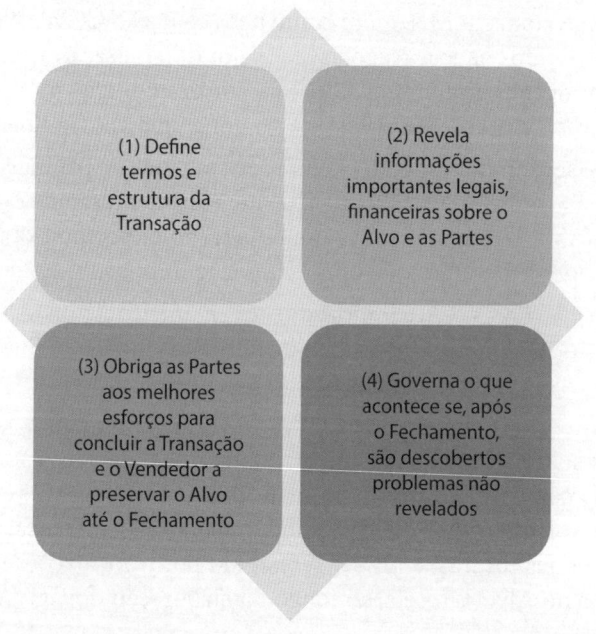

(3) Obriga as Partes aos melhores esforços para concluir a Transação e o Vendedor a preservar o Alvo até o Fechamento

(4) Governa o que acontece se, após o Fechamento, são descobertos problemas não revelados

Figura 1.13 – Estrutura básica de um CCVA.

Primeiro quadrante: define "termos e estrutura da Transação", contém cláusulas que descrevem o objeto da Transação (que pode ser uma parte ou o montante total do capital social, ou ainda a aquisição dos ativos do Alvo), o Preço e seu modo de pagamento, a assunção total ou parcial das dívidas atuais do Alvo. Ainda sobre esse tema pode haver cláusulas que discorram sobre Condições Especiais que façam parte da Transação e do Preço (como condições de *earn-out*, contratos de locação de imóveis e outros ativos, licenciamento de patentes e marcas, prestação de serviços, fornecimento etc.) e Condições Suspensivas (execução da *due diligence*, retenção de executivos, obtenção de licenças de órgãos governamentais, apresentação de garantias etc.).

> **NA PRÁTICA:** definir o objeto da Transação é crucial e, nem sempre, trivial. Conta a lenda que, na celebração da assinatura do contrato de compra de uma famosa marca de maionese, o Vendedor perguntou ao Comprador: "Já que você comprou a marca da nossa maionese, teria também interesse em adquirir a receita de como fazê-la?" Não sei se esse fato realmente ocorreu, mas vale aqui recomendação: defina bem o objeto da Transação e tenha certeza de que este inclui tudo o que você realmente precisa.

Observe que a Data de Fechamento da Transação, quando o Comprador paga ao Vendedor o total do Preço ou a primeira parte dele, não necessariamente coincide com a data em que as Partes assinam o CCVA. Geralmente, a Data de Fechamento é posterior, após a conclusão da *due diligence* e/ou da aprovação de outras condições suspensivas, em particular a aprovação do Cade.

Dependendo dos resultados da *due diligence*, na Data de Fechamento, o Comprador pode reduzir o Preço se encontrar as ditas "superveniências ativas e subsistências passivas"[25] e exigir que o Vendedor apresente as devidas garantias para ressarci-lo, caso contingências identificadas na *due diligence* venham a se materializar.

Segundo quadrante: contém cláusulas que revelam informações importantes operacionais, contábeis, legais e financeiras sobre o Alvo e as Partes, como valor de seus principais ativos (pontos de venda, contratos com clientes, disponibilidades, contas a receber, estoques, ativos realizáveis a longo prazo etc.), passivos (contas a pagar, endividamento etc.) em determinada data (Data-base) que norteará os trabalhos de verificação da equipe da *due diligence*. A Data-base geralmente é a data do último Balanço Patrimonial do Alvo. Entre essas cláusulas, serão descritas as Representações e Garantias do Vendedor e do Comprador (Reps & Warranties). Uma representação é a descrição de um fato. Uma garantia é o comprometimento de que esse fato é verdadeiro. As Representações e Garantias são muito importantes, pois vinculam o Vendedor e o Comprador à veracidade das informações fornecidas por ambos, uma vez que o Comprador também precisa fazê-las. Por exemplo, o Comprador tem de garantir que possui recursos para pagar o Preço.

---

[25] Ou seja, ativos cujos valores podem estar superestimados (por exemplo, estoques de mercadorias quebradas ou obsoletas) e passivos que podem estar subestimados (por exemplo, contas a pagar atrasadas cujos saldos não incluem multas e juros de mora).

> **NA PRÁTICA:** recordo de um episódio triste que ocorreu quando um Vendedor não previu no CCVA que certos ativos do Alvo não estavam incluídos na Transação. No dia do Fechamento, o Vendedor foi a sua antiga sala para retirar seus pertences pessoais, entre eles um quadro que seu pai, já falecido, havia lhe dado muitos anos atrás. O quadro tinha um enorme valor sentimental para o Vendedor, mas, como estava dentro do Alvo, foi considerado como um ativo. Como tal, o Comprador não permitiu que o Vendedor levasse o quadro.

Terceiro quadrante: contém cláusulas que obrigam as Partes "aos melhores esforços para concluir a Transação e o Vendedor a preservar o Alvo até a Data de Fechamento". Essas cláusulas incluem *Covenants*, ou compromissos, que almejam evitar comportamentos oportunistas das Partes entre a data de assinatura do CCVA e a Data de Fechamento. Geralmente, essas cláusulas impedem que o Vendedor distribua dividendos, venda ativos do Alvo e/ou assuma novas dívidas e compromissos significativos com terceiros e Partes relacionadas. Em suma, até o fim da *due diligence* e a transferência do Alvo para o Comprador (Data de Fechamento), o Vendedor compromete-se a conduzir a gestão do Alvo em seu "curso normal de negócios" ("*normal course of business*").

Ainda no terceiro quadrante, pode haver cláusulas sobre as condições que podem levar uma das Partes a desistir da Transação (*Termination*) sem penalidades. O Vendedor deverá evitar ou minimizar ao máximo as cláusulas dessa natureza, se quiser garantir que a Transação não tenha volta. O Comprador poderá fazer o contrário, buscando "saídas" para a Transação se descobrir algo de errado com o Alvo.

Quarto quadrante: contém cláusulas que "governam o que acontece se após o Fechamento forem descobertos problemas não revelados" pelo Vendedor nas cláusulas do segundo quadrante. Se alguma informação fornecida se comprovar imprecisa ou errada e afetar o valor do Alvo, o Preço pode ser reajustado.

As cláusulas de Indenizações (*Indemnity*) garantem ao Comprador que, se algum ativo superestimado, passivo oculto, contingências (respectivamente denominadas superveniências ativas e subsistências passivas) se materializarem após o Fechamento, mas tiver a ocorrência de seu fato gerador antes do Fechamento, o Vendedor indenizará o Comprador por suas perdas. As cláusulas de Indenizações regram sobre os mecanismos de ajustes no Preço e as garantias relacionadas, como conta caução (*escrow account*), hipoteca de imóveis, caução de ações de outras empresas do Vendedor etc.

> **NA PRÁTICA:** na conta caução, parte do Preço é retida em uma conta bancária da qual o Vendedor não pode efetuar saques por um período, até que pendências jurídicas sejam elucidadas ou resolvidas. Uma vez, ouvi um relato que demonstra a complexidade desse mecanismo. Um Alvo vendido foi processado em R$ 1 milhão por um ex-funcionário que ganhava R$ 1 mil por mês. O pleito não tinha mérito, mas estava em julgamento. Por causa disso, o Vendedor ficou com R$ 1 milhão retidos, sem poder sacá-los até o juiz se pronunciar sobre o caso.

Em casos extremos, podemos ter um CCVA no qual o Comprador abre mão das Representações e Garantias do Vendedor e assume todos e quaisquer prejuízos advindos de algum ativo superestimado, passivo oculto, contingência que se materializar após o Fechamento.

É o que chamamos de venda com "porteira fechada". Esse tipo raro de condição contratual justifica-se quando o Alvo está em crise de liquidez e o Preço é insignificante. Também pode ocorrer quando uma multinacional vende uma subsidiária, sem dívida, mas que não seja rentável. Nesses casos, a multinacional pode até pagar ao Comprador um montante para assumir o Alvo, mas com "porteira fechada". Ainda no quarto quadrante, podemos ter cláusulas que regem possíveis conflitos entre Vendedor e Comprador após o Fechamento. Uma cláusula comum é a que prevê mecanismos de arbitragem. Ao optar pela arbitragem, as Partes abrem mão do direito de recorrer à justiça comum para processar uma à outra e se submetem à decisão de uma câmara arbitral que pode ser brasileira ou estrangeira.

Embora a escolha de fóruns estrangeiros possa acarretar altos custos advocatícios em caso de impasses e/ou disputas judiciais, pode ser interessante para um Vendedor brasileiro aceitar se submeter às leis e à arbitragem estrangeiras. Por exemplo, caso o Comprador peça ao Vendedor a hipoteca de um imóvel no Brasil como garantia sobre alguma representação ou aspecto negocial, se, no futuro, o Comprador precisar executar essa garantia, o processo será mais lento (e caro).

A rapidez da arbitragem também pode ser essencial em situações de impasse que comprometam as operações do Alvo. Pode ocorrer um impasse tão significativo que o Alvo pode entrar em crise de liquidez e ir à falência, enquanto Comprador e Vendedor brigam.

Por fim, o quarto quadrante pode conter uma variedade de outros compromissos: não competição, contratos de prestação de Serviços e/ou fornecimento, Acordo de Acionistas (se a Transação foi uma venda parcial das ações do Alvo) etc. Também aqui haverá cláusulas que descrevem penalidades se alguma das Partes não cumprir o CCVA.

NA PRÁTICA: uma situação desesperadora foi relatada por um colega Vendedor. No CCVA, o Vendedor exigiu um sinal do Comprador para permitir o início da *due diligence*. Em troca, o Comprador exigiu exclusividade na Transação pelo tempo de duração da *due diligence*. Parecia justo, entretanto o Comprador começou a exigir inúmeros documentos e certidões que fizeram a *due diligence* durar mais de um ano. Algumas das exigências eram preciosistas demais e logo ficou patente que o Comprador estava adiando o Fechamento propositalmente. Estava ganhando tempo, talvez por não ter recursos suficientes para pagar o restante do Preço. O Vendedor, por sua vez, estava preso ao CCVA e não podia oferecer o Alvo a outros potenciais Compradores. Criou-se uma situação terrível para o Vendedor e o Alvo.

Além da câmara de arbitragem, as Partes também podem prever no CCVA a opção pela mediação. Nela, um profissional especializado reúne-se com os representantes das Partes e busca construir um consenso, uma solução conciliadora para o conflito. Ao contrário do árbitro, o mediador não julga o mérito da questão.[26]

Ainda no quarto quadrante, as Condições Especiais definidas no primeiro quadrante podem ser descritas com maiores detalhes e organizadas em anexos: condições de *earn-out*, contratos de locação de imóveis e outros ativos, licenciamento de patentes e marcas, prestação

---

[26] Um dos expoentes mundiais em mediação é o professor da Harvard University, William Ury, que publicou vários livros sobre negociação de conflitos.

de serviços, fornecimento etc. Os anexos também podem incluir mais detalhes sobre as Condições Suspensivas: execução da *due diligence*, retenção de executivos, obtenção de licenças de órgãos governamentais, apresentação de garantias etc.

Cláusulas das mais diferentes naturezas podem ainda fazer parte do CCVA, como foi o caso da "cláusula da felicidade" descrita a seguir.

> **NA PRÁTICA:** um colega me relatou que, no CCVA de aquisição de um Alvo estrangeiro por uma multinacional brasileira, havia uma cláusula sobre a "felicidade" de seus funcionários. Essa "cláusula da felicidade" dizia que, se por algum motivo, os funcionários do Alvo se sentissem infelizes com a nova gestão, o Comprador teria de pagar uma indenização significativa aos funcionários.
>
> É comum, em Transações envolvendo grandes empresas, que a equipe que participou das negociações seja diferente da que vai fazer a integração entre as operações do Alvo e do Comprador. Quando a equipe do Comprador teve a primeira reunião com os executivos do Alvo, já impôs a cultura empresarial brasileira, o que desagradou os estrangeiros, que não titubearam em acionar a "cláusula da felicidade".
>
> Imagino que algum membro do sindicato do Alvo, que participou direta ou indiretamente das discussões sobre a Transação, tenha imposto essa cláusula. O fato é que o Comprador teve de desembolsar um valor significativo que não estava previsto na Transação.

Antes de descrever um exemplo hipotético de CCVA e seus anexos, uma última recomendação na Fase 7.

> **RECOMENDAÇÃO:** repito aqui uma recomendação ao Assessor, aos advogados e ao Vendedor de um Alvo com vários acionistas: mantenham todos os acionistas bem informados sobre a evolução da elaboração do CCVA e outros contratos complementares que possam vir a regrar a relação entre as Partes após a conclusão da Transação. Se, por questões de interpretação de contratos, houver algum problema ou disputa entre Comprador e Vendedor após a conclusão da Transação, os acionistas Vendedores do Alvo que não foram informados sobre os contratos poderão se sentir lesados pelo acionista que supervisionou a elaboração do CCVA.

EXEMPLO DE CONTRATO DE COMPRA E VENDA DE AÇÕES[27]

> **RECOMENDAÇÃO:** a presente minuta exemplifica as tratativas de pessoa física alienando ações de pessoa jurídica a outra pessoa jurídica. Trata-se de uma minuta para fins didáticos, que não deve ser utilizada em situações reais sem a revisão e orientação de um advogado especializado. Alguns dos termos jurídicos utilizados aqui consistem em tradução livre do inglês para o português, que pode ser imprecisa.

---

[27] Fontes e referências: Reed e Lajoux (1995). Textos traduzidos, adaptados e resumidos pelo autor. Disponível em: http://www.lectlaw.com. Acesso em: 13 out. 2024.

Esse contrato de compra e venda, a seguir designado "Contrato", é executado neste dia DD de MM, AAAA, por e entre, <qualificação do Vendedor – NOME COMPLETO, CPF & RG, ESTADO CIVIL, PROFISSÃO, ENDEREÇO>, a seguir designado "VENDEDOR" <qualificação do Comprador – RAZÃO SOCIAL, CNPJ, ENDEREÇO>, a seguir denominado "COMPRADOR". CONSIDERANDO que o VENDEDOR é o legítimo proprietário de 100% das ações da <qualificação da EMPRESA A SER VENDIDA – RAZÃO SOCIAL, CNPJ, ENDEREÇO> ("EMPRESA"), tendo em vista os compromissos mútuos e promessas contidas adiante, o VENDEDOR se compromete a vender e o COMPRADOR se compromete a comprar a totalidade das ações da EMPRESA ("TRANSAÇÃO").

A TRANSAÇÃO deverá ser consumada sobre os seguintes termos e condições.

1. **PREÇO DE COMPRA E FORMA DE PAGAMENTO.** O COMPRADOR deve pagar e o VENDEDOR deve aceitar o Preço da TRANSAÇÃO no montante de R$ XXXXX,XX na forma de desembolso estabelecida no Anexo "A" ("Preço").

2. **FECHAMENTO.** A consumação da TRANSAÇÃO contemplada por este Contrato, a seguir designado "Fechamento", será realizado em <LOCAL>, no dia <DATA> (tal data a ser referida no presente acordo como a "Data de Fechamento").

3. **DECLARAÇÕES E GARANTIAS DO VENDEDOR E DA EMPRESA.** O VENDEDOR declara e garante ao COMPRADOR a veracidade, correção e precisão dos assuntos descritos no Anexo "B", os quais devem sobreviver à Data de Fechamento. Além disso, o VENDEDOR declara e garante ao COMPRADOR que os documentos enumerados no Anexo "C" são cópias verdadeiras, autênticas e corretas do original, ou, se for o caso, dos originais próprios, e sem alterações.

4. **DECLARAÇÕES E GARANTIAS DO COMPRADOR.** O COMPRADOR declara e garante ao VENDEDOR a veracidade, correção e precisão dos assuntos descritos... <Os itens cobertos nesta cláusula podem incluir, mas não estão limitados a>:
   - Autorização para consumar a TRANSAÇÃO
   - Capacidade de pagamento
   - Declaração de não contravenção na TRANSAÇÃO
   - Processos jurídicos que possam afetar a EMPRESA ou o VENDEDOR
   - Autenticidade das informações fornecidas

5. **CONDIÇÕES PARA O FECHAMENTO.** O VENDEDOR se compromete a seguir:
   a. **Conduta de Negócios do VENDEDOR até a Data de Fechamento.** Exceto com o consentimento por escrito do COMPRADOR antes da Data de Fechamento, o VENDEDOR não entrará em qualquer transação, tomará qualquer ação ou deixará de tomar qualquer ação que possa resultar em, ou poderia razoavelmente esperar-se resultar em, ou causar qualquer das representações e garantias do VENDEDOR contidas no presente Contrato a serem nulas, inválidas ou falsas até a Data de Fechamento.
   b. **Demissões.** O VENDEDOR entregará ao COMPRADOR, antes da Data de Fechamento, as demissões de funcionários da EMPRESA identificados pelo COMPRADOR no Anexo "D".
   c. **Desonerações.** O VENDEDOR entregará ao COMPRADOR na Data de Fechamento comprovantes de desoneração de quaisquer ônus ou gravames sobre imóveis, máquinas e equipamentos

e outros ativos fixos da EMPRESA em forma e substância indicadas ao COMPRADOR que o saldo principal foi pago integralmente antes ou simultaneamente com o Fechamento.

d. **Alterações.** Entre esta data e a Data do Fechamento, o VENDEDOR avisará imediatamente o COMPRADOR, por escrito, sobre qualquer fato que, se existente ou conhecido até esta data, teria sido necessário ser revelado nos termos do presente Contrato.

e. **Documentos.** O VENDEDOR entregará ao COMPRADOR na Data do Fechamento documentos que são, a critério exclusivo do COMPRADOR, necessários para satisfazer plenamente os objetivos do presente Contrato. <Aqui o Vendedor pode incluir uma lista desses documentos para não deixar a definição aberta a interpretações oportunistas e abusivas.>

6. **INDENIZAÇÕES.** Sem prejuízo à Cláusula 3, o COMPRADOR concorda em defender o VENDEDOR e assumir a responsabilidade integral advindas de demandas judiciais de qualquer natureza relacionadas à EMPRESA oriundas de fatos e atos ocorridos após a Data de Fechamento. De maneira similar, sem prejuízo à Cláusula 4, o VENDEDOR concorda em defender o COMPRADOR e assumir a responsabilidade integral advinda de demandas judiciais de qualquer natureza relacionadas à EMPRESA oriundas de fatos e atos ocorridos antes da Data de Fechamento.

7. **DESPESAS.** Cada uma das partes contratantes deve pagar suas próprias despesas em conexão com este Contrato e as transações aqui contempladas, incluindo os honorários e as despesas de seus respectivos assessores jurídicos e contábeis. <Aqui as Partes podem nomear estes assessores para evitar dúvidas.>

8. **GERAL.**

   a. **Sobrevivência das Declarações e Garantias.** Cada uma das partes deste Contrato concorda que suas respectivas representações, garantias, declarações, indenizações e acordos contidos no presente Contrato sobrevivam à Data de Fechamento e terminem no terceiro aniversário da Data de Fechamento.

   b. **Isenções.** Nenhuma medida tomada ao abrigo do presente Contrato, incluindo qualquer investigação por ou em nome de qualquer das partes, será considerada uma renúncia por parte do partido a tomar tal ação de cumprimento de qualquer representação, garantia de aliança ou acordo aqui contidos ou nela e em quaisquer documentos entregues em conexão com isto ou com a mesma. A renúncia por eventual violação de qualquer disposição desse Contrato não deverá representar ou ser interpretada como uma renúncia a qualquer violação posterior.

   c. **Não competição.** Durante a vigência deste Contrato e após a Data de Fechamento, o VENDEDOR não irá, direta ou indiretamente, prestar serviços a qualquer outra pessoa, sociedade, associação ou corporação envolvida no negócio mesmo ou substancialmente similar cobertos por este Contrato em qualquer área que possa ser razoavelmente concorrente ao COMPRADOR durante o prazo de 5 (cinco) anos. O VENDEDOR não poderá se envolver em tal negócio por conta própria, ou se interessado nele, direta ou indiretamente, como indivíduo, sócio, acionista, diretor, consultor, contratante independente, funcionário, administrador, ou em qualquer relação ou a que título for em qualquer área que possa ser razoavelmente concorrente ao COMPRADOR durante o prazo de 5 (cinco) anos.

   d. **Avisos.** Todas as notificações, pedidos, exigências e outras comunicações que são necessárias ou podem ser dadas ao abrigo do presente Contrato serão feitos por escrito e serão considerados como tendo sido devidamente dados e entregues ou enviados pelo correio a:

Para VENDEDOR: **NOME & ENDEREÇO COMPLETOS**
Para COMPRADOR: **NOME & ENDEREÇO COMPLETOS**

e. **Fórum.** Este Contrato, e todas as transações aqui contempladas, será regido, interpretado e executado de acordo com as leis do Estado de **XXXX**. <Aqui, geralmente o Comprador elege como fórum a cidade de sua sede. O Vendedor pode acatar ou não.>

f. **Condições Precedentes.** As Condições Precedentes ao Fechamento deste Contrato são descritas mais detalhadamente no Anexo "E". No caso em que as Condições Precedentes não forem cumpridas até a Data de Fechamento, este Contrato será considerado nulo e sem efeito, e todos os depósitos pagos devem ser devolvidos imediatamente ao COMPRADOR.

EM FÉ DO QUE este Contrato foi executado individualmente pelas partes e assinado por funcionários devidamente autorizados para isso.

Assinaturas das Partes e Testemunhas

ANEXO "A" - VALOR E PAGAMENTO DO PREÇO DE AQUISIÇÃO

a. **VALOR TOTAL DA TRANSAÇÃO.** O COMPRADOR deve pagar ao VENDEDOR a soma de R$ XXXXXXX,XX, consideração total a ser referida neste Contrato como "Preço".

b. **PAGAMENTO.** O Preço será pago da seguinte maneira:

 i. R$ XXXXX,XX (valor por extenso em reais) a ser pago ao VENDEDOR na Data do Fechamento;

 ii. Em espécie ou cheque administrativo do COMPRADOR no montante de R$ XXXXX,XX (valor por extenso em reais) a ser entregue ao VENDEDOR na Data do Fechamento.

ANEXO "B" - REPRESENTAÇÃO E GARANTIA DE VENDEDOR

Os itens cobertos nesta cláusula podem incluir, sem estar limitados a eles, os seguintes aspectos da EMPRESA:

- Organização, subsidiárias e outras participações societárias
- Procurações
- Demonstrativos contábeis
- Ausência de contingências, de qualquer natureza, não reveladas
- Valor do Contas a Receber na data dd/mm/aa
- Valor dos Estoques na data dd/mm/aa
- Solvência
- Dívidas na data dd/mm/aa
- Seguros
- Imóveis próprios e alugados
- Ativos fixos próprios e alugados
- Propriedade intelectual
- Ativos necessários aos negócios da EMPRESA

- Contratos com terceiros
- Clientes e fornecedores
- Contas bancárias
- Benefícios trabalhistas e fundo de pensão
- Processos jurídicos de todas as naturezas contra a EMPRESA
- Relacionamentos com órgãos reguladores e governo
- Licenças, autorizações, certificações necessárias para a condução dos negócios da EMPRESA

Seguem alguns exemplos:

a. **Organização.** A EMPRESA é devidamente constituída, validamente existente e em boas condições sob as leis do Estado de **XXXX** e tem o poder corporativo e autoridade para exercer a sua atividade.

b. **Autoridade relativa a este Contrato.** Salvo disposição em contrário, o VENDEDOR e o COMPRADOR têm plenos poderes e autoridade para executar esse Contrato e realizar as transações contempladas por eles, e nenhuma outra ação é necessária por parte do VENDEDOR e do COMPRADOR para fazer este Contrato válido e vinculativo para as Partes em conformidade com os termos deste instrumento, ou para realizar as ações previstas por este meio. A execução, a apresentação e o cumprimento deste Contrato por parte do VENDEDOR e do COMPRADOR não constituem violação de Estatuto Social, ou de qualquer lei, contrato, escritura, hipoteca, empréstimo, acordo ou outro instrumento jurídico relacionado direta ou indiretamente à EMPRESA e/ou às Partes.

c. **Tributos.** O VENDEDOR tem preparados e arquivados todas as declarações e recolhimentos de tributos federais, estaduais e municipais, todos pagos na íntegra.

d. **Propriedades.** O VENDEDOR tem bom título comercializável para todas as suas propriedades e bens que são as propriedades e ativos da EMPRESA. No Fechamento, tais propriedades e ativos estarão sujeitos a nenhuma hipoteca, penhor, acordo de venda condicional, oneração ou encargo, exceto os impostos que devem ser *pro rata* até a Data de Fechamento.

e. **Endividamento.** O VENDEDOR deve pagar todas as dívidas contraídas pela EMPRESA até a Data de Fechamento, incluindo todas as compensações dos empregados e prestadores de serviços.

ANEXO "C" – DOCUMENTOS PARA ANÁLISE

i. Demonstrações financeiras e operacionais

ii. Declarações de Imposto de Renda

iii. Estatuto social

iv. Acordos societários

v. Acordo de arrendamento e aluguéis

vi. Contratos de financiamentos

vii. Licenças, certidões e autorizações

ANEXO "D" – FUNCIONÁRIOS DA EMPRESA A SEREM DEMITIDOS
ANEXO "E" – CONDIÇÕES PRECEDENTES

Algumas das condições mais comuns são:

a) Disponibilidade de funcionários essenciais.

b) Disponibilidade de documentos requeridos pelos assessores e funcionários do COMPRADOR durante o processo da *due diligence*.

c) Recebimento das instruções para o pagamento do Preço.

Sumário executivo da Fase 7 – Execução contratual

- A execução contratual em M&A tem como peça central o CCVA, no qual os macroparâmetros negociais definidos na fase Negociação serão descritos em um documento vinculante. Sua rescisão por qualquer uma das Partes, sem o acordo da outra, pode gerar perdas e danos.

- O CCVA também é a tentativa das Partes de alocar responsabilidades sobre riscos de prejuízos financeiros da Transação após o Fechamento. O Vendedor quer: (1) concluir a Transação o mais rápido possível e (2) evitar descontos no Preço. Por sua vez, o Comprador quer: (1) poder abandonar a Transação se houver indícios de perdas e (2) ser ressarcido por informações não reveladas com impactos negativos no Alvo.

- Ou seja, ao longo da elaboração do CCVA, as Partes estarão com a mesma questão em mente: Qual é o valor justo da Transação?

- Podemos dividir a estrutura básica de um CCVA nestes quatro grupos de cláusulas contratuais que versam sobre temas da Transação:

  1. Termos e estrutura da Transação.
  2. Informações importantes sobre o Alvo.
  3. Obrigações entre as Partes.
  4. Regramento pós-Fechamento.

- Entre as cláusulas mais importantes do CCVA, destacam-se: as condições especiais e suspensivas, os procedimentos da *due diligence*, a referência de valores dos ativos e passivos do Alvo em determinada Data-base, a obrigação do Vendedor de preservar o Alvo até o Fechamento, Representações e Garantias do Vendedor e do Comprador, indenizações, mecanismos possíveis de ajustes no Preço da Transação, mecanismos de resolução de conflitos, não competição, penalidades para o rompimento do CCVA por alguma das Partes.

- O CCVA também pode incluir vários outros instrumentos jurídicos que regram a relação entre o Vendedor e o Comprador: Acordo de Acionistas (no caso da venda parcial do Alvo), acordo de fornecimento e/ou prestação de serviços, contratos de locação de imóveis e outros ativos, licenciamento de patentes e marcas etc.

- A elaboração do CCVA indica que a Transação está prestes a ser concluída. É um momento de muita tensão. Todos os envolvidos, o Comprador, o Vendedor, seus Assessores e advogados precisam ter muita paciência um com o outro para atravessar essa fase crítica.

Fase 8 – *Due diligence*

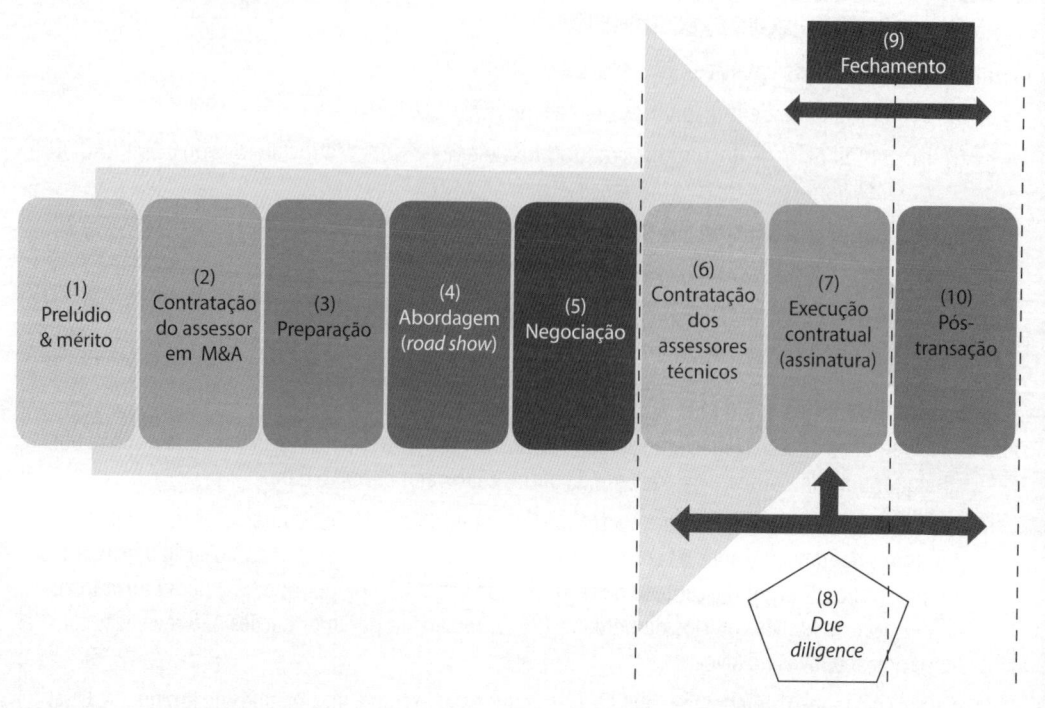

Figura 1.14 - Fase 8: *Due diligence*.

MOMENTO DA *DUE DILIGENCE*

Propositalmente, define-se a *due diligence* como a oitava fase do processo de M&A, do ponto de vista do Vendedor. O melhor momento para ele permitir a *due diligence* é após a assinatura do CCVA, que vincula as Partes na Transação, pois a *due diligence* dará ao Comprador o acesso a informações estratégicas sobre o Alvo.

É importante reconhecer que não é comum o Vendedor conseguir impor a *due diligence* apenas após a assinatura do CCVA. Geralmente, pelo menos uma *due diligence* parcial ocorre após a assinatura do MOU, antes da assinatura do CCVA. Quando o Comprador é seu concorrente direto, o receio do Vendedor de compartilhar informações estratégicas é muito pertinente. Na *due diligence*, o potencial Comprador terá acesso aos: nomes dos principais clientes e preços de vendas, nomes dos principais executivos, fornecedores e preços de compras, tecnologias etc.

NA PRÁTICA: um habilidoso advogado do Vendedor que estava negociando a venda do Alvo para um Comprador concorrente recomendou a seu cliente impor uma espécie de "multa" no NDA, caso o Comprador desistisse da Transação após concluída a *due diligence*. A multa pode afastar os potenciais Compradores com interesses escusos. Por outro lado, é importante o Vendedor se colocar no lugar do Comprador: é preciso saber o que está se comprando. Portanto, a multa não pode ser excessiva, sob a pena de espantar potenciais Compradores com interesses legítimos.

No caso de a Transação ser uma aquisição parcial de ações, ou uma fusão com troca de ações entre o Vendedor e o Comprador, o Comprador também precisa estar preparado para a *due diligence* do Vendedor. Se forem concorrentes, pode ser eficiente estabelecer regras equânimes de acesso a informações para as Partes.

Afinal, o que se investiga na *due diligence*?

O QUE É ANALISADO

A *due diligence* vai analisar o passado do Alvo, seus ativos e passivos, suas práticas contábeis, trabalhistas, tributárias e os possíveis riscos de essas práticas gerarem passivos para o Alvo e o Comprador após a Data de Fechamento. Embora o valor do Alvo seja determinado por sua capacidade futura de gerar fluxo de caixa, seu passado pode gerar passivos que devem ser descontados do Preço.

Os principais aspectos abordados na *due diligence* pelos advogados e auditores do Comprador são:

- **Tributário:** certidões negativas dos cartórios de protesto, das justiças, INSS, FGTS, fazendas, prefeituras, processos, notificações e investigações, detalhamento das contas "Provisão para Contingências" e/ou "Depósitos Judiciais" no Balanço Patrimonial do Alvo, relação de incentivos fiscais, revisão dos procedimentos do Alvo no recolhimento dos tributos (PIS, Cofins, IRPJ, CSLL, ICMS, IPI, ISS) etc.
- **Trabalhista:** lista de funcionários com respectivos salários (remuneração fixa e variável), tempo de casa, encargos e benefícios e regime de contratação, minutas dos principais tipos de contratos de trabalho utilizados, descrição dos procedimentos de controle de férias, entrada e saída, horas extras, lista de empresas de terceirização de mão de obra, planos de opção de ações, relação e descrição dos procedimentos relacionados à saúde e à segurança do trabalho, indenizações pagas nos últimos três anos, histórico de acidentes de trabalho, lista dos sindicatos, autos de infração, lista de demissões dos últimos dois anos etc.
- **Societário:** lista dos acionistas, estatuto social, Acordo de Acionistas, gravames e garantias, lista de filiais e estabelecimentos, procurações, contas bancárias, organograma com afiliadas e controladas com seus respectivos sócios etc.
- **Contratos em geral do Alvo com terceiros:** clientes, fornecedores, distribuidores, representantes, prestadores de serviços, acionistas, financiadores, executivos, compromissos, cartas de intenção, acordos de confidencialidade etc.
- **Partes relacionadas:** contratos com subsidiárias, contratos mútuos, contratos com empresas relacionadas direta e indiretamente aos sócios.
- **Aspectos imobiliários:** relação de imóveis próprios e alugados, contratos de aluguel, escrituras, certidões negativas de tributos imobiliários etc.
- **Propriedade intelectual:** lista das marcas e patentes, licenças (inclusive relacionadas a *software*), assistência técnica, nomes registrados pelo Alvo (incluindo domínios na Internet) etc.

- **Financeiro e contábil:** demonstrativos dos últimos cinco anos, detalhamento das Contas a Receber, Contas a Pagar, endividamento bancário, passivos *off balance sheet* (como avais) etc.
- **Contencioso jurídico:** trabalhista, civil, ambiental, criminal etc.
- **Físico:** detalhamento dos ativos: estoques, máquinas e equipamentos, instalações, veículos, ativos *off balance sheet* etc.
- **Certidões e aprovações governamentais:** Corpo de Bombeiros, prefeitura, Anvisa, Bacen etc.
- **Meio ambiente:** alvarás e licenças para estabelecimentos, resíduos, efluentes, utilização de substâncias tóxicas, emissões, vazamentos, autos de infração etc.
- **Antitruste:** relação dos produtos e serviços do Alvo e suas respectivas fatias de mercado e concorrentes, acordos com concorrentes, descrição de processos e investigações pelo Cade, participação em associações de classe, políticas de fixação de preços etc.

> **NA PRÁTICA:** lembro-me de um advogado relatando o caso de um Alvo nacional, do interior de São Paulo, que havia sido vendido a um grupo internacional. Foi feita a auditoria completa do Alvo pelos contadores e advogados, e nenhuma contingência foi identificada. Os novos proprietários assumiram e não tardou a serem multados pela autoridade fiscal. A fábrica era dividida em dois edifícios, entre os quais havia uma passagem asfaltada pela qual trafegavam os veículos do Alvo. As matérias-primas e os produtos semiacabados eram transportados por esteiras rolantes em uma ponte suspensa que ligava os dois edifícios. O que o Comprador não sabia é que aquela passagem asfaltada era uma rua. O antigo proprietário simplesmente se apossou da rua e a cercou, incluindo-a no terreno do Alvo. Com os novos proprietários, as autoridades descobriram a irregularidade e começaram a cobrar os impostos sobre as matérias-primas e produtos semiacabados que eram transportados pelas esteiras rolantes.

Dos aspectos abordados, é possível destacar alguns pontos mais sensíveis, a saber:

- **Relações trabalhistas:** os funcionários são registrados pela CLT ou operam por pessoas jurídicas? É muito comum que funcionários da área comercial, cuja remuneração variável é significativa, não sejam registrados pela CLT. Não é raro que, após o Fechamento, representantes comerciais e vendedores venham a processar o Alvo por direitos e benefícios típicos da CLT.
- **Contratos com fornecedores e prestadores de serviços:** há inúmeras histórias de empresários que compraram empresas cujos contratos com fornecedores e prestadores de serviços não poderiam ser rescindidos sem multas significativas. Se o Comprador tiver seus próprios fornecedores e prestadores de serviços, diferentes dos contratados pelo Alvo, a rescisão dos contratos do Alvo pode gerar dívidas significativas pós-Fechamento.
- **Contratos relevantes:** o Alvo pode ter contratos de licenciamento e/ou P&D que dão um percentual da receita da venda de certos produtos que podem não ter sido incluídas nas projeções financeiras da Administração (descritas no OM).

- **Contratos comerciais:** o Alvo pode ter um contrato de agente com um distribuidor comercial que dá o direito de exclusividade ao distribuidor para vender parte dos produtos do Alvo por um prazo longo (de cinco a dez anos). Esse contrato pode ser em oposição aos interesses do Comprador que pretende vender os produtos sem a exclusividade comercial do atual distribuidor.
- **Financiamentos:** é comum em empréstimos de longo prazo, por exemplo, das linhas do BNDES, haver uma cláusula de troca de controle (*exchange of control clause*). Essa cláusula dá ao banco a prerrogativa de decretar vencido o empréstimo se não aprovar o risco de crédito do novo controlador (o Comprador).
- **Licenças ambientais:** no Brasil, a questão ambiental tornou-se um verdadeiro pesadelo. Infelizmente, já testemunhei vários casos em que o Vendedor afirma categoricamente que a obtenção de suas licenças ambientais está "muito bem encaminhada", "prestes a sair". Meses e até anos depois, as licenças não saíram e o Comprador amargou prejuízos significativos. Isso quer dizer que Transações podem não ocorrer por conta da ausência de licenças ambientais (veja o caso Ícaro no Capítulo 5).

NA PRÁTICA: na questão ambiental já ouvi inúmeros casos que vão do inusitado ao tragicômico. Durante a construção de uma Pequena Central Hidroelétrica (PCH), foi encontrado um osso enorme que um arqueólogo suspeitou pertencer a uma preguiça gigante pré-histórica. A construção foi imediatamente interrompida. Após seis meses, finalmente descobriu-se que o osso pertencia a um jumento, e não à preguiça gigante pré-histórica.

Em outro caso, uma importante linha de transmissão (LT) ligando o Sistema Integrado Nacional (SIN) a um estado do Norte do país estava pronta, mas não pôde obter a licença de operação, pois o funcionário encarregado da LT do órgão ambiental havia tirado férias. Na época, estimou-se que o atraso de 30 dias custou ao SIN cerca de R$ 58 milhões. Esse episódio ilustra uma das inúmeras idiossincrasias do arcabouço legal do meio ambiente, que prevê a responsabilidade sobre o licenciamento ao técnico encarregado, à sua pessoa física. Por isso, no caso da referida LT, nenhum dos colegas do encarregado pôde assumir seu lugar durante suas férias. Que férias caras foram essas para o país!

A *due diligence* não deveria restringir-se apenas às análises de advogados e contadores especializados sobre questões tributárias, trabalhistas, contábeis etc. Esse é o momento em que o Comprador deveria aproveitar para fazer uma análise operacional do Alvo e checar se a descrição que o Vendedor forneceu de seu negócio e as premissas sobre seu futuro (Projeções Econômico-financeiras da Administração do OM) são factíveis. Muitos Compradores não aproveitam essa oportunidade e depois se arrependem.

Entre os aspectos operacionais que podem ser verificados por funcionários especializados do Comprador, destacam-se: estado geral das instalações, máquinas e equipamentos, veículos; processo produtivo (incluindo índices de produtividade e custos dos principais insumos); entrevistas com principais executivos para investigar suas competências e verificar o clima organizacional etc. É fácil perceber que isso tudo é muito conveniente para o Comprador, mas não para o Vendedor, especialmente se a *due diligence* estiver sendo executada antes de as Partes terem firmado os documentos vinculantes da Transação.

> **RECOMENDAÇÃO:** primeiro, a *due diligence* deve ter prazo para começar e terminar. Segundo, o ideal é que o Comprador submeta uma lista de documentos, informações, instalações, ativos que queira examinar para o Vendedor se preparar com antecedência e evitar atrasos que comprometam a data de término definida para a *due diligence*. Terceiro, o ideal também é que o Comprador nomeie as pessoas que executarão a *due diligence* (advogados, auditores e seus executivos) e defina os executivos do Alvo com quem vai interagir. Quarto, quanto menos pessoas envolvidas, por parte tanto do Comprador quanto do Vendedor, melhor. Lembre-se de que a *due diligence* é o momento em que a "rádio peão" (ou "rádio corredor") funcionará a todo o vapor. Boatos da Transação se espalharão rapidamente pelo Alvo e também entre os executivos do Comprador. O Vendedor deve estar preparado para responder a inúmeras perguntas de seus próprios funcionários e até da mídia. Minha recomendação é que o Vendedor seja tão sincero quanto possível com seus funcionários: "Há um potencial investidor interessado em se associar a nós para fortalecer nossa posição competitiva." Evite prometer o impossível com declaração do tipo "Não haverá demissões." Nesse caso, uma boa resposta pode ser: "Não posso prometer que não haja demissões, mas garanto que haverá novas oportunidades para os bons funcionários."

Vale ponderar que há situações em que a *due diligence* do Comprador pode ser bem-vinda e contribuir para o Vendedor. Pode ser o caso de um Alvo que esteja no início de suas operações (uma *start-up*, por exemplo) e a Transação envolva a venda de participação societária ao Comprador que ajudará o Vendedor a viabilizar o crescimento do Alvo. Nessas circunstâncias, a *due diligence* do Comprador pode identificar aspectos do Alvo que talvez exijam maiores investigações.

> **NA PRÁTICA:** um Vendedor que havia assinado um MOU com um FPE estava na fase de elaboração do CCVA. O Alvo era muito conhecido no mercado e, de algum modo, um jornalista descobriu sobre a iminente Transação. O jornalista foi tão insistente, que, para despistá-lo, o Vendedor disse que "estava em conversa com vários potenciais Compradores". Essa frase foi publicada no jornal, e, no dia seguinte, o Vendedor recebeu uma ligação furiosa do Comprador: "Temos exclusividade sobre a Transação por 90 dias e você está conversando com outros potenciais Compradores. Isso é inaceitável." O Comprador foi muito grosseiro e não permitiu que o Vendedor explicasse que não havia tratativas com outros potenciais Compradores. Após alguns minutos ouvindo desaforos, o Vendedor foi categórico: "Se você continuar falando assim comigo, desligarei o telefone e nossas tratativas estarão encerradas definitivamente. Nunca mais falarei com você". Não adiantou nada. As negociações foram encerradas. Anos depois, o Vendedor fechou a Transação com outro FPE.

No que diz respeito à Transação, o impacto mais importante da *due diligence* é a possível descoberta de contingências, passivos ocultos e/ou insubsistências ativas que afetem o valor do Alvo e, por conseguinte, o Preço acordado entre as Partes. Vamos denominar essas descobertas Fatos Negativos (FNs).

COMO LIDAR COM FATOS NEGATIVOS

Cada FN deve ser analisado em sua natureza jurídica e operacional e a respeito de seu possível impacto financeiro para o Alvo. Quando se identifica um FN, por exemplo, uma contingência trabalhista, os advogados e auditores do Comprador e do Vendedor discutirão a probabilidade de esta se materializar, transformando-se em uma dívida. Essa probabilidade, geralmente, é classificada como:

- Remota: a probabilidade de perda é de até 40%.
- Possível: a probabilidade de perda varia de 40% a 70%.
- Provável: a probabilidade de perda é superior a 70%.

Observe que tais percentuais podem mudar, dependendo das práticas da auditoria ou do advogado que os utiliza. A classificação da contingência é geralmente determinada pelo histórico de materializações. Por exemplo, suponha que o Alvo teve 100 processos trabalhistas nos últimos anos oriundos do não pagamento de horas extras. Dos 100 processos, o Alvo perdeu 80%. Então, provavelmente, os advogados do Comprador classificarão novos processos contra o Alvo (gerados antes da data de Fechamento) como prováveis perdas.

Quando a *due diligence* identifica Fatos Negativos, estas quatro situações podem surgir:

1. As Partes podem acordar em descontar imediatamente o valor estimado do FN no Preço e concluir a Transação. Por exemplo, a *due diligence* identificou dívidas tributárias que não haviam sido contabilizadas no Balanço Patrimonial do Alvo.
2. O Vendedor pode assumir a responsabilidade jurídica e financeira sobre o FN, se/quando ele ocorrer, e indenizar o Comprador. Para dar conforto ao Comprador de que o Vendedor terá recursos para indenizá-lo no futuro, este pode prestar garantias reais (por exemplo, hipoteca de imóveis), pessoais (por exemplo, aval) e/ou financeiras (por exemplo, carta de fiança, depósito em conta caução). Como mencionado, muitas vezes, o Comprador exige que uma porcentagem do Preço fique depositada em uma conta caução por alguns anos até que os possíveis Fatos Negativos prescrevam.
3. Em um caso extremo, Vendedor e/ou Comprador podem considerar o desconto no Preço tão significativo que a Transação deixa de ser interessante. Se essa hipótese estiver prevista no CCVA (por exemplo, "se a *due diligence* identificar um FN com valor estimado acima de 10% do Preço..."), a Transação pode ser abortada sem penalidades para as Partes.
4. A mesma situação do item 3, mas o CCVA não prevê que a Transação possa ser abortada. Nesse caso, o Vendedor, se sentir lesado, poderá processar o Comprador por perdas e danos e até lucros cessantes. O Comprador também pode se sentir lesado e processar o Vendedor por perdas e danos. Essa última situação é a pior possível e a que as Partes querem evitar.

Geralmente, as discussões sobre Fatos Negativos na *due diligence* envolvem auditores e advogados e costumam (e deveriam) ser muito técnicas. Alguns Fatos Negativos são, infelizmente, corriqueiros no Brasil e não deveriam comprometer a Transação, por exemplo, a falta de algum alvará de funcionamento de um imóvel. Entretanto, pode haver algum FN peculiar e gravíssimo, e aí cabe às Partes o bom senso para decidir entre o ajuste no Preço ou o fim da Transação.

NA PRÁTICA: lembro-me de um caso curioso. Estávamos vendendo um *call center* que era intensivo em mão de obra. Entretanto, o funcionário, ao chegar e ao sair, não "batia o ponto". O advogado do Comprador, quando se deparou com esse fato, não teve dúvida. Pegou o número total de funcionários que o Alvo teve nos últimos cinco anos, multiplicou por 24 horas do dia e pelo tempo médio de casa. Deduziu as oito horas do turno normal. Multiplicou a diferença pelo salário médio com os adicionais de hora extra. O total dessa conta era, segundo ele, o passivo trabalhista oculto do Alvo. Ou seja, para ele, todas as pessoas que trabalharam algum dia no Alvo poderiam processá-lo cobrando horas extras trabalhadas, e o Alvo não teria como se defender. Era possível que isso ocorresse? Sim, era possível. Era provável? Não!

Não é preciso dizer que o valor desse "passivo oculto" era algumas vezes maior que o valor de todo Alvo. Ou seja, pelo advogado, a Transação nunca ocorreria.

A solução acordada foi a contragosto do advogado. A saída foi utilizar a média histórica dos processos trabalhistas por horas extras trabalhadas e não pagas que o Alvo historicamente sofreu e perdeu, e deduzir esse montante do Preço. Afinal, não há negócios sem riscos.

COMO SE PREPARAR

"Para eu assessorar um Vendedor, exijo uma *due diligence* antes de fazer a avaliação do Alvo", disse-me um Assessor. Considerei essa prática curiosa e, sem dúvida, pertinente nos casos em que a qualidade dos demonstrativos contábeis do Alvo pode estar muito comprometida. Todavia, será que é realmente preciso fazer uma *due diligence* voluntária e preventiva logo na fase Preparação do processo de M&A?

Nesse contexto, a *due diligence* pode ajudar o Vendedor e seu Assessor a descobrir algum passivo oculto significativo que vá afetar a Transação. Também pode alertar o Vendedor de procedimentos contábeis errôneos e/ou ajustes em sistemas de controle que sejam importantes. Isso tudo pode ser importante e relevante para a Transação, mas não acredito que seja determinante. A *due diligence* vai analisar o passado do Alvo, sendo que o mais importante para a Transação é o futuro do Alvo e as condições de mercado que vão determinar a sua liquidez. Além disso, fazer uma *due diligence* pode custar caro, e o Vendedor pode não estar disposto a incorrer nesse gasto sem antes saber se há potenciais Compradores interessados na Transação.

Pequenas e médias empresas (PMEs) que queiram se preparar para a *due diligence* de um Comprador podem contratar escritórios de advocacia e contabilidade para ajudá-las a organizar as informações que serão solicitadas. Um filtro desses profissionais e até do Assessor pode ajudar a evitar que informações imprecisas causem má impressão ao Comprador.

Se uma PME for muito desorganizada em seus controles e registros, sem dúvida isso afetará a *due diligence* do Comprador. Como se preparar para essa desorganização? Dependendo do grau de confusão, essa organização pode levar anos. Nesses casos, o Vendedor pode cogitar adiar a Transação ou tentar concretizá-la apesar do possível desconto que o Comprador exigirá no Preço, pela dificuldade em obter informações precisas sobre o Alvo. Outra saída é o Vendedor aceitar que parte significativa do Preço seja depositada em uma conta caução por alguns anos (dois ou três) para indenizar o Comprador de possíveis passivos ocultos. Nesse caso, o Vendedor pode negociar que o depósito na conta caução seja gradualmente reduzido ao longo dos anos, à medida que o receio de passivos ocultos não se materialize.

Sumário executivo da Fase 8 – *Due diligence*

- A *due diligence* foi definida como a oitava fase, pois, para o Vendedor, o melhor momento para permiti-la é após o CCVA, que vincula as Partes à Transação.
- A *due diligence* analisará o passado do Alvo para identificar possíveis atos que possam gerar perdas para o Comprador. Os principais aspectos abordados pelos advogados e auditores do Comprador são: tributário, trabalhista, societário, contratos em geral, imóveis, propriedade intelectual, financeiro e contábil, contencioso jurídico, físico (ativos), certidões e aprovações governamentais, meio ambiente, antitruste.
- Como resultado, a *due diligence* pode identificar contingências, passivos ocultos e/ou insubsistências ativas (Fatos Negativos ou FNs), e estas quatro situações podem surgir:
  (i) as Partes descontam o valor do FN no Preço e concluem a Transação;
  (ii) o Vendedor compromete-se a indenizar o Comprador se/quando o FN ocorrer, inclusive prestando garantias sobre sua capacidade de honrar a indenização;
  (iii) o Vendedor e/ou Comprador consideram o FN tão significativo, que inviabiliza a Transação e essa hipótese está prevista no CCVA. A Transação é abortada sem penalidades; e
  (iv) a mesma situação do item anterior, mas sem previsão no CCVA. Nesse caso, uma das Partes poderá processar a outra por perdas e danos.

RECOMENDAÇÃO:
(1) A *due diligence* deve ter prazo para começar e terminar.
(2) O Comprador deve submeter uma lista de documentos e informações para o Vendedor se preparar com antecedência e evitar atrasos.
(3) O Comprador deve nomear as pessoas que executarão a *due diligence* e definir os executivos do Vendedor com quem vai interagir.

(4) Quanto menos pessoas envolvidas, tanto por parte do Comprador quanto do Vendedor, melhor, pois é um momento em que boatos da Transação surgirão.

(5) O Vendedor deve estar preparado para responder a inúmeras perguntas de seus próprios funcionários e até da mídia.

Fase 9 – Fechamento (*Closing*)

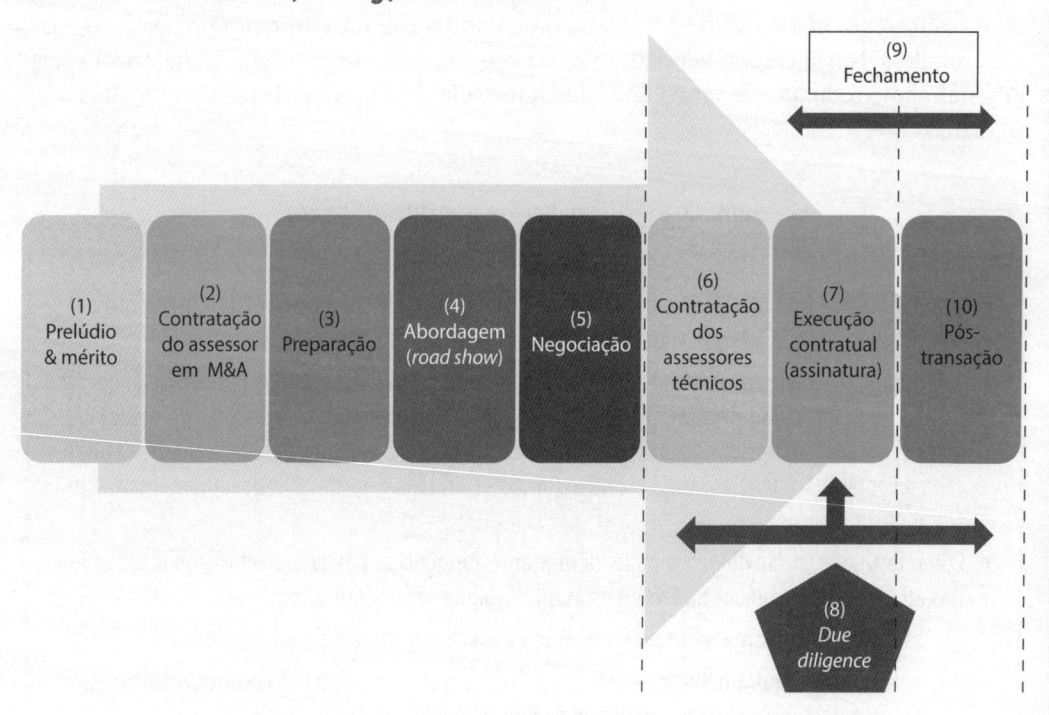

Figura 1.15 – Fase 9: Fechamento.

Antes de tudo, é preciso deixar claro que Fechamento refere-se à transferência de propriedade do Alvo (ou de seus ativos) para o Comprador mediante o pagamento (total ou parcial) do Preço. O pagamento do Preço pode ser parcial se Vendedor e Comprador acordaram no parcelamento do pagamento ou em uma regra de *earn-out*. Dependendo dos termos da Negociação, da execução contratual e do faturamento das Partes (veja as restrições do Cade), o Fechamento da Transação pode coincidir com a assinatura do CCVA. Essa coincidência pode ser conveniente ao Vendedor, pois não há mais como a Transação ser revertida. Entretanto, geralmente, o Fechamento ocorre semanas ou até meses após a assinatura do CCVA.

Como comentado, se o Comprador tiver faturado no Brasil acima de R$ 750 milhões e/ou o Alvo ter faturado no Brasil acima de R$ 75 milhões no ano anterior à Transação, esta terá de ser submetida à aprovação do Cade. Nesse caso, o Fechamento fica contingente a essa aprovação, que pode levar até 330 dias, se as Partes proverem ao CSW todas as informações necessárias sobre os possíveis impactos da Transação no ambiente competitivo em que o Alvo atua.

> **Conceito de Grupo Econômico**
>
> Uma possível maneira de evitar o enquadramento das restrições do Cade seria a constituição de uma sociedade de propósitos específicos (SPE), sem faturamento, mas pertencente direta ou indiretamente (via acionistas em comum) a uma grande empresa (com receitas superiores a um certo limite cujo valor é alterado periodicamente pelo Governo). Para evitar esse abuso de forma, foi criado o conceito de Grupo Econômico, que considera a SPE, seus sócios e todas as partes relacionadas.

Ora, 330 dias é bastante tempo. No limite, se as Partes acordarem, podem assinar o CCVA e deixar o Fechamento contingente à aprovação do Cade e começarem seus entendimentos operacionais. Dependendo da Transação, é possível que a aprovação do Cade venha com restrições. No caso da fusão Casas Bahia e Ponto Frio acordada em 2009, somente em 2013 o Cade se pronunciou, aprovando a fusão, mas impondo a venda de lojas em cerca de 50 municípios, principalmente no eixo Rio de Janeiro-São Paulo. Os pontos de venda (PDVs) em questão representavam quase R$ 1 bilhão por ano de faturamento. Provavelmente, o Preço da Transação sofreu ajustes.[28]

A questão da gestão do Alvo entre a data da assinatura do CCVA e o Fechamento é crucial para o Comprador e para o Vendedor. A recomendação é que, para evitar disputas, a gestão do Vendedor seja muito transparente ao Comprador, podendo prever até decisões compartilhadas sobre matérias significativas.

Se até o Fechamento algum evento demonstrar que uma Representação ou Garantia prestada pelo Vendedor no CCVA não é verdadeira, o Vendedor deve notificar o Comprador imediatamente para negociar um perdão (*waiver*) ou um ajuste no Preço.

Enfim, não se deve subestimar os problemas que podem surgir até o Fechamento, que podem incluir desde mudanças na situação financeira do Comprador e/ou do Vendedor até atritos de personalidade entre as Partes etc. Lembre-se de que, até o Fechamento, as Partes estarão se perguntando se fizeram um bom negócio na Transação ou se o Preço acordado reflete realmente o valor do Alvo. Se, por algum motivo interno ou externo ao Alvo, essa percepção variar muito, poderão surgir problemas entre as Partes, mesmo com o CCVA assinado. É preciso que as Partes tenham muita paciência e sensatez.

No dia do Fechamento propriamente dito, as Partes podem revisar os documentos que comprovam quais condições precedentes estão satisfeitas, assinar documentos faltantes e, se tudo estiver certo, efetuar o pagamento (parcial ou total) do Preço. Se a Transação for financiada por um banco, provavelmente, os executivos do banco também participarão do Fechamento.

---

[28] Baseado em *O Estado de S. Paulo* (2013, p. B12).

> **RECOMENDAÇÃO:** evite marcar o Fechamento em uma sexta-feira ou em véspera de feriado, pois, se houver algum atraso em alguma documentação, o pagamento do Preço pode ser postergado ou o dinheiro pode ficar parado na conta do Comprador ou do Vendedor.

Alguns dos empecilhos mais comuns que podem adiar o Fechamento são:[29]

- Ausência de pessoas essenciais (e suas assinaturas).
- Atrasos na análise pelos advogados de documentos que chegaram na última hora.
- Atrasos na entrega de certidões e outros documentos que dependem de terceiros às Partes e a seus advogados (por exemplo, cartórios, agências reguladoras etc.).
- Cópias de documentos importantes que foram extraviadas.
- Erros nas instruções para o pagamento do Preço.
- Falha interna do banco no processamento do pagamento do Preço.
- Falta de certidões negativas, cuja emissão depende de órgãos públicos que podem estar em greve, fechados em recesso ou simplesmente sobrecarregados.
- Atrasos na tradução de documentos; por exemplo, um contrato internacional de franquia (*franchise agreement*), para ser válido no Brasil, precisa estar traduzido.

> **RECOMENDAÇÃO:** para evitar os empecilhos descritos, sugiro que os advogados das Partes façam um "ensaio" (*drill*) do Fechamento duas semanas antes da Data do Fechamento.

Pode ser conveniente elaborar um Memorando de Fechamento (*Closing Memorandum*), que descreve as atividades mais significantes ocorridas entre a execução do CCVA e o Fechamento.[30] Esse documento pode conter as seguintes seções:

1. Descrição da Transação e do pagamento do Preço.
2. Transações significativas do Alvo anteriores ao Fechamento (por exemplo, assinatura de contratos com prestadores de serviços e/ou fornecedores, captação de empréstimos etc.).
3. Documentos do Fechamento (incluindo os relacionados ao Cade).
4. Consentimentos, *waivers* e aprovações.
5. Opinião dos advogados e auditores.
6. Documentos relativos à retenção e/ou contratação de executivos.
7. Comprovantes de pagamento do Preço.

---

[29] Citados em Rock, Rock e Sikora (1994).
[30] Há exemplo de uma minuta de Memorando de Fechamento disponível em Rock, Rock e Sikora (1994, p. 619-630).

Fase 10 – Pós-transação

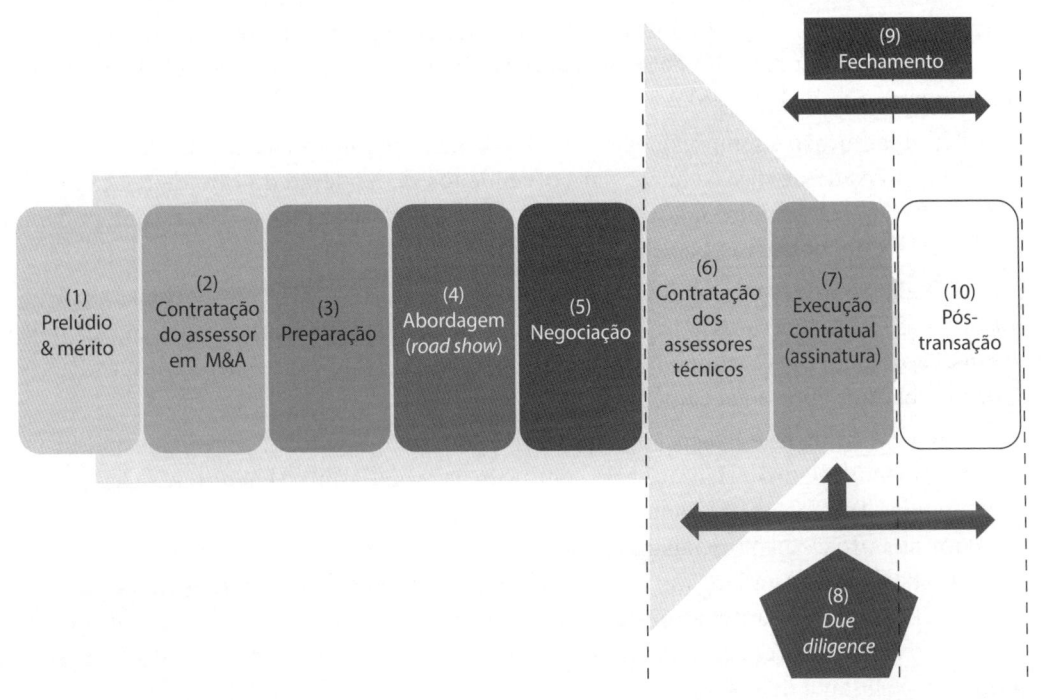

Figura 1.16 – Fase 10: Pós-transação.

O QUE MAIS IMPORTA?

Durante uma entrevista de emprego, o candidato à vaga me disse: "O mais importante em uma Transação de M&A é o Preço." "Isso é uma pergunta ou uma afirmação?", indaguei. Na hora, o candidato titubeou: "Ué, não é o Preço o que mais importa?" Muitas vezes, não. No caso de Alvos à beira da falência, o valor de suas Ações é geralmente insignificante e o que importa é a responsabilidade sobre contingências, superveniências ativas e subsistências passivas, além de outros acordos que regram as relações das partes Pós-transação.

A alienação total do capital social do Alvo, sem relações previstas entre o Vendedor e o Comprador, não implica necessariamente a ausência de questões Pós-transação, como será discutido a seguir.

POSSÍVEIS RELAÇÕES ENTRE AS PARTES NO PÓS-FECHAMENTO

Em algumas Transações, além de negociar as ações do Alvo, as Partes celebram acordos comerciais, que podem afetar consideravelmente a percepção de ganho para o Vendedor e/ou Comprador. Em uma Transação de que participei, o Vendedor era uma multinacional, e o Alvo, sua subsidiária no Brasil, que produzia um importante insumo para a multinacional. Como condição para vender o Alvo, o Vendedor exigiu do potencial Comprador que fosse celebrado um contrato de fornecimento de longo prazo que envolveria 80% da produção do Alvo. Para o potencial Comprador, esse contrato de fornecimento seria fundamental para viabilizar a Transação, que seria financiada por meio da securitização do contrato.

No entanto, não é sempre que há ganhos em acordos comerciais na Pós-transação. Há também riscos de perdas, os quais, para o Vendedor, dependerão do tipo de relação com o Comprador. Há, no mínimo, sete possíveis tipos de relação entre as Partes, que podem, inclusive, ser acumulativas. São elas:

1. Relação de responsabilidade jurídica: do Vendedor sobre contingências do Alvo oriundas de fatos ocorridos antes do Fechamento. Qualquer que seja o formato jurídico da Transação, é bem provável que pelo menos esse tipo de relação prevaleça entre as Partes por muitos anos após o Fechamento.

Como visto na fase Execução contratual, é comum o Vendedor se responsabilizar financeiramente pela materialização de contingências geradas no Alvo durante sua gestão. Em algumas Transações, o Vendedor pode exigir que os advogados do Comprador as defendam nos processos judiciais relacionados a tais contingências, mas isso pode custar caro. O ideal é que os advogados do Vendedor estejam engajados no julgamento dessas contingências para garantir a minimização de seu valor. Além disso, o Comprador precisa garantir o acesso do Vendedor e seus advogados aos registros e documentos do Alvo para poderem elaborar a defesa.

2. Relação de crédito: o Comprador compromete-se a pagar o Preço ao Vendedor em parcelas (com valores predefinidos ou não) ao longo de meses ou até anos. Por exemplo, o Preço negociado foi de R$ 100 milhões, dos quais 20% foram pagos à vista e o restante em quatro parcelas anuais de R$ 20 milhões, cada, corrigidas pelo IGPM mais 12% ao ano. Trata-se de uma relação de crédito em que o Vendedor é credor e o Comprador, devedor. Nesse caso, o risco é a inadimplência do Comprador, que pode ser mitigado por garantias reais e/ou financeiras.

3. Relação de *earn-out*: o Comprador condiciona o pagamento do Preço ao desempenho futuro do Alvo. Por exemplo, o Alvo, avaliado pelo Vendedor em R$ 100 milhões, teve seu Preço negociado em R$ 20 milhões pagos à vista por 100% das ações e o restante em quatro parcelas anuais equivalentes a 50% do EBITDA do Alvo nos próximos quatro anos. Parte significativa do Preço está indefinida, pois depende do EBITDA, que, por sua vez, estará sobre o controle do Comprador. O Vendedor não tem garantias de que o Alvo será gerido da melhor maneira e de que o Preço a ser pago alcance os R$ 100 milhões de sua avaliação mais juros e correção monetária.

Esse tipo de relação convém ao Comprador, que pode minimizar o risco de superestimar o valor do Alvo, mas, para o Vendedor, pode ser uma aposta desastrosa. Nesse caso, o ideal é que o Vendedor negocie valores mínimos para as quatro parcelas remanescentes (por exemplo, parcelas anuais de R$ 20 milhões, cada, corrigidas pelo IGPM mais 12% ao ano) e que possa participar diretamente da gestão do Alvo. Consulte o caso Collins & Sons no Capítulo 5 para obter mais detalhes sobre *earn-out*.

> **NA PRÁTICA:** mesmo se o Alvo estiver em boas condições financeiras, o Comprador pode impor termos de pagamento que tornem o Preço quase irrelevante. Certa vez, eu estava assessorando a venda de um Alvo com ótimas margens e sem nenhuma dívida. O Comprador propôs um Preço razoável, mas condicionou seu pagamento ao desempenho do Alvo nos cinco anos seguintes, já sob seu controle e gestão. Nesse caso, o Comprador pagaria o Preço com o dinheiro que o Alvo geraria nesses cinco anos. Além disso, as condições financeiras do Comprador não eram das melhores, ou seja, ele poderia comprar o Alvo até para endividá-lo e captar recursos para sua própria empresa. Na minha percepção, ao aceitar os termos da Transação, o Vendedor estaria correndo um alto risco de não receber os pagamentos restantes do Preço. Estaria exposto ao risco do Alvo e do Comprador. Para quê? Era melhor abortar a Transação e esperar um momento mais favorável para retomá-la.

4. **Relação de trabalho:** o Comprador exige que o Vendedor permaneça na gestão do Alvo por alguns anos. Acordos de trabalho com ex-acionistas do Alvo também exigem cautela, especialmente na definição de suas responsabilidades, poderes e remuneração. Há casos de ex-acionistas que foram contratados como executivos pelo Comprador dado seu *know-how*, mas por conflitos culturais acabaram "encostados" na Pós-aquisição. Nesses casos, os ex-acionistas podem assistir a decisões errôneas de seus superiores na condução do Alvo, sem poder influenciá-los. O pior é se a remuneração desses ex-acionistas-agora-executivos estiver atrelada à *performance* do Alvo, cuja gestão eles não conseguem interferir.

5. **Relação comercial:** na existência de contratos de fornecimento de produtos e/ou serviços. No caso de a Transação envolver a compra de 100% do capital social do Alvo, pode acontecer de o Vendedor e seus Assessores concentrarem suas atenções no CCVA e deixarem para segundo plano os contratos de fornecimento. É importante ressaltar que, na Pós-aquisição, o Comprador pode manipular esses contratos para compensá-los por eventuais perdas (ou percepções de perdas) na Transação. Por isso, o Vendedor deve ser cauteloso e definir bem os termos desses contratos, incluindo índices de *performance*, especificações de qualidade e disponibilidade etc.

6. **Relação inquilino-proprietário:** caso comum em redes varejistas, por exemplo, uma rede de supermercados. O Vendedor pode vender a empresa de supermercados, mas as lojas próprias ficarem fora do Preço e serem alugadas ao Comprador. Nesses casos, é comum o Comprador pagar um percentual do faturamento da loja como aluguel ao Vendedor e proprietário do imóvel. Aqui o cuidado que o Vendedor precisa ter é saber que o valor do aluguel dependerá da gestão da loja que não mais lhe pertence. Talvez seja conveniente ao Vendedor exigir um valor mínimo de aluguel, caso o Comprador não invista no ponto de venda na Pós-aquisição.

7. **Relação societária:** a Transação envolve a venda parcial das ações do Alvo. Nesse caso, o Vendedor e o Comprador serão sócios no Alvo, e sua relação será regrada em um Acordo de Acionistas. Dada a importância desse documento, a seguir serão descritas algumas de suas possíveis cláusulas.

PRINCIPAIS TEMAS DE UM ACORDO DE ACIONISTAS

Entre os principais temas que podem constar no Acordo de Acionistas, destacam-se:

- **Composição do Conselho de Administração:** com a entrada do novo sócio (o Comprador), os acionistas do Alvo devem constituir um Conselho de Administração, ou atualizá-lo caso esse já exista. O Conselho vai deliberar sobre decisões do tipo ETER (Estratégia, Talentos [retenção, admissão, promoção, demissão e remuneração de executivos], Estrutura de Capital [isto é, decisões sobre endividamento, aumentos e reduções do capital social, distribuição de dividendos] e Risco Empresarial [amplitude e limite das alçadas de deliberação da diretoria e gerência]).

O Acordo de Acionistas deve definir a composição do Conselho de Administração, que inclui o número de conselheiros dos sócios e conselheiros independentes, e a sistemática das votações, incluindo a exigência de quórum mínimo para votação de matérias sensíveis.

> **NA PRÁTICA:** em um artigo interessante, Tanure[31] nos convoca a uma reflexão. Uma das funções do Conselho de Acionistas é monitorar a *performance* dos principais executivos, mas quem avalia a *performance* dos conselheiros? Em pesquisa feita entre os conselheiros de parte das quinhentas maiores empresas brasileiras: 62% dizem que o Conselho é basicamente fiscalizador; 8% que o Conselho não se entende; 23% que os temas discutidos são bons, mas que a discussão é superficial; e apenas 7% que o Conselho desempenha seu papel de fato e agrega significativamente valor ao negócio.
>
> Na opinião dos próprios conselheiros, apenas 7% dos Conselhos agregam valor! Por que tão pouco? Segundo a autora, até poucos anos atrás, os Conselhos eram formados por "amigos do golfe". Se 70% dizem que o Conselho é basicamente fiscalizador ou não se entende, então o foco é o passado e não o futuro. Ouvindo o outro lado, os presidentes das empresas, 58% destes dizem que o tempo que eles próprios gastam com o Conselho e toda a entourage é desproporcional à agregação de valor. Qual é a saída? O foco tem de ser o presente e o futuro. O passado não pode ser desconsiderado, especialmente como fonte de aprendizagem.

- **Poder de veto:** o Acordo pode prever que os acionistas minoritários tenham poder de veto sobre certas matérias importantes, por exemplo, investimentos, dívidas, dividendos, transações de M&A, aumentos de capital, contratações de executivos-chave, remuneração variável de executivos etc. São os ditos "poderes supraminoritários". Ou ainda, o Acordo pode prever que, para certas decisões estratégicas, é necessário ter a aprovação da "supermaioria" (*supermajority provisions*) (dois terços dos votos, 80% ou até 95%).

- **Controle:** o Acordo pode prever a existência de *golden shares*, ou ações de ouro, que surgiram quando governos queriam privatizar certas empresas estatais estratégicas para seus países, mas não queriam perder o controle dessas para o "mercado". São ações com poderes diferenciados aos demais acionistas.

---

[31] Baseado em Tanure (2014, p. D3).

- **Monitoramento da gestão:** o Acordo deve definir a sistemática de prestação de contas entre os gestores do Alvo e os acionistas (relatórios mensais, trimestrais, anuais etc.), incluindo o acompanhamento de indicadores de *performance*.
- **Mecanismos de resolução de conflitos:** entre os acionistas (por exemplo, a Câmara de Arbitragem). Se os acionistas optarem pela arbitragem, estarão abrindo mão de seu direito de recorrer à justiça comum.
- **Regras de sucessão:** tanto no Conselho de Administração quanto na Diretoria do Alvo. Entre essas, pode haver restrições à contratação de familiares dos acionistas, data-limite para aposentadoria, qualificação mínima para ocupação de cargos de diretoria etc.
- **Direito de primeira recusa (*right of first refusal*):** prevê que, quando um acionista resolve vender sua participação no capital social do Alvo, deve primeiro oferecê-la aos demais acionistas. Somente após os outros acionistas recusarem a compra da sua participação, o acionista "retirante" pode oferecê-la a terceiros. O direito de primeira recusa também pode prever que, primeiro, o acionista retirante ofereça suas ações a terceiros, mas submeta a melhor proposta aos seus sócios, que poderão aceitar o Preço e comprar as ações do retirante.
- *Tag along*: é outra cláusula sobre preferência muito comum. O *tag along* prevê que, quando os acionistas que compõem o bloco de controle decidem aliená-lo a terceiros, os acionistas minoritários que estão fora do bloco de controle têm o direito de vender suas participações ao Comprador ao mesmo preço do bloco de controle.
- *Drag along*: é outra cláusula sobre preferência, mas menos comum. No *drag along*, se os acionistas que compõem o bloco de controle decidem aliená-lo a terceiros, os acionistas minoritários que estão fora do bloco de controle são obrigados a vender suas participações ao Comprador ao mesmo preço do bloco de controle. No *tag along*, o minoritário tem a **opção** de vender com o majoritário; no *drag along*, o minoritário tem a **obrigação** de vender com o majoritário.
- **Opções de compra e venda (*put & call*):** podem prever que, se o Alvo estiver indo muito bem (ou muito mal) na Pós-transação, o sócio majoritário pode ter o direito (mas, não a obrigação) de comprar o minoritário (opção de compra) ou de vender sua participação ao minoritário (opção de venda) – veja o caso Ópera em Luzio (2011).

NA PRÁTICA: um caso inusitado me foi relatado por um amigo que é sócio de uma construtora com um empreendimento imobiliário de quatro torres comerciais em sociedade com uma corretora que pertencia a três irmãos. Após a conclusão da venda das duas primeiras torres, os irmãos, sócios da corretora, após discussão acalorada, desentenderam-se e se separaram. No dia seguinte, um dos irmãos foi ao novo escritório dos outros dois irmãos e fez vários disparos, ferindo-os, mas, felizmente, não matando ninguém. O atirador foi preso em flagrante e responde a processo por tentativa de duplo homicídio. E agora, o que será do empreendimento imobiliário? Como os compradores

> dos conjuntos comerciais das duas primeiras torres reagirão? Como os sócios no empreendimento conseguirão financiá-lo? Afinal, há os famosos "cinco 'Cs' do crédito": caráter, capacidade de pagamento (do empreendimento, no caso), colateral (ou seja, garantias), capital e condições de mercado. O primeiro "C" já era...

O importante na negociação do Acordo de Acionistas é perceber que, em uma sociedade, o Vendedor está "comprando um sócio". O que fará a nova sociedade prosperar? Não é apenas geração de caixa que garante a harmonia entre os sócios. A palavra mágica é "governança corporativa", definida pelo Instituto Brasileiro de Governança Corporativa (IBGC) como:

> [...] é um sistema formado por princípios, regras, estruturas e processos pelo qual as organizações são dirigidas e monitoradas, com vistas à geração de valor sustentável para a organização, para seus sócios e para a sociedade em geral. Esse sistema baliza a atuação dos agentes de governança e demais indivíduos de uma organização na busca pelo equilíbrio entre os interesses de todas as partes, contribuindo positivamente para a sociedade e para o meio ambiente.[32]

Somente por essa definição fica claro que governança corporativa é um tema complexo que merece um livro integralmente dedicado ao tema. Para os interessados, há as publicações do IBGC. Considerando que de 65% a 80% das empresas no mundo são de controle e/ou gestão familiar, incluindo 40 das quinhentas empresas citadas na *Fortune 500*, é sugerida também a leitura de Gersick *et al.* (1997) e Ward *et al.* (2011).

Sumário executivo da Fase 10 – Pós-transação

- Não é só o Preço que importa em uma Transação: a responsabilidade sobre contingências, superveniências ativas e subsistências passivas e outros acordos que regram as relações entre as Partes na Pós-transação.
- Existem pelo menos sete possíveis tipos de relação entre as Partes, que inclusive podem ser acumulativas. São elas:
  1. Relação de responsabilidade jurídica do Vendedor sobre contingências do Alvo oriundas de fatos ocorridos antes do Fechamento.
  2. Relação de crédito, caso o Comprador pague o Preço ao Vendedor em parcelas, com valores predefinidos, ao longo de meses ou até anos. O risco de inadimplência do Comprador pode ser mitigado por garantias reais e/ou financeiras.

---

[32] Disponível em: https://www.ibgc.org.br/conhecimento/governanca-corporativa. Acesso em: 18 nov. 2024.

3. Relação de *earn-out*, quando o Comprador condiciona o pagamento do Preço ao desempenho futuro do Alvo. Esse tipo de relação convém ao Comprador, que pode minimizar o risco de superestimar o valor do Preço. Contudo, para o Vendedor, pode ser uma aposta desastrosa, se este não tiver poder significativo de gerência sobre o Alvo na Pós-transação.
4. Relação de trabalho, caso o Comprador exija que o Vendedor permaneça na gestão do Alvo por alguns anos.
5. Relação comercial, na existência de contratos de fornecimento de produtos e/ou serviços. O Vendedor deve ser cauteloso e definir bem os termos desses contratos, por exemplo, incluindo índices de *performance*.
6. Relação de inquilino-proprietário. Por exemplo, o Alvo é uma rede de supermercados, cujas lojas próprias ficaram fora do Preço e foram alugadas ao Comprador por um percentual do faturamento ao Vendedor. O aluguel dependerá da gestão da loja que não mais pertence ao Vendedor.
7. Relação societária, caso a Transação envolva a venda parcial das ações do Alvo. Nesse caso, o Vendedor e o Comprador serão sócios no Alvo e sua relação será regrada em um Acordo de Acionistas, que pode incluir as seguintes cláusulas:

    i. Composição do Conselho de Administração.

    ii. Poder de veto.

    iii. Monitoramento da gestão.

    iv. Mecanismos de resolução de conflitos.

    v. Direito de primeira recusa (*right of first refusal*), *tag along* e *drag along*.

2 O PROCESSO DE FUSÕES E AQUISIÇÕES: COMPRADOR

> Eu prefiro adotar uma visão mais holística da construção da união de duas empresas. Em muitos aspectos, uma fusão é como um casamento entre duas empresas. Não pode ser uma rendição seguida de constante vigilância; pelo contrário, deve ser o resultado de ganhos para ambos os lados.
>
> Empresas se unem para forjar forças sem necessariamente perder sua individualidade, enquanto criam uma nova e melhor organização. Uma fusão sempre envolve imperfeições, mas estas imperfeições são compensadas pelo potencial que a nova organização pode conquistar.
>
> Embora nós tendamos a focar na decisão da fusão e na análise que a antecede, são geralmente os processos de integração e execução Pós-transação que mais importam. Uma fusão bem-sucedida não é somente o resultado de contratos e documentos que definem a união das empresas. Mais importantes são os acordos implícitos que governam todos os indivíduos envolvidos e os efeitos que a nova organização terá sobre estes indivíduos.
>
> Nunca tema uma transação ou uma negociação difícil. Para ser bem-sucedido em uma negociação de M&A, é preciso focar no valor futuro das possibilidades criadas, não no preço pago ou na avaliação inicial.
>
> Joseph R. Perella[1]

Este capítulo não poderia começar melhor, senão com essas palavras de J. Perella, então *chairman* do Morgan Stanley. Essa citação ilustra que a tarefa do Comprador em Mergers & Acquisitions (M&A) é muito mais complexa e desafiadora que a do Vendedor, na venda tanto integral quanto parcial do capital social do Alvo.

---

[1] Citado em Bruner (2004, p. xv, tradução livre).

Não se trata apenas do aspecto financeiro e jurídico da Transação, mas de suas repercussões estratégicas, humanas e operacionais da Pós-transação. A abordagem do Comprador à Transação deve ser holística. Como descrito na Introdução, estatísticas indicam que fazer uma aquisição que realmente agregue valor ao Comprador pode ser pouco frequente. Não é só pagar um alto Preço, mas, acima de tudo, o que se faz com o Alvo na Pós-aquisição pode custar ainda mais ao Comprador.

Pressupondo que o Comprador já tenha uma empresa,[2] acredito que a principal diferença entre a posição do Comprador e a do Vendedor é que o Comprador terá de articular sua empresa ao Alvo. Essa articulação exigirá investimentos de tempo, gestão e recursos financeiros do Comprador. Uma Transação malfeita pode comprometer não apenas o futuro do Alvo, mas também o do Comprador, ou seja, sua responsabilidade é dupla.

Na minha experiência, uma das causas da destruição de valor em M&A é a falta de uma estratégia eficaz do Comprador para o Alvo. Isso pode representar dois riscos ao Comprador: pagar demais pelo Alvo e/ou executar uma integração desastrosa entre o Comprador e o Alvo na Pós-transação.

> **NA PRÁTICA:** uma pesquisa com 250 executivos de alto escalão no Brasil, conduzida por Betânia Tanure (2013, p. D3),[3] fez as seguintes constatações:
>
> - 68% dos executivos admitem que seus funcionários não conhecem a estratégia da empresa.
> - 87% relatam que a estratégia de suas empresas pouco se diferencia da concorrência. "O que predomina é a reatividade."
> - Indefinição e falta de clareza na estratégia ainda predominam: 61% acham que as metas estabelecidas pelo comando competem entre si, e 66% dizem que existe tanto sobreposição quanto duplicidade entre elas. Essa sobreposição faz com que departamentos dentro de uma mesma empresa disputem espaço entre si para cumprir o que lhes foi incumbido. "Os dois chutam e um acaba dando canelada no outro."
>
> Se sobreposições, duplicidades, desarmonia e desconhecimento acontecem dentro de uma mesma empresa, imaginem no caso da aquisição de outra empresa, com outra cultura?

Como descrito no Capítulo 1, um processo de M&A geralmente é um leilão privado, que poderá ser mais intenso se o Vendedor contratou um Assessor. Como em qualquer leilão, o que o Comprador quer evitar é a maldição do vencedor (*winner's curse*), ou seja, vencer o leilão e descobrir, depois, que pagou muito caro pelo Alvo. Até porque, em qualquer leilão, os contestantes que tendem a superestimar o Preço serão os possíveis vencedores. Por outro lado, se o Comprador tiver uma boa estratégia para aproveitar a posição de mercado do Alvo e explorar sinergias, sua oferta pode ser vencedora sem sofrer a maldição do vencedor.

---

[2] Mesmo que o Comprador seja um empreendedor aposentado, sua "empresa" é a aposentadoria, que pode ser comprometida se o Alvo adquirido exigir-lhe muitos investimentos.

[3] "É preciso ter metas claras e intolerância ao baixo desempenho", de Stela Campos, jornal *Valor Econômico*, de 2/12/2013, p. D3.

Por todas essas considerações, o processo de M&A para o Comprador é mais complexo que para o Vendedor. O processo que escrevi em dez fases para o Vendedor pode ser desdobrado e reorganizado em 12 fases para o Comprador.

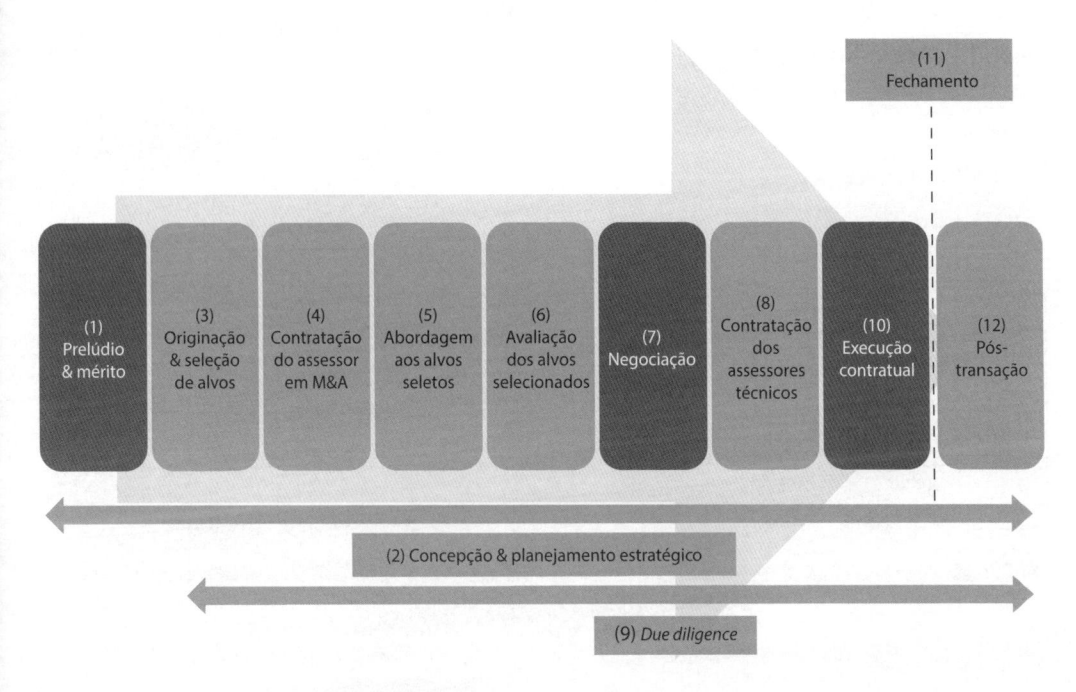

As 12 fases são:
(1) Prelúdio & mérito
(2) Concepção & planejamento estratégico
(3) Originação & seleção de alvos
(4) Contratação do assessor em M&A
(5) Abordagem aos alvos seletos
(6) Avaliação dos alvos selecionados
(7) Negociação
(8) Contratação dos assessores técnicos
(9) Due diligence
(10) Execução contratual
(11) Fechamento
(12) Pós-transação

Figura 2.1 – As 12 fases do processo de M&A.

Convém ressaltar que essa divisão do processo de M&A em 12 fases aqui proposta é puramente didática. Na prática, essas fases podem se apresentar em sequências distintas e algumas podem até não existir (por exemplo, a segunda e a quarta fases). Nesse processo, a fase Preparação desdobra-se em duas: Originação e seleção de Alvos e Avaliação dos Alvos selecionados. Há ainda esta fase adicional, que pode não constar do processo do Vendedor:[4] Concepção e planejamento estratégico, que se estende do começo ao fim do processo.

Adicionalmente, a *due diligence*, entendida em seu sentido mais amplo como um processo investigatório sobre os potenciais Alvos, pode começar na fase Originação e seleção de Alvos e se estender até Fechamento.

Boa parte das descrições e recomendações já apresentadas no Capítulo 1 sobre o processo de M&A para o Vendedor também pode se aplicar ao Comprador, mas as diferenças são importantes. Além disso, o processo de M&A para o Comprador pode ser mais extenso, incluindo novas fases que não se aplicam ao Vendedor. Nas próximas seções deste capítulo, serão abordadas apenas as diferenças mais marcantes do processo de M&A para o Comprador.

---

[4] Especialmente, se a Transação for uma venda integral das ações do Alvo.

RECOMENDAÇÃO: vale repetir, qualquer que seja a posição do leitor: é indicada a leitura dos dois capítulos iniciais do livro, começando pelo primeiro, pois ambos se complementam.

Fase 1 – Prelúdio e mérito

(1) Prelúdio & mérito
(3) Originação & seleção de alvos
(4) Contratação do assessor em M&A
(5) Abordagem aos alvos seletos
(6) Avaliação dos alvos selecionados
(7) Negociação
(8) Contratação dos assessores técnicos
(10) Execução contratual
(11) Fechamento
(12) Pós-transação

(2) Concepção & planejamento estratégico

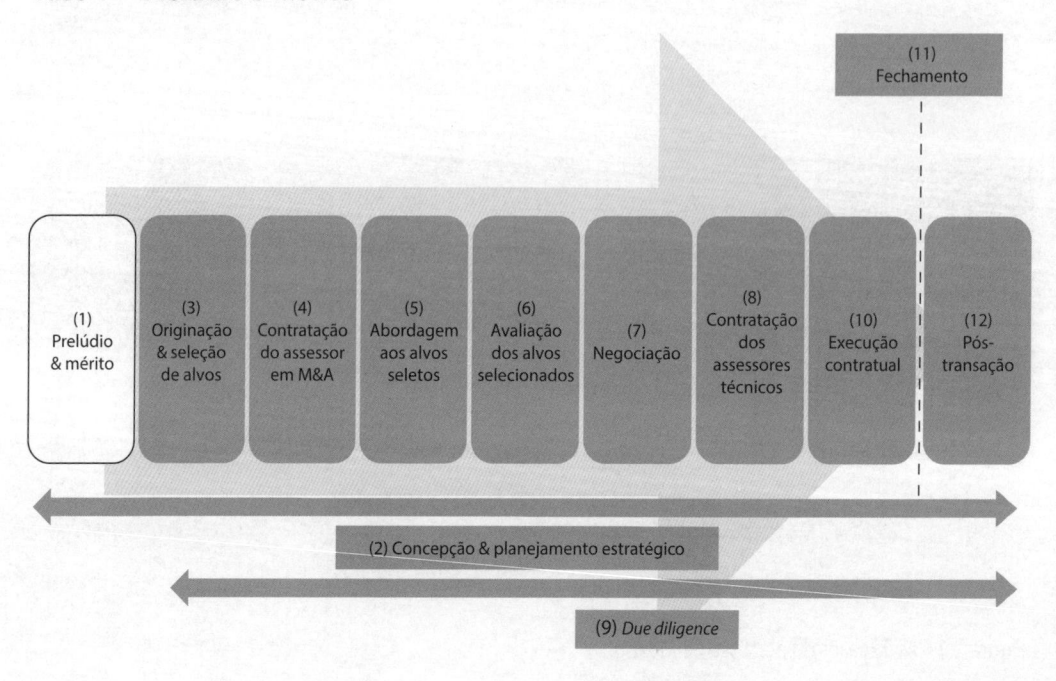

(9) *Due diligence*

Figura 2.2 – Fase 1: Prelúdio e mérito.

> A grande questão sobre como as pessoas se comportam é se elas têm um placar interno[5] ou um placar externo.[6] Ajuda se você puder se satisfazer com seu placar interno. [...] Se o mundo não pudesse ver seus resultados, você preferiria ser reconhecido como o melhor investidor do mundo, mas na realidade ter a pior *performance* do mundo? Ou você preferiria ser reconhecido como o pior investidor, mas na realidade ser o melhor do mundo?
>
> Warren Buffet[7]

> Estava escrito havia 40 mil anos que Eike seria um *entrepreneur* puro-sangue.
>
> Eliezer Batista[8]

---

[5] *Inner scoreboard.*
[6] *Outter scoreboard.*
[7] *In*: Schroeder (2009, p. 32).
[8] No prefácio de *Eike Batista: o X da questão* (Batista, 2011, p. 10).

OPORTUNIDADE, VAIDADE OU ESTRATÉGIA?

As melhores Transações emergem de análises estratégicas, e não de oportunidades circunstanciais. "Oportunidades" podem ser tão tentadoras quanto desastrosas, especialmente se a decisão envolver critérios subjetivos combinados com a pressão do tempo, do tipo: "é pegar ou largar", "oportunidades são como cavalos selados que passam diante de nós", ou ainda, como diz o ditado popular, "Cavalo selado não passa duas vezes."

A qualidade de uma boa aquisição, como outras decisões complexas, depende das alternativas disponíveis. O Comprador deve adotar uma postura proativa em relação a M&A e não se restringir somente a Transações apresentadas por bancos de investimentos, cujo objetivo é maximizar o preço de venda do Alvo. O Comprador deve identificar e desenvolver outros possíveis Alvos e pode fazê-lo conversando com clientes, fornecedores e distribuidores. Esse é um exercício ganha-ganha, pois, além de identificar Alvos, o Comprador, direta ou indiretamente, poderá obter *feedbacks* valiosos sobre seu negócio e posição competitiva.

O mérito de uma aquisição deve ser cuidadosamente discutido internamente pelo Comprador. Como Finkelstein (2004) alerta: "Pessoas fazem coisas por várias razões, das quais somente algumas são prontamente aparentes para elas [...] deveria ser padrão para os executivos reconhecer o viés implícito."

O presidente da empresa do Comprador deve criar um fórum realmente aberto para acolher opiniões contrárias à Transação. O mérito de uma Transação deve estar objetivamente descrito, detalhado e documentado. Essa documentação servirá como parâmetro para metas e reavaliações. Motivos frívolos, como a vaidade do presidente do Comprador, ou ainda, a amizade entre o presidente do Comprador e o do Vendedor, não deveriam ser considerados, por exemplo.

Um estudo demonstrou que, quanto mais vaidoso o presidente de uma empresa (vaidade medida pelo número de aparições do presidente na mídia), mais dinheiro foi gasto em aquisições (Hayward; Hambrick, *Apud* Finkelstein, 2004). Daí anteriormente citar Warren Buffet. Compradores vaidosos podem se entusiasmar com o "placar externo" e adquirir Alvos que podem não ter sinergias claras com seus negócios ou, pior ainda, adquirir um Alvo potencialmente interessante, mas descuidar de sua absorção e integração com seus outros negócios. É uma questão de tempo para a verdade vir à tona.

Outro estudo sobre vaidade, arrogância e seus efeitos desastrosos na gestão de empresas e Transações, analisou 11 empresas que atingiram o sucesso e depois sucumbiram (Collins, 2010). Destas, apenas duas conseguiram se recuperar e nove "morreram". A evolução dessas nove empresas seguiu estágios distintos e sucessivos,[9] denominados "Cinco estágios do declínio":

---

[9] Embora algumas dessas possam coincidir, como é o caso da primeira, da segunda e da terceira fases.

[Arrogância do sucesso] [Crescimento indisciplinado] [Negação dos riscos] [Buscando a salvação] [Condenação à morte ou irrelevância]

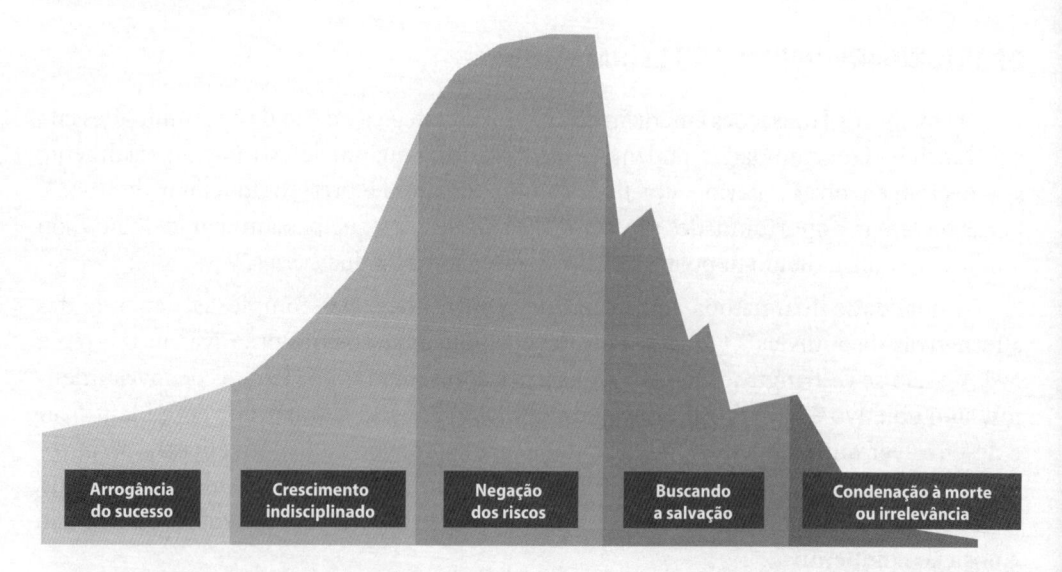

Figura 2.3 – Cinco estágios do declínio.

1. **Arrogância do sucesso:** a empresa (no nosso contexto, o Comprador) está em franco crescimento. Entre os líderes, há muita confiança no futuro. "Não há nada de errado conosco, pois somos ótimos no que fazemos!" Gradualmente, os líderes param de refletir e de aprender com seus clientes e concorrentes.
2. **Crescimento indisciplinado:** o sucesso cria pressão para mais crescimento, maiores investimentos, endividamento elevado, despesas administrativas excessivas, levando o Comprador ao limite. Os líderes e seus colaboradores acreditam ser "tão bons que podem fazer qualquer coisa". Nessa fase podem ocorrer inúmeras aquisições, parte delas sem mérito objetivo.
3. **Negação dos riscos:** o crescimento do Comprador chega ao máximo e tem seus primeiros resultados inferiores ao histórico recente. As dificuldades são vistas como "temporárias", "cíclicas" ou "não tão ruins assim". Se alguma ação corretiva for tomada, será de caráter paliativo.
4. **Buscando a salvação:** acumulam-se resultados declinantes, mas voláteis, incluindo recuperações efêmeras. Líderes não conseguem fazer (e/ou aceitar) diagnósticos realistas. Os acionistas (do Comprador) buscam estratégias inovadoras, líderes carismáticos, mudanças culturais radicais, o produto *blockbuster*, a aquisição revolucionária, investidores "geniais", entre outros. A reversão ainda é possível, mas o tempo urge.
5. **Condenação à morte ou irrelevância:** não há mais volta neste estágio. A maior parte das empresas chegam ao quinto estágio por mérito próprio e não por fatores externos. A deterioração pode ser muito rápida, especialmente se a empresa estiver muito endividada.

Acredito que o padrão evolutivo dos Cinco estágios do declínio acometa vários Compradores nacionais e estrangeiros. Se o Comprador estiver no quarto estágio (Buscando a salvação), provavelmente as aquisições podem custar ainda mais caro e terem maior risco, pois se busca uma "salvação". Se o Comprador estiver no segundo estágio (Crescimento indisciplinado), a Transação poderá ser rápida e render um bom valor ao Vendedor, pois, nessa fase, o Comprador só se importa em crescer e acredita excessivamente em sua competência para absorver os Alvos. Como veremos adiante, crescer não é uma estratégia. Crescer pode ser uma consequência de uma estratégia.

No Brasil, um exemplo emblemático da criação de um conglomerado bilionário em poucos anos e seu rápido esfacelamento foi o grupo de empresas de Eike Batista. Em outubro de 2010, Eike era o maior bilionário do Brasil e um dos dez maiores do mundo. Suas cinco empresas listadas na bolsa valiam R$ 95 bilhões, dos quais R$ 72 bilhões só da OGX, empresa de exploração de petróleo e gás. Até 2012, a *holding* EBX tinha 13 empresas em vários setores: construção naval (OSX, apelidada por Eike de a "Embraer dos mares"), exploração de petróleo (OGX, a "mini Petrobras"), geração de energia (MPX), mineração (MMX), logística (LLX, a "Roterdã dos trópicos"), imobiliário, entretenimento e até um restaurante chinês, dentre outras, algumas com sinergias questionáveis.

Entre 2006 e 2012, as empresas de Eike arrecadaram alguns bilhões em capital de risco na Bovespa e FPEs, mais outros tantos bilhões em financiamentos. Além disso, Eike também vendeu participações em suas empresas para sócios estratégicos (por exemplo, o BNDESPar investiu R$ 600 milhões na LLX e a Anglo-American fez várias aquisições em ativos da MMX que somaram US$ 7,1 bilhões). Eike e seus executivos conseguiram vender seus projetos e captar mais de R$ 38 bilhões entre 2006 e 2012. Na época de seus IPOs, as empresas da EBX não tinham receita. A OGX participou do leilão da Agência Nacional do Petróleo (ANP) apenas quatro semanas após a sua criação e comprou 21 dos 271 blocos postos à venda. Seu IPO ocorreu sete meses após sua constituição, quando a empresa captou R$ 6,7 bilhões. Em 2010, Eike apareceu na lista da Forbes como o oitavo homem mais rico do mundo e era considerado o homem mais rico do Brasil. Parecia não haver limites para o crescimento da EBX e para a fortuna de Eike.[10]

Quadro 2.1 – Empresas de Eike na Bovespa

Empresa	Setor	Ano de fundação ou IPO	Captação IPO (em milhões de reais)	Dívida em dez./2012 (em milhões de reais)	Receita 2012 (em milhões de reais)
OSX	Indústria naval	2010	2.820	5.446	433,8
OGX	Petróleo e gás	2008	6.710	8.045	325,4
MPX	Geração energia (gás natural)	2007	2.200	6.067	490,9
MMX	Mineração de ferro	2006	1.180	3.110	806,0

continua

---

10 Fonte: LEO (2014).

continuação

Empresa	Setor	Ano de fundação ou IPO	Captação IPO (em milhões de reais)	Dívida em dez./2012 (em milhões de reais)	Receita 2012 (em milhões de reais)
LLX	Logística (Porto de Açu)	2008[11]	–	2.181	68,7
CCX	Mineração de carvão na Colômbia	2012	–	n.a.	n.a.
AUX	Mineração de ouro na Colômbia e nos Estados Unidos	2010	–	n.a.	n.a.
REX	Negócios imobiliários	2008	–	n.a.	n.a.
SIX	Automação industrial e fabricação de semicondutores	2011	–	n.a.	n.a.
IMX	Negócios em esporte e entretenimento	2011	–	n.a.	n.a.
NRX	Catering aéreo, ferroviário, *inshore* e *offshore*	2011	–	n.a.	n.a.
Mr. Lam	Restaurante de culinária chinesa	2006	–	n.a.	n.a.
Pink Fleet	Navio para eventos sociais e corporativos	2007	–	n.a.	n.a.
Subtotal (EBX)			**12.910**	**24.849**	**2.124,8**

n.a. = não aplicável.
Fonte: Torres (2013, p. B6).

Entretanto, em 2012, começaram a surgir as primeiras notícias negativas sobre a produção real das reservas de petróleo da OGX. Inicialmente, a OGX estimava sua produção em 20 mil barris por dia. Em junho, essa estimativa foi reduzida para 5 mil barris. As ações da OGX despencaram 50% nos oito pregões subsequentes. Ainda em junho, Eike demitiu o presidente da OGX, Paulo Mendonça (que havia sido promovido dois meses antes),[12] substituindo-o por Luiz Carneiro. Sem conseguir reverter a crise de confiança dos investidores, em outubro de 2013, Eike demitiu Luiz Carneiro.

No final de 2013, a OGX e OSX entraram com pedidos de recuperação judicial. O *default* da OGX em seus *bonds* foi o maior da história da América Latina (US$ 3,8 bilhões). Até a conclusão deste livro, Eike e seus assessores estavam renegociando a dívida da OGX

---

[11] A LLX nasceu de uma cisão da MMX, da qual era subsidiária. A LLX estreou no pregão da Bovespa em julho de 2008.

[12] Até 27/4/2012, Paulo Mendonça era diretor de exploração da OGX (desde 2007). Paulo fez uma carreira de mais de 30 anos na Petrobras, na qual chegou a gerente-executivo de toda a área de Exploração. Fonte: Prospecto Definitivo do IPO da OGX.

com seus credores. Segundo a Bloomberg, ao fim de 2013, o patrimônio pessoal de Eike era negativo em R$ 1 bilhão.[13] Estaria a EBX na Fase 4 "Buscando a salvação" ou já na Fase 5 "Condenação à morte ou irrelevância"?

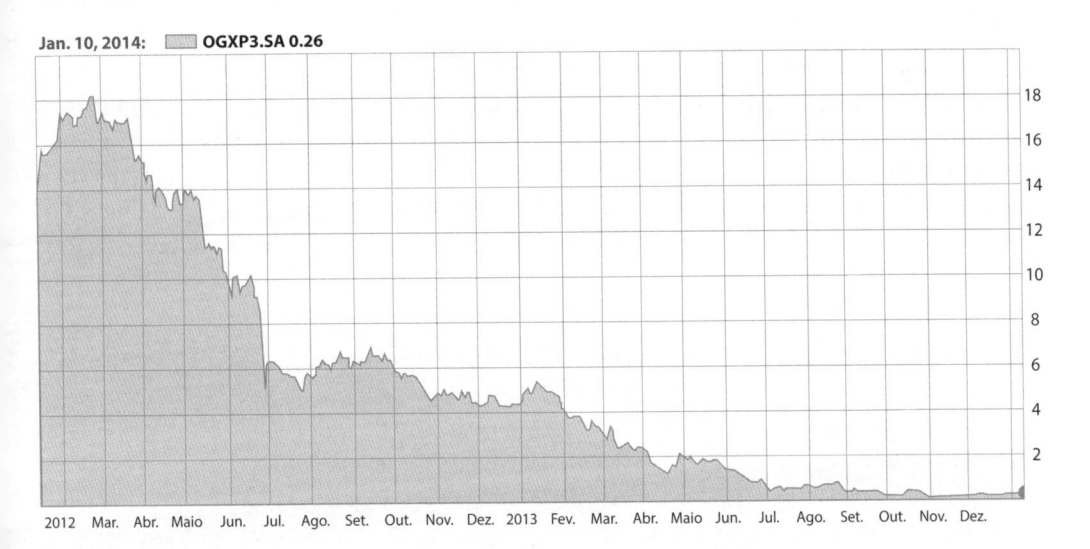

Figura 2.4 – Evolução do preço das ações da OGX.
Fonte: Disponível em: www.finance.yahoo.com. Acesso em: 8 set. 2014.

Outro intrigante estudo[14] sobre os efeitos nocivos da vaidade nas empresas identifica "sete hábitos de pessoas espetacularmente malsucedidas" referindo-se a líderes empresariais que fizeram Transações desastrosas:

Enxergam a si mesmos e sua empresa como dominantes no mercado.

Identificam-se tanto com sua empresa que não há fronteiras claras entre os seus interesses pessoais e os da empresa. Por isso, tendem a ser descuidados com os ativos da empresa.

Acreditam ter todas as respostas. Essa é a melhor maneira de construir uma diretoria (e gerência) apática.

Eliminam cruelmente os executivos que não endossam 100% de suas ações e crenças.

São porta-vozes contumazes de sua empresa e obcecados pela imagem corporativa. É o tal do "placar externo" que Warren Buffet menciona.

Subestimam obstáculos importantes.

Teimam em insistir em estratégias que funcionaram no passado.

Infelizmente, já me deparei com alguns líderes empresariais brasileiros com esses hábitos. Se você é um desses líderes ou trabalha para um deles, precisa de ajuda, ou entrará nas estatísticas das Transações que destroem valor para o Comprador.

---

[13] Leo (2014, p. 240).
[14] Finkelstein (2004).

Um fascinante estudo[15] descreve vários exemplos de aquisições bilionárias que destruíram muito valor ao Comprador por erros básicos de avaliação, incluindo excesso de vaidade na decisão de compra. Segundo o estudo, os presidentes de empresas são geralmente líderes ousados, com forte personalidade, que querem deixar marcas históricas em seu legado. Aquisições são uma ótima maneira de deixar marcas.

Esses vaidosos presidentes geralmente se cercam de diretores que não o contradizem. As avaliações de Alvos para aquisição são discutidas em "salas de eco" (*echo chambers*), nas quais as percepções do presidente raramente são questionadas. Consultores e bancos de investimentos, interessados em obter seus Honorários de Sucesso, geralmente não questionam a vontade desses presidentes audaciosos. Mesmo membros independentes do Conselho de Administração podem ter muitas dificuldades em se opor às vontades de um presidente bem-sucedido.

> **NA PRÁTICA:** como é difícil argumentar com um líder tão competente e bem-sucedido que se porta como "dono da verdade"! Recordo-me do *workshop* de planejamento estratégico em uma empresa de serviços públicos. O presidente da empresa era um expoente no setor e muito admirado pelos seus funcionários e concorrentes. O *workshop* era um fórum aberto à participação de todos os executivos, mas o presidente sempre tomava a palavra e impunha suas ideias. Eu tentei contê-lo algumas vezes, mas não tive sucesso. Ele não deixava seus próprios executivos exporem suas opiniões, mesmo que fossem de acordo com as suas. Pior que isso, o presidente tinha a ideia fixa de que a empresa deveria focar sua gestão em uma única meta: fazer o IPO em dois anos. Todos concordavam, e eu, neófito no setor, tinha um incômodo: o IPO iria coincidir com as eleições para prefeitos, o que poderia pôr em risco várias das concessões municipais da empresa. No fim, em dois anos, a empresa tentou fazer o IPO e não conseguiu, pois não havia investidores interessados. O presidente deu uma entrevista dizendo que o "mercado" não tinha entendido sua empresa. Ou foi ele quem não entendeu o mercado?

Nesse contexto, o estudo defende que os Compradores instaurem processos que evitem a sala de eco. Por exemplo: escutar seus clientes, fornecedores e funcionários. Recrutar especialistas externos (ou internos) para atuarem como "advogados do diabo" ("*devil's advocates*") nos processos decisórios não apenas de aquisições de empresas, mas também de qualquer outro investimento significativo.

> **NA PRÁTICA:** Correa (2013) faz um relato interessante sobre a rápida expansão do Banco Pactual sob a liderança de Luiz Cézar Fernandes durante os anos 1980 até meados da década de 1990, quando seus sócios começaram a divergir sobre a estratégia de diversificação do banco para o varejo. Luiz Cézar diversificava seus investimentos também fora do banco com base em argumentos estratégicos frágeis. Por exemplo, em 1993, investiu na operação brasileira da italiana Benetton, argumentando que "no banco e na moda você está sempre vendendo uma ideia". Essa foi a "tentativa de identificar uma inidentificável semelhança entre os dois setores" (Correa, 2013, p. 112).

---

[15] Carrol e Mui (2009).

Por outro lado, há Compradores que podem estar em momentos estratégicos consistentes e bem-sucedidos. Collins (2001), em outro estudo, identifica empresas com longos históricos de sucesso. Ou ainda, empresas bem-sucedidas em ambientes competitivos instáveis (Collins; Hansen, 2011). Empresas consistentemente bem-sucedidas podem ser ótimos alvos para aquisição como também podem ser ótimos potenciais Compradores.

POR QUE COMPRAR UMA EMPRESA?

> O problema básico é a confusão entre estratégia e metas estratégicas.
>
> Rumelt (2011, p. 34)

> Por definição, vencer não é uma estratégia.
>
> Rumelt (*op. cit.*, p. 128)

A principal motivação das aquisições é o crescimento do Comprador (Gaughan, 2011). Dentro do objetivo crescimento, Carrol e Mui (2009) descrevem os erros mais comuns em sete tipos de "estratégias" de aquisição, mas ressaltam que, quando bem empregadas, essas estratégias podem gerar muito valor ao Comprador. As sete "estratégias" podem ser mais motivações que realmente estratégias: sinergias, engenharia financeira, *roll-ups*, foco no negócio principal, mercados adjacentes, aquisição de tecnologias e consolidação em mercados maduros. A seguir, faço uma breve descrição de cada uma.

1. Sinergias: a busca por sinergias é uma das principais estratégias que motivam transações. Quando há sinergias, a soma do valor do Alvo com o Comprador é maior que o valor do Alvo e do Comprador individualmente. Ou seja, sinergias ocorrem quando 1 + 1 > 2. Redução de custos e despesas fixas, utilização de capacidade ociosa em linhas de produção, maximização de canais de distribuição e complementariedade entre produtos são algumas possibilidades de ganhos de sinergia.

A meta do Comprador com a Transação é gerar um Valor Líquido da Aquisição (VLA) positivo:

$$\text{VLA} = Vac - [Va + Vc] - P - D > 0$$

Onde:

Vac: valor acordado do Comprador com o Alvo Pós-transação

Va: valor do Alvo antes da Transação

Vc: valor do Comprador antes da Transação

P: prêmio pago pelo Alvo (acima de *Va*)

D: despesas do processo de aquisição (Assessor, advogados, *due diligence* etc.)

Ou seja, *Vac* − [*Va* + *Vc*] é igual ao valor presente dos ganhos com as sinergias geradas pela combinação do Alvo com o Comprador.

Há dois tipos de sinergia: operacionais (aumento de receitas por meio de economias de escopo, e reduções de custos por meio de economias de escala) e financeiras (quando o custo de capital das Partes combinadas Pós-transação se reduz).[16]

Estudos mostram que apenas um terço das aquisições consegue atingir suas metas de sinergias. Integrar culturas corporativas e sistemas de TI são desafios que merecem destaque pela sua dificuldade de execução.

Se a justificativa para a Transação for sinergias operacionais, o Comprador deve questionar se, em vez de adquirir o Alvo, não seria melhor negociar uma parceria de negócios. Caso a parceira funcione bem, a aquisição poderá vir como uma decorrência natural, uma vez que os benefícios ficarão óbvios para as Partes.

NA PRÁTICA: um interessante caso de busca por sinergias ocorreu com uma das várias empresas de uma rica família. A empresa em questão, que teve áureos tempos, há anos apresentava prejuízos recorrentes devido a mudanças na concorrência. Não prevendo melhoras, a família decidiu colocar a empresa (Alvo) à venda.

O Alvo agregava pouco valor ao produto, e não surgiram Compradores. O Vendedor, então, teve uma ideia: investir mais em tecnologia e processos do Alvo para que este agregasse mais valor ao seu produto, se diferenciar da concorrência e se tornar mais atraente aos potenciais Compradores. Ou seja, a estratégia era "verticalização para a frente".

Foi investida uma pequena fortuna. Mas o Vendedor achava que era preciso mais e investiu também na logística de escoamento do produto até o mercado consumidor. Ou seja, a estratégia agora era "verticalização para trás". Mais dinheiro. Após alguns anos e vários milhões, o Alvo foi finalmente vendido, com lucro para o Vendedor.

Por vezes, é preciso melhorar a posição de mercado do Alvo para vendê-lo melhor. Contudo, há uma linha tênue em fazer isso e correr o risco de "investir dinheiro bom em um negócio ruim", principalmente quando o Vendedor tem muito dinheiro. Em outro oposto, já me foi relatado que não é incomum multinacionais de grande porte venderem subsidiárias deficitárias com um Preço negativo. Isto é, o Vendedor paga para o Comprador adquirir o Alvo.

2. Engenharia financeira: aquisições alavancadas e ganhos tributários podem ser tentadores e viciantes. Excessos de dívida e/ou práticas tributárias arrojadas podem comprometer a soma do todo (Alvo mais Comprador).

3. *Roll-ups*: adquirir várias empresas em um mesmo setor pulverizado almejando uma consolidação que gere sinergias operacionais e estratégicas faz todo o sentido na teoria. Nos Estados Unidos, há inúmeros exemplos de *roll-ups* que terminaram em fraudes

---

[16] A existência de sinergias financeiras é um tópico controverso entre os financistas teóricos, alerta Gaughan (2011). A ideia é de que a combinação de empresas cujos fluxos de caixa não estejam correlacionados possa reduzir o risco de default ou falência, em um feito conhecido como cosseguro de endividamento (*debt coinsurance*). Acredita-se que um grande conglomerado diversificado possa ter acesso mais fácil ao mercado de capitais (dívida e capital) que empresas menores e concentradas. Recentemente, tivemos no Brasil um exemplo dramático que contradiz essa crença: o caso da crise de confiança da EBX entre 2012 e 2013.

ou simplesmente não foram bem-sucedidos em realizar tais sinergias (Welles, 2001, *Apud* Carrol e Mui, 2009, p. 61).

4. Foco no negócio principal: permanecer focado no seu negócio de origem (*core business*) pode ser perigoso para o Comprador quando o mercado de atuação está em mudança estrutural. O valor presente de uma nova tecnologia tende a ser sempre subestimado, justamente por não haver parâmetros históricos para preços, demanda e margens. Por exemplo, a Kodak, que insistiu no filme fotográfico de película e não levou a sério a ameaça da fotografia digital.

5. Mercados adjacentes: adquirir empresas em mercados complementares pode parecer um modo lógico de expandir os negócios do Comprador. Por exemplo, a JBS, que teve sua origem no processamento de carne bovina, fez várias aquisições em produtos lácteos, carnes suínas e aves, posicionando-se como a maior empresa do mundo em processamento de proteína animal. Entretanto, em algumas aquisições, o entendimento do que é adjacente pode ser apenas semântico. É o exemplo de uma empresa norte-americana de cimentos que comprou uma empresa de cortadores de grama. A tese de investimento era de que "todas as casas que usam cimento também têm cortadores de grama". Resultado: a cimenteira acabou falindo. Este é um erro comum: as empresas que investem em mercados adjacentes acreditam que seus consumidores irão segui-las, superestimando sua fidelidade à marca.

A Vale, durante a gestão de Roger Agnelli, percebeu-se como uma grande operadora logística dentro de sua operação de mineração. Em 2010, a Vale segmentou a operação de logística em outra empresa (VLI – Valor da Logística Integrada) e começou a prestar serviços para terceiros. Em 2013, na gestão de Murilo Ferreira, a Vale vendeu sua participação na VLI.

A sugestão dos autores aqui é que o Comprador avalie não apenas as semelhanças, mas principalmente também as diferenças entre o mercado de atuação e o mercado adjacente; que o Comprador tenha no mínimo uma vantagem de 30% no custo dos produtos para compensar os erros que cometerá no novo mercado.

6. Aquisição de tecnologias: talvez um exemplo dessa estratégia sejam as aquisições da Motorola pela Google e dos ativos de telefonia móvel da Nokia pela Microsoft para fazer frente à Apple e seu iPhone. Essas aquisições refletem a tendência de convergência entre os computadores e a telefonia móvel. Sem o domínio da produção de celulares como a Apple tem, tanto a Google quanto a Microsoft adquiriram fabricantes consagrados (embora decadentes). O caso da Nokia e Microsoft é particularmente interessante. Já havia uma parceria para a produção de *smartphones* da Nokia com o sistema operacional Windows desde 2011. Entretanto, em 2013, a Microsoft entendeu que, apesar de a parceria funcionar bem, era preciso ter agilidade no processo decisório, que apenas seria alcançada dentro de uma só empresa.

> **NA PRÁTICA:** um curioso caso de aquisição de tecnologia foi a compra do aplicativo Summly pela Yahoo por US$ 30 milhões em 2013. O Summly promete revolucionar a leitura com um inovador algoritmo de compressão capaz de resumir textos longos em frases significativas. O curioso é que o

> Summly foi criado por um garoto inglês de 17 anos. Nick D'Aloisio começou a programar aplicativos para o iPhone aos 12 anos e, hoje, trabalha em tempo integral na Yahoo em Londres. Nick passa 80% de seu tempo aprimorando o Summly e 20% planejando novos desafios. "Não há dúvida de que a aquisição é uma dessas em que a pessoa que está sendo adquirida é tão importante quanto o produto (Stevenson, 2013, p. B7)."

7. **Consolidação em mercados maduros:** quando um mercado amadurece, ou seja, atinge um grau de concorrência elevado, as margens de lucro comprimem-se. Em vez de sair do mercado, o Comprador vai em sentido oposto e adquire seus rivais. Em outras palavras: "Juntar dois bêbados não forma uma pessoa sóbria (Hamel, 2002, *Apud* Carrol e Mui, 2009, p. 171)".

> **NA PRÁTICA:** ouvi um relato curioso sobre mercados maduros. O valor do imóvel de uma empresa do setor metalúrgico valia mais que a própria empresa como um negócio. Seus produtos eram *commodities* e sofriam com a concorrência de várias outras metalúrgicas. A rentabilidade da empresa estava em decadência há anos. Esses eram sinais que indicavam ser melhor fechar a empresa e vender o terreno.

Combinando essas sete "estratégias" com a classificação de tipos de Transação, apresentada na Introdução, as possibilidades são as apresentadas no Quadro 2.2.

Quadro 2.2 - Estratégia do comprador para a transação

Estratégias/ tipos de Transação	Horizontal	Concêntrica	Vertical	Conglomerada
Sinergias	X	x	x	–
Engenharia financeira	X	x	x	x
Roll-ups	X	–	–	–
Foco no negócio principal	X	–	–	–
Mercados adjacentes	–	x	x	x
Aquisição de tecnologias	X	x	x	–
Consolidação em mercados maduros	X	–	–	–

Independentemente de qual seja a "estratégia" do Comprador para a Transação, é preciso se questionar se essa "estratégia" é mesmo uma estratégia ou se é uma meta. Na próxima seção, são feitas algumas considerações sobre estratégia, que é um tema complexo que merece um livro.

NA PRÁTICA: Correa (2013) relata que, quando Jorge Paulo Lemann comprou a Cervejaria Brahma, sua lógica foi simples: "país tropical, clima quente, marca boa, população jovem e má administração [...] tem tudo para a gente transformar em uma coisa grande [...] Eu olhava para a América Latina e quem era o cara mais rico da Venezuela? Um cervejeiro (a família Mendoza, da Polar). O cara mais rico da Colômbia? Um cervejeiro (o grupo Santo Domingo, dono da Bavária). O mais rico da Argentina? Um cervejeiro (os Bemberg, da Quilmes). Esses caras não podiam ser todos gênios [...] o negócio é que devia ser bom".

Sumário executivo da Fase 1 – Prelúdio e mérito

- Crescimento tem sido a principal motivação das aquisições. No entanto, crescer deve ser uma estratégia e não uma meta, que são coisas diferentes. Crescer por metas, sem estratégia, pode ser insustentável.
- As melhores Transações são aquelas fruto de análises estratégicas, não de oportunidades circunstanciais e/ou da vaidade de seus líderes. A falta de estratégia pode aumentar a probabilidade de o Comprador pagar demais pelo Alvo e/ou resultar em uma integração desastrosa na Pós-transação.
- Na essência, um processo de M&A é um leilão privado. Como em qualquer leilão, o que o Comprador quer evitar é a maldição do vencedor.
- Há alguns estudos sobre vaidade, arrogância e seus efeitos desastrosos. Finkelstein descreveu os "sete hábitos de pessoas espetacularmente malsucedidas". Carrol e Mui descreveram várias aquisições bilionárias que destruíram valor por erros básicos de avaliação, incluindo excesso de vaidade.
- As sete motivações estratégicas mais comuns para justificar aquisições são: sinergias (operacionais e financeiras), engenharia financeira, *roll-ups*, foco no negócio principal (*core business*), mercados adjacentes, aquisição de tecnologias, consolidação em mercados maduros.
- Apenas um terço das aquisições consegue atingir suas metas de sinergias. Se a estratégia da Transação for explorar sinergias operacionais, por que não fazer uma parceria de negócios em vez da aquisição? Se a parceira funcionar bem, a aquisição será uma decorrência natural.
- Permanecer focado no negócio de origem (*core business*) pode ser perigoso quando o mercado está em mudança estrutural. Tende-se a subestimar o valor presente de novas tecnologias por não haver parâmetros históricos para preços, demanda e margens.
- Um erro comum em Transações que visam conquistar mercados adjacentes é apostar que os clientes do Comprador irão segui-los, superestimando sua fidelidade à marca. O Comprador deve ter, no mínimo, uma vantagem de 30% no custo dos produtos para compensar pelos erros que cometerá no novo mercado.
- Quando um mercado amadurecer (concorrência elevada e margens de lucro comprimidas), talvez seja melhor o Comprador sair do mercado e não adquirir seus rivais. "Juntar dois bêbados não forma uma pessoa sóbria."

Fase 2 – Concepção e planejamento estratégico

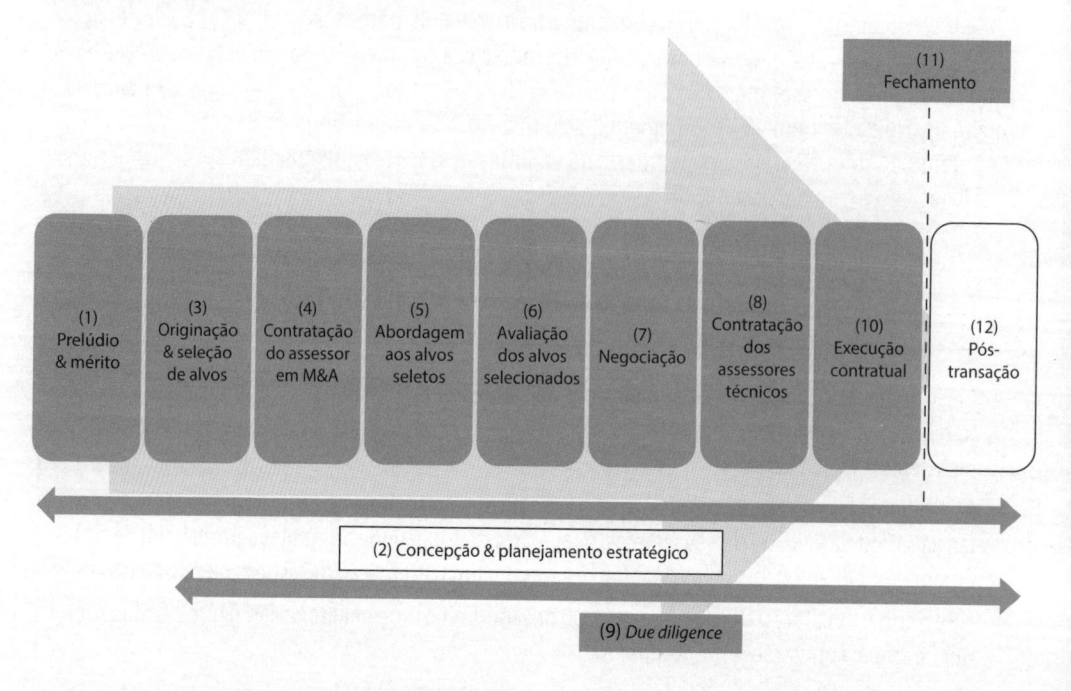

Figura 2.5 - Fase 2: Concepção e planejamento estratégico.

> Estratégia é a capacidade de responder com
> rentabilidade a algo exógeno que me é imposto.
>
> Daniel Domeneguetti (E-Consulting Corp.)

> Uma estratégia é um caminho para resolver uma dificuldade, uma abordagem
> para ultrapassar um obstáculo, uma resposta a um desafio. Se o desafio não foi
> definido, é difícil, se não impossível, entender a qualidade da estratégia.
> E se você não consegue entender a qualidade da estratégia, você não
> conseguirá rejeitar uma má estratégia ou melhorar uma boa.
>
> Rumelt (2011, p. 41)

A análise da estratégia competitiva deveria começar desde o início do processo de M&A e se estender até após o Fechamento. O Comprador deve estruturar a Transação (preço, condições para Fechamento, integração Pós-fechamento e outros) com base em uma criteriosa análise estratégica do mérito da aquisição do Alvo. Estratégia aqui entendida como estratégia competitiva e definida como:

"Essencialmente, desenvolver uma estratégia competitiva é desenvolver uma ampla fórmula de como um negócio irá concorrer, quais serão seus objetivos e quais serão as táticas necessárias para atingir esses objetivos"

Porter (1980, p. xvi)

A estratégia competitiva é a combinação dos objetivos (fins) que o Comprador persegue e os meios (táticas) pelos quais a empresa pretende alcançá-los, conforme ilustrado na "Roda da estratégia competitiva", da Figura 2.6.

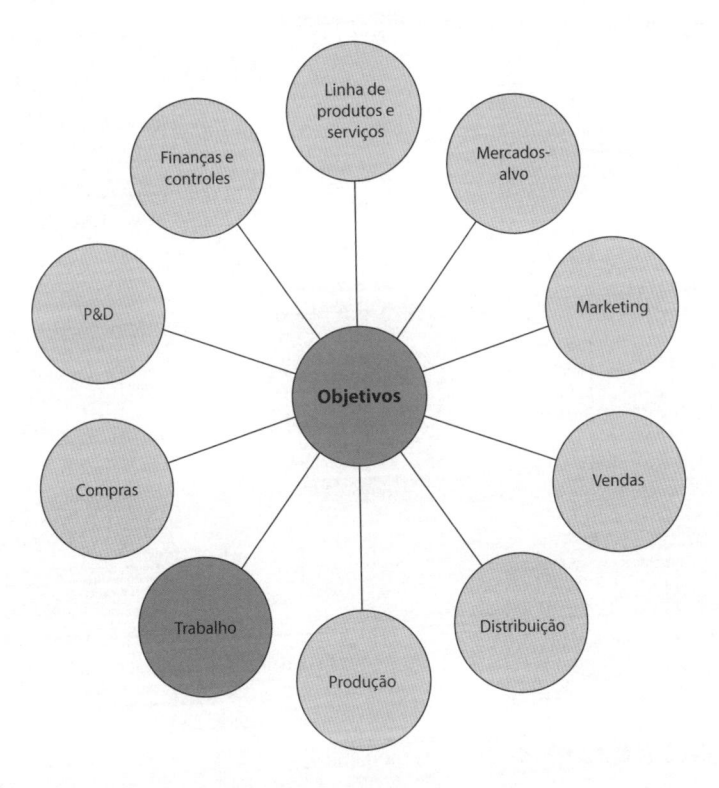

Figura 2.6 – Roda da estratégia competitiva: dez táticas e objetivos.

Fonte: Porter (1980, p. xvii).

A seguir, uma definição que ilustra bem a relação entre táticas e estratégia:

Táticas (do grego *taktiké* ou *téchne*; arte de manobrar [tropas]) é qualquer elemento componente de uma estratégia, com a finalidade de se atingir a meta desejada em um empreendimento qualquer.

Enquanto estratégia busca visão "macro", de conjunto ou, por assim dizer, sistêmica, relativa ao empreendimento, táticas ocupam-se de visão "micro", no sentido de elementar ou particular em relação ao todo.

No sentido bélico, táticas também podem ser entendidas como a parte da arte da guerra que trata da disposição e manobra das forças durante o combate ou na sua iminência.

Em uma comparação mais simples, táticas seriam "como" realizar determinada função, em oposição à estratégia, mais próxima de "o que" se deve realizar.

Intimamente relacionadas, táticas e estratégia se complementam, sendo táticas os planos a curto prazo, e estratégia o plano a longo prazo.[17]

No entanto, para formular uma estratégia competitiva e suas táticas, é preciso levar em consideração quatro fatores-chave do Alvo e do Comprador que limitam a capacidade do Comprador em implementar a estratégia. Desses quatro fatores, dois são internos (as forças e fraquezas do Alvo e do Comprador e os valores pessoais de seus executivos-chave) e dois são externos (as oportunidades e ameaças dos mercados do Alvo e do Comprador e as expectativas sociais), como mostra a Figura 2.7.[18]

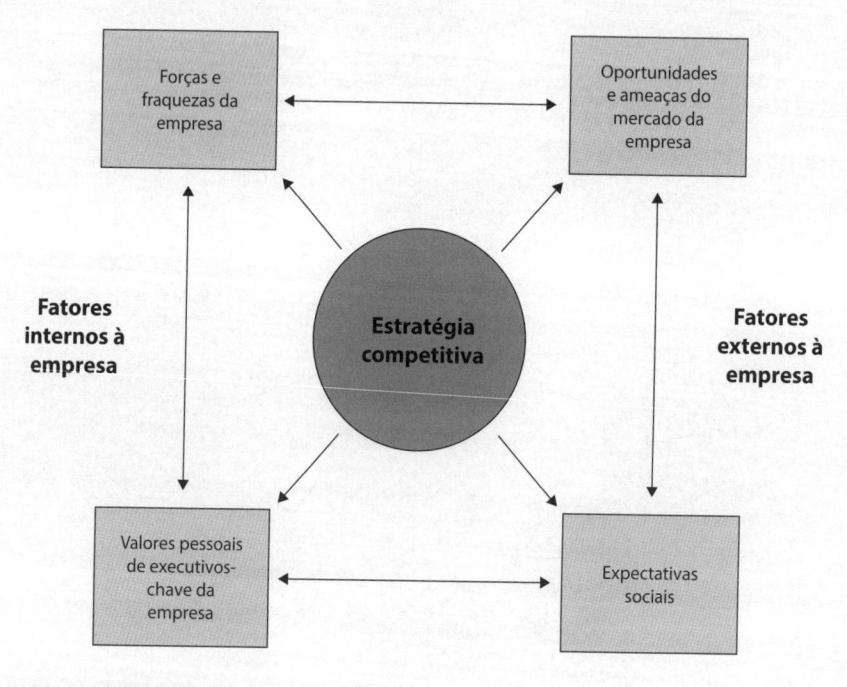

Figura 2.7 – Contexto da elaboração da estratégia competitiva.
Fonte: Porter (1980, p. xviii).

O Comprador precisa ter seus objetivos claros com a aquisição do Alvo e as táticas para os dez meios estratégicos (da Roda da estratégia competitiva) que usará para atingir esses objetivos. Essas táticas precisam levar em conta os aspectos humanos e culturais que Perella ressaltou (e Porter também), bem como os fatores externos dos mercados e da sociedade. Nesse sentido, os desafios do Comprador em um processo de M&A são muito maiores e mais complexos que aqueles do Vendedor.

---

[17] DHnet – Direitos Humanos na Internet. Glossário de Ativismo e Desobediência Civil. Disponível em: http://www.dhnet.org.br/dados/glossarios/dh/ativismo.htm. Acesso em: 9 set. 2014.

[18] "Expectativas sociais" aqui são entendidas em sentido amplo, referindo-se aos impactos do Alvo, do Comprador e da Transação no governo e na sociedade.

Ao lado do de Porter (*op. cit.*), um livro sobre estratégia recomendado é o de Rumelt (2011). Nele, o autor defende que a semente de uma boa estratégia contém três elementos que são adaptados e resumidos a seguir para o contexto de M&A.

1. **Diagnóstico:** define e explica a natureza do desafio que o Comprador pretende vencer. Geralmente, esse desafio está ligado a preservar e/ou aumentar a rentabilidade futura do Comprador. Pode haver várias respostas a este desafio, entre elas, comprar uma empresa. Então, por que, dentre todas as alternativas, comprar uma empresa é a melhor? Que tendências de mercado e que aspectos da posição competitiva do Comprador justificam o mérito da Transação?

2. **Táticas norteadoras:** para lidar com o desafio definido no diagnóstico, que não se trata somente do sucesso na Transação, mas também das implicações da Transação para o Comprador. É possível resumir táticas norteadoras como as condições e ações que poderão aumentar o fluxo livre de caixa do Comprador com a Transação para um nível adequado de risco. Nos termos de Porter, as táticas norteadoras orientariam o funcionamento dos dez meios estratégicos ilustrados na Figura 2.6 para sustentar e concretizar a estratégia.

3. **Plano de Ação** coerente elaborado para executar a tática norteadora. O plano de ação deve ter um cronograma de implementação, os executivos responsáveis e indicadores de *performance* mensuráveis.

É possível acrescentar mais um elemento de uma boa estratégia: um plano de saída (*exit strategy*). Ou seja, o Comprador deve considerar alternativas para vender o Alvo, ou partes dele, caso a realidade da Pós-transação demonstre que o Alvo está destruindo valor.

FONTES DE PODER DE UMA BOA ESTRATÉGIA

Rumelt (2011) descreve oito fontes de poder que podem ser utilizadas em uma boa estratégia: vantagem competitiva, objetivos factíveis, sistemas interligados, design, foco, crescimento, dinâmica, e inércia e entropia. No contexto de M&A, vale descrever resumidamente algumas dessas fontes de poder:

1. **Vantagem competitiva:** "Dois jogadores de xadrez com capacitações semelhantes aguardam sentados o jogo começar – qual deles terá a vantagem? Dois exércitos iguais se encontram em um campo neutro – qual deles terá a vantagem? A resposta para essas duas questões é a mesma: nenhum deles, pois a vantagem emerge das diferenças, nas assimetrias entre os rivais. Na concorrência real, as assimetrias são inúmeras. É tarefa do líder [do Comprador] identificar qual assimetria é fundamental e que pode se tornar uma vantagem competitiva [sustentável]"[19] (Rumelt, *op.cit.*, p. 160). Vantagem competitiva aqui é entendida como a capacidade da empresa produzir a um menor custo e/ou entregar produtos (ou serviços) com maior valor agregado que seus concorrentes. Boas estratégias visam: aprofundar o diferencial (reduzir custos ou aumentar o valor percebido do produto), estender o diferencial (para outros mercados em que a vantagem competitiva também é valiosa), criar maior demanda pelo diferencial dos produtos ou serviços, fortalecer os "mecanismos isoladores" do diferencial que bloqueariam a imitação dos concorrentes. Entre os mecanismos

---

[19] "Sustentável" aqui significa que o diferencial competitivo da empresa pode ser replicado por seus concorrentes somente a um alto custo.

isoladores, é possível destacar: reputação, relações comerciais, efeito rede,[20] economias de escala, conhecimento e capacitações construídos com a experiência.

2. Objetivos factíveis: ou seja, a estratégia deve definir objetivos que estão ao alcance e não têm elementos ambíguos. Objetivos factíveis ajudam a concentrar esforços e energia do Comprador.

3. Sistemas interligados (*chain-link systems*): ocorrem quando a *performance* de um componente de processo de produção (comercialização ou prestação de serviço) afeta os outros. Em sistemas interligados, quando há um gargalo, qualquer melhora em um componente específico afetará o sistema como um todo. O que adianta ter uma safra recorde de soja, se não há silos suficientes para armazená-la ou estradas e portos para escoá-la? Entretanto, quando um sistema interligado atinge excelência, é difícil para a concorrência replicá-lo.

4. *Design*: é a soma de antecipação (dos movimentos de outros agentes do mercado de atuação, como concorrentes, consumidores, fornecedores, governo etc.) e o desenho de uma ação focada. Uma vantagem estratégica é construída ao longo do tempo e deve ser custosa para os concorrentes duplicarem. "Uma boa estratégia é design, e design é a combinação de várias peças que trabalham juntas em harmonia" (Rumelt, *op.cit.*, p. 140).

5. Foco: "[...] a verdade é que muitas empresas, especialmente as maiores e mais complexas, não têm de fato uma estratégia [...] Pelo contrário, elas perseguem múltiplas metas simultaneamente, sem concentrar recursos para inovar em nenhuma delas" (Rumelt, *op. cit.*, p. 150).

6. Crescimento: é senso comum que crescimento é uma coisa boa. Será? Crescer por aquisições é uma "estratégia" que pode sair caro: aquisições de empresas incluídas na bolsa pagam um prêmio médio acima do valor de mercado de 25% mais custos com assessores (Rumelt, *op. cit.*, p. 156). Crescimento sustentável é resultado da demanda pelo diferencial competitivo do Comprador que é acompanhado por taxas de lucro superiores à média. O Comprador deve se perguntar se a Transação gerará ou reforçará esse diferencial competitivo.

7. Dinâmica: na guerra, estar em terrenos altos é uma vantagem diante do inimigo em terrenos mais baixos. Em negócios, o equivalente aos "terrenos altos" da guerra é inovar ou explorar mudanças de mercado antes dos concorrentes. Mudanças significativas em um mercado podem vir de mudanças regulatórias, tecnológicas e/ou no consumo. "Trabalhar com mudanças em um mercado ou uma economia é mais avançado do que física quântica – entender e projetar padrões destas dinâmicas é difícil e arriscado. Felizmente, um líder não precisa estar totalmente certo – a estratégia da empresa só precisa estar mais certa do que a de seus rivais" (Rumelt, *op. cit.*, p. 193).

8. Inércia e entropia: em negócios, inércia refere-se à resistência de uma empresa a adaptar-se a mudanças no mercado. Entropia refere-se a confusão e caos que uma empresa mal gerida enfrenta. Entropia e inércia demandam dos líderes constantes esforços para manter as empresas focadas, mesmo em mercados sem mudança. A maior ameaça pode não ser seus rivais, mas sua própria inércia e entropia. Entender a inércia nos rivais é tão importante quanto entender as vantagens competitivas da própria empresa. No contexto

---

[20] No "efeito rede", o valor do produto aumenta com o crescimento do número de clientes ou usuários. É semelhante aos ganhos de escala, mas, em vez de reduzir custos, o efeito rede aumenta a propensão do consumidor em pagar mais pelo produto. Por exemplo, o Facebook e a Amazon.

de M&A, o Comprador deve refletir sobre sua própria inércia e entropia, além daquelas dos potenciais Alvos. Se o Comprador tiver muita inércia e entropia dentro de sua "própria casa", após a Transação estas podem aumentar.

Ao articular os conceitos de Porter e Rumelt, um modo interessante de visualizar a estratégia do Comprador e do Alvo na Pós-aquisição é por meio da utilização do "canvas" para um modelo de negócio criado por Osterwalder e Pigneur (2010), conforme Quadro 2.3.

Quadro 2.3 – Modelo de negócios da empresa

Parcerias essenciais	Atividades essenciais	Proposta de valor aos consumidores	Relações com consumidores	Segmentos de consumidores
Atividades que são terceirizadas ou recursos externos necessários. Alianças estratégicas com não concorrentes? Coopetição[21] (entre concorrentes)? JV (*joint venture*) para desenvolver novos negócios? Alianças com fornecedores?	Produção, resolução de problemas (hospitais, consultorias etc.), plataforma/rede (ex.: Visa). **Recursos essenciais** Ativos físicos, intelectuais, humanos, financeiros?	Novidade, *performance*, customização, preço, status, redução de risco, redução de custo, eficiência, acessibilidade, conveniência?	Autosserviço? Serviços automáticos? Assistência dedicada individual? Comunidades? Cocriação (ex.: You Tube), na pós-venda. **Canais** Como a proposta de valor é divulgada e entregue aos consumidores? Como prover o apoio no pós-venda?	Para quem a empresa vende? Massa, nicho, diversificado, segmentado?
Estrutura de custos			**Linhas de receitas**	
Minimização de custos ou maximização de valor ao cliente? Custos fixos e variáveis? Economias de escala e escopo?			Venda de ativos, taxa de uso, assinatura, empréstimo, aluguel, licenciamento, corretagem, publicidade?	

Fonte: Osterwalder e Pigneur (2010).

Como mencionado, não é minha pretensão discorrer com profundidade sobre a arte de planejar e implantar uma estratégia. Minha intenção foi destacar elementos de uma boa estratégia que acho essencial o Comprador considerar. A ausência desses elementos indica que o Comprador fará uma aquisição sem estratégia, o que pode ser desastroso.

Sumário executivo da Fase 2 – Concepção e planejamento estratégico

- A análise da estratégia competitiva deve começar desde o início do processo de M&A e se estender até depois do Fechamento. "Desenvolver uma estratégia competitiva é desenvolver uma ampla fórmula de como um negócio irá concorrer, quais serão seus objetivos e quais serão as táticas necessárias para atingir esses objetivos (Porter, 1980, p. xvi)."

---

[21] O termo "coopetição" refere-se a situações em que empresas concorrentes cooperam entre si em prol de um objetivo comum. Por exemplo, produtores de celulose constroem um porto compartilhado para exportar seu produto. Nesse caso, a coopetição reduz não só o investimento no porto como também seus custos fixos de operação.

- Há quatro fatores críticos que limitam a capacidade do Comprador em implantar a estratégia: forças e fraquezas (do Alvo e do Comprador), valores pessoais de seus principais executivos, oportunidades e ameaças (dos mercados do Alvo e do Comprador) e as expectativas sociais.
- A semente de uma boa estratégia contém três elementos: diagnóstico, táticas norteadoras e um plano de ação coerente para executar as táticas.
- As táticas norteadoras devem ser definidas para os dez meios estratégicos: linha de produtos, mercados-alvo, marketing, vendas, distribuição, produção, trabalho, compras, P&D e finanças e controles.
- Há oito fontes de poder de uma boa estratégia: vantagem competitiva, objetivos factíveis, sistemas interligados, *design*, foco, crescimento, dinâmica, inércia e entropia.
- Uma vantagem competitiva é construída ao longo do tempo e deve ser custosa para os concorrentes duplicarem.
- A estratégia deve definir objetivos factíveis e sem ambiguidade para concentrar esforços do Comprador.
- Crescimento sustentável é resultado da demanda pelo diferencial competitivo do Comprador, que é acompanhado por taxas de lucro superiores à média.
- Antecipar mudanças de mercado e da economia é difícil e arriscado. A estratégia do Comprador somente precisa estar mais certa que a de seus concorrentes.

Fase 3 – Originação e seleção de Alvos

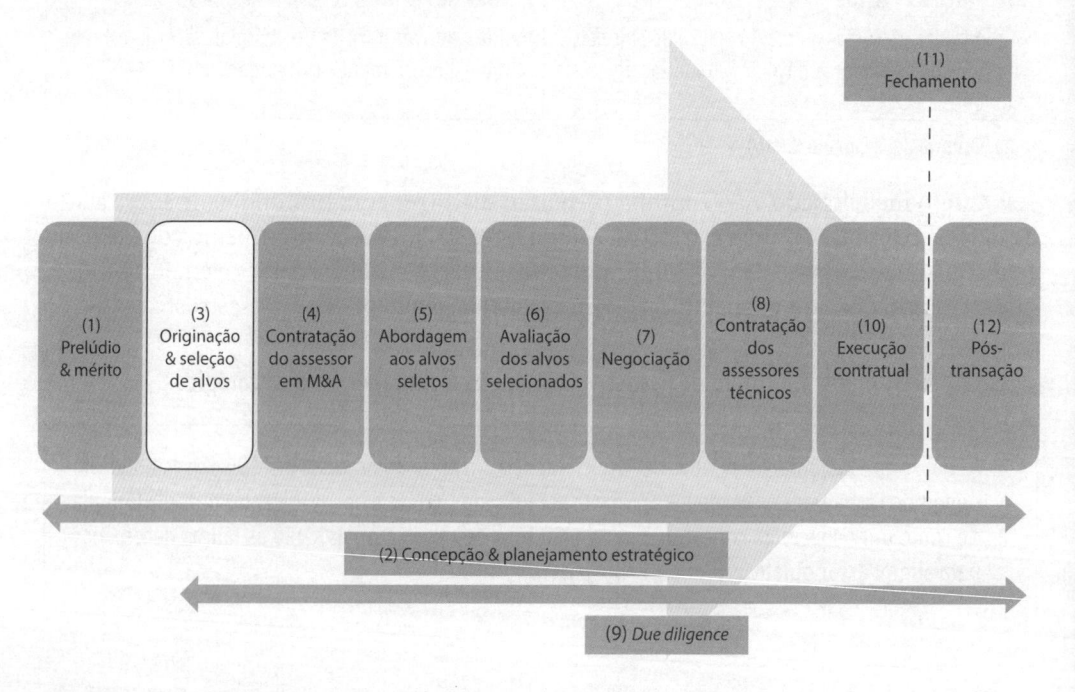

Figura 2.8 – Fase 3: Originação e seleção de Alvos.

> Se você quiser conhecer a estratégia de uma empresa,
> você precisa conhecer sua história.
>
> Finkelstein (2004, p. 84)

Dada a estratégia do Comprador para investir na Transação, a tarefa seguinte é identificar e selecionar os Alvos mais interessantes para ajudar o Comprador a conquistar os objetivos definidos na primeira e na segunda fases. Se a motivação for uma aquisição horizontal, o Comprador provavelmente já conhecerá os Alvos, que possivelmente são alguns de seus concorrentes atuais. Se a motivação for uma aquisição vertical, o Comprador também poderá já conhecer os Alvos, pois são seus clientes e/ou fornecedores atuais. Entretanto, se o Comprador ainda não estiver operando no Brasil, os Alvos para aquisição horizontal ou vertical podem ser desconhecidos. Em todas essas situações, e no caso de uma aquisição do tipo conglomerado, o Comprador deverá entender o mercado no Brasil e identificar os melhores Alvos existentes. Essa tarefa é denominada Originação e seleção de Alvos.

> **NA PRÁTICA:** Qual Alvo adquirir? A identificação de possíveis Alvos pode ser uma tarefa extensa. A AlliedSignal Corporation, por exemplo, um conglomerado norte-americano que atua nos mercados aeroespacial, automotivo, químico e eletrônico analisou, entre 1996 e 1997, 550 potenciais Alvos para aquisição. Desses, 190 foram selecionados. Em um segundo filtro analítico, 52 Alvos permaneceram. A AlliedSignal iniciou negociações com apenas 28. A *due diligence* foi conduzida em apenas 17, e desses, somente dez Alvos foram adquiridos. Ou seja, de 550 Alvos potenciais, 1,8% resultou em Transações.[22]

Como selecionar os Alvos mais interessantes para uma Transação? Para responder a essa pergunta, é necessário ter em mente o objetivo do Comprador, que é fazer a melhor Transação possível. Isso quer dizer: identificar o Alvo que apresente a melhor combinação retorno e risco potencial. Para tanto, o Comprador precisará conhecer as seguintes dimensões dos Alvos:

- a posição estratégica do Alvo em seu mercado de atuação e suas possíveis sinergias com o Comprador;
- a situação financeira do Alvo e as causas dessa situação;
- *performance* operacional e financeira passada, presente e futura (potencial) do Alvo;
- riscos e oportunidades da Transação.

Qualquer Alvo está inserido em um contexto econômico, social e político que afeta sua capacidade de crescer com rentabilidade. Para avaliar o Alvo, é imprescindível compreender o setor de atuação, bem como entender a concorrência, sua posição de mercado, dimensão

---

[22] Relatado em Bruner (2004).

e variáveis que afetam a demanda (bens complementares, indicadores macroeconômicos), legislação e regulamentação etc.

A posição competitiva de mercado reflete a importância da empresa em relação a seus concorrentes e clientela. Essa posição é construída ao longo de anos e representa a base para o possível crescimento com rentabilidade. A posição competitiva de mercado é resultante de muitas variáveis exógenas e endógenas ao Alvo. Entender sua posição competitiva pressupõe entender essas variáveis.

Porter (1980) ajuda a analisar o ambiente competitivo de uma empresa por meio da análise de cinco poderosas forças econômicas exógenas que podem limitar ou expandir a rentabilidade média de um setor e que devem ser consideradas na análise econômico-financeira. São elas:

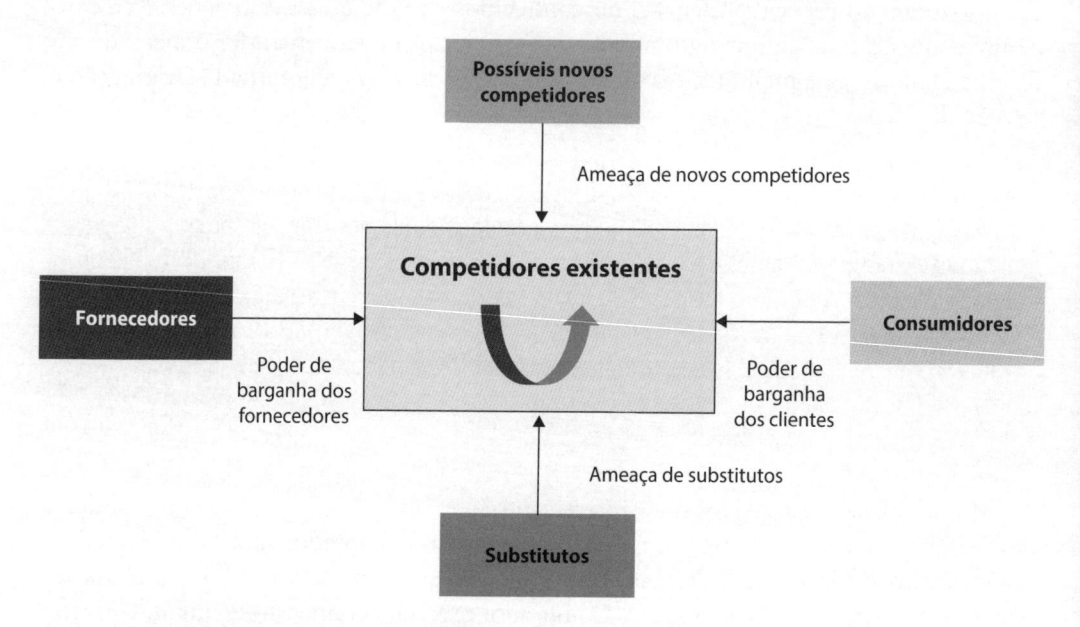

Figura 2.9 - Cinco poderosas forças econômicas.
Fonte: Porter (1980, p. 4).

a) **Possíveis novos competidores**, ou seja, aquelas empresas, nacionais ou estrangeiras, que produzem bens ou prestam serviços semelhantes àqueles do Alvo, mas que ainda não atuam sobre o mercado consumidor atendido pelo Alvo. O que faz com que esses potenciais concorrentes se transformem em concorrentes efetivos são duas variáveis: a rentabilidade do setor do Alvo ser superior ao do potencial concorrente; e as barreiras de entrada. O Quadro 2.4 lista alguns tipos de barreiras de entrada, os elementos que as compõem e alguns exemplos de setores econômicos em que essas barreiras podem estar presentes.

Quadro 2.4 – Exemplos de barreiras de entrada e seus elementos

Barreiras de entrada	Elementos	Exemplos de setores econômicos
Economias de escala	Volume de produção, P&D, propaganda, compras, vendas.	*Commodities*, produtos de alta tecnologia (remédios, equipamentos), empresas de varejo, montadoras de automóveis, cervejarias.
Diferenciação do produto	Marcas fortes, fidelidade dos consumidores, tecnologia proprietária, acesso a insumos.	Produtos de higiene pessoal, remédios, auditorias, bancos de investimento, bebidas.
Intensidade em capital	Prazo de implementação, tecnologia, taxa interna de retorno dos investimentos, acesso a capital financeiro.	Serviços de infraestrutura, papel e celulose, siderurgia, mineração, petróleo, geração e transmissão de energia.
Switching costs[23]	Flexibilidade, disponibilidade e custo da tecnologia.	Processamento de dados, equipamentos hospitalares, TV a cabo, telefonia celular, provedor de Internet, autopeças.
Acesso a canais de distribuição	Marcas fortes, poder de barganha do fornecedor e do comprador, rede de distribuição.	Bares e restaurantes que dão exclusividade a certas marcas de bebidas, alimentos e/ou cigarros.
Custos	Tecnologia proprietária, subsídios, localização favorável, acesso à matéria-prima, curva de aprendizado.	*Commodities* (papel e celulose, siderurgia, cimento).
Política governamental	Subsídios, controle de preços, restrições ambientais, licenças, ativos especializados, concessões intransferíveis.	Fabricantes de eletroeletrônicos na Zona Franca de Manaus, produtos farmacêuticos, serviços públicos de infraestrutura.

Fonte: Elaborado pelo autor com base em Porter (1980, p. 7-13).

b) **Consumidores existentes** e suas vantagens competitivas (ou "forças competitivas"), desvantagens (ou "fraquezas competitivas"), suas capacidades de restringir o crescimento e a rentabilidade do Alvo ("ameaças") e suas potencialidades que não estão sendo exploradas no momento ("oportunidades").

c) **Substitutos** são os produtos que não concorrem diretamente com os do Alvo, mas podem concorrer na escolha do consumidor. Por exemplo, chocolates podem ser substituídos por frutas na escolha da sobremesa. Se os preços das frutas subirem por causa de uma estiagem, por exemplo, o consumo de chocolate pode aumentar.

---

[23] Em português, traduz-se como "custos de comutação". Trata-se dos custos que o consumidor enfrentará para trocar de um produto ou prestador de serviço a outros. Por exemplo, empresas que usam caldeiras a diesel que podem ser substituídas por gás natural.

d) **Fornecedores** e seu poder de barganha junto ao Alvo. Se o Alvo conta com poucos fornecedores e não há outras fontes alternativas disponíveis, o Alvo está em uma posição de mercado vulnerável.

e) **Consumidores**, cujas preferências podem mudar. Por exemplo, há alguns anos, consumidores europeus e americanos começaram a valorizar produtos de empresas com boas práticas ambientais. Consumidores também começaram a valorizar produtos alimentícios com baixas quantidades de gordura saturada.

Essas forças devem ser consideradas na análise do passado, do presente e do futuro dos Alvos, do ponto de vista tanto estratégico como financeiro. Essas forças geram perdas, ganhos, ameaças e oportunidades que determinam a lucratividade média dos Alvos.

> **RECOMENDAÇÃO:** "Se você quiser conhecer a estratégia de uma empresa, você precisa conhecer sua história." Essa frase não poderia ser mais pertinente. O Comprador não precisa assinar um NDA (acordo de confidencialidade ou *non-disclosure agreement*) para conhecer essa história. Na primeira reunião com o proprietário e/ou principais executivos do potencial Alvo, o Comprador poderá indagar sobre essa história, e, em geral, os empresários não têm receio em contá-la. A prática nos mostra que há muitas empresas presas ao passado e com dificuldade em pensar no futuro, em se reinventarem, mesmo quando o mercado está sinalizando que mudanças são necessárias. Essas empresas podem representar oportunidades para um Comprador astuto, mas, se o tempo de mudar passou para o Alvo, pode ser melhor para o Comprador buscar outro.

EXEMPLOS DE FILTROS PARA SELEÇÃO DE ALVOS

Apresentadas as cinco forças de Porter em mente, segue o exemplo de um interessante questionário de avaliação preliminar que um Comprador estrangeiro com larga experiência em M&A usa para filtrar Alvos. O Comprador é uma empresa no ramo industrial, mas seus 28 itens são pertinentes a qualquer tipo de negócio com as devidas adaptações ao mercado de atuação:

1. Resumo do demonstrativo de resultados do Alvo nos últimos seis anos até o EBIT em dólares norte-americanos.
2. Resumo do último balanço patrimonial, também em dólares norte-americanos.
3. Declarações de imposto de renda (IR) do Alvo nos últimos cinco anos.
4. Cópias de todos os atuais contratos do Alvo.
5. O Alvo tem solidez financeira? Se negativo, por quê?
6. Por que o Vendedor quer vender o Alvo?
7. Que tipo de crescimento potencial o Alvo tem?
8. Há alguma campanha publicitária em andamento? Alguma promoção de vendas?
9. O Alvo está, ou já esteve, em investigação por algum órgão governamental?

10. O Alvo está ou já esteve envolvido em algum processo jurídico? Se positivo, quais foram as razões e os valores envolvidos?

11. Quantos clientes o Alvo serve com regularidade? Onde estão localizados? São nacionais e/ou estrangeiros? A demanda tem alguma sazonalidade? Há alguma evidência sobre sua fidelidade?

12. Há algum cliente que concentre uma porcentagem significativa das receitas do Alvo? Lembre-se de que, quanto mais diversificada as receitas, mais fácil o Alvo sobreviverá a perdas de clientes Pós-transação.

13. Nos últimos cinco anos, qual é a porcentagem das contas a receber que estão vencidas? Qual valor das contas a receber foi classificado como perdido?

14. Qual é a fatia de mercado do Alvo em seus principais produtos? Que tipo de concorrência o Alvo sofre? Como tem evoluído a concorrência recentemente? Algum competidor faliu ou abandonou o mercado? Por quê? Como o Alvo pode concorrer com sucesso?

15. Como o Alvo vende seus produtos? Quais são os diferenciais do Alvo perante a concorrência no mercado de atuação? Quão diferenciados são seus produtos em relação aos da concorrência?

16. O Alvo tem exclusividade em algum produto? Em caso afirmativo, como foi obtida essa exclusividade? Há alguma prova tangível que documente essa exclusividade e que possa ser transferida para o Comprador na ocasião da Transação?

17. O Alvo tem alguma patente em seus produtos? Quais? Que porcentagem das receitas provém das vendas desses produtos patenteados? A Transação inclui a venda dessas patentes para o Comprador?

18. Quais produtos do Alvo correm o risco de obsolescência? Que produtos são "de moda"?

19. Os insumos que o Alvo utiliza estão disponíveis em vários fornecedores ou há alguma concentração de fornecedores? Se os principais fornecedores do Alvo deixarem de servi-lo, qual será o impacto no negócio? O Alvo é capaz de encontrar fornecedores alternativos (com preços, quantidades e qualidades) para seus principais insumos?

20. O Alvo tem todos os equipamentos necessários? Você adicionaria ou atualizaria algum equipamento? Em caso afirmativo, qual é o valor estimado dessas aquisições/atualizações?

21. Quanto vale o estoque atual do Alvo? Seremos capazes de aproveitar esse estoque ou esse é incompatível com nossa linha de produtos?

22. O Alvo paga altos salários a seus funcionários ou estão na média de mercado? Por quê? Como comparar a qualificação média dos quadros do Alvo com seus concorrentes? O Alvo tem alta rotatividade (*turnover*) de funcionários? Por quê?

23. Qual é o histórico de acidentes de trabalho? Devem-se incluir quantidade, gravidade e indenizações decorrentes.

24. Que benefícios o Alvo oferece? Esses benefícios estão acima, abaixo ou na média de mercado?
25. Há quantos anos os principais executivos trabalham no Alvo?
26. A possível mudança no quadro societário Pós-transação afetará de algum modo o quadro da diretoria e/ou a gerência do Alvo?
27. Quem são os executivos mais importantes do Alvo e por quê?
28. Os funcionários do Alvo estão filiados a sindicatos? Em caso afirmativo, quais? Quando foi a última greve? Como tem sido o histórico das negociações sobre dissídios?

Observe que, para esse Comprador, essa lista de informações é preliminar! Quanto melhor a informação, maior a probabilidade de fazer uma boa aquisição e de encontrar o "pote de ouro". Todavia, informações de alta qualidade são raras, caras e não são de domínio público:[24]

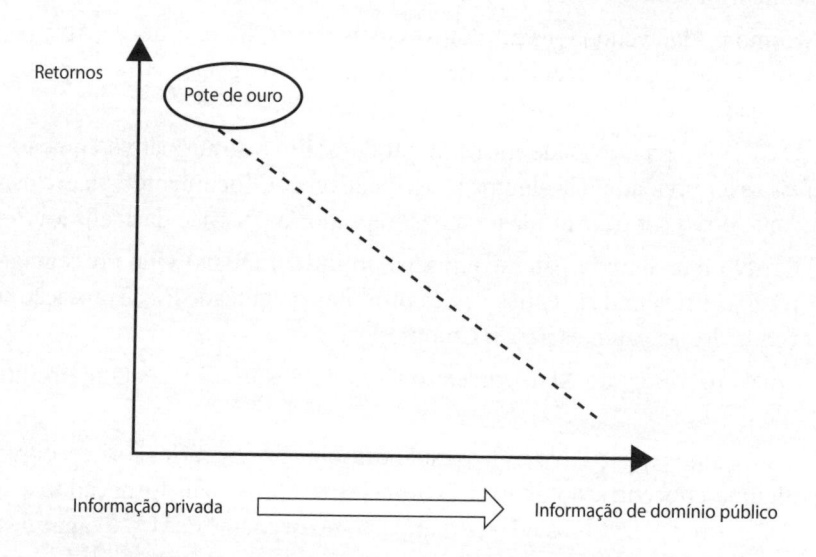

Figura 2.10 — Retorno e qualidade da informação.
Fonte: Bruner (2004, p. 185-186).

Se houver mais de um Alvo, é importante que o Comprador estabeleça prioridades, deixando claro quais os critérios utilizados (por exemplo, posição de mercado, percepção dos clientes e fornecedores, endividamento, potencial para contingências, caráter do Vendedor, estrutura societária etc.). O Comprador pode associar pesos a cada uma das respostas a esses 28 itens, de maneira a calcular uma média ponderada por cada Alvo estudado. Com esse questionário, o potencial Comprador pode tabelar o perfil dos Alvos e

---

[24] Implícita nessa concepção está a ideia das vantagens do pioneirismo ou *first mover advantage*.

definir as prioridades. Ter alternativas ao Alvo é essencial ao Comprador; tanto quanto é para o Vendedor ter outros potenciais Compradores.

Além dos 28 itens que esse Comprador impôs à sua equipe interna de M&A, foram definidos cinco itens considerados críticos, ou "bandeiras vermelhas" (*red flags*), que indicariam que a Transação seria "amaldiçoada" para o Comprador:

- **Bandeira vermelha 1: a maior parte da receita do Alvo advém de negócios que o Comprador não entende.** Se isso ocorrer, por que o Comprador deve adquirir o Alvo? O risco de aventurar-se em novos mercados e/ou produtos pode ser muito custoso ao Comprador.

- **Bandeira vermelha 2: o Alvo tem cultura corporativa radicalmente diferente daquela do Comprador.** Nesse aspecto, há o exemplo deste caso interessante: um banco adquiriu outro cujo sistema de bonificação dos executivos era um percentual da receita, enquanto o Comprador bonificava com um percentual do lucro líquido. Resultado: poucas semanas depois da Transação concluída quase todos os executivos do Alvo pediram demissão.

RECOMENDAÇÃO: há uma definição de cultura corporativa que considero interessante no contexto de M&A: "[...] cultura marca elementos sociocomportamentais e significados [e valores] que são estáveis e resistem fortemente a mudanças."[25] Como a Transação será uma mudança significativa, a cultura do Alvo pode representar problemas ao Comprador. Como identificar a cultura do Alvo? Recomendo entrevistar o maior número possível de funcionários, clientes e fornecedores e escutá-los com ouvidos bem abertos. Como "quebrar" uma cultura? A sugestão é simplificar rotinas, processos, organogramas, operações não essenciais ou redundantes.

NA PRÁTICA: ouvi um relato interessante de um executivo de uma multinacional. "Quando compramos uma empresa, ficamos 100 dias entrevistando todo mundo. Ficamos só ouvindo, elaborando um diagnóstico, desenhando uma estratégia e um plano de ação. Depois dos 100 dias, começamos a agir."

- **Bandeira vermelha 3: houve uma mudança brusca na receita ou nos estoques do Alvo.** Essa mudança pode ser circunstancial ou estrutural. No limite, se for uma mudança repentina e positiva, pode ser uma tentativa do Alvo de maquiar seus números e superestimar sua rentabilidade?

NA PRÁTICA: há alguns anos, uma construtora famosa de imóveis de alta classe comprou outra com foco em imóveis populares. Após a Transação, a carteira de recebíveis do Alvo apresentou uma inadimplência enorme. Dizem que o Alvo fez análises de crédito superficiais para aceitar mais

---

[25] Rumlet (2011, p. 211).

cadastros, gerar mais recebíveis e aumentar o Preço. O Comprador levou anos e incorreu em perdas significativas até "limpar" a carteira de recebíveis do Alvo.

- **Bandeira vermelha 4: a direção do Alvo parece estar ansiosa para que a Transação ocorra.** Será que a ansiedade e/ou desespero da diretoria pode ser o anseio secreto por uma "operação resgate" do Alvo e de seus empregos?
- **Bandeira vermelha 5: a Transação criará milionários instantâneos, que antes faziam parte da diretoria do Alvo.** O Comprador não vai apenas comprar um CNPJ com ativos e passivos. "Comprará" também pessoas com *know-how* do Alvo. Se executivos-chave ficarem muito ricos com a Transação, podem simplesmente pedir demissão e carregar os conhecimentos essenciais ao Alvo.

Outras possíveis bandeiras vermelhas são:[26] o Alvo demitiu altos executivos recentemente? Problemas pequenos, porém não triviais, parecem estar sendo desdenhados pela gestão do Alvo? O presidente do Alvo gasta muito dinheiro em itens que não beneficiam o Alvo? A diretoria demonstra agressividade e autoconfiança excessivas? O Alvo tem pouco dinheiro no banco (essa é uma questão especialmente pertinente a Alvos de tecnologia e biotecnologia)? Os gestores têm o hábito de promover reuniões com seus funcionários sobre as melhores e piores práticas?

NA PRÁTICA: os melhores hospitais do mundo têm reuniões periódicas dos médicos para apresentar e discutir casos de óbito. O objetivo é aprender com os erros. Parece uma prática sensata e lógica. Trata-se do processo de aprendizagem inerente a qualquer prática. Contudo, há hospitais de renome que resistem a este tipo de disciplina por questões de vaidade dos médicos envolvidos. Empresas não são diferentes. Se o Alvo teve vários anos com resultados realizados abaixo dos orçados, possivelmente há algo muito errado em seu processo de aprendizagem. É papel de um líder eficiente que o Alvo tenha um processo eficaz de aprendizagem.

Você poderá observar que, para responder a todas essas questões e bandeiras vermelhas, o potencial Comprador terá de buscar fontes secundárias de informação. Dentre essas, destacam-se: empresas similares no Brasil e no exterior, entrevistas com clientes, fornecedores, concorrentes, funcionários, distribuidores etc.

NA PRÁTICA: ouvi inúmeros relatos de potenciais Compradores inescrupulosos que usaram *headhunters* para extrair informações estratégicas de funcionários do Alvo. Escrúpulos à parte, o fato é que os funcionários sempre têm informações preciosas sobre o Alvo, sua gestão, estratégia e (mais importante) seus erros. Se o Alvo é liderado por gestores que "acreditam ter todas as respostas", é bem possível que haja funcionários frustrados com os erros acumulados e que não relutem em contá-los a terceiros.

---

[26] Finkelstein (2004).

Sumário executivo da Fase 3 – Originação e seleção de Alvos

- A identificação de possíveis Alvos pode ser uma tarefa extensa. A AlliedSignal Corporation, por exemplo, entre 1996 e 1997, analisou 550 potenciais Alvos. Desses, somente dez foram adquiridos (1,8%).
- Na seleção, o Comprador precisa conhecer as seguintes dimensões dos Alvos: posição estratégica nos mercados de atuação, *performance* operacional e financeira passada, presente e futura, riscos e oportunidades da Transação.
- Algumas perguntas que podem servir como primeiro filtro: por que o Vendedor quer vender o Alvo? O Alvo esteve envolvido em algum processo jurídico? Há algum cliente que concentre uma porcentagem significativa das receitas? Há exclusividade em algum produto? Quais produtos correm risco de obsolescência? Que tipo de concorrência o Alvo sofre? Algum competidor faliu ou abandonou o mercado? O Alvo paga altos salários a seus funcionários ou estão abaixo da média de mercado? O Alvo tem alta rotatividade de funcionários? Há quantos anos os principais executivos trabalham no Alvo? A mudança no quadro societário do Alvo após a Transação afetará sua diretoria?
- Quanto melhor a informação, maior a probabilidade de fazer uma boa aquisição, mas "informações de alta qualidade são raras e caras".
- Ter alternativas ao Alvo é essencial, mas é preciso identificar as prioridades.
- Algumas "bandeiras vermelhas" que podem indicar Alvos problemáticos:
    1. Boa parte da receita do Alvo vem de negócios que o Comprador desconhece.
    2. O Alvo tem cultura corporativa radicalmente diferente do Comprador.
    3. Mudanças bruscas na receita ou nos estoques do Alvo.
    4. A direção do Alvo parece estar ansiosa para que a Transação ocorra.
    5. A Transação transformará diretores do Alvo em milionários instantâneos.
    6. O Alvo demitiu altos executivos recentemente.
    7. Problemas pequenos, porém não triviais, são desdenhados pela gestão. Os gestores não promovem reuniões periódicas com seus funcionários sobre melhores práticas.
    8. O presidente do Alvo gasta muito dinheiro em itens que não beneficiam o Alvo.
    9. A diretoria demonstra agressividade e autoconfiança excessivas.
    10. O Alvo tem pouco dinheiro no banco.
- Para responder a todas essas questões e bandeiras vermelhas, o potencial Comprador terá de buscar fontes secundárias de informação (empresas similares no Brasil e no exterior, entrevistas com clientes, fornecedores, concorrentes, funcionários, distribuidores etc.).

Fase 4 – Contratação do Assessor em M&A

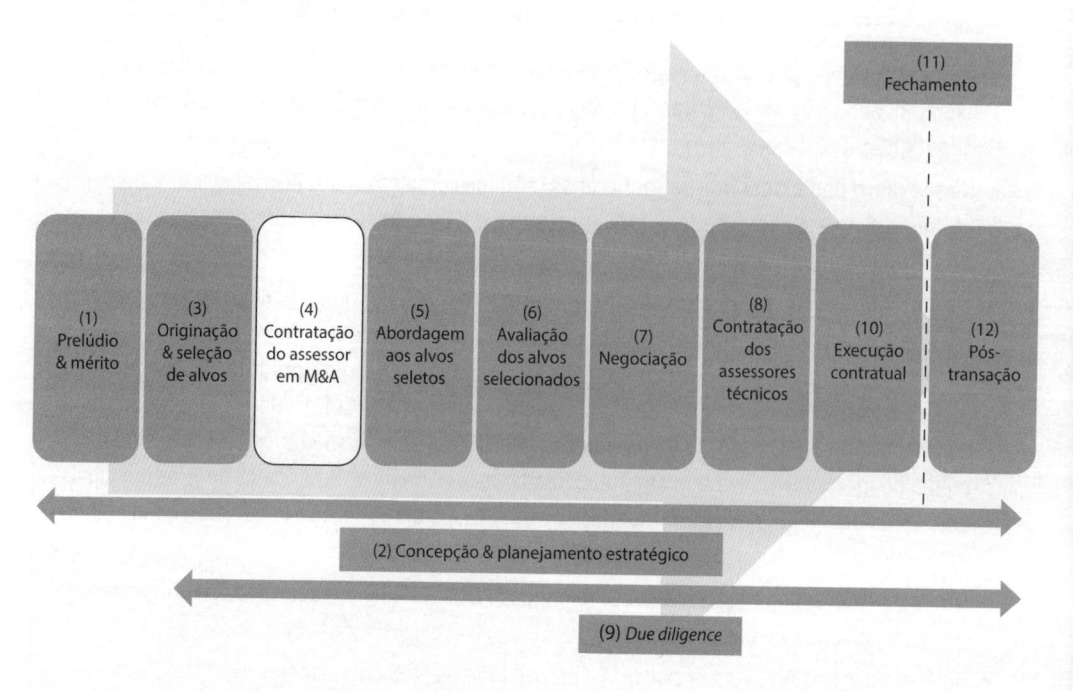

Figura 2.11 – Fase 4: Contratação do Assessor em M&A.

Nas diferenças entre a contratação do Assessor para o Vendedor e para o Comprador destaca-se a equação dos Honorários de Sucesso. Enquanto faz todo o sentido o Vendedor pagar ao Assessor um percentual da Transação, o Comprador deve negociar um valor fixo em R$ para evitar conflitos de interesse. Caso contrário, quanto maior o Preço, maiores serão os Honorários de Sucesso pagos pelo Comprador a seu Assessor. Para o Comprador, os Honorários Fixos do Assessor também podem ser diferentes, caso seu escopo de trabalho inclua a originação de Alvos. Como apresentado na fase anterior, essa originação pode ser um trabalho extenso e caro. Alguém terá de fazê-lo: a equipe do Comprador (recomendável) e/ou seu Assessor. Se o Assessor fizer a originação, pode pleitear uma taxa fixa por Alvo apresentado que atenda a certos critérios mínimos definidos pelo Comprador.

RECOMENDAÇÃO: o Comprador não deve ser passivo e deixar o trabalho de originação de Alvos totalmente a cargo do Assessor. O Assessor, interessado em obter seus Honorários, poderá indicar Alvos que não sejam os mais apropriados.

O Assessor também pode pleitear um Honorário de Desistência, ou seja, um pagamento fixo em reais, caso o Comprador desista da Transação. Esse pleito pode ter mérito, pois o Assessor e o Comprador podem entender que não há Alvos interessantes ou que os Preço estão muito altos. Nessas condições, a Transação não "fracassou", e sim se mostrou desinteressante. O Assessor que estiver buscando agregar valor ao Comprador deveria ser compensado, pelo menos parcialmente, por orientar-lhe a desistir de uma Transação arriscada. Obviamente, o Honorário de Desistência deve ser menor que os Honorários de Sucesso.

Outra diferença importante que pode emergir na contratação do Assessor advém da necessidade do Comprador em financiar a Transação. Nesse caso, ter como Assessor um banco de investimentos pode ser muito conveniente.

Se o Alvo for de capital aberto e o Comprador tiver de fazer uma oferta aos minoritários, a corretora do banco de investimentos também pode ser útil. Nesses casos, o Assessor pode criar remunerações distintas para cada operação de financiamento e/ou mercado de capitais ou até mesmo ter contratos diferentes entre o Comprador e cada departamento do banco especializado na tarefa em questão. Ou seja, o Comprador pode contratar um banco e ter um contrato com o departamento de M&A, outro com a corretora e ainda um terceiro com a área comercial.

Ademais, todas as recomendações ao Vendedor descritas no Capítulo 1 são aplicáveis também ao Comprador.

Fase 5 – Abordagem aos Alvos seletos

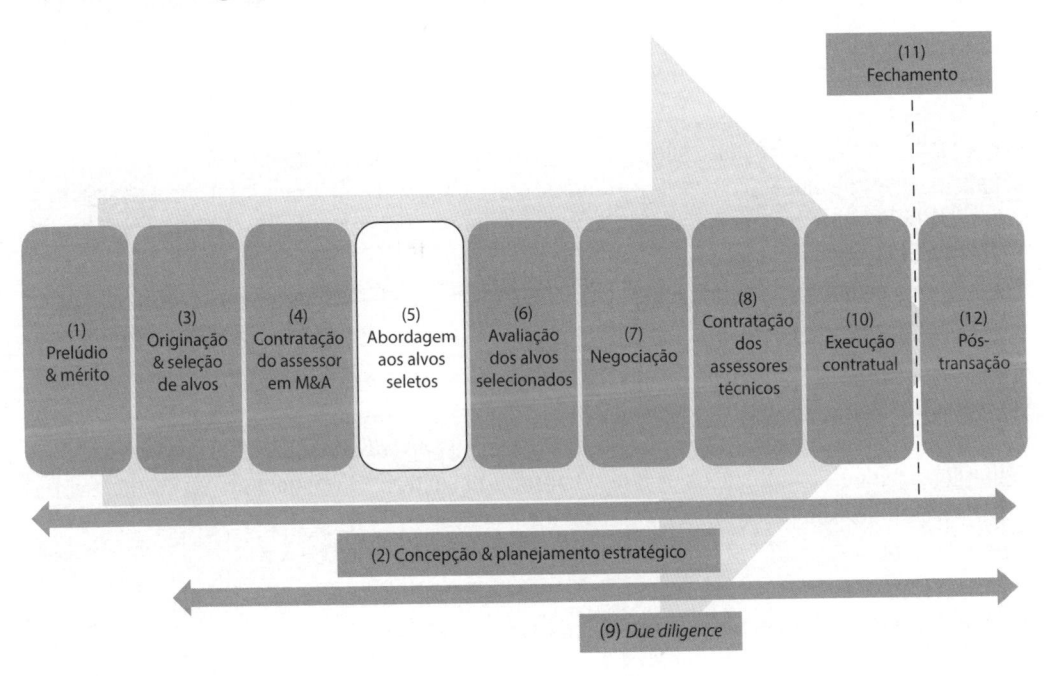

Figura 2.12 – Fase 6: Abordagem aos Alvos seletos.

A estratégia de abordagem do Comprador é similar à do Vendedor, a saber:

- Identificar as pessoas-chave para contato no Alvo, de preferência o acionista. Lembre-se de que abordar executivos de segundo escalão pode ser improdutivo, pois o executivo pode "sabotar" a comunicação entre o potencial Comprador e o Acionista, por medo de perder o emprego.

- Promover uma reunião, o mais rápido possível, entre o presidente do Comprador e o presidente do Vendedor. É de bom tom o Comprador fazer uma apresentação institucional e a descrição dos motivos de seu interesse pelo Alvo. Esse primeiro encontro é importante: Comprador e Vendedor terão oportunidade de perceber se há empatia ou não entre eles. Ausência de "química" pode comprometer a Transação. A meta desse primeiro encontro é que o Vendedor se interesse pelo Comprador, forneça informações e lhe conceda algum tipo de vantagem no processo concorrencial da Transação (por exemplo, exclusividade por alguns meses e permissão para *due diligence*).

- Assinar o NDA não protege apenas o Vendedor, mas o Comprador também. Um Vendedor em crise de liquidez, por exemplo, pode usar o nome do Comprador para ganhar poder e tempo nas negociações com seus credores.

Entretanto, há uma diferença significativa na abordagem do Comprador: enquanto o Vendedor faz questão de sinalizar que há concorrência na Transação, o potencial Comprador pode sinalizar o contrário. Ou seja, pode ser do interesse do Comprador sugerir que o Alvo é único. Esse é um meio de estimular o Vendedor a fornecer informações estratégicas.

NA PRÁTICA: por vezes, uma relação mais "próxima" entre Vendedor e Comprador pode atrapalhar em vez de ajudar. Em um caso interessante, os donos de duas empresas brasileiras concorrentes, de origens semelhantes e que mantinham relação de muita cordialidade, tentaram abordar uma potencial Transação. A Transação seria bastante importante para o Comprador, que, com receio de ofender o Vendedor, evitou ser direto. Evitou dizer diretamente: "quero comprar sua empresa".

Passaram-se meses até que o Comprador tomou a iniciativa de mandar um intermediário para uma abordagem mais explícita. Quando finalmente formulou-se a pergunta, obteve-se a resposta de que outro potencial Comprador, estrangeiro, já estava fazendo a *due diligence*. Resultado: o Comprador brasileiro perdeu a oportunidade de fazer a Transação em detrimento de um estrangeiro, que, sem barreiras culturais ou pessoais, fez uma abordagem direta.

Fase 6 – Avaliação preliminar dos Alvos selecionados

"Descobri que a melhor inovação muitas vezes é a própria empresa,
o jeito como se organiza uma empresa", disse.
"Toda essa noção de como construir uma empresa é fascinante (...)."

Steve Jobs

> "Decidir o que não fazer é tão importante quanto decidir o que fazer", dizia. "Isso vale a pena para empresas e vale também para produtos."
>
> Steve Jobs (Issacson, 2011, p. 351 e 353)

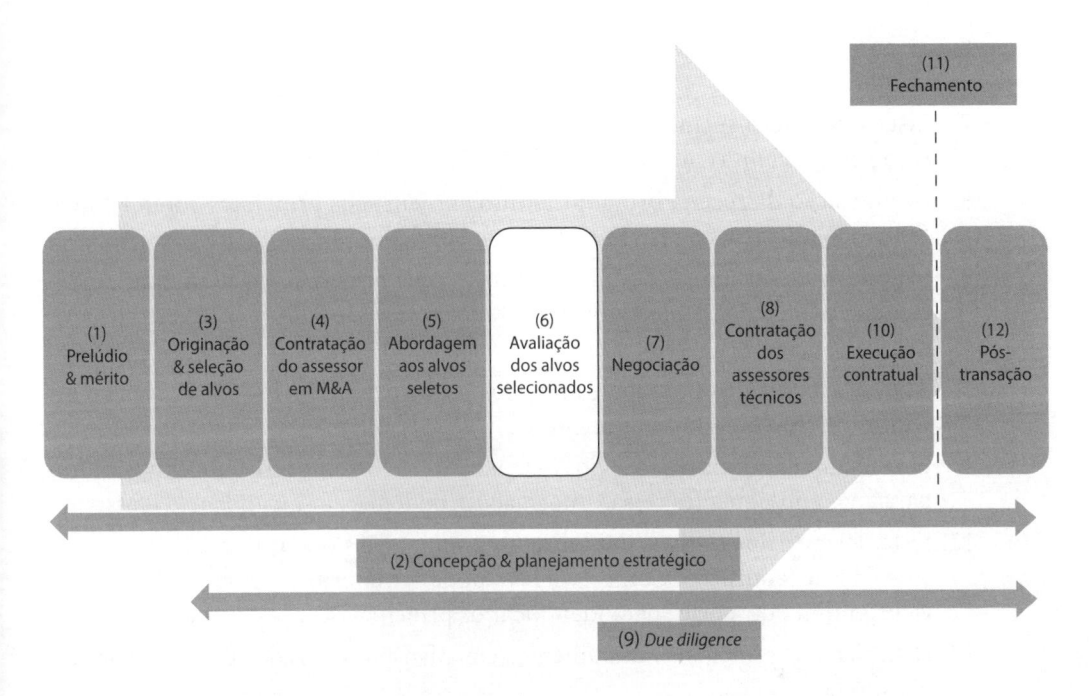

Figura 2.13 – Fase 6: Avaliação preliminar dos Alvos selecionados.

Uma vez selecionados os Alvos prioritários, o Comprador deve solicitar informações privadas mais detalhadas para aprofundar sua avaliação preliminar. Se o Vendedor tiver um Assessor, o Comprador provavelmente receberá o Memorando de Oferta (OM). Caso contrário, o Comprador terá de solicitar as informações necessárias para construir suas próprias projeções para o Alvo. Entre as informações que devem ser solicitadas, é possível incluir:

EXEMPLO DE LISTA PRELIMINAR DE INFORMAÇÕES

1. Composição acionária direta e indireta do Alvo.
2. *Résumés* dos acionistas (pessoas físicas) e demonstrativos contábeis dos acionistas pessoas jurídicas, se for o caso.
3. Organograma do Alvo, seus principais executivos e respectivos *résumés* (o nome dos principais executivos e até o organograma podem ser considerados informações estratégicas que o Vendedor pode relutar em fornecer).

4. Histórico do Alvo no mercado de atuação (principais marcos mercadológicos, operacionais e societários).
5. Demonstrações financeiras completas dos últimos cinco anos, incluindo demonstrativo de resultado do exercício, balanço patrimonial e demonstrativo de fluxo de caixa.
6. Histórico de distribuição de dividendos e JSCP (juros sobre capital próprio) dos últimos cinco anos.
7. Lista e descrição sucinta dos principais produtos e/ou serviços transacionados pelo Alvo. Incluir as marcas utilizadas, se aplicável.
8. Composição da receita bruta do último ano em seus principais componentes (essas são informações estratégicas que o Vendedor pode relutar em fornecer).
9. Composição dos custos do último ano em seus principais componentes, indicando o percentual de insumos importados (essas são informações estratégicas que o Vendedor pode relutar em fornecer).
10. Alíquota média dos principais impostos pagos pelo Alvo, inclusive a opção do regime de recolhimento do IR (presumido ou real).
11. Orçamento da administração do Alvo para o ano corrente e, se houver projeções, para anos subsequentes (essas informações podem estar incluídas no OM).
12. Lista dos principais ativos imobilizados e intangíveis e seus respectivos valores contábeis de aquisição. Como essa lista pode ser enorme, sugere-se definir um valor mínimo de "corte", para identificar os principais ativos por materialidade.
13. Histórico dos principais investimentos em ativos imobilizados e intangíveis dos últimos cinco anos.
14. Descrição detalhada dos principais itens de estoque e seus respectivos giros médios.
15. Descrição detalhada das principais estratégias de comercialização e dos principais itens de contas a receber, *aging* da carteira,[27] histórico de inadimplência (por exemplo, valores em atraso de 30, 60, 90 e acima de 120 dias) e política de provisionamento.
16. Descrição detalhada dos principais itens de contas a pagar e dos valores devidos aos dez maiores fornecedores, como seus prazos ponderados de pagamento (essas são informações estratégicas que o Vendedor pode relutar em fornecer).
17. Descrição detalhada dos principais financiamentos contratados, custos, prazos e garantias prestadas.
18. Atual quadro de funcionários (número total, por área [administração, comercial, operacional] e por cargo [diretoria, gerência e outros]) com salários médios do ano corrente, regime de contratação, descrição de benefícios, tempo médio de casa, *turnover* anual, sindicatos envolvidos.

---

[27] O *aging* da carteira de contas a receber descreve o prazo de recebimento previsto para cada recebível. Com essa informação, o Comprador poderá calcular uma média ponderada do prazo de recebimento do Alvo.

19. Evolução histórica do número de funcionários nos últimos cinco anos seguindo as classificações utilizadas no item anterior.
20. Descrição dos processos jurídicos (de todas as naturezas) contra o Alvo, probabilidade de perda (classificada como "provável", "possível" e "remota") e os montantes financeiros envolvidos.
21. Descrição de ativos e passivos não operacionais e seus valores, se existirem.
22. Principais licenças e certidões governamentais aplicáveis e seus prazos de validade.

Essa lista é genérica. Dependendo do setor de atuação do Alvo (indústria, varejo e serviços), é preciso complementá-la com informações específicas, como no Quadro 2.5.

Quadro 2.5 – Lista complementar de informações por setor da Economia

	Indústria	Varejo	Serviços
Capacidade instalada	Quantidade anual por linha de produto	Área de vendas e de estocagem	Número de funcionários dedicados por tipo de serviço prestado
Composição ROB	Por categoria de produto	ROB por PDV e/ou área geográfica	Por tipo de serviço prestado
Composição dos custos	CPV	CMV	CSP
Indicadores de produtividade	Eficiência energética, quantidade de insumo-chave por unidade de produto etc.	Ex.: funcionários por loja, taxa de conversão (*hit rate*),[28] tíquete médio etc.	Tíquete médio por cliente, número de profissionais envolvidos do Alvo por tipo de cliente/serviço etc.

Com base nas respostas coletadas, o Comprador poderá construir os tópicos a seguir.

1. Parâmetros de eficiência para comparar os Alvos seletos. Cada tipo de indústria tem seu conjunto de indicadores, mas geralmente há em comum: margem bruta, margem EBITDA, dívida sobre EBITDA, EBITDA e/ou receita bruta sobre o número de funcionários. Esses indicadores poderão ajudar o Comprador a escolher o melhor alvo quanto à eficiência.
2. "Projeção do Comprador" sobre o fluxo livre de caixa futuro do Alvo, que deverá ser confrontada com aquela elaborada pelo Vendedor ("projeção do Vendedor"). Essa comparação indicará a atratividade da Transação para o Comprador

---

[28] A taxa de conversão pode ser medida pelo número de pessoas que compram em relação ao número de pessoas que visitam as lojas e compram por dia.

e o Preço que estará disposto a pagar. Se o Comprador vislumbrar um potencial melhor para o Alvo (curva C no gráfico da Figura 2.14) que aquele que o Vendedor lhe apresenta (curva B), independentemente de histórico (curva D) e sua extrapolação (curva A), a Transação terá boas chances de se concretizar, dependendo da concorrência do Comprador na Transação.

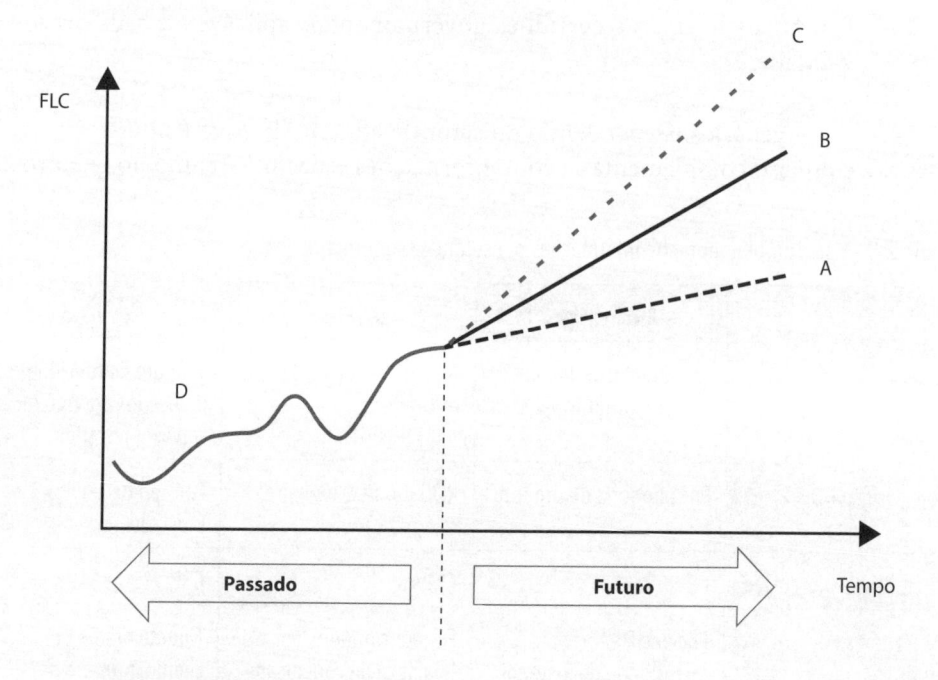

Figura 2.14 – Histórico e perspectiva do Alvo por diferentes pontos de vista.

> **NA PRÁTICA:** assisti a uma interessante exposição de um FPE norte-americano que veio ao Brasil captar recursos para um novo fundo. Eles contaram que, ao analisarem um possível Alvo, buscam pelo menos dez oportunidades de agregar valor com a Transação. Provavelmente, o FPE tem essa meta, pois na Pós-transação duas ou três se mostram realmente factíveis.

Além da capacidade do Alvo em gerar valor para seus acionistas por si só (*stand alone*), o que mais o potencial Comprador deve considerar na avaliação de um Alvo potencial?

SINERGIAS

Uma questão importante na projeção do Comprador é mensurar as possíveis sinergias do Alvo com sua empresa. Transações que pretendem unir duas empresas podem gerar "deseconomias de escala" (Carrol e Mui, 2009) (ou "economias negativas") (Finkelstein, 2004), dada a complexidade das operações. Ou seja, o Comprador precisa avaliar o Alvo e também o impacto da Transação em sua própria empresa.

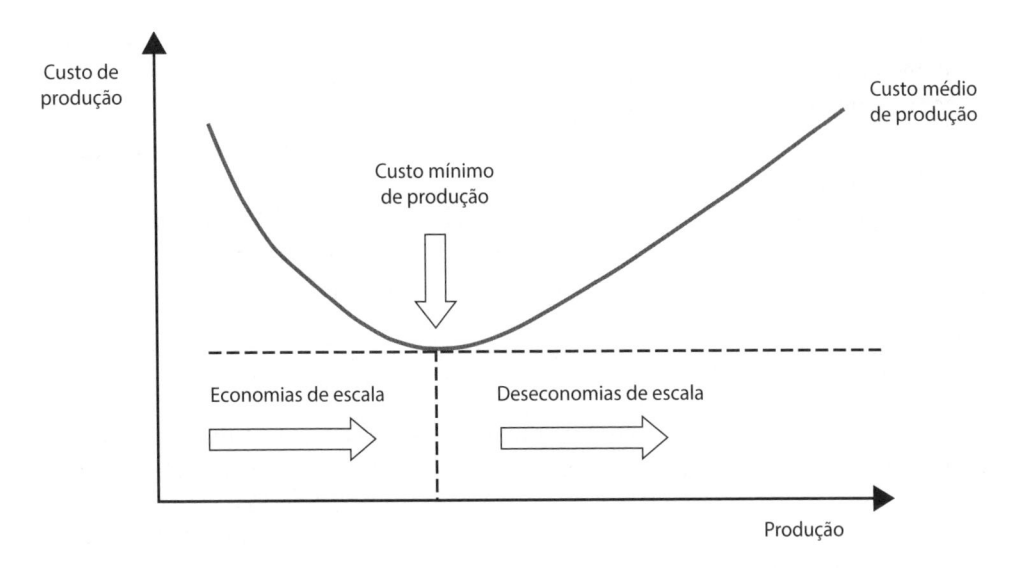

Figura 2.15 – Economias e deseconomias de escala.
Fonte: Gaughan (2011).

Bruner (2004) recomenda que as premissas para ganhos de sinergias sejam descritas em detalhes, incluindo indicadores-chave de *performance* (KPIs ou *key performance indicators*), pois a pior coisa que pode acontecer para o Comprador é definir as sinergias em termos conceituais, por estas serem "óbvias", e não tentar quantificá-las.

> **RECOMENDAÇÃO:** ao estimar e mensurar as possíveis sinergias com o Alvo, o Comprador deve ter em mente o plano de integração Pós-transação. Caso contrário, a simulação de sinergias será um mero exercício teórico sem valor. Isso pode parecer pedir muito de uma avaliação pré-negociação, mas deve-se começar a pensar na Pós-transação o mais cedo possível no processo de M&A. Veremos mais adiante que na Pós-transação a integração deve ocorrer em até 90 dias para se tornar eficaz.

VALOR DAS MARCAS

No quesito valor das marcas que o Alvo possa ter, vale ressaltar que esse valor deve estar incluído nas projeções do fluxo operacional de caixa (FOC). Muitos Vendedores, por desconhecerem o método do fluxo descontado de caixa (FDC), acreditam que o valor de suas marcas deve ser pago à parte do valor das ações do Alvo, conforme discutido no Capítulo 3. Isso é um erro metodológico.

Além disso, vale ressaltar que o valor da marca, entendido como sua capacidade de gerar um prêmio de preço nos produtos e serviços perante a concorrência não é eterno.

Uma interessante pesquisa (Chiara, 2013, p. B7) mostrou que o número de marcas líderes no Brasil caiu drasticamente nos últimos dez anos. Em 2003, eram 69 as marcas de bebidas, alimentos industrializados e artigos de higiene e limpeza que lideravam vendas em suas categorias por dez anos consecutivos. No ano passado, as líderes por uma década foram apenas 28 marcas. Uma explicação para esse fenômeno é que marca que não inova não se sustenta; deve-se aliar a tradição da marca com inovação.

Ou seja, para a marca manter seu destaque, é preciso investir nela. É o exemplo do saponáceo Sapólio Radium da Bombril e do lava-roupas Omo da Unilever. Em 2012, as vendas do saponáceo foram de R$ 104 milhões (8% do faturamento total da Bombril) e os gastos com inovação somaram R$ 10,5 milhões, ou seja, 10% de seu faturamento bruto. O Omo ganhou duas novas versões: líquido para roupas delicadas e para roupas escuras.

OUTRAS CONSIDERAÇÕES

Por fim, são apresentadas a seguir algumas recomendações adicionais aos potenciais Compradores sobre a avaliação dos Alvos (Finkelstein, 2004, p. 46, 50 e 48, respectivamente).

- Procure as barreiras de entrada [na posição competitiva do Alvo]; se elas não existirem, fuja.
- O equilíbrio entre oferta e demanda é dinâmico. O que pode parecer bom para uma inovadora *startup* de telefonia pode parecer bem menos interessante quando seis novos concorrentes entrarem no mercado.
- Para entender o Alvo e sua cultura corporativa, compreenda sua história e a de seus líderes. Essa recomendação complementa outra importante constatação: "O sucesso no passado não garante sucesso no futuro." Um Alvo com um acionista famoso por sua eficiência não deve enviesar a análise do potencial Comprador, que deve pensar no acionista como um simples mortal.
- Se os executivos do Comprador encarregados de avaliar a Transação tiverem muito a ganhar com ela, tenderão a ter dificuldades em encontrar informações negativas sobre o Alvo.
- Se a tecnologia do Alvo for muito complexa, o Comprador provavelmente será refém do *know-how* do Vendedor na Pós-transação. Isso lhe custará muito caro.

CONCORRÊNCIA NA TRANSAÇÃO

Como apontado, mesmo que o Alvo seja muito atraente para o Comprador, a Transação pode não ocorrer, caso o Vendedor tenha uma visão superestimada para o Preço e/ou haja outros vorazes Compradores. Portanto, a análise dos potenciais concorrentes na Transação é fundamental e difícil de fazer. Quem mais poderia estar interessado na Transação e por quê? Essa informação pode ser guardada em segredo pelo Vendedor até o fim da Transação.

RECOMENDAÇÃO: embora seja relevante o impacto da concorrência na Transação, é fundamental que o Comprador desenvolva sua melhor estimativa do Preço, além de outras condições relevantes (escopo e cronograma da *due diligence*, condições suspensivas etc.), e se mantenha fiel a seus parâmetros do que considera uma Transação satisfatória. Se as análises do Comprador forem bem-feitas e a concorrência pagar mais pelo Alvo, paciência: busque uma alternativa. Por isso, é fundamental para o Comprador ter alternativas ao Alvo.[29]

Sumário executivo da Fase 6 – Avaliação preliminar dos Alvos selecionados

- Uma vez selecionados e abordados os Alvos prioritários, o Comprador deve solicitar informações privadas mais detalhadas para completar sua avaliação preliminar, como: organograma e principais executivos; histórico de distribuição de dividendos e JSCP; composição da receita bruta; composição dos custos; histórico dos principais investimentos em ativos fixos etc.
- Essas informações aplicam-se a quase qualquer tipo de empresa. O Comprador deve complementá-las com informações específicas ao tipo de negócio do Alvo. Por exemplo: um Alvo varejista deve informar a área de vendas e área de estocagem dos PDVs, funcionários por loja, tíquete médio etc.
- Com base nas respostas coletadas, o Comprador poderá construir sua projeção sobre o futuro do Fluxo Livre de Caixa do Alvo e confrontá-la com as elaboradas pelo Vendedor, pois esta será a base da negociação do Preço.
- Além da capacidade do Alvo em gerar valor para seus acionistas por si só (*stand alone*), o potencial Comprador deve considerar o valor das sinergias do Alvo na combinação com seus negócios e das marcas.
- Transações que pretendam combinar duas empresas podem gerar "deseconomias de escala" dada a complexidade das operações. As premissas para ganhos de sinergias devem ser descritas em detalhes, incluindo KPIs. Ao mensurar as possíveis sinergias com o Alvo, o Comprador deve ter em mente o plano de integração Pós-transação.
- Algumas recomendações adicionais na avaliação do Alvo: se a tecnologia do Alvo for muito complexa, o Comprador provavelmente será refém do *know-how* do Vendedor na Pós-transação; para entender a cultura corporativa do Alvo, compreenda sua história e de seus líderes; se os executivos do Comprador encarregados de avaliar a Transação tiverem muito a ganhar com ela, eles tenderão a ter dificuldades em encontrar informações negativas sobre o Alvo.
- A análise dos potenciais concorrentes na Transação é tão fundamental quanto difícil de fazer. Quem mais poderia estar interessado na Transação e por quê? Essa informação pode ser guardada em segredo pelo Vendedor até o fim da Transação.
- Embora seja relevante o impacto da concorrência na Transação, é fundamental que o Comprador desenvolva sua melhor estimativa do Preço, além de outras condições relevantes (escopo e cronograma da *due diligence*, condições suspensivas etc.), e se mantenha fiel a seus parâmetros.

---

[29] Alternativas aqui não se restringem somente a outros potenciais Alvos, mas a associações comerciais (*joint ventures*), investimentos em operações próprias etc.

Fase 7 – Negociação

> [...] negociação é uma dança. Você dá um passo, seu par dá outro, e assim por diante. É importante manter um ritmo por duas razões. Reciprocidade mantém seu par na mesa de negociação. E movimentos contínuos ajudam a construir o momento em direção a um gol comum: atingir um acordo. Por outro lado, é importante não exagerar. Na ansiedade de manter o ritmo da dança, o comprador pode submeter sucessivas ofertas sem aguardar a reação do vendedor. Não faça isso; você estará competindo com você mesmo e será explorado por um vendedor atento.
>
> Bruner (2004, p. 786)

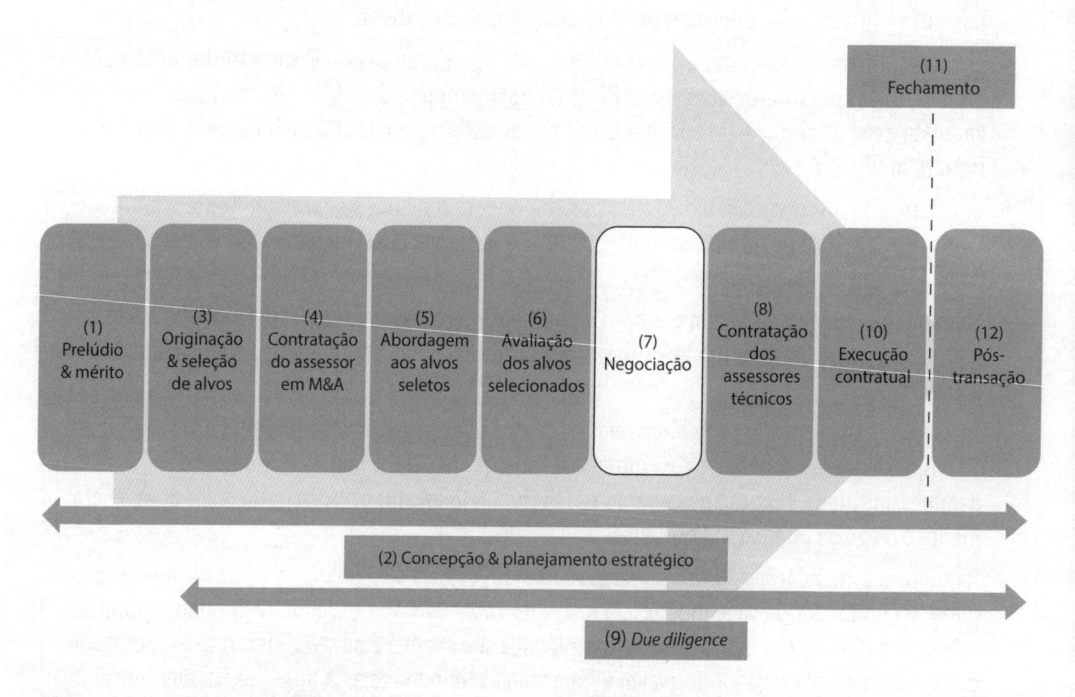

Figura 2.16 – Fase 7: Negociação.

PRINCIPAIS DIFERENÇAS COM O VENDEDOR

As considerações e recomendações feitas ao Vendedor no Capítulo 1 se aplicam ao Comprador também, porém há três diferenças importantes apresentadas a seguir.

1. Geralmente, o Comprador é responsável por fazer a primeira oferta pelo Alvo, para iniciar as negociações com o Vendedor. O mecanismo do leilão, mesmo que privado, incentiva os potenciais Compradores a revelar o valor do Alvo. Por medo de errar no Preço, o Comprador pode subestimá-lo e ser excluído da Transação. Por isso, é importante que o Comprador tenha uma justificativa para sua oferta, a fim de mantê-la na negociação.

2. Ao longo das fases de abordagem, negociação e execução contratual, o Comprador deve persistir na obtenção de informações adicionais que complementem sua avaliação do Alvo. Nesse sentido, deve insistir para que a *due diligence* ocorra antes de consolidar sua oferta em documentos vinculantes.

3. O Comprador deverá insistir em um documento não vinculante para descrever sua oferta. Idealmente, um Term Sheet, que é uma LOI de uma página, com os termos descritos em itens. Ao mesmo tempo, o Comprador deverá insistir em exclusividade na Transação, de maneira a evitar que outros potenciais Compradores ameacem a competitividade de sua Oferta.

RECOMENDAÇÃO: é importante começar, o quanto antes, um esboço do plano de integração operacional do Alvo. Assim que o Alvo prioritário for identificado e as negociações avançarem, o plano de integração deve começar a ser esboçado. Elaborar esse plano convoca os principais executivos do Comprador a refletirem com mais detalhe e senso prático sobre os méritos da Transação.

Conforme comentado, uma Transação não se resume apenas ao Preço que o Comprador pretende pagar ao Vendedor pelo Alvo. Uma oferta envolve nove componentes:

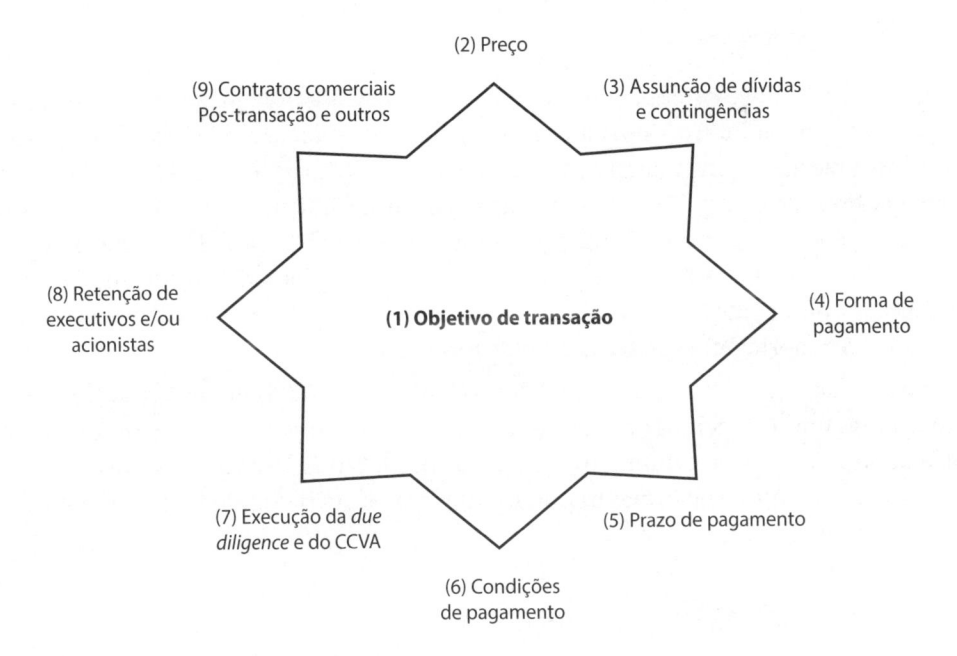

Figura 2.17 – Nove componentes de uma oferta.

1. Objeto da Transação (aquisição de porcentagem do capital do Alvo por meio de aporte de capital (*money in*) e/ou pagamentos ao Vendedor (*money out*), compra de ativos tangíveis e/ou intangíveis do Alvo, e outros.

2. Preço pelo objeto da Transação (por exemplo, R$ 120 milhões por 100% das ações do Alvo).
3. Assunção de dívidas e contingências (por exemplo, o Preço de R$ 120 milhões por 100% das ações do Alvo inclui a assunção do saldo do endividamento bancário de R$ 30 milhões, conforme posição de 31/12/2013).
4. Forma de pagamento do Preço (dinheiro, ações, troca de ativos etc.).
5. Prazo de pagamento (à vista, a prazo, condicional a metas de desempenho e/ou aprovações governamentais).
6. Condições de pagamento (financiamento, *earn-out*, mezanino, por exemplo, o caso Ópera em Luzio [2015]).
7. Execução da *due diligence* e do CCVA. O que vem primeiro, a *due diligence* ou o CCVA? Pode incluir também prazos limites para suas execuções.
8. Retenção de executivos e/ou Acionistas do Vendedor na gestão do Alvo na Pós-transação (nomes dos executivos, prazo de retenção e talvez até indicação de sistema de remuneração deles).
9. Contratos comerciais Pós-transação (locação de imóveis, assistência técnica, cessão de uso de marcas e/ou patentes, contratos de fornecimento e/ou prestação de serviços etc.). Pode haver também outras condições, como por exemplo a exigência de garantias sobre o pagamento a prazo do Preço, não competição etc.

Quais desses nove componentes são mais valiosos para o Vendedor? No caso Crazy Fish, descrito no Capítulo 5, uma multinacional decide vender sua subsidiária brasileira, a Crazy Fish, que lhe fornecia um insumo estratégico. O objeto da Transação era a venda de 100% do capital da Crazy Fish com um contrato de fornecimento de longo prazo do insumo estratégico. Um potencial Comprador comprometeu-se a pagar o Preço que o Vendedor pediu, mas, quando o Vendedor percebeu que o Comprador teria dificuldades técnicas em honrar o contrato de fornecimento, a Transação foi abortada. Para o Vendedor, o Preço não era mais importante, e sim o contrato de fornecimento.

No caso Ópera, também descrito em Luzio (2015), o que mais importava ao Vendedor era encontrar um sócio temporário que aportasse recursos ao projeto de exploração de petróleo na Amazônia para terminá-lo e iniciar sua produção. O Vendedor estava disposto a remunerar bem o novo sócio, mas por poucos anos, pois queria ser dono da maior parcela possível do capital social da Ópera.

CURVA DE APRENDIZAGEM

Enfim, a pergunta permanece: quais dos nove componentes de uma oferta é mais valioso para o Vendedor? Qual é o mais valioso para o Comprador? A negociação em M&A "é um bicho vivo", um processo de troca de sinais e de aprendizagem que se estende até após o Fechamento. A primeira oferta do Comprador deve ser ampla o suficiente para "testar" a sensibilidade do Vendedor aos nove componentes, pois o que é crucial ao Vendedor pode ser secundário ao Comprador. O ideal para o Comprador é negociar uma oferta que maximize os componentes de menor custo para ele, mas que sejam percebidos como valiosos para o Vendedor. Lembre-se: para fazer uma boa Transação, as Partes precisam ter a percepção de ganha-ganha e de reciprocidade. Essa percepção não necessariamente reflete a realidade.

A negociação é um jogo de xadrez, em que o Comprador fará o primeiro movimento à espera da reação do Vendedor para pensar o segundo movimento. Por isso, a primeira oferta tende a ser vaga, do tipo:

O Comprador pretende pagar entre R$ X e R$ Z milhões por 100% das ações do Alvo, sendo uma porcentagem à vista e outra a prazo (em até cinco anos). O pagamento pode ser feito em reais e/ou com a troca de imóveis do Comprador que podem ser de interesse do Vendedor...

> **RECOMENDAÇÃO:** é justamente pela curva de aprendizagem na negociação que o Comprador deve evitar fazer a primeira oferta por e-mail, e sim, pessoalmente, frente a frente com o presidente do Vendedor. Para evitar desgastes prematuros e preservar a capacidade do Comprador em fazer uma segunda oferta, a primeira pode ser feita pelo Assessor, sem a presença do presidente do Comprador. Se o Vendedor se "ofender" com a primeira oferta, o Comprador sempre pode solicitar uma nova reunião e responsabilizar o Assessor pela "ofensa".

Ao longo da negociação, é importante o Comprador não chegar a seu limite em nenhum dos nove componentes da oferta, pois até o Fechamento muito pode acontecer para afetar o valor percebido do Alvo. O Preço ofertado deve ter uma margem do "preço de reserva" (PR), acima do qual a Transação se torna inviável para o Comprador. Prazos e formas de pagamento também.

Na Figura 2.18, é ilustrada a fronteira de preferências de um Vendedor com outros investimentos que lhe demandam capital. Vender o Alvo à vista pode ser muito mais importante que a prazo, mesmo que por um Preço menor. No caso, a fronteira de preferências do Vendedor indica que lhe satisfaz receber R$ 20 milhões à vista ou R$ 40 milhões a prazo, desde que 50% sejam pagos à vista (ou seja, R$ 20 milhões). Valores abaixo de R$ 20 milhões à vista são *deal breakers*. Entretanto, *a priori*, o Comprador não sabe das preferências do Vendedor. O Comprador está disposto a pagar até R$ 22 milhões à vista, R$ 2 milhões acima do preço de reserva do Vendedor (ponto A). O Comprador também aceita pagar até R$ 40 milhões pelo Alvo se puder pagá-lo 100% a prazo, o que não convém ao Vendedor que precisa de R$ 20 milhões à vista. Para satisfazer a ambos, o acordo terá de ser entre R$ 20 milhões à vista e R$ 33,3 milhões, sendo 60% à vista (ou seja, R$ 20 milhões). Esses são os extremos da área formada entre as duas fronteiras de preferência. O melhor negócio para o Comprador é pagar R$ 20 milhões à vista (ponto B), e o melhor negócio para o Vendedor é receber R$ 33,3 milhões, sendo 60% à vista (ponto C).

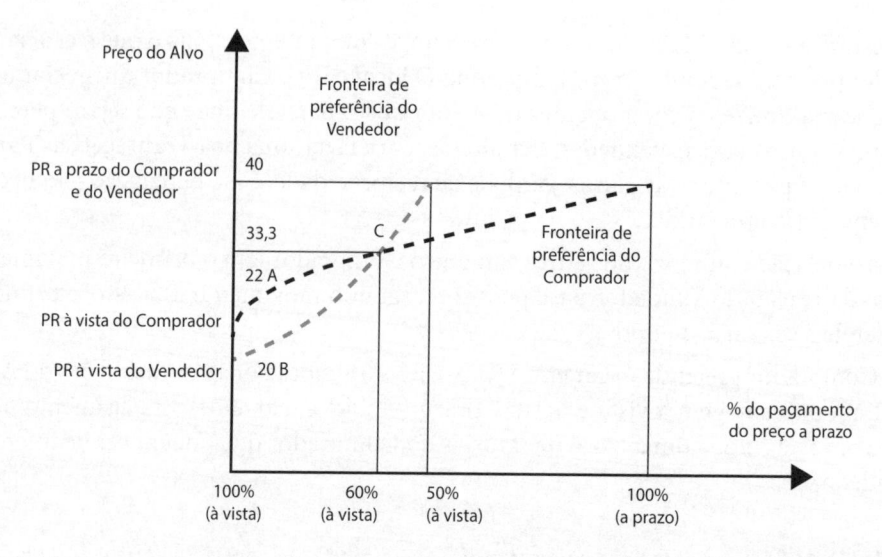

Figura 2.18 – Fronteiras de preferências do Comprador e do Vendedor e a Zopa.

Nota: o gráfico da Figura 2.18 não segue uma escala proporcional. As curvas têm intenção ilustrativa e não necessariamente representam funções matemáticas.

A área formada entre as fronteiras de preferência ABC representa o que Bruner (2004) denominou Zopa – Zona Potencial de Acordo. Fora dela, não haverá acordo, se as Partes estiverem agindo racionalmente.

Para "descobrir" a fronteira de preferência do Vendedor, o Comprador deverá:

1. Saber ouvir e interpretar os sinais que o Vendedor produzirá ao longo do processo e buscar entender como ele pensa e quais são seus valores (*role play*).
2. Conhecer a situação financeira do Vendedor e seus outros interesses além do Alvo.
3. Pesquisar seus potenciais concorrentes na Transação, suas motivações e preços de reserva.
4. Elaborar a primeira oferta de maneira a não revelar seu preço de reserva, "âncoras"[30] e sua fronteira de preferência de modo prematuro, antes de o Vendedor revelar suas preferências.

Como descobrir os preços de reserva dos outros potenciais Compradores na Transação? Isso é muito difícil, a não ser que o Vendedor revele as outras ofertas recebidas. Mesmo nesse caso, o Comprador corre o risco de as ofertas reveladas não serem verdadeiras, ou seja, o Vendedor pode blefar.

Outra possibilidade para descobrir os preços de reserva dos outros potenciais Compradores é investigar os múltiplos de mercado daqueles que têm ações na bolsa. Alguns dos potenciais Compradores podem evitar fazer ofertas ao Alvo acima de seus próprios

---

[30] Se o preço de reserva do Comprador for R$ 10 milhões, não adianta fazer uma primeira oferta com um intervalo de R$ 9 milhões a R$ 15 milhões, pois o Vendedor ancorará os R$ 15 milhões, acima do preço de reserva do Comprador.

múltiplos em bolsa, especialmente se atuarem em mercados semelhantes. Nesses casos, o potencial Comprador terá de explicar a seus acionistas minoritários por que o Alvo vale mais que ele próprio.

> **NA PRÁTICA:** lembro-me de um curioso caso de uma multinacional que contratou uma consultoria internacional para vender sua pequena subsidiária brasileira. A consultoria montou um *data room* em um luxuoso hotel em São Paulo e convidou os potenciais Compradores para apresentar o Alvo e a projeção de seus resultados. Entre eles havia um fazendeiro riquíssimo, mas muito simples. No final da apresentação, o fazendeiro perguntou ao consultor qual era o Preço. O consultor, sem graça, explicou que ele deveria fazer sua oferta primeiro. O fazendeiro respondeu: "Olha, moço, de onde eu venho, quando eu quero comprar uma vaca, eu pergunto o preço e o vendedor responde. Por que você não quer responder a minha pergunta?". Infelizmente, o consultor insistiu em não dizer, e o fazendeiro foi embora. O que o consultor ganhou perdendo um potencial Comprador? Talvez, nesse caso, o Assessor deveria ter convidado o fazendeiro para um café e lhe confidenciado um Preço e iniciado a negociação. É preciso ter flexibilidade, pois ter opções é fundamental para o Vendedor.

Sumário executivo da Fase 7 – Negociação

- As considerações e recomendações feitas ao Vendedor no Capítulo 1 aplicam-se ao Comprador também, porém há oito diferenças importantes:
    1. Geralmente, o Comprador é responsável por fazer a primeira oferta pelo Alvo, para iniciar as negociações com o Vendedor. O mecanismo do leilão, mesmo que privado, incentiva os potenciais Compradores a revelarem o valor do Alvo. Por medo de errar no Preço, o Comprador pode subestimá-lo e ser excluído da Transação.
    2. Ao longo das fases de abordagem, negociação e execução contratual, o Comprador deve insistir em obter informações adicionais que complementem sua avaliação do Alvo. Nesse sentido, deve insistir que a *due diligence* ocorra antes de consolidar sua oferta em documentos vinculantes.
    3. O Comprador deverá insistir em um documento não vinculante para descrever sua oferta. Idealmente o Term Sheet, que é uma LOI de uma página, com os termos descritos em itens. Ao mesmo tempo, o Comprador deverá insistir em exclusividade na Transação, para evitar que outros potenciais Compradores ameacem a competitividade de sua oferta.
    4. É importante começar, o quanto antes, um esboço do plano de integração operacional do Alvo. Elaborar esse plano convoca o Comprador a refletir com mais profundidade sobre os méritos da Transação.
    5. Conforme já comentei anteriormente, uma Transação não se resume só ao Preço que o Comprador pretende pagar ao Vendedor pelo Alvo. Uma oferta envolve dez componentes: (1) objeto da Transação; (2) Preço; (3) assunção de dívidas e contingências; (4) forma de pagamento do Preço; (5) prazo de pagamento; (6) condições de pagamento; (7) prazos e cronograma de execução da *due diligence* e do CCVA; (8) retenção de executivos e/ou acionistas do Vendedor na gestão do Alvo na Pós-transação; (9) acordos comerciais Pós-transação; (10) outras condições.
    6. Negociação é um processo de aprendizagem. Quais desses dez componentes são mais valiosos para o Vendedor? A primeira oferta do Comprador deve ser ampla o suficiente para "testar" a sensibilidade do Vendedor. O que é crucial ao Vendedor pode ser secundário ao Comprador.

O ideal para o Comprador é negociar uma oferta que maximize os componentes de menor custo para ele, mas que sejam percebidos como valiosos para o Vendedor. Em uma boa Transação, as Partes precisam ter a percepção de ganha-ganha e de reciprocidade. Tal percepção não necessariamente reflete a realidade.

7. Ao longo da negociação, é importante o Comprador não chegar no seu limite em nenhum dos nove componentes da oferta, pois, até o Fechamento, muitas coisas podem acontecer que afetem o valor percebido do Alvo.

8. Para o Comprador "descobrir" as preferências do Vendedor, deverá: (i) saber ouvir e interpretar os sinais que o Vendedor produzirá; (ii) conhecer a situação financeira do Vendedor e seus outros interesses além do Alvo; (iii) pesquisar seus potenciais concorrentes na Transação, suas motivações e preços de reserva; (iv) elaborar a primeira oferta de maneira que não revele seus limites de modo prematuro.

Fase 8 – Contratação de Assessores técnicos

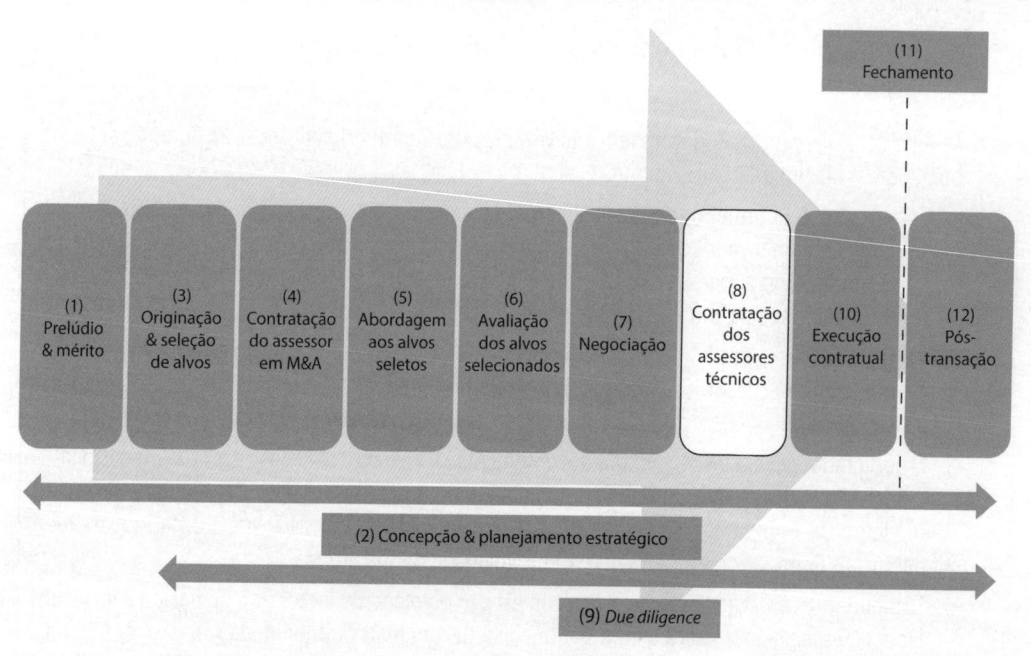

Figura 2.19 – Fase 8: Contratação de Assessores técnicos.

Para conduzir a *due diligence*, o Comprador precisará de, no mínimo, dois tipos de assessores técnicos, a saber: advogados e auditores.

A seleção dos auditores deve levar em conta não apenas capacidade técnica, mas também sua postura diante da Transação: se o dinheiro fosse deles, os auditores fariam a Transação? Ou seja, os auditores devem pensar como investidores e não apenas como contadores. O foco não deve ser somente os riscos, mas também a atratividade do Alvo para o Comprador, ou seja, a questão que deve guiar a *due diligence* é: "o Alvo é uma oportunidade atraente levando em conta o binômio risco-retorno?" (Bruner 2004, p. 209).

Isso posto, não quero dizer que os auditores devam ser remunerados com Honorários de Sucesso variáveis, como uma porcentagem do Preço. Pelo contrário, os auditores devem ser remunerados por Honorários Fixos, que serão pagos ao fim da *due diligence*, independentemente de a Transação ser concluída ou não.

Lembre-se: assumir riscos tem preço. Não há almoço grátis. O Comprador pode simplesmente não fazer a *due diligence* e poupar os honorários do auditor, mas o Comprador realmente economizou dinheiro? Ou descobrirá no futuro quanto lhe custará a materialização de um risco não identificado previamente? Vale a pena contratar um bom auditor e remunerá-lo de acordo.

> **NA PRÁTICA:** infelizmente, há muitas empresas se oferecendo como consultorias em *due diligence*, o que deprimiu os preços. E o barato pode sair bem caro. Foi, infelizmente, um caso que presenciei. Meu cliente, o Comprador, contratou uma due diligence a um preço baixo. O Alvo, uma pequena empresa de bens de capital, estava à beira da falência. Após a aquisição, o Comprador começou a receber ligações de clientes: "quando você vai entregar meu equipamento?". Sem capital, o Alvo vendeu equipamentos com preços baixos, mas pagamentos antecipados, que foram usados para financiar o capital de giro. Tipo "vender o almoço para pagar o jantar". Sobrou para o Comprador, que teve de honrar os compromissos a um preço barato, em prazos apertados e sem os necessários estoques para produzir os equipamentos. Moral: o barato sai caro.

Fase 9 – *Due diligence*

> A *due diligence* é essencialmente sobre detalhes, que geralmente devem ser considerados.
>
> Finkelstein (2004, p. 99)

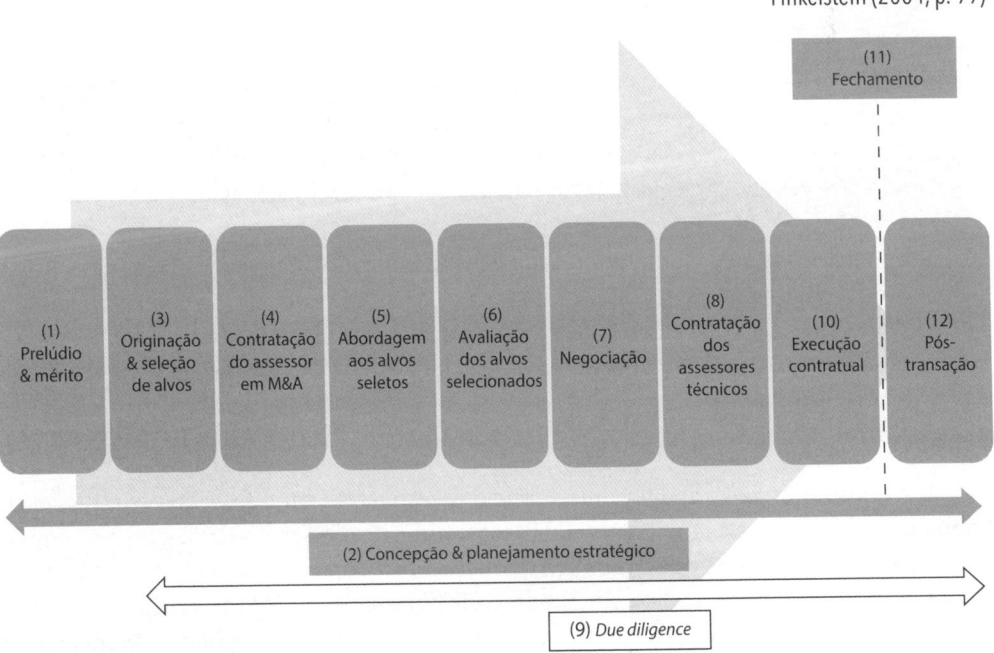

Figura 2.20 – Fase 9: *Due diligence*.

QUANDO COMEÇAR?

Nas primeiras etapas do processo de M&A, o início da *due diligence* se baseia em informações de domínio público (relatórios de associações de classe, IBGE, CVM, jornais etc.). Gradualmente, quanto mais o Comprador se aproxima do Alvo e do Vendedor, mais a *due diligence* vai sendo complementada com informações privadas (e confidenciais).

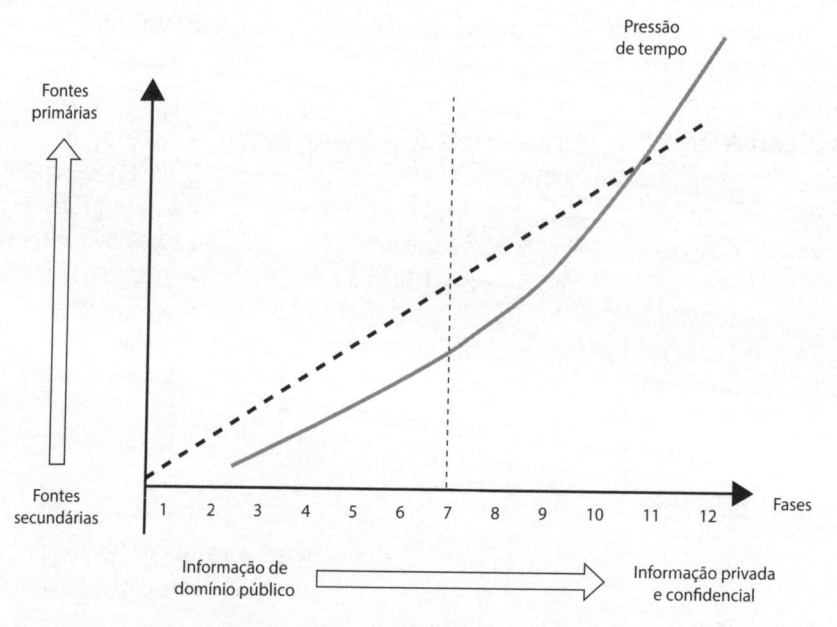

Figura 2.21 – A evolução da *due diligence* no processo de coleta de informações.

> **RECOMENDAÇÃO:** lembre-se de que, da fase Negociação em diante, as Partes terão pressa em concluir a Transação. Infelizmente, conhecimento de qualidade não se constrói com pressa. O Comprador, portanto, deve aproveitar as fases iniciais para coletar e analisar o máximo de informações públicas e privadas que conseguir antes de terminar a sétima fase (Negociação).

Do ponto de vista do Comprador, o ideal é que a *due diligence* não aconteça após a assinatura do CCVA, mas antes dela. O Comprador deve tentar negociar sua realização, mesmo que parcialmente, antes de assinar qualquer documento vinculante. Ele deve estar preparado para abortar a Transação se encontrar riscos operacionais, jurídicos e estratégicos significativos.

ESCOPO

A *due diligence* não é apenas um exercício investigativo para descobrir contingências tributárias, trabalhistas e ambientais etc. É, sobretudo, uma oportunidade para o Comprador entrar nos detalhes da operação do Alvo e descobrir como seu negócio é executado no dia a dia. O Comprador não deve restringir a *due diligence* a equipes de auditores externos e advogados: deve envolver seus próprios executivos para conhecer a operação e a cultura organizacional do Alvo mais de perto.

Esse é o momento para verificar a veracidade da descrição que o Vendedor forneceu sobre o Alvo e se as premissas sobre seu futuro (descritas nas projeções econômico-financeiras da administração do OM) são factíveis. Muitos Compradores não aproveitam essa oportunidade e depois se arrependem.

> **NA PRÁTICA:** o caso da aquisição da produtora de chás gelados Snapple Beverage Company pela Quaker Oats (produtora da marca Gatorade), em 1994, é um forte exemplo de um Comprador que não aproveitou a oportunidade da *due diligence* para entender os aspectos críticos do negócio do Alvo.[31]
>
> O "segredo" da Snapple estava em sua extensa e dependente rede de embaladores e distribuidores, que preparavam, engarrafavam, estocavam e vendiam seus produtos. A rede era muito leal à Snapple, que cultivou uma relação de parceria com contratos perpétuos de distribuição. Em contraste, antes da Transação, a Quaker usava centros de distribuição próprios para seus produtos da marca Gatorade. Uma das primeiras ações da Quaker após a aquisição da Snapple foi renegociar os contratos perpétuos com os distribuidores. Não funcionou. Levou dois anos para a Quaker recompor o sistema de distribuição da Snapple, mas, quando conseguiu, a concorrência já havia avançado no mercado.
>
> A relação contratual com os empacotadores e distribuidores deveria ter sido compreendida na *due diligence*. Esses contratos davam sólidos direitos perpétuos aos distribuidores sobre os produtos da Snapple.

Para investigar os 15 aspectos da *due diligence* (legal, contábil, TI, risco, seguros, meio ambiente, vendas, operações, propriedades, propriedade intelectual, finanças, relações internacionais, RH, cultura e ética), a equipe deverá ser multidisciplinar (veja no Quadro 2.6) e poderá contar com executivos do Comprador e consultores especializados (Bruner, 2004, p. 213).

Quadro 2.6 – Exemplo de equipe multidisciplinar

1. Advogado para revisão de contratos corporativos em geral.
2. Advogado e contador especialistas em tributos.
3. Especialista em relações com o Governo e órgão reguladores.
4. Especialista em meio ambiente.
5. Especialista em gestão de riscos.
6. Especialista em imóveis.
7. Especialista em questões trabalhistas.
8. Executivo do Comprador especialista em folha de pagamento, benefícios e outros aspectos de RH e legislação trabalhista.
9. Especialista em propriedade intelectual.
10. Auditor para contabilidade em geral.
11. Contador especialista em *Management Information Systems* (MIS) e relatórios internos.
12. Consultor especialista em TI.

---

[31] Para obter mais detalhes, consulte Finkelstein (2004).

13. Especialista em TI (de preferência, algum executivo do Comprador).
14. Especialista em questões atuariais.
15. Especialista em marketing.
16. Executivo do Comprador especialista em operações.
17. Especialista em integração Pós-transação.
18. Especialista em *cash management*.
19. Consultor especialista em análise de crédito e solvência.
20. Executivo do Comprador especialista em finanças, projeções financeiras e avaliação financeira (pode ser auxiliado pelo Assessor).

Fonte: Bruner (2004, p. 213, tradução livre).

RECOMENDAÇÃO: o processo da *due diligence* é extenso, intenso e tenso. O Vendedor se sentirá sobrecarregado e "invadido" com as informações solicitadas. É preciso que a equipe da *due diligence* e seu líder tenham sensibilidade no tratamento com o Vendedor e seus funcionários para evitar desgastes e até a ruptura das negociações. Especialmente se a *due diligence* estiver ocorrendo antes ou durante o processo de elaboração do CCVA, quando o Comprador ainda não estiver juridicamente vinculado à Transação. Lembre-se também de que os executivos do Alvo estarão sob pressão psicológica por especulações sobre futuras demissões.

Entre os aspectos operacionais que podem ser verificados por funcionários especializados do Comprador, é possível destacar:

- estado geral das instalações, máquinas e equipamentos, veículos;
- processo produtivo (incluindo índices de produtividade e custos dos principais insumos);
- entrevistas com principais executivos para acessar suas competências e também verificar o clima e a cultura organizacional etc.

NA PRÁTICA: conta a lenda que, quando uma multinacional comprou uma renomada empresa de macarrão brasileira, nas projeções econômico-financeiras da administração do OM constava que, para cada quilo de macarrão, o Alvo utilizava um ovo. Após a Transação concluída, o Comprador verificou que, na verdade, o Alvo usava dois ovos na sua receita para cada quilo de massa. Os impactos no custo e na margem eram significativos e também no gosto do consumidor.

Due diligence é essencialmente sobre detalhes. Mantenha os olhos e ouvidos bem abertos. Para tanto, é preciso tempo. Tão importante quanto o amplo acesso às informações do Alvo, o Comprador necessita de tempo para fazer uma boa *due diligence*. Tempo e acesso são duas dimensões que o Vendedor vai querer limitar ao máximo. Lembre-se de que qualquer problema identificado na *due diligence* que seja resolvido ou registrado no CCVA (por exemplo, por meio de uma cláusula de indenização ou representação) só vai aumentar depois do Fechamento.

NA PRÁTICA: o fato de o Alvo ter demonstrativos contábeis auditados não garante a veracidade de seus saldos, pois há um conflito de interesses inerente à auditoria: quem paga o auditor é o Alvo. O mesmo vale para agências classificadoras de risco. Prova disso são os escândalos de contabilidade corporativa no início dos anos 2000 e a derrocada das hipotecas de alto risco nos EUA em 2008 (Wessel, 2013, p. B9). No Brasil, também tivemos escândalos desta natureza.

A *due diligence* também pode revelar aspectos sobre o caráter dos líderes do Alvo. Suas parcerias com fornecedores e investidores são frutíferas e de longo prazo? Há indícios de quebras conflituosas e/ou litigiosas de contratos? Como o Alvo trata seus ex-funcionários? Houve projetos de investimento interrompidos? Por quê? Falta de dinheiro, recursos humanos e/ou megalomania dos líderes? Entreviste clientes, fornecedores e investidores. Ouça, principalmente, o que eles têm a dizer sobre o Alvo e seus líderes. Todas essas informações são sinais de alerta sobre a cultura organizacional, o caráter dos líderes e até a própria competitividade do Alvo.

NA PRÁTICA: adquirir uma empresa "no escuro", sem fazer a *due diligence*, é um enorme risco. Há várias histórias de terror, mas também algumas histórias de sorte. Quando o Banco Garantia comprou a Brahma em 1989 por US$ 60 milhões, na pressa, não foi feita a *due diligence* do Alvo. Logo nos primeiros dias da Pós-transação, perceberam que o fundo de previdência da Brahma tinha um patrimônio de US$ 30 milhões contra US$ 250 milhões em obrigações. "Hoje, quando comentam o assunto, Marcel [Telles], Jorge Paulo [Lemann] e Beto [Sicupira] dizem que foi ótimo não terem feito a lição de casa. Se soubessem o tamanho da encrenca, provavelmente não teriam levado o negócio adiante" (Correa, 2013, p. 125).

Sumário executivo da Fase 9 – *Due diligence*

- Após a fase Negociação, as Partes terão pressa em concluir a Transação. Infelizmente conhecimento de qualidade não se constrói com pressa. O Comprador, portanto, deve aproveitar as fases iniciais para colher e analisar o máximo de informações públicas e privadas que conseguir antes de formalizar sua oferta.
- O Comprador deve tentar negociar que a *due diligence* ocorra, mesmo que parcialmente, antes de assinar qualquer documento vinculante.
- A *due diligence* não é apenas um exercício investigativo para se descobrir contingências tributárias, trabalhistas e ambientais. É, sobretudo, uma oportunidade para conhecer os detalhes da operação do Alvo. O Comprador, por isso, deve complementar a equipe de auditores e advogados com seus próprios executivos.
- Esse é o momento para verificar a veracidade da descrição que o Vendedor forneceu sobre o Alvo e se suas as premissas de projeção são factíveis.
- Para investigar os 15 aspectos da *due diligence* (legal, contábil, TI, riscos, seguros, meio ambiente, vendas, operações, propriedades, propriedade intelectual, finanças, relações internacionais, RH, cultura e ética), a equipe deve ser multidisciplinar.

- O processo da *due diligence* é extenso, intenso e tenso. O Vendedor se sentirá sobrecarregado e "invadido" com as informações solicitadas. É preciso que a equipe da *due diligence* e seu líder tenham sensibilidade no tratamento com o Vendedor e seus funcionários para evitar desgastes e até a ruptura das negociações.
- Problemas identificados antes do Fechamento e que não forem resolvidos ou endereçados no CCVA só aumentarão depois do Fechamento.
- A *due diligence* também pode revelar aspectos sobre o caráter dos líderes do Alvo, por exemplo, por meio da análise das relações com seus fornecedores, clientes e funcionários.

Fase 10 – Execução contratual

> [...] no esforço do processo decisório, nós fazemos escolhas que nos levam a erros. Esses erros são evitáveis, mas vamos encarar o fato de que nunca nos livraremos dos erros, tampouco devemos tentar. Por quê? Porque riscos são inerentes aos negócios. Se você nunca assumiu um risco, você nunca expandirá seus horizontes. Você nunca revolucionará o mercado, os produtos ou a indústria [...] você não pode não tomar riscos. Riscos calculados são essenciais para um negócio bem-sucedido. E, por definição, onde há riscos há erros.
>
> Finkelstein (2004, p. 271)

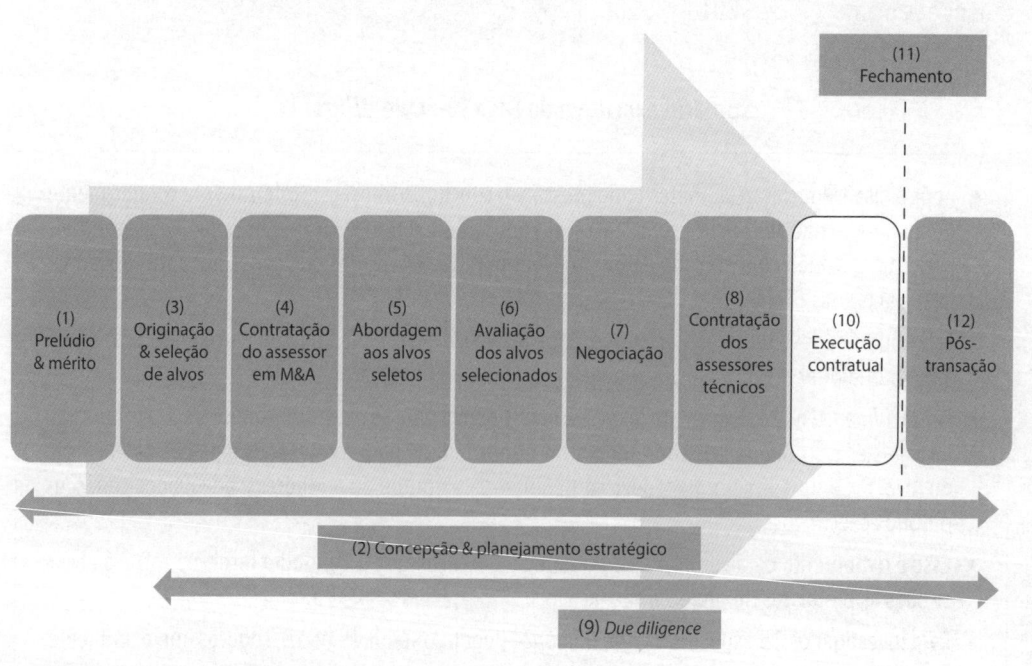

Figura 2.22 – Fase 10: Execução contratual.

A PRIMEIRA MINUTA

Como discutido no Capítulo 1, a tradição é que o Comprador faça a primeira oferta. Por isso, seus advogados têm a prerrogativa de elaborar a primeira minuta do CCVA. Na primeira versão, é provável que os advogados do Comprador incluam aspectos da Transação que não foram negociados previamente com o Vendedor. Se a fase Negociação foi realizada de maneira superficial ou muito conceitual, abrangendo apenas alguns dos dez componentes de uma oferta, essas "novidades" podem ter impactos significativos na percepção de valor da Transação para o Vendedor.

Entre as possíveis "novidades", o Comprador tentará responsabilizar o Vendedor por qualquer risco que não tenha sido identificado durante a avaliação do Alvo e na *due diligence*. Inclusive tentará adiar, ou até mesmo reter, parte do pagamento do Preço por um tempo longo o suficiente para que "todos" os riscos da Transação tenham sido identificados.

Lembre-se: advogados são pagos para identificar riscos na Transação e tentar evitá-los ou mitigá-los. Invariavelmente, os advogados do Comprador identificarão riscos que ele não percebeu. Se o advogado for pouco experiente ou pouco sensato (pois não há negócios sem risco), os efeitos desses riscos podem ser superestimados. Então, o Comprador temeroso pode instruir seu advogado a inserir cláusulas importantes no CCVA sem as discutir previamente com o Vendedor.

Do mesmo modo, o advogado do Vendedor também identificará riscos no CCVA que seu cliente não percebeu. A desconfiança mútua poderá aumentar ao longo das discussões de inúmeras versões do CCVA.

> **RECOMENDAÇÃO:** antes de inserir cláusulas não previamente negociadas, o Comprador deve se pôr no lugar do Vendedor: qual seria minha reação diante dessas cláusulas inéditas? Por essa e outras razões, o Comprador e/ou seu Assessor devem acompanhar seus advogados nas discussões do CCVA com o Vendedor.

À medida que os detalhes operacionais sobre a Pós-transação começam a surgir, o CCVA vai se tornando mais extenso e complexo. Chega uma hora, no entanto, em que a negociação dos inúmeros detalhes e riscos potenciais precisa terminar e a Transação precisa ser concluída. Tem hora de negociar e tem hora de decidir, pois uma Transação não é apenas sobre perdas potenciais, mas, acima de tudo, sobre oportunidades de ganho!

As discussões dos termos do CCVA podem ter momentos de muita tensão. Como são discussões longas, que podem durar dias e atravessar madrugadas, é preciso ter muito cuidado nas horas que antecedem a assinatura. Já testemunhei brigas horríveis neste momento, fruto do estresse acumulado. Nessas horas, as Partes e os Assessores precisam manter a calma e a paciência uns com os outros.

RISCO MORAL E SELEÇÃO ADVERSA

Na essência, as discussões do CCVA do ponto de vista do Comprador abordarão direta ou indiretamente os riscos oriundos da assimetria de informação sobre o Alvo, que gera dois tipos de problemas: o risco moral e a seleção adversa.

O exemplo clássico de risco moral (*moral hazard*) é o dos grandes bancos que, ao se perceberem como "grandes demais para quebrar", podem agir de maneira oportunista e fazer empréstimos de baixa qualidade de crédito, pois sabem que, se incorrerem em perdas, o Banco Central aportará o capital necessário para mantê-los solventes. Em M&A, haverá momentos da Transação em que o risco moral pode emergir do comportamento oportunista do Vendedor. É o caso do período entre a execução da *due diligence* e o Fechamento da Transação, que pode durar semanas ou até mesmo meses. Nesse intervalo, o Vendedor, ainda dono do Alvo, pode adotar ações comerciais (assinar um contrato de longo prazo com um fornecedor) e de gestão operacional (demitir um executivo importante) que afetem o negócio do Alvo e/ou seus ativos e passivos.

O exemplo clássico da seleção adversa (*adverse selection*) é o das pessoas que compram apólices de seguros por saberem que estão expostas a riscos maiores que a média. Em M&A, se o Vendedor adotou práticas tributárias e trabalhistas arriscadas no Alvo, ele tentará transferir esse risco para o Comprador. A seleção adversa também pode surgir quando o Vendedor tenta superestimar as qualidades e capacidades do Alvo. A *due diligence* é um meio de tentar identificar esses comportamentos. O Comprador deverá alocar juridicamente a responsabilidade sobre esses comportamentos para o Vendedor no CCVA. De modo semelhante, se o Comprador desconfia de sua avaliação do Alvo (uma vez que esta se baseia, boa parte, em informações fornecidas pelo Vendedor), também poderá, por meio do CCVA, prever descontos no Preço, se descobrir que o Vendedor superestimou as qualidades e capacidades do Alvo.

Postos os desafios do risco moral e da seleção adversa, serão repassadas a seguir as principais cláusulas do CCVA do ponto de vista do Comprador.

PREÇO E FORMA DE PAGAMENTO

Para se proteger do risco de contingências ou do comportamento oportunista do Vendedor entre a *due diligence* e o Fechamento, o Comprador pode parcelar o pagamento do Preço por meses ou até anos, para dar tempo de a materialização de evidências desses riscos morais ocorrerem ou não.

Para se proteger do risco de ter superestimado o Preço por causa de informações enviesadas fornecidas pelo Vendedor (seleção adversa), o Comprador pode condicionar o pagamento do Preço a eventos operacionais e comerciais futuros – caso típico do *earn-out*. O Comprador pode "abusar" do argumento da necessidade de se proteger contra um Preço superestimado e convencer o Vendedor a financiá-lo. Ou seja, o Comprador pode usar o mecanismo de *earn-out* para pagar o Preço com a geração de caixa do Alvo no prazo de parcelamento, sem compartilhar possíveis ganhos com o Vendedor, caso o Alvo apresente uma *performance* superior à estimada nas projeções. Por exemplo:

> **Caso A:** o Comprador pagará o Preço de R$ 100 milhões em cinco parcelas anuais de R$ 20 milhões (a primeira à vista), se os EBITDAS do Alvo nos próximos quatro anos forem iguais ou superiores aos previstos no OM. A cada ano, se o EBITDA for inferior ao projetado, a diferença, em termos proporcionais, será abatida da parcela devida do Preço. Por exemplo, se o EBITDA projetado era de R$ 4 milhões, mas somente se realizou metade (R$ 2 milhões), a parcela daquele ano também será reduzida em 50% (ou seja, 50% × 20 = 10 milhões).

Caso B: o Vendedor projetou os Ebitdas do Alvo para os próximos quatro anos (no OM) em R$ 4 milhões ao ano. O Comprador compromete-se a pagar o Preço em cinco parcelas anuais, sendo a primeira à vista no valor de R$ 20 milhões, e as quatro parcelas restantes no valor equivalente a cinco vezes os Ebitdas dos próximos quatro anos.

Qual é a diferença entre A & B para o Comprador? E para o Vendedor? Antes de responder a essas questões, é preciso assumir que o Vendedor terá alguma ingerência sobre a gestão do Alvo nos quatro anos, caso contrário, o Vendedor será refém da gestão do Comprador, e, aí, o risco moral (risco de comportamento oportunista) trocará de lado.

No caso A, o Comprador definiu o Preço em R$ 100 milhões. Se a *performance* do Alvo for aquém da projetada pelo Vendedor, o Preço pago será reduzido. Não há ganho potencial nenhum ao Vendedor, que pode ganhar, no máximo, R$ 100 milhões e, no mínimo, os R$ 20 milhões (pagos à vista). Tanto em A e B, apenas o valor da primeira parcela está fixado (R$ 20 milhões), mas, no caso B, se os Ebitdas forem maiores que os projetados, o Preço poderá ultrapassar R$ 100 milhões. Ou seja, tanto em A quanto em B, o Vendedor compensará o Comprador pelo risco de superestimar o Preço, mas em B o Comprador poderá pagar um Preço maior, caso o Alvo tenha uma *performance* superior. No caso B, o Vendedor terá o incentivo de prover o Comprador com estimativas mais conservadoras e factíveis.

> **RECOMENDAÇÃO:** o *earn-out* pode ser um mecanismo interessante para minimizar o risco de o Preço ter sido superestimado. Acredito, porém, que, para tanto, deva haver um equilíbrio entre o ganho (ou perda) potencial do Comprador e do Vendedor, como ilustrado no Caso B. Entretanto, em ambos os casos, o Vendedor correrá o risco de fatores exógenos ao Alvo comprometerem sua *performance*, por exemplo, uma crise internacional. Isenções (ou *waivers*) para esses eventos exógenos significativos (como uma queda no PIB anual do Brasil em mais de 200 pontos-base) podem ser previstas no CCVA.
>
> Além disso, recomendo que o EBITDA, o EBIT ou o lucro líquido não sejam utilizados como parâmetros da fórmula do *earn-out*. Embora sejam mais fáceis de mensurar, podem não ser bons indicadores da geração de caixa de uma empresa. O FOC ou o FLC são melhores (consulte no Capítulo 3 as definições desses termos).

REPRESENTAÇÕES E GARANTIAS

O Comprador deve identificar os principais ativos e passivos do Alvo e incluir suas descrições e valores estimados na Data-base e relacionados nas representações. Por exemplo: "O Alvo conta com um armazém próprio de 2.000 m^2, localizado em tal endereço." Além de ativos e passivos, o Comprador pode incluir outros aspectos importantes das operações do Alvo, por exemplo, o número de clientes, os termos (prazo de validade e valores) de seus principais contratos (aluguel, prestação de serviços, fornecimento de insumos etc.). Se houver uma quantidade volumosa de informações para representação, pode ser conveniente organizá-las em um anexo próprio no CCVA.

Como mencionado no Capítulo 1, as garantias que o Comprador exigirá do Vendedor podem incluir a retenção de parte do Preço em uma conta caução por um período, hipotecas, aval do Vendedor, carta de fiança de um banco (o que impõe um custo ao Vendedor) e outros. Quando o Alvo é uma empresa não auditada, o Comprador pode ter argumentos fortes para exigir essas garantias, alegando que, se o Vendedor "não lhe escondeu nada, não há o que temer, pois as garantias não serão executadas". Se o Vendedor não tiver outro potencial Comprador e tiver interesse na Transação, é provável que conceda alguma garantia ao Comprador. Aí a questão é uma garantia que possa ser mais barata ao Vendedor e que atenda ao anseio de proteção do Comprador.

CONDUÇÃO DOS NEGÓCIOS DO ALVO ATÉ O FECHAMENTO

Para evitar o risco moral, o Comprador deve exigir que o Vendedor conduza a gestão do Alvo da melhor maneira possível até o Fechamento. Como definir a "melhor maneira possível"? Aqui o Comprador pode ser genérico (como descrito no exemplo de CCVA apresentado no Capítulo 1) ou mais específico. Se desejar ser específico, o Comprador deverá definir o tipo de ação que deseja coibir ou sua anuência prévia, por exemplo: demissão ou contratação de diretores e gerentes do Alvo, assinatura de contratos de fornecimento ou prestação de serviços acima de R$ 5 milhões por mês, pagamento de dividendos ou JSCP etc.

RECOMENDAÇÃO: uma vez assinado o CCVA, é aconselhável que, pelo menos, um executivo sênior do Comprador já comece a trabalhar no Alvo acompanhando as decisões da diretoria e alta gerência até a Data de Fechamento. Lembre-se de que, dependendo do porte das Partes, o Cade deverá aprovar a Transação e isso pode demorar meses. Ou seja, a importância e a duração desse período de transição até o Fechamento não devem ser subestimadas pelo Comprador.

CONDIÇÕES SUSPENSIVAS

Além da conclusão da *due diligence* e do CCVA, o Comprador pode exigir as aprovações governamentais pertinentes e outras condições que possam afetar o valor do Alvo no Pós-transação (por exemplo, a aprovação pelos financiadores do Alvo da assunção do saldo devedor da dívida pelo Comprador). Aqui, o Comprador pode incluir provisões contratuais que lhe permitam abortar a Transação, sem ônus, caso alguma condição suspensiva não seja satisfeita. É claro que o Vendedor também buscará suas "saídas" não onerosas da Transação, o que pode não ser de interesse do Comprador.

RECOMENDAÇÃO: lembre-se de que, para construir comprometimento, é preciso haver uma percepção de reciprocidade e de "ganha-ganha". Se o Vendedor se sentir muito oprimido pelas exigências do Comprador, o sucesso da Transação pode ser comprometido.

NA PRÁTICA: uma ilustração significativa do impacto da reciprocidade no CCVA ocorreu há alguns anos com uma importante empresa, que nos solicitou para permanecer anônima. Um dos sócios do Alvo comprava a participação do outro. Os macrotermos da Transação haviam sido acertados e os advogados redigiam o CCVA. No MOU, o Comprador exigiu que os macrotermos fossem irretratáveis e irrevogáveis e que, em caso de violação, a Parte teria de pagar uma multa de R$ 500 milhões à outra. O Vendedor respondeu imediatamente que a multa deveria ser de R$ 1 bilhão. O Comprador aceitou prontamente. Poucos meses depois, veio a crise de 2008, e o Alvo entrou em uma severa crise de liquidez. O valor de suas ações do Alvo na bolsa caiu 96%... e o Comprador teve de honrar a Transação.

INDENIZAÇÕES

As cláusulas de indenizações garantem ao Comprador que, no caso de haver algum ativo superestimado, passivo oculto ou contingências que se materializem após o Fechamento, oriundas de fatos geradores anteriores ao Fechamento, o Vendedor o indenizará por suas perdas. Os mecanismos de ajustes no Preço podem incluir deduções no saldo da conta caução (*escrow account*), execução de hipoteca de imóveis, caução de ações de outras empresas do Vendedor etc.

Ao mesmo tempo que o Comprador poderá insistir em descrever os mecanismos de indenização de modo abrangente, para incluir ampla gama de possíveis eventos negativos, o Vendedor tentará restringi-los.

OUTRAS CONDIÇÕES

Geralmente, a mais comum das condições assessórias do CCVA é a não competição dos sócios e executivos do Alvo. Essa pode ser uma condição fundamental para o Comprador, caso essas pessoas detenham conhecimentos estratégicos do Alvo e seu mercado de atuação. No entanto, é preciso ser cauteloso.

NA PRÁTICA: em um interessante artigo, o advogado Rafael Vilac Vicente de Carvalho[32] alerta que restrições impostas ao trabalho de pessoas (no caso, os ex-acionistas do Alvo) devem ter como contrapartida uma indenização, que não necessariamente estará segmentada no Preço. O Preço geralmente tem como base o Fluxo Descontado de Caixa (FDC) do Alvo para o Comprador, que pode ou não levar em conta a não competição dos ex-acionistas do Alvo (como descrito no Capítulo 3). O Comprador deve estar atento a esse aspecto para evitar questionamentos futuros por parte dos ex-acionistas do Alvo.

Por outro lado, se há executivos com conhecimentos estratégicos do Alvo e de seu mercado de atuação, em vez de exigir a não competição, o Comprador deve se perguntar se não é o caso de reter esses profissionais no Alvo por meio de contratos de trabalho interessantes ao contratante e ao contratado.

RECOMENDAÇÃO: se, como parte da Transação, o Comprador impôs algum tipo de contrato comercial (aluguel de imóveis, prestação de serviços e fornecimento de insumos etc.) que afeta sua percepção de valor do Alvo, o contrato deve ser redigido e negociado com todos os detalhes

---

[32] Operações de compra e venda de empresas, *Valor Econômico*, de 2/7/2012, p. E2.

necessários junto com o CCVA. Pode ser um erro fatal priorizar a assinatura do CCVA e deixar para depois a execução de um importante contrato comercial.

Essa recomendação vale também para o Acordo de Acionistas, caso a Transação envolva a venda parcial do capital social do Alvo. Podem ser muitos contratos sendo negociados ao mesmo tempo. E isso pode ser mesmo. No entanto, tenha em mente a interdependência desses instrumentos jurídicos na geração de valor do Alvo para o Comprador na Pós-transação.

O Acordo de Acionistas é um dos mais importantes contratos que podem complementar o CCVA, se a Transação envolver uma venda parcial do capital social do Alvo. Nesse tipo de Transação, o Acordo de Acionistas deve ser considerado tão ou mais importante que o CCVA. Deve-se dar atenção em especial a cláusulas que prevejam que, para certas decisões estratégicas, é necessário ter aprovação por "supermaioria" (*supermajority provisions*) (dois terços dos votos, 80% ou até 95%). Veja o relato a seguir.

NA PRÁTICA: uma vez, um cliente relatou que vendeu 51% do capital de uma de suas empresas a um milionário estrangeiro que ainda não atuava diretamente no Brasil. Dada a importância do conhecimento do Brasil, o Comprador (sócio majoritário) concedeu poderes especiais a seus sócios brasileiros. Todas as decisões relevantes, por exemplo, investimentos, contratações de altos executivos, expansões para outros países e lançamento de novos produtos, deveriam ser tomadas por unanimidade entre os sócios. Além disso, para cada R$ 1,00 de aporte de capital do "majoritário" para novos investimentos, os minoritários teriam de aportar R$ 0,50. Na época da Transação, a justificativa para essa cláusula era evitar a diluição involuntária dos minoritários em futuros aportes de capital. Ou seja, ser "majoritário" não se estendia às decisões, apenas se restringia ao montante das ações. Não demorou muito para surgirem os primeiros incômodos e diferenças sobre a gestão do Alvo. O majoritário queria impor seus interesses e não conseguia. Não teve outra alternativa a não ser comprar o Alvo pela segunda vez dos minoritários! Agora, com um agravante, o Alvo havia crescido e se valorizado ainda mais. Consequência: o majoritário teve de pagar mais pelos 49% do capital do que pagou pelos 51%!

Esse relato ilustra um caso de "abuso de poder do minoritário". Em outra situação vivida por uma multinacional brasileira que comprou um Alvo em parceria com um FPE havia uma cláusula que exigia unanimidade dos sócios na captação de investimentos. O Alvo em questão era uma concessionária de prestação de serviços públicos em infraestrutura e precisava cumprir com o cronograma de obras imposto pelo poder concedente. Para tanto, precisava investir somas significativas que poderiam ser financiadas pelo BNDES e condições muito favoráveis. Entretanto, no momento de contratar o financiamento, o FPE, minoritário na sociedade, tentou vender suas ações para seu sócio majoritário (a multinacional). Para forçá-la a um Preço favorável, o FPE vetou a contratação do empréstimo. O Alvo e o majoritário ficaram, então, reféns do minoritário.

Um Acordo bem escrito pode proteger as Partes e o Alvo dos desalinhamentos de interesses entre os sócios, por meio de mecanismos de resolução de conflitos (arbitragem, mediação, rodízio nos cargos-chave e outros) e saída dos sócios (por exemplo, com opções de compra e venda de ações). As cláusulas de *tag along*, *drag along* e direito de primeira recusa também podem proteger as Partes de ações oportunistas de um dos sócios.

O Acordo de Acionistas também é uma ótima oportunidade para criar mecanismos da governança corporativa do Alvo. Governança corporativa consiste "no respeito consciente e sistemático dos direitos legais e morais dos acionistas minoritários e outros parceiros básicos, por parte de diretores e de acionistas controladores das empresas, a fim de maximizar o valor da empresa [no caso, o Alvo] para todos" (Parente, 2002).

> **NA PRÁTICA:** o contrato de agente pode ser considerado um tipo de transação de M&A. No contrato de agente, o Vendedor cede ao Comprador direitos exclusivos para explorar a marca, o produto e/ou o serviço. Há alguns anos, conheci um caso dramático nesse tipo de Transação. Um empresário brasileiro adquiriu o direito de exclusividade para representar determinada marca estrangeira de moda de luxo. Era um contrato de máster franqueador, no qual o brasileiro tinha a exclusividade sobre o comércio dos produtos da marca no Brasil. Em troca da exclusividade, a empresa estrangeira exigia que o brasileiro abrisse 70 lojas em cinco anos. Poderiam ser lojas próprias e/ou franqueados, que deveriam ser identificados pelo brasileiro. Uma análise de viabilidade superficial indicou ao brasileiro que o retorno sobre seu capital (*payback* simples) poderia ocorrer em cinco anos. Alguns meses após assinar o contrato de máster franqueador, o brasileiro sentia que algo estava errado. Pediu uma nova análise de viabilidade. Mais profunda e usando a metodologia correta (FDC), a análise indicava que o retorno sobre seu capital (*payback* composto) ocorreria em 12 anos. Era muito tempo, e muito risco, e o brasileiro preferiu rescindir o contrato e pagar as multas a insistir em executá-lo.
>
> Esse caso traz duas lições importantes: usar a metodologia correta para a avaliação do Alvo (no caso, a exclusividade sobre a marca com a obrigação de abrir 70 lojas); se o risco de perda for identificado com a antecedência devida, vale considerar romper a Transação em vez de insistir nela.

Sumário executivo da Fase 10 – Execução contratual

- A tradição é que o Comprador apresente a primeira minuta do CCVA, que provavelmente incluirá aspectos da Transação não negociados previamente. Essas "novidades" podem ter impactos significativos na percepção de valor da Transação para o Vendedor.
- Advogados são pagos para identificar riscos na Transação e tentar evitá-los ou mitigá-los. Se o advogado for pouco experiente ou pouco sensato, os efeitos desses riscos podem ser superestimados. Do mesmo modo, o advogado do Vendedor também identificará riscos no CCVA que seu cliente não percebeu. A desconfiança mútua poderá aumentar ao longo das discussões de inúmeras versões do CCVA.
- Antes de inserir cláusulas não previamente negociadas, o Comprador deve se colocar, portanto, no lugar do Vendedor: qual seria minha reação diante dessas cláusulas inéditas? Por essa e outras razões, o Comprador e/ou seu Assessor devem acompanhar seus advogados nas discussões do CCVA com o Vendedor.
- À medida que os detalhes operacionais sobre a Pós-transação começam a surgir, o CCVA torna-se mais extenso e complexo. Todavia, chega o momento em que a negociação dos inúmeros detalhes e riscos potenciais precisa terminar e a Transação ser concluída. Há hora de negociar e há hora de decidir, pois uma Transação não é só sobre perdas potenciais, mas, acima de tudo, sobre oportunidades de ganho!

- Cada um dos nove componentes da oferta resultará em uma ou mais cláusulas do CCVA.
- Uma cláusula comum nas indenizações é a conta caução (*escrow account*). Ela garante ao Comprador que, se houver algum ativo superestimado, passivo oculto, contingências que se materializarem após o Fechamento, oriundas de fatos geradores anteriores ao Fechamento, o Vendedor o indenizará por suas perdas por meio de ajustes no Preço.
- Se há executivos com conhecimentos estratégicos do Alvo e de seu mercado de atuação, o Comprador deve se perguntar se não é o caso de reter esses profissionais no Alvo.
- Se, como parte da Transação, o Comprador impôs algum tipo de contrato comercial (aluguel de imóveis, prestação de serviços e fornecimento de insumos etc.) e se este afetar sua percepção de valor do Alvo, o contrato deve ser redigido e negociado, com todos os detalhes necessários com o CCVA. Pode ser um erro fatal priorizar a assinatura do CCVA e deixar para depois a execução de um importante contrato comercial.
- Essa mesma recomendação vale para o Acordo de Acionistas, caso a Transação envolva a venda parcial do capital social do Alvo. Podem ser muitos contratos em negociação ao mesmo tempo, mas tenha em mente a interdependência desses instrumentos jurídicos.
- Um Acordo de Acionistas bem escrito pode proteger as Partes e o Alvo dos desalinhamentos de interesses entre os sócios, por meio de mecanismos de resolução de conflitos e saída dos sócios.

Fase 11 – Fechamento

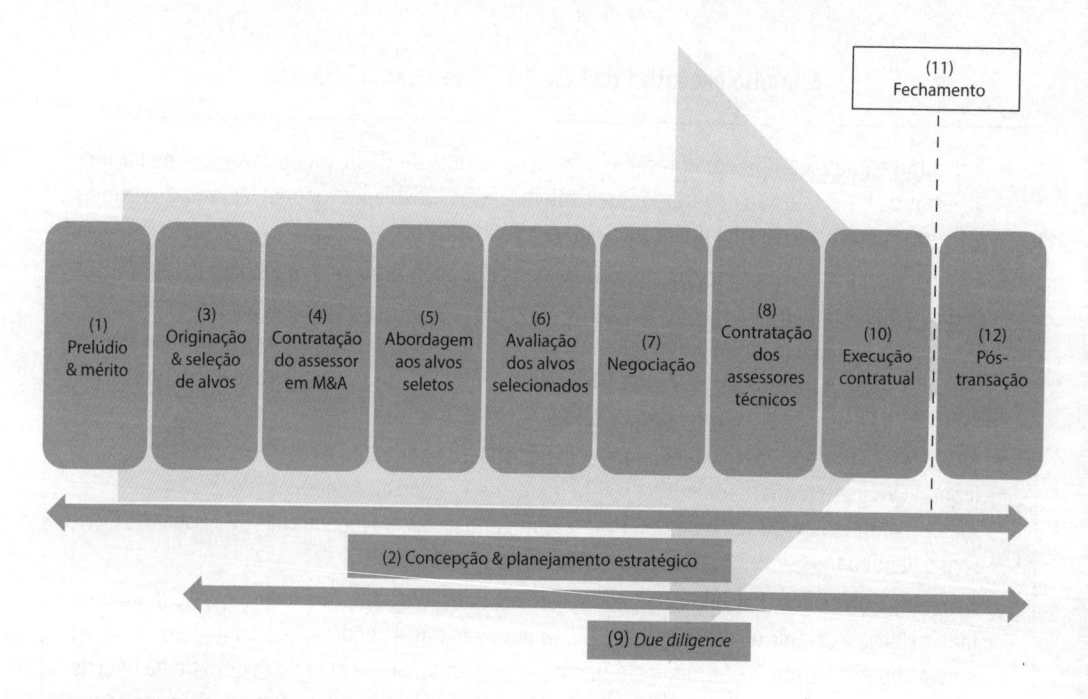

Figura 2.23 – Fase 11: Fechamento.

APROVAÇÃO DO CADE

Além do que foi discutido no Capítulo 1, vale enfatizar a importância da aprovação do Cade, que pode ser uma das questões mais importantes no Fechamento para o Comprador. Nos últimos anos, o Brasil tem assistido a aprovações de Transações pelo Cade que impuseram condições que afetaram o valor do Alvo, como apresentado no Quadro 2.7.

Quadro 2.7 – Exemplos de aprovação do Cade com restrições

Transação	Restrições
Azul e Trip	Azul e Trip terão de utilizar pelo menos 85% da capacidade de seus *slots*[33] no Aeroporto Santos Dumont. Caso essa eficiência seja desrespeitada, os *slots* retornarão à Anac.[34]
Perdigão e Sadia	"A BR Foods fica proibida de criar novas marcas onde a marca *premium* for mantida. A marca Perdigão será suspensa no período de três a cinco anos em alguns mercados – a depender da relevância de sua participação no setor. A marca Batavo deixará de existir no mercado de carnes industrializadas, permanecendo apenas no setor de lácteos. As marcas Rezende, Wilson, Texas, Escolha Saudável, Fiesta Doriana e Delicata terão de ser vendidas. No total, aproximadamente 730 mil toneladas da capacidade produtiva da BR Foods serão alienadas."[35]
LAN e TAM	"A Latam, empresa resultante da operação, terá que repassar a uma outra empresa gratuitamente dois pares de slots (em Guarulhos referentes à rota SP-Santiago-SP)."[36]
Coca-Cola e Matte Leão	A Coca-Cola não poderá usar a marca Nestea, que é líder de mercado com a Matte Leão.[37]
Pão de Açúcar e Casas Bahia	"As empresas concordaram em vender parte de suas lojas em 54 cidades do País, sendo 25 delas em São Paulo e 15 no Rio de Janeiro, locais onde o Cade avaliou que a operação traria riscos à concorrência no setor."[38]

---

[33] Horários de pousos e decolagens.

[34] Fonte: "Cade aprova aquisição da Trip pela Azul com restrições". Disponível em: http://veja.abril.com.br/noticia/economia/cade-aprova-aquisicao-da-trip-pela-azul-com-restricoes. Acesso em: 9 set. 2014.

[35] Fonte: baseado em "Cade aprova a fusão entre Sadia e Perdigão com restrições". Disponível em: http://exame.abril.com.br/negocios/noticias/cade-aprova-fusao-entre-sadia-e-perdigao. Acesso em: 5 nov. 2014.

[36] Fonte: "Cade aprova fusão entre LAN/TAM com restrição". Publicado no site do jornal *O Tempo*. Disponível em: www.otempo.com.br. Acesso em: 14 dez. 2011.

[37] Fonte: "Cade aprova com restrição a compra da Matte Leão pela Coca-Cola". Publicado no site do jornal *Gazeta do Povo*. Disponível em: www.gazetadopovo.com.br. Acesso em: 10 set. 2014.

[38] Fonte: baseado em "Cade aprova com restrições compra das Casas Bahia pelo Pão de Açúcar". Disponível em: http://exame.abril.com.br/negocios/noticias/cade-aprova-com-restricoes-fusao-pao-de-acucar-asas-bahia. Acesso em: 5 nov. 2014.

Considerados esses históricos, é prudente para o Comprador prever que o pagamento do Preço possa ser ajustado no caso de o Cade aprovar a Transação com restrições. As Partes podem acordar que o valor dessa restrição será mensurado por uma empresa de consultoria contratada pelas Partes para uma *"fairness opinion"*, por exemplo. O Vendedor, por sua vez, pode incluir uma cláusula para protegê-lo no caso de o desconto ser significativo. Por exemplo, o Vendedor pode ter o direito de abortar a Transação se o desconto devido a uma restrição do Cade ultrapassar 30% do Preço.

MEMORANDO DA TRANSAÇÃO (DO COMPRADOR)

O Memorando da Transação (MT) é um documento interno do Comprador que deve ser elaborado por ele mesmo, podendo contar ou não com o apoio do Assessor. O MT documenta o histórico da Transação do ponto de vista do Comprador e auxilia a contextualizar os executivos que vierem a ser contratados pelo Alvo e pelo Comprador na Pós-transação. O MT não é apenas uma ajuda à memória (em francês, *aide-mémoire*), mas também fornece informações importantes para o acompanhamento da integração do Alvo e seu valor financeiro e estratégico agregado ao Comprador na Pós-transação. Se o Comprador não concluir a Transação por algum motivo, o MT também serve para as futuras gerações de executivos do Comprador entenderem o que deu certo e o que deu errado.

Como tal, o MT é um documento que deve começar a ser organizado desde a primeira fase e é complementado até o Fechamento. O MT crescerá com a agregação de documentos e análises ao longo do processo de Transação. Entre as documentadas no MT, é possível destacar as informações a seguir.

- Nome, função, contatos de todos os executivos do Comprador e seus Assessores envolvidos na Transação em suas 12 fases.
- Avaliação do Alvo utilizada para defender o mérito da Transação entre os acionistas do Comprador. Descrição da justificativa estratégica do Comprador para a Transação.
- Documentação dos atos relevantes (jurídicos, operacionais, financeiros, regulatórios e outros) do Vendedor e do Comprador no período entre a assinatura do CCVA e a Data de Fechamento.
- Plano de Negócio (*business plan*) para a Pós-transação, com parâmetros operacionais (por exemplo, volume de vendas, contratação de empregados, premissas de ganhos com sinergias etc.) e contábil-financeiros (receita operacional bruta, EBITDA, fluxo de caixa etc.).
- Plano de Ação da Integração para os primeiros 90 dias após o Fechamento, incluindo a captura de sinergias, contatos com os principais clientes e fornecedores etc.
- *Management assessment*: avaliação dos principais executivos do Alvo, incluindo a identificação de pessoas-chave e análise das que podem ser dispensáveis.
- Transcrição de entrevistas com executivos: do Alvo e do Comprador envolvidos na Transação, fornecedores, clientes, credores, agências reguladoras e outros *stakeholders* envolvidos com o Alvo e com a Transação.

O MT é um documento extenso que pode incluir cópias dos instrumentos jurídicos da Transação (OM, NDA, LOI, CCVA, Acordo de Acionistas, certidões e licenças, aprovação do Cade etc.).

Fase 12 – Pós-transação

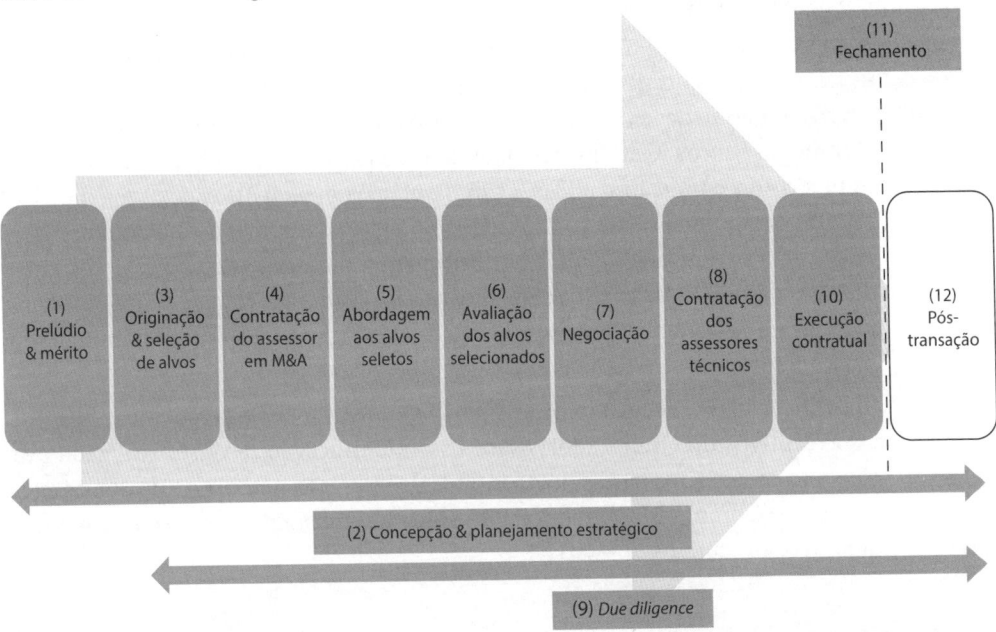

Figura 2.24 – Fase 12: Pós-transação.

É comum a afirmação de que "aquisições falham por causa de rupturas na integração" do Alvo com o Comprador. As pesquisas de Finkelstein (2004) indicam que erros na integração de aquisições ocorrem porque os Compradores não sabem o que fazer após a Transação concluída. O autor, então, recomenda que os Compradores elaborem os planos de integração antes de concluir a Transação e que designem um responsável para sua implantação, de preferência alguém que tenha participado da identificação do Alvo, das negociações e/ou da *due diligence*. Cuidado especial com a primeira folha de pagamento do Alvo, pois não há sinal pior que se possa dar aos funcionários que atrasar o salário deles logo no primeiro mês.

Bruner (2004) cita que consultores especializados recomendam que a integração entre o Alvo e o Comprador ocorra em até 90 dias do Fechamento para evitar graves problemas. Nessa integração, alguns aspectos, como os citados a seguir, merecem destaque.

- **Comunicação interna:** como o Comprador comunicará a Transação a seus funcionários? Perder funcionários talentosos, tanto do Comprador quanto do Alvo, pode custar muito. O primeiro pensamento dos funcionários do Alvo é "O que acontecerá comigo?". Por isso, a comunicação clara e honesta com os funcionários, antes e depois da Transação, é fundamental. Quando houve a aquisição de um grande banco brasileiro por outro, o presidente do banco adquirido disse a seus funcionários que se tratava de uma fusão e que as mudanças seriam para melhor. Em pouco tempo, começaram as demissões, e a marca do banco adquirido foi extinta. Alguns dos funcionários com quem falei, em altos e baixos escalões, sentiram-se traídos e abandonados e, na primeira oportunidade, trocaram o banco por seus concorrentes.

A comunicação com os funcionários do Alvo antes e depois da Transação é um desafio muito delicado. Ao mesmo tempo que não se quer criar tensões desnecessárias, não se deve tratar os funcionários como adultos que acreditam no coelhinho da Páscoa. Geralmente, quando uma empresa é vendida, o Comprador impõe como condição da Transação manter os principais executivos do Alvo por um ano ou mais. Essa continuidade na gestão é importante para manter um bom clima organizacional no Alvo. Entretanto, manter parte da gestão original do Alvo não implica deixá-la sem supervisão, tampouco deixar de integrá-la às práticas e à cultura do Comprador. Veja o caso da Saatchi & Saatchi apresentado mais adiante.

- **Identificação de executivos de alta *performance*.** Quem fará essa identificação? Os executivos do Comprador? Não! Essa identificação deve ser realizada por consultores externos para evitar conflitos de interesse. Lembre-se de que os executivos do Comprador também estarão tão temerosos em perder seus empregos quanto os executivos do Alvo.

NA PRÁTICA: o presidente de uma grande empresa que adquiriu outra de perfil parecido me contou que selecionar os melhores executivos foi uma tarefa desafiadora. Por causa das semelhanças operacionais entre o Alvo e o Comprador, havia muitas duplicações. Então, o presidente decidiu posicionar todos os principais diretores e gerentes em salas com seus respectivos pares no Alvo. Cada sala tinha um executivo do Comprador e seu "gêmeo" do Alvo. O presidente foi de sala em sala com a seguinte mensagem: "Vocês têm até o final do dia para escolher qual de vocês dois ficará e qual será demitido. Vocês vão decidir quem é melhor para a empresa e por quê. Para aquele que será demitido, comprometo-me a recolocá-lo." A estratégia foi muito bem-sucedida, e o valor das ações do Comprador teve altas consistentes por anos.

- **Contato com principais clientes, fornecedores e financiadores:** este é um ponto importante, pois possivelmente alguma mudança, instabilidade e/ou ruptura temporária nos serviços e pagamentos poderá ocorrer com os clientes, fornecedores e financiadores. As consequências podem ser graves, por exemplo, a decretação do vencimento antecipado de um empréstimo com cláusula de troca de controle, a perda de um cliente significativo ou, ainda, a interrupção do fornecimento de um insumo-chave por atrasos nos pagamentos de fornecedores.

A satisfação dos clientes deve ser monitorada periodicamente na Pós-transação para identificar dissonâncias e evitar rupturas. Fornecedores estratégicos também devem ter atenção diferenciada. Clientes e fornecedores muito importantes merecem visitas de executivos do Comprador e do Alvo para comunicar a Transação e seus impactos.

- **Integração cultural:** para Bruner (2004), as diferenças culturais são uma das causas de fracassos de aquisições. A questão cultural tem quatro aspectos: atendimento ao cliente, produtos, custos e superioridade (*vis-à-vis* à concorrência).

NA PRÁTICA: um interessante caso de integração de culturas foi a aquisição da Antarctica pela Brahma, criando a Ambev, em 1999, e a aquisição da Ambev pela Interbrew, originando a InBev, em 2004. A integração da Antarctica pela Brahma era como integrar "São Paulo e Corinthians no mesmo time". No controle societário da Interbrew havia quinhentos membros, "muitos deles com título de nobreza. Como normalmente ocorre com clãs aristocráticos, em que barões, condes e viscondes se divertem em meio a caçadas de faisões, os hábitos das famílias eram caros – e, pior, bancados pela empresa. Na cervejaria, a regra era opulência. Reuniões executivas e do conselho eram realizadas em hotéis de luxo e, não raro, com serviço de champanhe" (Correa, 2013, p. 205). Uma cultura bem diferente daquela da Brahma, obcecada por corte de despesas e com base na meritocracia. O comitê de integração da InBev reunia-se mensalmente por três anos após a fusão. Apesar de minoritária, a Ambev conseguiu impor seu estilo de gestão, para a felicidade de seus acionistas.

As dificuldades na integração podem consumir muito tempo e atenção dos gerentes, afetando clientes e funcionários do Alvo e até do próprio Comprador. Clientes desassistidos podem recorrer aos competidores, portanto, sua satisfação deve ser cuidadosamente monitorada. Pesquisas de clima organizacional, quando bem-feitas, também podem ajudar a monitorar a satisfação dos funcionários.

Na integração operacional e cultural do Alvo com o Comprador, é importante evitar as clássicas armadilhas: manter duas lideranças (co-CEOs); preservar duas sedes para a matriz; tratar de modo diferente os funcionários, clientes e fornecedores do Alvo (mentalidade do "nós *versus* eles"). Esses são exemplos de sinergias negativas!

Erros de integração surgem quando o Comprador não elaborou um plano detalhado de integração, por rupturas culturais e/ou porque a Transação trouxe à tona vulnerabilidade das Partes (Finkelstein, 2004, p. 101). É fundamental que o Comprador nomeie um líder para a integração, de preferência alguém envolvido na Transação desde seu começo. Esse(a) executivo(a) deve ter poder suficiente para conduzir sua única responsabilidade: integrar a empresa adquirida da maneira mais rápida e eficiente possível. Deve também poder contar com um time multidisciplinar (RH, TI, controladoria, logística etc.) de alto nível para lhe dar suporte. "Se há uma coisa certa sobre integração, é que o inesperado acontecerá" (Finkelstein, 2004, p. 102). Esse líder e sua equipe devem, portanto, estar preparados para intervir e solucionar interrupções em processos críticos.

- **Gestão de cargos e salários:** quando as Partes atuam no mesmo mercado, provavelmente haverá diferenças nos salários e benefícios pagos em funções semelhantes. Essas diferenças dão base a causas trabalhistas. Por conseguinte, uma das primeiras ações do Comprador na Pós-transação é a identificação dessas diferenças e a equiparação de cargos e salários.

- **Alta gestão do Alvo:** quanto mais complexo ou diferente o negócio do Alvo for em relação ao negócio do Comprador, mais tentador será para o Comprador deixar a antiga diretoria a cargo da gestão na Pós-transação. Esse é um erro enorme. Já vivenciei um caso em que o Comprador deu ampla liberdade à diretoria do Alvo, sem nenhuma interferência. Após prejuízos recorrentes, o Comprador se deu conta de que estava refém dos gestores. Quando tentou incluir na diretoria do Alvo executivos de sua confiança, enfrentou grande resistência. É crucial, portanto, que, desde o primeiro dia da Pós-transação, o Comprador tenha executivos de sua confiança na direção do Alvo, de preferência que tenham participado da negociação da Transação e/ou da *due diligence*. Ao mesmo tempo, o Comprador deve evitar o outro extremo: demitir a antiga diretoria e substituí-la por seus executivos. Há vários exemplos desastrosos de aquisições que não souberam preservar o *know-how* do Vendedor, como foi o famoso caso da aquisição da Snapple pela Quaker, já discutido.
- **Sinergias: da teoria para a prática.** Por que é tão difícil realizar sinergias e criar valor com uma Transação? A primeira lição é que, quão mais importante for a sinergia, mais desafiador será torná-la realidade. A segunda é que o tempo é crítico: quanto mais se demora na tentativa de realizar uma sinergia, mais difícil fica sua viabilidade. Por fim, a terceira: sinergias não são grátis, elas têm um custo. Uma regra prática: implementar sinergias custa duas a três vezes mais que seu benefício anual.[39]
- **"Barricadas" culturais.** Duas empresas sempre terão diferenças entre: suas estruturas de cargos e responsabilidades; seus padrões de remuneração e benefícios; seus estilos de gerenciamento operacional e financeiro, incluindo indicadores de *performance* (KPIs ou *key performance indicators*); sua autoimagem institucional; entre outros aspectos.

  Essas diferenças produzem o que Finkelstein (2004) denominou "neuroses da integração",[40] como: "eu prefiro te matar que me juntar a você" e "compre, mas não toque". Por vezes, as neuroses da integração podem assumir uma posição oposta, mas são também prejudiciais, como "nós não somos tão diferentes" e "nós não precisamos mudar". Essas "neuroses" são posições subjetivas que impedem a integração e podem ser causadas por medo, arrogância e até por preconceitos.
- **Integração de sistemas de TI.** Integrar os sistemas de TI do Alvo e do Comprador pode ser um dos maiores desafios na Pós-transação.

NA PRÁTICA: na onda de fusões e aquisições de bancos que ocorreu no Brasil na segunda metade da década de 1990, fiz uma experiência. Abri contas de poupança em três bancos, depositando R$ 500 em cada conta. No banco A, um banco nacional e privado de grande porte, fui muito bem

---

[39] Finkelstein (2004).
[40] Finkelstein (2004, p. 103).

atendido e não tive problemas. No banco B, que havia sido comprado por um gigante internacional, também fui bem atendido, mas demorei duas semanas para obter o número da conta e recebi somente um extrato por ano, durante os três anos que mantive a conta aberta. No banco C, que era fruto da fusão de dois bancos brasileiros adquiridos por outro gigante internacional, não consegui abrir a conta. Na agência havia dois gerentes, cada um oriundo de uma das instituições que foram fusionadas. Um deles me disse que, para abrir a conta-poupança, precisaria abrir uma conta-corrente, o que não quis fazer, pois teria de pagar tarifas. Outro gerente, ouvindo a nossa conversa, disse, porém, que não era necessário abrir a conta-corrente. Resultado: os dois ficaram discutindo calorosamente e fui embora sem abrir a conta.

ERROS COMUNS NA PÓS-TRANSAÇÃO: TRÊS CASOS

Como aquisições podem destruir valor para o Comprador? Finkelstein (2004) estudou três casos de aquisições malsucedidas: a da Snapple Beverage Company pela Quaker Oats, em 1994; a da Columbia Pictures pela Sony em 1989; e uma série de aquisições feitas pela Saatchi & Saatchi, uma empresa britânica, originalmente de publicidade.[41]

A Quaker, fundada em 1891, comprou, em 1994, a Snapple por US$ 1,4 bilhão e, em 1997, a vendeu para a Triarc Company por US$ 300 milhões. A Quaker havia ganhado muito com as bebidas isotônicas da marca Gatorade e pretendia repetir seu sucesso com os charmosos chás aromatizados, prontos para beber, da Snapple. Os erros que a Quaker cometeu nessa aquisição estão enumerados a seguir:

1. Não entendeu as diferenças cruciais na natureza do negócio da Gatorade e da Snapple, por similaridades na aparência.
2. Superestimou as sinergias entre a Gatorade e a Snapple.
3. Manteve alguns dos principais executivos da Snapple, mas sem lhes dar poder de ingerência.

A Sony comprou a Columbia por US$ 5 bilhões, que representou um prêmio de 70% sobre o valor de mercado das ações da Columbia. Além do valor da aquisição, a Sony gastou mais US$ 1 bilhão em acordos complementares com a Warner Bros., proprietária da Columbia. O mérito da aquisição parecia simples e sensato: a Sony tinha importante fatia de mercado nos equipamentos de imagem (*hardware*) e, com a aquisição da Columbia, teria importante fatia do mercado de filmes (*software*). A Sony construiria uma "família", unindo *hardware* e *software*.

Após a aquisição, a Sony contratou a peso de ouro dois executivos americanos de Hollywood, Jon Peters e Peter Guber, para administrar a Columbia, e lhes concedeu grande autonomia. Resultados: explosão de custos de produção e *overhead* na Columbia; alto *turnover* de executivos; e a Sony teve de finalmente reconhecer contabilmente uma perda (*write-off*) de US$ 3,2 bilhões.

---

[41] As aquisições da Snapple e da Sony também foram analisadas por Bruner (2005).

Os erros que a Sony cometeu nessa aquisição foram estes enumerados a seguir:

1. Não entendeu as diferenças na natureza do negócio da Columbia em comparação ao construído entre o rival da Sony, Matsushita com seus videocassetes no padrão VHS.[42]
2. Superestimou as sinergias entre a Sony e a Columbia.
3. Delegou muito poder aos executivos americanos e os deixou sem supervisão.

A "saga" de aquisições da Saatchi & Saatchi (S&S) transformou uma pequena agência de publicidade londrina na maior empresa publicitária do mundo em meros 16 anos, com US$ 7,5 bilhões em receitas e 18 mil funcionários em quinhentos escritórios espalhados por sessenta países. Liderada por dois irmãos, a S&S inovou na publicidade e parecia não ter limites. Pagava os maiores salários e sua missão era ser a "número um" em qualquer mercado no qual os talentosos irmãos decidissem investir.

Nos anos 1970 e ao longo de dez anos, suas 37 aquisições custaram US$ 1 bilhão e incluíam não apenas agências, mas também empresas de consultoria e comunicação. A S&S estava mais voltada a fazer aquisições que as integrar. Tampouco parecia se importar com os preços pagos e com a *due diligence* nas aquisições. Em uma aquisição, acumulou as contas de dois grandes rivais! O mais importante é que a S&S não conseguiu transmitir sua cultura vencedora e de inovação para as empresas adquiridas. Em 1989, a S&S anunciou a decisão de vender sua divisão de consultoria, marcando o fim da saga megalomaníaca de aquisições. A recessão do início da década de 1990 castigou a S&S, que perdeu 98% de seu valor em bolsa e quase teve de pedir concordata. Em 1994, os irmãos Saatchi foram afastados da administração da empresa pelos demais acionistas.

Os erros que a S&S cometeu em suas aquisições foram os enumerados a seguir:

1. Foi arrogante.
2. Não explorou as sinergias entre empresas e negócios de diferentes naturezas.
3. Não integrou empresas, inclusive do ponto de vista da cultura organizacional.
4. Não desenvolveu uma competência em M&A, incluindo a precificação dos Alvos e a *due diligence*.

O que é possível aprender desses três casos sobre os principais riscos que um Comprador enfrenta ao fazer uma aquisição? Há três temas que se repetem: arrogância, sinergias e integração.

---

[42] Em 1975, a Sony lançou o videocassete (*hardware*) com o padrão de fita (*software*) Betamax. O Betamax foi um marco decisivo na história da Sony. Entretanto, em 1977, a Matsushita introduziu o videocassete com padrão VHS. Ao contrário da Sony, a Matsushita foi mais aberta a alianças com outros produtores de eletrônicos (licenciamento de tecnologia) e com a indústria cinematográfica. Em pouco tempo, o VHS tornou-se o padrão de mercado, mesmo com qualidade de imagem inferior ao Betamax. Na época, Akio Morita, fundador da Sony, explicou que a falha foi não ter construído uma "família" de produtos.

No meu entender, há uma questão mestre que deve nortear todo o processo de Transação e de Pós-transação: como gerar valor para os acionistas do Comprador? Dessa questão mestre se derivam estas outras apresentadas a seguir.

- Por que comprar o Alvo? Até que ponto a vaidade do Comprador está em jogo?
- Como os acionistas do Comprador vão ganhar dinheiro com o Alvo na Pós-transação?
- Quando e como será implantada a estratégia da Pós-transação?
- Os líderes envolvidos (no Alvo e no Comprador) estão livres de conflitos de interesse com o sucesso da Transação e da integração? Em caso negativo, como resolver esses conflitos?
- Entre tudo que pode dar errado, o que mais preocupa? Como abordar e minimizar os efeitos desse risco crítico?

Responda a essas perguntas em detalhes e com objetividade, e a chance de sucesso do Comprador na agregação de valor a seus acionistas aumentará. Sugestão: essas perguntas devem ser dirigidas ao grupo de executivos do Comprador encarregados da Transação uma vez por mês, desde o começo do processo de M&A, e por, pelo menos, um ano após o Fechamento. Esse é um meio de manter os executivos voltados ao essencial. Além de manter o foco, as respostas a essas perguntas podem se modificar com a maior proximidade das operações do Alvo e com as mudanças no mercado.

Sumário executivo da Fase 12 – Pós-transação

- É comum ouvirmos que "aquisições falham por causa de rupturas na integração" do Alvo com o Comprador. As pesquisas indicam que os Compradores não sabem o que fazer após a Transação concluída.
- Erros de integração surgem quando o Comprador não elaborou um plano detalhado de integração, por rupturas culturais e/ou porque a Transação trouxe à tona vulnerabilidade das Partes.
- Recomenda-se que os Compradores elaborem os planos de integração antes de concluir a Transação e que designem um responsável para implementá-la em até 90 dias do Fechamento para evitar graves problemas. De preferência, alguém que, na identificação do Alvo, tenha participado das negociações e/ou da *due diligence*. Esse líder para a integração deve poder contar com um time multidisciplinar (RH, TI, controladoria, logística etc.) de alto nível para lhe dar suporte.
- Nesta integração, alguns aspectos merecem destaque: (i) comunicação interna; (ii) identificação de executivos de alta *performance* (que deve ser feita por consultores externos para evitar conflitos de interesse); (iii) contato com principais clientes, fornecedores e financiadores; (iv) integração cultural (acredita-se que diferenças culturais são uma das causas de fracassos de aquisições); (v) gestão de cargos e salários; (vi) alta gestão do Alvo; (vii) "barricadas" culturais; (viii) integração de sistemas de TI.

- Na integração operacional e cultural do Alvo com o Comprador, é importante evitar as clássicas armadilhas: manter duas lideranças (co-CEOs); preservar duas sedes para a matriz; tratar de modo diferente os funcionários, clientes e fornecedores do Alvo (mentalidade do "nós *versus* eles"). Esses são exemplos de sinergias negativas!
- Quanto mais complexo ou diferente o negócio do Alvo for em relação ao negócio do Comprador, mais tentador será para o Comprador deixar a antiga diretoria a cargo da gestão na Pós-transação. Esse é um erro que pode levar o Comprador a se tornar refém dos gestores.
- Por que é tão difícil realizar sinergias e criar valor com uma Transação? Primeiro, quão mais importante for a sinergia, mais desafiador será torná-la realidade. Segundo, o tempo é crítico: quanto mais se demora em tentar realizar uma sinergia, mais difícil fica sua viabilidade. Terceiro, sinergias não são grátis, elas custam.
- Uma regra prática: implementar sinergias custa duas a três vezes mais do que seu benefício anual.

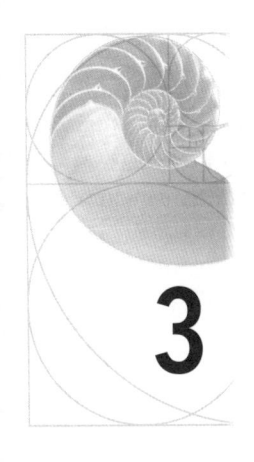

3 MÉTODOS DE AVALIAÇÃO DE EMPRESAS

> O essencial é invisível aos olhos.
> Saint-Exupéry (2004, p. 72)

Antes de tudo, vale ressaltar que, uma vez que este livro trata de M&A, neste capítulo será utilizado o termo "Alvo". Entretanto, os conceitos e metodologias discutidos aplicam-se ao valor de qualquer empresa em outros contextos, como planejamento estratégico, realocação de portfólios, restruturação financeira, *project finance* etc.

DESAFIO

A pergunta desafiadora é: quer estejamos na posição do Vendedor ou do Comprador, como podemos estimar o valor do Alvo?

Resposta: avaliar uma empresa é como montar um quebra-cabeça com peças faltando!

Figura 3.1 – Quebra-cabeça.

O "mercado" geralmente tenta avaliar empresas combinando indicadores produzidos por meio de três análises: múltiplos de bolsa de valores, múltiplos de Transações similares e Fluxo Descontado de Caixa (FDC). Os três métodos serão discutidos nas próximas seções, com mais destaque para o FDC, por ser considerado um método relativamente melhor que parâmetros contábeis e múltiplos de mercado.

ANÁLISE DE MÚLTIPLOS DE BOLSA

> Que raio de comédia estás representando?
>
> Dostoiévski (2004, p. 127)

Outra metodologia de avaliação de empresas muito popular é a análise de múltiplos. Sua popularidade tem mais a ver com a facilidade de aplicação que sua efetividade no Brasil. A análise de múltiplos nada mais é que extrapolações produzidas por algumas regras de três aplicadas sobre números contábeis (que geralmente incluem ROB, EBITDA, EBIT, LL e PL) e dados do mercado acionário (valor das ações de uma empresa na bolsa de valores [ou *Market Cap* – MC],[1] valor da empresa na bolsa de valores [ou *Enterprise Value* – EV][2]).

O múltiplo é uma razão entre um numerador (MC ou EV) e um denominador (que geralmente inclui ROB, EBITDA, EBIT, LL e PL).

Quadro 3.1 - Exemplos de múltiplos de bolsa

Múltiplo	Denominação
P/PL	Múltiplo de patrimônio (*Price-to-book-value*)
P/LL	Múltiplo de lucro (*Price-to-earnings*)
P/EBITDA	Múltiplo de EBITDA
P/EBIT	Múltiplo de EBIT

Antes de entrar em mais detalhes metodológicos, será ilustrado o uso dos múltiplos pelo simples exemplo a seguir.

- Uma empresa finlandesa de papel e celulose tem 20% de suas ações em bolsa, cuja cotação na bolsa de Helsinki ontem foi de 10 euros por ação.

---

[1] O MC pode ser estimado do preço de suas ações em bolsa da seguinte maneira: primeiro, multiplica-se o preço da ação pela quantidade total de ações que a empresa tem (geralmente, essa informação está disponível em nota explicativa do demonstrativo contábil da empresa, que é obrigatoriamente publicado pelo menos uma vez ao ano).

[2] O EV pode ser estimado do preço de suas ações em bolsa da seguinte maneira: primeiro, soma-se ao MC o valor da dívida onerosa da empresa e subtraem-se suas disponibilidades (ambas as informações também são encontradas nos demonstrativos contábeis), o que resulta no valor da empresa a preços de mercado.

- O capital social da empresa é constituído por 100 milhões de ações.
- O MC da empresa é de 1 bilhão de euros (100 milhões de ações × € 10 por ação).
- O EBITDA da empresa em 2012 foi de 200 milhões de euros.
- O múltiplo MC/EBITDA (2012) é de cinco vezes (€ 1 bilhão/€ 200 milhões).

É aplicado o múltiplo da empresa finlandesa de papel e celulose de cinco vezes ao EBITDA de uma empresa brasileira de papel e celulose de capital fechado, cujo EBITDA em 2012 foi de R$ 100 milhões, e deduziu-se que o valor estimado para suas ações seria de R$ 500 milhões. Ou seja, para estimar o valor de uma empresa brasileira, utilizam-se os parâmetros (MC e EBITDA) de uma empresa finlandesa bem maior que a brasileira.

Observe que nessa análise utilizou-se duas vezes a regra de três. Primeiro, com base no MC de 20% das ações, deduziu-se o MC de 100% das ações. Segundo, dividiu-se o MC pelo EBITDA da empresa finlandesa e aplicou-se o resultado (cinco vezes) ao EBITDA da empresa brasileira para deduzir o valor de suas ações.

É uma conta simples, fácil de fazer, porém há quatro problemas: preços das ações, prêmio de controle, denominador e comparação com empresas "similares".

PREÇO DAS AÇÕES

Para empresas com ações nas bolsas de valores, o valor manifesta-se, parcial ou totalmente, no preço de suas ações. No entanto, o preço da ação é um parâmetro, uma manifestação do valor, que pode ou não refletir a capacidade da empresa em gerar valor aos seus acionistas. Todo preço em um mercado livre é determinado pelo "ponto de encontro" (ou "ponto de acordo") entre as percepções sobre valor das ações do lado de quem as oferece (oferta) e do lado de quem as quer comprar (demanda). Essas expectativas são alteradas a todo o momento em decorrência de inúmeros fatores que podem variar desde a situação macroeconômica internacional a decisões particulares de alocação de portfólio dos grandes fundos de ações.

O preço das ações em bolsa de uma empresa com uma estratégia consistente de crescimento e geração de valor a seus acionistas pode "despencar" porque grandes fundos de pensão precisam realocar recursos da renda variável para a renda fixa ou, simplesmente, para ter dinheiro em tesouraria para saldar resgates de seus cotistas. Esse movimento não afeta, necessariamente, a capacidade da empresa em gerar valor aos seus acionistas, mas interfere no preço das ações na bolsa. Ou ainda, o preço das ações em bolsa de uma empresa pode "despencar" por haver grandes quantidades de ações concentradas em poucos investidores. Assim, quando um desses investidores decide vender, pode não haver ninguém interessado em comprar. Esse fenômeno também é conhecido como "falta de liquidez". Ou seja, se diz que uma ação em bolsa tem liquidez quando um vendedor consegue rapidamente (em um dia) encontrar mais de um comprador interessado.

Na Bovespa há poucas ações com liquidez. Empresas como Petrobras, Vale, Itaú, Banco do Brasil, BMF-Bovespa concentram parte considerável do volume de transações diários.

PRÊMIO DE CONTROLE

A questão do prêmio de controle é um grande desafio. O valor de uma ação minoritária na bolsa de valores é o mesmo de uma ação do bloco de controle da empresa? Não. De quanto é essa diferença? Eis a questão. No Brasil, há estudos que buscam mensurar a diferença entre ações ordinárias (com direito a voto) e preferenciais (sem direito a voto), mas seus resultados esbarram na questão da liquidez. As ações ordinárias, por estarem nas mãos dos acionistas controladores, que geralmente têm visão de longo prazo, têm muito menos liquidez que as ações preferenciais, que pertencem a acionistas com visão de curto prazo. Por isso, não é raro encontrar na bolsa ações ordinárias valendo menos que as preferenciais.

Sabe-se que o prêmio de controle existe, mas é desconhecido um parâmetro médio histórico brasileiro que possa ser útil.

DENOMINADOR DO MÚLTIPLO

O denominador do múltiplo, geralmente de natureza contábil (competência), quer seja ROB, EBITDA, EBIT, LL, representa *proxies* limitados para a geração de caixa de uma empresa. Por exemplo, uma empresa pode ter um EBITDA alto em determinado ano e estar quebrada. O EBITDA é uma medida de *performance* operacional da empresa que não considera investimentos, pagamentos de dívida e capital de giro, portanto, não mensura a capacidade da empresa em continuar crescendo com rentabilidade.

> **NA PRÁTICA:** uma empresa pode dar lucro e não ter dinheiro? E o contrário é possível? Sim, ambos os casos são possíveis. Por exemplo, uma empresa que tenha gerado lucro, mas tenha dívidas a amortizar, invista em ativos fixos, distribua dividendos em excesso e/ou invista em capital de giro, pode não ter dinheiro no caixa. Em um exemplo oposto, uma empresa pode ter registrado prejuízo no exercício, mas ter dinheiro em caixa, pois contraiu um empréstimo ou teve um aumento do capital social. Ou, ainda, a empresa pode ter uma grande despesa com depreciação, por ter investido muito em ativos imobilizados.

COMPARAÇÃO COM EMPRESAS "SIMILARES"

Quantas empresas em determinado setor são realmente similares? Uma empresa de papel e celulose na Finlândia é similar a uma empresa de papel e celulose no Brasil? Um exemplo mais simples: a tabela de preços de carros usados publicada pela Fipe. Nessa, pode-se observar o preço médio de um Honda Civic 2022, mas será que, ao vender um carro desse modelo, será obtido esse preço? Depende das condições do carro, da cor, dos acessórios, do comprador (concessionárias tendem a pagar bem menos que particulares) etc. Isso também ocorre com imóveis: dois apartamentos em um mesmo prédio podem ter preços diferentes, dependendo do andar, da posição e do número de garagens, e de quando foi reformado pela última vez.

VANTAGENS DO USO DE MÚLTIPLOS

Além de sua simplicidade metodológica, os múltiplos de mercado estão facilmente disponíveis em serviços especializados como a Bloomberg, Capital IQ, Value Line etc. Se a empresa brasileira a ser avaliada tem "similar" na Bovespa (com liquidez) ou nas bolsas de valores norte-americanas, o uso de múltiplos pode fornecer indicações complementares interessantes sobre o potencial valor da empresa em estudo.

RECOMENDAÇÃO: o uso de múltiplos deve ser secundário. O método principal de avaliação de uma empresa deve ser o FDC.

O *site* do professor Aswath Damodaran da New York University (damodaran.com) fornece gratuitamente os principais múltiplos de mercado de 94 setores com base nas 6.481 empresas com ações nas bolsas dos Estados Unidos.

Quadro 3.2 – Exemplo de múltiplos de mercado nos Estados Unidos

Indústria	Número Empresas	EV/EBITDA	EV/EBIT
Aço	29	5,93	7,73
Aeroespacial/defesa	70	18,49	28,31
Agricultura	42	8,97	10,56
Atacadistas de alimentos	14	11,26	18,05
Auto e caminhão	34	21,65	49,58
Autopeças	39	7,06	14,12
Bancos (*money center*)	15	NA	NA
Bancos (regional)	625	NA	NA
Bebida (alcoólica)	19	14,84	18,68
Bebida (*Soft*)	29	18,07	21,47
Borracha e pneus	3	7,95	29,78
Business & consumer services	162	16,12	23,49
Calçados	13	18,95	23,68
Campos petrolíferos (serviços/equipamentos)	100	5,42	7,08
Carvão e energia relacionada	18	2,75	4,04
Computadores/periféricos	36	21,83	25,97

continua

continuação

Corretagem e banco de investimento	27	NA	NA
Diversificada	23	8,93	10,51
Educação	31	10,80	31,74
Eletrônica (geral)	129	13,59	22,11
Eletrônicos (consumidor e escritório)	13	19,14	NA
Embalagens e contêiner	22	8,63	14,03
Energia	50	11,69	22,34
Energia verde e renovável	17	12,63	33,58
Engenharia/construção	43	12,76	23,13
Entretenimento	98	16,37	42,53
Equipamento elétrico	103	14,65	28,89
Equipamentos e serviços de escritório	17	9,34	15,61
Estaleiros	8	8,38	14,23
Fundos imobiliários (R.E.I.T.)	193	21,02	47,68
Homebuilding	32	7,79	8,11
Hospitais/estabelecimentos de saúde	32	8,75	13,41
Hotel/jogos	68	14,98	30,73
Imobiliário (desenvolvimento)	17	17,93	36,27
Imobiliário (geral/diversificado)	11	18,01	28,44
Imobiliário (operações e serviços)	60	14,98	NA
Informação e tecnologia da saúde	128	21,44	36,53
Infraestrutura (água)	13	16,86	25,64
Infraestrutura (geral)	14	11,70	19,08
Investimentos e gestão de ativos	334	34,85	34,90
Maquinário	103	15,46	20,31
Materiais de construção	44	12,01	15,39
Materiais de construção	45	11,12	14,03
Medicamentos (biotecnologia)	572	13,52	NA
Medicamentos (farmacêuticos)	245	16,62	27,43

continua

continuação

Metais e mineração	68	10,36	14,87
Metais preciosos	61	13,01	40,06
Móveis	31	9,37	16,70
Papel/produtos florestais	7	7,06	10,31
Petróleo/gás (distribuição)	24	7,31	9,29
Petróleo/gás (integrado)	4	6,24	8,54
Petróleo/gás (produção e exploração)	166	4,67	6,98
Processamento de alimentos	82	12,51	16,77
Produtos de saúde (*healthcare*)	230	21,51	36,99
Publicações e jornais	21	10,52	18,91
Publicidade	57	12,94	22,24
Químico (básico)	32	8,10	14,06
Químico (diversificado)	4	15,40	73,62
Químico (especialidade)	68	12,85	20,00
Recreação	55	9,99	21,72
Resseguros	1	7,28	7,14
Restaurantes	64	16,60	29,33
Seguros (gerais)	21	11,48	17,34
Seguros (propriedade)	50	11,77	15,66
Seguros (vida)	23	17,24	NA
Semicondutores	63	31,59	53,32
Semicondutores equipamentos	30	18,18	21,53
Serviços de saúde	119	11,29	15,46
Serviços ambientais e de resíduos	57	15,00	24,26
Serviços de informação	18	12,15	19,06
Serviços de informática	72	12,61	18,86
Software (Entretenimento)	84	17,16	22,22
Software (Internet)	35	19,33	NA
Software (sistema e aplicações)	351	28,43	39,48

continua

continuação

Svcs. Financeiros (não bancário e de seguros)	172	62,48	83,08
Tabaco	16	10,84	11,67
Telecom (*wireless*)	13	9,01	23,51
Telecom (equipamento)	66	13,98	17,65
Telecom (serviços)	42	6,18	11,21
Transporte aéreo	25	6,17	13,02
Transportes	36	12,01	20,89
Transportes (ferrovias)	4	14,32	18,97
Trucking	22	10,57	20,59
TV	10	7,80	13,35
TV e radiodifusão	22	7,31	10,67
Utilidades domésticas	93	15,95	20,01
Varejo (automotivo)	30	11,63	17,42
Varejo (distribuição)	62	11,63	13,82
Varejo (geral)	26	16,63	38,47
Varejo (linhas especiais)	105	9,34	20,32
Varejo (material de construção)	16	13,33	17,19
Varejo (mercearia e alimentos)	14	6,38	19,80
Varejo (REITs)	28	17,43	34,71
Vestuário	38	7,92	12,39
Total mercado	6481	16,81	26,14
Total mercado (excluindo financeiros)	5214	14,15	22,06

Fonte: Disponível em: www.damodaran.com.[3] Acesso em: 2 set. 2024.

Vale observar como os múltiplos diferem de setor para setor da economia norte-americana. Por exemplo, os maiores múltiplos de EV/EBITDA são de serviços financeiros (63 vezes) e investimentos e gestão de ativos (35 vezes), enquanto os menores são de carvão e energias relacionadas (três vezes) e petróleo e gás (cinco vezes). O que esses números querem dizer? Dá para usar um múltiplo de 63 vezes para avaliar uma empresa brasileira de serviços financeiros?

---

[3] No lado direito da página principal, há a opção "Updated Data", que dá acesso a várias planilhas.

RECOMENDAÇÃO: se você for utilizar múltiplos, é indicado usar EV e não o MC, pois o MC sofre o efeito da alavancagem financeira (o montante de dívidas e de disponibilidades), que pode diferir muito entre os Estados Unidos e o Brasil. É aconselhável também não se utilizarem múltiplos de empresas brasileiras na Bovespa, pois a maioria das ações no Brasil não tem liquidez. O múltiplo mais comum em M&A é o EV/EBITDA, porém vale considerar também o EV/EBIT, pois as despesas com depreciação e amortização podem servir como *proxy* para os investimentos em ativos fixos.

Em suma, no Brasil, sou muito cético em relação à eficácia da análise de múltiplos para estimar o valor de um Alvo. Nos Estados Unidos e em outros países com mercados de capitais desenvolvidos, essa eficácia aumenta.

Para obter uma ilustração do uso de múltiplos de mercado em M&A, consulte o caso Collins no Capítulo 5.

Análise de múltiplos em Transações de M&A

A análise de múltiplos em Transações de M&A de empresas similares é muito parecida com a análise de múltiplos de bolsa. Em vez de usarmos o MC deduzido do preço das ações em bolsa, usamos o valor pago em transações de M&A. Esse método pode produzir estimativas melhores para o valor das ações, porque geralmente as transações de M&A envolvem ações de controle da empresa. A questão do prêmio de controle pode, portanto, ser solucionada.

A mecânica de aplicação da análise de múltiplos de Transações é a mesma da análise de múltiplos de bolsa. Por exemplo: se as últimas cinco aquisições de supermercado pagaram uma média de R$ 3 milhões por ponto de venda (PDV), uma rede com dez lojas poderia valer R$ 30 milhões.

Como os múltiplos de bolsa, esse método também tem suas limitações. A primeira dificuldade é o caráter confidencial do valor das transações de M&A, especialmente quando envolvem empresas de capital fechado. Quando se consegue acesso aos valores de Transações, estas são geralmente em número limitado, duas ou três. Ou seja, quando disponíveis, os múltiplos de M&A baseiam-se em amostras muito limitadas.

A segunda limitação, que também é encontrada nos múltiplos de bolsa, é a similaridade. As motivações dos Compradores para a aquisição do Alvo podem produzir valores bem diferentes. Uma grande rede de supermercados pode pagar muito por uma rede menor, que esteja em um mercado complementar ao seu, mas pagar menos por outra rede mais distante, cujo mercado consumidor não tem o mesmo poder de compra da outra. Por conseguinte, a média não representa o valor de "boas" redes nem o valor das "piores". Ainda nesse exemplo dos supermercados, o múltiplo de R$ 3 milhões por ponto de venda (PDV) não diz nada sobre o tipo de PDV que produziu a média. O valor de um supermercado de 800 m^2 de área de vendas é diferente de outro com 2.000 m^2. Se o supermercado tem vagas para estacionamento, isso também fará diferença em seus valores.

A terceira limitação da análise por múltiplos de M&A é o custo da informação, quando ela existe. Há empresas especializadas em vender esse tipo de informação, que pode custar bem caro.

O ponto é que tanto a análise de múltiplos de mercado quanto a análise de múltiplos de transações recentes são métodos complementares de avaliação do Alvo, que geralmente têm como método principal o FDC.

O método do Fluxo Descontado de Caixa

> Há dois extremos nas visões sobre o processo de avaliação. De um lado, há aqueles que acreditam que a avaliação, quando bem-feita, é uma ciência exata, com pouca margem para a opinião de analistas ou para o erro humano. De outro, estão aqueles que consideram a avaliação como uma forma de arte, em que analistas perspicazes podem manipular os números de modo a gerar o resultado desejado. A verdade está de fato no meio-termo
> [...]
>
> Damodaran (2007, p. 3)

> Meu professor de jornalismo, um baixinho-gigante chamado Marques Leonam, dizia: "Lei Leonam número um: o repórter não tem o direito de ser ingênuo. Lei Leonam número dois: o repórter não tem o direito de ser ingênuo ..." Acho que ia até o número 10 repetindo essa máxima leoniana. Eu faria alguns adendos a essa lei fundamental. Um deles é: desconfie dos heróis, dê uma boa cheirada num mito. Eles só se aproximam da verdade quando virados pelo avesso e promovidos a homens.
>
> Brum (2006, p. 195)

ESSÊNCIA

Um potencial Comprador, quando contempla adquirir um Alvo, por exemplo, por R$ 50 milhões, pergunta-se:

a) Se eu investir R$ 50 milhões na Transação, quando recuperarei meu dinheiro?
b) Após recuperar meu investimento, quanto eu posso "lucrar" com a Transação?
c) Qual é o risco que estou correndo na Transação?

Embora o Comprador deva buscar essas respostas sozinho, o Vendedor deve ajudá-lo, fornecendo informações e suas perspectivas sobre o Alvo. Essas três perguntas são os pilares da metodologia do Fluxo Descontado de Caixa (FDC). O FDC não é apenas a principal metodologia de avaliação de empresas e projetos de investimento, mas também é uma linguagem negocial. Os temas discutidos nesta seção sobre o FDC são, portanto, válidos tanto para o Vendedor quanto para o Comprador.

Na essência, o que o Comprador quer saber é se o Alvo "tem futuro". Por isso, a percepção do futuro é chave na determinação do valor do Alvo. Em uma frase, o conceito de valor no FDC poderia ser resumido assim:

> O valor de uma empresa depende de sua capacidade de gerar "caixa" no futuro a seus acionistas, remunerando-os pelo risco incorrido e rendimentos em alternativas de investimento.

"Futuro", "caixa"[4] e "remuneração" se traduzem em conceitos fundamentais no FDC.

Quadro 3.3 – Principais ideias e conceitos do FDC

Ideias	Conceitos decorrentes
Futuro	Expectativas, VPL, período explícito e período implícito de projeção
Caixa	FOC e FLC
Remuneração (incluindo risco e alternativas)	WACC e Rc

Nesta seção, são apresentados e discutidos esses importantes conceitos e alguns outros complementares, como a Taxa Interna de Retorno (TIR) e a Taxa Mínima de Atratividade (TMA). Livros como os de Brealey e Myers (1998; 2003), Damodaran (2007), Martin e Petty (2000) e Rappaport (1998) são complementos valiosos para quem busca mais detalhes sobre esses conceitos. Para ilustrar os conceitos do FDC, é utilizado o exemplo da PCH Rio Azul. Outra ilustração da aplicação desse método é descrita no caso Collins no Capítulo 5.

QUANTIFICANDO ESTRATÉGIAS: O FUTURO DA GERAÇÃO DE CAIXA

> Os números contábeis para o lucro são apenas tentativas de associar receitas a custos [...] Lembre-se, caixa é um fato e lucro uma opinião.
>
> Rappaport (1998, p. 14-15)

Ao considerar perspectivas futuras, o valor do Alvo é resultado da combinação de três estratégias: operacional, não operacional[5] e de financiamento. Essas estratégias formam as bases da capacidade (ou incapacidade) do Alvo de se sustentar financeiramente e agregar valor a seus acionistas (Vendedor ou Comprador) no longo prazo. Primeiro, a estratégia operacional é quantificada pelo FOC. Em seguida, a combinação do operacional com as estratégias não operacionais e de financiamento é quantificada pelo FLC.

O FLC é a principal métrica de geração de caixa e, por conseguinte, do valor de um Alvo. Se o FLC projetado for negativo, o Alvo será deficitário e precisará recorrer aos fundos

---

[4] Ao longo do texto, será usada a palavra "caixa" como sinônimo de dinheiro. No *Dicionário Houaiss*, o vocábulo "caixa" tem várias acepções, e as que mais se aproximam desse contexto são as de "provisão de dinheiro; fundos".

[5] Decisões não operacionais incluem gastos e investimentos que não fazem parte do objeto social da empresa. Por exemplo, um banco decide gastar milhões comprando obras de arte para decorar seus escritórios. Ou, ainda, uma empresa de exploração de petróleo que compra um iate de luxo para confraternização de sua diretoria.

acumulados em sua tesouraria, e, na ausência desses, precisará de um aporte de capital dos seus acionistas para continuar operando. Por outro lado, se o FLC for positivo, o Alvo será superavitário e poderá efetuar pagamentos a seus acionistas (dividendos, JSCP e/ou reduções no capital social), se não for precisar desses recursos no futuro próximo.

> A ideia fundamental do FDC é de que "caixa" é um dos ativos mais estratégicos de uma empresa, pois com ele se pagam os empregados, fornecedores, tributos, financiadores e acionistas. Não é à toa que as empresas que podem adiam investimentos e começam a acumular grandes montantes de caixa quando preveem que a economia entrará em recessão.

A Figura 3.2 ilustra as diferenças entre três importantes métricas de *performance* de uma empresa: o LL (regime de competência), o FOC e o FLC (ambos em regime caixa).

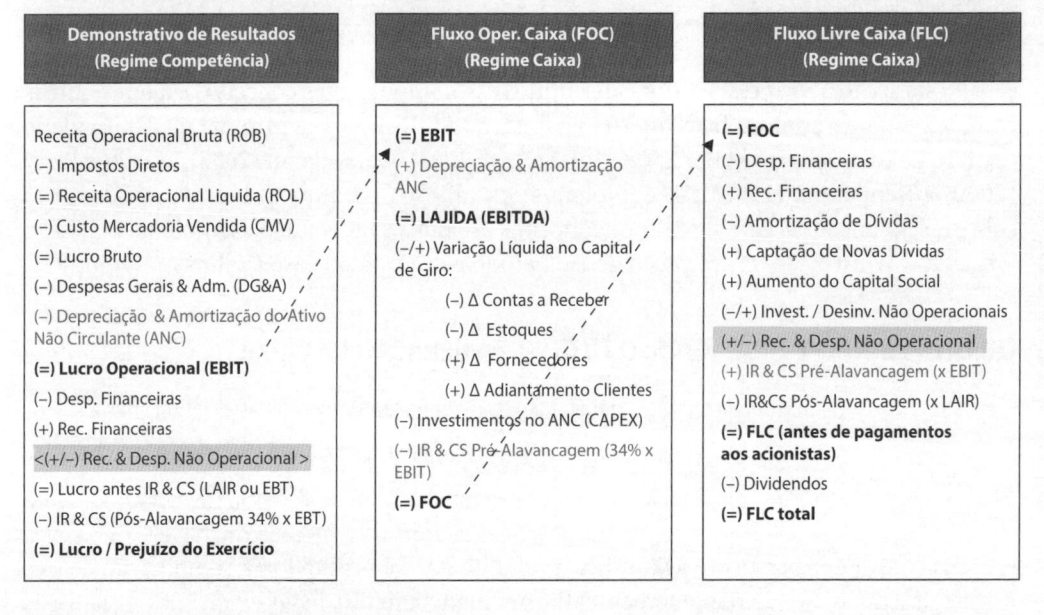

Demonstrativo de Resultados (Regime Competência)	Fluxo Oper. Caixa (FOC) (Regime Caixa)	Fluxo Livre Caixa (FLC) (Regime Caixa)
Receita Operacional Bruta (ROB)	(=) EBIT	(=) FOC
(−) Impostos Diretos	(+) Depreciação & Amortização ANC	(−) Desp. Financeiras
(=) Receita Operacional Líquida (ROL)	(=) LAJIDA (EBITDA)	(+) Rec. Financeiras
(−) Custo Mercadoria Vendida (CMV)	(−/+) Variação Líquida no Capital de Giro:	(−) Amortização de Dívidas
(=) Lucro Bruto	(−) Δ Contas a Receber	(+) Captação de Novas Dívidas
(−) Despesas Gerais & Adm. (DG&A)	(−) Δ Estoques	(+) Aumento do Capital Social
(−) Depreciação & Amortização do Ativo Não Circulante (ANC)	(+) Δ Fornecedores	(−/+) Invest. / Desinv. Não Operacionais
(=) **Lucro Operacional (EBIT)**	(+) Δ Adiantamento Clientes	(+/−) Rec. & Desp. Não Operacional
(−) Desp. Financeiras	(−) Investimentos no ANC (CAPEX)	(+) IR & CS Pré-Alavancagem (x EBIT)
(+) Rec. Financeiras	(−) IR & CS Pré-Alavancagem (34% x EBIT)	(−) IR&CS Pós-Alavancagem (x LAIR)
<(+/−) Rec. & Desp. Não Operacional >	(=) **FOC**	(=) **FLC (antes de pagamentos aos acionistas)**
(=) Lucro antes IR & CS (LAIR ou EBT)		(−) Dividendos
(−) IR & CS (Pós-Alavancagem 34% x EBT)		(=) **FLC total**
(=) **Lucro / Prejuízo do Exercício**		

Figura 3.2 – Comparação entre LL, FOC e FLC.

O FOC, entre as várias medidas de *performance* (Lucro Operacional, EBITDA, Lucro Líquido e outras), tem grande importância, porque mensura o excesso ou déficit de caixa gerado nas operações do Alvo. O FOC é uma medida de *performance* do "negócio" do Alvo antes de considerar a estratégia de financiamento escolhida por seus acionistas (Vendedor ou Comprador) para sustentá-lo.

O FLC, por sua vez, é a medida final da geração de caixa, é o dinheiro que sobra, ou não, em determinado período. Um Comprador analisará a Transação contemplando possíveis melhorias e sinergias que podem ser capturadas nos aspectos operacionais (FOC), não operacionais e financiamento (FLC) do Alvo.

> **NOTA TÉCNICA: base para distribuição de dividendos**
> Embora o lucro líquido seja o parâmetro legal para a distribuição dos dividendos, não indica a disponibilidade de caixa do Alvo, pois não considera investimentos em ativos realizáveis no longo prazo (*capex* ou *capital expenditures*) e capital de giro (*working capital*), amortizações de dívidas que o FLC considera. O FLC é, portanto, uma medida mais segura e precisa que o LL e o FOC referem-se a quanto poderia ser distribuído aos acionistas como dividendos.

NA PRÁTICA: uma empreendedora, proprietária de uma empresa que estava crescendo rapidamente, pediu-me para fazer seu plano de negócios prevendo a abertura de escritórios em várias cidades. Quando apresentei os resultados, prontamente me questionou: "Por que suas projeções indicam que meu lucro líquido aumentará, mas meus dividendos diminuirão? Tem algo de errado!" Não, não havia nenhum erro. Havia investimentos que reduziam o FLC, pelo menos nos primeiros anos, o que limitaria a distribuição de dividendos.

Se o FLC é a medida final da geração de caixa, por que é importante analisar o FOC e o FLC separadamente? O FOC é o montante de dinheiro que o Alvo gerará e que estará à disposição para pagar os financiadores (bancos, debenturistas e outros agentes que podem emprestar dinheiro ao Alvo em troca de juros) e seus sócios (Vendedor ou Comprador). Dada uma projeção do FOC, os sócios podem decidir se vão ou não contrair empréstimos. Se a opção for por contrair empréstimos, a projeção do FOC indicará o montante e custo dos empréstimos que o Alvo poderá suportar.

A decisão de recorrer ao endividamento oneroso tem os três efeitos interessantes aos sócios apresentados a seguir.

1. Reduz o custo médio dos recursos financeiros aplicados no Alvo, pois a remuneração esperada pelos sócios é (quase) sempre maior que a dos financiadores com prazo e remuneração predefinidos.
2. Gera despesas financeiras que são deduzidas da base do IR&CS.
3. Dependendo da estrutura de garantias dos empréstimos, pode possibilitar a divisão dos riscos do Alvo entre sócios e os financiadores.

Entretanto, a captação de financiamentos aumenta a percepção de risco sobre o Alvo, que, além dos operacionais,[6] estará exposto ao risco de inadimplência, o qual advém do fato de o serviço da dívida representar gastos não variáveis em relação às receitas do Alvo. Um ex-chefe meu dizia: "dívida é custo fixo". Ou seja, se o Alvo faturar menos porque o país entrou em recessão, o montante de juros e amortização do principal continuam os mesmos.

Posto isso, para um Comprador que tem acesso a empréstimos baratos e de longo prazo, a projeção do FOC é essencial na atratividade e viabilidade da Transação. É com base na

---

[6] Exemplos de riscos operacionais: demanda e concorrência (por vezes denominados risco de mercado), infraestrutura disponível, societário, macroeconomia (PIB, inflação, inadimplência do consumidor, taxa de câmbio etc.) e outros. No caso de projetos de investimento, Finnerty (1999) identifica 16 diferentes tipos de risco.

projeção e análise do FLC que o Comprador poderá dimensionar a necessidade de financiamentos do Alvo e sua capacidade para remunerá-los. Se o FLC projetado for negativo, indicará que o Alvo precisará de recursos externos adicionais quer sejam eles oriundos do Comprador e/ou de financiadores. Se o FLC projetado for positivo, esse dinheiro pertencerá ao Comprador, que poderá resgatá-lo, por meio da distribuição de dividendos, ou acumulá-lo no Alvo como uma reserva para investimentos futuros ou possíveis perdas. Por exemplo, imagine um Alvo que tenha um ótimo negócio (sob aspectos operacionais), ou seja, uma boa perspectiva de geração de FOC, mas uma dívida cara e de curto prazo que esteja "sufocando" o Alvo e o Vendedor. Nesse caso, a perspectiva de geração de FLC é limitada, se não negativa. Um potencial comprador que tenha boa reputação entre os bancos, capaz de contratar financiamentos com prazos mais longos e custos mais baixos, poderá comprar o Alvo e reestruturar sua dívida. Esse ganho na estratégia de financiamento do Alvo, aliado ao fato de neste ter um bom negócio operacional, poderá justificar a Transação.

A Figura 3.3 ilustra o conceito de FLC e FOC, ao descrever a geração de caixa do Alvo como peças de um quebra-cabeça. A área total das quatro peças do quebra-cabeça ilustra a receita operacional bruta total gerada pelo Alvo em determinado ano.

Cada grupo de agentes econômicos vai capturando um dos pedaços do todo: o primeiro representado pelos governos federal, estadual e municipal, pelos impostos e taxas; o segundo, os provedores de insumos (trabalho, energia, matéria-prima, serviços etc.), na forma de custos e despesas; o terceiro pedaço é capturado pelos provedores de capital e bens de capital (investimentos em capital de giro e ativos realizáveis a longo prazo); e o último pedaço representa o FOC, que é dividido entre os financiadores (que recebem o serviço da dívida) e os acionistas (que podem capturar o FLC, se este for positivo, ou podem ter de fazer aportes de capital, se for negativo).

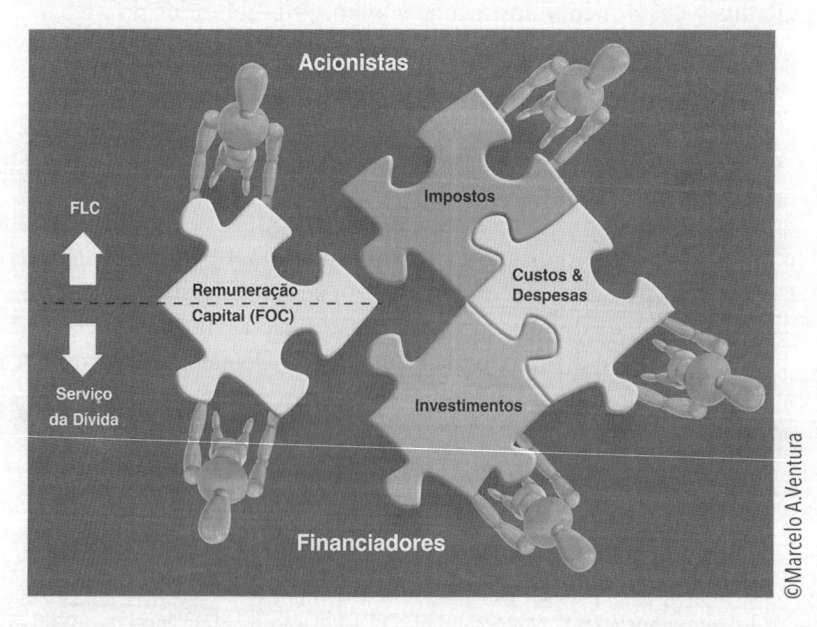

Figura 3.3 — Dinâmica de distribuição de valor de uma empresa entre os agentes econômicos.

A figura também ilustra o fato de que, quando o Alvo contrata financiamentos em um banco, os acionistas ganham um sócio de fato, mas não de júri, pois o banco capturará um pedaço do FOC que, de outra maneira, iria integralmente para os acionistas.

> **RECOMENDAÇÃO:** é possível entender o FLC como o dinheiro "livre" de compromissos em determinado período. Isso não quer dizer que, no período seguinte, esse dinheiro não seja necessário.

> **NA PRÁTICA: Capital de giro, remédio ou veneno?**[7]
> Não tenho estatísticas oficiais, mas, por experiência, acredito que capital de giro seja uma das principais causas de morte de empresas. Afinal, o que é "capital de giro"?
> Para a maioria das pessoas, "capital de giro" é o dinheiro que falta no fim do mês e que leva a pessoa (ou empresa) a recorrer ao "cheque especial" (conta garantida). No entanto, o "dinheiro que falta no fim do mês" não é o capital de giro, e sim uma consequência dele.
> Capital de giro é conhecido como *working capital*, em inglês, ou capital de trabalho. Apesar de esquisita, essa tradução reflete melhor a essência do que se trata: a evolução de três contas estratégicas de suma importância para as empresas, que são: Contas a Receber (CAR), Estoques e Contas a Pagar (ou Fornecedores). Essa "tríade" é crucial para a vitalidade das empresas (e das pessoas).
> Para traçar um paralelo entre empresas e pessoas, considere que CAR é seu salário recebido todo fim do mês (se você não perder o emprego). Os Estoques são formados por suas compras (alimentos, material escolar, roupas etc.) no mês. Os Fornecedores são os valores que você tem de pagar a prazo àqueles que vendem itens de seu estoque e lhe prestam serviços (supermercados, lojas, locador do seu apartamento, escolas etc.). Se você recebe todo fim do mês, mas tem de manter um alto estoque e seus fornecedores não dão muitos dias para pagá-los, possivelmente você terá um capital de giro negativo, e, se não cuidar, virará "veneno". Do mesmo modo, se você é muito econômico, almoça na casa de seus pais e tem um bom salário, seu capital de giro será positivo e você poderá até poupar uma parte dele, tornando-o "remédio".
>
> **Capital de giro como remédio nas empresas**
> **CAR.** Para empresas, o CAR reflete a estratégia de venda, ou seja, quanto e como a empresa financia as compras de seus clientes. O CAR é uma carteira de cheques pré-datados, de duplicatas a receber, de recebíveis de cartão de crédito e débito. Quanto mais a empresa "ajudar" seu cliente a comprar, mais faturará (remédio).
> **Estoques.** Os Estoques são compostos por matérias-primas e/ou produtos acabados que a empresa precisa ter em seu depósito e/ou em seus pontos de venda. Estoques adequados ajudam

---

[7] Resumo do *post* "Reflexões sobre Valor: Teoria & Prática na Geração (e Destruição) de Valor", publicado em 21/3/2014. Disponível em: http://eduardoluzio.wordpress.com/2014/03/21/capital-de-giro-remedio-ou-veneno/. Acesso em: 5 set. 2014.

a empresa a responder prontamente à demanda de seus clientes por rapidez na entrega e diversidade de escolhas (remédio).

Contas a Pagar. O terceiro componente da tríade é o Contas a Pagar, que reflete o prazo que os fornecedores da empresa lhe concedem para pagar suas compras de matérias-primas e/ou produtos acabados. O Contas a Pagar dá a "folga" necessária para a empresa vender os produtos e acumular dinheiro para pagar seus fornecedores e gerar lucro aos acionistas (remédio).

Essa descrição da tríade do capital de giro ilustra a essência da expressão "capital de trabalho". Observe também que a tríade resulta da dinâmica concorrencial do mercado que a empresa atua.

O Magazine Luiza, por exemplo, tem de parcelar a venda de geladeiras em dez prestações mensais, caso contrário, o cliente vai comprá-la no Ponto Frio. Além do parcelamento, também precisa ter em suas lojas ampla variedade de geladeiras para o cliente escolher, caso contrário, o cliente vai ao Ponto Frio. Ao vender geladeiras em dez prestações mensais para ser competitiva, o Magazine Luiza usará seu poder de barganha para negociar com os fornecedores prazos iguais ou superiores a dez meses para pagar suas compras. Se, no entanto, o Magazine Luiza vender em dez prestações e a Electrolux lhe conceder só dois meses de prazo na compra, seu capital de giro será negativo!

Por outro lado, se a Electrolux conceder 15 meses para o Magazine Luiza pagar suas compras, o capital de giro será positivo, o que pode dar uma falsa impressão de que há dinheiro sobrando. Nesse caso, os efeitos do capital de giro são contraintuitivos para muitos empresários que não conseguem percebê-lo, pois a empresa cresce (no que se refere a faturamento e lucro), mas há menos dinheiro disponível para pagar dividendos e a investir.

Capital de giro como veneno nas empresas

O empresário tem de saber gerir o capital de giro para que o remédio não se torne veneno.

Um tipo de "envenenamento" muito comum em empresas varejistas (supermercados, magazines, lojas de roupa, até restaurantes) é o empresário expandir sua rede de lojas, faturar mais, gerar mais lucro, ter a sensação de que está enriquecendo e distribuir mais dividendos (afinal, por questões contábeis, o capital de giro pode não afetar diretamente o lucro líquido). Nesse caso, o capital de giro começa como "remédio", pois, para expandir a rede e crescer o faturamento, a empresa tem de investir no CAR e em Estoques, e os Fornecedores poderão apoiá-lo (total ou parcialmente) nessa evolução. No entanto, o remédio pode se tornar veneno em uma crise econômica (leia-se desemprego). Os clientes que compraram a prazo atrasam seus pagamentos (inadimplência) ou compram menos (estoques "encalham"). A empresa poderá ficar sem dinheiro para pagar os fornecedores, o remédio vira veneno e mata a empresa.

Capital de giro, ou "capital de trabalho", é um aspecto inerente dos negócios que requer muita atenção do empresário, pois pode ser a *causa mortis* da empresa, especialmente quando o consumidor está comprando em excesso e se endividando. Após o Plano Real, o varejo de eletrodomésticos brasileiro viveu "anos dourados", com o consumo em alta e fornecedores apoiando com prazos generosos para pagar as compras. Entretanto, poucos anos depois, no fim da década de 1990, veio uma sequência de crises (Tigres Asiáticos [1997], Rússia [1998] e Brasil [1999]), a inadimplência explodiu. Muitos varejistas não tinham como pagar seus fornecedores e acabaram "quebrando" (Casas Centro, Arapuã, G. Aronson, Brasimac, Mappin, Mesbla etc.). Os fornecedores ficaram tão assustados com o calote que começaram a vender somente à vista. Com o país em crise, os consumidores não tinham dinheiro e disposição para comprar, muito menos para pagar à vista. Pronto, o tumor, alimentado pela inadimplência e a economia em recessão, espalhou-se pelo setor, dizimando muitas empresas.

Como evitar que o capital de giro vire veneno

Primeiro: se for vender a prazo, seja muito criterioso em sua análise de crédito. Vendas não é apenas quantidade, mas também qualidade. Não dê prêmios a seus vendedores por vendas, mas sim, por margem de rentabilidade considerando a inadimplência. Se não tiver um bom sistema de análise de crédito, use os cartões, pois, apesar de suas taxas, podem protegê-lo da inadimplência (lembre-se, não há "almoço grátis").

Segundo: planeje bem suas compras e mantenha uma logística eficiente para minimizar os estoques. O ideal é minimizar os estoques, sem comprometer o suprimento ao cliente. Desenvolva fornecedores alternativos para aumentar a frequência de pedidos (diminuindo o tamanho das compras e evitando acúmulos de excedentes). Produtos com baixo giro de estoque devem ser identificados e eliminados (não adianta comprar um produto "micado" de um fornecedor que dá muito prazo para pagar a compra).

Terceiro: negocie bem o prazo de pagamento de seus fornecedores, tendo o cuidado para que esse prazo não reflita em preços maiores (e consequente perda de competitividade). Desenvolva fornecedores alternativos para aumentar seu poder de barganha na negociação. Evite importações que possam gerar perdas cambiais e problemas logísticos.

Quarto e mais importante: nunca distribua dividendos considerando apenas o lucro líquido (ou, ainda pior, o faturamento). A decisão de quanto distribuir de dividendos deve focar a geração de fluxo (livre) de caixa não somente no período em questão, mas também na projeção desse fluxo para o futuro próximo (de um a dois anos). Se seu capital de giro é positivo, use o dinheiro "em excesso" para acumular reservas, pois o dinheiro é o ativo estratégico mais importante de qualquer empresa.

VALOR PRESENTE LÍQUIDO: QUANTIFICAR O FUTURO NO PRESENTE

Valor presente líquido é um dos conceitos mais importantes em finanças. A base do FDC são projeções futuras do FOC e FLC. Entretanto, é sabido que o dinheiro tem um valor no tempo: R$ 1 milhão daqui a dez anos não têm o mesmo valor de R$ 1 milhão hoje. Além disso, R$ 1 milhão investido em um ativo com risco, hoje, vale menos que R$ 1 milhão investido em um ativo sem risco.

Considere o exemplo da Pequena Central Hidroelétrica (PCH) Rio Azul. Seus proprietários receberão a autorização do governo para explorar o potencial hidroelétrico do rio Azul por 30 anos. Para construir a PCH, os sócios consideram investir, com 100% de capital próprio, R$ 140 milhões ao longo de dois anos (R$ 70 milhões por ano), que gerará certo montante de energia a ser vendido ao Sistema Integrado Nacional (SIN) em um contrato de compra e venda de energia (CCVE) de longo prazo. Esse CCVE prevê que, por 28 anos, a PCH entregará ao SIN determinada quantidade de energia média anual por um preço pré-acordado e reajustado anualmente pelo IPCA. O CCVE garantirá aos sócios da PCH Rio Azul um FLC de R$ 20 milhões por ano (reajustados pelo IPCA). Para simplificarmos, serão mantidas nossas projeções em moeda constante.

Também, para simplificar em num primeiro momento, supõe-se que não há endividamento na Rio Azul, ou seja, o FOC será igual ao FLC. Quanto valerá a PCH Rio Azul para seus sócios?

Sem considerar o valor do dinheiro no tempo e o efeito do IPCA, é possível deduzir que a PCH Rio Azul gerará o seguinte excedente:

$$\text{Soma das Entradas e Saídas (em moeda constante)} = -140 + (20 \times 28) = 420$$

Isso quer dizer que a PCH Rio Azul vale R$ 420 milhões para seus sócios? Ou ainda, que o retorno sobre o capital investido é de 200% (420/140)? Não. Temos de considerar o valor do dinheiro no tempo, que será mensurado por uma taxa anual (α) que representa o custo de oportunidade dos sócios ("custo de oportunidade" será definido mais adiante). O valor da PCH Rio Azul para seus sócios é o valor presente líquido do FLC dos 30 anos da autorização para explorar o potencial hidroelétrico do Rio Azul:

$$VPL = \frac{-70}{(1+\alpha)^1} + \frac{-70}{(1+\alpha)^2} + \frac{20}{(1+\alpha)^3} + \ldots + \frac{20}{(1+\alpha)^{30}}$$

Observe que a projeção está em moeda constante. Mais adiante, serão discutidas as diferenças entre projeções em moeda constante e moeda nominal.

Deve-se supor que o custo de oportunidade dos sócios da Rio Azul seja de IPCA + 10% ao ano e lembrar-se de que os sócios não contrataram nenhum tipo de financiamento, ou seja, o FOC = FLC. Nesse contexto, o valor da PCH Rio Azul será:

$$VPL = \frac{-70}{1,1} + \frac{-70}{1,21} + \frac{20}{1,33} + \ldots + \frac{20}{17,5} = -63,6 - 57,9 + \ldots + 1,1 = 32,3$$

Muitas lições interessantes podem ser apreendidas desses números.

Primeiro, note que, se $\alpha > 0$, quanto mais distante no tempo, maior será o fator de remuneração exigido pelos sócios: $(1+\alpha)^0 < (1+\alpha)^1 < (1+\alpha)^2$, e assim por diante. Ou seja, para uma sequência de fluxos iguais, o valor presente das primeiras parcelas é o maior, por essas estarem mais próximas do presente. Esse é um meio de poder comparar o valor do dinheiro gerado no futuro a valores atuais, pois R$ 20 milhões, por exemplo, para um custo de oportunidade de 10%, daqui a 30 anos equivalem a R$ 1,1 milhão hoje.

Segundo, o resultado, R$ 32,3 milhões, é denominado Valor Econômico Agregado (VEA) aos sócios da Rio Azul para seus sócios (com custo de oportunidade de IPCA + 10% ao ano) em moeda de hoje. O que significam esses R$ 32,3 milhões? Significam que:

a) Em algum momento no futuro, a PCH Rio Azul devolverá a seus sócios os R$ 140 milhões investidos. Esse momento é possível de ser estimado pelo conceito de *payback* simples, quando o FLC acumulado em valores correntes soma zero (ano 9), como ilustrado no gráfico da Figura 3.4:

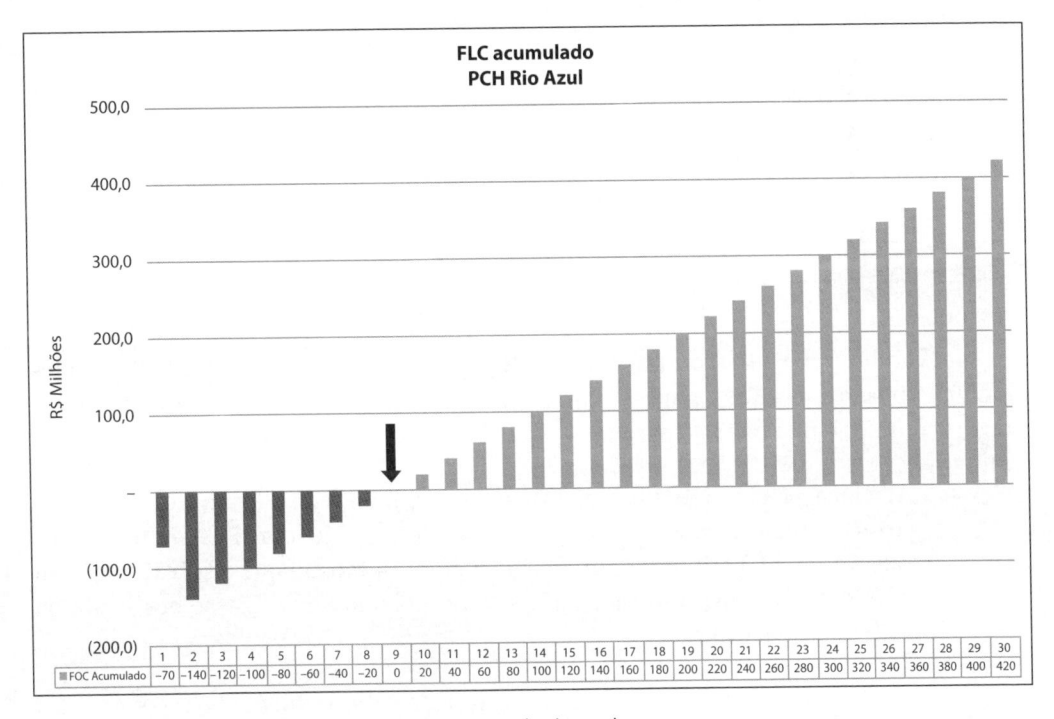

Ano	1	2	3	4	5	6	7	8	9	10	11	12	13	14	15	16	17	18	19	20	21	22	23	24	25	26	27	28	29	30
FOC Acumulado	-70	-140	-120	-100	-80	-60	-40	-20	0	20	40	60	80	100	120	140	160	180	200	220	240	260	280	300	320	340	360	380	400	420

Figura 3.4 – FLC acumulado da PCH Rio Azul e seu *payback* simples.

b) Além de receber o valor investido de volta, os sócios, ao longo dos 30 anos, receberão uma remuneração média de IPCA + 10%, que representa seu custo de oportunidade do capital. Esse momento é possível de ser estimado pelo conceito de *payback* composto, ou seja, o ano em que o valor presente do FLC acumulado reverte seu sinal negativo para positivo (décimo sexto ano):

VP FLC acumulado PCH Rio Azul

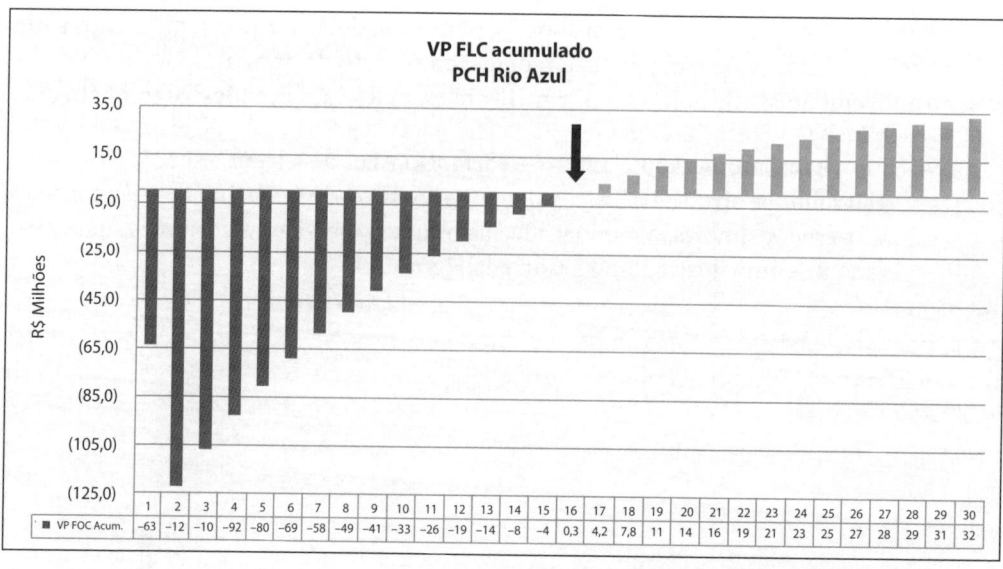

	1	2	3	4	5	6	7	8	9	10	11	12	13	14	15	16	17	18	19	20	21	22	23	24	25	26	27	28	29	30
VP FOC Acum.	-63	-12	-10	-92	-80	-69	-58	-49	-41	-33	-26	-19	-14	-8	-4	0,3	4,2	7,8	11	14	16	19	21	23	25	27	28	29	31	32

Figura 3.5 – Valor presente do FLC acumulado da PCH Rio Azul e seu *payback* composto.

Note como o *payback* composto é mais longo (ano 16) do que o *payback* simples (ano 9). Isso ocorre porque o *payback* composto considera o custo do dinheiro do investidor no tempo, o que é mais correto.

(c) Adiciona-se a (a) e (b) uma geração de caixas "em excesso", conhecido como lucro econômico, que, somados e trazidos a valor de hoje (por IPCA + 10%), equivalem a R$ 32,3 milhões. O gráfico da Figura 3.4 mostra que esse "excesso" será gerado do décimo sétimo ao trigésimo ano, quando a autorização dos sócios da PCH Rio Azul expirará.

Vale ressaltar que, pela metodologia do FDC, o valor da PCH Rio Azul para seus sócios é estimado, hoje, em R$ 32,3 milhões, sem ainda ter gerado 1 MWh. Entretanto, a PCH Rio Azul só tem esse valor porque os sócios possuem: a autorização para explorar o potencial hidroelétrico do rio Azul, o CCVE com FLC contratado em R$ 20 milhões ao ano reajustáveis, o orçamento do investimento na PCH de R$ 140 milhões (nas especificações técnicas compatíveis com a geração de energia contratada no CCVE), as devidas licenças ambientais, a conexão com a linha de transmissão etc. Isto é, o valor de R$ 32,3 milhões reflete uma sequência futura de FLC cuja implementação é factível. No caso da venda da PCH, o que o Comprador compra é a viabilidade desse fluxo. Se o Vendedor ainda não tiver a licença ambiental de instalação (LI), por exemplo, ele não poderá garantir ao Comprador que o FLC projetado acontecerá da maneira descrita, pois é comum haver atrasos significativos na concessão das licenças ambientais.

Como a PCH tem um prazo determinado de vida (30 anos, referentes à autorização), o valor presente de seu fluxo de caixa, e, por conseguinte, de seu valor para um Comprador, depende do momento em que a PCH é vendida. Hoje, antes do início das obras, o valor estimado da PCH Rio Azul é de R$ 32,3 milhões. Se fosse vendida no segundo ano, ou seja, no meio de sua implantação, seu valor estimado, hoje, seria de R$ 87,3 milhões (pois os gastos do primeiro ano já estariam incorporados no valor da PCH). Se o Vendedor negocia a PCH pronta, no início do terceiro ano, seu valor estimado (hoje) seria de R$ 139,8 milhões. Para maximizar o valor de venda da PCH Rio Azul, o Vendedor teria, portanto, de construí-la e vendê-la em seguida. Daí em diante, como o prazo da autorização vai diminuindo, o número de anos com fluxos positivos de caixa decrescerá até convergir para zero no fim da autorização.

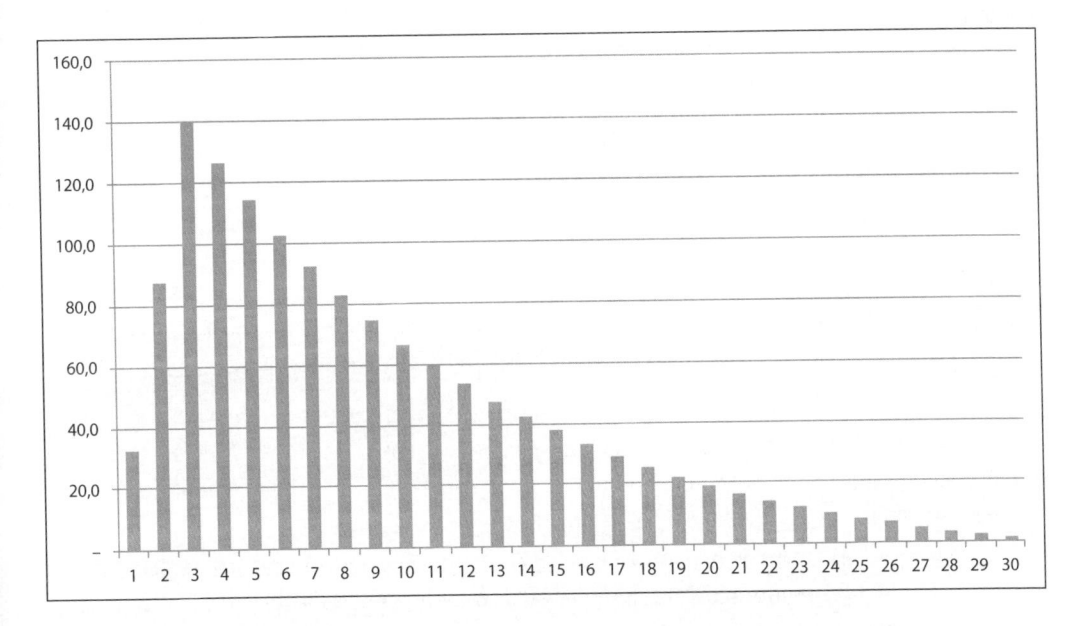

Figura 3.6 – Evolução do VEA da PCH Rio Azul (em milhões de reais) ao longo dos anos.

NOTA TÉCNICA: projeções em moeda nominal ou moeda constante

Como devem ser tratados os efeitos da inflação futura nas projeções do FOC e FLC? Projeções em moeda nominal consideram explicitamente os efeitos da inflação em suas receitas, custos, despesas e investimentos, gerando o FOC e o FLC inflacionados. Projeções em moeda constante consideram implicitamente os efeitos da inflação em suas receitas, custos, despesas e investimentos, gerando o FOC e o FLC em moeda atual. Se as projeções forem bem-feitas e a metodologia do FDC for corretamente aplicada, seus resultados em valor presente (VEA) devem ser iguais. O ajuste se faz no denominador da fórmula do valor presente: na taxa de desconto, que será maior em moeda nominal (para incluir a inflação) que em moeda constante.

O caso da PCH Rio Azul é relativamente simples, o que nos convém pedagogicamente. As receitas da PCH são reajustadas anualmente pelo IPCA. Suas despesas são todas variáveis com a receita, ou seja, as futuras variações nas despesas também seguirão o IPCA, o que manterá a margem EBITDA constante (como percentual da receita). Supondo que os investimentos também serão reajustados pelo IPCA e por hipótese, o IPCA médio será de 5% ao ano, o valor presente do fluxo livre de caixa será o mesmo, R$ 32,3 milhões tanto em moeda constante (com taxa de desconto de 10%) quanto em moeda nominal (com taxa de desconto de 15,5% = [(1 + 10%) × (1 + 5%) − 1]).

Quadro 3.4 – Projeções do FLC da PCH Rio Azul em moeda nominal e moeda constante

Período	1	2	3	4	29	30
FLC moeda constante	-70,0	-70,0	20	20	20	20
VP FLC	-63,6	-57,9	15,0	13,7	1,3	1,1
VP FLC acum. moeda constante	-63,6	-121,5	-106,5	-92,8	31,2	32,3
Indexador	1,050	1,103	1,158	1,216	4,116	4,322
FLC moeda nominal	-73,5	-77,2	23,2	24,3	82,3	86,4
VP FLC	-63,6	-57,9	15,0	13,7	1,3	1,1
VP FLC acum. moeda nominal	-63,6	-121,5	-106,5	-92,8	31,2	32,3

RECOMENDAÇÃO: dependendo da circunstância, é importante projetar o fluxo de caixa em moeda nominal. Por exemplo, quando as receitas do Alvo não acompanham o crescimento da inflação, mas seus custos e despesas sim. Nesse caso, a margem EBITDA projetada do Alvo é decrescente.

Em outras situações, mesmo com receitas e despesas evoluindo, *pari passu*, com a inflação, pode ser interessante projetar o fluxo de caixa em moeda nominal. Por exemplo, se o Alvo tem empréstimos amortizados pelo Sistema de Amortização Constante (SAC), convém projetar os fluxos em moeda nominal.

Fora essas duas circunstâncias, projeções em moeda constante nos ajudam a comparar valores futuros. Por exemplo, no quadro anterior, o fluxo no 29º ano em moeda constante é de R$ 20 milhões que se comparam diretamente ao fluxo do terceiro ano, também de R$ 20 milhões. Já em moeda nominal, o fluxo no 29º ano é de R$ 82,3 milhões *versus* R$ 23,2 milhões no terceiro ano. Ou seja, em moeda nominal, temos a inflação acumulada do terceiro ao 29º ano.

REMUNERAÇÃO DO CAPITAL: TAXAS DE DESCONTO

Após a apresentação do conceito de VPL, serão discutidos os conceitos por trás da taxa de desconto aplicado à equação:

$$VPL = \frac{-70}{(1+\alpha)^1} + \frac{-70}{(1+\alpha)^2} + \frac{20}{(1+\alpha)^3} + ... + \frac{20}{(1+\alpha)^{30}}$$

Há quatro conceitos importantes relacionados com a taxa de desconto: o Custo Médio Ponderado do Capital (WACC), o Custo de Oportunidade dos Acionistas (R_c), a Taxa Interna de Retorno (TIR) e a Taxa Mínima de Atratividade (TMA). Os dois primeiros conceitos, WACC e R_c, refletem o custo de oportunidade dos provedores de dinheiro (capital e financiamentos) do Alvo.

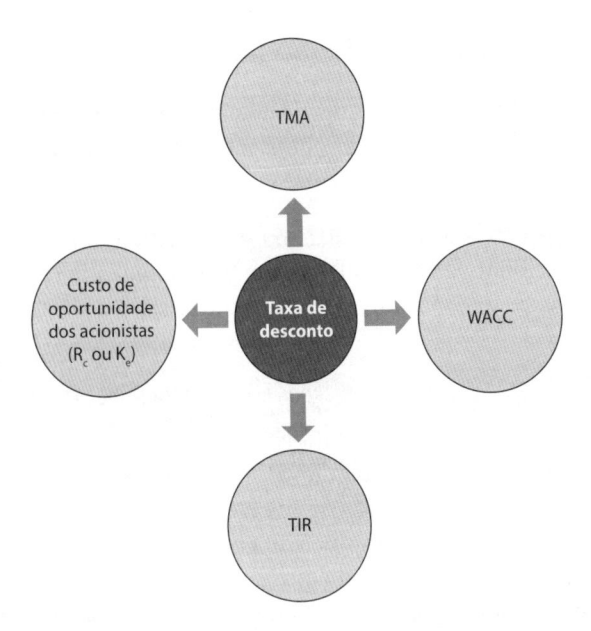

Figura 3.7 – Conceitos de taxa de desconto.

Dependendo do conceito utilizado como taxa de desconto, o resultado do VPL terá significados diferentes. Ou seja, para cada um dos quatro conceitos de taxa de desconto, **há quatro significados distintos para o VPL**, como apresentados na Figura 3.8.

$$VPL = \frac{-70}{(1+\alpha)^1} + \frac{-70}{(1+\alpha)^2} + \frac{20}{(1+\alpha)^3} + \ldots + \frac{20}{(1+\alpha)^{30}}$$

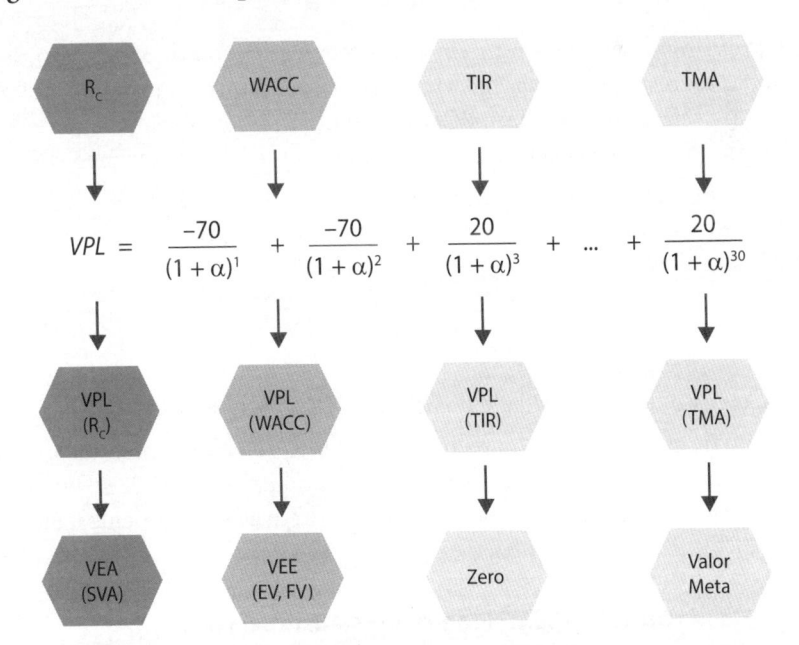

Figura 3.8 – Quatro diferentes conceitos de taxa de desconto e significados de seus resultados a valor presente.

A seguir, são discutidas cada uma dessas taxas e suas implicações.

CUSTO DE OPORTUNIDADE DOS ACIONISTAS (R_c)

Ao investirem (ou adquirirem) as ações de uma empresa, a expectativa de remuneração dos sócios investidores deve ser suficiente para recompensá-los por abrir mão de aplicar seu dinheiro nos dois tipos de ativos a seguir.

- Em ativos de renda fixa "livre de risco", por exemplo, a poupança e/ou títulos do Tesouro Nacional. Essa expectativa de remuneração livre de risco (R_f) embute em si uma expectativa sobre a inflação futura:

> R_f = expectativa de inflação futura + expectativa de remuneração "real" livre de risco

- Em uma cesta de ativos de renda variável, por exemplo, as cotas de fundos de ações diversificados. Um fundo de ações é um investimento com risco, embora a variedade de ações, a princípio, permita aos investidores diversificar riscos e, por conseguinte, diminuir o risco médio. A diferença entre a remuneração esperada pela cesta diversificada de ativos com risco (R_m) e pela taxa livre de risco (R_f) é denominada prêmio de mercado ($R_m - R_f$):

> $R_m - R_f$ = expectativa de remuneração dos ativos com risco diversificável, já descontada a taxa livre de risco

Além de abrirem mão de investir em ativos livres de risco e de ativos com risco diversificável, ambas representando suas não escolhas, os sócios investirão em um ativo com risco específico, ou seja, a sua escolha, a PCH Rio Azul. A remuneração que deve compensar o investidor por esse risco específico e não diversificável é mensurada pelo conceito de β.

No total, a expectativa de remuneração dos sócios investidores ou ainda, o custo de oportunidade do capital (R_c), é resumido pela famosa fórmula do Capital Asset Pricing Model (CAPM):

$$R_c = R_f + (R_m - R_f) \times \beta$$

Ou seja, o custo de oportunidade do acionista (R_c) pode ser escrito como:

O conceito de custo de oportunidade do capital (R_c) dos sócios não é apenas a expectativa de remuneração por abrir mão de investimentos alternativos (R_f e R_m) mas também a remuneração pelo risco que está incorrendo ao investirem especificamente na Rio Azul (β).

> **NOTA TÉCNICA: significado estatístico do beta (β)**
>
> O β é uma medida de quão sensível o preço de uma ação é em relação aos movimentos do mercado:
>
> $$\beta_i = \frac{\sigma_{i,m}}{\sigma_m^2}$$

Observe que, se o projeto apresenta β = 1, $R_c = R_m$, ou seja, o risco do projeto equivale ao risco do mercado, a média da economia. Se β = 0, então $R_c = R_f$, ou seja, o projeto não tem risco. Se β > 1, o risco do projeto é maior do que o do mercado. Se 1 > β > 0, o risco do projeto acompanha os movimentos de mercado, mas com menor intensidade. Se o projeto tem β = 1,3, na média, se o risco do mercado aumentasse em 1%, o risco do projeto aumentaria 1,3%. Note que não se trata de uma relação de causa e efeito, mas de correlação entre as variáveis (risco do projeto e o risco do mercado).

No caso, como a PCH Rio Azul não tem ações na Bovespa, não tem um β. É possível, então, usar o β de empresas geradoras de energia com ações na bolsa como estimativa para o β da Rio Azul.

Esse modelo implica que, quanto maior a percepção de risco do investimento na Rio Azul (quanto maior o β), maior a remuneração esperada ou requerida pelos sócios. Isso não quer dizer que essa remuneração será obtida, mas, sim, que será demandada.

No contexto da Rio Azul, ao aplicarmos o R_c no FLC, obtemos o VEA para os atuais sócios, que, sem considerar nenhuma dívida, é estimado em R$ 32,3 milhões.

TAXA INTERNA DE RETORNO

A TIR é um caso específico do VPL. Encontra-se a TIR (ϕ na equação a seguir), ao se igualar o VPL a zero:

$$0 = \frac{-70}{(1+\phi)^1} + \frac{-70}{(1+\phi)^2} + \frac{20}{(1+\phi)^3} + ... + \frac{20}{(1+\phi)^{30}}$$

O resultado dessa equação é TIR = ϕ = 13%. A TIR oferece uma informação importante: é a taxa máxima que a PCH Rio Azul pode remunerar, em média, seus provedores de capital. Para custos de capital (R_c) superiores a TIR, o VPL do projeto é negativo. Ou seja, nesses casos, os investidores não poderiam remunerar o capital empregado pelo risco incorrido e pelas alternativas de investimentos que eles abriram mão de ter.

Quadro 3.5 – Relação entre o custo de oportunidade do capital e a TIR

Situação	Relação do R_c e TIR	VPL	Implicações
A	R_c = TIR	0	Geração de valor econômico equivalente ao custo do capital (VEA = 0)
B	R_c < TIR	> 0	Geração de valor econômico em excesso em relação ao custo do capital (VEA > 0)
C	R_c > TIR	< 0	Destruição de valor econômico (VEA < 0)

A situação B é a melhor para os investidores, pois a PCH tem capacidade de remunerá-los, em média, acima de seus custos de oportunidade. A situação A também é favorável aos investidores, uma vez que eles estão sendo remunerados pelo risco incorrido e pelas alternativas de investimento que abririam mão para alocar seus recursos ao projeto. A situação C é, obviamente, desastrosa para os investidores.

TAXA MÍNIMA DE ATRATIVIDADE

A Taxa Mínima de Atratividade (TMA) é uma taxa arbitrária que o investidor pode definir e que geralmente pode ser diferente do R_c. Por exemplo, um investidor, neófito no Brasil, pode exigir uma TMA com mil pontos-base a mais que o R_c que utiliza em seu país de origem. A justificativa pode ser o "risco do desconhecido". A questão é que, se o investidor exagerar na TMA, pode deixar de ser competitivo no processo de M&A e perder uma oportunidade interessante pelo "risco do desconhecido".

No exemplo da PCH Rio Azul, se se adicionarem mil pontos-base ao custo de capital de 10% ao ano, será obtida uma TMA de 20%. Ao aplicar a taxa de desconto de 20% na equação do VPL obtém-se um resultado negativo de R$ 37,9 milhões. O valor negativo é óbvio, uma vez que a TMA > TIR.

Nesse contexto, entretanto, qual é o sentido do VPL? Esse VPL não é o VEA. Trata-se do valor da PCH para esse investidor que almeja uma TMA de 20%. Como a TIR = 13%, a PCH Rio Azul não interessa para esse investidor.

Considerando outro extremo, imagine um potencial Comprador para a PCH Rio Azul com uma TMA de 6%. O VPL agora é positivo em R$ 110 milhões, ou seja, a PCH é muito valiosa para esse potencial Comprador. Os atuais sócios da PCH, com R_c de 10%, podem tentar vendê-la para esse potencial Comprador por R$ 110 milhões e ganhar mais que três vezes o que poderiam ter ganhado não vendendo a Rio Azul (cujo VEA é de R$ 32,3 milhões).

Por que esse potencial Comprador teria uma TMA tão baixa? Inúmeras razões. Pode ser que, para ele, a Transação signifique uma entrada estratégica no setor energético brasileiro, ou ainda pode ser que ele queira garantir o suprimento de energia para sua fábrica eletrointensiva. Ou, simplesmente, a percepção de risco do potencial Comprador é mais favorável que a dos sócios.

CUSTO MÉDIO PONDERADO DO CAPITAL

Por fim, resta apresentar o conceito do Custo Médio Ponderado do Capital – ou WACC (*Weighted Average Cost of Capital*) – e suas implicações para o VPL. Para avaliar a maioria das empresas, é utilizado o conceito de WACC, pois, geralmente, as empresas são financiadas com um mix de empréstimos e capital próprio dos sócios. O WACC combina o custo de oportunidade dos acionistas (R_c) com o custo dos financiamentos disponíveis à empresa (R_d).

No caso da Rio Azul, o BNDES e seus bancos repassadores são tradicionais fornecedores de recursos para a construção de PCHs. Entretanto, a natureza da concessão de um financiamento a uma empresa é diferente dos investidores em capital. Financiamentos cobram juros que são pagos em datas pré-acordadas, independentemente de a empresa gerar ou não lucro no período. Além disso, o banco pode pedir garantias reais ao empréstimo, como hipotecas de terrenos, penhor de máquinas, equipamentos, mercadorias em estoque e outros ativos reais. Se a empresa, por algum motivo, não puder, por conseguinte, pagar juros e/ou o principal do empréstimo ao banco, este poderá executar as garantias. Em contraste, observe que os sócios não têm prazo nem garantias para realizar os ganhos de seu investimento. O banco tem. A perspectiva é, portanto, diferente! Não é por acaso que o dinheiro dos sócios é denominado "capital de risco". Como tal, o WACC é a média das expectativas de remuneração de financiamentos onerosos (R_d) e dos sócios (R_c) ponderada pelos montantes de cada uma dessas fontes de recursos disponíveis à empresa:

R_d = expectativa de remuneração dos bancos e/ou investidores em títulos de renda fixa emitidos pela empresa.

$$WACC = \left(\frac{C}{V}\right) \times R_c + \left(\frac{D}{V}\right) \times R_d \times (1 - IR\&CS)$$

Em que:
R_c = custo de oportunidade dos sócios (Comprador ou Vendedor).
IR&CS = alíquota do Imposto de Renda e Contribuição Social aplicável ao alvo.
(1 − IR&CS) = benefício fiscal, gerado pela dedutibilidade da despesa financeira com os juros de empréstimos bancários (*tax shield*).[8]
D = montante médio de dívida (D) que será usado pela empresa durante o período de projeção.
C = montante médio de capital (C) que será usado pela empresa durante o período de projeção.
V = D + C, valor total dos recursos financeiros alocados na empresa.

> Ou seja, o WACC é o custo de oportunidade dos provedores de capital, ajustado por sua participação relativa no capital total da empresa.

Duas perguntas emergem naturalmente:

- Qual é o nível de endividamento que maximiza o valor da empresa?
- Como incentivar acionistas a maximizar o valor para os credores?

A resposta é a estrutura ótima de capital. A estrutura de capital é a composição entre capital próprio (C) e dívida com terceiros (D) que compõe a totalidade de recursos à disposição da empresa (V). A estrutura ótima de capital é a combinação de C e D que minimiza o WACC e maximiza o VPL da empresa.

Retomando o caso da PCH Rio Azul, seu valor estimado, como o de qualquer empresa, é muito sensível à premissa da taxa de desconto.

---

[8] Note que, se o alvo adotar o regime de lucro presumido, as despesas com juros não são dedutíveis no IR/CS. Portanto, nesses casos não há *tax shield*.

No exemplo, supõe-se que o R_c seria de 10%. Agora, pressupõe-se que a PCH obteve um financiamento por 15 anos (sendo dois anos de carência e 13 anos de amortização em parcelas constantes) com juros reais de 8%. Deduzido o benefício tributário, o custo efetivo da dívida seria de 5,3% (8% × [1 − 34%]). Qual o impacto desse financiamento para os acionistas?

Haverá três modificações importantes na estimativa do VEA com endividamento:

(i) O FLC, que já não é mais igual ao FOC, pois, por 15 anos, a PCH estará endividada. Por conseguinte, por 15 anos, o FLC será diferente do FOC. Para se projetar o FLC, devem-se deduzir do FOC o serviço da dívida (juros e amortização de principal) e o benefício tributário da dedutibilidade das despesas financeiras. Por 12 anos, portanto, o FLC será menor que o FOC. Entretanto, nos dois primeiros anos de projeção, o FLC é maior que o FOC, pois há o impacto positivo dos desembolsos do financiamento. Antes, os acionistas teriam de aportar R$ 140 milhões; agora, com o financiamento, o aporte será de R$ 70 milhões:

Quadro 3.6 – Comparação entre o FLC com e sem financiamento

Moeda nominal	1	2	3	4	15	16	30
FLC sem dívida (= FOC)	-70,0	-70,0	20,0	20,0	20,0	20,0	20,0
FLC com dívida	-35,0	-35,0	10,3	10,6	14,0	20,0	20,0
Diferença	-35,0	-35,0	9,7	9,4	6,0	–	–
Serviço da dívida			-11,6	-11,2	-6,1	-0,0	–
Benefício tributário			2,0	1,8	0,1	–	–

(ii) É necessário modificar a taxa de desconto (R_c) utilizada e trazer o FLC a valor presente, pois, por 15 anos, a PCH estará endividada e seus sócios estarão expostos ao risco de inadimplência. A diferença entre o R_c com ou sem dívida é determinada pelos betas alavancado (β_a) e desalavancado (β_d):

$$\beta_a = \beta_d \times \left[1 + (1 - IR\&CS) \times \left(\frac{D}{C}\right) \right]$$

Para simplificar, serão adotados um WACC e um R_c médio para todo o período de 30 anos: 8% de WACC e um R_c de 11%. Trazendo o FOC pelo WACC, seria obtido o Valor Econômico da Empresa (VEE, ou *Enterprise Value* – EV, ou ainda *Firm Value* – FV):

$$VPL\ (WACC) = VEE = \frac{-70}{(1+0,08)^1} + \frac{-70}{(1+0,08)^2} + \frac{20}{(1+0,08)^3} + \dots + \frac{20}{(1+0,08)^{30}} = 64,7$$

O VEE representa o valor da Rio Azul, sem considerar seu endividamento. Para considerar o impacto da dívida sobre o VEA, é trazido a valor presente o FLC pelo R_c:

$$VPL\ (R_c) = VEA = \frac{-35}{(1,11)^1} + \frac{-35}{(1,11)^2} + \frac{10,3}{(1,11)^3} + ... + \frac{20}{(1,11)^{30}} = +34,4$$

É possível observar que, por essas premissas, o endividamento trouxe um pequeno ganho aos sócios da Rio Azul, uma vez que o VEA sem dívida foi estimado em R$ 32,3 milhões, e o VEA com dívida, em R$ 34,4 milhões.[9] Apesar do maior risco da alavancagem, o benefício tributário e o menor aporte compensaram o aumento no R_c. Outra maneira de vislumbrar esse efeito é pela comparação entre a TIR desalavancada (13,0%) e a alavancada (16,4%). A PCH sem dívida remunera seus capitalistas em 13%. No novo cenário, 50% do investimento será financiado a um custo menor (5,3%). O excedente entre o custo de 5,3% (por 15 anos) e a TIR de 13% será capturado pelos sócios, gerando uma TIR alavancada maior (16,4%).

Para obter mais detalhes sobre essas estimativas, consulte a seção Cálculos do FOC e do FLC mais adiante.

Em suma, o VEE é a estimativa do valor da operação do Alvo, antes do pagamento de seu endividamento. O VEA, por sua vez, é a estimativa de valor das ações do Alvo, ou seja, o valor que pertence aos acionistas:

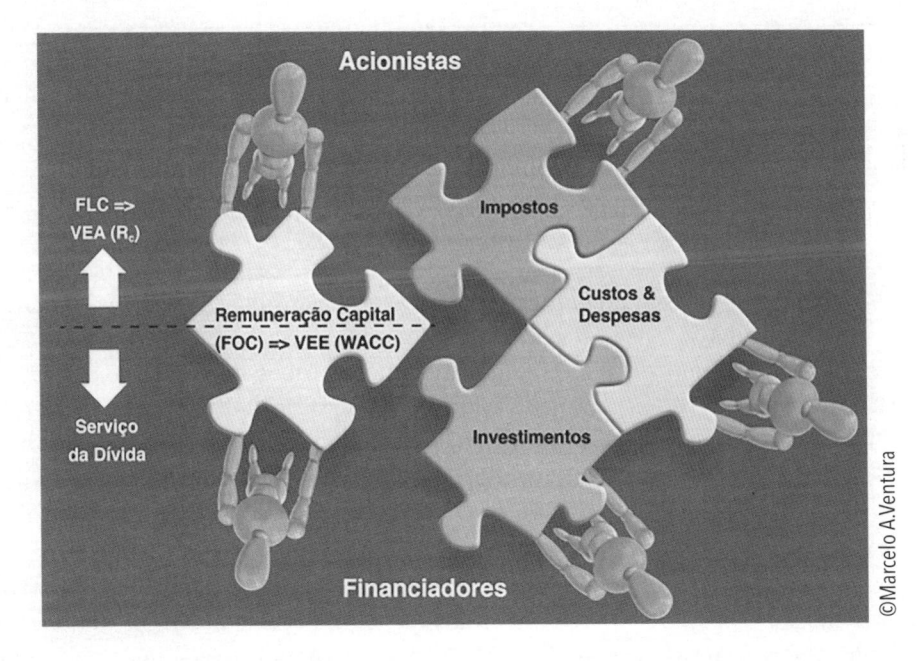

Figura 3.9 – Processo de VEE.

---

[9] A diferença entre o VEA sem e com dívida pode ser menor, pois estamos presumindo, por simplificação, que o R_c é o mesmo nos dois casos. Sem dívida, o beta da Rio Azul deveria ser menor do que 11%.

NA PRÁTICA: estimativa do R_c para o setor elétrico brasileiro

Em 2009, a Aneel publicou uma Nota Técnica[10] descrevendo as premissas que utilizou para estimar o R_c e o WACC das concessionárias de transmissão de energia no Brasil. O método utilizado não teve nenhuma novidade e seguiu a prática usada por bancos de investimento e consultorias. A Aneel buscou parâmetros no mercado de capitais dos Estados Unidos para o R_c e somou a ele um prêmio de risco Brasil, medido pelo Embi+ (Emerging Markets Bonds Index Plus).

As estimativas do R_c e do WACC foram utilizadas pela Aneel para definir o reajuste nas tarifas de 13 concessionárias brasileiras para os próximos quatro anos.

Os parâmetros utilizados são descritos no Quadro 3.7.

Quadro 3.7 - Parâmetro utilizados para estimar o R_c e o WACC das concessionárias de transmissão de energia no Brasil

Parâmetros	Descrição	Nominal	Real
R_f	Bônus do governo dos EUA (USTB10) com prazo de dez anos até o vencimento tem uma duração de aproximadamente oito anos no período de jan./1995 a dez./2008.	5,09%	2,32%
Inflação (EUA)	Média anual no período de 1995/2008.	2,71%	
$R_m - R_f$	Base: séries históricas de 1928 a 2008 do retorno do mercado acionário (S&P500) e a taxa do bônus do Tesouro Americano de mesmo período.	5,45%	5,45%
β_a (EUA)	Média de 13 empresas para as quais se obteve o beta médio das ações, calculado para o período de cinco anos.	0,772	0,772
IR (EUA)	Alíquota de imposto de renda corporativo nos EUA.	40%	40%
β_d (EUA)	Beta desalavancado médio da amostra de empresas norte-americanas.	0,291	0,291
IR (Brasil)	Alíquota de IR&CS corporativo no Brasil.	34%	34%
Estrutura de Capital Br (D/V)	Média da estrutura de capital de 17 empresas transmissoras licitadas no Brasil (3º ano de operação).	63,55%	63,55%

continua

---

[10] Nota Técnica nº 395/2009-SRE/Aneel.

continuação

Parâmetros	Descrição	Nominal	Real
β_a Br	Beta alavancado médio estimado para as empresas brasileiras.	0,627	0,627
Risco Brasil	Valor **mediano** do Emerging Markets Bonds Index Plus relativo ao Brasil (Embi + Brazil), de jan./2000 a dez./2008.	5,23%	5,23%
R_c	Custo de oportunidade do capital do investidor em transmissão de energia no Brasil.	13,74%	10,96%
R_d	Custo do capital de terceiros (financiadores) que inclui R_f (5,09%)+ prêmio de risco de crédito (1,93%) + prêmio de risco Brasil (5,23%).	12,25%	9,29%
WACC	Custo médio ponderado do capital estimado para as empresas de transmissão de energia no Brasil.	9,81%	7,15%

Fonte: Elaborado pelo autor com base em: Nota técnica no 395/2009-SRE/Aneel. Disponível em: http://www.aneel.gov.br/aplicacoes/audiencia/arquivo/2009/168/resultado/notatecnica0395.pdf. Acesso em: 30 out. 2014.

NA PRÁTICA: chamo a atenção para a premissa do prêmio de risco Brasil que é um dos principais componentes do R_c e, portanto, do WACC. A Aneel utilizou o conceito de mediana e não de média aritmética usado em todos os outros parâmetros. Por quê? O conceito de mediana[11] permite excluir da amostra de dados os pontos fora da curva, os *outliers*. Ao considerar o histórico do Embi percebe-se por que a Aneel adotou essa premissa. Em 2002, por exemplo, o Embi chegou ao recorde de 1.434 pontos-base.

A questão que fica é o caráter subjetivo da escolha dessas premissas. Por que não escolher a mediana do Embi entre 1994 e 2008, por exemplo? Se esse intervalo fosse considerado, o prêmio risco Brasil seria de 6,36% e não de 5,23%. Esse um ponto percentual teria impacto significativo para as concessionárias!

---

[11] Mediana é o número que divide uma amostra de observações ao meio. Por exemplo, se temos uma amostra com as seguintes observações: 1, 3 e 68. A mediana da amostra é 3. Note que a mediana é diferente da média. Nesse exemplo, a mediana é 3, mas a média é 24 ((1 + 3 + 68)/3).

Embi BR

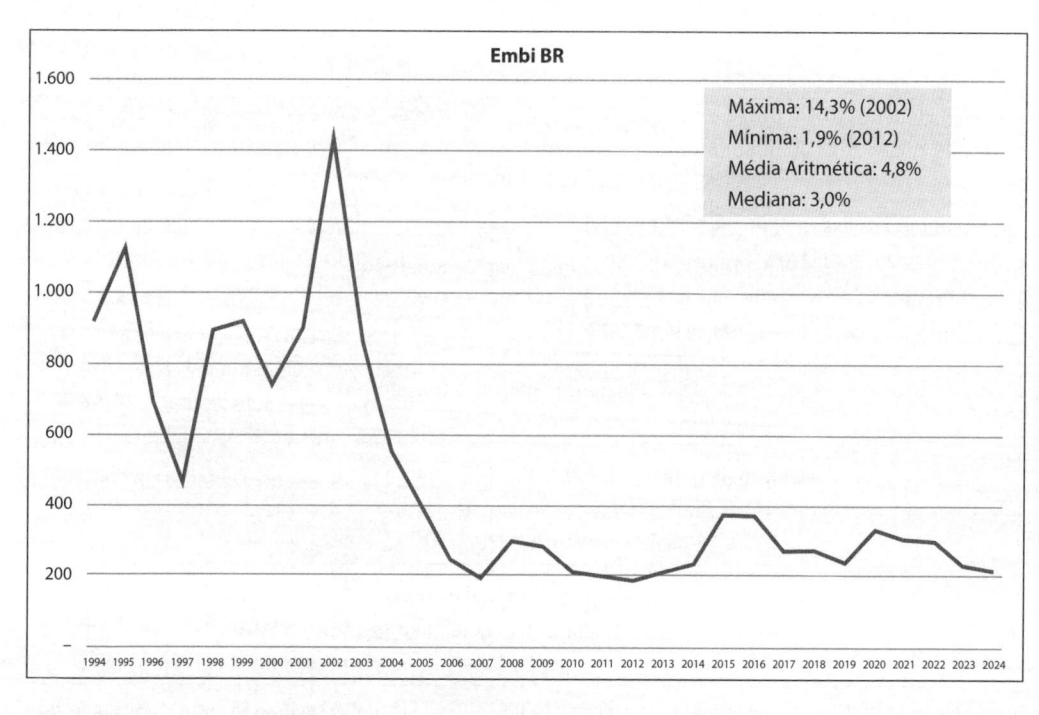

Máxima: 14,3% (2002)
Mínima: 1,9% (2012)
Média Aritmética: 4,8%
Mediana: 3,0%

Figura 3.10 – Evolução do Embi Brasil entre 1994 e julho de 2024.

Fonte: Disponível em: www.ipeadata.gov.br. Acesso em: 2 set. 2024.

IMPLICAÇÕES PARA UMA TRANSAÇÃO

Será que o R_c de 11% se aplica aos potenciais Compradores também? Não necessariamente. Vamos simular, no Quadro 3.8, o VEA para a PCH Rio Azul com outros custos de oportunidade (pressupondo o financiamento de 50% do investimento descrito na seção anterior).

Quadro 3.8 – Análise de sensibilidade: VEA da PCH Rio Azul considerando diferentes R_c

R_c	VEA	Diferença
5%	136,7	102,3
8%	71,9	37,5
10%	34,4	-
13%	18,2	-16,2
15%	6,5	-27,9

Para um potencial Comprador que tiver um R_c de 8%, as ações da PCH Rio Azul valem R$ 71,9 milhões. Se o Comprador, portanto, conseguir fechar a Transação a PCH por R$ 34,4 milhões, estará capturando R$ 37,5 milhões a valor presente (71,9 – 34,4 = 37,5).

O potencial Comprador que tiver um R_c de 5% poderá capturar R$ 102,3 milhões se comprar a PCH por R$ 34,4 milhões.

> Por isso, como enfatizado no Capítulo 1, o Vendedor não deve revelar aos potenciais Compradores qual é seu WACC. O processo competitivo de negociação promovido pelo Vendedor buscará capturar parte do valor que a PCH representa para os potenciais Compradores (com seus custos de capital).

O DESAFIO DE ESTIMAR O VALOR RESIDUAL

Ao se falar de fluxo de caixa, taxas de desconto, é preciso abordar um tópico-chave: por quantos anos devem-se projetar os resultados do Alvo? Não se aborda esse tema no caso da PCH Rio Azul porque a autorização tem prazo determinado de validade (30 anos). No entanto, a maioria das empresas (não concessionárias) geralmente não tem prazo para "expirar". Nesses casos, a empresa é considerada uma "entidade em marcha", ou *going concern*, pois, a menos que haja evidências do contrário, uma empresa "viverá" para sempre. Posto isso, deve-se projetar a geração de fluxo de caixa do Alvo até o infinito.

> **NOTA TÉCNICA: Postulado da Continuidade**
>
> Na contabilidade, o Postulado da Continuidade pressupõe que uma empresa continuará "vivendo economicamente" *ad infinitum*, até que se evidencie o contrário. A Lei das SAs exige que empresas de capital aberto sejam revisadas por auditores independentes registrados na CVM. Esses auditores devem revisar a contabilidade da empresa e atestar a qualidade de seus demonstrativos publicando periodicamente o "Parecer dos Auditores Independentes". Entre outros itens, o Parecer deve indicar se há riscos na continuidade da empresa. Se houver esse risco, o auditor independente deve apontá-lo ao público em seu Parecer, resultando no pesadelo dos diretores financeiros: o "Parecer com Ressalvas".
>
> Infelizmente, já ocorreram vários casos de empresas que entraram em insolvência após a publicação do Parecer dos Auditores Independentes sem ressalvas sobre os riscos de não continuidade. Casos como esses expõem os conflitos de interesses entre a função do auditor independente e sua relação com o contratante, pois quem paga o auditor é a própria empresa.

Infinito parece muito tempo, e, como já discutido, sabe-se que as empresas não duram tanto assim. É sabido que as empresas, até mesmo as maiores do mundo, acabam. No exterior, há vários exemplos: Lehman Brothers, Enron, Pan Am, Singer. No Brasil, também há exemplos: Mappin, Mesbla, Transbrasil, TV Tupi, Engesa, Banco Nacional, Sete Brasil, OSX, OGX e tantos outros.

Apesar das inúmeras evidências e estatísticas sobre a finitude das empresas, geralmente, adota-se a premissa do *going concern*, ou seja, que o Alvo viverá indefinidamente. A projeção do futuro do Alvo tem duas partes: uma projeção explícita para os próximos cinco a dez anos, seguida por uma projeção implícita do sexto ou décimo primeiro ano, até o infinito.

```
[Período explícito de projeção    ]      [Período implícito de projeção        ]
[(ex. cinco a dez anos)           ]      [(do 6 a 11º ano até o ∞)             ]
            ↓                                            ↓
  [Valor presento do    ]          +          [Valor presento do período  ]
  [período explícito    ]                     [implícito (valor residual) ]
```

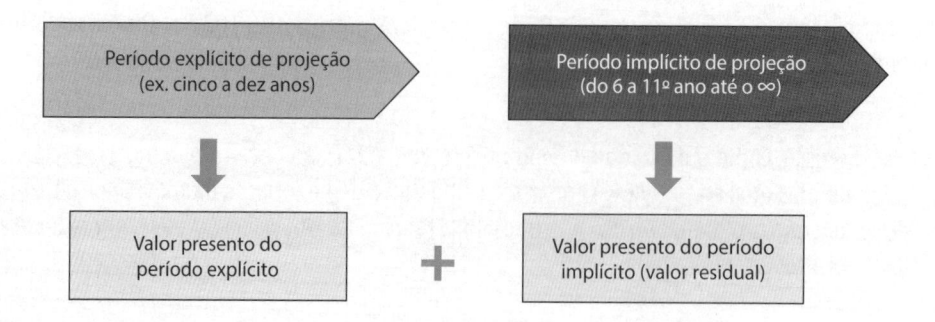

Figura 3.11 – Sobrevida da empresa.

O período explícito é o mais importante por estar mais "próximo" do período atual. As hipóteses do período explícito devem ser mais detalhadas, e são essas que geralmente são apresentadas no Memorando de Oferta (OM).

> **NA PRÁTICA:** por quantos anos devemos projetar o fluxo de caixa? Devemos estender o período de projeção explícita até que o fluxo operacional de caixa atinja um nível de "equilíbrio" de longo prazo. Ou seja, como o último fluxo de caixa da projeção explícita será a base para o cálculo do valor residual, este pode sub ou superestimar a estimativa de valor da empresa. Em alguns casos, o valor terminal pode chegar a compor mais da metade do valor total da empresa. Quatro exemplos:
>
> a) Empresas cíclicas, como papel e celulose, aço, petroquímica, devem ser projetadas por cerca de dez anos para capturar toda a extensão de um ciclo de preços.
>
> b) Empresas com importantes projetos de investimento que começaram a gerar resultados perto do fim do período de projeção explícita.
>
> c) Concessões públicas com data para término, por exemplo, a concessão da Companhia de Gás de São Paulo (Comgás) é de 30 anos.
>
> d) Empresas com futuro incerto, como as de alta tecnologia, têm grande peso no valor terminal. Portanto, pode-se usar uma combinação de FDC com múltiplos de ROB ou EBITDA de empresas comparáveis para estimar o valor terminal.
>
> Acima de tudo, é fundamental estender o período de projeção explícita até o ano em que o fluxo operacional esteja no equilíbrio. Nesse ponto, é válido considerar que o investimento será igual à depreciação.

O período implícito é 100% de futurologia, para não dizer 100% de "chute". Aqui não há regras, apenas bom senso. Se o valor gerado no período implícito for muito alto, acima ou igual ao gerado no período explícito, a qualidade da avaliação pode ser muito frágil.

Para estimar o valor econômico agregado no período implícito, há metodologias que, se bem aplicadas, podem minimizar o caráter subjetivo da avaliação desse período.

Ao considerarem-se os conceitos de valor presente e taxa de desconto, percebe-se que a importância do valor do "caixa" gerado em anos muito longínquos é menor e, em alguns casos, insignificante.

As principais metodologias para se estimar o valor presente dos fluxos de caixa no período implícito de projeção, denominado Valor Residual da empresa, são apresentadas a seguir.

- **Múltiplos do mercado:** analisando empresas similares com ações na bolsa de valores, é possível encontrar as médias da razão entre preço da ação e EBITDA (P/EBITDA), entre preço e lucro líquido (P/LL) e entre preço e patrimônio líquido (P/PL). É um método frequentemente usado por FPEs que compram participações em empresas para vendê-las no futuro. A ideia é que, em algum ponto no futuro, os fornecedores de capital possam realizar seus investimentos pela venda de suas ações na bolsa de valores. Apesar de sua popularidade entre investidores em ações, o P/LL é um dos múltiplos mais polêmicos. A ideia é medir a relação entre o preço que os investidores estão dispostos a pagar pela ação de uma empresa em relação ao lucro dela por ação. Se o P/LL é 4, isso quer dizer que os investidores poderão recuperar o dinheiro investido em quatro anos.
- **Valor de liquidação:** é o saldo dos valores de venda ao mercado de todos os ativos da empresa menos suas obrigações com terceiros. É um método simples, que pode ser pertinente se a empresa não for mais operacional após o período de projeção explícita. Por exemplo, uma mina de carvão com estimativa de vida útil de 30 anos. Após o 30º ano, o valor da mina equivale ao valor de mercado dos equipamentos utilizados na mineração menos as dívidas e obrigações. Entretanto, para empresas com marcas fortes e/ou pontos de venda bem localizados, o valor de liquidação é um método apropriado.
- **Custo de reposição:** equivale ao montante de investimento necessário para construir "do zero" outra empresa semelhante à analisada, com toda sua infraestrutura administrativa e de distribuição. Além de ser um cálculo difícil de fazer dado o grande número de ativos envolvidos, o custo de reposição deveria levar em conta o tempo que se demora para construir uma empresa e conquistar uma posição de mercado relevante. Reputação, localização dos pontos de venda, relacionamento com fornecedores, contratação e treinamento das equipes, sistemas e processos gerenciais são exemplos de "ativos intangíveis" que não podem ser facilmente repostos, tampouco precificados.
- **Perpetuidade simples:** é um dos métodos mais populares entre os avaliadores de empresa por sua simplicidade e consistência teórica. Foi inspirado no título de renda fixa do governo britânico que não tem a obrigação de pagamento do principal. O título paga uma quantia fixa por ano (FOC_1) sem prazo para terminar, formando uma sequência infinita de pagamentos iguais:

$$FOC_1, FOC_2, FOC_3, ... FOC_\infty$$

Em que o $FOC_1 = FOC_2 = ... FOC\infty$. É como se a empresa, tal qual uma perpetuidade, fosse capaz de gerar o mesmo valor de FOC até o infinito. A soma de todos esses infinitos pagamentos pode ser estimada por meio da equação:

$$VP\ (Perpetuidade\ Simples) = \frac{FOC_t}{WACC}$$

Em que: VP pode ser uma estimativa do Valor Residual, ao se considerar o retorno igual ao WACC e o pagamento, de *t* até o infinito, como o valor do fluxo operacional de caixa normalizado (FOC_t).[12] A perpetuidade simples tem um apelo teórico muito interessante: reflete um estado de equilíbrio da operação e do ambiente competitivo da empresa.[13]

- **Perpetuidade com crescimento:** é uma derivação da perpetuidade simples, em que o fluxo de caixa cresceria indefinidamente a uma taxa *g* no período implícito da projeção. Então a sequência de pagamentos seria:

$$FOC_1, FOC_1 \times (1+g)^1, FOC_1 \times (1+g)^2, ..., FOC_1 \times (1+g)^\infty$$

A fórmula do valor presente de uma perpetuidade em *t* (ano do fim da projeção explícita) é:

$$VP\ (Perpetuidade\ Simples) = \frac{FOC_t}{WACC - g}$$

No caso de uma projeção em moeda nominal, *g* pode ser interpretado como a expectativa para a taxa de inflação. Em uma projeção em moeda constante, utilizar uma perpetuidade com crescimento é equivalente a considerar dois WACCs diferentes: um maior para o período de projeção explícita e outro menor para o período implícito de projeção. Isso implica assumir que, no futuro distante, o custo de oportunidade dos provedores de recursos para a empresa diminuirá. E isso é razoável? Depende. Para uma empresa que atua em mercado maduro, talvez sim; mas e para uma empresa de tecnologia? Pode haver casos em que o custo de oportunidade aumentará no longo prazo (por exemplo, empresas com patentes a expirar).

---

[12] O último fluxo de caixa do período de projeção explícita pode ser "normalizado", ou seja, deve ter as seguintes características:
- margem operacional de equilíbrio;
- taxa de investimento "normal" (por exemplo, 100% da depreciação); e
- alíquota total de impostos (ou seja, não presumir que nenhum benefício tributário será perpetuado).

Alguns autores, como Damodaran, por exemplo, acrescentam a essa lista mais uma condição de equilíbrio: investimento em capital de giro nulo. Ou seja, as variações ativas do contas a receber e estoques seriam iguais a variação no contas a pagar.

[13] Do ponto de vista econômico, é equivalente a assumir que o retorno (TIR) é igual ao WACC. Ou seja, a empresa, após o período de projeção explícita, investirá em projetos com o VPL = 0. Caso contrário, se o VPL > 0, na ausência de barreiras de entrada, seria razoável supor que novos competidores entrariam no mercado até o VPL se tornar nulo.

O fato é que a perpetuidade com crescimento costuma produzir valores residuais maiores que os obtidos pela perpetuidade simples, o que tende a aumentar ainda mais a subjetividade da avaliação da empresa. Por exemplo, suponha um WACC de 20% e um FOC_t de R$ 100 e um $g = 10\%$. O valor da perpetuidade simples seria de R$ 500, e o da perpetuidade com crescimento seria de R$ 1.000. Ou seja, por causa de uma única premissa ($g = 10\%$), o valor residual da empresa dobraria.

> **NA PRÁTICA:** é comum o Vendedor querer defender uma perpetuidade com crescimento como método para estimar o Valor Terminal. O exemplo apresentado mostra que seu uso pode aumentar significativamente o valor do Alvo.

É importante considerar que, na avaliação de algumas empresas, o Valor Terminal pode ser responsável por mais de 100% do valor da empresa. É o caso de empresas de alta tecnologia e/ou empresas pioneiras em novos mercados, como as empresas de Internet. De modo geral, o Valor Terminal é significativo para qualquer empresa que no período explícito de projeção fará altos investimentos, acompanhados de baixas receitas e EBITDA. O mesmo raciocínio se aplica a empresas em recuperação judicial (antiga concordata), que, em seus primeiros anos, apresentam baixos volumes de FOC por causa de gastos e estratégias de reestruturação e *turn around*.

> **NOTA TÉCNICA: Valor Residual de PCHs e outras empresas de concessões**
> Há aqueles que acreditam que, ao fim do trigésimo ano da autorização de uma PCH, esta poderia ser renovada por mais 30 anos e assim por diante. Afinal, existem PCHs que funcionam há décadas. Essas pessoas podem argumentar que, ao se desconsiderar a possibilidade de renovação, subestima-se o valor da PCH. Eu acredito que não. Acredito que um poder concedente que preze pela sociedade, ao renovar uma autorização (ou concessão), deve cobrar do empresário uma cessão onerosa igual ao valor presente do fluxo de caixa da PCH para o período de renovação. Nesse caso, o valor presente líquido da renovação para o empresário, proprietário da PCH, é zero.

O valor do Alvo no FDC

Após apresentar os conceitos de fluxo de caixa, VPL e taxa de desconto, é possível resumir o conceito de valor no FDC. O VEE é estimado pela soma do valor presente dos FOCs do Alvo descontados pelo custo médio ponderado do capital (WACC) no período explícito (t anos) mais seu Valor Terminal:

$$VEE = \left(\frac{FOC_1}{(1 + WACC)^1}\right) + \left(\frac{FOC_2}{(1 + WACC)^2}\right) + ... + \left(\frac{FOC_t}{(1 + WACC)^t}\right) + \left(\frac{Valor\ Residual}{(1 + WACC)^t}\right)$$

Em uma Transação, o VEE reflete o valor dos ativos e passivos operacionais[14] do Alvo. Se o Comprador deseja comprar apenas ativos e passivos operacionais do Alvo, o Vendedor

---

14 Entre os ativos operacionais, podemos citar as contas a receber, estoques e ativo imobilizado. Já os passivos operacionais podem ser contas a pagar e impostos a pagar, por exemplo.

buscará vendê-los pelo valor do VEE, ou mais, se a concorrência entre os potenciais Compradores assim permitir. Nesse caso, o Comprador estará comprando o Alvo livre de dívidas onerosas e contingências. No entanto, se a Transação envolver compra de ações do Alvo, então o que estará sendo avaliado é o VEA, o qual é estimado pela soma do valor presente dos FLCs gerados pelo Alvo descontados pelo custo de oportunidade dos acionistas (R_c):

$$VEA = \left(\frac{FLC_1}{(1+R_c)^1}\right) + \left(\frac{FLC_2}{(1+R_c)^2}\right) + ... + \left(\frac{FLC_t}{(1+R_c)^t}\right) + \left(\frac{Valor\ Residual}{(1+R_c)^t}\right)$$

Ou, ainda, é possível escrever o VEA como a diferença entre o VEE e o valor presente do fluxo de pagamentos aos credores de dívidas onerosas somado ao valor presente das disponibilidades e o VPL de ativos e passivos não operacionais:

$VEA = VEE - VP(Dívida) + VP(Disponibilidades) +/- VPL(ativos passivos não operacionais)$

Uma questão muito frequente é sobre a relação do Patrimônio Líquido (PL) com o VEA. O PL é uma conta que mensura a "riqueza contábil" de uma empresa, definida como a diferença, positiva ou negativa, entre os bens e direitos de uma empresa (seus ativos) e seus deveres e obrigações para com terceiros (passivos) em determinado dia do ano. Lembrando ainda que, em sua maioria, ativos e passivos são avaliados por seus custos históricos de aquisição que não necessariamente correspondem a seus valores de mercado. O PL, portanto, é uma medida estática e histórica de valor. Um saldo positivo no PL não implica ou garante que o futuro da empresa é promissor, tampouco que seus provedores de recursos estão sendo justamente remunerados pelos riscos a que estão expostos.

> **NOTA TÉCNICA: o que é o *goodwill* de uma empresa?**
>
> Em transações de M&A é comum surgir uma diferença positiva entre o Preço e o valor do patrimônio líquido do Alvo. Parte dessa "mais valia" pode ser identificada, mensurada e discriminada no ativo intangível do Comprador, cuja amortização é dedutível do IR&CS a pagar (para empresas em regime de lucro real). Mas a parte dessa "mais valia" que não pode ser identificada é denominada *goodwill* do Alvo.
>
> Segundo Martins *et al.* (2010, p. 318), o *goodwill* é "um agregado de benefícios futuros, ou, sintetizando, um conjunto de intangíveis não identificáveis no processo de aquisição (inclusive as sinergias de ativos e a capacidade de gestão dos novos administradores) para os quais não é possível proceder-se a uma contabilização em separado)".

O *goodwill*, portanto, é a diferença entre o Preço pago pelo Comprador na Transação e o PL do Alvo. O Preço pode ser maior, igual ou inferior ao VEA, uma vez que o que determinará o Preço é a negociação entre as Partes. Para o bem do Comprador, espera-se que o Preço seja menor ou igual ao VEA, caso contrário (Preço > VEA), a chance de o Comprador destruir valor com a Transação é alta.

NA PRÁTICA: O VEE pode ser menor que o valor da sua dívida? Ou seja, o VEA pode ser negativo?

Sim, isso é possível e até frequente. É comum quando a empresa está perdendo rentabilidade e capacidade de investir, e/ou quando a dívida é muito mais alta que a capacidade de honrá-la.

Pode haver situações nas quais a empresa, operacionalmente, está bem, porém, um choque externo, como uma desvalorização cambial ou um aumento na taxa de juros básica, pode "explodir" o valor do serviço de sua dívida. Por exemplo, em 2001/2002, houve três choques externos que afetaram as empresas brasileiras de distribuição de energia elétrica: o racionamento de energia para evitar o "apagão", a desvalorização cambial e o aumento da taxa de juros. Nesse momento, muitas empresas de distribuição de energia elétrica endividadas em dólar tiveram queda na receita (pois o consumo de energia caiu) e aumento no serviço da dívida, gerando fortes prejuízos. As ações dessas empresas na bolsa "derreteram".

NOTA TÉCNICA: avaliação de bancos

Avaliar um banco é uma tarefa difícil, não apenas pela complexidade da contabilidade bancária, mas também pela natureza do valor de certos ativos e passivos (em particular, os derivativos). Entretanto, a metodologia do FDC também pode ser usada para avaliar bancos. Nesse caso, não é possível diferenciar o FOC do FLC, pois o negócio operacional do banco é financeiro. O conceito de investimento em capital de giro, por exemplo, é substituído pela diferença entre o total das variações ativas e passiva. Para avaliarmos as ações de um banco, projetamos o FLC e trazemos a valor presente pelo R_c.

Transações *money in* e *money out*

Quando um Comprador adquire uma percentagem do capital social do Alvo e paga o Preço diretamente ao Vendedor, diz-se que a Transação foi do tipo *money out*. Ou seja, o dinheiro do Preço foi direto para o bolso do Vendedor e não ficou no Alvo. Uma Transação do tipo *money in* ocorre quando o Comprador adquire uma parte das ações do Alvo na forma de aumento de capital, diluindo a participação do Vendedor. O dinheiro pago pelo Preço fica na tesouraria do Alvo e não no bolso do Vendedor.

De volta ao exemplo da PCH Rio Azul, cujo VEA foi estimado em R$ 32 milhões (estimativa sem financiamento): imagine que o Comprador compre metade das ações do Vendedor, R$ 16 milhões, por *money out*. Como sócio do Vendedor, o Comprador terá de "bancar" metade do investimento de R$ 140 milhões e terá direito a 50% do FLC da PCH. Qual será a TIR do Comprador?

$$0 = \frac{-16-35}{(1+\phi)^1} + \frac{-35}{(1+\phi)^2} + \frac{10}{(1+\phi)^3} + \ldots + \frac{10}{(1+\phi)^{30}}$$

A TIR do Comprador, no caso do *money out*, será de 10,2%.

Agora, imagine que o Comprador invista R$ 16 milhões por meio de um aporte de capital que ajudará os sócios a viabilizarem o investimento (*money in*). Qual é o percentual do capital social da PCH Rio Azul que o Comprador deterá? Com o aumento de capital, o VEA da PCH será de R$ 48 milhões, sendo R$ 32 milhões (valor presente do FLC por 28 anos) mais R$ 16 milhões em caixa na sua tesouraria. Após o aumento de capital, portanto, o Comprador deterá 33,3% do capital social da PCH (ou seja, 16 dividido por 48). Como sócio do Vendedor, o Comprador terá de "bancar" um terço do investimento (R$ 140 milhões menos os R$ 16 milhões da tesouraria) e terá direito a um terço do FLC da PCH. Qual será a TIR do Comprador?

$$0 = \frac{-16 - (70+8) \times \left(\frac{1}{3}\right)}{(1+\phi)^1} + \frac{-(70+8) \times \left(\frac{1}{3}\right)}{(1+\phi)^2} + \frac{6,7}{(1+\phi)^3} + \ldots + \frac{6,7}{(1+\phi)^{30}}$$

Nesse caso, a TIR do Comprador (ϕ) será de 11,3%. Por que a TIR é maior? Porque o aporte de capital reduziu o investimento total para os sócios e o Comprador em R$ 16 milhões. Apesar de o Comprador ter menos ações que no *money out*, também terá uma participação menor nos investimentos.

Muitos Compradores, especialmente FPEs, preferem Transações *money in* por impedirem que o sócio (o Vendedor) fique com muito dinheiro e deixe de se esforçar para o sucesso do Alvo.

Cálculos do FOC e do FLC

O Quadro 3.9 detalha os cálculos do FOC e FLC para a PCH Rio Azul, supondo-se:

- projeções em moeda constante;
- financiamento de 15 anos, sendo dois de carência de juros e principal, e 13 amortizações anuais constantes, com juros de 8%;
- alíquota de IR&CS de 34%; e
- despesas financeiras estimadas com base no saldo médio da dívida entre 1º de janeiro e 31 de dezembro.

Quadro 3.9 – Projeção do FLC nominal e estimativa da TIR alavancada

Com dívida	1	2	3	4	14	15	16	30
EBIT			30,3	30,3	30,3	30,3	30,3	30,3
Despesas financeiras			-5,8	-5,4	-0,7	-0,2	-0,0	—
Lair			24,5	24,9	29,6	30,1	30,3	30,3

continua

continuação

Com dívida	1	2	3	4	14	15	16	30
IR&CS alavancado			-8,3	-8,5	-10,1	-10,2	-10,3	-10,3
IR&CS desalavancado			10,3	10,3	10,3	10,3	10,3	10,3
Benefício tributário			2,0	1,8	0,2	0,1	–	–
FOC	-70,0	-70,0	20,0	20,0	20,0	20,0	20,0	20,0
TIR desalavancada	13,0%							
Desembolso (50%)	35,0	35,0						
Saldo antes de capital	35,0	71,4						
Juros capitalizados	1,4	4,3						
Saldo da dívida pós-capital	36,4	75,7	69,9	64,1	5,8	0,0	–	–
Amortizações (SAC)			-5,8	-5,8	-5,8	-5,8		
Saldo pós-amortização			69,9	64,1	5,8	0,0		
Despesas financeiras			-5,8	-5,4	-0,7	-0,2	-0,0	
Serviço da dívida			-11,6	-11,2	-6,5	-6,1	-0,0	–
FLC nominal	-35,0	-35,0	10,3	10,6	13,7	14,0	20,0	20,0
TIR alavancada	16,4%							

Uma questão que emerge, ao se avaliar um Alvo com uma dívida que pode mudar muito durante o período de projeção explícita, é: o WACC deve ser alterado ao longo dos anos de projeção? Essa é uma grande discussão acadêmica. Na teoria, o WACC deveria ser constante, pois se baseia na estrutura ótima de capital e não na estrutura atual. Os valores utilizados para projetar as taxas de juros e o custo de oportunidade dos sócios deveriam, portanto, ser considerados utilizando-se medidas de equilíbrio, e não taxas atuais que são resultado de uma conjuntura que pode mudar rapidamente, em dias.

É importante ter em mente que o WACC deve ser analisado sob uma perspectiva de longo prazo, pois, ao se avaliar um Alvo, projeta-se sua geração de caixa por vários anos. Por conseguinte, se algo ocorresse circunstancialmente, como uma variação na taxa de juros, isso não deveria alterar a visão de longo prazo. Em suma, ao avaliar um Alvo, sugere-se utilizar um WACC (de longo prazo) constante ao longo das projeções.

Apesar dessas considerações, há quem as desafie e insista em usar um WACC variável que capture as mudanças na estrutura de capital (endividamento) do Alvo. Assim, é necessário analisar a evolução do risco da PCH Rio Azul em quatro fases diferentes, como ilustrado no gráfico da Figura 3.12.

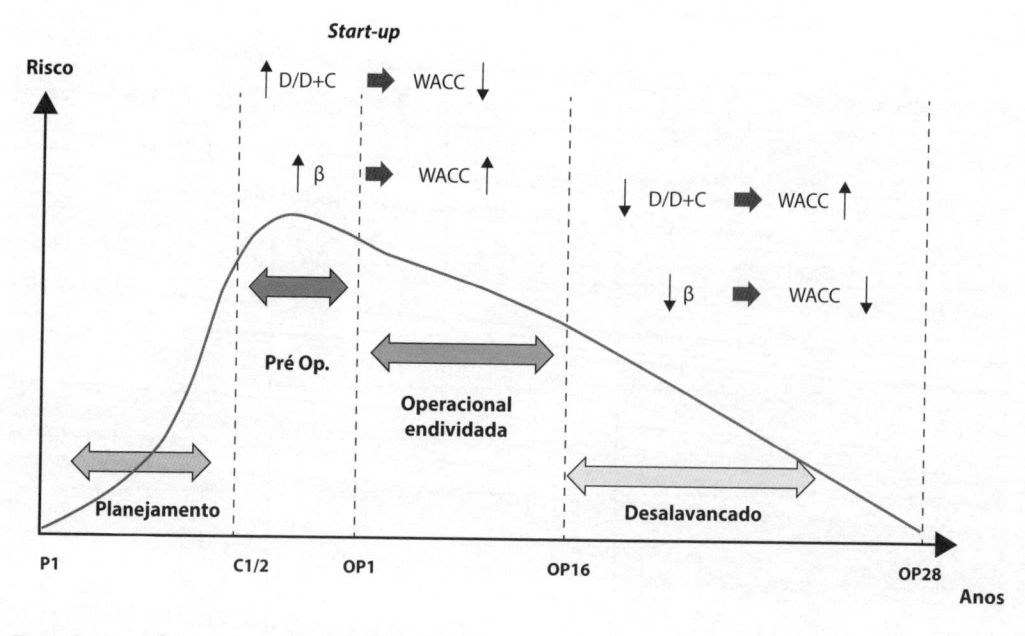

Figura 3.12 – Diferentes fases de exposição a riscos do projeto.

- Fase 1: "Planejamento". Pode durar de cinco a dez anos e corresponde ao tempo que os sócios investidores demoram até obter a autorização da Aneel e todas as outras certidões, negociar o CCVE e o contrato de EPC. Essa é uma fase de relativo baixo investimento (de R$ 3 milhões a R$ 5 milhões), mas que até ser concluída não garante nenhum retorno aos sócios investidores.
- Fase 2: "Pré-Operacional". Consiste na construção da PCH, que deve demorar dois anos (C1 e C2). Nesse momento, a PCH endivida-se e não tem nenhuma receita. Os riscos operacionais e financeiros dos sócios investidores estão no nível máximo.
- Fase 3: "Operacional e Endividada". Entre o primeiro e o 13º ano de operação (OP1 a OP13), a PCH já está pronta e gerando receitas, FOC, e pagando suas dívidas. O risco financeiro começa a diminuir com a amortização da dívida até terminar no OP13. Qualquer incerteza operacional sobre a viabilidade da PCH também estará resolvida.
- Fase 4: "Desalavancado". São os melhores anos, pois a PCH está gerando FOC e não há dívidas, portanto, o FOC = FLC. Há ainda riscos operacionais, como o risco de uma estiagem, de um terremoto etc.

O WACC é o mesmo ao longo dessas quatro fases? Não, pois o endividamento (D/D + C) é alterado. Tudo o mais é constante: quanto menor a alavancagem, maior será o WACC, pois o dinheiro "barato" do financiamento diminui de importância. E o R_c é o mesmo ao longo dessas quatro fases? Também não. O R_c cresce entre as fases 1 e 2, quando chega a seu pico. Daí em diante, o R_c diminui até alcançar seu nível mínimo na fase 4. Por isso é tão difícil projetar o WACC variável anualmente por 30 anos.

CONCLUSÃO

> Aperfeiçoar modelos e ter acesso a informações superiores reduzirão a incerteza na estimativa, mas pouco farão para reduzir a exposição ao risco específico da empresa e ao risco macroeconômico. Até o melhor modelo estará sujeito a essas incertezas. [...] Não há lugar para o orgulho neste processo. As avaliações podem mudar drasticamente ao longo do tempo, e assim deve ser, se a informação justificar tal mudança.
>
> Damodaran (2007, p. 4)

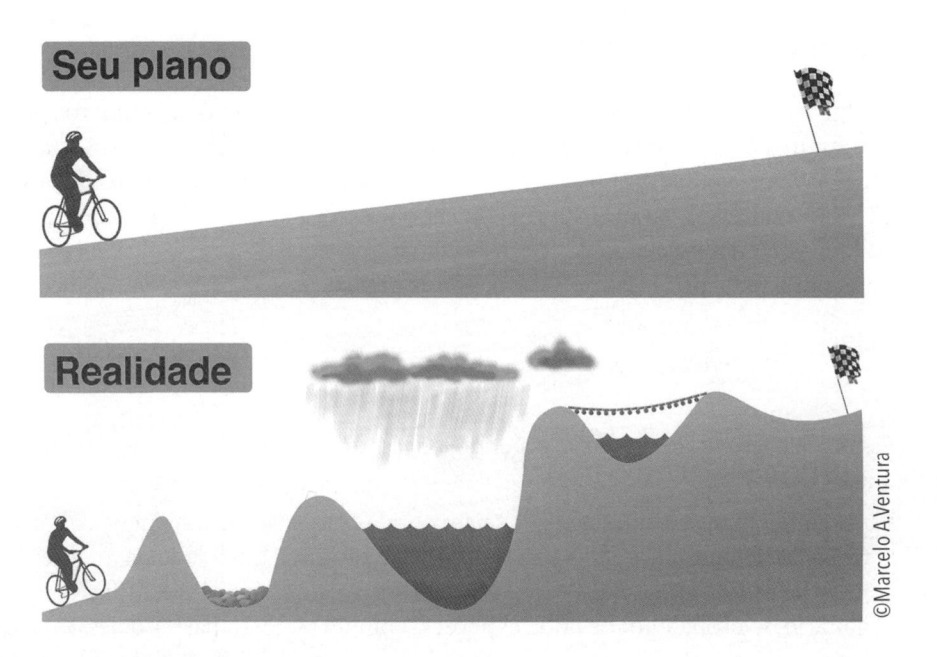

Figura 3.13 – Análise de um plano.

Ao contrário da análise de múltiplos de mercado, avaliar um Alvo pelo FDC não é uma tarefa trivial. As projeções sobre a geração do FOC no futuro requerem conjecturas sobre: a vida econômica útil do Alvo; a remuneração esperada pelos provedores de recursos financeiros (R_c e WACC); o ambiente competitivo em que o Alvo opera; a capacidade e o talento da administração do Alvo; a motivação de seus funcionários e acionistas; a disponibilidade de recursos onerosos de terceiros etc. Ou seja, o futuro de um Alvo depende não apenas de seus sócios e administradores mas também de seus concorrentes, consumidores, empregados, tecnologias, fornecedores, do ambiente macroeconômico, do governo, meio ambiente e outros. Enfim, depende de um conjunto de agentes econômicos e variáveis endógenas e exógenas ao objeto avaliado.

Em sua essência, o FDC baseia-se em uma "história" sobre o futuro do Alvo sintetizada em uma sequência de FLCs. A implicação imediata é que, quanto mais elaborada e fundamentada a análise da posição de mercado e da estratégia de negócio, e quanto mais precisas forem as fontes de informações contábeis, melhor será a qualidade da estimativa de valor produzida pelo FDC. Ninguém tem bola de cristal, mas isso não é desculpa para simulações grosseiras. Já nos deparamos com projeções de FLC de que, em um ano, o Alvo passaria de um déficit equivalente a 10% do ROB para um superávit equivalente a 40% do ROB! A explicação para tal "revolução" operacional era pouco convincente.

Uma das críticas mais comuns ao FDC é seu caráter estático. Ou seja, ao se projetar o FOC e o FLC, define-se um cenário sobre o futuro. No entanto, com certeza, o futuro será diferente. Os avanços em computação viabilizaram as "simulações de Monte Carlo", o que pode ser um meio de trazer mais dinamismo e realismo às projeções.

SIMULAÇÕES DE MONTE CARLO

O objetivo das simulações de Monte Carlo é estimar o impacto de inúmeros possíveis cenários futuros e não somente de um. Primeiro, é preciso identificar as principais variáveis exógenas que afetam o FOC e o FLC, as quais são denominadas *inputs*. No exemplo da PCH Rio Azul, essas variáveis poderiam ser o preço da energia e a geração de energia, que, por sua vez, estão relacionadas com a vazão hidrológica do Rio Azul. A relação dessas variáveis com o FOC precisa ser definida, por exemplo:

$$Preço\ Energia_t \times Quantidade\ de\ Energia\ Gerada_t = ROB_t$$

Essas relações vão gerar variáveis endógenas, ou *outputs*, que, no caso, podem ser o VEE ou a TIR.

Em segundo lugar, é necessário que sejam obtidas séries históricas longas sobre o valor dessas variáveis. Quanto mais longa a série for, melhor será a qualidade da análise. Terceiro, por meio de procedimentos estatísticos (análise do histograma),[15] identifica-se que tipo de distribuição de probabilidade pode explicar o comportamento passado dessas variáveis (por exemplo, função, distribuição de probabilidade normal, Weibull, Rayleigh, exponencial, Poison etc.). O computador, por sua vez, com base nos parâmetros que descrevem o comportamento dos *inputs*, gerará milhares de cenários possíveis produzindo uma "nuvem" de *outputs*. Por fim, com base em um histograma de *outputs*, é possível se estimar qual é a probabilidade de o VEE da PCH Rio Azul ser negativo, zero ou positivo.

As simulações de Monte Carlo têm uma implicação interessante, a saber: como permitem simular milhares de cenários possíveis, e não somente um ou alguns, a taxa de desconto não precisa incluir nenhum fator de risco. Todo o risco estará sendo considerado no numerador da fórmula de valor presente, e não mais no numerador. Ou seja, $R_c = R_f$.

---

[15] Definição de histograma de frequência: o histograma é um gráfico de barras que descreve os valores históricos de uma variável que se pretende analisar. No eixo horizontal, são definidos intervalos de valores, de igual dimensão, que a variável pode assumir. No eixo vertical, mensura-se a frequência de observações da variável em cada intervalo. Por exemplo, suponha que a velocidade do vento em uma certa região pode variar entre 0 m/s e 10 m/s. Podem-se construir, no eixo horizontal, intervalos de 2 m/s, ou seja: 0 a 2, >2 a 4, >4 a 6, >6 a 8 e >8 a 10. O eixo vertical vai mostrar o número de horas em um dia (ou um mês) em que se observaram essas velocidades.

O desafio de usar simulações de Monte Carlo já pode ser imaginado: como obter séries históricas longas e confiáveis sobre as principais variáveis exógenas que afetam o FOC e o FLC de um Alvo? Em 1998, por exemplo, com menos quatro anos de Plano Real, não havia histórico de inadimplência no Brasil – variável crítica para avaliar uma empresa de varejo de eletrodomésticos, por exemplo. Agora, 20 anos após o Plano Real, tem-se uma série melhor.

Para obter mais detalhes sobre as simulações de Monte Carlo, recomenda-se a leitura de Brealey e Myers (2003) e Savage (2009).

NA PRÁTICA: para terminar este capítulo, reproduzo um trecho de um curioso debate com um aluno. "Podemos usar o FDC para avaliar qualquer decisão de investimento...", eu afirmava confiante para a sala. Até que um dia um aluno de um curso me desafiou: "O que tem mais valor, o último filme do Schwarzenegger ou a obra de Shakespeare *Romeu e Julieta*?" Fiquei pensativo..."Ops... se for pelo critério caixa, o que vale mais é o último filme do Schwarzenegger, pois os direitos autorais de *Romeu e Julieta* já estão em domínio público. No entanto, é esse o critério que devemos usar para avaliar *Romeu e Julieta*? Uma obra que atravessa séculos pode ser comparada com um filme que possivelmente será esquecido em uma década ou menos?"

4 ELABORAÇÃO DO MEMORANDO DESCRITIVO DA TRANSAÇÃO

O Memorando Descritivo da Transação (MDT) pode se desdobrar em dois documentos distintos. O primeiro, elaborado pelo Vendedor, também denominado Memorando de Oferta (ou *Offering Memorandum* – OM), é o conjunto de informações iniciais sobre o Alvo para os potenciais Compradores. A segunda versão do MDT pode ser elaborada pelo potencial Comprador após a análise do OM e complementada por suas próprias pesquisas de fontes alternativas de informação sobre o Alvo, o Vendedor e a Transação. O MDT do potencial Comprador será chamado Memorando de Análise da Transação (MAT).

O MAT pode ser utilizado para obter a aprovação do Conselho de Administração do Comprador para a Transação. Nas empresas profissionalizadas, serve como documento de ajuda à memória e é muito útil para o futuro do Alvo no contexto estratégico, operacional, financeiro e societário do Comprador. Se o Diretor Financeiro do Comprador, que foi um dos responsáveis pela Transação, deixar seu emprego, ao ler o MAT, seu sucessor poderá entender o contexto da Transação e o papel do Alvo para o Comprador.

Acima de tudo, o MAT é um documento que descreve a estratégia do Comprador para determinado mercado (ocupado pelo Alvo) e justifica não apenas o Preço pago na Transação, mas também sua estrutura. No futuro, se os resultados obtidos com o Alvo se mostrarem insatisfatórios, o Comprador pode, e deve, reler o MAT para entender quais premissas não se verificaram, e, desse modo, poder ter *insights* de como redirecionar a gestão do Alvo – afinal, ninguém tem bola de cristal. Quando um Comprador decidiu adquirir o Alvo, assim o fez com base em premissas sobre o futuro do Alvo e do próprio Comprador. Essas premissas são documentadas no MAT.

Neste capítulo, são abordados como escrever um OM e um MAT e as recomendações a respeito.

RECOMENDAÇÃO: comecei minha carreira em M&A e após anos me encontrei envolvido também com planejamento estratégico de empresas e projetos de investimentos, inclusive *startups*. São impressionantes as similaridades entre o processo de reflexão envolvido na elaboração de um MDT e o processo de elaboração de um planejamento estratégico. Na verdade, aconselho que, quando acionistas decidirem promover um planejamento estratégico, o façam como se fossem vender o objeto desse estudo a terceiros.

Um projeto de investimento (Projeto), uma *startup*, por exemplo, tem algumas diferenças em relação ao OM de uma empresa já existente. É possível adiantar que uma empresa existente tem um passado que pode fornecer alguns parâmetros para seu futuro, ao passo que o Projeto não tem passado.

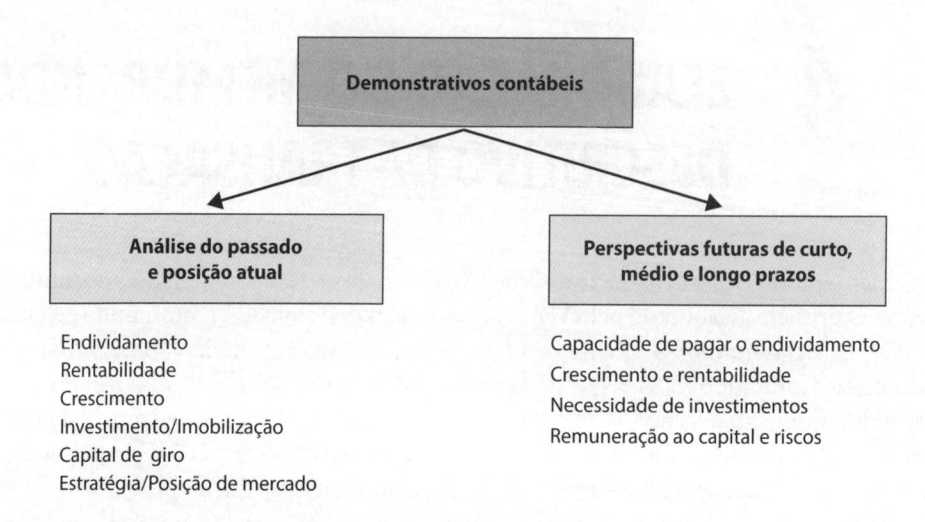

Demonstrativos contábeis

Análise do passado e posição atual
- Endividamento
- Rentabilidade
- Crescimento
- Investimento/Imobilização
- Capital de giro
- Estratégia/Posição de mercado

Perspectivas futuras de curto, médio e longo prazos
- Capacidade de pagar o endividamento
- Crescimento e rentabilidade
- Necessidade de investimentos
- Remuneração ao capital e riscos

Figura 4.1 – Estrutura resumida do MDT de uma empresa existente.

Demonstrativos contábeis

Análise do passado e posição atual (riscado)
- Endividamento
- Rentabilidade
- Crescimento
- Investimento/Imobilização
- Capital de giro
- Estratégia/Posição de mercado

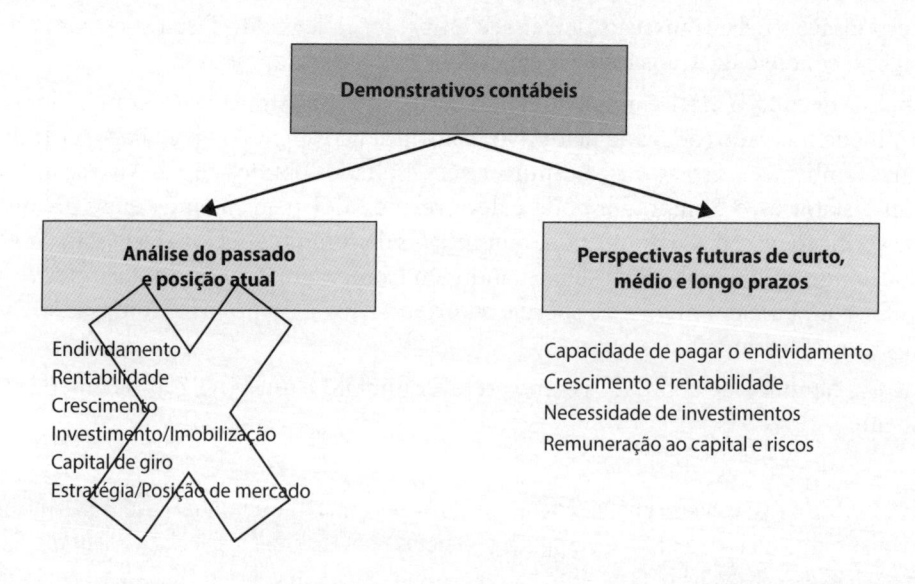

Perspectivas futuras de curto, médio e longo prazos
- Capacidade de pagar o endividamento
- Crescimento e rentabilidade
- Necessidade de investimentos
- Remuneração ao capital e riscos

Figura 4.2 – Estrutura resumida do MDT de um Projeto.

Além disso, as projeções e a análise do endividamento (incluindo os usos e as fontes) de um Projeto são fundamentais, bem como a matriz de riscos e as estratégias de mitigação.

REDAÇÃO DE UM MEMORANDO DE OFERTA

Como abordado no Capítulo 3, ao redigir o OM de um Alvo já existente (*going concern*), é fundamental ter em mente seus três principais objetivos:

a) Apresentar informações essenciais sobre o Alvo, o Vendedor e a Transação. O OM não pretende incluir todas as informações importantes sobre o Alvo, e sim as principais que possam caracterizar seu potencial de geração de valor. Informações detalhadas sobre os ativos fixos do Alvo, por exemplo, serão disponibilizadas apenas aos potenciais Compradores se/quando as tratativas evoluírem a contento do Vendedor.

b) Oferecer aos potenciais Compradores parâmetros que lhes possam ser úteis na avaliação econômico-financeira do Alvo (sem revelar, explicitamente, o valor do Alvo para o Vendedor). Entre essas, é possível citar: o histórico do Patrimônio Líquido, Ativo Total, endividamento oneroso, EBITDA e lucro líquido dos últimos exercícios; as projeções de receitas, EBITDA e fluxo de caixa; e empresas similares com capital aberto que possam fornecer múltiplos de mercado pertinentes à Transação. Os potenciais Compradores usarão esses indicadores para construir suas próprias opiniões sobre o valor do Alvo e da Transação.

> **RECOMENDAÇÃO:**
>
> **Se o Alvo estiver excessivamente endividado, esse fato deve ser revelado no OM?** Sim! Um fato como esse não pode ser omitido sob o risco de trazer descrédito ao Vendedor (e a seu Assessor). Se o Alvo tem uma boa posição de mercado e capacidade de gerar caixa em suas operações, mas, circunstancialmente, está endividado, essa situação pode representar uma oportunidade para os potenciais Compradores.
>
> **Se um Vendedor sabe que o Alvo tem "um esqueleto no armário" (contingências), deve informar ao Comprador?**
>
> Depende da natureza da contingência e do momento da negociação. Geralmente, todas as empresas apresentam algum tipo de contingência. Se uma empresa já teve algum funcionário, está exposta ao risco de processos trabalhistas. Se esses processos vão resultar em perdas materiais ou não, isso depende de análise jurídica. Agora, se o Alvo já tem processos em andamento, seus advogados são capazes de emitir relatórios indicando prováveis perdas que podem ser descontadas do valor da Transação. Mais cedo ou mais tarde, o Vendedor terá de revelar tais fatos ao potencial Comprador, mas isso geralmente ocorre nas fases finais do processo de M&A. Sobretudo, é importante que o Vendedor tenha em mente que o Comprador geralmente faz uma auditoria detalhada sobre o Alvo, incluindo pesquisas em cartórios e tribunais para identificar contingências.

c) Sinalizar aos potenciais Compradores que há um processo competitivo sendo organizado para a Transação. Pode até haver só um potencial Comprador para o Alvo, mas a existência de um OM indica que outros investidores podem ser abordados. Como diz o ditado norte-americano, "percepção é realidade". A percepção de que há concorrentes pode dar senso de urgência aos potenciais Compradores e incentivo para que estes produzam boas ofertas para a aquisição do Alvo. Nesse sentido, é recomendável, inclusive, que o OM seja traduzido para o inglês (e para outros idiomas, se necessário) e que a opção de recebê-lo nessa língua seja oferecida até a potenciais Compradores brasileiros. Ter um OM disponível em inglês reforça a percepção de que o processo concorrencial será amplo e qualificado.

Em geral, um OM é um livro de 20 a 300 páginas (ou mais), no formato de caderno, com o conteúdo a seguir.

Tópicos de um Memorando de Oferta

Acordo de Confidencialidade – Sumário Executivo
Transação Proposta

1. A Empresa
Histórico
Produtos e Mercados Diferencial Competitivo Estrutura Societária Organograma Administrativo
Desempenho Financeiro Histórico Sistemas de Informação Fornecedores
Canais de Distribuição
Estrutura de Armazenagem e Logística Crédito ao Consumidor
Licenças, Autorizações e Certidões Ativos Fixos
Recursos Humanos

2. Mercados
Demanda Concorrência Insumos
Regulamentação e Política Tendências

3. Projeções Operacionais e Financeiras da Administração
Premissas Resultados

4. Anexos
Estatuto Social
Demonstrativos Contábeis dos últimos anos Lista dos Principais Ativos Fixos
Principais Licenças, Autorizações e Certidões Fotos Selecionadas

Muitos dados do OM virão da avaliação do Alvo elaborada na Fase de Preparação do Vendedor. As informações virão do cenário que o Vendedor e seu Assessor julgarem o mais apropriado para descrever o potencial de crescimento do Alvo (Quadro 4.1).

Quadro 4.1 – Componentes do processo de Avaliação do Alvo que podem ser usados no OM

Avaliação do Alvo para o Vendedor	Tópicos do OM
Análise do histórico operacional e econômico-financeiro	Desempenho financeiro histórico Produtos e mercados fornecedores
Análise da posição estratégica de mercado do Alvo	Diferencial competitivo Produtos e mercados
Definição do negócio do Alvo e sua estratégia competitiva	Produtos e mercados
Componentes da receita, custos e investimentos	Desempenho financeiro histórico
Definição das premissas básicas do modelo (período de projeção explícita, moeda projetada (reais constantes ou nominais))	Premissas
Volume de vendas e preços médios (receitas) e impostos diretos	Desempenho financeiro histórico Diferencial competitivo Produtos e mercados Premissas Resultados
Capacidade instalada, produção (e vendas) e taxa de ociosidade	Desempenho financeiro histórico Diferencial competitivo Produtos e mercados Premissas Resultados
Quadro de MDO operacional e administrativa e folha de pagamento	Premissas Resultados
Investimentos ativos fixos e suas taxas médias de depreciação e amortização	Premissas Resultados
Histórico e projeção dos custos e margem bruta	Diferencial competitivo Premissas Resultados
Histórico e projeção das despesas operacionais	Premissas Resultados
Histórico e projeção do EBITDA e da margem EBITDA	Diferencial competitivo Resultados
Investimento no Capital de Giro	Premissas Resultados
Projeção do FOC	Resultados
Projeção do Serviço da dívida contratada e novas dívidas	Premissas Resultados

continua

continuação

Avaliação do Alvo para o Vendedor	Tópicos do OM
Histórico e projeção das receitas e despesas não operacionais	Premissas Resultados
Histórico e projeção dos investimentos e desinvestimentos não operacionais	Premissas Resultados
Estimativa do WACC e o Rc	Não revelar no OM
Alíquota de IR&CS	Premissas Resultados
Projeção do FLC	Premissas Resultados
Estimativa do valor presente do FOC e FLC (VEE e VEA, respectivamente)	Não é necessário, pois dependerá do WACC do potencial Comprador

A seguir, será descrito em detalhes cada item do OM.

ACORDO DE CONFIDENCIALIDADE

As primeiras páginas do OM devem conter um Acordo de Confidencialidade, ou *Non-Disclosure Agreement* (NDA), que é um instrumento jurídico fundamental no processo de M&A cuja importância não deve ser subestimada pelo Vendedor, tampouco pelos potenciais Compradores. A ausência da assinatura do NDA expõe o Vendedor a riscos de perdas consideráveis, uma vez que muitas informações estratégicas sobre o Alvo serão reveladas no OM e nas reuniões e correspondências que se seguem durante a abordagem e negociação com potenciais Compradores. Os potenciais Compradores podem vir a conhecer os principais executivos do Alvo e "roubá-los" do Vendedor. Potenciais Compradores ainda terão acesso a informações sobre fornecedores, clientes e tecnologias e poderão explorar essas informações para seu lucro próprio, e não em prol da Transação.

A seguir, é apresentado um exemplo de minuta de Acordo de Confidencialidade sobre as informações que serão trocadas entre duas pessoas jurídicas em um processo de M&A. Trata-se de uma minuta para fins didáticos, que não deve ser utilizada em situações reais sem a revisão e a orientação de um advogado especializado.

ACORDO DE CONFIDENCIALIDADE

A Razão Social do Vendedor ("VENDEDOR" ou "Empresa") e a Razão Social do Investidor, receptor deste Memorando de Oferta ("INVESTIDOR"), celebram o presente Acordo de Confidencialidade ("Acordo") em razão das tratativas preliminares sobre uma possível alienação de participação societária da

Empresa ao INVESTIDOR ("Transação"). O VENDEDOR e o INVESTIDOR serão doravante denominados conjuntamente "PARTES" e cada uma individualmente denominada "PARTE".

Considerando que o INVESTIDOR receberá do VENDEDOR informações técnicas e estratégicas e terá acesso a documentos e dados confidenciais ("Informações Confidenciais"), as PARTES acordam o que se segue:

1. O INVESTIDOR obriga-se a não utilizar e não permitir que as Informações Confidenciais sejam utilizadas para finalidade diversa daquelas definidas neste Acordo, a menos que o VENDEDOR autorize, prévia e expressamente, a divulgação das informações, devendo o INVESTIDOR tratá-las com o mesmo grau de cuidado com que protege seus próprios documentos, não as divulgando, em todo ou em parte, a terceiros sem a prévia autorização escrita do VENDEDOR.

2. O INVESTIDOR concorda que deverá estender as disposições deste Acordo para todos e quaisquer terceiros para os quais receber aprovação escrita do VENDEDOR para distribuir suas Informações Confidenciais.

3. As disposições anteriores não serão aplicadas ao uso ou à divulgação de qualquer tipo de informação ou documentação que: (a) seja de domínio público ou de conhecimento público no momento da recepção, pelo INVESTIDOR; (b) se torne pública ou de domínio público sem culpa do INVESTIDOR; (c) seja desenvolvida de modo independente pelo INVESTIDOR, sem obrigação específica de confidencialidade ou qualquer referência, influência ou conexão com as Informações Confidenciais divulgadas pelo VENDEDOR; ou (d) em resposta à exigência legal ou solicitação formal de entidade governamental.

4. O INVESTIDOR obriga-se a: (a) notificar o VENDEDOR se tomar conhecimento da divulgação das Informações Confidenciais por terceiros de modo não autorizado neste Acordo; (b) notificar o VENDEDOR caso seja necessária a divulgação de Informações Confidenciais pelo INVESTIDOR por: (i) solicitação de seus auditores, advogados ou outras empresas do grupo, desde que todos os envolvidos atestem sua concordância em manter confidenciais as informações recebidas, nos exatos termos deste Acordo, ou (ii) expressa determinação legal ou judicial, caso em que a PARTE que estiver obrigada a fazer tal divulgação garanta sua limitação nos estritos termos da sentença ou lei que deva cumprir.

5. Para dirimir quaisquer dúvidas ou solucionar quaisquer controvérsias resultantes do presente Acordo fica, desde já, eleita a legislação aplicável na República Federativa do Brasil e o foro da cidade e Estado do Vendedor, prevalecendo este sobre qualquer outro, por mais privilegiado que seja.

6. O presente Acordo terá vigência a partir da data de sua assinatura, expirando 5 (cinco) anos após a data de assinatura. Este Acordo pode ser denunciado por qualquer das partes em 30 (trinta) dias após notificação por escrito à outra PARTE. As obrigações do INVESTIDOR em não divulgar as Informações Confidenciais continuarão vigentes pelo prazo de 5 (cinco) anos contados da data de rescisão ou resolução. Após a rescisão ou resolução do presente Acordo, o VENDEDOR pode solicitar ao INVESTIDOR que devolva todas as Informações Confidenciais.

7. Por um prazo de 5 (cinco) anos a partir da data da assinatura do Acordo, o INVESTIDOR não contratará, por iniciativa própria ou não, direta ou indiretamente, nenhum funcionário do VENDEDOR.

8. As obrigações contidas no presente Acordo, bem como seus termos e condições, podem ser modificados por mútuo acordo, desde que seja celebrado termo aditivo ou novo contrato entre as PARTES, alterando expressamente o conteúdo do presente Acordo.

E, por estarem as PARTES assim justas e contratadas, assinam o presente Acordo em 02 (duas) vias de igual teor, na presença de duas testemunhas.

Cidade, Estado, Data.

Razão Social do Vendedor

_____   _____
Nome: Nome:
Cargo: Cargo:

Razão Social do Investidor

_____
Nome:
Cargo:

Testemunhas

_____   _____
Nome: Nome:
CPF: CPF:

SUMÁRIO EXECUTIVO

O Sumário Executivo deve ser escrito por último e deve ser sucinto (entre uma e duas páginas, no máximo). Contém basicamente três partes: a primeira resume a Transação e as principais características do Alvo; a segunda relaciona suas vantagens competitivas; e a terceira descreve seu desempenho financeiro e operacional nos últimos três a cinco anos. O conteúdo deve enfatizar o que há de melhor no Alvo, em seu mercado e suas perspectivas de crescimento e rentabilidade.

Ao redigir o Sumário Executivo, é importante que o Vendedor tenha em mente que essa pode ser a única página a ser lida pelo potencial Comprador antes de decidir se tem ou não interesse na Transação. O Sumário Executivo deve, portanto, ser conciso, atraente e bem escrito, pois, ao lê-lo, um potencial Comprador pode abortar a Transação prematuramente.

Em seus parágrafos, o Sumário Executivo deve descrever em poucas sentenças o negócio do Alvo, a receita e o EBITDA do último ano, bem como a taxa anual média de crescimento de suas receitas e investimentos em ativos. A capacidade instalada e seu grau de ociosidade também devem ser descritos. O número de funcionários, canais de distribuição e infraestrutura de logística também são indicativos importantes da capacidade do Alvo em continuar crescendo.

O nível de endividamento e sua composição, entre curto e longo prazos, também devem ser informados. Se o Alvo estiver excessivamente endividado, esse fato não deve ser omitido, porém pode-se completar informando que o Alvo e seus Sócios estão conduzindo uma reestruturação financeira, se for esse o caso.

É importante também descrever, em um ou dois parágrafos, os mercados de atuação e suas taxas de crescimento. Nesse texto, podem-se incluir o tipo de cliente a que o Alvo atende e o grau de concentração de suas receitas em seus dez principais clientes.

Em um parágrafo, pode-se também descrever sucintamente a estratégia de crescimento e rentabilidade para os próximos anos, indicando qual o nível de receita e EBITDA que o Alvo pode alcançar em cinco anos.

Em seu último parágrafo, o Sumário Executivo deve descrever a Transação Proposta, que é o tema do próximo tópico.

O Sumário Executivo pode ser usado como *teaser*, ou seja, como um material a ser enviado aos potenciais Compradores nas primeiras abordagens. Nesse caso, deve-se tomar o cuidado de suprimir o nome do Alvo para mantê-lo confidencial até a assinatura do Acordo de Confidencialidade. Adicionalmente, deve-se informar a pessoa para contato em caso de interesse na Transação.

A seguir, será apresentado um exemplo de Sumário Executivo de um Alvo hipotético, para ilustrar os conceitos e sinais que o documento deve conter. Em seguida, é descrita a interpretação de cada parágrafo e dos sinais produzidos no potencial Comprador.

Exemplo de Sumário Executivo

Fundada em 2002, a XYZ Ltda. ("XYZ" ou "Empresa") é hoje uma das mais importantes empresas de *software* para automação industrial têxtil do Brasil. Além de licenciamento do *software* de automação, a Empresa oferece serviços de *help desk* e manutenção de alta qualidade e especialização.

Em 2013, a Empresa gerou uma receita bruta de R$ 30 milhões, um EBITDA de R$ 15 milhões (margem de 50%) e um EBIT de R$ 12,5 milhões, com 80 funcionários. As receitas de prestação de serviços responderam por 25% do faturamento da Empresa naquele ano. Cerca de 16% da receita bruta da XYZ foi gerada em 20 clientes internacionais (Itália, Alemanha, Estados Unidos, Japão, Peru, Argentina e Índia).

Nos últimos quatro anos, a receita bruta cresceu, em média, 15%, e seu EBITDA, 20% ao ano, evidenciando seus ganhos de escala. Entre a carteira de clientes da XYZ, destacam-se empresas de médio porte, nacionais e multinacionais. A carteira de clientes em contratos de licenciamentos e serviços chegou a três mil ao fim de 2013, dos quais 62%, têm prazo médio de cinco anos de duração.

Entre 2003 e 2013, a XYZ investiu R$ 40 milhões em desenvolvimento de *software*, infraestrutura, equipamentos e treinamento de pessoal especializado. Parte desses investimentos foi financiada com linhas especiais do BNDES, e, atualmente, a Empresa tem uma dívida total de R$ 18 milhões (base: 31/12/2013).

A XYZ atua com diversos parceiros de negócios por todo o Brasil e no mundo. Além dessa rede de parceiros, conta com um escritório exclusivo em Porto Alegre e outro em Recife. No exterior, tem escritórios em Miami (Estados Unidos) e Paris (França).

A Empresa pertence a três sócios ("Sócios"), entre os quais sr. XYZ, é atual sócio gestor ("Sócio Gestor"), que detém 65% de suas ações.

Perante o forte crescimento no mercado de TI no Brasil, os Sócios pretendem analisar opções estratégicas para reposicionar a Empresa. Entre as possíveis opções, contemplam alienar até 100% do capital social da XYZ para investidores estratégicos ou financeiros ("Transação"). O Sócio Gestor está disposto a permanecer na gestão da Empresa pelo período necessário para que essa seja totalmente transferida ao investidor, o que pode levar de três a cinco anos.

Nesse contexto, os Sócios contrataram a Gero Negócios Estratégicos ("Gero") como seu assessor estratégico-financeiro exclusivo na Transação.

A seguir, eis a interpretação do texto e de seus sinais.

Sumário Executivo	Comentários
Fundada em 2002, a XYZ Ltda. ("XYZ" ou "Empresa") é hoje uma das mais importantes empresas de software para automação industrial têxtil do Brasil. Além de licenciamento do *software* de automação, a Empresa oferece serviços de *help desk* e manutenção de alta qualidade e especialização.	*O primeiro parágrafo descreve o negócio da Empresa em poucas frases. Aqui pode-se ou não revelar o nome da Empresa, dependendo da assinatura do Acordo de Confidencialidade.*
Em 2013, a Empresa gerou uma receita bruta de R$ 30 milhões, um Ebitda de R$ 15 milhões (margem de 50%) e um Ebit de R$ 12,5 milhões, com oitenta funcionários. As receitas de prestação de serviços responderam por 25% do faturamento da Empresa naquele ano. Cerca de 16% da receita bruta da XYZ foi gerada em vinte clientes internacionais (Itália, Alemanha, Estados Unidos, Japão, Peru, Argentina e Índia).	*O objetivo deste parágrafo é fornecer dimensões básicas da Empresa: faturamento, Ebitda, quadro de funcionários, número e tipo de clientes, composição da receita. Aqui a Empresa também relata sua presença internacional, o que pode representar outra referência para a qualidade de seus produtos e sofisticação de sua gestão comercial.*
Nos últimos quatro anos, a receita bruta cresceu, em média, 15%, e seu Ebitda, 20% ao ano, evidenciando seus ganhos de escala. Entre a carteira de clientes da XYZ, destacam-se empresas de médio porte, nacionais e multinacionais. A carteira de clientes em contratos de licenciamentos e serviços chegou a três mil ao fim de 2013, dos quais 62% têm prazo médio de cinco anos de duração.	*Neste parágrafo, há uma informação importante: o histórico de crescimento do faturamento da Empresa e de sua rentabilidade. Há informações complementares sobre os clientes e receitas recorrentes (contratos de longo prazo de prestação de serviços).*

continua

continuação

Sumário Executivo	Comentários
Entre 2003 e 2013, a XYZ investiu R$ 40 milhões em desenvolvimento de *softwares*, infraestrutura, equipamentos e treinamento de pessoal especializado. Parte desses investimentos foi financiada com linhas especiais do BNDES e, atualmente, a Empresa tem uma dívida total de R$ 18 milhões (base: 31/12/2013).	*Aqui há duas importantes informações: o montante histórico do investimento e a dívida atual da Empresa. Esses valores dão sinais sobre as dimensões possíveis da Transação. Dificilmente, uma Empresa com tais características e histórico seria vendida por menos de R$ 22 milhões (R$ 40 milhões em investimentos menos R$ 18 milhões em dívidas).*
A XYZ atua com diversos parceiros de negócios por todo o Brasil e no mundo. Além dessa rede de parceiros, conta com um escritório exclusivo em Porto Alegre e outro em Recife. No exterior, tem escritórios em Miami (Estados Unidos) e Paris (França).	*Aqui se descreve a rede comercial, de distribuição e de apoio da Empresa.*
A Empresa pertence a três sócios ("Sócios"), entre os quais sr. XYZ, o atual sócio gestor ("Sócio Gestor"), que detém 65% de suas ações.	*Este parágrafo descreve a estrutura societária, indicando que há um sócio majoritário que também é o gestor da Empresa, além dos minoritários.*
Perante o forte crescimento no mercado de TI no Brasil, os Sócios pretendem analisar opções estratégicas para reposicionar a Empresa. Entre as possíveis opções, contemplam alienar até 100% do capital social da XYZ para investidores estratégicos ou financeiros ("Transação"). O Sócio Gestor está disposto a permanecer na gestão da Empresa pelo período necessário para que essa seja totalmente transferida ao investidor, o que pode levar de três a cinco anos.	*Este parágrafo descreve a motivação do Vendedor para a venda da Empresa. Provavelmente, há uma questão societária mais presente que "o forte crescimento no mercado de TI". O texto ainda pode ser interpretado como uma proposta de money out para os minoritários e de earn-out para o majoritário.*
Nesse contexto, os Sócios contrataram a Gero Consultoria Econômico Financeira ("Gero") como seu assessor estratégico-financeiro exclusivo na Transação.	*Ficam aqui identificados o assessor e o caráter exclusivo de seu mandato. Podem-se incluir o nome do executivo responsável e seus dados para contato.*

TRANSAÇÃO PROPOSTA

Em seguida ao Sumário Executivo, deve haver um texto curto com descrição da Transação (qual o objeto da Transação [venda de x% do capital do Alvo] e o porquê). Se a estrutura acionária for complexa, convém inserir um quadro descrevendo-a. Nesse texto, também podem-se definir os termos utilizados ao longo do OM ("Empresa", "Sócios" e "Transação").

Se houver alguma condição especial da Transação, essa pode ser revelada nesta seção, por exemplo, a exigência do Vendedor de que o Comprador assine um contrato de longo prazo de fornecimento e/ou prestação de serviço como parte da Transação. Ainda nessa seção, o Vendedor pode indicar a disponibilidade dos Sócios em permanecerem na gestão do Alvo após a conclusão da Transação, por um período de transição até esse ser integrado às operações do potencial Comprador.

> **Exemplo de texto de Transação Proposta do Alvo em "Reposicionamento Estratégico"**
>
> Diante da recente tendência de consolidação do setor de moda no Brasil, os sócios da Cliente Confecção e Moda Ltda. ("Cliente" ou "Empresa") pretendem vender até 100% de participação societária (a "Transação"). No caso do interesse na aquisição de 100% das cotas da Cliente, os sócios controladores da Empresa, os senhores Henrique King e Walter Bishop ("Sócios Executivos"), estão dispostos a permanecerem na gestão da Empresa, em cogestão com o novo sócio, por um período de até três anos. A Gero Consultoria Econômico-Financeira ("Gero") foi contratada como assessor estratégico-financeiro exclusivo dos sócios da Empresa na Transação.

A Transação também pode ser estruturada como uma compra de ativos em vez da compra de ações. A estrutura de compra de ativos geralmente acontece quando somente uma parte do Alvo, seus produtos e/ou mercado estão à venda, ou quando há contingências das quais o Comprador pode querer se proteger. Nesse último caso, não convém antecipar a discussão sobre contingências no OM. Essa discussão deve ocorrer após o potencial Comprador confirmar seu interesse na Transação. Fazê-lo antes pode ser "colocar o carro na frente dos bois".

O texto da Transação Proposta é o primeiro sinal objetivo que o Vendedor fornece aos potenciais Compradores sobre suas intenções quanto à Transação e à Pós-transação. É preciso ter cuidado para não demonstrar um senso de urgência, o que pode comprometer a Transação. Tampouco convém sinalizar que os Sócios e seus principais executivos pretendem vender o Alvo para se tornarem milionários e se aposentar em uma ilha paradisíaca da Bacia de Angra dos Reis. Alguns potenciais Compradores podem se desinteressar pela Transação se não perceberem o comprometimento dos Sócios e principais executivos do Alvo.

Se o Alvo estiver em dificuldades financeiras, não há como ocultar ou omitir esse fato, sob o risco de comprometer a credibilidade do Vendedor e de seu Assessor. Nesse caso, é importante revelar a real situação do Alvo e mencionar que os Sócios estão "conduzindo uma reestruturação financeira" para alongar e reduzir os custos de seus passivos independentemente de a Transação ocorrer ou não. Potenciais Compradores podem, então, perceber a circunstância financeira do Alvo como uma oportunidade e não como um demérito à Transação. Como diz o ditado popular: "onde há uma crise, há uma oportunidade".

> **Exemplo de texto de Transação Proposta de Alvo em crise de liquidez**
>
> A Cliente S.A. ("Cliente" ou "Empresa") procura captar R$ 20 milhões por meio de venda de participação societária (a "Transação"). Os recursos da Transação serão utilizados para reduzir o endividamento excessivo da Cliente e para permitir que a Empresa continue a conduzir seu plano de expansão. Como parte da Transação, os acionistas controladores da Cliente, João Kiwi e Carlos Watermellon ("Sócios"), estão dispostos a oferecer o controle societário da Empresa ao novo investidor. A Gero Consultoria Econômico-Financeira ("Gero") foi contratada como assessor estratégico-financeiro exclusivo dos Sócios na Transação.

Se o Alvo for lucrativo, pouco endividado e tem um histórico robusto e consistente de crescimento, por que seus sócios considerariam vendê-la? Ausência de sucessão? Desarmonia societária? Oportunidade de se fazer um bom negócio? Por mais incrível que essa situação possa parecer, vender um ótimo Alvo pode não ser fácil. Os potenciais Compradores, ao lerem sobre a Transação Proposta, se perguntarão: "Se a empresa é tão boa, por que seus sócios querem vendê-la?" A resposta sincera pode ser simplesmente porque os sócios querem fazer uma boa Transação e mudar de vida, ou ainda investir em outros negócios. Para uma *private equity*, essa possibilidade pode ser muito desestimulante, uma vez que esse tipo de Comprador busca empresários com "sangue na boca", ou seja, com muita ambição e vontade de continuar crescendo com rentabilidade. "Não queremos um empreendedor que pretenda comprar sua Ferrari e morar na Europa. Queremos alguém que nos ajude a multiplicar o valor da Empresa", disse-me um executivo de uma *private equity*.

RECOMENDAÇÃO: como mencionado, geralmente na Transação Proposta não se informa o Preço demandado pelo Vendedor para a Transação. Um dos objetivos do OM é prover o potencial Comprador com informações que o ajudarão a elaborar sua estimativa para o Preço, que depende do interesse estratégico no Alvo.

Figura 4.3 – Vetores que afetam o valor de uma empresa.

Primeira seção: empresa

O objetivo desta seção é descrever os principais aspectos do negócio do Alvo. Cada setor da economia tem suas peculiaridades. Cada Alvo tem suas idiossincrasias. A Figura 4.3 descreve alguns dos aspectos que constituem o negócio do Alvo e que podem afetar positiva ou negativamente o seu valor. Esses aspectos podem ser descritos nessa seção de maneira sucinta o suficiente para que o potencial Comprador entenda a posição de mercado do Alvo e seus diferenciais competitivos.

Entre os aspectos citados na figura, um é particularmente interessante: a capacidade do Alvo de se adaptar às mudanças inevitáveis de qualquer mercado. A empresa mais velha do mundo é a sueca Stora Enso,[1] atualmente uma das maiores empresas de papel e celulose do mundo. Seus documentos mais antigos datam de 1600. O curioso é a origem da Stora Enso, que começou explorando uma mina de cobre. Como uma empresa de mineração de cobre se transforma em uma das maiores empresas de papel e celulose do mundo? Que processos decisórios a levaram a mudar tanto?

A demonstração da capacidade de adaptação do Alvo e de seus Sócios pode não ser uma tarefa trivial. Parte dela pode ser realizada na seção Histórico, a seguir.

HISTÓRICO

A história do Alvo revela muito sobre sua cultura e estratégia:

> Se quiser realmente entender uma empresa, você precisa entender sua história. Uma das falhas mais comuns na análise de uma organização – quer você seja um analista, consultor, investidor ou gerente – é menosprezar o passado e tentar fazer algum sentido do presente.
>
> Finkelstein (2004, p. 69)

A presente seção descreve qualitativa e quantitativamente o percurso do Alvo. Quando o Alvo foi fundado, quem o fundou e por quê, seus ramos de atuação, seus principais produtos, a localização geográfica das principais instalações, a evolução de sua posição no ranking, seu faturamento bruto, EBITDA, seu lucro líquido, seus dividendos, seu fluxo de caixa e seu crescimento médio nos últimos anos. Evidências de pioneirismo, inovação (tecnologia, produtos e mercados), crescimento operacional e financeiro devem ser ressaltadas.

Esta seção também descreve sucintamente outras empresas que o Alvo possa ter (atividade, receita bruta, EBITDA, patrimônio líquido, endividamento etc.). E, principalmente, a atual estrutura societária, mencionando a existência de acordo de acionistas, tecnológicos, alianças operacionais e outros acordos importantes.

DIFERENCIAL COMPETITIVO

Em uma ou duas páginas, a seção Diferencial Competitivo apresenta os aspectos que distinguem o Alvo de seus concorrentes. Os aspectos mais relevantes devem ser posicionados

---

[1] De Geus (1998). No Brasil, a Stora Enso era sócia da Fibria na Veracel.

no topo da lista, como: posição de mercado (*ranking*, locais de atuação), marcas, rentabilidade, tecnologia (máquinas, equipamentos, processos), *mix* de produtos, qualidade, clientes (tipos, fidelidade, concentração nas receitas), sistema de informações (essencial para redes de varejo, por exemplo), relacionamento com fornecedores e força de trabalho qualificada (escolaridade média, *turnover*).

A recomendação aqui é que, sempre que possível, cada diferencial competitivo seja acompanhado de um número que o evidencie, a saber:

- marca forte (20% de *share of mind* na pesquisa da Nielsen de cafés em pó);
- rede de supermercados líder no setor (5ª posição no *ranking* da Abras);
- forte histórico de rentabilidade (taxas médias de crescimento de Receita Operacional Líquida – ROB) de 10% ao ano e do EBITDA de 12% ao ano);
- atendimento diferenciado (75% dos nossos atendentes têm curso superior).

Nessa seção, podem-se, inclusive, utilizar quadros que representam o modelo de negócios do Alvo, que indiretamente revela muito sobre sua estratégia e diferencial competitivo. Por exemplo, pode-se utilizar o "canvas" de modelo de negócios (Quadro 4.2) elaborado por Osterwalder e Pigneur (2010) (já citado no Capítulo 2):

Quadro 4.2 – Modelo de negócios da empresa

Parcerias essenciais	Atividades essenciais	Proposta de valor aos consumidores	Relações com consumidores	Segmentos de consumidores
Atividades que são terceirizadas ou recursos externos necessários. Alianças estratégicas com não concorrentes? Coopetição (entre concorrentes)? JV (*joint venture*) para desenvolver novos negócios? Alianças com fornecedores?	Produção, resolução de problemas (hospitais, consultorias etc.), plataforma/rede (ex.: Visa). **Recursos essenciais** Ativos físicos, intelectuais, humanos, financeiros?	Novidade, *performance*, customização, preço, *status*, redução de risco, redução de custo, eficiência, acessibilidade, conveniência?	Autosserviço? Serviços automáticos? Assistência dedicada individual? Comunidades? Cocriação (ex.: YouTube), na pós-venda. **Canais** Como a proposta de valor é divulgada e entregue aos consumidores? Como prover o apoio no pós-venda?	Para quem a empresa vende? Massa, nicho, diversificado, segmentado?
Estrutura de custos Minimização de custos ou maximização de valor ao cliente? Custos fixos e variáveis? Economias de escala e escopo?		**Linhas de receitas** Venda de ativos, taxa de uso, assinatura, empréstimo, aluguel, licenciamento, corretagem, publicidade?		

Fonte: Osterwalder e Pigneur (2010).

A utilização de ferramentas modernas de planejamento estratégico como as apresentadas indica aos potenciais Compradores que o Alvo e seus Sócios têm a disciplina de pensar estrategicamente.

PRODUTOS E MERCADOS

Brealey e Myers (1998) dizem que "uma empresa é uma coleção de projetos". Essa frase é ótima, e é com esse espírito que se deve escrever esta seção. Aqui se discorre sobre a evolução do faturamento nos últimos anos dos principais produtos, serviços e/ou mercados. Se for de domínio público, pode se detalhar a evolução das quantidades vendidas, dos preços médios de venda e até comparar a evolução desses preços com a inflação. Os produtos devem ser descritos em suas principais características qualitativas e quantitativas (número de itens de estoque, margens, giro médio etc.). Veja no Quadro 4.3 o exemplo de descrição dos produtos de uma empresa industrial.

Quadro 4.3 – Exemplo da descrição do portfólio de produtos de uma empresa industrial

Grupos de produtos	% ROB (último ano – em milhões de reais)	% Margem bruta (último ano – % ROB)	TACC[2] ROB (últimos cinco anos)	Giro médio estoques (último ano)
P 1				
P 2				
P 3				
Total	100%	100%		

Para uma empresa de serviços, um quadro similar pode ser usado.

Quadro 4.4 – Exemplo da descrição do portfólio de produtos de uma empresa de serviços

Grupos de serviços	% ROB (último ano – em milhões de reais)	% Margem bruta último ano (%ROB)	TACC ROB (últimos cinco anos)	Número de clientes ativos (último ano)
S 1				
S 2				
S 3				
Total	100%	100%		

---

[2] TACC = Taxa Anual de Crescimento Composto. É uma média computada a partir de um ano inicial e um final. Por exemplo, suponha que a ROB de uma empresa, em 2009, foi de R$ 100 milhões e que, em 2014, atingiu R$ 200 milhões. O TACC seria de 14,9% ao ano:

$$TACC = \sqrt[n]{\frac{Valor\ Final}{Valor\ Inicial}} - 1 = \sqrt[5]{\frac{200}{100}} - 1 = 14,9\%$$

Se o Alvo atuar no varejo, pode-se utilizar o mesmo quadro, trocando "produtos" por categorias (linha branca, linha marrom, [...], bebidas, açougue, padaria etc.), por lojas (loja 1, loja 2 etc.) e/ou por regiões (cidade de São Paulo, Grande São Paulo, Rio de Janeiro etc.).

Quadro 4.5 – Exemplo da descrição do portfólio de produtos de uma empresa varejista

Grupos de produtos	% ROB (último ano)	Área de vendas (m^2)	TACC ROB (últimos cinco anos)	Giro médio de estoques (último ano)
Região 1				
Região 2				
Região 3				
Total	100%	100%		

Ainda nesta seção, podem-se descrever: as regiões do país onde o Alvo atua; seus dez principais clientes; e os indicadores de desempenho operacional pertinentes (por exemplo, ROB/m^2, número de *checkouts* para empresas de varejo).

Quadro 4.6 – Exemplo da descrição dos dez principais clientes da empresa

Ranking	Nome do cliente	ROB (último ano – em milhões de reais)	% ROB Total
1			
2			
3			
4			
(...)			
(10)			
Subtotal			

Ao ler esses últimos parágrafos, você pode estar pensando: "Nossa, mas eu vou dar informações estratégicas tão importantes assim para um (potencial) concorrente?" Se você está pensando isso, é recomendável não fornecer informações estratégicas a (potenciais) concorrentes. No entanto, se mesmo assim você acreditar que esse (potencial) concorrente pode ser o Comprador de sua empresa, simplesmente mostre o quadro, sem números, com os seguintes dizeres ao lado do título do quadro: "Os números (e/ou nomes dos clientes) deste quadro foram excluídos propositadamente, por se tratar de informações estratégicas."

O leitor saberá que a informação existe e que ele, por ser percebido como um (potencial) concorrente, não terá acesso a essa antes de demonstrar genuíno interesse na Transação. Essa sugestão vale para todas as outras seções do OM que possam conter informações estratégicas.

Ao optar por esse procedimento, o Vendedor terá duas versões do OM: uma para (potenciais) concorrentes (com os quadros propositadamente sem seu conteúdo) e outra para não concorrentes (com os quadros completos). Isso não raramente ocorre.

ESTRUTURA SOCIETÁRIA

Esta seção descreve as pessoas físicas e jurídicas a quem pertence direta e indiretamente o Alvo. Se os sócios também exercerem atividades executivas, é importante incluir um breve resumo de seu percurso profissional. Aqui se pode usar um quadro ou um organograma, como o Quadro 4.7.

Quadro 4.7 - Quadro societário da empresa (resumo das participações diretas e indiretas)

Acionistas	CPF	% Ações ordinárias	% Ações preferenciais	% Total	Cargo executivo
Pedro da Silva		60%	60%	60%	Presidente
José da Silva		20%	20%	20%	Diretor financeiro
Rubens da Silva		20%	20%	20%	Diretor de compras
	Total	100%	100%	100%	

Ou ainda:

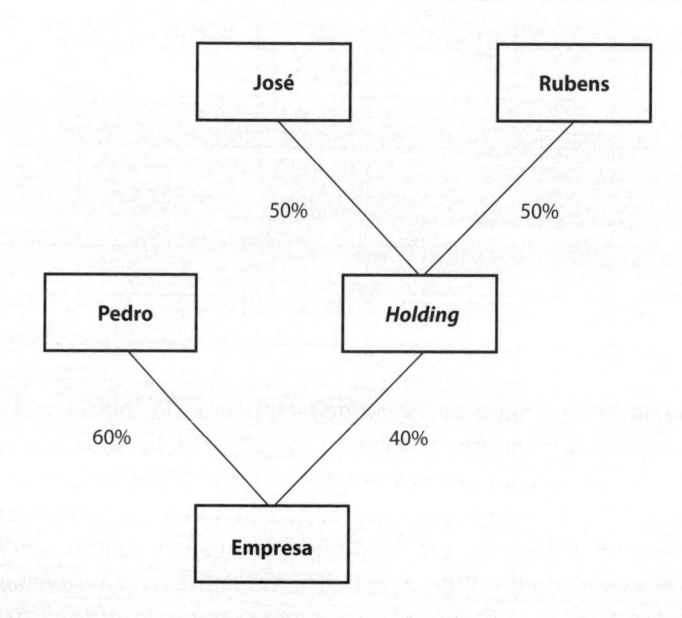

Figura 4.4 - Exemplo de um organograma societário.

Se houver acordo de acionistas, é bom mencionar sua existência nesta seção. Se for pertinente, podem-se também citar resumidamente suas principais cláusulas, como *tag along*, *drag along*, distribuição de dividendos mínima e outras. Se o acordo for público (estiver disponível na junta comercial), é possível incluí-lo em um anexo ao OM.

Caso o Alvo tenha sócios minoritários, especialmente se forem em grande número, convém relatar o plano dos sócios majoritários para abordar os minoritários no evento da Transação.

ORGANOGRAMA ADMINISTRATIVO

Sucintamente, esta seção apresenta a organização do Alvo em seus principais cargos e funcionários-chave. Não se devem inserir os nomes dos principais executivos, pois esses podem ser assediados por parte de potenciais Compradores com segundas intenções, por exemplo:

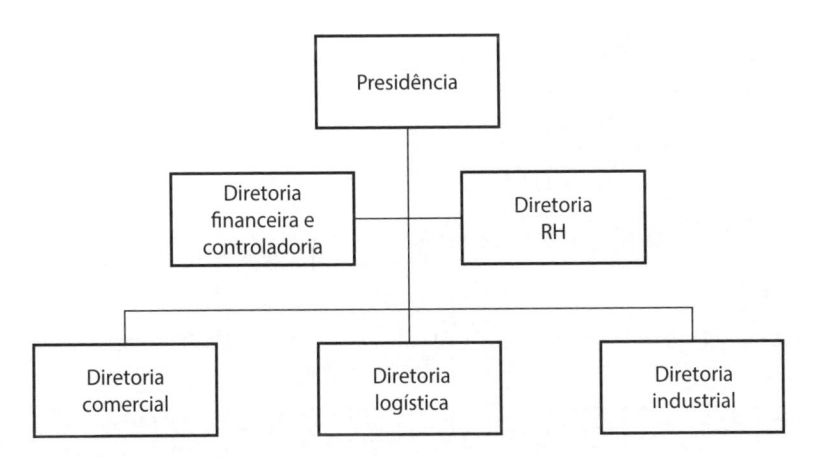

Figura 4.5 – Exemplo de organograma administrativo.

A importância do organograma administrativo não deve ser subestimada. Por meio de sua análise, o potencial Comprador pode identificar excessos de diretores e áreas de conflito de interesse na gestão, por exemplo, ter o gestor de logística separado do gestor comercial (como ilustrado na Figura 4.5).

DESEMPENHO OPERACIONAL E FINANCEIRO HISTÓRICO

Esta seção apresenta quadros que podem conter: dados selecionados sobre as dimensões do Alvo (número de lojas, área de vendas, número de fábricas, capacidade instalada de produção e volume produzido); a evolução resumida dos principais itens do Demonstrativo de Resultado do Exercício (DRE) dos últimos anos e do Balanço Patrimonial (BP); a descrição do endividamento atual do Alvo; e a descrição de seus ativos permanentes.

Nesta seção, cabe mencionar o responsável pela contabilidade do Alvo e, se houver, o auditor independente e desde quando ele audita o Alvo.

A seguir são apresentados alguns quadros ilustrativos que podem ser usados como exemplos para descrever o desempenho operacional e financeiro histórico do Alvo.

Quadro 4.8 – Dados selecionados sobre dimensões de produção e produtividade de uma empresa industrial (Data-base: 2012)

Desempenho	Unidade	GP 1	GP 2	GP 3
Capacidade instalada (CI)	t/ano			
Utilização da capacidade	% CI			
Produção no ano	t			
Mão de obra	Número de operários			
Consumo matéria-prima	t			
Produtividade	t/operário/dia			
Produtividade	t/produto/t/matéria-prima			
Investimento médio	Milhões de reais/ano			

Quadro 4.9 – Dados selecionados sobre dimensões de produção e produtividade de uma empresa de serviços (Data-base: 2012)

	Unidade	S 1	S 2	S 3	Total
Quadro	Número de funcionários				
ROB	Milhões de reais				
ROB/funcionário	Milhões de reais/funcionário				
Utilização da capacidade[3]	%				
Clientes ativos	Número de clientes				

---

[3] O cálculo da utilização da capacidade instalada no ramo de serviços pode ser difícil de ser mensurado. Uma empresa que licencia *software*, por exemplo, pode ter sua capacidade instalada limitada pelo número de pessoas que devem estar disponíveis para atender a chamados de *help desk* e manutenção. Um escritório de advocacia pode ter sua capacidade limitada ao número de sócios, mas essa pode ser aumentada pela contratação de advogados mais juniores e assistentes.

Quadro 4.10 – Dados seletivos sobre dimensões de produção e produtividade de uma empresa de varejo (Data-base: 2012)

	Unidade	R 1	R 2	R 3	Total
Rede	Total de número de lojas				
Rede	Número de lojas próprias				
Aluguel médio[4]	% ROB				
Área de vendas	m^2				
Checkouts	Número de checkouts				
Funcionários	Número de funcionários				
Ticket médio	R$				
ROB/m^2	R$/$m^2$				
ROB/funcionários	R$/funcionário				
Centros de distribuição (CDs)	Número de CDs				
Centros de distribuição (CDs)	Área/m^2				

Os quadros com dados históricos e orçamento para o ano corrente devem conter: ROB (mercados interno e externo), margem bruta, EBITDA, EBIT, lucro líquido, por exemplo:

Quadro 4.11 – Resumo da evolução dos principais indicadores do DRE

	Unidade	2008	2009	2010	2011	2012	TACC 2008/2012	Orçamento 2013
ROB	Milhões de reais							
Margem bruta	% ROB							
EBITDA	Milhões de reais							
Margem EBITDA	% ROB							
EBIT	Milhões de reais							
Margem EBIT	% ROB							
Lucro líquido	Milhões de reais							
Margem líquida	% ROB							
Dividendos[5]	Milhões de reais							
Payout	% Lucro líquido							

---

[4] O aluguel de lojas pode ser uma informação estratégica sensível, especialmente se a Empresa não tiver contratos de locação de longo prazo.

[5] Se sua empresa não distribui dividendos, ou distribui poucos dividendos, isso não necessariamente é ruim, pois você pode usar esses recursos para investimentos, por exemplo.

Esses quadros devem ser acompanhados de um ou dois parágrafos comentando seus conteúdos. Quedas em receitas e rentabilidade devem ser explicadas, sejam as causas de natureza exógena (macroeconomia, concorrência etc.) e/ou endógena (quebra de equipamentos, perda de funcionários essenciais etc.).

> **RECOMENDAÇÃO:** se o Alvo teve resultados ruins, não há como esconder isso; esses fatos, mais cedo ou mais tarde, serão investigados pelo potencial Comprador. Acredito que é melhor ser sincero na divulgação das informações e sua análise, pois isso constrói uma relação de confiança entre Vendedor e potencial Comprador. Além disso, resultados ruins não necessariamente assustarão o potencial Comprador, uma vez que este pode querer comprar o Alvo não por seu passado, mas, sim, por seu futuro sob a nova direção.

Mais um comentário: em 2009, várias empresas tiveram um ano ruim por causa da crise da Lehman Brothers no fim de 2008. A maneira como o Alvo atravessou a crise e seu desempenho nos anos subsequentes evidenciam sua capacidade de adaptação, gestão e potencial de recuperação da demanda nos mercados em que atua. É sabido que alguns OMs omitem o histórico do Alvo anterior a 2009 para mostrar um crescimento mais vigoroso a partir de um ano ruim. Essa manobra é capaz até de impressionar desavisados, mas pode ser bem arriscada e pôr em risco a credibilidade do OM e do Vendedor.

O quadro da evolução do DRE pode ser complementado por gráficos com indicadores de *performance* que, em geral, são típicos de cada setor de atuação. Uma rede de supermercados, por exemplo, pode incluir um gráfico com ROB/m^2 de área de venda, ROB/Pontos de Venda (PDV), ROB/funcionário, EBITDA/funcionário, lucro líquido/funcionários, entre outros. Há ainda outros indicadores do varejo que podem ser úteis para comparações com empresas "similares" de capital aberto, por exemplo:

- GMROS (Margem Bruta Sobre as Vendas ou *Gross Margin Over Sales*): Lucro Bruto/Área de Vendas;
- GMROI (Margem Bruta Sobre Estoques ou *Gross Margin Over Inventory*): Lucro Bruto/Saldo Médio de Estoques;
- GMROL (Margem Bruta por Funcionário ou *Gross Margin Over Labor*): Lucro Bruto/Quantidade de horas trabalhadas no ano (44 horas por semana por 52 semanas).

O OM também deve conter o histórico das principais contas do BP nos últimos anos, destacando contas como disponibilidades, ativo permanente, capital de giro (Contas a Receber, Estoques e Fornecedores), endividamento (a curto e longo prazos) e patrimônio líquido.

Quadro 4.12 – Resumo da evolução dos principais indicadores do BP

	31/12/2008	31/12/2009	31/12/2010	31/12/2011	31/12/2012	TACC
Disponibilidades						
Contas a receber (CAR)						
Estoques						
Ativo circulante (AC)						
Ativo permanente						
Total (ativos)						
Fornecedores						
Dívidas (curto prazo)						
Passivo Circulante (PC)						
Dívidas (longo prazo)						
Patrimônio Líquido (PL)						

Dependendo do segmento de atuação, algumas contas podem ser descritas com mais detalhes, como as Contas a Receber, os Estoques e Fornecedores. Por exemplo:

Quadro 4.13 – Descrição do saldo das Contas a Receber

Prazos de vencimento	Valor em 31/12/2012	% Total	Inadimplência estimada (%)
Até 30 dias			
Entre 31 e 60 dias			
Entre 61 e 90 dias			
Acima de 91 dias			
Total/média		100	

Quadro 4.14 – Descrição dos Estoques de empresa industrial

Prazos de vencimento	Valor em 31/12/2012	% Total	Giro médio (dias)
Matéria-prima A			
Matéria-prima B			
Matéria-prima C			
Matéria-prima importada			
Produtos em processamento			
Produtos acabados			
Peças de reposição			
Total/média		100	

Em varejo, os estoques são muito importantes e podem ser apresentados por seções, cuja denominação depende do tipo de varejo. A seguir, descrevo as seções de um supermercado:

Quadro 4.15 – Descrição dos Estoques de empresa de um supermercado

Prazos de vencimento	Valor em 31/12/2012	% Total	Giro médio (dias)
Mercearia seca			
Mercearia doce			
Mercearia salgada			
Bazar			
Higiene, beleza e limpeza (HBL)			
Congelados e resfriados			
Frutas, legumes e verduras (FLV)			
Bebidas			
Total/média		100	

Em uma empresa prestadora de serviços, o montante de valor dos estoques pode ser irrelevante, como é o caso de um escritório de advocacia. No entanto, se for uma clínica odontológica, uma empresa de serviços de manutenção de equipamentos de TI etc., esse valor pode ser significativo. Nesses casos, a recomendação é que os estoques sejam agrupados de acordo com o critério mais conveniente para o Alvo.

Os fornecedores podem ser apresentados de acordo com a nomenclatura dos itens mostrados no quadro de estoques e/ou por prazo de vencimento das contas a pagar:

Quadro 4.16 – Descrição do saldo dos Fornecedores (contas a pagar)

Prazos de vencimento	Valor em 31/12/2012	% Total	Prazo médio (dias)
Até 30 dias			
Entre 31 e 60 dias			
Entre 61 e 90 dias			
Acima de 91 dias			
Total/Média		100	

Podem-se também apresentar os saldos dos Fornecedores por relevância do valor a pagar a sua origem (nacional ou estrangeira):

Quadro 4.17 – Descrição do saldo dos Fornecedores (contas a pagar)

Fornecedores	Valor em 31/12/2012	% Total	Prazos de vencimento
A			
B			
C			
Subtotal (nacionais)			
D			
E			
Subtotal (internacionais)			
Total/média		100	

Aqui também é possível comentar sobre as estratégias de investimentos em ativos realizáveis a longo prazo do Alvo, como máquinas, equipamentos, obras civis, benfeitorias em imóveis de terceiros, expansão de fábricas, abertura de novas lojas e centros de distribuição, licenças tecnológicas etc. Os montantes estimados para esses possíveis investimentos podem vir acompanhados de suas respectivas estratégias de financiamento.

NA PRÁTICA: Pequenas e Médias Empresas (PMEs) em Regime de Lucro Presumido. Nas PMEs, é frequente não haver distinção entre despesas e investimentos, uma vez que a depreciação do Ativo Imobilizado Bruto (AIB) não tem impacto fiscal. É comum também uma mistura de conceitos de regime de competência com regime caixa. Por exemplo: receitas são apuradas pelo valor das notas fiscais emitidas, e não necessariamente recebidas, mas o custo do serviço prestado ou da mercadoria vendida é apurado no momento de sua aquisição e por seu valor total, sem ter relação direta e completa com a receita relacionada. É o caso, por exemplo, de compras de peças de reposição que são estocadas para consumo futuro, mas lançadas como despesa no mês de sua aquisição. Outra consequência importante das práticas contábeis de PMEs é que, frequentemente, seus Balanços Patrimoniais não têm nenhum significado econômico-financeiro. Esse pode ser um grande desafio na hora de vender ações de uma PME, pois o Investidor precisará ter uma leitura oficial dos montantes dos ativos e passivos. O potencial Comprador poderá usar o valor do Patrimônio Líquido contábil, que possivelmente pode estar subestimado, como um argumento negocial.

Outro quadro importante descreverá o endividamento atual do Alvo. Se o montante de endividamento for significativo, devem-se descrever seus termos, como no Quadro 4.18.

Quadro 4.18 – Descrição do endividamento

	Saldo em 31/12/2012 (R$ mil)	Data prevista liquidação	Valor parcela de CP	Valor parcela de LP	Taxa juros	Garantias
Banco A						
Banco B						
Banco C						
Debênture						
FIDC						
Total						

Em seguida, pode-se apresentar o histórico dos principais indicadores de liquidez e endividamento do Alvo (Quadro 4.19). Se a situação financeira passada do Alvo era ruim e melhorou, vale descrever as ações responsáveis por isso. É um ponto a se enfatizar, pois reflete a capacidade do Alvo e seus gestores de passarem por maus momentos.

Quadro 4.19 – Indicadores de liquidez

	31/12/2008	31/12/2009	31/12/2010	31/12/2011	31/12/2012	TACC
Disponibilidades (R$ mil)						
Disponibilidades (% ROB)						
AC-PC (R$ mil)						
% Dívidas CP/total de dívidas						
Dívida líquida (R$ mil)						
Dívida líquida/ EBITDA						
Dívida líquida/PL						
ICSD						
Índice de alavancagem						

O Índice de Cobertura do Serviço da Dívida (ICSD) e o Índice de Alavancagem são definidos como:

$$ICSD = \frac{EBITDA - IR\ \&\ CS}{Juros + Amortização\ do\ Principal}$$

$$Índice\ de\ Alavancagem = \frac{Dívida\ Bruta\ Onerosa}{EBITDA}$$

Em geral, quando o ICSD[6] é inferior a 1,3 e/ou o Índice de Alavancagem é superior a 3,5, o Alvo pode estar muito endividado. Se for esse o caso, devem-se explicar os motivos para tal situação e o que os executivos e/ou acionistas do Alvo farão para reverter os índices a patamares mais seguros.

---

[6] Outra versão do ICSD também frequentemente usada é:

$$ICSD = \frac{EBITDA - IR\ \&\ CS - Variação\ Líquida\ Capital\ de\ Giro - investimentos\ em\ manutenção}{Juros - Amortização\ do\ Principal}$$

Se o Alvo estiver muito endividado e até com obrigações vencidas, convém descrevê-las. Veja o exemplo do Quadro 4.20.

Quadro 4.20 – Descrição de obrigações vencidas

Credor	Saldo em 31/12/2012 (R$ mil)	% Total	Data prevista liquidação	Taxa juros contratada	Garantias	*Status* da negociação
Banco A						
Banco B						
Banco C						
Subtotal (bancos)						
Fornecedor D						
Fornecedor E						
Fornecedor F						
Subtotal (fornecedores)						
Funcionários						
Impostos						
Total						

Na coluna *Status* da Negociação, deve-se descrever a posição atual das tratativas entre o credor e o Alvo. Por exemplo: "Banco B está apoiando a Empresa em seu plano de reestruturação da dívida e deve prolongar o prazo de vencimento de seu crédito em seis meses".

SISTEMAS DE INFORMAÇÃO

Uma empresa bem organizada tem bons sistemas de informação. Se for esse o caso, os sistemas devem ser mencionados. Esse é um tópico importante. Por exemplo, os sistemas SAP e Oracle atingiram níveis de referência reconhecidos mundialmente (Quadro 4.21).

Quadro 4.21 – Descrição dos principais sistemas de informação

Atividades	Fabricante *software*	Ano implementação
Administração		
Tributos		
Frente de loja		
Armazenagem e logística		
Inteligência de mercado		
Outros		

CLIENTES

Geralmente, esta seção contém um quadro com o histórico de receita dos dez principais clientes e sua participação na receita bruta total do Alvo. Se a participação relativa no faturamento dos dez principais clientes estiver aumentando ao longo do tempo, isso pode indicar um crescente risco de concentração.

Ter uma carteira com bons clientes, nacionais e internacionais, é sempre motivo de orgulho para o Alvo e seus Sócios. Tal carteira sinaliza o quão competente é o Alvo na entrega de soluções e na construção de relacionamentos de longo prazo. Entretanto, se o potencial Comprador for um concorrente atual ou potencial, recomenda-se não divulgar os nomes dos dez maiores clientes. Podem-se usar letras no lugar de nomes, como apresentado no Quadro 4.22.

Quadro 4.22 – Evolução dos dez principais Clientes da Empresa entre 2008 e 2012

Ranking	2008	2009	2010	2011	2012
1º	A	C	G		
2º	B	D	K		
3º	C	A	A		
4º	D	F	D		
5º	E	E	C		
6º	F	B	B		
7º	G	G	M		
8º	H	H	H		
9º	J	K	N		
10º	K	L	L		
Subtotal (ROB)					
% ROB total					

Vale destacar as duas últimas linhas do Quadro 4.22: o subtotal da ROB anual dos dez maiores clientes (em reais) e sua relação com a ROB total do Alvo (em percentual). Essas duas linhas indicarão o grau de concentração do Alvo em seus dez maiores clientes. Se a participação na ROB desses clientes for muito significativa (acima de 50%), isso pode indicar uma vulnerabilidade do Alvo à demanda desses clientes e deve ser comentado. Se o Alvo tiver uma estratégia para se prevenir dos impactos da perda de clientes importantes, essa estratégia deve ser descrita.

Ainda com referência ao quadro anterior, se houver alto *turnover* de grandes clientes, devem-se explicar os motivos para tanto. É possível descrever a estratégia para redução do *turnover*, se for o caso.

Se o Alvo atuar em várias regiões do Brasil, pode ser interessante apresentar um quadro com a cidade e/ou estado em que se localizam os dez principais clientes. Esse quadro daria ao potencial Comprador uma ideia da abrangência da atuação comercial do Alvo, da complexidade da operação logística, de seu potencial de crescimento e da diversificação regional de sua carteira de clientes.

FORNECEDORES

Dependendo do setor de atuação, é interessante relacionar os dez principais Fornecedores e os insumos comercializados. Essa relação informará ao potencial Comprador a qualidade dos insumos e do poder de barganha dos Fornecedores. De modo semelhante à análise de concentração sugerida para os dez principais clientes do Alvo, aqui também vale escrever o histórico do valor das compras dos dez principais fornecedores e sua participação no valor total de compras do Alvo. Se a participação relativa nas compras dos dez principais Fornecedores estiver aumentando ao longo do tempo, isso pode indicar um crescente risco de dependência. Se o Fornecedor estiver fora do Brasil, acrescentam-se os riscos cambiais e de atrasos nos trâmites de importação, tão comuns no Brasil (Quadro 4.23).

Quadro 4.23 – Evolução dos dez principais Fornecedores da Empresa entre 2008 e 2012

Ranking	2008	2009	2010	2011	2012
1º	A	C	G		
2º	B	D	K		
3º	C	A	A		
4º	D	F	D		
5º	E	E	C		
6º	F	B	B		
7º	G	G	M		
8º	H	H	H		
9º	J	K	N		
10º	K	L	L		
Subtotal (Compras)					
% CMV total					

Ter relacionamentos sólidos com bons fornecedores, nacionais e estrangeiros, também é motivo de orgulho para o Alvo e seus Sócios. Pode até se tratar de um diferencial competitivo. Fornecedores de qualidade e boa reputação indicam que o Alvo está preocupado com a qualidade de seus produtos e serviços. Entretanto, se o potencial Comprador for um concorrente atual ou potencial do Alvo, recomenda-se não divulgar os nomes dos dez maiores fornecedores. Podem-se usar letras no lugar de nomes.

CANAIS DE DISTRIBUIÇÃO

Esta seção descreve os canais de distribuição e sua participação no faturamento total. Pode-se relacionar o histórico de receita dos dez principais canais de distribuição e suas participações na receita bruta total do Alvo. Se a participação relativa no faturamento dos principais canais de distribuição estiver aumentando ao longo do tempo, isso pode indicar um crescente risco de concentração, conforme o Quadro 4.24.

Quadro 4.24 – Evolução dos principais canais de distribuição da empresa entre 2008 e 2012

Canal	2008	2009	2010	2011	2012
Distribuidor (São Paulo)					
Distribuidor (Rio de Janeiro)					
Distribuidor (Bahia)					
Distribuidor (Rio Grande do Sul)					
E-commerce (Brasil)					
Distribuidor (Estados Unidos)					
Distribuidor (Ásia)					
Subtotal (ROB)					
% ROB total					

Observe que representantes comerciais podem ser fontes de contingências trabalhistas e tributárias, dependendo do regime contratual estabelecido entre esses representantes e o Alvo.

ESTRUTURA DE ARMAZENAGEM E LOGÍSTICA

Geralmente, um diferencial competitivo de empresas industriais e comerciais é sua estrutura de armazenagem e logística. Informações sobre as dimensões dos centros de distribuição (área, número de posições *pallets*, número de docas etc.), o uso de transportadoras de terceiros ou própria (incluindo o tipo de caminhão utilizado), a prática de Entregas Diretas na Loja (EDL) e a área disponível para estoque no PDV são essenciais para descrever a estrutura de armazenagem e logística.

CRÉDITO AO CONSUMIDOR

Consiste em: descrição do montante e qualidade das Contas a Receber; política de crédito e garantias; e protocolos de cobrança, índices de inadimplência e recuperação de créditos.

Quadro 4.25 - Evolução dos principais meios de pagamento e crédito ao consumidor da empresa entre 2008 e 2012

Em R$ mil	2008	% 2008	2009	2010	2011	2012	% 2012
Dinheiro							
Cartões (crédito e débito)							
Tickets							
Cheques pré-datados							
Outros							
Total (ROB)		100%					100%
Inadimplência							
Inadimplência (% ROB)							

LICENÇAS, AUTORIZAÇÕES E CERTIFICAÇÕES

Esta seção descreve as principais licenças, autorizações e certificações que afetam os negócios do Alvo. A relação com os órgãos reguladores também deve ser descrita. Aqui vale uma atenção especial para as licenças ambientais, que são críticas para quase qualquer negócio no Brasil. Por exemplo, faz toda a diferença para um potencial Comprador de uma Pequena Central Hidroelétrica saber se o Alvo já tem a licença prévia, a licença de instalação e/ou a licença de operação.

ATIVOS REALIZÁVEIS A LONGO PRAZO

Esta seção descreve os principais itens dos ativos imobilizado e intangível, incluindo seu fabricante e seu ano de aquisição. Para certas empresas, como é o caso das com teor tecnológico importante, a descrição pode revelar pontos fortes (ou fracos) do Alvo (Quadros 4.26 e 4.27).

Quadro 4.26 – Principais itens do ativo imobilizado

Categorias	Quantidade	Valor contábil 31/12/2012	Idade média (anos)	Principais características	Taxa de depreciação média
Edificações					
Centros de distribuição					
Imóveis					
Veículos					
Máquinas e equipamentos					
Computadores					
Servidores					
Outros					
Total					

Quadro 4.27 – Principais itens do ativo intangível

Categorias	Quantidade	Valor contábil 31/12/2012	Idade média (anos)	Principais características	Taxa de amortização média
Softwares					
Licenças de tecnologia					
Marcas e patentes					
Direitos autorais					
Pesquisa e desenvolvimento					
Total					

RECURSOS HUMANOS

Esta seção é importante para dimensionar os custos com *overhead*, que podem ser minimizados caso o Comprador já atue no mercado nacional. Por exemplo, um Comprador atuante no Brasil não precisará ter os departamentos de recursos humanos (RH), jurídico e comercial em duplicidade com o Alvo adquirido. Provavelmente, no início da integração do Alvo com o Comprador, essas estruturas podem precisar ficar duplicadas, mas, tão logo as operações estejam absorvidas, esse custo em excesso poderá ser reduzido. Esse é um exemplo das famosas sinergias.

É fundamental um quadro com o número de funcionários por faixa salarial e por área de atuação (vendas, administrativo, logística, jurídico, cobrança, RH, Pesquisa e Desenvolvimento etc.). O tempo médio no Alvo (coloquialmente conhecido como "tempo de casa") também é importante para mensurar o custo potencial de demissões (Quadro 4.28).

Quadro 4.28 - Quadro de funcionários por departamento

Departamentos	2012	% 2012	Salário médio 2012	Tempo médio na Empresa
Unidade	Quantidade de pessoas	%	R$ mil/mês	Anos
Administração				
Financeiro				
RH				
Jurídico				
Comercial				
Logística				
Operações				
Expansão				
PDVs				
Total		100		

Além dos salários médios, é possível mencionar a política de remuneração variável de modo conceitual sem expor detalhes estratégicos. Por exemplo:

> "Os diretores e gerentes da Empresa recebem remuneração variável anual com base no EBITDA orçado *versus* realizado. Se o EBITDA orçado no início do ano não foi realizado até 31 de dezembro, não há pagamentos a título de remuneração variável. Em 2013, a empresa pagou cerca de R$ 2 milhões em remuneração variável, uma vez que o EBITDA realizado foi 10% acima do orçado para o ano."

Outra questão sensível e importante é o tipo de relação trabalhista estabelecida entre o Alvo e seus funcionários. No Brasil, a CLT é a relação oficial. Entretanto, há outros tipos de vínculos como pessoas jurídicas (geralmente adotada pela força de vendas), "Jovens Aprendizes" (que não podem ser demitidos) etc. Quando um funcionário é remunerado por intermédio de uma pessoa jurídica, vários encargos e benefícios da CLT não são recolhidos. O funcionário, por sua vez, paga uma alíquota de IR muito menor, mas pode haver o risco de esses funcionários, antes ou depois da Transação, entrarem com processos na justiça trabalhista com a tese de que havia vínculo empregatício estável e exigindo férias, décimo terceiro salário, FGTS etc. (Quadro 4.29).

Quadro 4.29 - Evolução do quadro de funcionários por cargo

Departamento	2008	% 2008	2009	2010	2011	2012	% 2012
Diretores							
Gerentes							
Supervisores							
Operadores							
Analistas							
Assistentes							
Total		100					100
% CLT							
% PJ							

Segunda seção: Mercados

Esta seção pode ser mais extensa caso haja estrangeiros neófitos no Brasil entre os potenciais Compradores. Nesse caso, é recomendável incluir algumas páginas descrevendo os principais indicadores demográficos e econômicos do Brasil. Se os potenciais Compradores já conhecerem e operarem no Brasil, pode-se concentrar nas características específicas do setor de atuação do Alvo.

> **RECOMENDAÇÃO:** esta seção tende a ser muito descritiva e pouco analítica, o que está errado. Vale a pena investir tempo em redigir uma boa seção, pois essa sinaliza aos potenciais Compradores que pode haver estrangeiros analisando a Transação. Esse sinal pode deixar os potenciais Compradores apreensivos com a perspectiva de que a Transação possa trazer um novo concorrente ao mercado local. Nesse caso, a perda seria dupla: perde-se a Transação e ganha-se um novo concorrente.

A seção Mercados deve ser descrita sempre com um encadeamento lógico que leve o leitor a conclusões que favoreçam o Alvo, caso contrário, a informação será inútil. Por exemplo, dizer que os preços de farinha estão caindo não favorece a venda de um moinho, pois reduz suas margens. Essa informação, por si só, não traz nenhum benefício, a não ser que possamos afirmar que o Alvo tem um mix de produtos diversificado e atua em regiões sujeitas a menor concorrência de modo que, apesar da tendência de queda nos preços da indústria, o Alvo está muito bem posicionado para manter sua rentabilidade.

Sugere que nesta seção sejam descritos: demanda, concorrentes (oferta), insumos, regulamentação e política e tendências, conforme se apresenta no Quadro 4.30.

Quadro 4.30 – Aspectos dos mercados e temas que podem ser abordados

Aspectos	Temas abordados
Demanda	• Tamanho do mercado e evolução nos últimos anos (quantidades e valores em reais) • Evolução do preço médio • Distribuição do mercado por regiões do Brasil • Perfil do consumidor (classe de renda, dispersão, sazonalidade etc.) e implicações para o Alvo (estoque mínimo, prazo de pagamento, canais de distribuição necessários, requerimentos de logística, assistência pós-venda, importância da marca) • Grau de fidelidade – relações contratuais entre clientes e fornecedores (duração mínima, existência de multas rescisórias, mecanismos de correção do preço de contratos) • Importância da qualidade, dos serviços pós-venda, elasticidade de preço, correlação (ou elasticidade) com a variação do PIB, inflação e outras variáveis macroeconômicas • Importante: devem-se ressaltar características do consumidor que, indiretamente, valorizem o Alvo por suas vantagens competitivas
Concorrência	• Barreiras de entrada (capital inicial necessário, regulamentação, acesso à matéria-prima, licenças, tecnologia etc.) • Principais concorrentes nacionais, regionais e internacionais • Escala mínima necessária para se manter competitivo • Importância das fontes de fornecimento, tecnologia, canais de distribuição, localização geográfica • Importante: deve-se diferenciar a concorrência em relação ao Alvo, ou seja, mostrar quão capaz é o Alvo de competir
Insumos	• Evolução da oferta e preços dos principais insumos utilizados pelo Alvo (matérias-primas, energia, força de trabalho etc.) • Número de fornecedores e acesso a eles • Se houver insumos importados, deve-se descrever como se dá o acesso a eles, seu histórico de preços e quantidades importadas • Na força de trabalho, deve-se mencionar a força dos sindicatos e a relação do Alvo com os mesmos
Regulamentação e política	• Legislação e políticas governamentais que afetam o setor em que o Alvo atua • Principais órgãos públicos que o Alvo tem de interagir no curso normal dos negócios • Em alguns setores, como o de concessões públicas, eleições e trocas no poder político podem afetar o Alvo
Tendências	• Se pertinente, deve-se comparar com características de mercados mais desenvolvidos (crescimento histórico, margens bruta e de EBITDA, alavancagem financeira, índices de produtividade e custos, evolução dos preços das ações [VEE/preço, VEE/EBITDA, VEE/ROB]) • Tendências de crescimento e mudança no perfil da demanda e da concorrência (portanto, do preço) • Possíveis alterações na regulamentação em discussão no governo • Importante: devem-se ressaltar as tendências que favoreçam o Alvo *vis-à-vis* a suas vantagens competitivas

Na apresentação desses temas, o OM pode ressaltar os pontos fortes do Alvo diante das características de mercado, que podem ser ressaltados usando-se frases sucintas em negrito dentro de caixas de texto (boxes).

Entre as possíveis fontes de informação sobre mercados e setores da economia, destacam-se: associações de classe, Bloomberg, Reuters, Lafis, BNDES, IBGE, Bacen, bibliotecas de grandes instituições de ensino (FGV, USP, Insper), jornais O *Estado de S. Paulo*, *Valor Econômico*, *Brasil Econômico*, *Folha de S. Paulo* etc.

Terceira seção: projeções operacionais e financeiras da administração

> Todo otimista é um mal-informado.
>
> Paulo Francis

> Ninguém tem o direito de assumir que os ciclos dos negócios não existem!
> A cada cinco anos, aproximadamente, você tem de assumir que algo de ruim acontecerá.
>
> James Diamond, então CEO do JP Morgan
> *Apud* em Tett (2009, p. 113)

Como abordado no Capítulo 3, um Alvo é comprado por seu futuro e não pelo passado. Negociá-lo, portanto, é vender uma história sobre seu futuro. Boas histórias têm maior chance de serem vendidas. Histórias mal contadas podem comprometer a Transação.

Esta seção é uma das mais importantes do OM, pois sinaliza aos potenciais Compradores não somente a pretensão de valor do Vendedor, mas também a visão da atual administração sobre o futuro do Alvo. Esse último aspecto pode ser crucial, especialmente se o Comprador propuser uma sociedade com o Vendedor ou, ainda, atrelar o pagamento da aquisição ao desempenho do Alvo nos próximos dois ou três anos (*earn-out*).

É importante que as premissas e os resultados das projeções operacionais e financeiras do Alvo sejam elaborados com o apoio da Administração e não somente pelo Assessor, pois, em última instância, é a Administração quem terá de responder pelas implicações dessas projeções na Pós-transação.

> **NA PRÁTICA:** uma vez, construí um Plano de Negócios para uma nova empresa de consultoria. Entre os vários serviços que a empresa ofertava, havia um que era o mais rentável e de maior volume. Esse serviço estava mais relacionado com o percurso profissional do dono da empresa que com seu objeto social. Após o Plano ter sido revisto, o empreendedor me pediu que o apresentasse a um experiente executivo que poderia ser um novo sócio na empresa. Na apresentação, o executivo questionou o empreendedor sobre o risco do serviço de maior margem nunca se concretizar, ou se concretizar em um volume menor e *timing* mais distante. Foi um choque de realidade. O executivo usava argumentos muito concretos e objetivos. Ficou óbvio que o empreendedor tinha uma aposta afetiva naquele serviço, mas que os volumes e preços projetados poderiam estar muito distantes da realidade.

> Quando simulamos o valor da empresa com e sem o tal serviço, o impacto era enorme. Sem o serviço, o valor da empresa caía em 60%. Esse episódio ilustra o caráter subjetivo que há na avaliação de uma empresa. Eu havia feito uma análise de sensibilidade simulando a relação do valor da empresa com as metas de projeção da receita bruta, mas não havia simulado o impacto daquele único serviço, pois o empreendedor me passou muita segurança sobre sua viabilidade. Assegurou-me, inclusive, que já estava em fase de contratação (o que foi contestado pelo executivo).
>
> Esse caso ilustra a importância da concentração da receita de uma empresa em um único cliente. Trata-se de uma fragilidade, especialmente em uma Transação, na qual o Vendedor pode ter uma relação de confiança com esse importante cliente que não é "vendida" junto com o Alvo. O Comprador pode concluir a Transação e perder esse importante cliente no dia seguinte!

Exceto no caso de uma *startup*, todo Alvo terá um histórico operacional, econômico e financeiro. Esse passado poderá fornecer aos potenciais Compradores parâmetros sobre as possíveis taxas de crescimento, margens de lucratividade e investimentos em ativos permanentes e capital de giro (CG) do Alvo.

As projeções do Fundo Livre de Caixa (FLC) para o futuro, exceto para as que são notadamente cíclicas, como a indústria de celulose (descrita em Luzio [2011]), costumam ser lineares. O gráfico da figura a seguir ilustra o processo de reflexão sobre o futuro de um Alvo que está à venda. Apresenta um passado de FLC representado pela curva D. O passado reflete a realidade de altos e baixos que toda a empresa enfrenta, entre boas e más contratações, entre economia aquecida e em recessão, entre anos de altos investimentos em ativos fixos e capital de giro, pagamentos de dívida etc. O fato é que o passado não é linear. Ao se imaginar o futuro, a tendência é pensá-lo de modo linear, uma vez que é difícil antever flutuações e suas magnitudes.

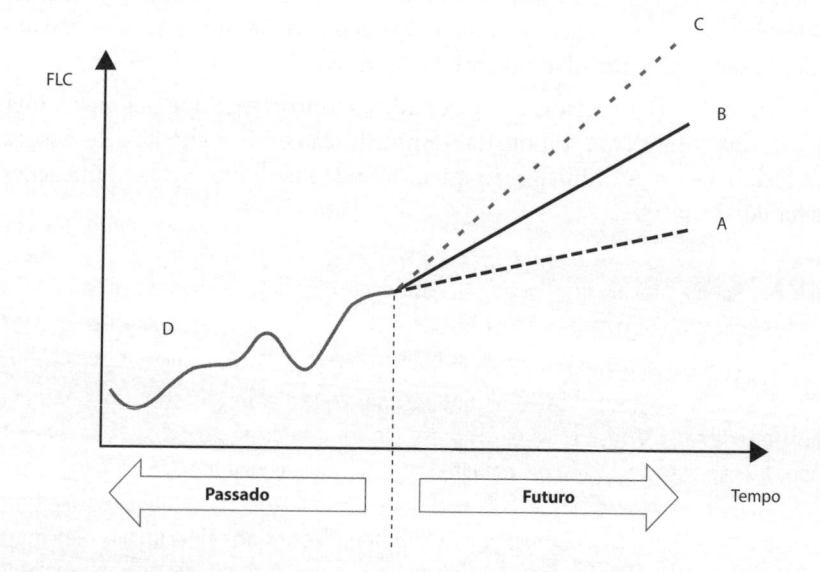

Figura 4.6 – Curva realizada do FLC e possíveis curvas do FLC.

Na Figura 4.6, a curva A representa a expectativa dos Sócios e executivos do Alvo sobre o futuro para fins de gestão. É uma projeção conservadora, de uso interno, para orientar os Sócios e executivos em suas decisões de gestão operacional e financeira.

A curva B representa o futuro que pode ser apresentado aos potenciais Compradores do Alvo. Um pouco mais otimista, busca ilustrar o crescimento e a rentabilidade potencial do Alvo.

A curva C representa o futuro do Alvo na visão do potencial Comprador. O melhor candidato à Transação é aquele que acredita que o Alvo vai valer mais (ou seja, gerar mais FLC) sob sua gestão que na atual.

Provavelmente, se o processo de M&A for bem-sucedido, a Transação será concluída por um valor entre B e C.

No OM, o que geralmente é descrito são as premissas e resultados da linha "B", que irei comentar a seguir.

PREMISSAS

> Diferentes investidores podem muito bem perceber diferentes graus de risco no mesmo investimento e demandar diferentes taxas de retorno, conforme sua aversão ao risco.
>
> Damodaran (2007, p. 20)

Cada Alvo e cada setor da economia têm suas peculiaridades, mas independentemente das idiossincrasias, nesta seção devem-se descrever as principais premissas de projeção da curva B:

Premissas críticas de uma projeção eficaz

1. Período explícito da projeção e moeda
2. Componentes da receita e seus respectivos preços, custos e crescimento esperado no volume de vendas
3. Capacidade Instalada, Taxa de Ociosidade, Investimentos e Quadro de Funcionários
4. Taxas Médias da depreciação do Ativo Imobilizado e amortização do Ativo Intangível
5. Despesas operacionais antes e depois da depreciação do Ativo Imobilizado e amortização do Ativo Intangível
6. Projeção das despesas com mão de obra (MDO)
7. Despesas e receitas não operacionais
8. Endividamento e serviço da dívida
9. Alíquotas de impostos diretos e Imposto de Renda & Contribuição Social (IR&CS)
10. Investimentos em capital de giro (Contas a Receber, Estoques e Fornecedores)

Em geral, sugere-se que essas premissas sejam apresentadas com objetividade e detalhe. O objetivo é que o potencial Comprador, ao lê-las, seja capaz de montar sua própria planilha de projeção e ajustar as premissas para adaptá-las à sua visão de futuro que considera factível para o Alvo.

Para produzir as projeções, é recomendada moderação no otimismo. É recomendável pensar nas premissas tendo em mente uma possível cena: "Você apresentando as premissas e resultados aos possíveis investidores e sendo minuciosamente interrogado sobre cada uma delas!" Para cada premissa, pergunte-se o que a justifica. Reflita sobre seus argumentos de maneira crítica.

RECOMENDAÇÃO: é importante considerar também que as projeções, implicitamente, refletem uma estratégia de negócios, ou pior, a ausência de uma estratégia de negócios. Rumelt (2011, p. 45) cita o caso de uma empresa cujo líder se orgulhava da sua estratégia "20/20": crescer as receitas em 20% ao ano, com uma margem líquida de, no mínimo, 20%. Isso não é uma boa estratégia de negócios, e sim metas. Metas não são estratégias. No OM, não é necessário, tampouco aconselhável, descrever em detalhes a estratégia do Alvo, mas é preciso ter um argumento para defendê-la em prováveis discussões mais detalhadas que possam suceder a leitura do OM pelo Comprador. Cuidados com a formulação da estratégia e seus detalhes são necessários quando o Alvo é negociado com FPEs cujo foco é em crescimento com rentabilidade e, como tal, preferem aportes primários (*money in*) de capital a aportes secundários (*money out*). Eles vão querer saber, em detalhes, o que o Vendedor fará com os recursos aportados.

Vale ressaltar novamente que não é recomendável incluir no OM a estimativa da taxa de desconto utilizada pelo Vendedor para trazer a valor presente o fluxo de caixa do Alvo (WACC e/ou Rc). Cada investidor tem seu custo de capital, e expor o custo de capital do Vendedor pode implicar perdas. Imagine um Vendedor que estime o WACC do Alvo em 20%, mas há um potencial Comprador com o WACC de 15%. Já de partida, esse potencial Comprador poderá fazer uma oferta menor que poderia fazê-lo se não tivesse acesso ao WACC do Vendedor.

A seguir, serão descritas algumas recomendações de como apresentar cada uma das principais premissas de uma projeção eficaz.

1. Período explícito da projeção e moeda

Logo no início da seção Premissas, deve-se explicitar o número de anos da projeção explícita, a moeda de projeção (reais, dólares norte-americanos, euros etc.) e o tipo de projeção (moeda constante ou moeda nominal). Para Alvos predominantemente exportadores, faz todo sentido projetar em dólares ou euros. Para considerar os efeitos do câmbio sobre despesas em reais (por exemplo, salários), é recomendável utilizar as projeções da pesquisa Focus publicada pelo Bacen (www.bcb.gov.br) ou por um banco de renome. Para Alvos com atuação significativa no mercado local, as projeções devem ser em reais.

Independentemente do tipo de moeda (reais, dólares, euros etc.), se a opção for por uma projeção em moeda nominal, deve-se explicar qual é a premissa para inflação futura e suas implicações em receitas, custos, despesas e nos investimentos do Alvo. Nos últimos anos, com o pleno emprego que o Brasil tem experimentado, pode-se considerar que os salários crescerão acima da inflação.

> **NA PRÁTICA:** avaliei uma empresa do setor de autopeças que vivia uma situação difícil há anos. Por um lado, suas receitas eram em reais e seus clientes, as montadoras, impunham preços cada vez menores. Reajustar preços pela inflação nem pensar. Por outro lado, seus custos de matéria-prima e mão de obra aumentavam acima da inflação. O empresário tinha de investir constantemente em máquinas mais produtivas para manter suas margens. Junto com o empresário, elaborei projeções de vendas de autopeças, que, apesar dos investimentos em produtividade, geravam margens decrescentes. Essas margens foram parcialmente compensadas pelas vendas para outro setor, o de embalagens para cosméticos, cujas margens eram maiores e os clientes menos concentrados que no setor automobilístico. Ou seja, a estratégia do Alvo por trás da projeção era continuar operando no setor automotivo, mas explorar outros setores em que seus produtos poderiam ter margens maiores.

2. Componentes da receita e seus respectivos preços, custos e crescimento esperado no volume de vendas

Os componentes de receitas e seus respectivos preços e custos devem seguir a classificação utilizada na seção "Produtos e mercados". Podem-se também incluir novos produtos e serviços que a Administração julgue factível oferecer no futuro.

Para um Alvo industrial, podem-se apresentar os componentes de receitas e custos por seus preços médios unitários (PMU) e custos dos produtos vendidos médios unitários (CPVMU). Do PMU e CPVMU deduz-se a margem bruta média. Para complementar, podem-se incluir as premissas das taxas de crescimento médio das vendas e seu impacto sobre a utilização da capacidade instalada, por produto. Quanto ao crescimento das vendas (em quantidade de produtos), é possível supor que, na média, não há diferença entre o volume vendido e o volume produzido. O importante é que o volume produzido não ultrapasse 100% da capacidade instalada da fábrica, o que geraria uma inconsistência da projeção. No Quadro 4.31, temos um exemplo de apresentação das premissas de preços e custos dos produtos de alvo industrial.

Quadro 4.31 – Exemplo de apresentação das premissas de preços e custos dos produtos de alvo industrial

Grupos de produtos	PMU (R$/unidade)	Impostos diretos (% PMU)	CPVMU (% PMU)	% Margem bruta média (% PMU)	TACC de Vendas (produção)	Utilização da capacidade instalada (%)
GP 1						
GP 2						
GP 3						
Novo Produto 4						
Total/Média						

> **RECOMENDAÇÃO:** premissas que gerem aumentos na receita do Alvo acima da taxa média de crescimento setorial indicam um aumento de sua fatia de mercado (*market share*). A maioria dos setores da economia brasileira está exposta a crescentes pressões de seus concorrentes locais e estrangeiros (importação), e é difícil acreditar em aumentos de fatia de mercado sem boas justificativas. Aumentos de fatia de mercado acompanhados de aumentos na margem bruta são ainda mais difíceis de defender.

Para um Alvo atuante no comércio varejista, é possível, por exemplo, descrever os componentes da receita e custos por regiões de atuação, uma vez que o número de produtos vendidos pode ser muito extenso. Geralmente, o varejo concentra-se na receita por área de vendas (ROB/m^2 ou ROL/m^2) como principal indicador. Para o custo, pode-se apresentar o custo da mercadoria vendida (CMV) médio por região ou a margem bruta média. O cuidado aqui é com a premissa de Taxa Anual de Crescimento Composto (TACC) da receita por m^2. É preciso bons argumentos para justificar premissas de crescimento do ROB/m^2 muito acima da inflação.

Quadro 4.32 - Exemplo de apresentação de premissas dos componentes de receitas e custos de empresa de varejo

Regiões	ROB/m^2 (em milhões de reais/ano)	TACC ROB/m^2 próximos anos	Impostos diretos (% ROB)	% Margem bruta média (% ROB)	Número de PDVs em 2013	Área de vendas em 2013
Região 1						
Região 2						
Região 3						
Nova região 4						
Total/média						

Um Alvo prestador de serviços pode ou não ter um parâmetro claro para capacidade instalada. A capacidade instalada de um escritório de advocacia está relacionada com o número de advogados e a área de escritório. Já em uma empresa de *call center*, o número de posições de atendimento é o principal parâmetro de capacidade instalada (que, por sua vez, implica número de funcionários, dimensão da área operacional e investimentos em equipamentos e *software*). Ou seja, em serviços, cada caso é um caso. Geralmente, a capacidade de crescer receitas está associada ao número de funcionários. Portanto, às premissas de PMU (reais por hora, reais por consulta, reais por tarefa etc.) e custo do serviço prestado (CSP) ou suas margens brutas, pode-se incluir a premissa de crescimento no número de novas contratações de funcionários (Quadro 4.33).

Quadro 4.33 – Exemplo de apresentação de premissas dos componentes de receitas e custos de um Alvo prestador de serviços

Grupos de serviços	PMU (em reais)	% Margem bruta (% ROB)	TACC ROB nos próximos anos	TACC Novos funcionários
S 1				
S 2				
S 3				
Média ponderada				

RECOMENDAÇÃO: premissas que gerem aumentos na margem bruta do Alvo devem ser fundamentadas em detalhes. A maioria dos setores da economia brasileira, sem barreiras de entrada, está exposta a crescentes pressões de seus concorrentes, o que torna difícil acreditar em margens brutas crescentes. Um Vendedor capaz de argumentar que suas margens se manterão constantes ao longo dos anos pode se considerar bem-sucedido.

Por fim, independentemente do tipo do Alvo, nas premissas de custos, é importante separar os valores de depreciação do ativo imobilizado e amortização do ativo intangível para facilitar o cálculo do EBITDA. Esse aspecto será discutido com mais detalhes a seguir.

3. Capacidade instalada, taxa de ociosidade, investimentos e quadro de funcionários

O tema da capacidade instalada e sua taxa de ociosidade é muito importante, pois determina a necessidade de investimentos em ativos fixos e contratação de pessoal, tanto no operacional quanto no administrativo. Todas as empresas têm uma capacidade instalada, ou seja, um limite em sua capacidade de gerar receitas. Em empresas industriais, esse limite pode ser mais objetivo, pois é mensurado pelos fornecedores dos principais equipamentos. No varejo, o limite da capacidade instalada da rede é mensurado pela capacidade de atendimento do CD e pela ROB/m^2 da área de vendas. Esse último não tem um limite claro, pois depende do *mix* de venda, do público consumidor, dos serviços oferecidos (especialmente da oferta de crédito ao consumidor). Como mencionado, no setor de serviços, a definição do limite da capacidade instalada pode ser difícil, mas isso não quer dizer que o limite não exista. Fazer uma projeção de crescimento sem considerar algum tipo de limite pode ser ingenuidade.

Em Projeções, será apresentada a evolução da capacidade instalada, da produção e da utilização, mas aqui nas premissas deve-se descrever como esse tema é abordado. Por exemplo, uma destilaria de etanol que tem capacidade para produzir até 1 milhão de litros por safra só poderá ultrapassar esse limite se fizer investimentos em expansão não apenas da destilaria, mas do canavial também. A premissa numérica, litros de etanol/tonelada de cana, deve ser descrita, bem como os investimentos na moagem, caldeira, torres de destilação etc. O plano de expansão da área do canavial também deve descrever a distância média das novas áreas da destilaria e se a cana será própria ou de terceiros.

Quadro 4.34 – Exemplo de premissas sobre a capacidade instalada de uma destilaria de etanol

	Dimensão atual	Dimensão atual no fim da projeção	Investimentos previstos (em milhões de reais)	Contratação de novos funcionários
Destilaria	Litros/safra	Litros/safra		
Canavial	hectares	hectares		
Administração	-	-		
Total	-	-		

Uma rede de supermercados que considera a possibilidade de abrir novas lojas deve descrever quanto cada loja exigirá de investimentos (obra civil, equipamentos etc.) e também os investimentos no CD que servirá essas lojas. Vejamos um exemplo no Quadro 4.35.

Quadro 4.35 – Exemplo de premissas sobre a capacidade instalada de uma rede de supermercados

	Dimensão atual (m²)	Dimensão ao fim da projeção (m²)	Investimentos previstos (em milhões de reais)	Contratação de novos funcionários
CD				
Área de vendas				
Área administrativa				
Total				

Uma universidade que projeta um crescimento no número de alunos deve descrever suas premissas sobre a quantidade média de alunos por sala, os investimentos em obras civis e equipamentos, a contratação de professores e as permissões requeridas pelo Ministério da Educação (MEC) para tal expansão.

Quadro 4.36 – Exemplo de premissas sobre a capacidade instalada de uma universidade

	Dimensão atual (m²)	Dimensão ao fim da projeção (m²)	Investimentos previstos (em milhões de reais)	Contratação de novos funcionários
Salas de aula				
Laboratórios				
Outras instalações				
Administração				
Total				

> **RECOMENDAÇÃO:** independentemente do porte do Alvo e do mercado de atuação, isto é certo: não há como crescer receitas e reduzir custos sem investimento. Evite, portanto, apresentar projeções que não considerem investimentos. O montante de investimentos é uma das premissas que podem gerar mais discussões entre os potenciais Compradores e o Vendedor. Inclusive, a ausência de discussões sobre esse tema pode até indicar o desinteresse dos Compradores ou sua incredulidade quanto à perspectiva do Vendedor sobre o tema.
> O importante é que cada R$ 1 de investimento previsto tenha uma consequência na projeção: viabilizar aumentos nas receitas e/ou reduções nos custos, despesas e capital de giro.

4. Taxas médias da depreciação do ativo imobilizado e amortização do ativo intangível

As premissas para as taxas médias de depreciação e amortização têm três importantes implicações a seguir.

1. Reduzir os montantes de IR&CS a pagar, aumentando o FOC, se o Alvo optar por recolher IR&CS pelo lucro real.
2. Permitir o cálculo do EBITDA e EBIT; ambos os parâmetros são importantes para a análise dos potenciais Compradores que acreditam em múltiplos de mercado.
3. Comparar o montante das despesas de depreciação e amortização com o montante de investimentos previstos. Essa comparação é um teste de consistência das projeções.

Refletindo sobre a última implicação: muitos profissionais de finanças e contabilidade entendem as despesas com depreciação e amortização como referências para a reposição dos ativos imobilizado e intangível, respectivamente. É a tradicional visão de que a depreciação e amortização funcionam como uma "poupança" que o Alvo deve acumular para repor a exaustão da vida útil de seus ativos fixos. Embora essa visão possa ser muito contestável na prática, muitos analistas podem esperar que o valor projetado do investimento deva ser igual ou maior que a soma das despesas com depreciação e amortização.

Ou seja, se os montantes previstos para investimentos forem inferiores às despesas de depreciação e amortização, o Vendedor deve se preparar para questionamentos. Além disso, o Vendedor deve ficar atento, pois, nesses casos (investimentos menores que despesas com depreciação e amortização), pode acontecer que as projeções do Ativo Imobilizado Líquido ou do Ativo Intangível fiquem negativas, o que é outra evidência de inconsistência. Raramente, os investimentos de uma empresa são lineares. É mais comum uma empresa investir muito em um período e pouco em outros. Por conseguinte, relacionar os montantes de investimentos com a depreciação é um meio de "normalizar" os investimentos. Essa é uma premissa muito comum em projeções do FDC. Também podem-se construir premissas que tenham como base as médias históricas da relação dos investimentos passados com as receitas ou com o total de ativos.

Por fim, é importante descrever como as despesas com depreciação e amortização são alocadas entre custos (CPV, CMV ou CSP) e despesas operacionais. Essa alocação permitirá aos potenciais Compradores comparar a margem bruta, a margem EBITDA e a margem EBIT com as margens de empresas similares ao Alvo.

5. Despesas operacionais antes das despesas com depreciação do ativo imobilizado e amortização do ativo intangível

Após a margem bruta e os investimentos, o Vendedor estará preparado para apresentar as premissas sobre as despesas operacionais do Alvo, uma vez que essas dependem do crescimento das receitas e dos investimentos previstos. Com tais premissas, conclui-se uma etapa importante para a valorização do Alvo: a projeção do EBITDA.

Premissas para despesas operacionais que impliquem aumentos na margem EBITDA, como as apresentadas no Quadro 4.37, podem indicar ganhos oriundos de economias de escala e/ou de escopo, especialmente nas despesas administrativas e em propaganda e marketing. Embora essas economias possam existir, é preciso justificá-las com a adoção de novas tecnologias mais eficientes, o aprimoramento de processos, o aumento no poder de barganha com fornecedores e prestadores de serviço, a redução no quadro de funcionários etc.

Quadro 4.37 – Exemplo de apresentação das premissas para despesas operacionais

Despesas operacionais	Unidade	Premissa de projeção
Comerciais	% ROB	
Propaganda e *marketing*	Em reais por ano	
Provisão (devedores duvidosos)	% CAR	
Serviços públicos	Em reais por ano	
Aluguéis	Em reais por ano	
Administração	Em reais por ano	
Consultorias	Em reais por ano	
Outras	Em reais por ano	

RECOMENDAÇÃO: atenção com a premissa para as despesas administrativas. Considere uma projeção em moeda constante e com receitas crescentes. Em um extremo, presumir constante o valor das despesas administrativas pode ser muito otimista. Em outro extremo, presumir que o valor das despesas administrativas crescerá no mesmo ritmo do faturamento pode ser muito pessimista. Um "caminho do meio" pode ser assumir que o valor das despesas administrativas pode crescer "em degraus" ao longo dos anos, ou a uma taxa de crescimento inferior àquela da receita.

Dentre as despesas operacionais, as despesas com mão de obra (MDO) merecem especial cautela, especialmente em épocas em que a economia está aquecida e ocorre escassez de MDO. A seguir, esse tema será discutido com mais detalhes.

6. *Projeção das despesas com MDO*

Com base nas categorias de cargos e salários utilizadas na seção Recursos Humanos, devem-se montar as premissas de evolução do quadro de funcionários e da folha de pagamentos. A contratação de MDO deve estar compatível com as premissas de investimentos, novos produtos e crescimento da receita. O exemplo do Quadro 4.38 adota 2013 como o ano histórico.

Quadro 4.38 – Descrição do *headcount* e folha de salários

Departamentos	Headcount 2013	% 2013	Premissa de contratação	Salário médio	Encargos e benefícios	Reajuste da inflação
Diretores						
Gerentes						
Supervisores						
Operadores						
Analistas						
Assistentes						
Total		100%				
% CLT						
% PJ						

RECOMENDAÇÃO: se a perspectiva para a economia é de alto crescimento, pode ocorrer a escassez de MDO, e, nesse caso, a premissa para o aumento nos salários médios pode ficar acima da projeção da inflação.

7. *Despesas e receitas não operacionais*

Geralmente, despesas não operacionais deveriam ser extraordinárias ou circunstanciais. Despesas não operacionais recorrentes podem ser questionadas, e pior, suspeitas de Distribuição Disfarçada de Lucros (DDL). Por exemplo, quando o Alvo paga o aluguel e/ou as despesas domésticas da casa do Sócio. Esse tipo de despesa é uma evidência de violação do Postulado da Entidade.[7]

---

[7] O Postulado da Entidade Contábil estabelece que a contabilidade dos proprietários de uma empresa não deve se confundir com a contabilidade da empresa propriamente dita. Ou seja, a conta bancária da empresa não deve ser usada como conta bancária de seus proprietários. Infelizmente, esse postulado é frequentemente violado por pequenas e grandes empresas, no Brasil e no exterior. Não se trata apenas de casos em que os proprietários de uma empresa sacam recursos da tesouraria para consumo próprio, mas também de outros ativos da empresa, como automóveis, aeronaves, imóveis, mercadorias, máquinas e equipamentos etc. Por exemplo, os proprietários de uma rede de supermercados compram terrenos como pessoas físicas e os alugam para a própria empresa por valores acima do mercado.

Receitas não operacionais devem estar relacionadas com ativos não operacionais. Por exemplo, a receita de aluguel de um imóvel do Alvo que deixou de fazer parte da operação. Esse ativo (imóvel) deve ser descrito no OM e pode fazer parte ou não da Transação, pois se trata de algo não operacional, o potencial Comprador pode não ter interesse em adquiri-lo.

8. Endividamento e serviço da dívida

O Vendedor deve descrever o montante do endividamento atual do Alvo, podendo incluir informações sobre o tipo de credor (banco, debêntures etc.), a taxa de juros média, o cronograma de amortização da dívida e o tipo de garantias prestadas (hipotecas, alienação fiduciária, caução de ações, avais etc.). Se houver cláusulas de troca de controle, o Vendedor deve revelá-las aos potenciais Compradores.

Empréstimos de longo prazo como os oferecidos pelo BNDES podem indicar aos potenciais Compradores que o Alvo tem boa qualidade de crédito, sistemas e processos de controles na prestação de contas. Ademais, acima de tudo, empréstimos do BNDES indicam que o Alvo está sendo financiado com as melhores taxas e prazos disponíveis em reais no mercado nacional.

Se o Alvo estiver muito endividado (leia-se ICSD < 1,3 e/ou Índice de Alavancagem > 3,5), pode ser necessário projetar a amortização da dívida e o FLC. Nesses casos, projeções negativas do FLC indicarão ao potencial Comprador que o Vendedor estima serem necessários aportes de capital e/ou reestruturação da dívida para cobrir o montante dos déficits de caixa.

9. Alíquotas de impostos diretos e IR&CS

Aqui as alíquotas dos impostos federais (PIS, Cofins, IRPJ e CSLL) resumem-se à opção do Alvo pelo regime de tributação: lucro real ou lucro presumido. Além desses impostos, há o ISS (depende do município), o IPI e o ICMS. Esse último é bem complexo e depende dos estados em que o Alvo atua.

RECOMENDAÇÃO: lembre-se de que, para uma empresa no regime de lucro presumido, há um limite de faturamento previsto, hoje de R$ 78 milhões. Cuidado: se suas projeções de faturamento do Alvo, em moeda constante, ultrapassarem esses R$ 78 milhões, no futuro, as alíquotas dos impostos terão de ser alteradas para aquelas do lucro real. O limite de R$ 78 milhões pode ser ultrapassado ainda mais rapidamente em projeções com moeda nominal. Nesse caso, o Vendedor pode fazer uma premissa sobre o eventual reajuste futuro no limite dos R$ 78 milhões, mas prever se/quando o governo o fará não é uma tarefa trivial.

10. Investimentos em capital de giro

Investimentos em capital de giro são fundamentais para empresas industriais e de varejo, e geralmente pouco significantes para empresas de serviços. As premissas geralmente são descritas da maneira apresentada no Quadro 4.39.

Quadro 4.39 – Descrição das contas de capital de giro

	Saldo em 31/12 do último ano (em reais)	Premissa de projeção
Contas a Receber		XX dias de ROB
Estoques		XX dias de CMV
Fornecedores		XX dias de CMV

Nas Contas a Receber, é possível complementar a premissa de projeção com a expectativa do Vendedor sobre a inadimplência na carteira de recebíveis.

> **RECOMENDAÇÃO:** observe que, se as premissas de projeção para o capital de giro forem diferentes das médias observadas no último ano histórico, pode haver aumentos ou reduções no capital de giro. Essas variações devem ser justificadas, pois geralmente o impacto dessas premissas no valor do Alvo é significativo, para mais ou para menos. Lembre-se: o capital de giro reflete a posição competitiva do Alvo. Para boa parte das empresas, a tendência dos investimentos em Contas a Receber e Estoques é aumentar com a concorrência crescente.

RESULTADOS

A maneira de apresentar os resultados das projeções pode seguir os padrões dos demonstrativos contábeis padronizados (DRE, BP e DFC) ou uma combinação das principais contas que compõem o FOC e/ou o FLC. Sugere-se "quebrar" as projeções por partes e comentá-las, se/quando necessário, e depois resumi-las.

Para começar, podem-se apresentar os principais componentes da projeção do lucro bruto como no Quadro 4.40.

Quadro 4.40 – Exemplo de apresentação das projeções de receitas e margem bruta

R$ mil	Ano H	Ano 1	Ano 2	Ano 3	Ano 4	Ano 5
ROB						
Impostos diretos						
Custos diretos						
Lucro bruto						
Margem bruta (% ROB)						

Vale repetir a recomendação: se as projeções indicarem margens brutas crescentes, o Vendedor deve se preparar para justificá-las em detalhes. Por exemplo: estratégias comerciais diferenciadas, novos produtos, novos mercados, novos segmentos de clientes, ganhos de produtividade, melhora no poder de barganha com fornecedores e/ou clientes etc.

No Quadro 4.41, podem-se apresentar os principais componentes da projeção do EBITDA e EBIT.

Quadro 4.41 – Exemplo de apresentação das projeções do EBITDA e EBIT

R$ mil	Ano H	Ano 1	Ano 2	Ano 3	Ano 4	Ano 5
Lucro bruto						
Despesas administrativas						
Despesas comerciais						
Outras despesas operacionais						
EBITDA						
Margem EBITDA (% ROB)						
Depreciação e amortização						
EBIT						
Margem EBIT (% ROB)						

É importante repetir essa recomendação: se as projeções indicarem margens EBITDA crescentes, o Vendedor deve se preparar para justificá-las em detalhes. Uma parte da razão desses aumentos pode estar nos aumentos da margem bruta, e outra na redução relativa das despesas operacionais.

Uma vez apresentados o EBITDA e o EBIT, podem-se apresentar as projeções do capital de giro como no Quadro 4.42.

Quadro 4.42 – Exemplo de apresentação das projeções dos investimentos em capital de giro

R$ mil	31/12/H	31/12/A1	31/12/A2	31/12/A3	31/12/A4	31/12/A5
Contas a Receber (CAR)						
Variação (CAR)						
Estoques						
Variação (estoques)						
Fornecedores						
Variação (fornecedores)						
Investimentos (CG)						

Em seguida, podem-se apresentar as projeções do Fluxo Operacional de Caixa (Quadro 4.43).

Quadro 4.43 – Exemplo de apresentação das projeções de FOC

R$ mil	Ano 1	Ano 2	Ano 3	Ano 4	Ano 5
EBITDA					
(–) IR&CS desalavancado					
(+/–) Investimentos (CG)					
(–) Investimentos no ARLP(*)					
(=) FOC					

(*) ARLP = Ativo Realizável a Longo Prazo.

Se as projeções indicarem que, em algum ano, o FOC possa ser negativo, o Vendedor deverá explicar as causas e discorrer sobre as fontes de recursos disponíveis para financiar o déficit operacional. Lembre-se: ter nas projeções anos com FOC negativo não necessariamente indica que o Alvo tenha problemas. Pode ser justamente o caso oposto. Por exemplo, o Alvo pode prever investimentos significativos em sua capacidade instalada que geram esses FOCs negativos por alguns anos, mas que devem ser recompensados por FOCs positivos nos anos posteriores.

Após descrever as projeções do FOC, o Vendedor pode projetar o FLC, se o Alvo tiver um endividamento significativo (Quadro 4.44).

Quadro 4.44 – Exemplo de apresentação das projeções FOC

R$ mil	Ano 1	Ano 2	Ano 3	Ano 4	Ano 5
Fluxo operacional de caixa					
(–) Amortizações de dívida					
(+) Captação de novas dívidas					
(–) Despesas financeiras					
(+) Aumento de capital					
(–) Dividendos e JSCP					
(+/–) Resultados não operacionais					
(+) IR&CS desalavancado					
(–) IR&CS alavancado					
(=) Fluxo livre de caixa					

Se as projeções indicarem que, em algum ano, o FLC possa ser negativo, o Vendedor deve explicar as causas e discorrer sobre as fontes de recursos disponíveis para financiar o déficit financeiro. Ao contrário do FOC, apresentar FLC negativo é preocupante, pois, caso o Alvo não tenha reservas suficientes em sua Tesouraria, ou linhas de crédito disponíveis, poderá entrar em crise de liquidez.

Se a projeção do FLC indicar que o Alvo pagará suas dívidas, reequilibrando suas finanças, pode ser interessante incluir no Quadro 4.44 duas linhas com as projeções para o ICSD e o Índice de Alavancagem.

Vale observar que no quadro de apresentação do FLC não foram incluídas as receitas financeiras. Isso pode ser realizado se o Vendedor fizer premissas sobre a acumulação do excesso de caixa (ou seja, se haverá ou não pagamentos de dividendos e/ou JSCP) e a taxa de juros da aplicação. As receitas financeiras sobre o excesso de caixa não deveriam afetar a avaliação do Alvo pelos potenciais Compradores.

Quarta seção: Anexos

Nesta última seção do OM, a recomendação é que se apresentem documentos complementares que façam diferença na avaliação do Alvo pelos potenciais investidores. Quais são os documentos? Estatuto social, acordo de acionistas (se houver), demonstrativos contábeis dos anos anteriores (atenção para o BP de referência), certificações (por exemplo, ISO 9001 etc.), licenças (meio ambiente: LI, LP, LO), lista com a descrição técnica dos principais ativos tangíveis e intangíveis, fotos das instalações etc.

> **RECOMENDAÇÃO:** o Vendedor deve se pôr no lugar do potencial Comprador e se perguntar: quais documentos eu faria questão de analisar imediatamente para verificar se o Alvo me interessa ou não? Entre todas as possíveis respostas, todo anexo deve conter o último demonstrativo contábil do Alvo, de preferência auditado.

REDAÇÃO DE UM MEMORANDO DE ANÁLISE DA TRANSAÇÃO

Como dito anteriormente, após a análise do OM, o potencial Comprador pode elaborar o Memorando de Análise da Transação (MAT), complementando-o com suas próprias pesquisas de fontes alternativas de informação sobre o Alvo, o Vendedor e a Transação.

O MAT pode seguir a mesma estrutura lógica do OM, com algumas adições e adaptações para seu ponto de vista, como resumido no Quadro 4.45. Observe que os itens com asterisco (*) não fazem parte do OM e são próprios do Comprador.

Quadro 4.45 – Comparação entre os tópicos do OM e do MAT

Tópicos do OM	Adaptação ao MAT
Sumário executivo	Na visão do Comprador, incluindo os motivos para investir, a avaliação do Alvo e o Preço ofertado
Transação proposta	Interpretação do Comprador para as motivações reais da Transação
A Empresa	**O Alvo**
Histórico	Complementar com entrevistas de partes relacionadas
Produtos e mercados	Incluir, se possível, outros produtos e mercados factíveis
Diferencial competitivo	Na visão do Comprador, incluir todos os motivos para investir na Transação (estratégia de negócios, sinergias etc.)
Estrutura societária	Identificar possíveis conflitos entre os Sócios do Alvo e possíveis resistências à Transação
Organograma administrativo	Identificar cargos redundantes e compará-lo a seu próprio organograma (se pertinente)
Desempenho financeiro histórico	Comentar a análise do Vendedor e compará-la a empresas similares
Sistemas de informação	Comparar os sistemas do Alvo com os seus
Fornecedores	Incluir entrevistas que fez com fornecedores do Alvo e alternativos
Canais de distribuição	Incluir outros canais factíveis
Estrutura de armazenagem e logística	Comentar a eficiência atual e no Pós-transação
Crédito ao consumidor	Análise de risco e possíveis oportunidades
Licenças, autorizações e certidões	Risco de não obtenção ou atrasos em alguma licença, autorização (incluindo Cade), certidão
Ativos fixos	Análise de obsolescência e investimentos necessários para adaptar o Alvo aos objetivos do Comprador
Recursos Humanos	Possíveis contingências e comparação de cargos e salários com aqueles do Comprador. Incluir avaliações de competências dos executivos do Alvo que tiverem sido entrevistados.
-	(*) Sinergias estratégicas e operacionais do Alvo com o Comprador
Mercados	Comprador deve ter sua própria visão do setor de atuação e da macroeconomia
Projeções operacionais e financeiras da administração	Análise do FOC e FLC das projeções do Vendedor e comparação com as projeções do Comprador, incluindo a quantificação das sinergias previstas

continua

continuação

A Empresa	O Alvo
–	(*) Estimativa do custo de capital apropriado para o Alvo, incluindo grau de alavancagem e custo de financiamentos disponíveis ao Comprador
–	(*) Estimativa do VEE no Cenário do Vendedor e do Comprador. Explicar diferenças. Descrever estratégia da oferta e da negociação (incluindo o Preço, forma de pagamento, condições precedentes etc.)
–	(*) Achados da *due diligence*: desde contingências e riscos até oportunidades operacionais e não operacionais, por exemplo, venda de ativos não estratégicos
–	(*) Análise dos outros potenciais Compradores interessados na Transação. Seus pontos fortes e fracos na negociação e riscos para o Comprador de perda da Transação.

Na análise das projeções operacionais e financeiras da administração, o Comprador pode considerar os aspectos a seguir.

- Em geral, como a inflação e o Produto Interno Bruto (PIB) afetam a *performance* do Alvo? Qual é a exposição do Alvo às variações cambiais (receitas, custos e endividamento)?
- A capacidade instalada é compatível com a produção projetada?
- O crescimento das vendas é maior que o crescimento médio do setor? Em caso afirmativo, por quê?
- Os preços médios projetados são crescentes? Por quê?
- Custos: há componentes fixos ou são todos variáveis? Os coeficientes técnicos[8] são consistentes?
- Foram comparados os montantes previstos de investimentos com as despesas de depreciação e amortização? Compare e entenda as diferenças.
- O ativo imobilizado líquido projetado é positivo?
- Os investimentos têm reflexo nas receitas, custos, despesas e/ou capital de giro?
- Há receitas ou despesas não operacionais? Por quê? São esporádicas ou devem ser incluídas nas projeções?
- O Alvo tem benefícios fiscais? Em caso afirmativo, por quanto tempo? Esses benefícios podem ser comprometidos pela troca de controle societário do Alvo?
- Como são compostas as despesas com vendas (PDD, publicidade, comissões, salários fixos)? Esses componentes estão sendo projetados separadamente? Se negativo, por quê?

---

[8] Os coeficientes técnicos relacionam quantidades de insumos (inclusive horas de trabalho) com quantidades de produtos.

- As margens brutas e margens EBITDA são crescentes ao longo da projeção? Em caso afirmativo, por quê?
- Nas projeções do FOC e FLC, no cenário do Vendedor, há números negativos? Por quê?
- O endividamento atual do Alvo pode ser amortizado dentro dos termos contratados? Em caso negativo, por quê?

Ainda em sua avaliação, o Comprador deve verificar se o Valor Terminal representa 40%, ou mais, do valor do Alvo. Em caso afirmativo, o último FOC (e FLC) do período explícito está normalizado? Além disso, o Comprador deve fazer uma Análise de Sensibilidade do VEE, do Alvo com seus vetores críticos, incluindo o valor das sinergias previstas, clientes significativos, alterações na regulamentação do setor etc. Deve também desenvolver seus próprios cenários para o futuro do Alvo, podendo considerar estes três tipos: pessimista, otimista e conservador. Esses cenários e a Análise de Sensibilidade gerarão um intervalo de valor para o VEA do Alvo, que deverá nortear as negociações e, se for o caso, o Preço que justifique abortar a Transação.

5 ESTUDOS DE CASO

Os estudos de caso apresentados neste capítulo foram baseados na experiência do Autor. A fim de preservar a identidade das partes envolvidas, os nomes das empresas e executivos foram trocados. Os casos Ícaro e *Crazy Fish* se referem cada um a empresas singulares, enquanto os casos Collins e Quixote foram montados a partir de uma combinação de experiências com várias empresas em situações semelhantes. O objetivo da combinação de experiências é aumentar as lições aprendidas em cada caso.

CASO ÍCARO

Diferencial: caso de *buy-side*; função do plano de negócio; vantagens e desvantagens de um projeto *greenfield versus* a aquisição de empresa existente (*brownfield*); governança corporativa em empresa familiar; conflitos de interesses com consultores; sinergias negativas.

> O céu de Ícaro tem mais poesia que o de Galileu.
> "Tendo a lua", de Herbert Vianna e Tetê Tillett

Ponto de partida

Maurício era o caçula dos cinco filhos de um empresário bem-sucedido na indústria de materiais de construção civil. O pai de Maurício, Ulisses, era muito inteligente, ousado, milionário e de forte personalidade. Era um profundo conhecedor do mercado de materiais de construção civil no Brasil. Sua empresa, a Ítaca Materiais, era uma das líderes do setor, com um faturamento anual de R$ 4 bilhões, um lucro líquido de R$ 0,5 bilhão e sem dívidas. Embora fosse uma empresa de capital aberto na bolsa de valores, a Ítaca não tinha uma comunicação eficiente com seus acionistas minoritários, que não reclamavam, pois recebiam bons dividendos e os preços das ações seguiam uma trajetória alta há anos.

Maurício estudou arquitetura e sempre admirou muito o pai. Talentoso, ganhou muito dinheiro construindo as casas de seus pais, irmãos e parentes. Projetou e construiu a nova sede da Ítaca. No entanto, seu sonho era desenvolver um negócio com "marca própria" que pudesse lhe trazer sucesso e o orgulho paterno.

Em suas viagens exploratórias ao exterior, Maurício conheceu um produto revolucionário para construção de casas, denominado Pandora, que consistia em resistentes blocos feitos com cavacos de pinos reciclados.

Alguns países do norte da Europa já usavam a Pandora há 15 anos e sua demanda crescia uma média de 15% ao ano, na onda das construções sustentáveis. O preço que os europeus aceitavam pagar pelo metro quadrado da Pandora era 60% maior que os materiais convencionais. Essa diferença não era somente pelo apelo da reciclagem, mas também pela eficiência energética que a melhor capacidade de isolamento da Pandora oferecia.

Pandora no Brasil

No Brasil, a Pandora era relativamente nova, e sua demanda crescia a taxas ainda maiores que a europeia (45% ao ano). Havia poucas empresas fabricando a Pandora que usavam tecnologias adaptadas da Europa para os materiais recicláveis disponíveis no Brasil: cavacos de eucalipto. Eram pequenas empresas, quase artesanais, com capacidade para produzir, em média, 20 toneladas de blocos por mês.

Fascinado com a Pandora, Maurício visitava algumas empresas brasileiras, e foi assim que conheceu o empresário Aquiles. Embora pequena, a Troia, a empresa de Aquiles, tinha um produto de qualidade feito de cavaco de eucalipto – material reciclável disponível em fartura na região do interior do Paraná onde estava localizada.

Com idades próximas, em pouco tempo Maurício desenvolveu uma grande admiração e amizade por Aquiles. Quanto mais Maurício estudava a Pandora e seus benefícios, mais se apaixonava pela ideia de montar sua própria fábrica, mas de maneira mais profissional e em uma escala maior: 600 toneladas de blocos por mês, ou seja, 30 vezes maior que a média de seus concorrentes.

A fábrica que Maurício imaginava poderia ser construída em uma área ociosa dentro do terreno da Ítaca, no centro de São Paulo. O bagaço de cana produzido na destilaria da família, a 500 quilômetros de São Paulo, seria uma fonte abundante e barata (ou até gratuita) de matéria-prima para os blocos da Pandora. Aquiles acolheu os planos de Maurício com muita empolgação. Curiosamente, Aquiles não via Maurício como um potencial novo concorrente.

Concepção e planejamento

Ulisses, pai de Maurício, recebeu seus planos com a cautela paternal de costume. Acolheu a ideia de utilizar a área ociosa da Ítaca para instalar a nova fábrica, mas incentivou o filho a estudar com profundidade todos os aspectos do novo negócio. Maurício contratou uma empresa de consultoria, a Bola de Cristal, para fazer o planejamento estratégico, o plano de negócios e a análise de viabilidade de seu empreendimento, que batizou de Ícaro. Contratou, também, Aquiles como consultor técnico especialista em Pandora.

Ao longo de meses de estudos, a Bola de Cristal buscou informações sobre a demanda potencial, os preços, os custos e os investimentos na Pandora, entrevistando professores, engenheiros, potenciais clientes e fornecedores. Reuniu várias fontes nacionais e internacionais sobre os temas: reciclagem, aquecimento global e sustentabilidade.

Ao longo das discussões, Maurício convidou o diretor comercial da Ítaca, sr. Yorik, para explorar a possibilidade de usar a rede de distribuidores da Ítaca para vender, além de materiais de construção convencionais, os blocos Pandora. Yorik estava com a Ítaca havia pouco tempo e também queria impressionar Ulisses. Apesar das diferenças entre os mercados de materiais convencionais e da Pandora, Yorik foi muito receptivo à ideia e garantiu a Maurício que seria possível (e desejável) usar a rede de distribuidores da Ítaca para vender materiais convencionais e Pandoras. Yorik defendia que a Ícaro beneficiaria a Ítaca, pois a venda dos dois produtos geraria economias de escala que só trariam benefícios a ambas as empresas.

Por conservadorismo, Yorik sugeriu à Bola de Cristal que, no plano de negócios, não fosse adotada a premissa de 60% de prêmio dos preços observados na Europa, mas, sim, de 50%. A premissa de preço médio, então, seria de R$ 675 por tonelada. Para uma utilização de 100% da capacidade instalada, a Ícaro poderia faturar cerca de R$ 405 mil por mês (R$ 4,86 milhões por ano).

Quanto ao volume de vendas da Pandora, Yorik, que já havia trabalhado com materiais de construção no começo de sua carreira, garantiu que toda a produção da Ícaro seria vendida com facilidade. Demanda não seria um problema. Aquiles também concordava com essa percepção da voracidade da demanda.

Após uma discussão de dois dias entre a equipe e a Bola de Cristal, incluindo a presença de Aquiles, a Ícaro tinha um modelo de negócios. Com mais dois meses de trabalho, a Ícaro tinha um plano de negócios que indicava, sob certas premissas de preços, custos, volume de vendas (utilização máxima da capacidade) e investimentos, que o projeto de Maurício seria rentável (TIR = 57%).[1]

Na apresentação final do planejamento estratégico da Ícaro, Ulisses e seus outros filhos ouviram atentamente a análise da Bola de Cristal. Eles tinham muito interesse na Ícaro, pois seriam sócios em 40% do capital com Maurício. Além disso, a Ícaro utilizaria toda a infraestrutura da Ítaca, incluindo utilidades, tratamento de efluentes, portaria, segurança, restaurante para os funcionários etc.

Ao compartilhar o terreno e a infraestrutura com a Ítaca, a Ícaro reduziria custos e investimentos que teria se estivesse em instalações independentes. Com essas sinergias somadas à rede de distribuição da Ítaca, à demanda voraz e à escala industrial diferenciada da concorrência, a Ícaro parecia ser um sucesso garantido.

---

[1] Para uma projeção de dez anos, considerando 60% de margem Ebida (R$ 2,96 milhões por ano) e um investimento inicial de R$ 5 milhões. A Bola de Cristal não considerou investimentos em capital de giro, tampouco investimentos em ativos fixos após o primeiro ano. Observe que, como a Ícaro estaria no regime de lucro presumido, o IR&CS (o "T" do EBITDA) era descontado diretamente sobre a receita bruta. Portanto, usamos aqui o conceito de Ebida e não o contumaz EBITDA.

Implementação

Maurício estava empolgadíssimo com o apoio do pai e dos irmãos e começou a investir na montagem da Ícaro na semana seguinte. O orçamento inicial dos investimentos estava estimado em R$ 5 milhões, dos quais a Bola de Cristal acreditava que os bancos poderiam financiar R$ 3 milhões (com o aval de Ulisses, é claro) e os R$ 2 milhões restantes viriam de um empréstimo de Ulisses para seu filho.

O tempo de montagem da fábrica até a produção e o faturamento do primeiro lote de Pandora foi estimado em 12 meses. Para ajudá-lo na construção da Ícaro, Ulisses sugeriu ao filho que convidasse o sr. Horácio, um engenheiro disciplinado, eficiente, de confiança e funcionário da Ítaca há 25 anos. Para Ulisses, a experiência de Horácio ajudaria o filho a tomar decisões sensatas e cautelosas na construção da fábrica da Ícaro. Logo nas semanas iniciais da implementação, surgiram as primeiras dificuldades técnicas com a montagem da fábrica. Havia várias possíveis configurações para a fábrica, e Maurício estava confuso com tantos detalhes técnicos. Até que Aquiles, que ainda atuava como seu consultor, lhe fez uma proposta inusitada: "Por que você não compra a Troia?"

Aquiles garantiu a Maurício que seria muito fácil desmontar os equipamentos da Troia, transportá-los do Paraná até São Paulo e remontá-los já em uma estrutura que poderia rapidamente aumentar a capacidade produtiva de 20 para 600 toneladas de blocos por mês.

Aquisição da Troia

Sob a pressão de dívidas, Aquiles indicou que venderia a Troia para Maurício por R$ 1,5 milhão (à vista) mais o valor dos estoques (estimado em R$ 45 mil).[2] Aquiles argumentou que a aquisição da Troia traria uma série de benefícios para a Ícaro, como os apresentados a seguir.

1. Como a Troia já estava montada (um *brownfield*), em funcionamento e era escalonável (isto é, capaz de aumentar a capacidade produtiva de 20 para 600 toneladas por mês), qualquer possível questão tecnológica estaria resolvida. Além disso, acreditava-se que a mudança e a montagem da Troia seriam mais rápidas e menos arriscadas que montar uma fábrica nova do zero (um *greenfield*), que custaria R$ 5 milhões.

2. A Troia tinha 300 toneladas da Pandora em estoques, que Aquiles e Yorik garantiam que poderiam vendê-las rapidamente na rede de distribuidores da Ática. Ou seja, a Ícaro já teria receita logo no mês de inauguração e não precisaria esperar um ano, como era previsto no plano de negócios original.

3. A Transação não se restringiria apenas à aquisição da fábrica da Troia, mas também à sua marca, que, segundo Aquiles, já gozava ótima reputação no mercado.

4. Além de adquirir ativos tangíveis e intangíveis, Maurício também contrataria Aquiles como seu "diretor estratégico" por um salário fixo "de mercado" mais um agressivo bônus contingente aos lucros da Ícaro.

---

[2] Valor referente a 300 toneladas com valor de custo estimado em R$ 148,50/t.

Para Maurício, a Transação parecia ser uma "galinha morta". Certo de que estava fazendo um ótimo negócio, Maurício não fez muitas contas e fechou a compra da Troia e a contratação de Aquiles com a ajuda de um amigo advogado. Maurício tinha tanta pressa que só consultou Horácio e seus sócios após ter assinado o Contrato de Compra e Venda de Ações (CCVA). Queria fazer uma surpresa ao pai e impressioná-lo com sua astúcia para negócios.

Horácio, Ulisses e os irmãos realmente ficaram surpresos com a Transação e até um pouco desconfortáveis com o modo com que Maurício conduziu a compra da Troia, mas lhe deram um voto de confiança. Na verdade, os irmãos de Maurício também já haviam tentado seus próprios empreendimentos no passado e não tinham sido muito bem-sucedidos, mas o pai sempre apoiava financeiramente seus filhos. Como podiam criticar Maurício?

Horácio, como executivo, ficou mais incomodado com a impulsividade de Maurício. Como seria feita a mudança da fábrica do Paraná? Quanto custaria? Que ajustes seriam necessários para adaptá-la ao site da Ítaca? Como engenheiro, Horácio sabia que, muitas vezes, era preferível construir uma estrutura nova do zero a adaptar algo existente. No entanto, diante da complacência da família, resolveu ser diplomata e não se manifestou. O cargo de responsável pela fábrica da Ícaro era de seu interesse.

Pós-aquisição

Não demorou muito tempo para Horácio perceber que a Transação tinha sido um desastre.

1. A mudança dos equipamentos do Paraná para São Paulo e as obras civis necessárias para receber os ativos industriais de Troia custou R$ 1,8 milhão. A expansão de 20 para 600 toneladas por mês custou mais R$ 2,5 milhões.
2. Ademais, a Troia usava como matéria-prima cavaco de eucalipto, e várias modificações foram necessárias para adaptar as máquinas para usar bagaço de cana. Ou seja, mais R$ 1,5 milhão de investimentos.
3. No total, a montagem industrial e as adaptações necessárias demoraram 18 e não 12 meses, como havia sido previsto inicialmente para o *greenfield*.
4. A licença ambiental necessária para o funcionamento da Ícaro atrasou seis meses, portanto a Ícaro começou a produzir 24 meses após o início das obras.[3] Além disso, durante os seis meses de atraso da licença, a Ícaro teve de arcar com a folha de pagamentos dos funcionários que já estavam contratados (mais R$ 0,5 milhão).
5. Por fim, demorou 24 meses para vender as 300 toneladas de estoques da Pandora que Maurício havia comprado de Aquiles (ou seja, uma média de 15 toneladas por mês). Essa demora indica que ou a demanda pela Pandora não era tão "voraz" quanto se imaginava ou a rede de distribuidores da Ítaca não tinha capacidade, competência e/ou motivação para vender um produto tão diferente.
6. Apesar dessa sequência de desilusões, paradoxalmente, a dependência de Maurício dos conselhos de Aquiles aumentava cada vez mais. Ulisses estava preocupado com o filho e o difícil começo da Ícaro.

---

[3] Ou seja, a Ícaro começou a operar no início do terceiro ano da projeção.

Teoria e prática

Uma rápida pesquisa entre os distribuidores da Ítaca indicou a Yorik que os pedreiros brasileiros tinham dificuldades em trabalhar com a Pandora. Além disso, os consumidores se mostraram pouco sensíveis aos argumentos de venda (eficiência energética e sustentabilidade).

O primeiro ano de operação da Ícaro foi muito difícil.[4] O primeiro lote da Pandora produzido pela Ícaro teve problemas de rachaduras e esfarelamento, e acabou sendo devolvido pelos clientes. Mais ajustes seriam necessários nas máquinas para produzir Pandoras de bagaço de cana que têm um teor de umidade maior que os cavacos de eucalipto. Esses ajustes custaram mais R$ 800 mil em investimentos.

A produção da Ícaro "saturou" o mercado da Pandora e os vendedores acreditavam que, para impulsionar as vendas, o prêmio de preços deveria cair para 10% perante o produto convencional similar (R$ 495 por tonelada). No plano de negócios, a Bola de Cristal, sob a orientação de Yorik, tinha adotado como premissa 50% de prêmio de preço (R$ 675 por tonelada). Somente 20 toneladas por mês foram vendidas na média do ano. Os custos e as despesas operacionais foram maiores que se previa no plano de negócios.

Originalmente, a margem Ebida[5] era prevista em 60% da receita bruta, mas a realidade dos três primeiros anos de operação indicava 40%.

Com tudo isso, Maurício ficou ressentido com Yorik, Horácio e a Bola de Cristal. Decidiu não contratar mais a consultoria para atualizar o plano de negócios. Queixou-se com o pai sobre Yorik, mas esse nada fez, pois Yorik estava indo muito bem como diretor comercial da Ítaca.

Aquiles confortou Maurício, reafirmando sua crença de que logo o mercado nacional se "apaixonaria" pela Pandora.

A salvação?

Um criador de galinhas verificou que suas aves estavam morrendo.
Aplicou os remédios tradicionais, mas, mesmo assim, as aves morriam.
Na sinagoga, recomendaram-lhe contar o fato para o rabino.
– Mestre, minhas galinhas morrem apesar de todas as precauções.
Que devo fazer?
– Filho, respondeu o rabino, por que você não troca as janelas do galinheiro?
Assim fez o criador, mas as galinhas continuavam a morrer.
– Troque os poleiros, sugeriu, então, o mestre.
Assim foi feito, mas as galinhas morriam do mesmo jeito.
– Por que não muda a grade do galinheiro?

---

[4] Terceiro ano da projeção.

[5] Lembrete: como a Ícaro estava no regime de lucro presumido, seu IR&CS era deduzido da receita bruta, por isso se utilizou aqui o conceito de Ebida e não o famoso EBITDA.

> E assim foi feito, mas as aves continuavam a morrer.
> Finalmente, um desconfiado rabino perguntou:
> – Filho, você tem muitas galinhas?
> – Milhares! - disse o discípulo.
> – Então está bem, rematou o rabino, porque eu tenho muitas ideias.
>
> Fábula judaica citada por Roberto DaMatta
> em "Grandes Ideias", jornal *O Estado de S. Paulo*,
> de 14/3/2012, p. D8.

No ano seguinte,[6] Aquiles convenceu Maurício a investir mais R$ 2 milhões para abrir um escritório de representação na Europa e participar de feiras e eventos para exportar a Pandora brasileira. Seria a solução para o excesso de oferta que a Ícaro havia introduzido no mercado nacional.

Mais uma vez, Maurício não consultou seus sócios sobre a decisão de investir no escritório de representação. Maurício estava preocupado com o desempenho da Ícaro, mas se imaginava um homem de negócio internacional ao frequentar a ponte área São Paulo-Frankfurt.

Ao fim daquele ano, o escritório europeu da Ícaro havia vendido apenas 40 toneladas da Pandora. Além disso, pelo fato de a marca ser nova na Europa, o preço de venda não foi muito diferente do praticado no Brasil. Aquiles, no entanto, acreditava que as vendas e os preços melhorariam, que a *performance* de seu primeiro ano na Europa era tudo "culpa da crise europeia".

Com a abertura do escritório na Europa, as despesas de Ícaro aumentaram, o que reduziu sua margem Ebida de 40% para 30%.

Ainda no fim daquele ano, após uma discussão sobre um tema técnico de importância secundária, Maurício demitiu Horácio. Segundo ele, Horácio era "resistente a mudanças", não era um *team-player*, além de ser excessivamente pessimista. Apesar de admirar e confiar em Horácio, Ulisses não teve coragem de intervir na demissão do executivo para não enfraquecer a liderança do filho.

Sem Horácio e desconfiado de Yorik, Maurício promoveu Aquiles a vice-presidente da Ícaro. Aquiles convenceu Maurício a alocá-lo como responsável pelo escritório na Europa, acumulando a atribuição com a função de vice-presidente.

The end?

O plano de negócios da Ícaro, elaborado há cinco anos, nunca fora revisado. Maurício simplesmente o arquivou. Ulisses resolveu suportar financeiramente Ícaro pelo seu segundo ano de operação,[7] apostando que as vendas aumentariam das atuais

---

[6] Quarto ano da projeção.

[7] Equivalente ao quarto ano da projeção.

55 toneladas mensais[8] para 100 toneladas no ano seguinte (ainda assim, implicaria 83% de ociosidade na fábrica).

Os irmãos de Maurício que trabalhavam na Ítaca cruzavam as instalações da Ícaro todo o dia, assistindo àquele que parecia ser um "elefante branco" consumir suas heranças. Enquanto isso, a Ítaca crescia consistentemente e já começavam a surgir planos para uma nova fábrica, uma vez que expandir a fábrica atual estava fora de cogitação: faltava espaço. Não demorou muito para um grupo de acionistas minoritários questionar formalmente a Ítaca sobre suas relações com a Ícaro: "Quanto a Ícaro pagava de aluguel pela área da Ítaca?", "Quanto pagava pelo uso de utilidades (água, luz, energia, segurança etc.)?", "Qual era a comissão paga pela Ícaro à força de venda da Ítaca?".

Qual seria o fim da Ícaro? Até a edição deste livro, essa pergunta ainda estava sem resposta.

Reflexão

La commedia è finita!
Libreto da ópera "I Pagliacci", de Ruggero Leoncavallo.
In: Macagni (2014, p. 104)

O caso Ícaro nos convoca a pensar a respeito de vários temas sobre uma Transação do ponto de vista do Comprador (no caso, a aquisição da Troia pela Ícaro) e seus desdobramentos.

- Replicar no Brasil o sucesso de um produto que dá certo no exterior não é tarefa trivial. Pandora era um sucesso em um mercado que valorizava a questão ambiental e o isolamento térmico (clima frio), mas e no Brasil? É possível usar o mercado europeu como parâmetro para o Brasil? O consumidor brasileiro estava preparado para trabalhar com a Pandora? Lembre-se de que o consumidor não era necessariamente o proprietário da residência e seu arquiteto, mas, sim, o pedreiro.
- É muito difícil estimar a demanda por um produto em um novo mercado e o impacto de aumentos na oferta. A Pandora era produzida por pequenas fábricas (média de 20 toneladas por mês). A Bola de Cristal considerou as taxas históricas de crescimentos como base de suas projeções, mas ignorou os efeitos no preço e na demanda de 600 toneladas por mês a mais no mercado.
- Executivos com conflitos de interesse podem enviesar a análise de viabilidade do Comprador sobre uma Transação. É o caso de Aquiles, Yorik e Horácio. Esses executivos supriram a Bola de Cristal com as premissas de preços, volume da demanda, custos e investimentos. Não é função do consultor questionar as informações que lhe são dadas por "*experts*". Entretanto, a Bola de Cristal poderia ter feito uma análise de sensibilidade com as premissas mais importantes (volume de vendas, preços, investimentos e atrasos no início das operações) para quantificar

---

[8] Sendo 15 toneladas no mercado nacional e 40 toneladas na Europa.

os riscos a que Ícaro estaria exposta. Mesmo assim, seria pouco provável (e razoável) que a Bola de Cristal apresentasse um cenário tão pessimista quanto a realidade se revelou verdadeiro.

- "Sustentabilidade" é o tema da moda. Em empresas, além da questão do meio ambiente, há o desafio da sustentabilidade financeira.
- A compra de uma empresa existente (*brownfield*) para acelerar a entrada em um mercado promissor geralmente é uma estratégia mais atraente que começar uma empresa do zero (*greenfield*) e perder o momento do mercado (*market timing*). No entanto, no caso da Troia, havia indícios de que essa estratégia seria complicada. Em um primeiro momento, Maurício acreditou que pagou barato pela Transação, pois comprou por R$ 1,5 milhão uma fábrica que lhe custaria R$ 5 milhões. Era uma "galinha morta". Os investimentos da Pós-transação, no entanto, mostraram o contrário: a velha fábrica e os ajustes necessários custaram ao todo R$ 7,3 milhões.
- Maurício executou a Transação às pressas, sem a devida análise e *due diligence*. Considerou que estava aproveitando uma oportunidade e, em prol da rapidez, negligenciou aspectos e relações importantes. Quantas empresas Maurício já havia comprado até então? Nenhuma. Maurício poderia ter aproveitado a oportunidade da *due diligence* para conhecer o negócio da Pandora, suas margens, preços, volumes de vendas, capital de giro, tecnologia etc. Essa investigação poderia ter evitado muito erros de avaliação que se seguiram na implementação da Ícaro.
- Maurício comprou ações da Troia, mas seu interesse era comprar ativos tangíveis e a marca Troia. Ao comprar ações, a Ícaro incorreu no risco de sucessão de eventuais contingências da Troia.
- A questão tecnológica parece ter sido menosprezada desde a fase de planejamento: uma realidade era fabricar a Pandora com cavacos de pinho. Outra seria produzi-la com cavacos de eucalipto. Outra ainda mais diferente seria fabricá-la com bagaço de cana.
- Os argumentos das economias de escala na distribuição e sinergias estratégicas são sempre muito sedutores, mas como quantificá-los? Na prática, a capacidade da rede de distribuição da Ítaca de blocos convencionais e Pandora se mostrou frágil.
- Atrasos no início de uma operação, seja por questões operacionais, ambientais ou comerciais, são muito frequentes. Os cenários de projeção de fluxo de caixa podem simular o impacto desses atrasos.
- A Ícaro não incluiu em sua análise de viabilidade nenhuma remuneração à Ítaca pela infraestrutura e por terrenos compartilhados. E os acionistas minoritários da Ítaca? Essa é uma questão de governança corporativa, afinal, a Ícaro utilizava ativos e funcionários de uma empresa de capital aberto e não remunerava a Ítaca por esses usos. As relações comerciais entre a Ícaro e a destilaria da família também eram informais. Maurício também não consultou seus sócios na Transação, e, pior, estes não o questionaram. Por vários ângulos, parece que a família misturou interesses pessoais com os das empresas.

- Além do risco de sofrer processos judiciais dos minoritários, a Ítaca gerou contingências trabalhistas, pois não tardou a aparecer ex-vendedores processando a empresa por trabalharem para dois CNPJs diferentes (Ítaca e Ícaro), mas serem remunerados apenas por um.
- Ao se compararem os números orçados com os realizados, observa-se o tamanho do desafio de planejar *versus* implantar uma nova estratégia.

Quadro 5.1 – Resumo: planejado *versus* realizado

Item	Planejado	Realizado	Diferença
Investimentos (sem estoques)	R$ 5 milhões	R$ 1,5 milhão	-R$ 3,5 milhões
Transferência (Troia)	–	R$ 1,8 milhão	+ R$ 1,8 milhão
Expansão (Troia)	–	R$ 2,5 milhões	+ R$ 2,5 milhões
Adaptação a bagaço	–	R$ 1,5 milhão	+ R$ 1,5 milhão
Ajustes nas máquinas (3º ano)	–	R$ 0,8 milhão	+ R$ 0,8 milhão
Subtotal de fábrica	R$ 5 milhões	R$ 8,3 milhões	R$ 3,3 milhões
Tempo de montagem	12 meses	18 meses	+ 6 meses
Tempo para concessão de licença	18 meses	24 meses	+ 6 meses
Folha de pagamento ociosa	Não previsto	R$ 0,5 milhão	R$ 0,5 M
Venda mensal no 2º ano (toneladas)	600 toneladas	55 toneladas	-545
Ociosidade da fábrica (3º ano)	0%	91%	
Faturamento mensal (3º ano)	R$ 405 mil	R$ 10 mil(*)	-R$ 395 mil
Prêmio de preço	45%	10%	
Investimento em escritório (Europa)	–	R$ 2 milhões	+ R$ 2 milhões
Investimento nos estoques (Troia)	–	R$ 45 mil	+ R$ 45 mil
Margem EBITDA (% ROB)	60%	30% no 4º ano	
Investimentos em capital de giro	–	10% ROB	
TIR	57%	-21%	

(*) Correspondente a 15 toneladas por mês com 45% de prêmio de preço sobre a concorrência (R$ 675 por tonelada).

O gráfico da Figura 5.1 ilustra a diferença entre o fluxo operacional de caixa (FOC) projetado pela Bola de Cristal para dez anos, o realizado nos três primeiros anos e a projeção atualizada (por nós) para os próximos sete anos, incluindo os investimentos maiores, volumes de venda e preços menores.

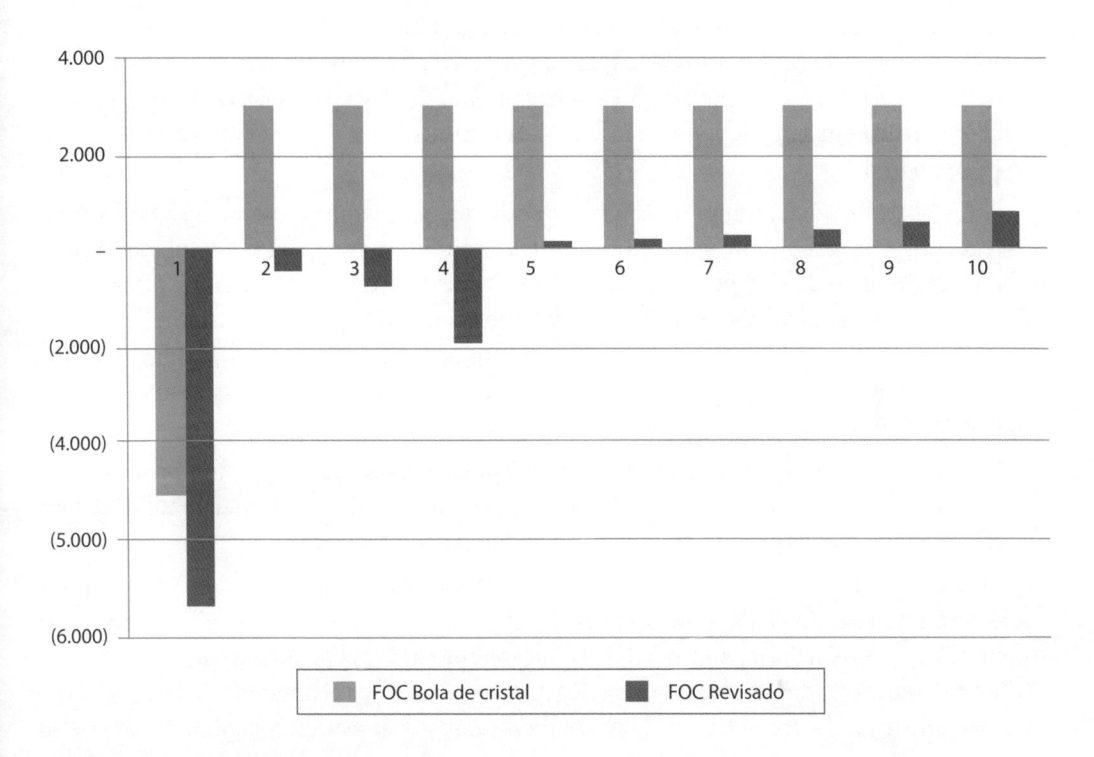

Figura 5.1 – FOC projetado e revisado da Ícaro (em R$ mil).

As projeções revisadas tinham muitas diferenças da original: investimentos de R$ 7,5 milhões no primeiro ano (contra R$ 5 milhões na projeção original); atraso de um ano no início da operação, que pôde contar com a receita da venda dos estoques da Troia (R$ 121 mil) para reduzir o impacto da folha de pagamento de R$ 0,5 milhão; redução na quantidade prevista de venda (de 600 toneladas anuais para 15 toneladas ao ano nos segundo e terceiro anos, 55 toneladas no quarto ano, 100 toneladas no quinto ano, e daí em diante, 45% de crescimento ao ano); redução da margem Ebida de 60% do original para 40% já no primeiro ano e 30% nos anos subsequentes; e investimentos em capital de giro (Contas a Receber, Estoques e Fornecedores) equivalentes a 10% de Receita Operacional Bruta (ROB).

As novas projeções indicavam que a Ícaro demoraria dez anos para vender 600 toneladas por mês. Para uma taxa de remuneração para o capital de risco (custo de oportunidade) de 15% ao ano, no cenário original, a Ícaro devolveria o capital investido aos acionistas em quatro anos (*payback* composto). No novo cenário, a Ícaro nunca devolveria o capital investido. Ou seja, a Ícaro indicava ser um desastre sem remédio. Embora o tamanho do investimento inicial na Ícaro fosse mínimo (R$ 5 milhões) em relação ao lucro líquido da Ítaca (R$ 0,5 bilhão), com o tempo a conta possivelmente apenas aumentaria.

Além das perspectivas sombrias para a Ícaro, seus efeitos sobre a Ítaca não estavam sendo considerados. Para começar, a Ícaro ocupava uma área no terreno da Ítaca que já estava atrapalhando seus planos de expansão. A Ícaro não somente era um problema em si mesmo, mas também uma restrição ao crescimento da Ítaca! Ou seja, ao aceitar a construção de Ícaro em suas dependências, Ulisses permitiu que um negócio ruim entrasse no negócio bom!

Nossas decisões são muito mais subjetivas do que podemos perceber. Por que Ulisses, um executivo tão experiente, não impôs limites a seu filho? Por que foi tão tolerante com o filho em prejuízo de seus outros sócios? Empresa de filho de pai rico quebra? Lembre-se de que o pai rico aqui também pode ser uma multinacional.

Talvez a necessidade de Maurício em impressionar seu pai e irmãos (sim, porque há rivalidade entre irmãos) o tenha motivado a tomar tantas decisões de modo impulsivo (aquisição da Troia, demissão de Horácio e promoção de Aquiles). Ser um arquiteto de sucesso não implica ser um industrial de sucesso. Por que Maurício não continuou a investir em sua carreira de arquiteto? Não podemos subestimar o poder do autoengano: despedir Horácio e afastar a consultoria era melhor que enfrentar a realidade.

É impressionante o poder de influência de Aquiles sobre Maurício. Tido como o "grande *expert*" do mercado da Pandora no Brasil e na Europa, Aquiles "sequestrou" os acionistas (majoritários, diretamente, e minoritários, indiretamente) que se tornaram seus "reféns". Aquiles parece ter sido a pessoa que mais ganhou com a Ícaro! Ninguém se deu conta de que, na aquisição da Troia, havia 15 meses de produção em estoques acumulados? Além disso, a Troia estava endividada! O que esses fatos sinalizam sobre a capacidade de gestão de Aquiles? E sobre a rentabilidade do mercado da Pandora no Brasil?

O papel da liderança é fundamental para o sucesso de uma empresa. A história mostrou que Maurício não teve capacidade de liderar. O apoio incondicional de seu pai e os interesses pessoais dos executivos criaram uma "sala de eco", em que as ações de Maurício eram raramente questionadas. Quando Horácio o fez, foi demitido, após 25 anos de trabalho na Ítaca. Aquiles soube se aproveitar da insegurança de Maurício em benefício próprio.

Por fim, são impressionantes as falhas na concepção e implantação da estratégia da Ícaro. Na concepção da estratégia, Maurício e seus consultores olharam para as tendências na Europa e parecem ter-se esquecido de pensar em pilares básicos: clientes, matéria-prima, tecnologia, rede de distribuição, equipe executiva e liderança da Ícaro. Parece que ninguém tinha experiência no negócio Pandora. Se a concepção é falha, a implantação da estratégia só pode piorar: orçamento de investimentos, licenças, abertura de dois mercados simultâneos (Brasil e Europa), relacionamento com acionistas (da Ícaro e da Ítaca), gestão de pessoas, liderança (Ulisses *versus* Maurício e Aquiles) etc.

Talvez demore ainda muitos anos para que os acionistas da Ícaro tomem uma decisão que reverta seus prejuízos. O que você faria se estivesse no lugar de Maurício?

CASO COLLINS

Temas abordados: caso de *sell-side*; análise de múltiplas ofertas com pagamentos contingentes (*earn-out*); grupo com duas empresas com perfis e mercados diferentes; assessores de *buy* e *sell side* com perfis diferentes; empresa muito endividada; irmãos como acionistas e a questão da inveja e rivalidade; conflito de interesses com assessor no *sell side*; riscos da *due diligence*; governança corporativa; análise de múltiplos *versus* FDC; venda de ativos tangíveis e intangíveis; negociações descentralizadas; metas e expectativas; os interesses da outra parte; EBITDA *versus* FOC.

> [...] Ser forte, Catarina, não é quebrar os outros, mas saber-se quebrado.
> É ser capaz de cuidar dos seus barcos de papel – e também dos barcos
> de outros – não como uma criança que os imagina poderosos, de aço.
> Mas sabendo que são de papel e que podem afundar de repente.
>
> Brum (2013, p. 427)

Histórico até 2001

Em 1953, a empresa Collins & Sons foi fundada por Richard Collins, cidadão inglês que adotou o Brasil como lugar para construir sua empresa e família. Com uma brasileira, teve dois filhos, Cézar e João.

A Collins & Sons era conhecida no Brasil todo como uma tradicional loja de sapatos masculinos voltada à classe AAA, para quem produzia sapatos de alta qualidade.

Desde cedo, Richard envolveu seus filhos na administração da empresa. Cézar, o primogênito, foi sempre o mais próximo do pai e desde cedo adotou muito de seu estilo empresarial e parte de seus valores. Cézar era jogador de polo, muito vaidoso, sofisticado e tinha muito orgulho da alta qualidade dos produtos e da marca que seu pai construiu. Alto e atlético, Cézar tinha os olhos azuis de seu pai.

João já tinha estilo e ideias próprios que, por vezes, causavam estranheza ao pai e ao irmão. Fisicamente muito diferente de Cézar, João era mais baixo, franzino e tinha os olhos castanhos de sua mãe. Na gestão da empresa, Richard sabia combinar os talentos de seus filhos: Cézar no desenvolvimento de produtos e no marketing, e João na gestão financeira e na análise de viabilidade dos investimentos.

Enquanto Cézar tinha as ideias e o "bom gosto", João, com seu senso de pragmatismo, tornava-as realidade. João também era muito bom gestor de pessoas, enquanto Cézar era mais prepotente e centralizador.

Muito antes de sua morte, Richard desenhou um plano de sucessão da empresa, no qual dividiu equanimemente as ações entre seus dois filhos. No entanto, não se preocupou em estabelecer mecanismos e regras de governança corporativa.

Em 2001, a Collins & Sons tinha dez lojas próprias nos melhores *shoppings* do país, faturava R$ 40 milhões por ano e gerava um EBITDA de R$ 4 milhões. Até então, a empresa não tinha dívidas. Importava 100% do couro e acessórios da Itália, que eram processados em sua fábrica própria.

Uma nova fase

Ao fim de 2001, apesar de uma saúde invejável, Richard morreu de infarto fulminante. Por ser o filho mais velho, Cézar assumiu a presidência da Collins & Sons. João assumiu um cargo até então inexistente, a vice-presidência de novos negócios. Após a morte do pai, Cézar e João queriam "inovar" para impulsionar o crescimento e a rentabilidade da empresa.

Cézar pretendia investir na modernização e expansão da fábrica, planejava incluir novos produtos e uma linha feminina com a alta qualidade (e preços) da Collins. Batizou a nova linha de Collins Pink. Para a Pink, Cézar tinha um ambicioso plano de abertura de dez lojas próprias nos melhores *shoppings* do Brasil.

João convenceu seu irmão a explorar um novo mercado: calçados femininos e masculinos para as classes B e C. O negócio era tão diferente da linha tradicional da Collins & Sons, que foi criada uma nova marca: a Pitanga Calçados. A ideia da nova marca era preservar a identidade da Collins e da Pink como marcas sinônimos de alta qualidade e preços para a classe AAA.

Cézar não tinha o menor interesse na Pitanga, mas fez uma concessão ao irmão mais novo, que, afinal, detinha 50% das ações da empresa e por também precisar de seu apoio para contratar os financiamentos necessários para implantar seus planos.

O plano de negócios da Pitanga, elaborado por João, previa a abertura de duas lojas próprias e uma loja franqueada por ano. Os recursos para os investimentos foram estudados com detalhes para evitar recorrer a empréstimos. Tal como o pai, João tinha horror a dívidas. Parcimonioso, João identificou as estruturas operacionais e administrativas da Collins que pudessem ser compartilhadas com a Pitanga, para evitar despesas desnecessárias ou duplicadas.

Entre 2002 e 2008, Cézar investiu muito na fábrica de calçados e em publicidade, contraindo R$ 30 milhões em dívidas. As campanhas visavam elevar as marcas Collins e Collins Pink ao patamar das grandes grifes europeias.

Com a crise de 2008 e a valorização do real, o faturamento e a margem operacional da Collins e da Pink caíram e não se recuperaram mais. A combinação de margens e faturamento menores com uma dívida cara (juros de 20% ao ano) geraram os primeiros prejuízos da história da empresa. Os prejuízos somente não foram maiores porque a Pitanga, ao contrário da Collins, estava em franco crescimento graças à demanda robusta das classes B e C. Entretanto, a operação da Pitanga estava dentro da Collins & Sons e acabava sofrendo com o endividamento e a *performance* da Collins e da Pink. Após quatro casamentos malsucedidos, cinco filhos e altas despesas pessoais, Cézar estava cansado e frustrado com a Collins e convenceu seu irmão de que era a hora de vender a empresa. João se sentia realizado pessoalmente (casado com sua primeira e única esposa há vinte anos e pai de três filhos) e profissionalmente com a Pitanga, mas acatou a vontade do irmão, por quem tinha muita admiração. Ao fim de 2012, Cézar contratou o banco de investimento inglês H. G. Wells para vender a Collins & Sons, cujo presidente tinha sido colega na equipe de polo de Cézar.

Quadro 5.2 – Características e parâmetros operacionais e financeiros da Collins & Sons em 2012

	Collins (+ Pink)	Pitanga
Ano de fundação	1953	2002
Público-alvo	AAA	B e C
Produtos	Calçados sociais masculinos e femininos clássicos	Calçados masculinos e femininos de moda
Fabricação	Própria	Terceirizada
Origem da matéria-prima	Itália	China
ROB (2012)	R$ 60 milhões	R$ 40 milhões
Margem bruta (2012)	15%	50%
Lojas próprias	20	20
Lojas franqueadas	–	10
Área média LP (m^2)	250	80
% LP em *shoppings*	100%	50%
EBITDA antes das despesas administrativas	–20%	+25%

Com despesas administrativas que somavam R$ 10 milhões em 2012 mais juros de 20% da dívida de R$ 30 milhões, o prejuízo do ano foi enorme (R$ 24 milhões). Algo precisava acontecer rápido, pois o caixa da empresa estava acabando.

As fases Preparação e Abordagem para os potenciais Compradores

O H. G. era um dos maiores e mais requintados bancos do mundo, mas no Brasil seu escritório era relativamente pequeno. A Collins & Sons era uma empresa pequena (e muito endividada) para os padrões do H. G., mas Cézar insistiu que queria sua assessoria e topou contratá-lo por um fabuloso Honorário de Retenção e um Honorário de Sucesso de 10% do Preço.

H. G. alocou Mark Jones, um talentoso jovem recém-formado, para assessorar os irmãos na venda da empresa. Ambicioso, o jovem fez uma avaliação superficial e escreveu um sucinto Memorando de Oferta, ou *Offering Memorandum* (OM) de 30 páginas. Assim, Mark pôde alocar a maior parte de seu tempo em outra Transação muito maior em que vinha trabalhando em paralelo à da Collins (a venda de uma siderúrgica com faturamento anual de R$ 3 bilhões).

A avaliação de Mark foi muito simples. Considerou a Collins & Sons uma empresa só, sem distinguir suas marcas: a Collins, a Pink e a Pitanga. Supôs que a receita bruta da empresa cresceria em função do PIB (4,5% ao ano), sem abrir nenhuma loja nova, pois a empresa estava descapitalizada para investir em novas lojas. Para projetar custos e despesas, Mark usou como base a margem EBITDA (antes de despesas administrativas) de 2012, acrescentando três pontos percentuais por ano projetado, justificando tal ganho de eficiência em uma suposta restruturação de despesas e custos que a empresa executaria. Projetou uma queda de R$ 2 milhões ao ano nas despesas administrativas até essas se estabilizarem em 2015 em R$ 4 milhões por ano. Essas premissas indicavam que a empresa recuperaria sua eficiência operacional de 2001 (10% de margem EBITDA) em 2017.

Quadro 5.3 – Projeções do H. G. Wells para a Collins & Sons

Milhões de reais	2012H	2013P	2014P	2015P	2016P	2017P
Número de lojas próprias	40	40	40	40	40	40
ROB	100	105	109	114	119	125
EBITDA antes das D.Ad.	-2	1	4	8	12	16
M. EBITDA antes das D.Ad.	-2%	1%	4%	7%	10%	13%
D.Ad.	-10	-8	-6	-4	-4	-4
EBITDA	-12	-7	-2	4	8	12
M. EBITDA	-12%	-7%	-1%	3%	7%	10%

D.Ad. = despesas administrativas.

Utilizando um múltiplo médio de dez vezes o EBITDA de 2017, Mark estimou o valor da Collins & Sons, antes da dívida, em R$ 120 milhões. Deduzindo a dívida de R$ 30 milhões, o valor das ações era estimado em R$ 90 milhões.

A princípio, Cézar considerou estimativa razoável, *vis-à-vis* aos prejuízos que a empresa apresentava. João teve a reação oposta, mas não quis discutir com o irmão. Mark, percebendo a tensão entre os dois, tranquilizou a todos argumentando que essa era uma estimativa para uso interno e que o "mercado" teria a última palavra.

Com a vasta rede de contatos do H. G. no mundo, não tardou para Mark captar o interesse de três potenciais Compradores:

- uma empresa inglesa de calçados de luxo (a Stuart Classic Shoes ou SCS);
- um grupo francês de acessórios de luxo (o Crocodile D'Or ou CDO); e
- um grupo de investidores financeiros sul-africanos (o Hakuna Matata ou MTT).

Cézar ficou envaidecido com o interesse da Stuart Classic Shoes, cujos produtos eram de qualidade excepcional. Ele considerava a empresa inglesa o Comprador ideal para a Collins. Para Cézar, os franceses eram remotamente interessantes, pois, em sua opinião, seus produtos eram inferiores aos da Collins. Quanto aos sul-africanos, simplesmente desprezava-os. Eles pareciam não entender nada de sapatos de luxo e só perguntavam sobre o desempenho da Pitanga.

Neófitos no Brasil, os sul-africanos contrataram uma butique de M&A brasileira para assessorá-los, a Carambola Negócios. A Carambola, representada por seu experiente diretor, Pedro, pesquisou informações de fontes primárias e secundárias para avaliar separadamente a Collins, a Pink e a Pitanga. Nas entrevistas com Cézar e João, Pedro percebeu que as operações compartilhavam a mesma estrutura de armazenagem no Centro de Distribuição (CD), mas, fora isso, as operações estavam separadas, com equipes, processos e contabilidade diferentes, embora o OM não tenha descrito as diferenças.

Após três meses de troca de informações, visitas organizadas às lojas, à fábrica e ao CD, Mark convidou os potenciais Compradores a submeterem Cartas de Intenções (ou *Letters of Intent* – LOIs). Todos responderam. Em resumo, as três LOIs propunham o apresentado no Quadro 5.4.

Quadro 5.4 – Resumo das ofertas dos potenciais compradores

Potencial Comprador	Valor das ações (em milhões de reais)	Condições da oferta não vinculante
Ingleses	60	Compra imediata de 100% das ações, com pagamento em dez anos, com as parcelas de R$ 6 milhões reajustadas pelo IPCA mais a Libor.
Franceses	168	Compra imediata de 100% das ações, em cinco parcelas anuais em valor equivalente a 12 vezes o EBITDA do ano do pagamento. Se o EBITDA fosse negativo, o valor da parcela também seria negativo e deduzido de parcelas futuras positivas.
Sul-africanos	45	Pagamento imediato pela compra de 50% do capital (100% das ações de Cézar). João teria de permanecer na gestão da empresa por cinco anos como CEO. João receberia salário de mercado (R$ 50 mil por mês) e todo ano teria um bônus equivalente a 7,5% do FOC, se este fosse positivo. Ao fim de cinco anos, as ações de João seriam compradas por uma média de 12 vezes o FOC médio do quinquênio 2013-2017.

Analisando as LOIs com Cézar e João, Mark ponderou:

- A proposta dos ingleses surpreendeu negativamente a todos. Em uma conferência telefônica, Mark entendeu as razões por trás do baixo valor da oferta. Basicamente, o interesse dos ingleses era nos 20 CDs próprios da Collins e da Pink (R$ 3 milhões por Ponto de Venda – PDV) e eles simplesmente ignoraram a Pitanga por completo, concluindo que esta deveria ser fechada. Aceitar ajustar as parcelas devidas pela Libor implicava acreditar que o risco dos ingleses era igual ao dos grandes bancos, uma premissa um tanto arrogante, especialmente ao se considerar que a SCS também estava bastante endividada.

Cézar estava frustrado com os ingleses que eram seus Compradores prediletos. Ficou surpreso quando foi informado que o baixo Preço não incluía estoques. Ou seja, os ingleses não tinham interesse nos calçados da Collins e da Pink.

- Apesar de utilizar um múltiplo de EBITDA maior que o próprio Assessor, a proposta dos franceses implicava comprar a Collins & Sons e pagar com seu resultado. Se o EBITDA da empresa fosse igual ao projetado pelo H. G. Wells (e descrito no OM), o valor da Transação seria de R$ 168 milhões (em termos nominais), o que parecia muito atraente.

Quadro 5.5 – Projeção do EBITDA e do múltiplo

Milhões de reais	2013P	2014P	2015P	2016P	2017P	Total
EBITDA	-7	-2	4	8	12	–
EBITDA × 12	-83	-20	48	95	146	168

Entretanto, o EBITDA da Collins & Sons estaria sobre a gestão e o controle dos franceses nos próximos cinco anos. Qual seria o interesse dos franceses em aumentar o EBITDA da empresa nos próximos anos?

Apesar das condições incontroláveis da proposta dos franceses, Cézar estava atraído pelo alto valor da proposta, mas percebeu o risco que ele e seu irmão correriam.

- A proposta da MTT parecia "justa" para Cézar, que receberia exatamente o que Mark estimou valer sua participação, embora, para ele, não estivesse claro se a Transação seria boa para o irmão. O que era o FOC? Qual era a diferença entre o EBITDA e o FOC? Isso tudo parecia muito complicado. Na verdade, entretanto, Cézar não estava preocupado com o futuro de João. Queria fechar logo a Transação, e a proposta dos sul-africanos lhe parecia ser a mais conveniente.

Por sua vez, João tinha simpatizado com a MTT. Para João, os sul-africanos eram objetivos, transparentes e muito interessados na Pitanga. Não teria restrições em trabalhar com eles por anos. João ficou chateado com o desprezo do irmão e de Mark em relação à Pitanga.

Pelo interesse da MTT em João, Mark se deu conta de que, ao contrário que pensava, a Pitanga poderia ser um negócio bem mais interessante que a Collins e a Pink. Seu interlocutor durante a fase Preparação sempre fora Cézar, que subliminarmente desdenhava a Pitanga. E ele acreditou em Cézar.

João não sabia estimar o FOC da empresa, pois Mark considerou apenas o EBITDA. Entretanto, quando Pedro explicou-lhe o conceito do FOC e suas diferenças com o EBITDA, considerou justo. Diferente do EBITDA, o FOC levava em conta todos os investimentos em ativos fixos e capital de giro da empresa, ambos necessários para seu crescimento. João sabia que a premissa de não abrir novas lojas era muito conservadora.

Ele tinha certeza de que o consumo de sapatos das classes B e C cresceria muito, talvez mais que o consumo da classe A. O histórico da Pitanga mostrava esse potencial. Era preciso investir para crescer, e João toparia compartilhar esse esforço com a Hakuna Matata em troca de uma Pitanga maior no futuro.

As fases Negociação e Execução

Desprezando o interesse de João, Cézar nem citou os sul-africanos e solicitou que Mark pressionasse os franceses para melhorar as condições da oferta. Mark sabia que ter alternativas era muito importante e manteve conversas com os três potenciais Compradores.

Após alguns meses de negociação e algumas viagens a Paris e a Londres (todas de primeira classe), Mark não conseguiu nada significativo com os ingleses. O máximo que obteve com a SCS foi que as parcelas a prazo fossem corrigidas pela Libor mais 3% ao ano. Sua maior vitória foi com os franceses: conseguiu que eles fixassem o valor do Preço em R$ 150 milhões para serem pagos em cinco parcelas fixas anuais, sem nenhuma correção monetária ou juros. Apesar de a quantia de R$ 150 milhões ser menor que a de R$ 168 milhões, esta última poderia ser menor se o EBITDA fosse menor. No entanto, em troca da fixação do valor do Preço, os franceses insistiram em começar a *due diligence* da empresa imediatamente, antes da assinatura do CCVA.

Em paralelo, João ficou encarregado de negociar com os sul-africanos, pois nem Cézar, nem Mark acreditavam muito nessa opção. Apesar de seus esforços, João não conseguiu convencer os sul-africanos a pagar R$ 60 milhões pelos 50% de Cézar. Conseguiu, entretanto, convencê-los a abrir cinquenta novas lojas entre 2013 e 2017 e delegar a ele o comando de toda a restruturação da Collins & Sons na Pós-transação até 2022. A ideia de estender o período de cinco para dez anos era dar tempo para as novas lojas "amadurecerem" seu faturamento e rentabilidade. Em troca dessa extensão, João negociou receber 10% do FOC da empresa (se o FOC fosse positivo) como bônus, e seu múltiplo de saída seria de 15 vezes o FOC médio em dez anos (2013 a 2022). Ao longo dos dez anos, João também receberia 50% dos dividendos se/quando a empresa os distribuísse.

João manteve Mark e Cézar informados sobre suas negociações, mas ambos estavam com o foco nos franceses. Para Mark, os Honorários de Sucesso com os franceses (10% de R$ 150 milhões) seriam maiores de que aqueles com os sul-africanos (10% de R$ 60 milhões agora e mais 10% sobre um valor indefinido daqui a cinco anos).

Dois meses após a conclusão da *due diligence*, as primeiras minutas do CCVA começaram a ser trocadas entre os advogados dos franceses e da Collins & Sons, com a supervisão de Mark. Após uma semana de discussões, com a minuta concluída com rapidez e facilidade espantosas, Mark agendou a assinatura do CCVA no escritório dos advogados da empresa. Ele não precisou insistir muito para convencer Cézar de que o momento merecia champanhe importado e um almoço comemorativo "chiquérrimo" no restaurante de culinária brasileira mais sofisticado de São Paulo.

No dia da assinatura, Cézar, João e Mark foram os primeiros a chegar ao escritório dos seus advogados. Ficaram esperando duas horas até receberem a notícia de que os franceses não viriam. E pior, naquela tarde, os franceses haviam anunciado a compra de um dos maiores concorrentes da Collins no Brasil, a Canard Bleu. Como o que está ruim sempre pode piorar, os franceses contrataram os principais diretores da Collins e da Pink para trabalhar na Canard Bleu.

Cézar estava inconsolável e deprimido. Não conseguia dormir. O que Mark havia feito de errado? Pediu uma reunião com seu amigo, o CEO do H. G. Wells, para reclamar de Mark. A empresa já tinha gastado uma fábula com os Honorários de Retenção do H. G. Wells, despesas de viagens do Mark e com os honorários dos advogados. Cézar decidiu rescindir o contrato com seu Assessor.

Contando com o dinheiro da Transação com os franceses, Cézar já havia se comprometido a comprar uma casa na praia e estava se sentindo humilhado em cancelar a compra. Para piorar, sem seus diretores, Cézar teve de manter uma extensa e intensa rotina de trabalho na Collins e na Pink.

João estava com muita raiva dos franceses, mas não culpava Mark pelo fiasco das negociações. Para ele, os franceses simplesmente agiram de má-fé ao fazê-los acreditar que seu interesse era legítimo para justificar a *due diligence*, além da consequente captura de informações e executivos.

Duas semanas após o fiasco do negócio com os franceses, em um domingo, João encontrou Pedro, da Carambola, na fila do cinema. Pedro disse a João que estava surpreso com o "desaparecimento" de Mark. Pedro havia deixado várias mensagens para Mark, mas este não lhe retornava. João contou que o H. G. Wells não representava mais os acionistas da Collins & Sons, mas confirmou o interesse em prosseguir a Transação com os sul-africanos.

João contou a Pedro o ocorrido com os franceses. Pedro já tinha ouvido "no mercado" rumores sobre o fiasco da Transação. Quando soube que os franceses haviam proposto R$ 150 milhões pela empresa, preocupou-se: "O número francês, embora ficcional, é muito mais alto (R$ 75 milhões a prazo por 50% da empresa) que o nosso (R$ 45 milhões à vista). Será que teremos alguma chance na Transação?"

João contou sobre o encontro com Pedro, o que não entusiasmou Cézar. Sem muitas expectativas, Cézar incumbiu João de continuar a conduzir as negociações com os sul-africanos, Pedro e seus advogados.

Invidia

As discussões sobre a minuta do CCVA entre João e os sul-africanos foram rápidas e em 15 dias as Partes estavam prontas para as assinaturas. No dia da assinatura, João, Pedro e os sul-africanos chegaram na hora combinada ao escritório dos advogados, mas... Cézar não apareceu. Tampouco respondeu às ligações de João.

O que teria acontecido? Será que Cézar ainda estava com o Preço dos franceses em mente e considerou a oferta sul-africana baixa demais? Entretanto, a oferta sul-africana era à vista (enquanto a francesa seria paga em cinco anos, sem juros ou correção). Além disso, a empresa estava muito endividada e sem liquidez. Para quem estava de fora, a percepção era de que não havia tempo a perder. No entanto, aparentemente, Cézar tinha tempo a perder.

Frustrados, os sul-africanos voltaram para o hotel. Pedro e João ficaram conversando em um bar no centro de São Paulo, perto do escritório dos advogados. Entre uma cerveja e outra, Pedro indagou João sobre sua relação com o irmão desde pequenos e com o pai. Como havia sido recebida a decisão de João de investir na Pitanga? Como Cézar recebia as notícias do sucesso da Pitanga? Como os estilos de gestão de Cézar e João diferiam um do outro? A empresa havia feito algum tipo de reflexão e planejamento estratégico?

Sensível, não demorou muito para Pedro perceber que poderia haver algo mais que o Preço afetando a Transação. Cézar poderia estar com seu orgulho ferido, por isso não compareceu ao fechamento da Transação. Cézar não queria trabalhar mais, mas o fato de os sul-africanos terem exigido que João continuasse na empresa como CEO foi sentido como mais uma humilhação. Era inegável o entusiasmo dos sul-africanos com a Pitanga e sua descrença com o futuro da linha de sapatos da Collins. Como resolver esse impasse societário?

Manejo: negócio são pessoas

Após conversar muito com João e seus clientes sul-africanos, Pedro enviou um portador ao escritório de Cézar. Para a surpresa de Cézar, o portador trouxe um convite pessoal do CEO da Hakuna Matata para uma visita à Cidade do Cabo, sede da empresa. Junto ao convite, escrito à mão, havia *vouchers* para passagens de primeira classe para Cézar e sua esposa e para sete dias de hospedagem no Sun City, o melhor hotel da cidade, mais US$ 3 mil para despesas ocasionais. Havia também ingressos para uma partida de polo, esporte predileto de Cézar.

Cézar ficou emocionado com a "reverência" e aceitou o convite de bom grado. Ele e a esposa chegaram à Cidade do Cabo em um sábado. No dia seguinte, um domingo ensolarado, um helicóptero levou o casal do hotel à vinícola da MTT, em Stellenbosch, onde foram recebidos pelo presidente da empresa e sua família. Por um acaso da vida, o presidente da MTT chamava-se Richard, como o pai de Cézar.

Nenhum executivo da MTT, tampouco Pedro, estava neste encontro. Foi um dia muito agradável, regado a vinho e churrasco de carnes de caça. Uma tribo local fez um *show* de danças típicas. As esposas foram à cidade comprar artesanato, enquanto os homens foram assistir a uma partida de polo na fazenda vizinha.

No dia seguinte, na segunda-feira, Richard recebeu Cézar no escritório-sede da MTT na Cidade do Cabo. Richard mostrou um vídeo sobre o Grupo e seus investimentos na África, na Ásia e na Europa, que incluíam minas de ouro, construção civil, uma rede de farmácias e até um time profissional de polo.

A reunião terminou com um almoço em um luxuoso restaurante no Water Front. Em nenhum momento Richard citou a Transação, tampouco o episódio da assinatura do CCVA. No fim do almoço, Richard se despediu de Cézar e desejou-lhe ótimos dias na Cidade do Cabo e bom retorno ao Brasil. Richard estava viajando naquela noite para uma reunião em Hong Kong e só voltaria à Cidade do Cabo na semana seguinte.

Nos próximos dias, Cézar e sua esposa percorreram a Cidade do Cabo e seus arredores em uma Mercedes-Benz de último modelo com um guia contratado pela MTT. Cézar voltou ao Brasil muito impressionado com a Hakuna Matata e com Richard. No mês seguinte, após semanas sem contato, Richard, em uma rápida ligação para Cézar, convidou-o para um jantar em Paris para falar de negócios.

No jantar no famoso Tour D'Argent, Richard confirmou o interesse da MTT na Transação e convidou Cézar para ser membro do Conselho de Administração do Grupo. Confidenciou a Cézar os planos da Hakuna Matata em investir em uma cadeia de lojas de roupas esportivas clássicas inspiradas no polo. O foco seria a classe AAA. Richard contava com a experiência de Cézar para assessorá-lo na gestão estratégica desse novo empreendimento.

Cézar saiu do jantar com Richard em puro êxtase. Não se sentia assim há muitos anos.

Desfecho

> Senta-te ao sol. Abdica
> E sê rei de ti próprio.
>
> Ricardo Reis (heterônimo de Fernando Pessoa)

O CCVA que formalizava a Transação foi assinado em São Paulo, poucos dias após o jantar de Richard com Cézar em Paris. Dessa vez, Cézar compareceu e não se atrasou. As assinaturas foram colhidas em duas reuniões separadas, a primeira com Cézar e a segunda com João.

Apesar da rescisão do contrato de assessoria com o H. G. Wells, Cézar teve de pagar os Honorários de Sucesso previstos no *tail* (R$ 6 milhões), pois João não havia recebido nenhum pagamento à vista. Por ironia do destino, Mark recebeu um bônus maior com a venda da Collins que com a venda da siderúrgica.

Os sul-africanos deram carta branca a João na gestão da empresa. Após alguns meses, os estoques foram liquidados, e as lojas da Collins e da Pink foram cindidas da empresa e vendidas à Stuart Classic Shoes à vista por R$ 60 milhões. A fábrica também foi vendida "em pedaços": com a venda do terreno, arrecadaram-se R$ 20 milhões, mais R$ 5 milhões pelas máquinas usadas. As marcas Collins e Pink foram vendidas à Canard Bleu por R$ 10 milhões. Os estoques foram liquidados, e o Contas a Receber foi liquidado rendendo juntos R$ 32,5 milhões. O *mailing* e histórico de crédito dos milhares de clientes que a Collins e da Pink acumularam foram vendidos por R$ 2 milhões a uma financeira. João ganhou um belo bônus por negociar esses desinvestimentos, que renderam R$ 124,5 milhões aos sul-africanos. A aquisição da fatia de Cézar já havia sido paga![9] Com a ajuda desse dinheiro, a Pitanga conseguiu abrir as 50 lojas novas ao longo de cinco anos sem necessitar de aportes de capital dos sócios.

João ficou muito rico. Mesmo após o decênio do *earn-out* de João, ele continuou à frente da Pitanga e liderou a expansão da marca para a África do Sul e Europa, onde seus produtos foram muito bem recebidos.

---

[9] Como a Hakuna Matata detinha 50% da empresa, teria direito a 50% dos R$ 124,5 milhões, ou seja, R$ 62,25 milhões. Os sul-africanos pagaram R$ 60 milhões pela parte de Cézar, gerando um lucro (antes de IR&CS) de R$ 2,5 milhões.

Nas reuniões semestrais do Conselho de Administração da MTT, Cézar contribuiu para sua estratégia no varejo de roupas esportivas de alto luxo. Pela Hakuna Matata, Cézar frequentava os principais desfiles de moda do mundo e foi em um desses que conheceu sua quinta esposa, uma jovem modelo com um parentesco distante da família real sueca.

Anos após a Transação, Richard ainda tomava cuidado para não levar temas relacionados com a Pitanga nas reuniões com Cézar.

Em um acordo particular e secreto entre os irmãos, João dividiu os ganhos da valorização de suas ações com Cézar. Afinal, João amava muito seu irmão. O dinheiro pago por João e pelo Conselho de Administração da MTT mal era suficiente para cobrir os gastos de Cézar e das pensões devidas a suas ex-esposas e filhos.

Cézar evitava encontrar pessoalmente com João. Uma vez por ano, o encontrava na festa de aniversário de sua mãe. A seu modo, Cézar também amava muito seu irmão, mas no fundo não o perdoava, pois suspeitava que João havia ganhado mais com a venda da Collins que ele. Para Cézar, João era um usurpador e nunca o perdoou por liquidar a Collins e a Pink e vender suas marcas justamente para os franceses.

Reflexão

> Vi e observei uma [criança], cheia de inveja, que ainda não falava e já olhava, pálida, de rosto colérico, para o irmãozinho colaço.
>
> Santo Agostinho, *Confissões* I, VIII (*Apud* Lacan, 1985, p. 28)

- **Mérito da transação**: por que Cézar queria vender a empresa? Por estar "cansado" e "frustrado"? Não. A Collins & Sons ia quebrar. Era uma questão de tempo. Sua dívida era muito cara (20% ao ano), e sua estrutura custava muito (R$ 10 milhões por ano em despesas administrativas). Embora a empresa faturasse bastante (R$ 100 milhões por ano), o único negócio que dava dinheiro (após as despesas administrativas) era a Pitanga. No entanto, a rivalidade com seu irmão não permitia que Cézar admitisse isso.

Quadro 5.6 – DRE da Collins em 2012

Milhões de reais	C&P	Pitanga	2012
Nº de PDVs próprios	20	20	40
Nº de PDVs de franquias	–	10	10
ROB/PDV próprio	3,00	2,00	2,50
ROB	60,0	40,0	100,0
Margem bruta (% ROB)	15%	50%	29%
Lucro bruto	9,0	20,0	29,0

continua

continuação

Milhões de reais	C&P	Pitanga	2012
EBITDA antes das D.Ad.	-12,0	10,0	-2,0
Margem EBITDA (antes das D.Ad.)	-20,0%	25,0%	-2,0%
Despesas administrativas[1]	-4,0	-6,0	-10,0
EBITDA	-16,0	4,0	-12,0)
Margem EBITDA	-27%	10%	-12%
Depreciação e amortização[2]	-4,0	-2,0	-6,0
EBIT	-20,0	2,0	-18,0
Margem EBIT	-33%	5%	-18%
Despesas financeiras (20%)	-6,0	–	-6,0
Lair	-26,0	2,0	-24,0
IR&CS			–
Lucro líquido			-24,0

(1) Rateado por número de PDVs (próprios e franqueados).

(2) Referentes à depreciação e amortização de lojas próprias e da fábrica que atendia apenas à Collins, uma vez que a fabricação da Pitanga era terceirizada.

- **Falta de coesão societária:** após a morte do pai, a gestão estratégica e operacional da Collins & Sons foi dividida. Não havia mais um todo, mas, sim, partes. Não ter construído um mecanismo de governança corporativa – por exemplo, pela constituição de um Conselho de Administração com membros independentes – foi um erro de Richard Collins. Questões subjetivas acabaram prevalecendo sobre questões objetivas. A empresa se endividou, inchou sua estrutura administrativa e não concentrou seus recursos nas operações lucrativas (no caso, a Pitanga). A dinâmica societária da Collins & Sons ilustra como o subjetivo pode destruir o valor de uma empresa.

- **Contratação do Assessor:** quando há rivalidade entre os acionistas, o Assessor tem papel fundamental. Mark cometeu erros graves. Foi parcial na conduta com seus clientes. Sua identificação e viés favoreceram os interesses de Cézar acima de João. Não entendeu a dinâmica de geração de valor da Collins & Sons, pois a analisou como um todo e escolheu o método dos múltiplos de mercado, e não o fluxo descontado de caixa. Ainda na contratação do Assessor, a contratante não limitou as despesas do HG, tampouco impôs mecanismos de controle. O *tail*, nesse caso, foi cruel. Apesar de ter identificado a MTT, o HG não fez um bom trabalho como Assessor, e, assim mesmo, a contratante teve de lhe pagar os Honorários de Sucesso com um investidor com quem João estava conduzindo as negociações.

- **Metas e expectativas:** no cenário de projeção que Mark elaborou não se previa abertura de novas lojas. Ele considerou ganhos de eficiência na margem EBITDA e uma reestruturação nas despesas administrativas. Que sentido faz esse cenário? De onde viriam os ganhos de margens? Por que não crescer o número de lojas? A empresa, naquele momento, não tinha dinheiro para abrir novas lojas, mas o potencial Comprador teria. Por que não simular uma possível expansão? Nas lojas franqueadas, não era necessário investimentos da Collins & Sons: o investimento seria feito pelo franqueado. O valor das ações da empresa estimado em R$ 90 milhões era uma referência correta para os atuais acionistas?

- **Abordagem aos investidores:** no OM, Mark não dividiu os números entre a Collins, a Pink e a Pitanga. "Uma empresa é uma coleção de projetos"... e Mark, com seu tempo disputado entre dar atenção à Collins e a uma grande siderúrgica, não entendeu que cada marca era um projeto diferente, atendendo a mercados distintos, com rentabilidades e riscos distintos. Será que se Mark tivesse analisado a Collins & Sons como quatro projetos distintos (Collins, Pink, Pitanga e Pitanga franquia) a teria vendido melhor em partes que como um todo? Qual estratégia de venda teria maximizado o valor para os acionistas? Afinal, as LOIs mostravam, para quem quisesse ver, que os potenciais Compradores estavam analisando a empresa em partes! Em um extremo, os ingleses só queriam os pontos da Collins e da Pink. Para eles, a Pitanga não tinha valor. No outro extremo, os sul-africanos davam sinais claros de seu interesse pela Pitanga e por João.

- **Negociação:** Mark cometeu vários erros, mas o mais grave foi abrir mão de explorar todas as opções, em especial a dos sul-africanos. Voltou o foco para a negociação com os franceses, cuja proposta era tão oportunista quanto suas reais intenções. As negociações da Collins & Sons ilustram duas grandes verdades. Primeiro: os melhores investidores não são os mais óbvios.

  Segundo: "Nem tudo que reluz é ouro", como afirma o ditado popular.

  Mark errou também ao permitir que os franceses conduzissem a *due diligence* sem "amarrá-los" na Transação. Poderia, no mínimo, ter imposto uma multa caso os franceses abandonassem a Transação após a *due diligence*. Os prejuízos para a empresa foram além de perder tempo e executivos-chave: ganhou um concorrente mais forte (a Carnard Bleu).

  Ademais, Mark errou em dividir a condução das negociações com João. Havia duas negociações paralelas conduzidas por dois líderes distintos que aparentemente não conversavam muito. Um fato é saber explorar a "química" entre João e a MTT, outro é não a acompanhar nas negociações. Quem saiu ganhando com a divisão? A MTT. Napoleão uma vez disse: "Na guerra, um general ruim é melhor que dois dos bons (*Apud* Gomes, 2011, p. 43)."

- **Padrões e normas dominantes:** Mark estabeleceu o múltiplo de EBITDA como um padrão de negociação. Talvez para evitar expor o fato de a Collins & Sons gerar prejuízos significativos. Por não segmentar as operações, Mark não percebeu que a Pink era o pior negócio da empresa, o que ilustra o fato de que o sucesso em determinada marca não garante o sucesso em outra!

Mark não percebeu também que, dada a valorização imobiliária, o terreno da fábrica que servia à Collins e à Pink valia mais que o negócio dessas duas marcas. O valor desse "ativo oculto" foi, então, capturado pelo Comprador, na Pós-transação.

Mais adiante, analisarei os quatro negócios da Collins & Sons separadamente usando a metodologia do fluxo descontado de caixa.

- **Os interesses da outra parte:** Pedro foi muito habilidoso ao entender os distintos interesses dos irmãos Collins. Aquela cerveja no bar do centro foi muito valiosa para o desfecho da Transação. Naquela conversa, Pedro percebeu a rivalidade entre irmãos e o tamanho da vaidade de Cézar. Para Cézar, dinheiro era importante, mas o *glamour* e a rivalidade com o irmão eram muito mais. Se dinheiro fosse a prioridade para Cézar, ele não teria sustentado os prejuízos da Collins e da Pink por tantos anos. Ao mesmo tempo, Pedro ficou impressionado com a incapacidade de João em enfrentar o irmão. João era, no mínimo, um "evitador de conflitos", no tocante ao seu irmão. Pedro conseguiu o apoio da Hakuna Matata para oferecer a Cézar o que lhe interessava: *glamour*. Essa moeda de troca não custou caro para a MTT: viagens de primeira classe para a Cidade do Cabo e Paris, o cargo no Conselho de Administração do Grupo e a assessoria estratégica na cadeia de lojas de roupas esportivas inspiradas no polo. Eram todas soluções de baixo custo.

Ao mesmo tempo, Pedro percebeu o vigor do interesse de João na Pitanga. Usando o *earn-out*, a MTT soube combinar o seu maior interesse com o de João no crescimento da Pitanga. Com essas "moedas", a Hakuna Matata conseguiu poder de influência e fechou a Transação em seus termos.

A viagem de Cézar à Cidade do Cabo também foi muito importante para a Transação. Cézar não conhecia nada da MTT e tinha preconceitos. A viagem lhe abriu novos horizontes e quebrou resistências psicológicas. A lição aqui é que o Vendedor deve visitar pessoalmente os potenciais Compradores, especialmente os que submeteram LOIs.

- **Estratégia da Pós-transação:** durante as fases Abordagem e *Due diligence*, a MTT já havia identificado as operações de melhor valor e os ativos que poderiam ser alienados para compensá-las pelo Preço pago e pelos investimentos que seriam necessários. O alinhamento com João foi essencial para o sucesso da Pós-transação. A escolha do FOC como parâmetro de compensação de João (e não o Ebitda) contribuiu definitivamente para o alinhamento das Partes. Na Pós-transação, imperou a objetividade e não a emoção. Se uma operação era deficitária, teria de ser liquidada.

Ao propor a extensão do prazo do *earn-out* de cinco para dez anos, João mostrou muita confiança na Pitanga e compartilhou 50% do risco com a Hakuna Matata, que, vale lembrar, era uma empresa neófita no Brasil. Isso trouxe mais credibilidade à Transação. Cézar beneficiou-se com a aposta de João, pois a MTT aumentou a oferta por suas ações de R$ 45 para 60 milhões.

A continuidade da liderança de João também foi importante para amenizar as diferenças culturais com os sul-africanos, que pouco intervieram no dia a dia da gestão da empresa, a não ser pelas indicações do diretor financeiro e do gerente de logística internacional.

Avaliando a Collins & Sons pelo Fluxo Descontado de Caixa (FDC)

Ao receber o OM da Collins & Sons, Pedro, o Assessor da MTT, não acreditou nas premissas de projeção: ganhar três pontos percentuais (ou 300 pontos-base) na margem no EBITDA todo ano era, no mínimo, ingênuo. Além dos ganhos de produtividade no EBITDA, o OM ainda previa a redução das despesas administrativas de R$ 10 milhões para R$ 4 milhões em três anos.

Quadro 5.7 – Projeções do Vendedor para o EBITDA da Collins & Sons de 2013 a 2017

Milhões de reais	2012	2013	2014	2015	2016	2017
PDVs próprios	40	40	40	40	40	40
PDVs de franquias	10	10	10	10	10	10
ROB	100,4	105,0	109,7	114,6	119,8	125,2
ROL	79,1	82,7	86,4	90,3	94,4	98,6
Lucro bruto	29,3	30,6	32,0	33,4	34,9	36,5
Margem bruta (% ROB)	29,2%	29,2%	29,2%	29,2%	29,2%	29,2%
EBITDA antes das D.Ad.	-2,0	0,9	4,2	7,7	11,5	15,7
Margem EBITDA antes das D.Ad.	−2,0%	0,9%	3,8%	6,7%	9,6%	12,5%
Despesas administrativas	-10,0	-8,0	-6,0	-4,0	-4,0	-4,0
EBITDA total	-12,0	-7,1	-1,8	3,7	7,5	11,7
Margem EBITDA	−12,0%	−6,7%	−1,7%	3,2%	6,3%	9,3%

Como isso tudo seria possível? Como crescer as receitas em 4,5% ao ano, sem investir em marketing e capital de giro? Acima de tudo, as projeções do OM descreviam apenas a evolução do EBITDA, mas e o "resto" das contas? Não seriam necessários investimentos em ativos fixos (nas lojas, no CD etc.)? Até chegar ao FOC havia muitas premissas a fazer.

Logo nas primeiras conversas com Mark, Pedro desconfiou que a negociação seria pautada em múltiplos do EBITDA de 2017, quando Mark afirmava que a Collins & Sons estaria "reestruturada". Rapidamente, Pedro descobriu que não havia um múltiplo de EBITDA específico para o varejo de calçados, mas, sim, um múltiplo para o varejo de moda, que estava entre 8 e 12 vezes. Ou seja, aplicando a média 10 vezes, o Vendedor sinalizou que avaliava a empresa em R$ 117 milhões. Subtraindo a dívida de R$ 30 milhões, o valor das ações seria de R$ 87 milhões.

Independentemente dessa expectativa, Pedro, no entanto, avaliou a Collins & Sons pelo FDC e construiu suas próprias premissas de projeção. Depois de estimado o valor da empresa pelo FDC (o VEE), Pedro fez uma regra de três para traduzir seu resultado em um múltiplo de EBITDA.

Ao longo da fase Abordagem, Pedro e sua equipe solicitaram várias reuniões com Cézar, João e seus executivos. A maior parte das reuniões foi feita sem Mark, que sempre estava com a agenda muito ocupada. Nessas reuniões, Pedro conheceu mais detalhes sobre a estrutura da empresa, os custos dos produtos, as condições de venda aos clientes, o giro de estoque, o prazo médio de pagamento aos fornecedores, os investimentos necessários para abrir novas lojas, os contratos de locação dos PDVs etc.

Após algumas reuniões, Pedro pôde constatar que a Collins & Sons, na verdade, era constituída por quatro negócios com dinâmicas e riscos distintos: Collins, Pink, Pitanga e franquias (da Pitanga). Cada um desses negócios tinha diferenças significativas quanto a: perfil e estratégia da concorrência, gosto do consumidor (e sua sensibilidade a preços e condições de pagamento), qualidade dos produtos, *layout* de loja, margens, capital de giro, riscos etc.

RECOMENDAÇÃO: ausente nas reuniões "técnicas", Mark não percebeu o interesse da MTT por trás de suas perguntas. Muitas vezes, o Assessor pode desconhecer os detalhes técnicos envolvidos, mas isso não implica que sua presença é dispensável. O Assessor deve estar presente no maior número possível de reuniões entre o Vendedor e o potencial Comprador.

Análise do cenário do Vendedor

A primeira simulação que Pedro fez foi completar as projeções do OM até o fluxo operacional de caixa para estimar qual seria o valor da empresa nas premissas do Vendedor. A ideia era entender a visão do Vendedor (ou de seu Assessor). Pedro denominou essa simulação de Cenário do Vendedor. Suas principais premissas foram as apresentadas no Quadro 5.8.

Quadro 5.8 – Premissas do cenário do Vendedor

Variável	Premissa
Inflação	Projeções em moeda constante
Abertura de novas lojas	Nenhuma
Crescimento ROB	4,5% ao ano
Impostos diretos	20% de ROB
Margem bruta[1]	Constante em 29% de ROB
Margem EBITDA antes de *overhead*	Decrescente 300 pontos-base ao ano, a partir de –2% em 2012 [2]
D.Ad. (despesas administrativas)	Queda de R$ 2 milhões por ano, de R$ 10 milhões em 2012 até R$ 4 milhões em 2015
Depreciação e amortização	Fixas em R$ 7 milhões ao ano (dado obtido nas reuniões com Vendedor)
Contas a receber	Média de 106,2 dias de ROB. Saldo em 31/12/2011 era de R$ 26,8 milhões (dado obtido nas reuniões com Vendedor)

continua

continuação

Variável	Premissa
Estoques	Média de 105,8 dias do CMV. Saldo em 31/12/2011 era de R$ 13,9 milhões (dado obtido nas reuniões com Vendedor)
Fornecedores	Média de 12,5 dias do CMV. Saldo em 31/12/2011 era de R$ 1,5 milhão (dado obtido nas reuniões com Vendedor)
Investimentos recorrentes em ativos fixos	50% das despesas de depreciação & amortização, ou seja, R$ 3,5 milhões ao ano (estimativa discutida nas reuniões com Vendedor)

(1) Média de 50% para a Pitanga e 15% para a Collins e a Pink.
(2) Média de 25% para a Pitanga e -20% para a Collins e a Pink.

A projeção do fluxo operacional de caixa indicava que, mesmo com as premissas "ingênuas" do Assessor, a Collins & Sons não teria como pagar sua dívida de R$ 30 milhões.

Quadro 5.9 – Projeções do FOC da Collins & Sons: cenário do Vendedor

Milhões de reais	2012	2013	2014	2015	2016	2017
EBITDA total	-12,0	-7,1	-1,8	3,7	7,5	11,7
Margem EBITDA	-12,0%	-6,7%	-1,7%	3,2%	6,3%	9,3%
Depreciação e amortização	-7,0	-6,0	-6,0	-6,0	-6,0	-6,0
Ebit total	-19,0	-14,1	-8,8	-3,3	0,5	4,7
IR&CS Desalavancado (x EBIT)	-0,7	-1,6	-2,6	-3,5	-4,2	-5,0
Contas a receber	29,2	30,5	31,9	33,3	34,8	36,4
Estoques	14,8	15,5	16,2	16,9	17,7	18,5
Fornecedores	1,7	1,8	1,9	2,0	2,1	2,2
Inv. cap. giro total	-3,1	-1,9	-2,0	-2,1	-2,2	-2,3
Investimento total		-3,5	-3,5	-3,5	-3,5	-3,5
FOC total		-14,1	-9,9	-5,4	-2,4	1,0

Adotando um WACC de 15% e uma perpetuidade com crescimento de 4,5%, o valor estimado para as ações (VEA) da Collins & Sons era **negativo** em R$ 50 milhões! Que grande diferença com o múltiplo de EBITDA de 10 vezes! E agora, o que fazer? Abandonar a Transação? Ou aprofundar a análise da Collins & Sons?

Pedro não era de desistir facilmente: como um todo, a empresa era inviável, mas e em partes? Era preciso investigar e redesenhar a estratégia para a Transação.

Destrinchando a Collins & Sons

Assim que chegou ao resultado final, Pedro convocou mais reuniões com João, Cézar e seus executivos. Seu objetivo era reconstruir o cenário do Vendedor, dividindo-o em quatro unidades de negócio (Collins, Pink, Pitanga e franquias), e adaptar as premissas para as percepções do Comprador. Para dividir o Alvo, Pedro precisou saber quanto cada negócio gerava de receita, qual era a margem bruta, a margem EBITDA antes das despesas administrativas, os prazos médios de capital de giro e os investimentos necessários em ativos fixos.

Das quatro unidades, o negócio mais diferente, sem dúvida, eram as franquias. O modelo de receita era peculiar: a Pitanga recebia *royalties* sobre o faturamento e margem sobre os produtos que o franqueado adquiria. Além disso, a Pitanga ganhava também com serviços de consultoria e marketing para os franqueados. Todo o investimento na loja e no capital de giro era por conta do franqueado. Ao todo, o negócio referente a franquias não gerava muita receita e dava muito trabalho aos executivos da Pitanga, que sempre tinham de prospectar novos franqueados para manter a rede crescendo. Havia algum *turnover* de franqueados: na média histórica, todo ano a Pitanga perdia cerca de 20% de seus franqueados, geralmente por falta de capital para investir e dificuldades na gestão.

Ao analisar as quatro unidades de negócios separadamente em 2012, Pedro constatou os aspectos e indicadores apresentados no Quadro 5.10.

Quadro 5.10 – Aspectos e indicadores das unidades de negócios da Collins & Sons em 2012

Variável	Collins	Pink	Pitanga	Franquias	Total
ROB/PDV (milhões de reais)	4,50	1,50	1,88	0,19 [1]	
Área de vendas/PDV (m^2)	250	250	80	80	
Funcionários por PDV [2]	40,0	40,0	16,0	1,5	
Impostos diretos (% ROB)	20%	20%	20%	20%	20%
Margem bruta	17%	10%	47%	76% [3]	29,2%
Ebtida antes D.Ad. (% ROB)	-17%	-30%	22%	63,5%	-2,0%
Despesas administrativas (milhões de reais) [4]	2,50	2,50	4,25	0,75	10,0
Depreciação e amortização (milhões de reais)	1,0	3,0	2,0	1,0 [5]	7,0
Contas a receber (dias de ROB)	120	120	90	30 [6]	
Estoques (dias do CMV)	120	120	60	0 [7]	
Fornecedores (dias do CMV)	0	0	30	30	
Investimentos por novo PDV (milhões de reais)	5,0	5,0	1,5	n.a.	

(1) Na média, a loja franqueada vendia 5% a menos que a loja própria da Pitanga. Ou seja, o franqueado em 2012, na média, faturava R$ 1,8 milhão por ano. A Pitanga recebia 8% desse faturamento a título de royalties e prestação de serviços.
(2) Os funcionários aqui incluem não somente os diretamente alocados ao PDV, mas também os alocados às operações de suporte direto. No caso da Collins e da Pink, incluíam os funcionários da fábrica. No caso da franquia, foram

considerados apenas os supervisores de loja e os prestadores de serviços. Não foram levados em conta os funcionários administrativos.

(3) A margem bruta da Pitanga sobre os *royalties* e serviços prestados era de 70%. Adicionalmente, a Pitanga ganhava 17% sobre as mercadorias vendidas aos franqueados. Para permitir a margem bruta de 30%, a Pitanga vendia as mercadorias aos franqueados com margem menor para si mesma (17%, já líquidos de impostos diretos).

(4) De acordo com o critério da Collins & Sons, as despesas administrativas de R$ 10 milhões em 2012 foram rateadas pelo número de lojas próprias. Como os franqueados não eram considerados lojas próprias, gerencialmente, João associava 15% das despesas administrativas da Pitanga para as franquias.

(5) Refere-se à amortização de investimentos em sistemas de TI e consultorias.

(6) Referem-se ao prazo que a Pitanga concedia a seus franqueados para pagar suas compras de sapatos.

(7) O franqueado investia no estoque de mercadorias que comprava da Pitanga.

n.a. = não aplicável.

Essas informações ajudaram Pedro e a MTT a entender que a Collins e a Pink eram deficitárias: lojas grandes, caras, com baixo faturamento, margem bruta estreita, dado o alto custo de matéria-prima e de fabricação. No que se refere à margem EBITDA, a pior unidade era, sem dúvida, a Pink. No entanto, em termos absolutos, a pior unidade era a Collins: em 2012, cada loja perdeu R$ 1 milhão. A grande "locomotiva" da Collins & Sons era a Pitanga: rentável e eficiente. As franquias também eram rentáveis, mas o volume ainda era relativamente baixo (representavam 3% de ROB total da empresa em 2012). Entretanto, todo o EBITDA positivo gerado pela Pitanga e seus franqueados era consumido pelo EBITDA negativo da Collins e da Pink (Quadro 5.11).

Quadro 5.11 – Indicadores selecionados das unidades de negócios da Collins & Sons

2012	% ROB	ROB/m² (R$)	M. EBITDA pré-D.Ad. (% ROB)	M. EBITDA pós-D.Ad. (%ROB)	EBITDA/ PDV (R$ mil)	% EBITDA (*)
Collins	45%	18.000	-17%	-23%	-1.015	84%
Pink	15%	6.000	-30%	-47%	-700	58%
Pitanga	37%	23.438	22%	11%	256	-33%
Franquia	3%	n.a.	63,5%	38%	400	-9%
Total	100%	–	-2%	-12%	n.a.	100%

(*) O EBITDA total em 2012 foi negativo em R$ 12 milhões.
n.a. = não aplicável.

Para terminar a projeção do fluxo operacional de caixa das quatro unidades de negócio, Pedro considerou que, embora nenhuma nova loja viria a ser aberta, a empresa investiria 50% de suas despesas de depreciação e amortização, ou seja, R$ 3,5 milhões, a título de eventual reposição de ativos fixos. As projeções do FOC por unidade de negócio foram as apresentadas no Quadro 5.12.

Quadro 5.12 – Projeções do FOC por unidade de negócio: cenário do Vendedor

Milhões de reais	2013	2014	2015	2016	2017
FOC (Collins)	-10,2	-8,5	-6,8	-5,4	-3,9
FOC (Pink)	-8,1	-7,3	-6,5	-6,2	-5,8
FOC (Pitanga)	3,4	5,1	6,8	8,1	9,4
FOC (franquias)	0,8	0,9	1,1	1,1	1,2
FOC total	-14,1	-9,9	-5,4	-2,4	1,0

Para simplificar, Pedro adotou o mesmo WACC para os quatro negócios, 15%, embora entendesse que seus riscos eram diferentes. Utilizando uma perpetuidade com crescimento de 4,5%, ele estimou o valor de cada negócio (Quadro 5.13).

Quadro 5.13 – Estimativa de valor por unidade de negócio: cenário do Vendedor com 15% de WACC

	R$ milhões	%	VEE/PDV
VEE (Collins)	-43,4	221	-4,3
VEE (Pink)	-50,5	257	-5,0
VEE (Pitanga)	65,2	-332	3,3
VEE (franquias)	9,0	-46	
VEE total	-19,6	100	-0,5
Dívida	-30,0	153	
VEA	-49,6	253	-1,2

Ou seja, os VEEs da Collins e da Pink não tinham valores positivos. A Transação só faria sentido para a MTT se fossem adquiridas somente a Pitanga e suas franquias. Percebendo a vaidade de Cézar, Pedro constatou que nunca poderia insinuar que a Transação implicaria a "morte" da Collins e da Pink. Isso, sem dúvida, ofenderia o orgulho de Cézar. E sem Cézar, não haveria Transação. Contudo, após o Fechamento, a MTT poderia fazer o que bem entendesse com a empresa.

Na hipótese de se fecharem a Collins e a Pink, quanto seria possível arrecadar na liquidação de seus ativos entre verbas rescisórias e indenizações, quanto custaria para fechar essas operações?

Com foco financeiro, estratégico e administrativo na Pitanga, qual seria seu potencial de crescimento? Ou seja, era hora de Pedro construir, com a MTT, o cenário do Comprador. As respostas a essas duas perguntas eram essenciais para viabilizar o interesse da MTT na Transação.

A estratégia de aquisição que Pedro adotou ao considerar a liquidação da Collins e da Pink é conhecida como *carve-out*. Ou seja, retalha-se o Alvo e vendem-se os ativos que não são interessantes.

Valor de liquidação da Collins e da Pink

Para estimar o valor de liquidação dos ativos da Collins e da Pink, Pedro pediu para ler os contratos de locação e pesquisou o valor das luvas das lojas dos *shoppings*. Uma primeira pesquisa indicou que a venda dos pontos poderia render R$ 45 milhões. A fábrica, construída na década de 1950, atualmente tinha sido cercada por prédios residenciais de alto padrão. A melhor solução, segundo os especialistas imobiliários, seria vender o enorme terreno para uma incorporadora ou para investidores em *shoppings centers*. De acordo com algumas imobiliárias da região, não seria difícil vendê-lo por R$ 15 milhões. Ainda restariam as máquinas usadas, as marcas "Collins" e "Pink", o Contas a Receber e seus estoques. Por outro lado, era necessário estimar o custo de demissão de pessoal e de indenizações de diversos contratos. Esse custo foi estimado pelos advogados em R$ 5 milhões. Ao todo, Pedro estimou que o valor de liquidação seria de R$ 89,5 milhões (Quadro 5.14).

Quadro 5.14 – Estimativa do valor de liquidação da Collins e da Pink

Milhões de reais	Estimativa
Luvas	45,0
Terreno	15,0
Máquinas	2,0(*)
CAR (31/12/2012)	19,7
Estoques (31/12/2012)	12,8
Fornecedores	–
Marcas	?
Subtotal	94,5
Rescisões e indenizações	-5,0
Total	89,5

(*) Valor mínimo das máquinas como sucata.

Somando a estimativa de liquidação com o valor da Pitanga e das franquias, no cenário do Vendedor, o total seria de R$ 138,4 milhões. Deduzindo as dívidas (R$ 30 milhões), o valor das ações da empresa seria de R$ 108,4 milhões:

Quadro 5.15 – Estimativa do valor para a Transação: cenário do Vendedor

Milhões de reais	Estimativa
Liquidação (Collins e Pink)	89,5
VEE (Pitanga e franquias)	74,2
Subtotal	163,7
Dívida	-30,0
VEA (100% das ações)	133,7

A estimativa indicava que a Transação poderia ser viável, mas ainda restava a principal questão: Qual seria o valor da operação da Pitanga para a Hakuna Matata?

A construção do cenário do Comprador

O ponto de partida para a construção do cenário do Comprador foi a reflexão estratégica para a Pitanga sob a gestão da Hakuna Matata. O que a MTT poderia agregar à Pitanga?

- Capacidade de investir, que estava comprometida com os déficits operacionais (FOCs negativos) da Collins e da Pink. Com a liquidação dessas unidades, a MTT pretendia abrir dez novas lojas da Pitanga por ano, nos cinco primeiros anos, com um investimento de R$ 1,5 milhão em cada PDV. A abertura de novas lojas exigia que o período explícito de projeção fosse alongado de cinco para dez anos, caso contrário, não seria possível capturar o valor agregado de cada nova loja.

- Fornecedores mais baratos e de melhor qualidade: dada a posição estratégica da África do Sul, próxima à Índia e à China, a MTT já havia identificado fornecedores que agregariam 200 pontos-base na margem bruta da Pitanga. Além disso, reduções nos custos com logística agregariam outros 150 pontos-base na margem bruta. Esse ganho de 350 pontos poderia ser capturado já no primeiro ano da Pós-aquisição e seria integralmente repassado à margem EBITDA antes das despesas administrativas. Entretanto, Pedro recomendou que a premissa do Vendedor de ganhos de eficiência de 300 pontos-base por ano na margem EBITDA fosse reduzida para 150 pontos-base por ano para os primeiros cinco anos da Pós-transação. Embora Pedro concordasse que havia muito espaço para ganhos de eficiência nos processos do Alvo, acreditava que a premissa do Vendedor era muito otimista.

- Apesar de sua rentabilidade, a MTT não conseguia se entusiasmar com o negócio de franquias. Para ela, ter uma loja franqueada só parecia fazer sentido em localidades onde a Pitanga não tinha interesse em ter um PDV próprio. A MTT entendia que a propriedade do PDV era muito estratégica e não gostava da alta taxa de turnover dos franqueados. Por conseguinte, a conclusão estratégica foi a de que se faria uma revisão de todos os franqueados. Os mais interessantes seriam adquiridos pela Pitanga, e os restantes seriam gradualmente eliminados pelo próprio *turnover*.

- Sem a pesada estrutura administrativa da Collins, da Pink e das franquias, as despesas administrativas poderiam ser reduzidas, em um ano, de R$ 10 milhões para R$ 3 milhões já no primeiro ano da Pós-aquisição. Entretanto, com a expansão vigorosa da rede, era razoável imaginar que as despesas administrativas aumentariam em R$ 0,5 milhão por ano nos cinco primeiros anos da Pós-transação.

Por fim, a percepção de risco da MTT para a Pitanga era melhor, o que justificaria um WACC menor, de 12% (em termos reais). Com as premissas revisadas, Pedro recalculou o valor da Pitanga para a Hakuna Matata: R$ 133,7 milhões! Comparando os resultados do cenário do Vendedor, têm-se os valores apresentados no Quadro 5.16.

Quadro 5.16 – Estimativas dos valores para a Transação: cenários do Vendedor e do Comprador

Milhões de reais	Cenário vendedor	Cenário comprador
Liquidação (Collins e Pink)	89,5	89,5
VEE (Pitanga)	65,2	133,7
VEE (franquias)	9,0	–
Subtotal	163,7	223,2
Dívida	-30,0	-30,0
100% do VEA	133,7	193,2
50% do VEA	66,8	96,6
Múltiplo EBITDA (2017)	11,4	16,5

Com base nessas simulações, Pedro redigiu a LOI com a oferta de R$ 45 milhões pela participação de Cézar e, posteriormente, concordou em aumentá-la para R$ 60 milhões. Como consequência o valor de liquidação da Collins e da Pink se mostrou R$ 35 milhões maior.

Quadro 5.17 – Valor de liquidação da Collins e da Pink: estimado *versus* realizado

	Estimativa	Realizado	Diferença
Luvas	45,0	60,0	15,0
Terreno	15,0	20,0	5,0
Máquinas	2,0	5,0	3,0
CAR (31/12/2012)	19,7	19,7	–
Estoques (31/12/2012)	12,8	12,8	–
Fornecedores	–	–	–
Capital de giro	32,5	32,5	–
Marcas		10,0	10,0
Mailing e histórico de crédito		2,0	2,0
Rescisões	-5,0	-5,0	
Total (liquidação da Collins e da Pink)	89,5	124,5	35,0

A estratégia do *carve-out* tinha sido um sucesso, tanto para a MTT quanto para João. Ambos concordaram em pagar toda a dívida e reter o que restasse do *carve-out* na tesouraria da empresa para financiar os investimentos que seriam necessários nos próximos cinco anos. As partes acordaram que apenas começariam a distribuir dividendos quando o FOC da empresa fosse positivo (o que poderia acontecer em 2017). Sob a ótica da empresa, os dividendos pagos a João seriam deduzidos de seu salário e bônus, pois ele tinha dupla função, executivo e sócio.

Por causa do significativo ganho no *carve-out*, o excesso de caixa acumulado na empresa poderia ser mais que suficiente para financiar os investimentos. Se isso fosse realmente verificado, em 2018, quando o plano de expansão estivesse concluído, a empresa poderia fazer uma distribuição extraordinária de dividendos mantendo um caixa "mínimo e de segurança", de R$ 15 milhões na tesouraria.

Ao analisar os fluxos de pagamentos e recebimentos da Hakuna Matata e de João, estimou-se que a TIR da MTT seria de 27%, bem acima de seu custo de capital (12%). Por conservadorismos, as projeções não incluíram receitas financeiras sobre o caixa acumulado na tesouraria.

Quadro 5.18 – Projeção revisada do fluxo de caixa para a Hakuna Matata

Milhões de reais	2013	2014	2015	2016	2017	2018	2019	2020	2021	2022
100% FOC antes CEO	-13,1	-9,4	-4,9	0,5	6,8	29,1	30,6	32,2	33,8	35,5
Carve-out	124,5									
Carve-out (−) de dívidas	94,5									
Salários CEO (ano)	-0,6	-0,6	-0,6	-0,6	-0,6	-0,6	-0,6	-0,6	-0,6	-0,6
Bônus CEO (10% FOC)	–	–	–	-0,05	-0,7	-2,9	-3,1	-3,2	-3,4	-3,5
100% FOC após CEO	80,8	-10,0	-5,5	-0,2	5,5	25,6	27,0	28,4	29,8	31,3
100% Dividendos	–	–	–	–	-5,9	-27,1	-28,5	-30,0	-31,5	-33,1
Dividendos extraordinários					-50,1					
Caixa acumulado (Pitanga)	80,8	70,8	65,3	65,1	15,0	15,0	15,0	15,0	15,0	7,5
Aquisição 50% (Cézar)	-60,0									
Dividendos (João)	–	–	–	–	-27,8	-12,8	-13,5	-14,2	-14,9	-15,7
Put João (16 × FOC médio) [1]	–	–	–	–	–	–	–	–	–	-177,7
Total (pagamentos a João)	-0,6	-0,6	-0,6	-0,6	-29,1	-16,3	-17,1	-18,0	-18,9	-197,5
Perpetuidade [2]										480,5
FLC MTT	-60,0	–	–	–	27,8	12,8	13,5	14,2	14,9	326,0

(1) Esse valor inclui R$ 7,5 milhões, que correspondem à metade do valor acumulado na tesouraria da empresa.

(2) Esse montante equivale a 100% do valor presente de uma perpetuidade com crescimento de 4,5% em moeda de 2022, estimada com base no FOC em reais.

O Fluxo Livre de Caixa (FLC) da MTT, trazido a valor presente a uma taxa de desconto de 12%, equivalia a R$ 91 milhões. E João? Quanto ganhou com a Transação?

Os pagamentos totais a João, como executivo e acionista, trazidos a valor presente a uma taxa um pouco superior à da MTT, 15%, equivaliam a R$ 90 milhões. Ou seja, era uma situação ganha-ganha para João e para a MTT. Cézar, no entanto, ganhou apenas R$ 60 milhões (menos os R$ 6 milhões pagos à H.G.)! Isso é justo?

Ao analisar a projeção do fluxo de pagamentos a João, observam-se as questões enumeradas a seguir.

1. Entre 2013 e 2016, quando a empresa teria fluxos de caixa negativos, João não receberia dividendos, tampouco bônus. Ou seja, por quatro anos, João estaria dividindo com a MTT o esforço de abrir novas lojas.
2. Em 2018, quando o programa de abertura de novas lojas estaria concluído, o excesso de caixa seria todo distribuído a João e à MTT. Nesse ano, João poderia receber dividendos de R$ 28 milhões, mas somente depois de seis anos.
3. Ao fim de 2022, o acordo de *earn-out* preveria que a MTT compraria a participação de João por 16 vezes o FOC médio da empresa entre 2013 e 2022. As projeções indicavam que isso poderia equivaler a R$ 178 milhões, mas somente depois de dez anos.
4. A uma taxa de desconto de 15%, os fluxos de pagamentos que João receberia, incluindo salários, bônus, dividendos e a venda de sua participação em 2022, somariam R$ 90 milhões a valor presente. Esse valor seria 50% superior àquele pago a Cézar. Ou seja, João estaria trabalhando dez anos a mais na empresa, correndo riscos, para receber 50% a mais que seu irmão. João seria mesmo um "usurpador"?

CASO LISPECTOR: EMPRESAS DE ALTA TECNOLOGIA EM MERCADO NOVO

Fundada em 2012 por ex-alunos de uma renomada escola de engenharia, a Lispector Tecnologia Ltda. produzia impressoras 3-D no Brasil. Eles compraram as instalações de uma antiga fábrica paulista de impressoras convencionais e modernizaram os equipamentos. Em 2018, a Lispector já contava com 200 funcionários quando faturou R$ 70 milhões (Quadro 5.19).

Quadro 5.19 – Informações seletas de produção, demonstrativo de resultado do exercício (DRE) e demonstrativo de fluxo de caixa (DFC) de 2016 a 2018 (R$ milhões)

	2016	2017	2018
Produção (mil impressoras)	6,0	8,0	10,0
Receita operacional líquida (ROL)	60,0	65,0	70,0
Custo da mercadoria vendida – CMV	24,0	30,0	35,0
Despesas administrativas	9,0	11,7	14,0
Despesas com vendas	3,0	4,9	7,0
Despesas financeiras	1,2	1,2	1,2
Taxa média de depreciação (AIB) e amortização anual (AI)[10] (em % do AFB)	5%	5%	5%
Alíquota do Imposto de Renda e Contribuição Social (IR&CS)	34%	34%	34%

Ao longo de seus quatro anos, o capital da empresa foi constituído por capital dos sócios e um empréstimo de R$ 30 milhões do BNDES com condições bem favoráveis (Quadro 5.20).

Quadro 5.20 – Balanço patrimonial (31/12/2016 a 2018, em R$ milhões)

	2016	2017	2018		2016	2017	2018
Caixa e aplicações	15,0	16,9	8,6	Fornecedores	7,2	7,5	5,0
Contas a receber	24,0	32,5	40,0	BNDES[11] (vence em 2026)	30,0	30,0	30,0
Estoques	3,6	7,5	15,0	Patrimônio Líquido	100,4	111,8	120,2
Ativos Fixos Brutos (AFB)[12]	100,0	102,5	107,1	Capital Social	85,4	85,4	85,4
Ativos fixos líquidos (AFL)	95,0	92,4	91,6	Reservas & Prejuízos Ac.	15,0	26,4	34,9
Ativos	**137,6**	**149,3**	**155,2**	**Passivos & PL**	**137,6**	**149,3**	**155,2**

A impressora da Lispector tinha uma tecnologia inovadora que fora patenteada pela empresa em 2012, quando da sua criação (patente expiraria em 20 anos). A capacidade instalada

---

[10] Para simplificar, somamos nos Ativos Fixos Bruto (AFB) o Ativo Imobilizado Bruto – AIB (máquinas, equipamentos, instalações etc.) e o Ativo Intangível – AI (*software*, licenças, Pesquisas & Desenvolvimento...).

[11] Empréstimo contraído em 1/1/2016, com três anos de carência de principal, mas não de juros (4,0% ao ano, real).

[12] Para simplificar, somamos nos Ativos Fixos Bruto (AFB) o Ativo Imobilizado Bruto – AIB (máquinas, equipamentos, instalações etc.) e o Ativo Intangível – AI (*software*, licenças, Pesquisas & Desenvolvimento...).

da fábrica da Lispector era de 60 mil impressoras por ano. Em 2018, a Lispector produziu e vendeu 10 mil impressoras, o equivalente a 17% de utilização da capacidade instalada.

Preocupados com a elevada e persistente ociosidade da fábrica, os sócios contrataram uma consultoria em planejamento estratégico para ajudá-los a entender o que estava acontecendo e quais seriam suas opções estratégicas para crescer. Para piorar, em 2018, instalou-se um novo concorrente no Brasil, a tcheca Kafka Tecnologia Ltda., que prometia oferecer equipamentos modernos a preços bem competitivos. Era uma questão de tempo para a Kafka incomodar muito a Lispector.

Construindo o cenário base

O primeiro passo da consultoria foi elaborar um cenário base que projetava os fluxos de caixa da Lispector por 11 anos (até 2029), quando o empréstimo do BNDES estaria complementarmente pago. O cenário base considerava as atuais tendências de mercado e mantinha a atual estratégia da empresa. Ou seja, um cenário "as is".

Os consultores organizaram um *workshop* com os sócios e principais executivos para discutir premissas de crescimento, margens e investimentos. Ao fim do *workshop*, as principais premissas do cenário base para o volume de vendas, preços e custos médios unitários (PMU e CMU, respectivamente), despesas administrativas (CAR) em relação à receita operacional líquida (ROL) e investimentos (como porcentagem das despesas com depreciação e amortização) eram conforme apresentado no Quadro 5.21.

Quadro 5.21 – Expansão, concorrência e maturação do mercado (em R$ constantes)

Ano	Var. Vol. Vendas	Var. PMU Líquido	Var. CMU	D. Admin. (%ROL)	Invest. (% Deprec. & Amort. T-1)
2018H	20%	0%	0%	20%	90%
2019	20%	-5%	-2,5%	20%	150%
2020	15%	-10%	-5%	20%	150%
2021	15%	-12%	-6%	15%	150%
2022	12%	-15%	-7,5%	15%	120%
2023	10%	-12%	-10%	15%	120%
2024	6%	-10%	-7%	10%	120%
2025	4%	0%	0%	10%	100%
2026	4%	0%	0%	10%	100%
2027	4%	0%	0%	10%	100%
2028	4%	0%	0%	10%	100%

O que esses números estavam indicando?

A Lispector esperava crescimentos significativos no volume vendas, mas em taxas decrescentes até uma estabilização a uma taxa vegetativa a partir de 2026. Isso refletia a visão que a concorrência da Kafka iria aumentar e da eventual saturação da demanda, características comuns nos mercados de *hardware* de tecnologias novas. Embora a empresa previsse que o custo médio unitário declinasse com os ganhos de escala na fábrica, essa queda seria inferior à do preço. Ou seja, a margem bruta da Lispector seria decrescente. Por outro lado, o aumento no volume de vendas geraria graduais ganhos de escala que diluiriam o componente fixo e semifixos das despesas administrativas. Esse ganho de escala nas despesas administrativas poderia contrabalancear, pelo menos em parte, as perdas na margem bruta.

Outro aspecto interessante de se observar era a evolução dos investimentos, que por cinco anos seriam superiores a depreciação e amortização, indicando um esforço significativo da empresa em aprimorar seus produtos.

Ao comparamos as projeções para 2029 com o histórico de 2018, notamos que apesar de o volume de vendas triplicar para 29 mil impressoras, a ociosidade ainda poderia permanecer muito elevada (52%). O PMU poderia cair quase 50%, enquanto o CMU cairia 33%, ou seja, a margem bruta cairia de 50% da receita líquida para 33%! Ou ainda, em 2029, a Lispector poderia faturar R$ 103 milhões, R$ 33 milhões a mais que 2018, porém com um lucro bruto de R$ 0,5 milhões a menos! O lucro bruto médio por impressora cairia 66%!

Quadro 5.22 – Cenário base: projeção da receita e margem bruta

Produção & Vendas	2018	2019	2020	2021	2022	2023	2029
Capacidade instalada (un./ano)	60.000	60.000	60.000	60.000	60.000	60.000	60.000
Volume Vendas (un./ano)	10.000	12.000	14.400	16.560	19.044	21.329	29.094
Volume Vendas (var. anual)	25%	20%	20%	15%	15%	12%	4%
Ociosidade (%)	83%	80%	76%	72%	68%	64%	52%
PMU (R$/un.)	7.000	7.000	6.650	5.985	5.267	4.477	3.546
PMU (var. anual)	-14%	0,0%	-5,0%	-10%	-12%	-15%	0%
CMU (R$/un.)	(3.500)	(3.500)	(3.413)	(3.242)	(3.047)	(2.819)	(2.359)
CMU (var. anual)	-7%	0,0%	-2,5%	-5,0%	-6,0%	-7,5%	0%
DRE (R$ milhões)	**2018**	**2019**	**2020**	**2021**	**2022**	**2023**	**2029**
Receita operacional líquida (ROL)	70,0	84,0	95,8	99,1	100,3	95,5	103,2
Lucro bruto	**35,0**	**42,0**	**46,6**	**45,4**	**42,3**	**35,4**	**34,5**
Margem bruta (%ROL)	**50%**	**50%**	**49%**	**46%**	**42%**	**37%**	**33%**
Lucro bruto médio (R$/un.)	**3.500**	**3.500**	**3.238**	**2.743**	**2.219**	**1.658**	**1.186**

E, para manter essas premissas, a Lispector investiria cerca de 8% a 10% da sua receita líquida em ativos fixos, algo entre R$ 8 e 10 milhões por ano.

Assumindo ainda que as despesas com vendas mantivessem suas proporções com a receita líquida (10% ao ano), e projetando as contas de capital de giro preservando as relações observadas em 31/12/2018,[13] o Fluxo Operacional de Caixa (FOC) teve uma trajetória oscilante. Eram resultados muito desanimadores (Figura 5.2).

Projeção do FOC – Cenário Base

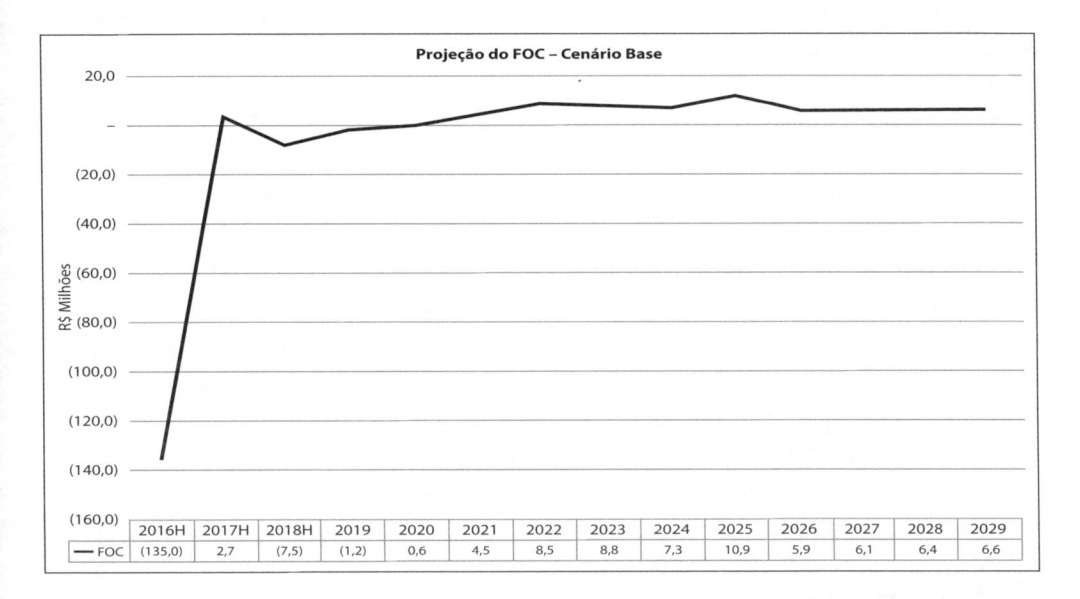

	2016H	2017H	2018H	2019	2020	2021	2022	2023	2024	2025	2026	2027	2028	2029
FOC	(135,0)	2,7	(7,5)	(1,2)	0,6	4,5	8,5	8,8	7,3	10,9	5,9	6,1	6,4	6,6

Figura 5.2 – Cenário base: evolução do fluxo operacional de caixa 2016 a 2029.

Assumindo ainda um custo médio do capital (WACC) de 10,3% (em moeda constante) e uma perpetuidade sem crescimento, o Valor Econômico da Empresa (VEE) da Lispector foi estimado em R$ 55 milhões. Esse valor equivalia a um múltiplo de 2,8 vezes o EBITDA de 2018. Empresas produtoras de *hardware* listadas nos EUA estavam sendo transacionadas a um múltiplo de 9,1 vezes! Ou seja, a Lispector valia menos do que um terço de seus "*peers*" internacionais!

Para os sócios que estavam desde 2014 investindo tudo que tinham na empresa e ainda sem receber dividendos, o cenário base era desalentador. Era preciso vender mais e reduzir a queda nas margens. O sonho de todos os empresários do mundo que enfrentam concorrência. Mas, como?

Possíveis saídas para a Lispector

Os consultores organizaram outro *workshop* para discutir com os sócios e os executivos as possíveis estratégias e táticas para reduzir a ociosidade e a queda na rentabilidade. Várias ideias surgiram. Exportar? Introduzir novas versões da impressora visando atender os consumidores mais sensíveis ao preço e os consumidores mais sofisticados? Fazer acordo com faculdades de engenharia para fornecer as impressoras para seus laboratórios, criando

---

[13] Projeção dos saldos das Contas a Pagar a 57,1% do ROL, estoques de a 42,9% e Fornecedores a 14,3% do CMV.

assim a fidelização dos futuros engenheiros? Oferecer serviços de manutenção, impressão de peças especiais? Fazer alianças estratégicas com fabricantes de computadores para incentivar vendas casadas? Alugar parte da capacidade ociosa para empresas complementares que poderiam lançar suas impressoras com suas marcas (estilo *fasson*)?

Muitas boas ideias surgiram e todas foram consideradas interessantes, exceto uma que causou muito mal-estar. Logo no início do *workshop*, um dos consultores, o mais novo, lançou a ideia de vender máquinas para reduzir a capacidade ociosa. Um dos sócios reagiu imediatamente: "se for para eu ouvir que tenho de encolher, não preciso de consultores! Quero que vocês me ajudem a pensar fora da caixa!"

No fim do *workshop*, os consultores organizaram grupos de trabalho que iriam aprofundar as vantagens e desvantagens das principais ideias nos próximos 30 dias. Ao fim desse prazo, haveria um novo *workshop* para priorizar as melhores ideias e começar a implantá-las.

Durante esse meio-tempo, surge uma nova e poderosa oportunidade.

O diretor industrial da Lispector identificou o elevado poder de barganha de um fornecedor crítico para seu CMU, a catarinense GH Componentes Ltda. A GH era a única empresa nacional que desenvolveu um componente essencial das impressoras 3-D. Sobre o similar importado havia alta tarifa de importação, além dos custos de logística. A patente do componente da GH foi registrada em 2013 (expiraria em 20 anos).

Por uma incrível coincidência, o diretor industrial da Lispector descobriu que a GH estava à venda! A GH pertencia a uma família e a um fundo de capital privado (*private equity*, ou FPE), o **Simply the Best** (também conhecido como "STB"). Em 2011, o STB comprou 50% das cotas na GH. Infelizmente, em 2012, o fundador da GH, que era tido como o "cérebro da empresa", faleceu. Desde então, sua esposa e seus filhos, que não tinham experiência em gestão tampouco em tecnologia, tentavam administrar a empresa sem sucesso. No entanto, a tecnologia da GH era a melhor do mercado, garantia o STB.

Para adquirir a Medusa, a Atenas teria de investir um total de R$ 40 milhões em 2019 na aquisição dos ativos da Medusa (VEE, ou seja, o pagamento da dívida bancária da GH seria responsabilidade do vendedor).

Segundo os diretores industrial e comercial da Lispector, a aquisição da GH não só melhoraria o CMU da Lispector, mas também aumentaria o seu poder de barganha perante seus concorrentes (efeito direto) e consumidores (efeito indireto). Os possíveis ganhos no CMU estavam relacionados à internalização da margem da GH e aos ganhos de escala que seriam maiores (redução da ociosidade diluiria custos fixos). Sem poder comprar os componentes da GH, os concorrentes da Lispector, incluindo a Kafka, teriam ou de importá-los a custos maiores ou comprá-los de outros fornecedores nacionais com qualidade inferior.

Era como "matar dois coelhos com só um tiro". A estratégia criaria uma significativa vantagem competitiva para a Lispector. Na hora em que souberam da oportunidade, os sócios entenderam o seu potencial. Até o STB, mesmo com informações limitadas sobre a Lispector, percebeu que a aquisição seria um "*game changer*" e criaria uma "Nova Lispector".

Segundo a STB, havia muitos interessados, e a Lispector precisava tomar uma decisão rápida: "há o momento para negociar, mas esse é o momento de fazer... ou não e aguentar as consequências", dizia a STB, insinuando nas entrelinhas o risco de um concorrente comprar a GH.

O próprio STB ofereceu o financiamento para a aquisição (*acquisition financing*) de até 60% do preço de aquisição (R$ 24 milhões) a um custo de 20% ao ano (pagos em 31/12/AAAA), por um prazo total de três anos, amortização pelo SAC (pagos em 31/12/AAAA), sendo que a primeira parcela já venceria em 31/12/2019. Como garantia ao empréstimo, o STB obteve caução de 100% das ações além do aval pessoal dos sócios da Lispector.

Não havia *data room*, tampouco Memorando de Oferta. O STB somente disponibilizou poucas informações contábeis e operacionais, conforme o Quadro 5.23.

Quadro 5.23 – Informações seletas da GH Tecnologia Ltda. (em R$ milhões)

Informações seletas	2016	2017	2018
ROL	30	20	10
EBITDA	8	5	2
Dívidas com bancos (31/12/2018)	1	3	8
Disponibilidades (31/12/2018)	7	2	0,1
Número de funcionários	120	110	100

Empolgado com as perspectivas, gentilmente, o STB se ofereceu para ajudar a Lispector a fazer as simulações financeiras (FOC e VPL) da Transação. Vislumbrando uma parceria frutífera com o STB, a Lispector também compartilhou seu cenário base com o STB e não achou necessário contratar um assessor de M&A e jurídico para a Transação.

Cenário Aquisição da GH Soluções Inteligentes Ltda.

Em *workshop* conjunto com STB e Lispector, ambos discutiram as premissas de projeção do volume de vendas, PMU, CMU, CAR e estoques do cenário aquisição, conforme o Quadro 5.24.

Quadro 5.24 – Premissas cenário aquisição

Ano	Var. vol. vendas (unidades)	Var. PMU bruto (R$/ um)	Var. CMU (R$/ un)	Desp. admin. (%ROL)	CAR (%ROL em 31/12/A)	Invest. (% Deprec. & Amort. T-1)
2018H	25%	-14%	-7%	20%	57,1%	90%
2019	40%	0%	-25%	15%	50%	150%
2020	30%	-5%	-5%	15%	45%	150%
2021	25%	-8%	-5%	15%	40%	150%
2022	25%	-5%	-5%	10%	35%	120%
2023	20%	-5%	-5%	10%	30%	120%

continua

continuação

Ano	Var. vol. vendas (unidades)	Var. PMU bruto (R$/ um)	Var. CMU (R$/ un)	Desp. admin. (%ROL)	CAR (%ROL em 31/12/A)	Invest. (% Deprec. & Amort. T-1)
2024	15%	-5%	-5%	10%	25%	120%
2025	12%	-5%	-5%	8%	25%	100%
2026	10%	0%	-5%	8%	25%	100%
2027	8%	0%	-5%	8%	25%	100%
2028	6%	0%	0%	8%	25%	100%
2029	4%	0%	0%	8%	25%	100%

Essas premissas indicavam uma reversão significativa em relação ao cenário base. O crescimento previsto para as vendas seria muito maior. A queda de preços persistiria, porém a taxas menores, acompanhadas pela queda na mesma proporção do CMU, exceto em 2019, quando o CMU já teria uma queda de 25%. A drástica queda no CMU em 2019 seria fruto da internalização da margem da GH na Lispector.

Como consequência dessas premissas, o volume de vendas seria aproximadamente multiplicado por seis vezes, chegando a 57,6 mil impressoras em 2029, quando a ociosidade era projetada em 4%! A receita bruta quadruplicaria de R$ 70 milhões em 2018 para R$ 287 milhões em 2029. No mesmo período, o lucro bruto aumentaria de R$ 35 para R$ 187 milhões. A margem bruta aumentaria de 50% para 65%. Ou seja, a transação conseguiria atingir dois objetivos estratégicos aparentemente antagônicos: crescer vendas e crescer margens ao mesmo tempo. O sonho de todo o empresário!

Quadro 5.25 – Cenário aquisição: projeção da receita e margem bruta

Produção & vendas	2018	2019	2020	2021	2022	2023	2029
Capacidade instalada (un./ano)	60.000	60.000	60.000	60.000	60.000	60.000	60.000
Volume vendas (un./ano)	10.000	14.000	18.200	22.750	28.438	34.125	57.563
Volume vendas (var. anual)		40%	30%	25%	25%	20%	4%
Ociosidade (%)	83%	77%	70%	62%	53%	43%	4%
PMU (R$/un.)	7.000	7.000	6.650	6.118	5.812	5.521	4.983
PMU (var. anual)		0,0%	-5,0%	-8%	-5%	-5%	0%
CMU (R$/un.)	(3.500)	(2.625)	(2.494)	(2.369)	(2.251)	(2.138)	(1.741)
CMU (var. anual)		-25,0%	-5,0%	-5,0%	-5,0%	-5,0%	0%
DRE (R$ milhões)	**2018**	**2019**	**2020**	**2021**	**2022**	**2023**	**2029**
Receita operacional líquida (ROL)	70,0	98,0	121,0	139,2	165,3	188,4	286,8

continua

continuação

Produção & vendas	2018	2019	2020	2021	2022	2023	2029
Lucro bruto	35,0	61,3	75,6	85,3	101,3	115,5	186,6
Margem bruta (%ROL)	50%	63%	63%	61%	61%	61%	65%
Lucro bruto médio (R$/un)	3.500	4.375	4.156	3.749	3.561	3.383	3.242

Adicionalmente, a STB e a Lispector estimaram que:

- As despesas com vendas seriam mantidas no patamar que 2018 (10% do ROL).
- Despesas com depreciação e amortização aumentariam de 5% para 6% do AFB a partir de 2019.
- O potencial ganho no poder de barganha com os fornecedores reduziria o "giro médio" dos estoques em 80% e o prazo médio" dos fornecedores também poderia aumentar em 20% a partir de 2019.
- Com a entrada em um novo mercado (componentes) e com o aumento do endividamento, o risco dos sócios (medido pelo beta desalavancado) poderia aumentar em 30% a partir de 2019. Ou seja, o WACC aumentaria de 10,3% do cenário base para 11,5% no cenário aquisição.

Essas premissas produziriam uma projeção de fluxo operacional de caixa bem mais auspiciosa do que a do cenário base (Figura 5.3).

Projeção do FOC – Cenário Base e Aquisição

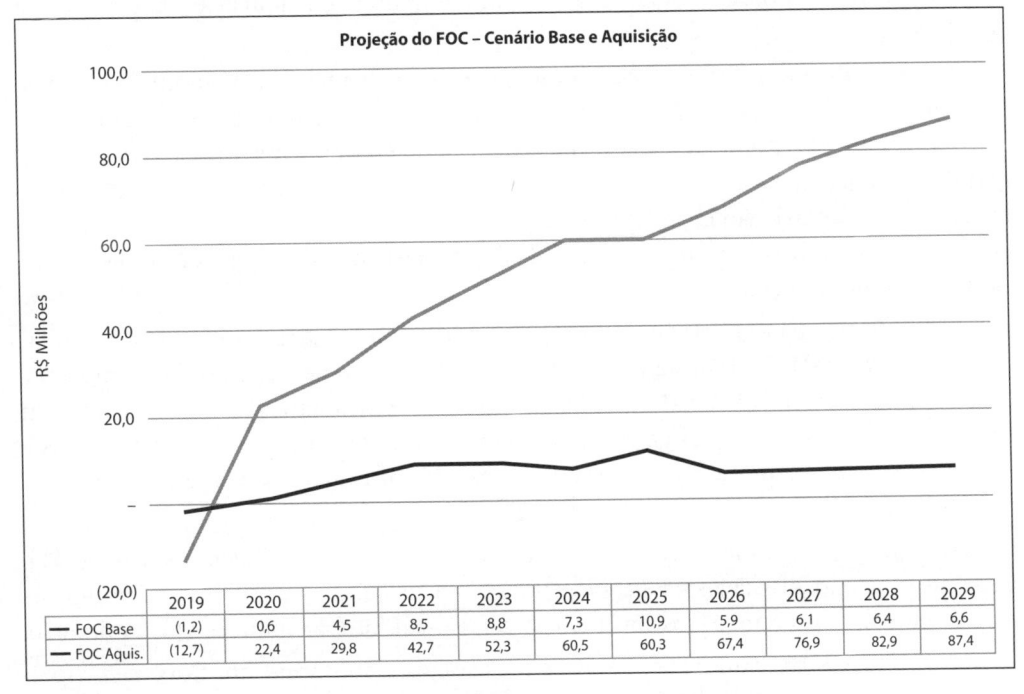

	2019	2020	2021	2022	2023	2024	2025	2026	2027	2028	2029
FOC Base	(1,2)	0,6	4,5	8,5	8,8	7,3	10,9	5,9	6,1	6,4	6,6
FOC Aquis.	(12,7)	22,4	29,8	42,7	52,3	60,5	60,3	67,4	76,9	82,9	87,4

Figura 5.3 – Cenários base e aquisição: projeção do fluxo operacional de caixa.

Por fim, apesar da elevação do WACC e do investimento de R$ 40 milhões na Transação, o VEE da Lispector no cenário aquisição aumentaria para R$ 487 milhões contra os R$ 55 milhões do cenário base. O múltiplo de VEE/EBITDA seria de 25,2 vezes, ou seja, mais que o dobro dos *peers* (9,1 vezes).

O cenário aquisição parecia um sonho bom demais para ser verdade. Um autêntico *"no brainer"*. Em reunião, os sócios da Lispector questionaram o otimismo da STB com os resultados. Mas a resposta foi: "ok, se estivermos errados em 50%, ainda é um excelente negócio!" E completaram: "estamos tão confiantes que vamos ajudá-los a fazer a transação com o financiamento de R$ 24 milhões. É pegar ou largar! Vocês têm de decidir hoje até a meia-noite, se não venderemos para o outro interessado".

O "outro interessado" seria o Kafka? Se fosse, seria o fim da Lispector. A transação exigiria um aporte de capital por parte dos sócios de R$ 3 milhões, que poderia ter sido ainda maior se não fossem as sinergias e o fluxo de caixa já em 2019. Se tudo corresse bem e as projeções se confirmassem, em 2020 o fluxo livre de caixa já seria positivo em R$ 9 milhões que poderiam ser distribuídos como dividendos!

Não tinha mais o que pensar, era hora de fazer.

A aquisição da GH

A transação prometia ser um marco na história da Lispector: a empresa antes e depois da transação. E foi realmente o que aconteceu, mas para pior.

Seis meses após ter celebrado o contrato de aquisição, pago o valor e contratado o financiamento com o STB, a Lispector se deu conta de que a aquisição da GH foi um erro fatal...

Todos os diagramas técnicos do componente e os clientes da GH foram "roubados" por um grupo de ex-funcionários insatisfeitos com a gestão anterior. Em contato diário com os clientes, esse grupo de técnicos detinha o *know-how* para melhorar o componente, mas não compartilharam com a GH, pois a gestão do STB foi particularmente dura com os recursos humanos, não reconhecendo as "pratas da casa". O STB acreditava que todo o *know-how* havia morrido com o fundador da empresa e não se deu conta de que estes funcionários eram essenciais.

Os ex-funcionários montaram sua própria empresa e se tornaram concorrentes imediatos da Lispector/GH. E foram além: melhoraram as especificações técnicas do componente e reduziram seu preço. Adicionalmente, esses e outros ex-funcionários da GH entraram com processos trabalhistas que obrigaram a Lispector a contratar mais pessoas para seu RH e jurídico. Ou seja, a suposta sinergia nas despesas administrativas na verdade se transformou em sinergia negativa!

Ao fim, além de um novo concorrente, a Lispector herdou contingências tributárias e trabalhistas não identificadas na *due diligence* estimadas em R$ 15 milhões (incluindo encargos e juros), que seriam pagos em cinco parcelas anuais de R$ 3 milhões a partir de 2020.

As premissas tiveram de ser revistas e os sócios elaboraram um novo cenário, o *Day After*. Veja no Quadro 5.26.

Quadro 5.26 – Premissas do cenário *Day After*

Ano	Var. vol. vendas	Var. PMU bruto	Var. CMU	D. admin. (%ROL)	CAR/ROB (31/12/A)
2019	25%	0%	-10,0%	25%	57,1%
2020	25%	-5%	-2,5%	25%	57,1%
2021	18%	-10%	-5%	25%	57,1%
2022	18%	-12%	-6%	20%	57,1%
2023	14%	-15%	-7,5%	20%	57,1%
2024	12%	-12%	-10%	18%	57,1%
2025	8%	-10%	-7%	18%	57,1%
2026	6%	0%	0%	15%	57,1%
2027	4%	0%	0%	15%	57,1%
2028	4%	0%	0%	15%	57,1%
2029	4%	0%	0%	15%	57,1%

Todas as demais premissas seguiram aquelas do cenário base e as projeções resultantes foram desastrosas: a ociosidade não se reduziria significativamente até 2029; e mesmo mantendo o WACC do Cenário M&A (11,5%), o VEE seria reduzido para R$ 4 milhões NEGATIVOS!

O Quadro 5.27 resume os principais resultados dos três cenários.

Quadro 5.27 – Comparação entre os principais indicadores dos três cenários

	Unidade	Base	M&A	Var. M&A × base	Day After	Var. day after × base
Ociosidade (2029)	% Cap. Total	52%	4%		40%	
PMU (2029)	R$/un.	3.546	4.983	41%	3.707	5%
CMU (2029)	R$/un.	2.359	1.741	-26%	2.359	0%
ROL (2029)	R$ milhões	103	287	178%	133	29%
Margem Bruta (2029)	%ROL	49%	65%		36%	
EBITDA (2029)	R$ milhões	24	149	519%	29	19%

continua

continuação

	Unidade	Base	M&A	Var. M&A × base	Day After	Var. day after × base
Margem EBITDA (2029)	%ROL	23%	52%		22%	
FOC (2029)	R$ milhões	6,6	87	1220%	6,9	4%
WACC	% ao ano	10,3%	11,5%		11,5%	
VEE	R$ milhões	**55**	**487**	786%	**(4)**	-107%
VEE / EBITDA (2018)		3	25		(0,2)	3
EV / EBITDA (*peers*)		9	9		9	9
VP Dívida total	R$ milhões	(30)	(52)		(67)	(30)
ICSD 31/12/2019		4,2	2,0		1,1	4,2
VEA	R$ milhões	**34**	**444**	1203%	**(62)**	34

O cenário *Day After* não deixou dúvidas: a GH quebrou a Lispector. A transação havia "assassinado" a Lispector.

Para reequilibrar a Lispector, os sócios precisariam aportar R$ 75 milhões ao longo dos próximos quatro anos, dos quais R$ 35 milhões só em 2019.

E de quem era a culpa?

Reflexões sobre os erros da transação

Ex-post é fácil falar, mas é crucial aprender com os erros, especialmente considerando que eles custaram muito caro. Aqui podemos listar alguns:

- Sob forte pressão do STB e com medo da Kafka, a Lispector não fez a *due diligence* e tampouco se protegeu no contrato de compra e vendas de cotas contra contingências.

- Não foi feito uma *due diligence* de pessoas. Afinal, quem era quem? Quais eram os funcionários críticos que deveriam ser valorizados e objeto de contratos de retenção? Ou seja, em uma empresa onde o intangível é crucial (pessoas e relacionamentos com clientes), este não foi devidamente endereçado pela Lispector.

- Os sócios confiaram demais na STB. Abriram o cenário base e construíram juntos o cenário aquisição. Ficaram tocados com o financiamento da aquisição, mas não se deram conta de que o risco que o STB estava correndo era baixo com as garantias exigidas. Além do mais, o STB deve ter tido um lucro muito bom na venda de suas cotas para a Lispector.

- A Lispector não fez a avaliação econômico-financeira da GH! Ela sequer usou os poucos dados históricos que lhe foram dados pelo STB. Uma análise bem superficial dos dados de 2018 indicaria que, primeiro, a GH estava quebrada, pois seu IA era de 4,0 e não havia muito dinheiro na tesouraria (R$ 100 mil em 31/12/2018). Segundo, o valor pago pela GH era excessivamente caro: 20 vezes o EBITDA de 2018! A Lispector, com faturamento sete vezes maior, era avaliada a um múltiplo VEE/EBITDA de 2,8 vezes!

Quadro 5.28 – Análise dos indicadores da GH

	Lispector	GH
ROL (2018)	70,0	10,0
Valor da empresa	55	40
# Funcionários	200	100
EBITDA (2018)	19,4	2,0
Margem EBITDA (%ROL)	28%	20%
EBITDA (2018)/Funcionário	109,0	10,0
Valor da empresa/Funcionário	96,8	20,0
Valor da empresa/EBITDA	2,8	20,0
Índice alavancagem 2018 (<3,5)	1,6	4,0

Ao acatar o preço de R$ 40 milhões pela GH, a Lispector incorreu em um erro que eu denomino "Maldição do Estrogonofe". Imagine que o melhor restaurante de São Paulo venda um prato de estrogonofe por R$ 300,00 por pessoa. E que esse preço considere uma porção com 200 gramas de filé mignon. Imagine, ainda, que no melhor açougue de São Paulo o quilo do filé mignon custe R$ 100,00, ou seja, R$ 20,00 por 200 gramas. O que a Lispector fez foi pagar ao açougueiro não o valor de mercado do estrogonofe, mas sim um preço proporcional ao valor do prato servido no restaurante. Ou seja, a GH não foi comprada por quanto ela valia em si, mas por quanto ela agregaria à Lispector. Os sócios entenderam que a avaliação da Lispector no cenário aquisição era de R$ 487 milhões, já líquidos dos R$ 40 milhões da GH e executaram a transação.

E, agora, havia alguma esperança para a Lispector? Como salvá-la?

Possíveis soluções para a Lispector

A projeção do fluxo operacional de caixa, o serviço das dívidas e o fluxo livre de caixa não deixavam dúvidas: era preciso renegociar com o STB e o BNDES, que, por ser um banco público, é bem mais difícil de renegociar (Quadro 5.29).

Quadro 5.29 – Cenário *Day After*: projeção do fluxo livre de caixa (R$ milhões)

	2019	2020	2021	2022	2023
Receita operacional líquida	87,5	103,9	112,8	119,8	116,1
Lucro bruto	**43,8**	**50,6**	**53,0**	**53,5**	**46,2**
Margem bruta	**50%**	**49%**	**47%**	**45%**	**40%**
EBITDA	**20,0**	**21,7**	**21,8**	**26,4**	**20,8**
Margem EBITDA	**22,9%**	**20,9%**	**19,3%**	**22,0%**	**17,9%**
Investimentos mínimos anuais	(8,0)	(10,4)	(11,3)	(9,8)	(10,6)
Investimento aquisição	(40,0)				
IR&CS pré-alavancagem	(4,5)	(4,8)	(4,6)	(6,0)	(3,9)
Var. líq. capital giro	(12,5)	(12,1)	(6,9)	(5,9)	1,1
Fluxo operacional de caixa	**(45,0)**	**(5,6)**	**(1,1)**	**4,7**	**7,5**
Evolução endividamento	**31/12/19**	**31/12/20**	**31/12/21**	**31/12/22**	**31/12/23**
Saldo dívida BNDES	27,0	24,0	21,0	18,0	15,0
Amortização dívida BNDES	(3,0)	(3,0)	(3,0)	(3,0)	(3,0)
Desp. fin. BNDES	(1,1)	(1,0)	(0,9)	(0,8)	(0,7)
Serviço da dívida BNDES	**(4,1)**	**(4,0)**	**(3,9)**	**(3,8)**	**(3,7)**
Saldo dívida STB	16,0	8,0	-	-	-
Amortização dívida STB	(8,0)	(8,0)	(8,0)	-	-
Desp. fin. STB	(4,0)	(2,4)	(0,8)	-	-
Serviço da dívida STB	**(12,0)**	**(10,4)**	**(8,8)**	**-**	**-**
Serviço da dívida total	**(16,1)**	**(14,4)**	**(12,7)**	**(3,8)**	**(3,7)**
Fluxo livre de caixa	**2019**	**2020**	**2021**	**2022**	**2023**
Fluxo operacional de caixa	(45,0)	(5,6)	(1,1)	4,7	7,5
Amortização dívida BNDES	(3,0)	(3,0)	(3,0)	(3,0)	(3,0)
Desp. fin. BNDES	(1,1)	(1,0)	(0,9)	(0,8)	(0,7)
Novas captações	24,0				
Amortização dívida AF	(8,0)	(8,0)	(8,0)	-	-
Desp. fin. AF	(4,0)	(2,4)	(0,8)	-	-
Contingências		(3,0)	(3,0)	(3,0)	(3,0)
IR&CS pré-alavancagem	4,5	4,8	4,6	6,0	3,9
IR&CS pós-alavancagem	(2,7)	(3,7)	(4,0)	(5,7)	(3,6)
Fluxo livre de caixa (FLC)	**(35,4)**	**(21,8)**	**(16,2)**	**(1,8)**	**1,0**

A primeira iniciativa da Lispector foi recorrer ao STB. Os sócios solicitaram ao STB que alongasse o prazo de amortização e reduzisse a taxa de juros (cinco vezes maior do que a taxa paga ao BNDES). A posição do STB foi um sonoro não. Eles tinham boas garantias e aparentemente não estavam preocupados em reaver seu dinheiro.

A segunda iniciativa dos sócios foi abordar os ex-funcionários que haviam montado a empresa de componentes. Propuseram-lhes unir forças, algum tipo de parceria estratégica que pudesse restabelecer a vantagem competitiva da Lispector. A posição dos ex-funcionários também foi um sonoro não.

A terceira iniciativa, e a mais difícil, foi abordar a Kafka sobre uma possível venda de até 100% das cotas, com um valor a ser acordado entre as partes. Kafka declinou a oferta, pois percebeu que o tempo corria a seu favor. Para que assumir um risco deste tamanho? R$ 69 milhões considerando as dívidas e os passivos trabalhistas já conhecidos.

Sem recursos e já alavancados na pessoa física por causa da transação, os sócios não viram alternativa a não ser recorrer a uma Recuperação Judicial ("RJ"). As projeções indicavam que para a Lispector conseguir se reerguer, o desconto na dívida teria de ser substancial, em particular no caso do STB, uma vez que a dívida do BNDES era longa e com juros razoáveis.

CASO QUIXOTE: REESTRUTURAÇÃO FINANCEIRA[14]

Temas abordados: alavancagem financeira e negociação de ativos em crise de liquidez; análise de cenários.

Introdução

O Caso Quixote tem como protagonista uma empresa de varejo de eletrodomésticos. Trata-se de uma das indústrias mais dinâmicas e complexas, por ser um setor de baixas barreiras à entrada, e, por conseguinte, margens líquidas pequenas, no qual um lucro líquido equivalente a 5% da receita bruta (margem líquida) seria considerado muito satisfatório. Número de lojas, *layout*, marca forte, conveniência de atendimento e localização, segmentação e serviços são fatores competitivos importantes para a diferenciação da empresa e sua rentabilidade. Em muitos ramos do varejo, como os de eletroeletrônicos e roupas, a sazonalidade das vendas é muito acentuada, e a administração do capital de giro é a chave para a rentabilidade. No varejo de roupas, por exemplo, as vendas se concentram em maio (Dia das Mães), junho (Dia dos Namorados), agosto (Dia dos Pais), além do Natal. No de eletrodomésticos, a maior parte das vendas ocorre em três semanas do ano: uma no Dia das Mães e duas no Natal.

Outra peculiaridade do setor é que os comerciantes, especialmente varejistas, normalmente têm pouco dinheiro investido em ativos imobilizados, pois suas lojas com frequência são alugadas de terceiros. Seus ativos imobilizados são basicamente estantes, computadores,

---

[14] Parte significativa do conteúdo a seguir provém de Luzio (2015) e inclui adaptações e textos inéditos pertinentes ao contexto de fusões e aquisições.

sistemas e alguma infraestrutura de comunicação entre o centro administrativo e os pontos de venda (PDV).

Outra característica do setor é o fato de as aplicações e fontes de recursos dos varejistas normalmente estarem concentradas em contas dos ativos e passivos circulantes. Mais precisamente nas contas de capital de giro, como contas a receber e estoques, no ativo circulante; e conta fornecedores (ou contas a pagar) no passivo circulante.

Selecionamos o caso Quixote por sua complexidade no que se refere à estimativa de valor da empresa e às questões relacionadas à alavancagem financeira e negociação de ativos em crise de liquidez. Embora seja um caso que se passou há alguns anos e a legislação brasileira sobre falências tenha mudado para melhor, optamos por manter o caso no seu formato original justamente por exigir um esforço analítico e negocial maior.

Estratégias de crescimento e valor

> Repare se seus julgamentos objetivos não são, no fundo, subjetivos.
>
> Schopenhauer *Apud* Safranski (1991)

Em 1994, anos após sua inauguração, a Quixote era marca consolidada com cem ótimas lojas nas maiores cidades de Minas Gerais, faturando o equivalente a R$ 800 milhões por ano. O crescimento veio com novas praças e, por conseguinte, novos concorrentes. O *mix* de vendas tinha se expandido para incluir eletroeletrônicos, computadores, móveis etc. A margem bruta caiu para 21%, um pouco em relação aos bons tempos da garagem (37,5%), mas os resultados eram muito bons: lucro líquido de R$ 36 milhões por ano, equivalente a 4,5% do faturamento bruto. Ao fim de 1994, a operação havia mudado de patamar e complexidade (Quadro 5.30).

Quadro 5.30 – Demonstrativo de resultados de 1994 (R$ milhão)

	1994	% ROB
ROB	800	100%
Lucro bruto	168	21%
Despesas com vendas	-80	-10%
Despesas administrativas	-25	-3,2%
EBITDA	63	7,9%
Depreciação	-11	-1,4%
EBIT	52	6,4%
Receita financeira	3	0,4%
Lair	54	6,8%
Lucro líquido	36	4,5%

O patrimônio líquido da Quixote somava R$ 116 milhões. A carteira de recebíveis tinha um saldo equivalente a 5% da receita bruta em 1994. Nessa carteira, a Quixote não cobrava juros, pois considerava que eram seus melhores clientes, e, de fato, a inadimplência era praticamente nula. O saldo da conta fornecedores acumulava R$ 124 milhões, refletindo a confiança que estes depositavam na administração do sr. Quixote e no seu caixa acumulado em R$ 64 milhões (31 de dezembro de 1994). Veja o Quadro 5.31.

Quadro 5.31 – Balanço patrimonial em 31 de dezembro de 1994

Total do ativo	240	Total do passivo e PL	240
Aplicações	64	Fornecedores	124
Contas a receber	40	Bancos	–
Estoques	74	Patrimônio líquido	116
Ativo imobilizado bruto	143	Capital social	10
Ativo imobilizado líquido	62	Lucros acumulados	106

Até então, a Quixote mantinha uma política financeira conservadora: não tinha dívidas com bancos, distribuía poucos dividendos (15% do lucro líquido) e acumulava caixa para levar tranquilidade a seus fornecedores, com quem mantinha excelentes relações havia décadas. Enfim, a Quixote era muito capitalizada.

O sr. Quixote já estava ficando idoso, e seu filho, Sancho, repleto de energia e novas ideias, começou a questionar o pai sobre o futuro. O lucro líquido da Quixote em 1994 foi equivalente a 4,5% da receita bruta. Para Sancho, este indicador refletia uma rentabilidade muito limitada. O pai o lembrava de que, em relação ao patrimônio líquido, a rentabilidade equivalia a 31% ao ano! Esse alto retorno era consequência da alavancagem financeira que os recursos dos fornecedores propiciavam à Quixote e a tantas outras empresas de varejo. Dos R$ 240 milhões em fontes de recursos disponíveis em 31 de dezembro de 1994, R$ 124 milhões (52%) originavam-se dos fornecedores. Ou seja, para cada R$ 1,00 de recursos disponíveis à empresa, R$ 0,48 provinham do acionista.

Mesmo com essas explicações sobre os "segredos" da geração de valor no varejo, sr. Quixote não conseguia convencer seu filho de que a empresa era muito rentável e sua estratégia de negócios era a mais apropriada. O Brasil estava mudando. O Plano Real, instaurado pelo então ministro da Fazenda, Fernando Henrique Cardoso, controlou a inflação e valorizou o real em relação ao dólar. O Brasil e sua economia estavam mudando. O setor varejista não seria exceção.

Sancho percebia essa mudança e insistia em procurar outras maneiras de crescer a operação e, ao mesmo tempo, aumentar sua rentabilidade. Queria saber quanto valia a Quixote e que ações estratégicas poderiam ser executadas para gerar mais valor aos acionistas. Persistente, acabou convencendo o pai a contratar uma consultoria estrangeira de planejamento estratégico para responder às suas questões. Do seu lado, sr. Quixote poderia usar a análise estratégica para elaborar um plano de sucessão que não comprometesse o futuro da empresa.

A consultoria elaborou uma análise da posição de mercado atual da Quixote, possíveis estratégias de crescimento e seus impactos sobre o valor econômico agregado aos acionistas; e procurou identificar e entender o comportamento dos fatores críticos de sucesso do setor varejista nos curto e longo prazos. Uma rede varejista depende do atendimento ao consumidor, bem como do *mix* de produtos, do prazo de fornecimento, do custo de entrega, dos custos fixos e de estocagem. Para tanto, a consultoria visitou várias lojas da Quixote e de seus concorrentes. Experimentou comprar produtos na Quixote e em seus concorrentes, vivenciando a experiência da compra e da troca da mercadoria, prestando atenção ao atendimento, ao tempo gasto na hora de pagar, às possibilidades de parcelamento das compras. Conversou com os consumidores que tinham acesso às lojas da Quixote e às de seus concorrentes. Foi uma excelente maneira de vivenciar que sistemas, treinamento de pessoas e atendimento eram críticos para o sucesso no varejo. Com base no entendimento da posição de mercado da Quixote, a consultoria elaborou uma série de premissas sobre as tendências do setor varejista e da operação da empresa. A estrutura da projeção baseava-se em algumas variáveis estratégicas típicas de uma empresa de varejo: o número de lojas (e, por consequência, de área de vendas), o faturamento bruto por metro quadrado de área de loja (ROB/m^2), a margem bruta, as despesas com vendas, as despesas administrativas, o prazo médio das contas a receber, os estoques, os fornecedores, e o investimento em ativos fixos. No caso da Quixote, os consultores adotaram os métodos de projeção apresentados no Quadro 5.32.

Quadro 5.32 – Premissas para a projeção do fluxo operacional de caixa da Quixote

Variáveis	Premissas para projeção
Período de projeção explícito	Cinco anos (de 1995 a 2000), em moeda constante, ou seja, considerando que os efeitos da inflação sobre custos e receitas da empresa se anulariam no longo prazo. Essa era uma premissa com frequência adotada por várias consultorias e bancos de investimentos, principalmente no Brasil do Plano Real.
Avaliação do período implícito	Perpetuidade simples.
ROB	Primeiro, assumiu-se uma taxa de crescimento da ROB/m^2 médio. Depois, multiplicou-se esta taxa pela área de vendas, que, por sua vez, foi determinada pelo número de lojas multiplicada pela área de cada loja.
Impostos diretos	Adotou-se a média de 17%, que refletia o ICMS médio, PIS e Cofins.
CMV	Adotou-se uma proporção, em percentual fixo ou variável, dependendo do cenário, do CMV em relação à ROB, da intensidade da concorrência e/ou da estratégia de preços e venda. A margem bruta foi reduzida em cenários mais agressivos de crescimento da rede de lojas e/ou concorrência acirrada.

continua

continuação

Variáveis	Premissas para projeção
Despesas com vendas*	Por incluir comissões aos vendedores e gastos com propaganda e marketing, definiu-se uma proporção com a ROB, em percentual variável ou fixo, dependendo da premissa sobre a estratégia de vendas e o ambiente competitivo. A PDD foi projetada à parte, como um percentual, fixo ou variável, do saldo das contas a receber.
Despesas administrativas**	A princípio, definiu-se uma quantia fixa em reais por ano, mas, dependendo do cenário, esse valor cresceu, por exemplo, com a expansão da empresa.
Contas a receber	Projetaram-se os saldos em 31 de dezembro, em função da ROB (dias de ROB). O prazo médio variou com as premissas sobre estratégias de venda e ambiente competitivo.
Estoques	Projetaram-se os saldos em 31 de dezembro, em função do CMV (dias de CMV). O prazo médio variou com as premissas sobre estratégias de venda, dimensão da rede de lojas e ambiente competitivo.
Fornecedores	Projetaram-se os saldos em 31 de dezembro, em função do CMV (dias de CMV). O prazo médio variou com as premissas sobre poder de barganha com os fornecedores.
Investimentos	Dois componentes: manutenção (um valor fixo em reais por ano) e novas lojas (valor fixo em reais pela abertura de cada nova loja).
IR&CS desalavancado	Para o IR&CS desalavancado, computaram-se 33% sobre o Ebit. Para o IR&CS alavancado (do DRE), computaram-se 33% sobre o Lair.
Despesas financeiras	Despesa de juros sobre empréstimos bancários, no cenário que previa endividamento.
Receitas financeiras	Receita de juros de 10% sobre o saldo médio das disponibilidades.
Distribuição de dividendos	Percentual fixo ou variável, dependendo do cenário, sobre o lucro líquido.

* Despesas com vendas incluem gastos com a força de vendas, comissões, propaganda e publicidade, perdas com valores a receber e provisões para possíveis perdas (PDD). Como uma reserva de caixa constituída pela empresa para se proteger de possíveis perdas em suas vendas a prazo, a PDD compõe as despesas com vendas do DRE e é uma conta redutora do contas a receber do AC. Similar à depreciação e amortização, PDD não é uma despesa de natureza caixa, mas, sim, de competência. Se a PDD se provar desnecessária, pode ser revertida integrando a conta "outras receitas operacionais" do DRE. Caso a provisão realmente caracterize uma perda, seu valor deve integrar a conta "outras despesas operacionais" do DRE.

** Despesas administrativas relacionam-se à direção e à gestão da empresa, a material de escritório, despesas legais e judiciais, utilidades e serviços, ocupação (aluguel, condomínio, IPTU, água e esgoto, telefone, seguros etc.), auditoria, depreciação de máquinas e equipamentos utilizados pelo departamento administrativo.

A consultoria, então, elaborou um conjunto de projeções de resultados em três cenários operacionais e estimou o valor da Quixote por meio da metodologia do fluxo descontado de caixa (FDC). Sob o ponto de vista dos consultores, foram elaborados três cenários:

"conservador", "moderado" e "revolucionário". Os consultores fizeram uma apresentação da análise ao sr. Quixote e seu filho em suas luxuosas instalações. Foi uma apresentação que mudou a vida de ambos para sempre.

Primeiro cenário: base

A primeira simulação foi batizada de "cenário base", no qual a empresa cresceria apenas vegetativamente com o crescimento da população, sem abrir novas lojas nem alterar sua rentabilidade e a estrutura de fontes de recursos. A ideia era estimar o valor da Quixote se nada significativo fosse feito interna ou externamente, se nada mudasse na administração, nos pontos de venda, na concorrência e nas suas vendas. As principais hipóteses eram:

- manutenção das atuais 100 lojas, sem abrir nenhuma nova;
- ROB/m^2 aumentaria com o crescimento da população (cerca de 2% ao ano);
- recolhimento de 17% da receita operacional bruta para pagar os impostos diretos;
- manutenção da margem bruta constante ao equivalente a 21% da ROB;
- despesas com vendas mantidas nos níveis atuais (10% da ROB);
- não seria constituída nenhuma provisão para devedores duvidosos, na medida em que o volume de crédito e os prazos concedidos eram baixos (5% do faturamento bruto) e concedidos mediante uma rigorosa análise de crédito;
- despesas administrativas mantidas no nível de 1994 (R$ 25 milhões por ano);
- recolhimento de 33% de IR&CS sobre Ebit;
- manutenção dos prazos médios de capital de giro (5% da ROB para recebíveis, 15% do CMV em estoques [equivalentes a cerca de 55 dias], 25% do CMV em fornecedores [ou 91 dias]);
- investimento mínimo em ativos fixos de R$ 3 milhões por ano referentes às benfeitorias em lojas e à atualização de equipamentos;
- taxa de depreciação média de 8% ao ano para o ativo imobilizado bruto;
- valor residual estimado por meio de uma perpetuidade simples;
- o WACC foi estimado em 19,8%, em termos reais. Naquela época, não havia referências para estimar o custo de oportunidade do capital próprio. Os consultores basearam-se em referências norte-americanas e adicionaram um prêmio que consideravam apropriado para o Brasil de 1994;
- como estrutura de capital, a princípio, consideraram-se 100% dos recursos advindos de capital (sem dívidas bancárias).

Ao fim de seis anos de projeção, a Quixote faturaria cerca de R$ 901 milhões, gerando lucros de R$ 62 milhões. O ganho de escala advindo das vendas crescentes com o mesmo nível de despesas fixas aumentaria o EBITDA de 7,9% da ROB para 8,2%.

Quadro 5.33 – Cenário base: projeção do demonstrativo de resultados

	1994	1995	1996	2000
Área total de vendas (m^2)	80.000	80.000	80.000	80.000
ROB/m^2	10.000	10.200	10.404	11.262
Δ ROB/m^2		2%	2%	2%
ROB (R$ milhão)	**800**	**816**	**832**	**901**
Lucro bruto	168	171	175	189
EBITDA	**63**	**65**	**67**	**74**
% EBITDA/ROB	7,9%	7,9%	8%	8,2%
Depreciação	-11	-12	-12	-13
Receita financeira	3	6	11	32
IR&CS	-18	-20	-22	-31
Lucro líquido	36	40	44	62

Projetou-se também o balanço patrimonial, e todo o fluxo livre de caixa foi acumulado na conta aplicações, no ativo circulante, que renderia receitas financeiras de 10% ao ano.[15]

Quadro 5.34 – Cenário base: projeção do balanço patrimonial (R$ milhões)

	31/12/1994	31/12/1995	31/12/1996	31/12/2000
Total do ativo	**240**	**277**	**317**	**514**
Aplicações	64	107	154	**379**
Contas a receber	40	41	42	45
Estoques	74	76	77	84
Ativo imob. líquido	62	53	44	6
Total do passivo e PL	**240**	**277**	**317**	**514**
Fornecedores	124	126	129	140
Patrimônio líquido	116	150	187	**374**
Capital social	10	10	10	10
Lucros acumulados	106	140	177	364

---

[15] Ao construir esta projeção em uma planilha de *Excel*, estimamos a receita financeira sobre o saldo da conta "Aplicações" no ano anterior, evitando a circularidade da fórmula. Caso contrário, as contas Patrimônio Líquido, Aplicações e Lucro Líquido estariam sendo calculadas em circularidade.

Ou seja, sem distribuir dividendos, ao fim da projeção explícita (31 de dezembro de 2000), a Quixote teria ativos de R$ 514 milhões e um patrimônio líquido de R$ 374 milhões. A geração operacional de caixa estava estimada em R$ 51 milhões ao fim da projeção.

Quadro 5.35 – Cenário base: projeção do fluxo operacional de caixa

	1995	1996	2000
EBITDA	**65**	67	**74**
IR & CS Efetivo	-18	-18	-20
Contas a Receber	41	42	45
Δ Contas a Rec.	1	1	1
Estoques	76	77	84
Δ Estoques	1	2	2
Fornecedores	126	129	140
Δ Fornecedores	2	3	3
Δ Capital de Giro	0	0,2	0,2
Investimentos	-3	-3	-3
Fluxo Oper. Caixa	**44**	46	**51**

Considerando uma perpetuidade simples e descontado o fluxo de caixa a valor presente utilizando 19,8% de taxa de desconto, em moeda constante,[16] os consultores estimaram o valor econômico da Quixote para seus acionistas, no cenário base, ao equivalente a R$ 309 milhões a valores de 31 de dezembro de 1994 (incluindo o saldo de R$ 64 milhões nas aplicações).

Comparada com o ano-base da projeção, 1994, essa estimativa de valor representa um prêmio de cerca de 270% do patrimônio líquido da Quixote (31 de dezembro de 1994), um múltiplo de 4,9 vezes do EBITDA e 8,5 vezes do lucro líquido daquele ano.

Sr. Quixote e seu filho ficaram desapontados com o resultado dessa estimativa. Ao analisarem a evolução das projeções até o ano 2000, perguntaram-se como uma empresa com projeção de alcançar um faturamento de R$ 901 milhões por ano, acumulando um patrimônio líquido de R$ 374 milhões e com R$ 379 milhões em aplicações, poderia valer só R$ 309 milhões. Parecia muito pouco! Sr. Quixote não se sensibilizou com o argumento do consultor de que essas projeções poderiam ser consideradas conservadoras, pois não previam nenhuma mudança na concorrência mantendo as margens constantes. Nessa análise de sensibilidade, quando se diminuiu a margem bruta em um ponto percentual (a partir de 1995), o VEA da Quixote foi reduzido para R$ 276 milhões, ou seja, um impacto

---

[16] Naquela época, os consultores se basearam em referências norte-americanas e adicionaram um prêmio que consideravam apropriado para o Brasil de 1995.

de R$ 33 milhões, quase 10% do valor da primeira estimativa. Em outra simulação, reduziram-se a margem bruta (19% da ROB) e o crescimento da ROB/m² em um ponto percentual, e o VEA estimado para a Quixote caiu para R$ 232 milhões. Ou seja, o impacto de um aumento na concorrência, que afetasse o faturamento e a margem da Quixote, poderia facilmente consumir 25% do seu valor.

Sr. Quixote estava inconformado. O que mais poderia ser feito? Reduzir estoques? Ele foi contra essa proposta, pois poderia significar atrasos na entrega das mercadorias aos clientes. Apenas por curiosidade, uma redução do equivalente a 55 dias de CMV para 45 aumentaria o valor da Quixote em R$ 14 milhões. Parecia muito esforço e risco para pouco valor adicional.

Entretanto, se o prazo com fornecedores aumentasse do equivalente a 91 dias de CMV para 120 (a partir de 1995), o VEA da Quixote aumentaria de R$ 37 milhões para R$ 346 milhões, ou seja, quase 12% de incremento. Isto é claro, pois são recursos dos fornecedores que entram diretamente no cálculo do FOC. O impacto dessa transferência de riqueza entre os fornecedores e a Quixote seria imediato. No entanto, os fornecedores também sabiam disso, e não concederiam nada à Quixote sem alguma contrapartida. Então, como convencer os fornecedores a aumentar o prazo de fornecimento? Um grande argumento para barganhar com os credores era ser estrategicamente mais importante para eles: ser uma grande cadeia de lojas.

Os consultores projetaram o fluxo de caixa de uma loja de 800 m² por dez anos. Partiram da hipótese de que a loja custaria R$ 1 milhão para sua montagem, entre a compra do ponto, reformas, prateleiras e equipamentos. A loja somente começaria a gerar receitas após o primeiro ano, produzindo o faturamento médio da rede (R$ 10 mil/m², crescendo 2% ao ano). As demais premissas operacionais e de capital de giro seguiriam aquelas do cenário base. As despesas administrativas e os investimentos em benfeitorias foram rateados entre as cem lojas existentes para estimar valores médios.

Quadro 5.36 – Simulação de uma nova loja média (R$ milhões)

	Ano 1	Ano 2	Ano 3	Ano 4	Ano 5	Ano 6	Ano 10
ROB	-	8	8,16	8,32	8,49	8,66	9,56
ROL	-	6,64	6,77	6,91	7,05	7,19	7,94
Lucro bruto	-	1,68	1,71	1,75	1,78	1,82	2,01
Margem bruta	-	21%	21%	21%	21%	21%	21%
Desp. com vendas	-	-0,8	-0,82	-0,83	-0,85	-0,87	-0,96
Desp. administrativas	-0,25	-0,25	-0,25	-0,25	-0,25	-0,25	-0,25
EBITDA	-0,25	0,63	0,65	0,67	0,68	0,7	0,8
% EBITDA/ROB	-	7,9%	7,9%	8%	8,1%	8,1%	8,4%
EBIT	-0,25	0,55	0,57	0,59	0,6	0,62	0,72

continua

continuação

	Ano 1	Ano 2	Ano 3	Ano 4	Ano 5	Ano 6	Ano 10
	31/12/A1	31/12/A2	31/12/A3	31/12/A4	31/12/A5	31/12/A6	31/12/A10
Investimentos	-1	-0,03	-0,03	-0,03	-0,03	-0,03	-0,03
Ativo imob. bruto	1	1	1	1	1	1	1
Ativo imob. líquido	1	0,92	0,84	0,76	0,68	0,6	0,2
CAR bruta	-	0,4	0,41	0,42	0,42	0,43	0,48
Δ CAR	-	0,4	0,01	0,01	0,01	0,01	0,01
Estoques	-	0,74	0,76	0,77	0,79	0,81	0,89
Δ Estoques	-	0,74	0,01	0,02	0,02	0,02	0,02
Fornecedores	-	1,24	1,26	1,29	1,32	1,34	1,48
Δ Fornecedores	-	1,24	0,02	0,03	0,03	0,03	0,03
Invest. capital de giro	-	0,1	-	-	-	-	-
EBITDA	-0,25	0,63	0,65	0,67	0,68	0,7	0,8
IR&CS desalavancado	-	-0,18	-0,19	-0,19	-0,2	-0,21	-0,24
Invest. cap. de giro	-	0,1	-	-	-	-	-
Investimentos	-1	-0,03	-0,03	-0,03	-0,03	-0,03	-0,03
FOC	-1,25	-0,51	0,43	0,44	0,46	0,47	0,54
VP do FOC explícito	-1,04	-0,36	0,25	0,22	0,19	0,16	0,09

A conclusão foi surpreendente: a TIR do investimento em uma nova loja foi estimada em 35%! Ou seja, cada nova loja se pagaria em cerca de quatro anos. A ajuda dos fornecedores, porém, era essencial, pois já no ano 1 eles injetariam R$ 1,24 milhão em mercadorias na loja nova, cujo valor presente líquido estava estimado em R$ 1 milhão.

Pronto! Esta era a resposta: abrir novas lojas. Que fornecedor negaria prazos para uma nova loja? Nesse ponto, havia uma conjunção de interesses entre os fornecedores e a Quixote: quanto mais lojas novas, mais se vende, e todos ficam satisfeitos.

> **NOTA TÉCNICA**
>
> Enumeram-se a seguir algumas constatações interessantes sobre a simulação de uma nova loja:
> 1. Quando acumulamos o FOC, deduzimos que a loja se pagaria no quarto ano de operação, com uma TIR de 35% ao ano. Entretanto, quando levamos em conta o custo do capital dos acionistas (19,8% ao ano), ou seja, quando acumulamos o valor presente do FOC, deduzimos que a loja se pagaria no sexto ano de operação, com uma TIR de 13%! Qual das duas deduções seria a mais correta? As duas. A primeira é o conceito original de TIR que podemos comparar o custo de oportunidade do capital. A segunda já considera o custo de oportunidade do capital e como tal é mais comparável ao conceito de *payback* composto.

2. O VPL de uma loja é estimado em R$ 1 milhão. Este seria o valor de uma loja nova, a um custo de capital de 19,8% ao ano, já deduzidos os valores de seus investimentos. É claro que esta estimativa se baseava em uma série de premissas médias que precisavam ser confrontadas com as particularidades da loja individual. Ou seja, a margem bruta média das 100 lojas da Quixote era de 21%. No entanto, uma nova loja, em uma vizinhança com mais concorrentes, poderia ter uma margem bruta menor e despesas maiores.

Segundo cenário: expansão de lojas

Os consultores elaboraram, em seguida, o segundo cenário que consideravam "moderado": expansão de lojas. Suas principais premissas eram:

- Seriam abertas 20 novas lojas por ano, com 800 m² de área de vendas, um investimento de R$ 1 milhão por loja, além dos R$ 3 milhões por ano em benfeitorias e atualização de equipamentos para toda a cadeia.
- Para dar um tom mais realista às projeções, assumiu-se que a ROB/m² cresceria menos que a média da população (1,4% contra os 2% ao ano do cenário base), pois os novos pontos de venda deveriam ser amadurecidos e sofreriam a concorrência de outras cadeias.

Quadro 5.37 – Cenário expansão: projeção do número de lojas e faturamento bruto

	1994	1995	1996	1997	1998	1999	2000
Número de lojas	100	120	140	160	180	200	220
Área total (mil m²)	80	96	112	128	144	160	176
ROB/m²	10.000	10.200	10.384	10.550	10.697	10.847	10.999
Δ ROB/m²	–	2%	1,8%	1,6%	1,4%	1,4%	1,4%
ROB (R$ milhão)	800	979	1.163	1.350	1.540	1.736	1.936

- A margem bruta média decresceria com a abertura de lojas em novas regiões nas quais a marca não era tão conhecida (de 21% do cenário base para 15%).
- As despesas com vendas aumentariam com as despesas com propaganda (de 10% para 12% da ROB).
- As despesas administrativas cresceriam em "degraus" (R$ 5 milhões a mais a cada dois anos).
- A capitalização continuaria alta e não seriam contratados empréstimos financeiros – todo o investimento seria pago com o caixa próprio acumulado.
- Cerca de 15% do lucro líquido seria distribuído como dividendos aos acionistas.

Quadro 5.38 – Cenário expansão: projeção do DRE (R$ milhões)

	1994	1995	1996	1997	1998	1999	2000
ROL	**664**	813	965	1.121	1.279	1.441	**1.607**
Lucro bruto	168	206	221	230	231	260	290
% LB/ROB	21%	21%	19%	17%	15%	15%	15%
Despesas vendas	-80	-98	-140	-162	-185	-208	-232
Despesas administrativas	-25	-25	-25	-27	-27	-27	-29
EBITDA	**63**	83	56	41	19	25	**29**
% EBITDA/ROB	7,9%	8,4%	4,9%	3%	1,2%	1,4%	1,5%
Depreciação	-11	-13	-15	-17	-19	-21	-22
Receitas financeiras	**3**	6	12	18	24	30	**40**
Despesas financeiras	-	-	-	-	-	-	-
IR&CS	-18	-25	-18	-14	-8	-11	-15
Lucro líquido	**36**	51	36	28	16	23	**31**
% LL/ROB	4,5%	5,2%	3,1%	2,1%	1,1%	1,3%	1,6%
Dividendo (15% LL)	5	8	5	4	2	3	5

- Os estoques aumentariam do equivalente a 55 dias para 80 dias do CMV, pois as novas lojas, mais distantes, exigiriam depósitos descentralizados para atender melhor e mais prontamente aos clientes das novas praças.
- O saldo devido aos fornecedores aumentaria do equivalente a 91 dias para 201 dias do CMV, pois o crescimento significativo da Quixote aumentaria seu poder de barganha nas negociações com fornecedores.

Quadro 5.39 – Cenário expansão: projeção do balanço patrimonial

	31/12/1994	31/12/1995	31/12/1996	31/12/1997	31/12/1998	31/12/1999	31/12/2000
Total do ativo	**240**	**342**	**451**	**570**	**699**	**838**	**998**
Aplicações	**64**	124	179	239	302	399	**519**
Contas a receber	40	49	58	68	77	87	97
Estoques	74	97	134	178	230	260	290
Ativo imob. líquido	62	71	79	85	89	92	92
Total passivo e PL	**240**	**342**	**451**	**570**	**699**	**838**	**998**
Fornecedores	**124**	182	261	356	471	590	**724**
Patrimônio líquido	116	160	190	214	228	247	274

O custo de oportunidade do acionista (R_c) foi alterado de 19,8% para 24,8%. Por quê? Porque no cenário expansão haveria aumento do risco da operação. O número de lojas dobraria na projeção. Novas praças e novos pontos de venda significariam maior risco. Quem poderia garantir que o sucesso da Quixote na Praça X se repetiria na W? Mas por que aumentar em cinco pontos percentuais o custo ponderado de capital? Era uma estimativa. A ciência aqui não era exata, mas os consultores não poderiam ignorar o aumento do risco da operação.

De acordo com os consultores, a empresa chegaria ao fim da projeção, em 2000, com 220 lojas, faturando quase R$ 2 bilhões! Gerando um lucro líquido de R$ 31 milhões? Ou seja, um lucro líquido menor que o projetado no cenário base (R$ 62 milhões em 2000)? Como isso é possível? E não foi apenas o lucro líquido que diminuiu no cenário expansão. O patrimônio líquido, em 31 de dezembro de 2000, foi estimado em R$ 274 milhões, contra R$ 374 milhões no cenário base. Lucro e patrimônio líquido menores depois de tanto esforço para abrir 20 lojas por ano?

Por quê? Por três motivos: apesar de mais lojas, a venda por m² e a rentabilidade da Quixote seriam menores nesse cenário, os investimentos aumentariam e, com eles, as despesas com depreciação, diminuindo o lucro líquido. Então, não valeria a pena abrir mais lojas? Pela análise da TIR e do VPL já foi visto que sim. E o impacto no fluxo operacional de caixa da Quixote foi significativo.

Quadro 5.40 – Cenário expansão: projeção do fluxo operacional de caixa

	1995	1996	1997	1998	1999	2000
EBITDA	83	56	41	19	25	29
IR&CS desalavancado	-23	-14	-8	–	-1	-2
Investimentos	-23	-23	-23	-23	-23	-23
Δ Contas a receber	9	9	9	10	10	10
Δ Estoques	23	37	44	52	29	30
Δ Fornecedores	58	78	96	115	119	134
Δ Capital de giro	26	32	42	53	80	94
Fluxo operacional de caixa	63	52	52	49	80	98

Em 2000, no cenário base, o FOC projetado era de R$ 51 milhões contra R$ 98 milhões na expansão. Não apenas a dimensão da empresa e seu faturamento aumentariam, mas também a composição do capital de giro. Quando se analisa a composição do passivo total da Quixote, observa-se que, em 1994, 52% dos recursos da empresa eram advindos de créditos dos fornecedores. Em 2000, essa participação aumentaria para 73% do total das fontes de recursos, equivalente a R$ 724 milhões. Ou seja, a variação do capital de giro projetava que, após os investimentos nas contas ativas (contas a receber e estoques), os fornecedores injetariam recursos em excesso, que poderiam alcançar R$ 134 milhões em um ano (2000).

No cenário expansão de lojas, o VEA da Quixote foi estimado em R$ 353 milhões, quase 14% acima do cenário base. Essa estimativa equivaleria a um prêmio sobre o patrimônio líquido na data-base de 300%, mesmo com um custo ponderado do capital mais alto!

Ainda assim, sr. Quixote continuava frustrado. Intuitivamente, sentia que abrir 20 lojas por ano seria um desafio e tanto, e, apesar disso, sua empresa valeria R$ 44 milhões a mais, considerando margens um pouco mais reduzidas. No entanto, se algum concorrente resolvesse competir mais fortemente reduzindo a margem bruta em um ponto percentual, o valor estimado para a Quixote poderia voltar a R$ 312 milhões, próximo ao VEA do cenário base.

Parecia pouco para tanto esforço. Ao analisar os números, uma conta em particular lhe chamava muito a atenção: os valores acumulados em "aplicações". Em 2000, projetava-se um caixa acumulado de R$ 519 milhões. Seria uma fortuna rendendo juros de CDBs. Como esse caixa poderia ser reinvestido na operação para aumentar o valor da empresa?

Aplicar o excesso de caixa no CDB de um banco seria emprestar, indiretamente, dinheiro aos clientes do banco para financiar suas compras. Por que, portanto, não emprestar esse dinheiro diretamente aos clientes da Quixote para financiar suas compras? Afinal, até então, apenas 5% das vendas da Quixote eram financiadas por 30 dias.

Estávamos no final de 1994, e o Plano Real prometia acabar com a inflação e recuperar o poder de compra das classes de mais baixa renda. O salário-mínimo fixado em R$ 100 equivalia a mais de US$ 100 no começo do Plano. Milhares de brasileiros, que foram excluídos do mercado de consumo de bens duráveis por causa do imposto inflacionário que corroía o poder de compra dos seus salários, voltaram a comprar.

A estabilidade e o crescimento da economia dariam um grande estímulo ao consumo e ao crédito pessoal. Já havia alguns concorrentes da Quixote financiando seus clientes em até 12 meses e cobrando 6% de juros ao mês ou mais. Em termos de juros compostos, 6% ao mês equivalem a 101% ao ano. Corresponderia a vender uma TV duas vezes para o mesmo cliente! E os clientes pareciam não estar cientes desse custo. A impressão era de que eles se perguntavam se a parcela fixa por mês da TV "caberia" ou não em seu salário. A promoção seria algo assim: "Compre uma TV em cores em 12 parcelas mensais fixas de R$ 80". Dona Maria, empregada doméstica, que sempre sonhou em ter uma TV em cores, concluiria que, com o preço da cesta básica estabilizado, a parcela da TV "caberia" em seu salário e aceitaria a proposta da Quixote.

Pensando bem, se os concorrentes já estavam expandindo o crédito aos consumidores, a Quixote teria de fazer o mesmo, sob o risco de perder competitividade. Então, prontamente, os consultores apresentaram o terceiro cenário: expansão com crédito ao consumidor.

Terceiro cenário: expansão com crédito ao consumidor

A estrutura desse novo cenário foi construída sobre o anterior, ou seja, 20 novas lojas por ano. Foram considerados investimentos na estrutura de análise e concessão de crédito, que precisava ser totalmente remodelada para atender ao volume projetado em tempo hábil. O consumidor teria de ser capaz de solicitar o crédito e obter a aprovação rapidamente, sob o risco de perdê-lo para o concorrente. O novo sistema de análise de crédito precisava dar respostas rápidas, o que também exigiria investimentos em processamento e transmissão de dados.

No novo cenário, a geração de caixa seria suficiente para sustentar as premissas mais conservadoras sobre a concorrência, inclusive prevendo uma eventual guerra de preços e perdas com devedores duvidosos.

Qual seria o custo do dinheiro emprestado aos clientes? O custo ponderado do capital, que, até então, era de 100% do capital próprio, não tinha data para ser devolvido aos acionistas. Ou seja, enquanto vender uma TV à vista traria a rentabilidade de 1% a 4% (margem EBITDA), vender a prazo representaria uma receita adicional de 101% do preço do bem sem custo explícito. Por conseguinte, variáveis críticas de sucesso, como margem bruta e despesas fixas, ficariam em segundo plano no cenário com crédito ao consumidor.

As principais premissas do cenário com crediário eram:

- A Quixote introduziria o crediário ao cliente cobrando juros de 6% ao mês (101% ao ano).
- De 20% a 50% das vendas seriam financiadas, e a ROB/m² "explodiria" com a nova facilidade, crescendo 10% ao ano.

Quadro 5.41 – Cenário crediário: projeção das receitas

	1994	1995	1996	1997	1998	1999	2000
Número de lojas	100	120	140	160	180	200	220
Área total (800 m²/loja)	80.000	96.000	112.000	128.000	144.000	160.000	176.000
ROB/m²	**10.000**	10.500	11.550	12.705	13.976	15.373	**16.910**
Δ ROB/m²		5%	**10%**	10%	10%	10%	10%
% Vendas financiadas		**20%**	35%	50%	50%	50%	**50%**
ROB mercantil	800	1.008	1.294	1.626	2.012	2.460	**2.976**
ROB crediário*		122	331	641	921	1.132	**1.376**
ROB total (R$ milhão)**	**800**	**1.130**	**1.625**	**2.267**	**2.933**	**3.591**	**4.352**

* Observe que a receita com os juros do crediário foi calculada com base no saldo médio da carteira de contas a receber do período antes dos efeitos da inadimplência. Ou seja, considerou-se que a carteira foi sendo construída ao longo do ano, e, portanto, a receita é baseada na média de juros do ano.

** Como havia uma discussão sobre se a receita do crediário deveria ser reconhecida como uma receita de venda e se PIS, Cofins e ICMS deveriam ser pagos, os consultores incluíram a receita do crediário na receita bruta de vendas, recolhendo, portanto, impostos diretos e IR&CS.

- Seria cobrada a taxa de abertura do cadastro (TAC) equivalente a 2,5% do financiamento.
- A crescente concorrência sugeria uma redução de preços e das margens brutas, que seriam compensadas pelos ganhos financeiros – a margem bruta decresceria gradualmente de 21% para 15% da ROB.

- A expansão do crediário estimularia a elevação dos gastos com propaganda e o aumento das comissões aos vendedores – as despesas com vendas cresceriam de 10% para 15% do faturamento bruto.
- As despesas administrativas aumentariam para sustentar a nova plataforma, e a estrutura de análise do crédito ao consumidor (cobrança, sistemas de análise de crédito etc.) aumentaria de R$ 25 milhões para R$ 80 milhões, gradualmente, "em degraus".
- Com a concessão de crédito, seria natural projetar um crescimento na provisão para devedores duvidosos (PDD) que, nos cenários anteriores, era desprezível, e neste se projetava um aumento gradual até 5% da carteira de recebíveis.
- Assumiu-se também que um banco comercial, atraído pela capacidade de crescer e pelos lucros da Quixote, ofereceria uma linha de crédito de curto prazo de até R$ 200 milhões com custo de 30% ao ano, garantida por recebíveis. Emprestar a 101% e pagar 30% para um banco seria bom negócio.

Quadro 5.42 – Cenário crediário: projeção do DRE

	1995	1996	1997	1998	1999	2000
ROL	938	1.349	1.882	2.435	2.981	3.612
CMV mercantil	-625	-828	-1.073	-1.368	-1.673	-2.024
Lucro bruto	**313**	521	808	1.066	1.308	**1.588**
% LB/ROB mercantil	21%	19%	17%	15%	15%	15%
TAC	3	8	16	23	28	34
Despesas com vendas	-113	-195	-340	-440	-539	-653
% DV ROB	10%	12%	15%	15%	15%	15%
PDD*	-10	-23	-41	-50	-61	-74
% PDD/CAR	**5%**	5%	5%	5%	5%	**5%**
Desp. administrativas	-45	-45	-65	-65	-80	-80
EBITDA	**148**	266	379	534	656	**815**
% EBITDA/ROB	**13,1%**	16,4%	16,7%	18,2%	18,3%	**18,7%**
Depreciação	-21	-23	-29	-31	-33	-34
Rec. financeiras	6	18	17	20	36	76
Desp. financeiras	-30	-60	-60	-60	-60	-60
IR&CS	-34	-67	-102	-154	-198	-264
Lucro líquido	**69**	136	207	312	403	**535**
% LL/ROB	**6,1%**	8,4%	9,1%	10,6%	11,2%	**12,3%**
Dividendos (15% LL)	10	20	31	47	60	80

*Contabilmente, a PDD compõe as despesas com vendas. Para fins didáticos, separamos as duas contas.

- O capital de giro mudaria para se adaptar ao crescimento das vendas – os estoques aumentariam do equivalente a 55 dias de CMV para 140 dias, e os fornecedores aumentariam gradualmente de 91 dias para 365 dias, com o aumento significativo de vendas, isto é, do poder de barganha da Quixote.
- Os investimentos em ativos fixos aumentariam com os sistemas e a infraestrutura de comunicações – em 1995, foram projetados investimentos adicionais de R$ 100 milhões, e mais R$ 50 milhões em 1997.

Quadro 5.43 – Cenário crediário: projeção do balanço patrimonial (R$ milhões)

	31/12/94	31/12/95	31/12/96	31/12/97	31/12/98	31/12/99	31/12/00
Ativos	240	656	988	1.525	2.055	2.779	3.753
Aplicações	**64**	202	187	224	376	781	**1.386**
Dias de Contas a Rec.	**18**	73	128	183	183	183	**183**
Contas a Receber	**40**	192	430	772	956	1.168	**1.414**
Dias de Estoques	**55**	58	91	110	140	140	**140**
Estoques	**74**	100	207	322	524	641	**775**
Ativo Imob. Bruto	143	266	289	362	385	408	431
Ativo Imob. Liq.	62	163	163	207	199	190	178
Passivos	240	656	988	1.525	2.055	2.779	3.753
Dias de fornecedores	**91**	164	219	292	300	329	**365**
Fornecedores	**124**	281	497	859	1.124	1.505	**2.024**
Bancos CP	-	200	200	200	200	200	200
Patrimônio Líquido	116	175	291	467	732	1.074	1.529

Os resultados eram extraordinários: as projeções do demonstrativo de resultados indicavam que a Quixote poderia chegar a faturar R$ 4,3 bilhões em 2000, contra os atuais R$ 800 milhões. O lucro líquido saltaria de R$ 36 milhões em 1994 para R$ 535 milhões em 2000.

De onde viria tanta rentabilidade? Esse aumento começaria com a receita dos juros com o crediário: de R$ 122 milhões em 1995 para R$ 1,4 bilhão em 2000. E qual era o custo desse crediário? Essa pergunta não tinha resposta simples. O primeiro custo explícito diretamente associado ao crediário seria a PDD de 5%. Também haveria um aumento nas despesas com vendas de 12% para 15% entre o cenário atual e o anterior. Haveria um aumento das despesas administrativas e investimentos significativos na infraestrutura de comunicação e análise de crédito. A empresa também abriria mão da margem bruta mais alta para ser mais competitiva e gerar mais boletos. Parte dos recursos viria da linha de crédito que custaria 30% ao ano.

Mesmo com todos esses custos embutidos, valeria muito a pena. Poder-se-ia até considerar distribuir dividendos, algo até então tido como um tabu para o conservador sr. Quixote.

Uma simples simulação sugeria ser possível uma distribuição de até 95% dos lucros gerados, acumulando R$ 1 bilhão em três anos.

Quadro 5.44 – Cenário crediário: projeção de dividendos (R$ milhões)

	1995	1996	1997	1998	1999	2000
Lucro líquido	69	136	207	312	393	504
Dividendos	10	20	31	187	374	479
% Dividendos/LL (payout)*	15%	15%	15%	60%	95%	95%

* A relação dos dividendos com o lucro líquido também é conhecida como payout.

Mesmo distribuindo 95% dos lucros aos sócios da Quixote, as projeções indicavam que a empresa ainda acumularia um patrimônio líquido de R$ 636 milhões em 31 de dezembro de 2000.

Observe que a participação dos recursos de fornecedores diminuiria em relação ao cenário anterior: 54% do total das fontes de recursos em 31 de dezembro de 2000 contra 72% no cenário anterior! Apesar dessa redução em termos relativos, os fornecedores terminariam 2000 com um saldo a receber de R$ 2 bilhões, em termos absolutos.

O que ocorreria com o custo ponderado do capital? Seguindo o mesmo raciocínio do cenário anterior, a abertura de nova loja e a expansão do crédito ao consumidor aumentariam o risco total da empresa. Embora o cenário macroeconômico para o Brasil no início do Plano Real fosse excepcional, era possível ter alguma volatilidade nos resultados. Era recomendável, portanto, aumentar o custo médio ponderado do capital em mais cinco pontos percentuais, de 24,8% para 30,0%.[17]

Apesar do aumento na taxa de desconto, o valor das ações da Quixote nesse novo cenário era estimado em R$ 913 milhões, quase oito vezes o valor do patrimônio líquido da empresa no fim de 1994. Isso era quase três vezes o valor estimado no cenário anterior.

Quadro 5.45 – Cenário crediário: projeção do fluxo de caixa (R$ milhões)

	1995	1996	1997	1998	1999	2000
EBITDA	148	266	379	534	656	815
IR&CS desalavancado	-42	-80	-115	-166	-206	-258
Inv. capital de giro	-20	-130	-95	-121	53	139
Investimentos	-123	-23	-73	-23	-23	-23
Fluxo operacional de caixa	**-37**	**33**	**95**	**224**	**480**	**673**

continua

---

[17] Este WACC inclui a dívida bancária a um custo de 30% e uma estrutura de capital com 53% de endividamento (base 1995).

continuação

	1995	1996	1997	1998	1999	2000
Receitas financeiras	6	20	19	22	38	78
Despesas financeiras	-30	-60	-60	-60	-60	-60
Captações de empréstimos	200	–	–	–	–	–
Dividendos pagos (15% LL)	-10	-20	-31	-47	-60	-80
Ajuste IR&CS	8	13	14	12	7	-6
Fluxo livre caixa	**137**	**-14**	**36**	**152**	**405**	**605**

Era esse o cenário que parecia "capturar" boa parte do potencial de crescimento e rentabilidade da Quixote, mas ainda considerado conservador, pois a empresa geraria muito mais caixa livre e poderia aumentar ainda mais a percentagem das vendas financiadas. Ou seja, era um cenário de grande crescimento e rentabilidade, porém com uma margem de segurança resultante do acúmulo de excesso de caixa na empresa.

Quadro 5.46 – Resumo dos resultados dos três cenários

	Orgânico	Expansão das lojas	Expansão das lojas com crediário
TMA	19,8%	24,8%	30%
VEA	309	352,3	913,3
VEA/PL (1994)	2,7	3	7,8
VEA/EBITDA (1994)	4,9	5,6	14,5
VEA/LL (1994)	8,5	9,7	25,2

NA PRÁTICA: um astuto aluno que assistia à exposição do caso Quixote na Fipe-USP resumiu bem a situação: "Crescimento orgânico é o cenário 'sólido', crescimento com lojas é o 'líquido', e crediário é o 'gasoso'".

O cenário expansão com crédito ao consumidor transformou-se no plano de negócios (*business plan*) do sr. Quixote e de seus executivos. Adotar esse novo modelo de negócios não era só uma estratégia para aumentar o valor da empresa, mas também uma maneira de a empresa se manter competitiva na explosão do crédito ao consumidor que o Plano Real proporcionava.

Bônus e comissões seriam pagos aos profissionais que ajudassem a abrir lojas, aumentar a carteira de recebíveis e negociar prazos com os credores. Os dividendos distribuídos seriam utilizados para investir em outros negócios do sr. Quixote e seus filhos: fazendas, uma fábrica de massas e biscoitos, apartamentos para aluguel etc. Alguém sugeriu ao sr. Quixote outras maneiras de captar mais recursos: transformar a Quixote Eletrodomésticos Ltda. em uma SA para emitir ações, debêntures a um custo menor que os 30% cobrados pelo banco. A Quixote poderia até emitir ações nos Estados Unidos por meio de *American Depositary Receipts* (ADRs). O entusiasmo voltava para o sr. Quixote e seus fornecedores, que propunham preços mais baixos ou prazos de pagamento mais longos (alguns chegando a oferecer 360 dias). Aliás, as empresas nacionais que produziam eletrodomésticos foram adquiridas por multinacionais, como a aquisição dos fogões Continental pelas alemãs Bosch Siemens, a Dako pela norte-americana General Electric, a Multibrás pela norte-americana Whirpool, e tantas outras. Esses novos fabricantes chegaram ao Brasil trazendo capital barato e muita vontade em relação ao crescimento de suas vendas.

Pouco a pouco, sr. Quixote percebeu que não era mais um simples vendedor de eletrodomésticos; sua empresa havia se transformado em uma financeira. Ele havia se tornado um banqueiro! O negócio de financiar os clientes era tão bom, que ele e seus concorrentes resolveram vender seus eletrodomésticos abaixo do preço de aquisição, a fim de que pudessem vender mais boletos. Era mais importante vender os boletos que os eletrodomésticos.

Entretanto, tudo o que é bom dura pouco...

NA PRÁTICA: nos anos 1990, tive a oportunidade de assessorar um grupo que queria vender um negócio de varejo de vestuário que não fazia parte de seu *core business*. Era um negócio relativamente pequeno para o grupo, mas que demandava muita atenção da equipe executiva, que já estava sobrecarregada. Antes de nos contratar, o grupo havia pedido a uma grande empresa de consultoria internacional que avaliasse o negócio. Um dos cenários de avaliação que essa consultoria elaborou me chamou a atenção. Nele, a consultoria simulou o negócio sendo vendido a um empreendedor que sonegasse impostos, prática relativamente comum no negócio de varejo de roupas, à época. Com alíquotas menores de impostos, o valor estimado para o negócio foi o maior dentre todos os cenários. O grupo, proprietário do negócio, adorou. Entretanto, havia dois problemas. Primeiro, a consultoria não aumentou o WACC nesse cenário, apesar do maior risco advindo da sonegação fiscal. Segundo, quem correria o risco da sonegação seria o comprador. Por que ele repartiria esse valor com o vendedor? Foi necessário algum tempo para convencer o grupo de que esse cenário era, no mínimo, insensato e deveria ser abandonado.

Crise de liquidez

> Aquilo que nos escapa é o que nos caça.
>
> Antonio Quinet[18]
>
> Não é curto o tempo que temos, mas dele muito perdemos.
>
> Sêneca (4 a.C., p. 25)[19]

Como uma empresa entra em **crise de liquidez**? Esta crise ocorre quando se forma um hiato entre a geração de caixa e o fluxo de pagamentos da empresa. A formação deste hiato pode ter causas endógenas e/ou exógenas, que geram perdas patrimoniais, de rentabilidade e/ou de vendas. Entre os fatores **exógenos**, têm-se: mudanças na concorrência (por exemplo, um novo competidor externo ou interno que pode derrubar preços ou introduzir novos produtos, tecnologias que reduzam drasticamente as vendas dos concorrentes locais etc.), alterações na regulamentação do setor (por exemplo, a liberalização das compras do trigo promovida pelo governo Collor em 1992 e seus efeitos sobre os moinhos), inadimplência de um grande cliente etc. Fatores **endógenos** podem ser vários também, desde um incêndio no depósito central da empresa até a incompetência do diretor financeiro.

Os efeitos exógenos gerados pelas crises da Ásia em 1997, da Rússia em 1998 e pela desvalorização do real em 1999 afetaram as empresas varejistas em várias frentes: (i) houve perdas substanciais nas contas a receber pela inadimplência; (ii) a queda nas vendas não apenas comprometeu a capacidade dessas empresas em gerar caixa acima das suas despesas fixas, como também gerou perdas nos estoques, pois, em um mercado consumidor limitado, era comum vender abaixo do custo de aquisição; e (iii) a quebra de confiança dos fornecedores os levou a reduzir drasticamente os prazos de compras concedidos aos varejistas. Como resultado, desde o início do Plano Real até 1999, estima-se que 150 empresas varejistas tenham pedido concordata no Brasil.

Esta seção abordará esses temas e discutirá possíveis soluções para a crise de liquidez de uma empresa varejista. Embora o foco esteja voltado a empresas varejistas, uma análise muito semelhante pode ser conduzida para atacadistas.

1997

A crise financeira do Sudeste Asiático de 1997 foi o começo do fim do primeiro ciclo de crescimento do varejo brasileiro pós-Plano Real.

Em 1997, a Quixote estava implantando o planejamento estratégico delineado pelos consultores: já tinha 160 lojas e financiava cerca de metade das suas vendas. A empresa já estava chegando a um nível de crescimento e rentabilidade, que começou a considerar que não havia limites para seu enriquecimento, até assistir a uma manchete alarmante na TV

---

[18] **Oidipus, Filho de Laios**, peça de teatro apresentada em São Paulo durante o 5º Encontro da Internacional dos Fóruns Escola de Psicanálise dos Fóruns do Campo Lacaniano, 5 de julho de 2008.

[19] **Sobre a Brevidade da Vida**, São Paulo, Nova Alexandria, 4 A.C.

sobre uma crise econômica em algum país do Sudeste Asiático. A desvalorização cambial promovida por importantes países daquela região aumentou a aversão ao risco do capital estrangeiro oriundo dos países desenvolvidos, que começaram a desconfiar da solidez econômica dos países emergentes16 que haviam adotado regimes de câmbio fixo, como o Brasil. O governo brasileiro resolveu defender o real aumentando a taxa de juros para 40% ao ano, a fim de compensar o capital estrangeiro do possível risco. Com esse custo de oportunidade, os consumidores adiaram seus planos de consumo de bens duráveis. A economia desacelerou seu crescimento. O sr. Quixote viu suas vendas mercantis (em ROB/m^2) despencarem em 20%.

Quadro 5.47 – Evolução do faturamento bruto da Quixote entre 1995 e 1997

	1995	1996	1997
Número de Lojas	**120**	140	**160**
Área total	96.000	112.000	128.000
ROB / m^2	**10.500**	11.550	**9.240**
Δ ROB / m^2	**5%**	10%	**-20,0%**
% ROB Mercantil Financiado	1.008	1.294	1.183
ROB Mercantil (R$ milhão)	20%	35%	50%
ROB Crediário	122	331	528
ROB Total	**1.130**	**1.625**	**1.711**

Do outro lado do Estado, os altos executivos de uma montadora de automóveis tinham uma visão da crise asiática mais pessimista que a do sr. Quixote e resolveram reduzir a produção de carros e demitir alguns funcionários recém-contratados. Entre eles, estavam dois vizinhos da dona Maria e seu cunhado. Ao saber das más notícias, ela resolveu economizar para uma eventual emergência. Aos poucos, passou a ouvir que seus conhecidos que haviam sido demitidos começaram a atrasar suas prestações dos eletrodomésticos e não tiveram problemas. Ninguém da loja do sr. Quixote foi até a casa do vizinho confiscar o liquidificador comprado a prazo, embora ele tivesse deixado de honrar as prestações. Com o número crescente de notícias de pessoas conhecidas que foram demitidas ou tiveram seus turnos de trabalho reduzidos dona Maria, mãe de três filhos pequenos, resolveu atrasar a prestação da TV.

Sr. Quixote constatou que seus boletos em atraso haviam duplicado de 5% para 10% da carteira. As despesas com vendas e administrativas continuavam a crescer, resultado da estratégia de expansão de lojas e do crédito aos clientes. Em termos absolutos, o faturamento e a rentabilidade da empresa se mantiveram próximos aos níveis de 1996. O EBITDA, por exemplo, aumentou R$ 6 milhões entre 1996 e 1997, e o lucro líquido caiu R$ 1 milhão (Quadro 5.48).

Quadro 5.48 – DRE de 1995 a 1997 (R$ milhões)

	1995	1996	1997
ROL total	938	1.349	1.420
CMV mercantil	-625	-828	-781
Lucro bruto mercantil	**313**	**521**	**640**
% LB/ROB mercantil	**21%**	19%	**17%**
TAC	3	8	13
Despesas com vendas	-113	-195	-257
% DV/ROB total	10%	12%	15%
PDD	-10	-23	**-59**
% PDD/CAR	5%	5%	**10%**
Despesas administrativas	-45	-45	-65
EBITDA	**148**	**266**	**272**
% EBITDA/ROB total	**13,1%**	16,4%	**15,9%**
Depreciação	-21	-23	-29
Ebit	**127**	**243**	**243**
Receitas financeiras	6	20	19
Despesas financeiras	-30	-60	-60
Lair	103	203	202
IR&CS	-34	-67	-67
Lucro líquido	**69**	**136**	**135**
% LL/ROB total	6,1%	8,4%	7,9%
Dividendos	**10**	20	**20**
Dividendos/lucro líquido	15%	15%	15%

No entanto, o faturamento total e o lucro líquido ainda eram robustos (R$ 1,7 bilhão e R$ 135 milhões, respectivamente). Os fornecedores continuavam a apoiar as operações da Quixote, acumulando um saldo de R$ 624 milhões em 31 de dezembro de 1997, equivalentes a 292 dias de CMV. Os estoques também estavam em níveis confortáveis (R$ 234 milhões, equivalentes a 110 dias de CMV). Apesar dos contratempos com a PDD e a queda no faturamento por m², a Quixote encerraria 1997 com R$ 257 milhões em aplicações (Quadro 5.49).

Quadro 5.49 – Balanço patrimonial de 1995 a 1997 (R$ milhões)

	31/12/1995	31/12/1996	31/12/1997
Total do ativo	**656**	**988**	**1.280**
Disponibilidades	202	187	**257**
Contas a receber brutas	202	453	591
(-) PDD	**-10**	-23	**-59**
(=) Contas a receber	192	430	532
Estoques	100	207	234
Ativo imobilizado bruto	266	289	362
(-) Depreciação acumulada	-103	-126	-155
(=) Ativo imobilizado líquido	163	163	207
Total do passivo e PL	**656**	**988**	**1.230**
Fornecedores	**281**	497	**624**
Empréstimos curto prazo	200	200	200
Patrimônio líquido	175	291	406
Capital social	10	10	10
Lucros acumulados	165	281	396

O sr. Quixote não se deixou abater e continuou apostando que a crise era temporária. Os planos de expansão de lojas deveriam continuar, bem como a distribuição de dividendos (R$ 20 milhões). A Quixote não podia parar de crescer. Quem sobrevivesse a 1997 ocuparia uma posição relevante de mercado. Se a percepção do sr. Quixote estivesse certa, o ano de 1998 seria uma oportunidade para posicionar a empresa à frente de seus principais concorrentes.

1998

No começo desse ano, ficaram prontos o escritório central e o centro de distribuição novos. As despesas administrativas aumentaram para R$ 80 milhões. Por prudência em relação ao ocorrido em 1997, sr. Quixote decidiu reduzir o percentual de vendas financiadas em 1998 para 40%. Para minimizar os efeitos dessa redução no volume de financiamentos sobre a competitividade da Quixote, a estratégia foi a seguinte: reduzir a margem bruta (de 15% para 8%); o custo do TAC (de 2,5% para 1%) e os juros do crediário (de 6% para 4% ao mês); e aumentar a propaganda na TV e as comissões dos vendedores (o que elevou as despesas com vendas de 15% para 18% da receita mercantil).

Em agosto de 1998, uma nova crise, a da Rússia, deteriorou ainda mais a percepção de risco dos países emergentes e afugentou capitais. As vendas continuaram a cair (Quadro 5.50).

Quadro 5.50 – Evolução do faturamento bruto entre 1995 e 1998

	1995	1996	1997	1998
Número de lojas	120	140	160	180
Área total	96.000	112.000	128.000	144.000
ROB/m^2	10.500	11.550	9.240	7.392
Δ ROB/m^2	5%	10%	-20%	-20%
% ROB mercantil financiada	20%	35%	50%	40%
ROB mercantil (R$ milhão)	1.008	1.294	1.183	1.064
ROB crediário	122	331	528	306
ROB total	1.130	1.625	1.711	1.370

A Quixote constatou que seus boletos em atraso haviam se multiplicado assustadoramente, chegando a 60% de sua carteira de recebíveis. Foram provisionados R$ 255 milhões para eventuais perdas com o financiamento de clientes. A combinação do aumento da PDD com a elevação nas despesas administrativas e com vendas gerou o primeiro prejuízo na história da Quixote: R$ 275 milhões. Com esse resultado, não houve distribuição de dividendos.

Quadro 5.51 – Demonstrativos de resultados de 1995 a 1998

R$ milhões	1995	1996	1997	1998
ROL Total	938	1.349	1.420	1.137
CMV Mercantil	-625	-828	-781	-798
Lucro Bruto Mercantil	313	521	640	339
% LB / ROB Mercantil	21%	19%	17%	8%
TAC	3	8	13	3
Despesas com Vendas	-113	-195	-257	-247
% DV / ROB Total	10%	12%	15%	18%
PDD	-10	-23	-59	-255
% PDD / CAR	5%	5%	10%	60%
Despesas Administrativas	-45	-45	-65	-80
EBITDA	148	266	272	-240
% EBITDA / ROB Total	13,1%	16,4%	15,9%	-17,5%
Depreciação	-21	-23	-29	-31
EBIT	127	243	243	-271
Rec. Fin.	6	20	19	26

continua

continuação

R$ milhões	1995	1996	1997	1998
Desp. Fin.	-30	-60	-60	-30
IR & CS	-34	-67	-67	0
Lucro Líquido	**69**	**136**	**135**	**-275**
% LL / ROB Total	6,1%	8,4%	7,9%	-20,1%

Ao mesmo tempo, em termos de capital de giro, a abertura de novas lojas, cada vez mais distantes do centro de distribuição, exigia altos níveis de estoques para poder entregar rapidamente as mercadorias aos consumidores: R$ 306 milhões, equivalentes a 140 dias de CMV. Por sua vez, os fornecedores reduziram seus prazos de vendas aos varejistas. O saldo das contas a pagar caiu para R$ 551 milhões em 31 de dezembro de 1998, R$ 74 milhões a menos que o saldo do mesmo período do ano anterior. Para completar, sr. Quixote recebeu uma ligação do gerente do banco que havia concedido a linha de crédito, que já alcançava R$ 200 milhões: o empréstimo não seria renovado, pois já havia ocorrido a primeira grande falência do setor, a Casa Centro.

O impacto da variação no capital de giro e do pagamento do empréstimo bancário e o EBITDA negativo reduziram as disponibilidades da Quixote para R$ 6 milhões em 31 de dezembro de 1998. Nunca em sua história a Quixote havia terminado o ano com tão pouco dinheiro em sua tesouraria (Quadro 5.52).

Quadro 5.52 – Balanço patrimonial de 1995 a 1998 (R$ milhões)

R$ milhões	31/12/95	31/12/96	31/12/97	31/12/98
Total Ativos	**656**	**988**	**1.230**	**682**
Disponibilidades	202	187	**257**	**6**
Contas a Receber Bruta	202	453	591	426
(−) PDD	-10	-23	**-59**	**-255**
(=) Contas a Receber	192	430	532	170
Estoques	100	207	234	306
Ativo Imobilizado Bruto	266	289	362	385
(=) Ativo Imobilizado Líquido	163	163	207	199
Total Passivos	**656**	**988**	**1.230**	**682**
Fornecedores	281	497	**624**	**551**
Empréstimos Curto Prazo	200	200	**200**	**0**
Patrimônio Líquido	**175**	**291**	**406**	**131**
Capital Social	10	10	10	10
Lucros Acumulados	165	281	396	121

Do ponto de vista dos ativos, o sr. Quixote ficou aterrorizado ao intuir que seus recebíveis teriam o valor de realização menor que o registrado pela contabilidade. Além disso, o valor de realização de seus estoques provavelmente também seria menor que seu custo de aquisição, afinal teria de limitar os financiamentos e a margem de lucro mercantil, que não seriam suficientes para cobrir seus compromissos com fornecedores, empregados e outras partes relacionadas. As preocupações do sr. Quixote não pararam aí. Do lado do passivo, a perda com a linha de crédito do banco não preocupava tanto. O ponto mais crítico era a exposição dos fornecedores, que também liam jornal e começaram a ouvir rumores de alta inadimplência e da falência da Casa Centro. E sua reação não demorou a se materializar em reduções dos prazos de pagamento. Sr. Quixote estava preocupado. E não era o único. Seus concorrentes também estavam sofrendo dos mesmos problemas, e começaram a liquidar estoques e a manter prazos longos de financiamento. O problema é que os consumidores minguaram com medo de perder o emprego ou adiaram a decisão de consumo para ganhar 40% ao ano emprestando suas poupanças ao governo. Havia somente R$ 6 milhões no caixa, mas o patrimônio líquido estava em R$ 131 milhões.

1999

Nesse ano, foi a vez de o Brasil ter sua crise cambial. O presidente Fernando Henrique Cardoso havia sido reeleito, e a desvalorização do real não podia mais ser postergada. A desvalorização cambial atingiu em cheio as empresas com dívidas em dólar, e os investimentos estrangeiros no país sofreram perdas em suas equivalências patrimoniais.

Apesar da guerra de preços entre os varejistas, as vendas continuavam a cair. A programação de abertura de novas lojas foi mantida, mas o índice ROB/m² despencou para menos que a metade da média de 1995 (de R$ 10.500/m² para R$ 5.174/m²).

Quadro 5.53 – Evolução do faturamento bruto entre 1995 e 1999

	1995	1996	1997	1998	1999
Número de lojas	120	140	160	180	200
Área total	96.000	112.000	128.000	144.000	160.000
ROB/m²	**10.500**	11.500	**9.240**	**7.392**	**5.174**
CAGR ROB/m²	**10%**	10%	**-20%**	**-20%**	**-30%**
% ROB mercantil financiado	50%	50%	50%	40%	10%
ROB mercantil	1.176	1.294	1.183	1.064	828
ROB crediário	122	331	528	306	153
ROB total	**1.130**	**1.625**	**1.711**	**1.370**	**981**

A guerra de preços no varejo foi mais intensa que nunca, e reduziu a margem bruta mercantil a quase zero. O ano de 1999 seria outro de prejuízos: R$ 221 milhões. O que gerou tanto prejuízo? Uma série de fatores: vendas declinantes; margens brutas quase nulas

(3%) pela guerra de preços; alta provisão para devedores duvidosos (R$ 66 milhões), que só não foi maior graças à redução no volume financiado; dificuldade de continuar financiando clientes em grande escala, o que implicava o desaparecimento das receitas com crediário e com o TAC; insistentes aumentos nas despesas com vendas e administrativas.

> **NA PRÁTICA:** naquela época, fui comprar uma TV de 29 polegadas em um local onde havia várias lojas de eletrodomésticos: Casas Bahia, Arapuã, Ponto Frio e Eletro (do Grupo Pão de Açúcar). Fui de loja em loja barganhar o preço da TV. A agressividade dos vendedores era desconcertante: "Quanto a loja ao lado ofereceu? Vendo por R$ 50 a menos!". O negócio era não deixar a venda para o concorrente. Acabei fazendo um ótimo negócio, claro que pagando à vista!

Entre 1998 e 1999, os prejuízos acumulados da Quixote somavam R$ 496 milhões.

Quadro 5.54 – Evolução do DRE entre 1995 e 1999 (R$ milhões)

	1995	1996	1997	1998	1999
ROL total	938	1.349	1.420	1.137	814
CMV mercantil	-625	-828	-781	-798	-662
Lucro bruto	**313**	**521**	**640**	339	152
% LB/ROB mercantil	21%	19%	17%	8%	3%
TAC	3	8	13	3	2
DV (despesas com vendas)	-113	-195	-257	-247	-196
% DV/ROB total	10%	12%	15%	18%	20%
PDD	-10	-23	-59	-255	-66
% PDD/CAR	5%	5%	10%	60%	80%
Despesas administrativas	-45	-45	-65	-80	-80
EBITDA	**148**	**266**	**272**	**-240**	**-189**
% EBITDA/ROB total	13,1%	16,4%	15,9%	-17,5%	-19,3%
Depreciação	-21	-23	-29	-31	-33
Receitas financeiras	6	20	19	26	1
Despesas financeiras	-30	-60	-60	-30	–
IR&CS	-34	-67	-67	–	–
Lucro líquido/prejuízo	**69**	**136**	**135**	**-275**	**-221**
% LL/ROB total	6,1%	8,4%	7,9%	-20,1%	-22,6%

Os fornecedores só queriam vender à vista, e alguns até pediam pagamentos antecipados. Ao mesmo tempo, a extensa rede de lojas e a concorrência exigiam altos volumes de estoques. Sr. Quixote, ao olhar para seu balanço patrimonial, nem precisou de uma calculadora para concluir que, com as perdas nos ativos (recebíveis e estoques) e a limitação em suas fontes (fornecedores), seu patrimônio líquido se tornaria negativo. E assim foi. No fim de 1999, o patrimônio líquido da Quixote acumulava um saldo negativo de R$ 91 milhões. A empresa devia mais aos fornecedores que tinha de ativos. O buraco de caixa era de R$ 429 milhões, representado por pagamentos vencidos e não pagos aos fornecedores (Quadro 5.55).

Quadro 5.55 – Balanço patrimonial de 1995 a 1999 (R$ milhões)

	31/12/1995	31/12/1996	31/12/1997	31/12/1998	31/12/1999
Total do ativo	**656**	**988**	**1.230**	**682**	**339**
Disponibilidades	202	187	257	6	–
Contas a receber brutas	202	453	591	426	83
(–) PDD	-10	-23	-59	-255	-66
(=) Contas a receber	192	430	532	170	17
Estoques	100	207	234	306	132
Ativo imobilizado líquido	163	163	207	199	190
Total do passivo e PL	**656**	**988**	**1.230**	**682**	**339**
Fornecedores	281	497	624	551	–
Empréstimos de curto prazo	200	200	200	–	–
Dívida fornecedores	–	–	–	–	429
Patrimônio líquido	**175**	**291**	**406**	**131**	**-91**
Capital social	10	10	10	10	10
Lucros acumulados	165	281	396	121	-101

A capacidade de gerar caixa estava comprometida com as margens negativas e o programa de investimento, que não havia sido interrompido.

Quadro 5.56 – Evolução do fluxo operacional de caixa entre 1995 e 1999 (R$ milhões)

	1995	1996	1997	1998	1999
EBITDA	148	266	272	-240	-189
IR&CS desalavancado	-42	-80	-80	–	–
Δ Capital de giro	-20	-130	-2	+217	-224
Investimentos	-123	-23	-73	-23	-23
Fluxo operacional de caixa	**-37**	**33**	**117**	**-46**	**-436**

continua

continuação

	1995	1996	1997	1998	1999
Receitas financeiras	6	20	19	26	1
Despesas financeiras	-30	-60	-60	-30	–
Captações/amortizações	200	–	–	-200	–
Dividendos pagos	-10	-20	-20	–	–
Ajuste IR&CS	8	13	14	–	–
Fluxo livre caixa	**137**	**-14**	**69**	**-251**	**-435**

Estava tudo dando errado. A diferença entre a realidade e a projeção dos consultores de 1994 era marcante, principalmente quanto a ROB/m², margem bruta, PDD, estoques e fornecedores. As diferenças no EBITDA, lucro líquido, FOC, patrimônio líquido e saldo das aplicações eram consequências. O único *value driver* que se confirmou foi o número de lojas e, por consequência, a área de vendas (Quadro 5.57).

Quadro 5.57 – Principais diferenças entre realizado e projetado (cenário crediário)

	Real 1999	**Projetado 1999**	**Real/Projetado**
Número de lojas	200	200	–
ROB/m²	5.174	15.373	-197%
ROB total	891	3.591	-266%
% LB/ROB mercantil	1%	15%	–
Lucro bruto mercantil	339	1.308	-762%
EBITDA	-189	656	-447%
Lucro líquido	-221	403	-282%
Estoques	132	641	-384%
Fornecedores	–	1.505	–
Patrimônio líquido	-91	1.074	-1.159
FOC	-436	480	-210%
FLC	-435	405	-193%

NA PRÁTICA: em plena época da crise no varejo, algo incrível aconteceu. Um profissional do setor me relatou as graves distorções causadas pelo sistema de bonificação aos vendedores. Como ganhavam um percentual da venda financiada, que não era vinculada à inadimplência do comprador, os vendedores faziam de tudo para vender. Esbarravam no sistema de concessão de crédito, que, por sua vez, era desenvolvido na própria empresa, dada a relativa escassez de soluções disponíveis no mercado de *softwares* daquela época. Esse cliente me relatou que, quando a inadimplência explodiu, verificaram-se vários tipos de fraude no sistema, muitos deles com a conivência dos próprios vendedores. Além da fartura de RGs e de CPFs falsos, casos exóticos foram constatados, como o de um homem que comprou vários eletrodomésticos no nome da sua sogra! Para minha surpresa, em 2012, quando apresentei este caso na Fundação Getulio Vargas (FGV), alguns alunos, que trabalhavam no contencioso de bancos, relataram que até hoje há ações pendentes referentes ao período de 1995 a 1999! Segundo eles, ainda hoje há bancos respondendo a processos de perdas e danos de vítimas dessas fraudes que tiveram seus nomes inseridos no Serviço de Proteção ao Crédito (SPC).

Vários paradigmas do varejo, que até então reinavam incontestes nos usos e costumes do empresariado, se mostraram frágeis (Quadro 5.58).

Quadro 5.58 – Paradigmas do varejo *versus* realidade

Value driver	Paradigmas	Teste de realidade
Fornecedores	Quanto maior o prazo de pagamento, melhor.	Não necessariamente. Houve entrada de novos fornecedores no mercado que ofereceram prazos inéditos de pagamento, mas produtos de qualidade duvidosa e/ou baixa atratividade ao consumidor. Esses produtos acabaram custando caro ao varejista, que tinha de prestar assistência ao consumidor ou amargar com mercadorias de baixo giro.
Estoques	Na inflação, quanto maior o volume estocado, melhor.	Não era necessariamente verdade para baixa inflação. Além disso, um número elevado de itens de estoque, ou *stock keeping units* (SKUs) gerava altos custos administrativos.
Financiamento a clientes	Negócio rentável.	Rentável, mas muito arriscado, e necessitava de grande expertise tanto para conceder como para cobrar.
Margem bruta	Vender mais barato para vender mais e financiar mais.	A concorrência predatória deprimiu preços, e a saída era melhorar as margens por meio de *mix* de maior valor agregado, diminuição de perdas, roubos e quebras.
Custos fixos	Pouca importância relativa na época de inflação.	Com baixa inflação, os custos fixos se tornam mais importantes. Cortes indiscriminados, por sua vez, podem gerar perdas na qualidade de serviço ou nos controles de processos.
Propaganda	Quanto mais, melhor.	É difícil mensurar o reflexo nas vendas das diversas mídias, e todas custam caro.
Número de lojas	Quanto mais, melhor, pois geram ganhos de escala e aumentam o poder de barganha sobre os fornecedores.	Não necessariamente. Depende da relação entre o TIR da loja e o WACC da empresa, além dos impactos em custos fixos e de logística. A Figura 5.4 ilustra a circunstância em que aumentos na percepção do risco operacional e comercial advindos da expansão da rede de lojas (após o ponto X) elevam o WACC acima da TIR média de uma loja.

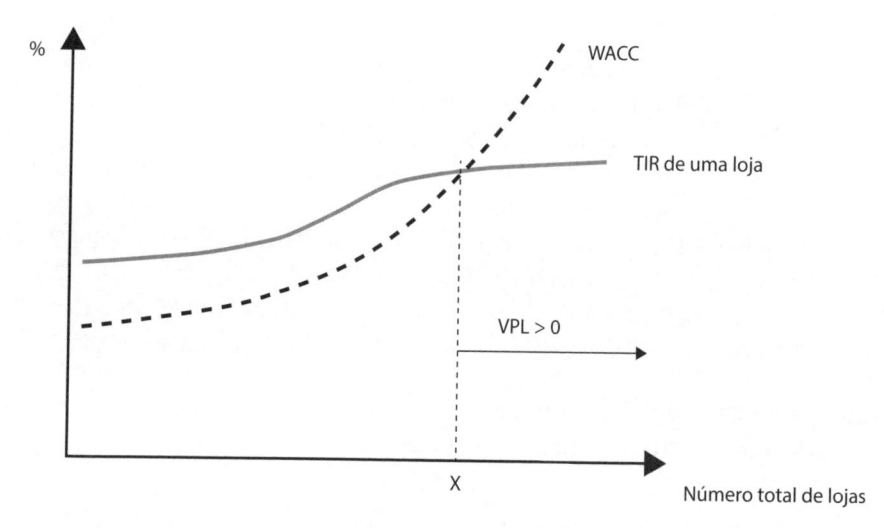

Figura 5.4 – Relação WACC e TIR de uma nova loja.

O último item, valor estratégico na abertura de novas lojas, merece mais algumas palavras. Por que ter muitas é melhor que ter poucas, mas boas lojas? Esta é uma questão com resposta contraintuitiva para muitos empresários do varejo da "velha guarda".

Na outra parte da cadeia produtiva, os fornecedores não estavam menos intranquilos. Apesar de ter bens tangíveis, como imóveis, máquinas, prédios, também tinham visto suas margens declinarem com a concorrência e precisavam manter seus canais de venda, ou seja, os varejistas, como a Quixote, para continuar a gerar os resultados a fim de cobrir o atraso de seus clientes. Por sua vez, os varejistas clamavam pelo retorno dos prazos longos, pois não tinham como honrar os compromissos de curto prazo.

Estava aí instalado um círculo vicioso. Os varejistas precisavam de prazo em suas compras para ter o fôlego necessário para vender suas mercadorias e recuperar suas perdas com a margem mercantil e financeira. Ao mesmo tempo, os fornecedores não queriam mais aumentar sua exposição de crédito com os varejistas para que repassassem aos consumidores, cuja qualidade de crédito estava comprometida. Ou seja, a transferência de riqueza entre fornecedores, varejistas e consumidores estava interrompida. Ao se considerar que o grosso das vendas de varejo de eletrodomésticos ocorre em três semanas do ano (uma no Dia das Mães e duas no Natal), quando essa corrente se quebra (por exemplo, por inadimplência), são necessárias muitas vendas e prazos mais longos dos fornecedores para reconstituí-la.

Nem os consumidores sairiam ilesos dessa crise. Um banco e uma empresa varejista que financiam seus clientes têm alto grau de alavancagem, mas o efeito social de uma quebra é diferente! A quebra de um banco tem impacto direto na vida de seus correntistas, que não têm seus depósitos assegurados pelo Banco Central. Já a de um varejista, em um primeiro momento, favorece quem comprou a prazo e é devedor, mas tem impacto negativo nos fornecedores e nos futuros consumidores, que provavelmente não terão mais prazos longos para suas compras.

A Quixote chegou a seu limite financeiro. Não havia como pagar as dívidas atrasadas com fornecedores e empregados, que alcançavam R$ 429 milhões ao fim de 1999.

Nos estoques, havia o equivalente a 73 dias de vendas. Como reverter seu EBITDA negativo em R$ 189 milhões sem mercadorias para vender, e ainda tendo de pagar suas compras à vista? Simplesmente não havia dinheiro.

O que fazer?

Reestruturação financeira

O que fazer? Primeiro, sr. Quixote buscou valor em seu próprio balanço patrimonial, já que o fluxo de caixa estava comprometido. Algumas possibilidades foram analisadas, como a seguir.

Vender bens operacionais?

Bens operacionais, como eventuais lojas próprias, poderiam ser cindidos da empresa original e vendidos a terceiros por meio de um contrato de aluguel de longo prazo com os compradores. Nesse caso, a Quixote receberia caixa pelas vendas dos imóveis, mas incorreria em uma nova despesa: o aluguel. Haveria uma perda de valor pela inclusão do aluguel, mas também um benefício fiscal desta despesa.

O problema era que a Quixote tinha poucas lojas próprias, e vendê-las seria difícil, em razão da situação da empresa, e não traria volume significativo de dinheiro novo. As poucas lojas próprias eram as campeãs de vendas e havia muitos interessados, mas estes queriam comprar as lojas, e não os imóveis para alugá-los de volta à empresa. Vender bons ativos operacionais limitaria a capacidade da Quixote em gerar caixa, portanto, honrar seus compromissos.

Segregar a operação na busca de valor (carve-out)?

Certas divisões operacionais da Quixote poderiam ser cindidas da empresa-mãe e agregar mais valor ao todo se a percepção do mercado fosse favorável. Havia pelo menos quatro possibilidades. Primeira, com a grande valorização das empresas virtuais, a Quixote poderia criar uma empresa somente para a operação de comércio eletrônico, a www.quixote.com.br. Na época, a Rede Globo de Televisão havia cindido sua operação de Internet criando a Globo.com, que foi parcialmente vendida à Telecom Itália por US$ 800 milhões. Segunda, o mesmo conceito de segregação poderia ser aplicado à operação de armazenagem e transporte de mercadorias, criando uma nova empresa: a Quixote Logística. Sob a mesma ótica, a Varig havia cindido suas operações de logística criando a VarigLog. Terceira, a Quixote poderia cindir sua operação de cadastros e análise de crédito de seus clientes criando uma promotora de vendas, que poderia ser vendida a uma instituição financeira. A quarta possível segregação de ativos seria a venda da sua carteira "podre". Ao longo de 1997 a 1999, a Quixote tinha acumulado R$ 414 milhões em contas a receber que estavam inadimplentes. Embora, contabilmente, a empresa tenha lançado esses títulos à perda, sua equipe de cobrança tentava contatar os clientes e renegociar a dívida em aberto. Havia empresas especializadas em cobrança que poderiam se interessar em comprar esta carteira "podre", geralmente por um valor diminuto: de 5% a 10% do valor de face dos títulos, ou seja, de R$ 20 a R$ 41 milhões.

O problema da estratégia de segregação era o momento do mercado: a economia estava em recessão e os potenciais compradores desses "pedaços" da Quixote sabiam da sua necessidade urgente de fazer caixa. O provável resultado seriam preços de venda muito aquém do valor desses ativos.

Vender bens não operacionais?

Outra maneira de tentar arrecadar caixa para cobrir o hiato de liquidez era vender ativos não operacionais, se houvesse algum, como ações de outras empresas e imóveis não operacionais. A Arapuã, por exemplo, vendeu suas ações da empresa de chocolates Neugebauer para a Parmalat. O problema é que vender ativos por seus preços justos nem sempre se dá com rapidez, principalmente quando os potenciais compradores sabem que o vendedor está em dificuldades financeiras, como era o caso da Quixote.

Reestruturação operacional?

Reduzir custos? Demitir funcionários? No curto prazo, essas ações gerariam despesas significativas, mas, no médio e no longo prazo, reduziriam o custo fixo da empresa. O processo de reestruturação era inevitável, porém levaria muito tempo, e este estava se acabando para o sr. Quixote e sua empresa.

Auxílio do BNDES?

Por que o BNDES emprestaria dinheiro dos trabalhadores brasileiros à Quixote? Para salvar os 2 mil empregos dos funcionários da empresa? E o que os trabalhadores brasileiros tinham a ver com a escolha do sr. Quixote de querer ser banqueiro e se dado mal? Deveria haver dezenas de projetos de investimentos melhores que a Quixote para o BNDES financiar.

Emitir ações?

Haveria investidores interessados em comprar ações em bolsa de uma empresa em sérias dificuldades como a Quixote? O público investidor em ações, em geral, procurava histórias de sucesso, crescimento e rentabilidade, não uma crise! E os credores? Esses poderiam transformar parte de seu saldo credor em ações (*debt to equity swap*)? Talvez. Mas isso não seria simples. A maioria dos credores da Quixote era formada por fornecedores de eletrodomésticos. Para um fornecedor, ser acionista de um cliente era duplamente perigoso, pois geraria conflitos de interesse com a própria Quixote e com os outros varejistas clientes dos fornecedores. Imagine se o produtor de geladeira, "sr. Gelox", acionista da Quixote, deixaria o sr. Quixote comprar outras marcas de geladeiras. E por quanto sr. Gelox venderia suas geladeiras ao sr. Quixote? Além do mais, sr. Gelox era um especialista em produzir geladeiras, mas não sabia vendê-las ao grande público. Sem contar que, no instante em que uma operação desta se tornasse pública, haveria outros varejistas em crise de liquidez propondo ao sr. Gelox soluções parecidas. Enfim, teoricamente, era uma iniciativa possível, mas não provável.

Vender tudo?

Vender a Quixote seria a melhor e mais rápida solução para os credores e acionistas. No entanto, quem compraria ações de uma empresa em sérias dificuldades, como a Quixote, e ainda assumiria R$ 429 milhões de dívidas vencidas? Isso para não mencionar que, além da dívida contabilizada, havia *contingências*, ou seja, dívidas que poderiam não estar contabilizadas, como processos trabalhistas atuais e futuros, aluguéis e taxas de condomínio atrasadas, impostos não pagos, questionamento dos próprios credores quanto aos índices e taxas de juros utilizados para calcular os saldos credores etc. Para tornar a Quixote vendável, seria essencial pré-negociar a dívida com os credores. Dessa maneira, um possível investidor poderia comprar a empresa com o saldo da dívida e condições de pagamento (juros, garantias e prazos) pré-acordados. Ou seja, não seria vender apenas ações de uma empresa, mas também sua dívida.

Entrar em concordata?

Aos olhos do sr. Quixote, a concordata preventiva parecia a única saída para proteger a continuidade da empresa. A ideia da concordata era permitir a reestruturação de uma empresa viável, dando um fôlego de dois anos para o pagamento de parte do seu endividamento. Era um alívio de que a empresa precisava e tinha o direito de obtê-lo à revelia de seus credores.

Em janeiro de 2000, a Quixote solicitou concordata preventiva.

Uma empresa em concordata em um arcabouço jurídico ineficaz

Como ficou o dia a dia da Quixote e dos seus acionistas após o pedido de concordata?

Na época, a Lei de Concordatas e Falências em vigor era de 1945.[20] Em tese, a concordata permitia a suspensão dos pagamentos das dívidas quirografárias (sem garantias reais). Os termos de pagamento destas dívidas eram redefinidos para até dois anos. Os juros, o indexador e o cronograma de amortização eram definidos pelo juiz. Teoricamente, créditos com garantias deveriam ser honrados, apesar da concordata. As garantias poderiam ser executadas, porém, se estas afetassem a operação da empresa, o juiz não permitiria. Na prática, portanto, o pagamento de todo o endividamento era suspenso. E a Quixote contava com esta suspensão, pois suas dívidas tinham as garantias apresentadas no Quadro 5.59.

Quadro 5.59 – Garantias das dívidas da Quixote

Formas de garantia	Ativos
Caução	Cheques, duplicatas, recebíveis
Penhor mercantil	Bens móveis (por exemplo, mercadorias)
Hipoteca	Bens imóveis

---

[20] Desde 1993, estava em trâmite no Congresso o projeto que altera a Lei de Falências, que foi finalmente promulgada em meados de 2005 (Lei 11.101/2005).

O juiz elegeu um "comissário da concordata" que era um dos credores da Quixote, o sr. Gelox, da fábrica de geladeiras, seu maior credor na época. Sua função era supervisionar o cumprimento do processo de concordata. O juiz definiu a forma de pagamento aos credores: 40% da dívida deveriam ser pagos até o 12º mês do deferimento da concordata (janeiro de 2001), e o restante, 60%, no 24º mês (janeiro de 2002), a juros de 12% ao ano, pagos com as parcelas, sem correção monetária.

Sr. Gelox, como comissário da concordata, era responsável por monitorar os seguintes eventos, que poderiam causar a falência da Quixote:

- evidências de inviabilidade econômica da empresa (que deveria ser avaliada pelo juiz);
- não pagamento de débitos correntes, ou seja, dever-se-ia estar em dia com pagamentos de novas dívidas assumidas após o pedido de concordata;
- não pagamento das parcelas da concordata;
- concessão de privilégio ou tratamento diferenciado a algum credor inscrito na concordata.

No caso da falência da Quixote, todos os ativos tangíveis e intangíveis seriam leiloados, e os proventos do leilão usados para pagar os credores na ordem de prioridade apresentada no Quadro 5.60.

Quadro 5.60 – Ordem de Prioridade na Liquidação da Falência

Prioridade	Credor
1	Dívidas trabalhistas
2	Dívidas tributárias / previdência
3	Credores com garantia real
4	Credores quirografários
5	Dívidas subordinadas (debenturistas, notas promissórias)
6	Acionistas preferenciais (reembolso do capital)
7	Acionistas ordinários

Ou seja, o sr. Quixote e seu filho Sancho seriam os últimos a receber algum provento da liquidação da empresa se esta fosse à falência. Contudo, apesar do "fôlego" da proteção da concordata, sr. Quixote precisava buscar uma solução definitiva para a continuidade da empresa.

Buscando a solução para a crise de liquidez

A lei de concordatas no Brasil era muito ineficiente, pois tratava todas as atividades econômicas de modo igual. Ou seja, uma siderúrgica tinha o mesmo tratamento de certa rede de farmácias. Essas atividades econômicas têm ciclos de negócios e condições mercadológicas totalmente distintas. Apesar disso, a lei era míope e prescrevia a mesma "solução" para todos os tipos e portes de empresa.

Sr. Quixote pediu ao filho que projetasse os resultados da empresa, assumindo um severo corte de despesas, para verificar sua capacidade de honrar a concordata. Havia dois grandes desafios pela frente que pareciam tautológicos:

- Como saldar a dívida e reconquistar a confiança dos fornecedores para recompor os estoques?
- Como voltar a gerar caixa sem a contribuição do crediário a clientes nem poder abrir novas lojas e pagando o fornecimento à vista?

Ou seja, a Quixote estava sem estoques, prazo de fornecimento nem capacidade de financiar seus clientes. Sua capacidade de vender, sua rentabilidade e a captação de recursos via capital de giro estavam, portanto, comprometidas. Os fornecedores, por sua vez, não queriam aumentar sua exposição ao risco de crédito da Quixote. A palavra "deságio" estava proibida de ser mencionada aos credores, pois isso minaria qualquer chance de apoio. Em suma, como se diz no popular: "se correr o bicho pega, se ficar o bicho come."

As principais hipóteses de projeção do cenário concordata foram:

- Fechar 50 lojas deficitárias e distantes do centro de distribuição em dois anos (20 em 2000 e 30 em 2001), mantendo as 150 melhores lojas ao longo da projeção.
- Terceirizar completamente o crediário para uma instituição financeira especializada, que assumiria todo o risco de crédito, e a Quixote receberia apenas a TAC (2,5% sobre o valor financiado). A instituição financeira, por sua vez, financiaria até 30% das vendas da Quixote.
- Reverter a queda e recuperar o crescimento da ROB/m^2 em três anos, com melhora do *mix* e novas estratégias de venda.
- Recuperar a margem bruta com a mudança do *mix*, incluindo móveis e acessórios, chegando a 28% em três anos.
- Reduzir as despesas com vendas de 20% para o equivalente a 10% da ROB, em dois anos, por meio de renegociação de aluguéis e comissões para vendedores, e reduzindo custos de transporte com a centralização dos estoques em um único centro de distribuição.
- Cortar drasticamente as despesas administrativas, de R$ 80 milhões para R$ 20 milhões, em dois anos.
- Reestruturar os estoques, realizar um grande esforço de vendas e otimizar a logística para reduzir o saldo médio do equivalente a 60 dias de CMV.
- Para não afrontar seus credores, sr. Quixote solicitou que as projeções assumissem que os fornecedores venderiam apenas à vista.
- Reduzir investimentos ao mínimo de R$ 3 milhões ao ano, mas gastando um extra de R$ 12 milhões e R$ 7 milhões no fechamento de lojas, respectivamente, entre 2000 e 2001.

Eram propostas arrojadas, mas não havia tempo. A Quixote tinha dois anos para se recuperar. E os resultados das projeções foram desanimadores (Quadro 5.61). Mesmo com uma premissa arrojada de recuperação das vendas, ao fim de 2002, ainda se projetava uma ROB/m² média (R$ 5.014/m²) aquém da observada em 1999 (R$ 5.174/m²).

Quadro 5.61 – Cenário concordata: projeção do número de lojas e do faturamento bruto de 2000 a 2002

	1999 real	2000	2001	2002
Número de lojas	200	180	150	150
Área total	160.000	144.000	120.000	120.000
ROB/m²	5.174	4.916	4.916	5.014
CAGR ROB/m²	-30%	-5%	–	2%
ROB mercantil	828	708	590	602
ROB crediário	153	–	–	–
ROB total	981	708	590	602

As premissas otimistas para a recuperação da margem bruta e os severos cortes em despesas operacionais que poderiam ocorrer com a redução da dimensão na rede (fechamento de 50 lojas e fim da operação de crediário próprio) prometiam reverter o EBITDA negativo somente a partir de 2001, e, em 2000, ainda seria negativo em R$ 80 milhões.

Quadro 5.62 – Cenário concordata: projeção do EBITDA de 2000 a 2002 (R$ milhões)

R$ milhões	1999 R	2000	2001	2002
ROL	814	588	490	499
Lucro bruto mercantil	152	71	118	168
% LB / ROB Mercantil	**3%**	**10%**	**20%**	**28%**
TAC	2	5	4	5
Desp. vendas	-196	-106	-59	-60
% DV ROB mercantil	20%	15%	10%	10%
Desp. administrativas	-80	-50	-20	-20
EBITDA	**-189**	**-80**	**43**	**93**
% EBITDA / ROB Total	-19,3%	-11,3%	7,4%	15,4%

O EBITDA, o redimensionamento dos estoques, que geraria R$ 78 milhões em recursos financeiros, e a recuperação de R$ 17 milhões em contas a receber não seriam suficientes para saldar as parcelas da concordata que venceriam em 2001 e 2002 (Quadro 5.63).

Quadro 5.63 – Cenário concordata: projeção do FOC e FLC de 2000 a 2002 (R$ milhões)

	1999 real	2000	2001	2002
EBITDA	-189	-80	43	93
IR&CS desalavancado	–	–	-2	-14
Investimentos	-23	-15	-10	-3
Contas a receber	17	–	–	–
Δ Contas a receber	-154	-17	–	–
Estoques	132	85	61	55
Δ Estoques	-173	-47	-24	-6
Fornecedores	–	–	–	–
Δ Fornecedores	-551	–	–	–
Δ Capital de giro	-224	64	24	6
FOC	**-436**	**-31**	**55**	**82**
Receita financeira	1	–	–	–
Juros concordata	–	–	-52	-31
Amortização concordata	–	–	-172	-258
FLC	**-435**	**-31**	**-166**	**-199**

Em 2000, a operação da Quixote seria deficitária em R$ 31 milhões. Entre 2000 e 2002, a geração do fluxo operacional de caixa acumularia R$ 107 milhões, pouco mais que o suficiente para pagar os juros da concordata (R$ 82 milhões). A empresa não teria dinheiro para amortizar a primeira parcela da concordata (R$ 172 milhões) no começo de 2001. A Quixote não somente não conseguiria honrar a concordata, como também precisaria de (muito) dinheiro novo.

Quadro 5.64 – Cenário concordata: projeção do balanço patrimonial de 2000 a 2002

	31/12/99	31/12/00	31/12/01	31/12/02
Ativos	**339**	**256**	**207**	**169**
Aplicações	0	0	0	0
Contas a receber bruta	83	0	0	0
(–) PDD	-66	0	0	0
Contas a receber líquida	17	0	0	0
Estoques	132	85	61	55
Ativo imob. líquido	190	171	146	114

continua

continuação

	31/12/99	31/12/00	31/12/01	31/12/02
Passivos	**339**	**256**	**207**	**169**
Fornecedores	0	0	0	0
Empréstimos curto prazo	0	0	0	0
Déficit de caixa	**429**	**460**	**454**	**396**
Patrimônio líquido	**-91**	**-204**	**-247**	**-227**
Capital social	10	10	10	10
Lucros acumulados	-101	-260	-278	-234

Se os credores concordassem em "esperar", a Quixote não conseguiria pagá-los, mesmo assumindo que não cobrariam juros.

Não era necessário projetar mais números. Estava claro que a Quixote não conseguiria honrar a concordata. A projeção do FLC do cenário concordata mostrava diferenças significativas em relação ao cenário expansão com crediário (Figura 5.5).

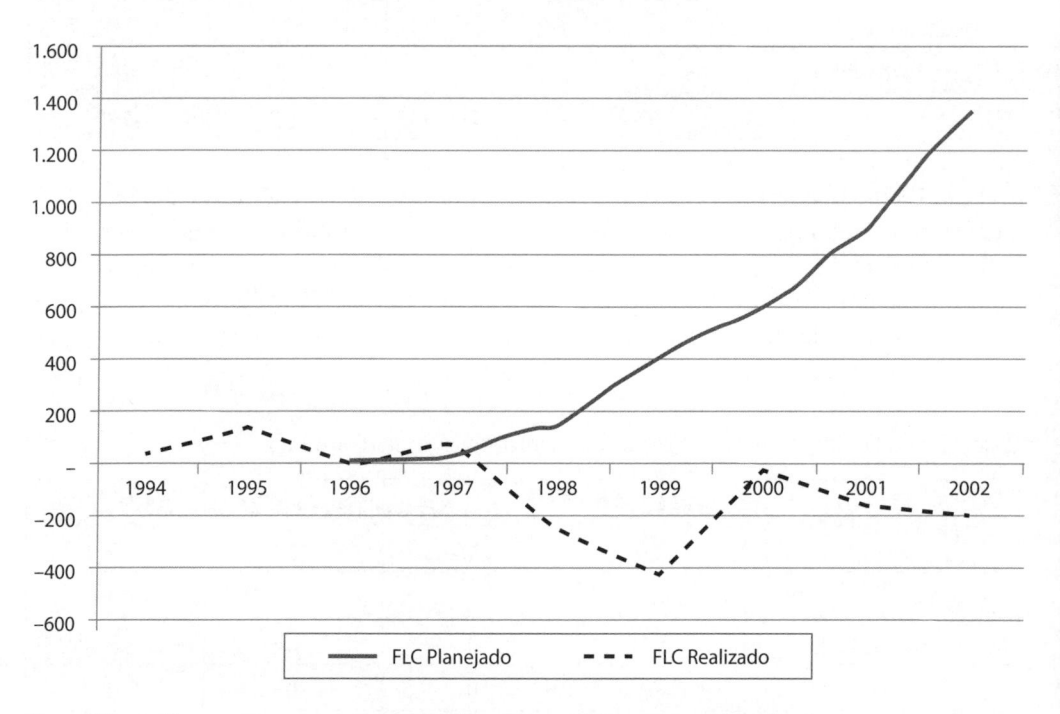

Figura 5.5 – Gráfico com base nas projeções do FLC cenário crediário *versus* o FLC realizado.

Ao mesmo tempo, os credores estavam prestes a incorrer em duas perdas: a do crédito com a Quixote e a do canal de distribuição. A quebra de pequenas e médias cadeias de varejo estava generalizada, e o setor concentrava-se cada vez mais em poucas e grandes redes, como Casas Bahia, Ponto Frio, Pão de Açúcar, que eram muito exigentes nas negociações com os fornecedores. Era difícil para o sr. Gelox, por exemplo, conseguir boas margens no fornecimento de geladeiras para qualquer uma dessas grandes redes. Além dessa concentração no varejo, havia outro aspecto que preocupava os fornecedores: a recessão econômica em que o país ensaiava entrar. Isso tudo significava volumes de vendas menores a ínfimas margens.

Parecia haver, pelo menos, duas possíveis soluções que poderiam minimizar as perdas dos credores: trocar os atuais acionistas da Quixote por outros capazes de saldar a dívida e manter o canal de distribuição para a indústria de eletrodomésticos ou renovar a confiança na capacidade administrativa do sr. Quixote e seu filho. Isso implicaria aceitar o pagamento da dívida em um prazo mais longo e com juros mais baixos, além de restabelecer o fornecimento a prazo de mercadorias. Ambas as soluções exigiriam 100% de consenso entre os credores, caso contrário, o juiz poderia decretar a falência da Quixote. Obter esse consenso era um desafio hercúleo, uma vez que os fornecedores eram compostos por grandes e pequenas empresas, com capacidades financeiras distintas. Dependendo da proposta de reescalonamento da dívida, muitos dos pequenos credores poderiam ir à falência.

Na primeira alternativa, o perfil ideal do novo acionista seria outra empresa do ramo que conseguisse:

- trazer economias de escala;
- retomar crescimento e investimentos;
- manter e fortalecer o canal de distribuição para a indústria;
- restabelecer a confiança dos credores, mas evitando os erros do passado.

Os acionistas poderiam "vender" suas ações para um investidor estratégico com este perfil por um valor simbólico para tentar se livrar das dívidas e contingências. Os acionistas sabiam que sua posição na negociação era frágil, mas eram o dono *de jure* da Quixote, e qualquer solução deveria ter seu crivo, o que tinha valor. Por sua vez, os credores eram os donos *de facto* da Quixote. O potencial investidor enfrentaria o grande desafio de recuperá-la financeira e operacionalmente, tudo isso em meio a uma severa crise econômica.

Negociação: razão e sensibilidade

Prólogo

A Quixote estava entre a "vida e a morte". Aqui, já se chegou à conclusão de que a melhor, e talvez a única, saída seria a venda da empresa a um investidor com capacidade de recuperar sua operação. Negociar a venda de uma empresa em concordata sempre foi dos desafios mais difíceis em M&A. Elaborar premissas e cenários sobre o futuro poderia ajudar nas negociações, mas não defini-las. O vendedor estava fragilizado, com poucas alternativas, e o tempo corria contra. Os credores pressionavam o vendedor por uma solução, apoiados na Lei de Concordatas e Falências. O comprador, naturalmente, considerar-se-ia um "salvador da pátria". Negociar nessas condições não era fácil para o vendedor. Por isso, antes de dar continuidade à discussão do caso Quixote, é importante discutir alguns conceitos e componentes clássicos de uma negociação.

O ponto de partida é o negociador. No caso em questão, o sr. Quixote, que estava muito ansioso. Era um vendedor de eletrodomésticos, não de empresas. E sempre se questionava: "Serei um bom negociador?", "Farei um bom negócio para minha família e para os credores?", "Farei o melhor negócio possível?", "Serei melhor negociador que a outra parte?". São todas questões muito pertinentes. Mesmo negociadores experientes se deparam com essas perguntas em negócios importantes, pois nenhuma negociação é igual à outra. Nenhum negociador é igual a outro. Não há maneira de prever uma negociação, mas há sim de se preparar melhor para elas.

Para tentar endereçar as questões do sr. Quixote, serão utilizadas como base a organização e as ideias desenvolvidas no excelente livro sobre negociações de Shell, *Negociar é preciso* (2001), e nossas experiências pessoais em negociação. Como já descrito anteriormente no Capítulo 1, Shell tem uma maneira interessante de descrever os fundamentos do que chama "negociação eficaz": (1) estilo pessoal; (2) metas e expectativas; (3) padrões e normas dominantes; (4) relacionamentos; (5) interesses da outra parte; e (6) poder de influência. Será adotada essa organização para entender a situação em que o sr. Quixote se encontrava e como poderia se preparar para minimizar a fragilidade da sua situação negocial e enfrentar o alto poder de barganha que o "salvador da pátria" teria.

Ao longo desta seção, foram incluídos vários relatos pessoais de experiências acumuladas em 30 anos da nossa atuação como assessor em fusões e aquisições e reestruturação de empresas. Embora algumas transações vivenciadas tenham ocorrido há anos, é importante ressaltar que não serão revelados os nomes de clientes para resguardá-los. Os valores e setores econômicos envolvidos nas transações comentadas foram trocados para impossibilitar qualquer tentativa de identificação. Entretanto, as situações foram preservadas para fazer a ponte entre a teoria e a prática da negociação.

Estilo pessoal

Todas as negociações começam com o próprio negociador e seu espelho. O autoconhecimento aqui é a chave para a eficiência do negociador. Qual dos cinco tipos básicos de personalidade descritos em Shell (2001) poderia caracterizar o perfil de negociador do sr. Quixote? Ele tinha de ser sincero consigo mesmo e não tentar ser alguém que não era. Negociadores habilidosos têm boa memória, agilidade verbal e capacidade de lidar bem com o estresse. Sr. Quixote tinha várias competências, mas sua capacidade de lidar com o estresse estava comprometida pelos últimos anos de crise no setor e na empresa. Ele tinha noção dessa limitação e das dificuldades técnicas envolvidas na negociação da venda de uma empresa em concordata. Recorreu a um banco de investimentos com experiência neste tipo de transação. A opção por ter um assessor especializado mostrou que a efetividade do sr. Quixote era muito mais uma questão de atitude que de habilidade! E assim começou nosso envolvimento como assessores da Quixote e seus acionistas.

Assessoramos o sr. Quixote no que Shell descreve como os quatro hábitos-chave de uma boa negociação, a saber:

- Preparação para a identificação de potenciais investidores e para a troca de informações que é necessária em qualquer negociação.
- Definição de expectativas elevadas, mas possíveis, para os termos da transação.
- Paciência para ouvir os potenciais compradores, que forneceriam pistas sobre a real necessidade, que, muitas vezes, é mais eficiente que argumentos inteligentes sobre o que o vendedor quer.
- Compromisso com a integridade pessoal dos negociadores e vendedores.

Metas e expectativas

Um dos importantes papéis que tivemos como assessores foi promover uma reflexão sensata com o sr. Quixote sobre o que seria possível esperar da venda da empresa. Foi elaborada uma lista de desejos e justificativas que sustentassem cada uma:

a) **Motivação para a venda:** o que o sr. Quixote queria ganhar com a venda da empresa e por quê? Sua vontade era salvá-la como empresa, a obra de vários anos da sua vida. Queria manter a rede viva, os empregos, a marca e a reputação entre seus clientes. Queria também pagar as dívidas aos fornecedores da melhor maneira possível, pois seu apoio tinha sido imprescindível para o nascimento e crescimento da empresa.

b) **Preço mínimo aceitável:** sr. Quixote queria receber algum dinheiro por suas ações, mas não esperava muito. Tinha constituído algumas reservas com os dividendos recebidos, mas havia perdido muito dinheiro aplicando em negócios de Internet. Sabia que sua posição na negociação era frágil, mas era o proprietário *de jure* da Quixote, e qualquer solução deveria ter seu crivo, e isto tinha valor. Por qualquer método de avaliação, FDC, múltiplos de mercado e/ou transações recentes, era difícil justificar qualquer valor para as ações da Quixote sem alterar a estrutura societária da empresa. Haveria um novo investidor disposto a reestruturar as operações da Quixote, assumir suas dívidas e ainda pagar algum dinheiro pelas ações do sr. Quixote? Era difícil dizer. Naquele momento, parecia a todos que a única chance de isso ocorrer seria se houvesse mais de um interessado na compra da Quixote, o que era pouco provável por causa das condições de mercado da época.

A empresa foi posta à venda por meio de um **Memorando de Oferta**, um documento que descrevia a história da Quixote, seus principais produtos, mercados, rede de lojas, investimentos em infraestrutura de logística e de administração e histórico financeiro. Não se apresentaria o valor da empresa, mas, sim, um cenário com projeções que mostrariam a viabilidade da recuperação das suas operações. Com base nessas informações, os potenciais compradores poderiam refazer as projeções, identificar e quantificar sinergias operacionais e estratégicas, aplicar sua própria taxa de desconto, estimar o valor da empresa e fazer uma oferta ao sr. Quixote.

Teríamos de identificar possíveis **moedas de troca** que pudessem ser utilizadas para viabilizar algum tipo de pagamento ao sr. Quixote e a nós mesmos, uma vez que o banco seria remunerado por um percentual do valor pago pelas ações. Essas moedas poderiam ser: ações da empresa do comprador; pagamento pelo aluguel de lojas próprias da Quixote (cuja propriedade poderia ser transferida a uma Companhia de Propósito Específico [CPE] pertencente ao sr. Quixote, com a anuência do juiz, é claro); pagamento pela cobrança da carteira "podre" das contas a receber da Quixote; aluguel do cadastro dos clientes da Quixote (com dados pessoais, histórico de compras e de pagamentos); e outras possibilidades.

> **NA PRÁTICA:** moedas de trocas, ativos e/ou passivos ocultos são pontos-chave para o sucesso da venda de uma empresa. Em um caso interessante, estávamos vendendo uma empresa a um grande grupo brasileiro de varejo com ações na bolsa de valores. O vendedor, um senhor muito conservador, queria receber seu pagamento em dinheiro à vista, apesar de ser um homem muito rico. O comprador chegou a oferecer como parte do pagamento suas ações. Dispunha-se até a pagar um pouco mais se o comprador aceitasse um percentual considerável do pagamento em ações. O vendedor rejeitou a proposta dizendo que não era um "jogador de cassinos" (em referência ao investimento em ações da Bovespa). O vendedor insistiu, argumentando que o valor de suas ações, R$ 25,00 na época, estava muito baixo considerando qualquer análise de múltiplos, e que algo de importante estava para ocorrer e ele não se arrependeria. O vendedor permaneceu incrédulo e insistiu no pagamento em dinheiro. O negócio foi fechado como o vendedor queria. Poucos meses depois da transação concluída, o valor das ações do comprador subiu de R$ 25,00 para R$ 70,00, graças ao anúncio da conclusão de uma parceria internacional. Se o vendedor tivesse aceitado as ações, poderia ter multiplicado por algumas vezes o valor da venda.

c) **Assunção das dívidas:** antes de abordar potenciais investidores, era preciso definir um novo cronograma de pagamento da dívida da Quixote que fosse compatível com sua capacidade operacional. Prepararíamos uma proposta aos credores, com base em um cenário que simulasse a fusão da Quixote com outra empresa de porte parecido. Elaboraríamos hipóteses sobre ganhos de escala e sinergias operacionais. A capacidade de pagamento da nova Quixote teria de ser melhor que a atual. Com base no FLC projetado, seria feita uma proposta de pagamento da dívida diferente daquela da concordata: com prazo de amortização maior e juros menores. Pela Lei de Falências vigente na época, tal proposta teria de ser aceita por todos os credores; caso contrário, a Quixote nem seria posta à venda. Se todos os credores concordassem, entretanto, nós, como assessores, e o sr. Quixote estabeleceríamos ao comprador, como condição para a transação, que a dívida renegociada fosse aceita e honrada pela nova Quixote.

Para os credores, aceitar renegociar a dívida, em termos razoáveis, representaria três grandes vantagens. Primeira, eles sabiam que os termos da concordata não eram factíveis com o pagamento de suas dívidas. A concordata apenas adiaria o pior: a falência da Quixote. Segunda, a falência da Quixote significaria a perda não somente do saldo devedor, mas também de um canal de venda que estaria fortalecido com a fusão. Terceira, era melhor ter a dívida renegociada com prazos mais longos, mas ter um risco de crédito melhor.

d) **Condições de pagamento:** se houvesse alguma possibilidade de pagamento em dinheiro ao sr. Quixote por suas ações, seria preferível que fosse à vista. Neste ponto, todos concordavam. Entretanto, se isso não fosse possível, alguma outra moeda de troca poderia ser negociada.

NA PRÁTICA: imaginem uma situação em que o comprador de uma empresa em crise de liquidez estima seu valor em R$ 3 milhões, e o vendedor em R$ 6 milhões ou mais. Pode-se construir uma ponte entre as diferenças de percepções de valor por meio de um acordo de *earn out*. Comprador e vendedor concordariam em concluir a venda de 51% da empresa pelo equivalente a R$ 3 milhões, ou seja, R$ 1,53 milhão. O vendedor elaboraria um *business plan* que acreditasse ser factível. Se o *business plan* se comprovasse verdadeiro ao longo dos anos, o vendedor teria a opção de vender os 49% restantes de suas ações por R$ 4,5 milhões, de modo a obter o valor médio de venda de R$ 6 milhões. A lógica do negócio era a de que o vendedor comprovaria ao comprador que a empresa de fato valia R$ 6 milhões. Se não quisesse exercer sua opção de venda, o vendedor poderia permanecer minoritário, pois é melhor ser minoritário e vender ações de uma empresa que dá certo, que ser majoritário de uma empresa que não deu certo. O comprador, por sua vez, poderia ter uma opção de compra dos outros 49% por R$ 1,5 milhão ou menos, se o *business plan* não desse certo, reduzindo o preço médio pago por 100% da empresa.

Os acordos de *earn-out* podem ser solucionadores de problemas muito poderosos, entretanto, há dificuldades. Vivenciei situações em que um banco foi vendido em um acordo de *earn out*, com um *business plan* muito factível na época, mas condições macroeconômicas adversas tornaram sua realização impossível. O comprador, que tinha uma opção de compra, a exerceu, deixando o vendedor com menos dinheiro e uma posição minoritária diminuta no banco. Era o direito do comprador. Entretanto, o minoritário detinha uma expertise no negócio de nicho bancário e uma atuação expressiva na condução dos negócios. Com uma participação acionária diminuta, o minoritário deixou de se empenhar pelo progresso do banco. O majoritário, então, decidiu renegociar sua opção de compra ao reconhecer a importância estratégica do sócio minoritário para o sucesso do banco adquirido.

Os acordos de *earn-out* podem ser adaptados e aplicados a várias situações, e ser muito eficazes se houver simetria nas informações entre as partes envolvidas no acordo. Outro exemplo de *earn-out* é uma escala de bônus de um executivo a ser contratado por uma empresa. De um lado, o executivo concorda em deixar a empresa na qual trabalha para assumir o risco de trabalhar em outra, até então desconhecida, levando sua expertise e seu *networking*. De outro, a empresa contratante deve fornecer informações ao contratado sobre o suporte que terá para viabilizar suas metas de receita, que vão gerar os bônus pretendidos pelo contratado. Quando há falhas nessa troca de informações, seja da empresa, seja do executivo contratado, vão ocorrer problemas.

---

e) **Garantias e representações:** este era um ponto crucial para o sr. Quixote. Um *deal breaker*, como se diz em inglês. Sr. Quixote estava disposto a resolver os problemas de todos da melhor maneira possível, dentro de suas possibilidades, mas não queria ter nenhuma responsabilidade por contingências fiscais, trabalhistas e cíveis referentes ao passado e ao futuro da empresa. Parecia uma demanda muito justa, uma vez que estaria vendendo suas ações por quase nada.

Em suma, o exercício de identificar e elaborar metas otimistas apenas seria eficaz se estas fossem viáveis. Dessa maneira, somente uma reflexão profunda sobre a viabilidade das metas do Sr. Quixote faria com que todos os envolvidos acreditassem que eram legítimas e conquistáveis. Isso aumentaria a solidez das expectativas de todos os afetados pela venda da Quixote: acionistas, credores e o próprio banco de investimentos. Comprometimento é contagioso.

É possível resumir as metas e expectativas de cada uma das partes envolvidas na Quixote da maneira apresentada no Quadro 5.65.

Quadro 5.65 – Resumo de metas e expectativas das partes envolvidas

Acionistas	Credores	Comprador
• Proprietários *de jure*, mas VEA < 0 1 Salvar a Quixote 2 Minimizar perdas para os credores 3 Recuperar a confiança dos credores 4 Vender as ações por pouco, mas sem responsabilidades sobre contingências e passivos	• Proprietários *de facto* (R$ 429 milhões) 1 Minimizar perdas nos créditos 2 Manter o canal de distribuição de médio porte 3 Sinalizar ao varejo que "erros seriam punidos" (troca de controle da Quixote!)	1 Comprar PDVs (ganhar escala e fatia de mercado), marca etc.? 2 Assumir uma dívida definida e possível de ser paga com a nova operação 3 Minimizar valor de aquisição 4 Minimizar contingências

Padrões e normas dominantes

A maioria das pessoas tende a acreditar que todos são iguais a si mesmas. Indo mais longe, nossa propensão é acreditar que os outros também seguem normas, padrões e valores semelhantes aos nossos. Essa é uma grande inverdade. Em uma negociação com muitas partes, como era o caso da Quixote e suas dezenas de credores, nacionais e estrangeiros, e potenciais compradores, nacionais e estrangeiros, um assessor nas negociações com experiência em lidar com normas e padrões muito diferentes agregaria muito valor ao sr. Quixote.

Para evitar **armadilhas de coerência**, era necessário obter o máximo de informações antes de expor a empresa Quixote a uma negociação, seja com os fornecedores/credores, seja com um potencial comprador. Quanto melhores fossem os dados, melhores seriam os argumentos de venda. Para tanto, dever-se-ia pesquisar a posição estratégica e a situação financeira dos principais credores e dos potenciais compradores da Quixote, buscando prever os argumentos que a outra parte poderia usar na negociação e a percepção de valor que esta poderia ter das transações oferecidas. Vale ressaltar que seriam duas transações simultâneas: aos credores, oferecer-se-ia a renegociação da dívida, em termos distintos daqueles da concordata, e aos potenciais compradores, ações de uma empresa e sua dívida pré-renegociada.

Como assessores, também prepararíamos um banco de dados e argumentos para sustentar o mérito (entenda-se valor) das duas transações. Elaboraríamos **temas de posicionamento**, ou seja, um argumento conclusivo e poderoso sobre as transações. Para os credores, como já mencionado, o tema posicionamento era composto das verdades a seguir:

- Na atual estrutura societária, mesmo com um esforço hercúleo de reestruturação operacional, a Quixote não conseguiria honrar a concordata, o que a levaria à falência.
- Na falência, era provável que os credores não recebessem nada, pois as dívidas trabalhistas e tributárias teriam prioridade no recebimento dos proventos da **massa falida**.
- Já que a dívida era impagável, e o risco do crédito altíssimo, por que não renegociá-la para apoiar uma fusão que não apenas melhoraria o risco de crédito, mas também fortaleceria um canal de vendas importante?

Para os potenciais compradores, a aquisição da Quixote representava a oportunidade de:

- Adquirir, por um preço simbólico para as ações, uma rede de lojas e sua marca forte no varejo, em regiões de grande poder aquisitivo e com ótimas perspectivas de crescimento.
- Fortalecer relações com os principais fornecedores, cujo apoio seria fundamental para o sucesso de qualquer empresa de varejo.
- Adquirir um cadastro de milhares de consumidores que poderiam ser financiados e gerar muita rentabilidade se o comprador tiver a expertise e o capital necessários para financiá-los.

NA PRÁTICA: trabalhar como assessor em fusões e aquisições é um trabalho árduo, porém fascinante. Árduo porque: (i) o trabalho de coleta de informações e análise é muito intenso, já que o cliente quer estar seguro de que sua empresa está sendo avaliada com todo detalhe e minúcia possíveis; (ii) o processo de venda e negociação pode levar anos, e muitas vezes não se concretizar, pois há muitas variáveis que podem influir para o insucesso de uma transação; e (iii) quando a transação está se concretizando, os ânimos de todos ficam muito exaltados, e a tensão das longas horas e dias de elaboração dos contratos de compra e venda é exaustiva. Ao mesmo tempo, é um trabalho fascinante pela gama de capacidades que é preciso desenvolver. Um bom profissional de fusões e aquisições deve conhecer contabilidade, finanças, economia, direito, além das qualidades intra e interpessoais exigidas no processo de negociação. O equilíbrio emocional e a disposição física para o trabalho têm de ser acima da média. É um trabalho que envolve grandes decisões, momentos importantes da vida de uma empresa, e, portanto, da de milhares de pessoas, entre empregados, fornecedores, credores etc. A responsabilidade é grande.

> **NA PRÁTICA:** durante meu doutorado na Universidade de Illinois, nos Estados Unidos, ministrei a matéria Introdução à Economia, como assistente de professor, a alunos do primeiro ano. Certa vez, flagrei um deles colando descaradamente em uma prova. Chamei meu colega que junto comigo estava aplicando a prova para testemunhar, pois colar em prova nos Estados Unidos é motivo para expulsão do aluno, mas também um grande risco de este processar a universidade por calúnia, perdas e danos etc. Peguei o caderno que o aluno mantinha aberto no colo e o confisquei. Permiti que continuasse a prova e levei o caso a meu supervisor.
>
> Tive seis longas entrevistas com meus supervisores sobre o caso. Cada nova entrevista era com alguém mais graduado dentro do departamento de Economia. Ninguém queria assumir uma posição, e todos tentavam me convencer de que nada havia ocorrido. Parecia que falávamos línguas diferentes. E era isso mesmo. Eu acreditava, a todo custo, que estava falando a língua da ética, e eles pareciam não ligar para isso, apenas não queriam correr riscos. Talvez olhassem para mim e vissem um mero estudante latino-americano criando-lhes problemas.
>
> A última entrevista foi com o chefe do departamento, a pessoa que pagava meu salário de assistente de professor. Estava tenso e cansado de remar contra a maré. Ele me ouviu atentamente e fez uma proposta: eu deveria anular somente as respostas às questões cujo conteúdo estivesse nas duas páginas do caderno que o aluno escondia no colo. Fiquei indignado, mas me contive. Fiz uma contraproposta: "Professor, eu não sou ninguém. Apenas um mero assistente de professor e tenho só dois anos de experiência. O senhor é um economista famoso, de larga experiência e conhecimento. Eu faço o que o senhor quiser. Se preferir, esquecemos o caso... Só gostaria de dizer que acho que o que está acontecendo é obsceno."
>
> Meu chefe me olhou bem e disse: "Vamos reprovar esse rapaz!".
>
> O que sucedeu essa conversa? Estávamos falando de normas e padrões diferentes. Eu, tentando ser ético, e ele, pragmático e conformista. Estávamos em um embate. Não havia concordância entre nós. Cada um, do seu ponto de vista, tinha sua própria coerência. Quando coloquei a vaidade do chefe em jogo ("O senhor é um economista famoso, de larga experiência e conhecimento"), ele me ouviu. Comunicamo-nos. Havia algo de interesse do chefe que lhe trouxe para meu padrão: sua reputação, sua vaidade. Ou seja, aqui há uma lição valiosa: a melhor prática é antecipar os padrões preferidos pelo outro e estruturar sua proposta dentro desses limites.

Relacionamentos

Em uma negociação de compra e venda de uma empresa, construir **confiança** entre as partes é crucial, o que requer muita sensibilidade e atenção às necessidades e aos interesses do outro. Os relacionamentos humanos resumem-se em uma frágil dinâmica interpessoal: a confiança. **Reciprocidade** e **consistência** na maneira de tratar o outro constroem confiança. As pessoas tendem a responder com justiça quando se sentem tratadas com justiça. Generosidade, para muitos, inspira generosidade.

No caso da Quixote, o relacionamento com os fornecedores (credores e não credores) era crucial para o sr. Quixote e também para o futuro comprador da empresa, não apenas pela importância estratégica do capital de giro, mas também porque, na concordata, os proprietários *de facto* da Quixote eram os credores. Nenhuma transação relevante envolvendo os ativos da empresa poderia ser feita sem o apoio de **todos** os credores. Neste ponto, a Lei de Concordatas e Falências trazia um grande problema prático: poderia dar o poder de chantagem à minoria em detrimento da maioria. Como qualquer desvio do plano aprovado pelo juiz precisaria de aprovação de 100% dos credores para ser viabilizado sem causar a falência automática da empresa, alguns credores poderiam se opor aos planos de reestruturação mais factíveis de ser implementados simplesmente "criando dificuldades para vender facilidades". Esse comportamento oportunista poderia levar todos a perder. Por isso, era comum, naquela época, que, ao propor um plano de reestruturação, a empresa pagasse os menores credores, aqueles com créditos de R$ 10 mil. Esse tipo de credor poderia criar muita resistência à aprovação do plano, não por oportunismo, mas por sobrevivência, pois, para esse tipo de credor, R$ 10 mil faziam muita diferença.

> **NA PRÁTICA:** vivenciamos um caso de oportunismo na crise de liquidez de uma empresa de varejo que nos contratou para realizar um plano de reestruturação. Um credor, dentre 400, que detinha cerca de 10% da dívida da empresa em concordata, se recusou a aderir ao plano de reestruturação já apoiado pelos 399 credores. As razões que o levaram a isso não eram claras, mas poderiam indicar uma tentativa de obter alguma vantagem em relação aos outros 399, algum tratamento especial.
>
> A empresa conseguiu sobreviver mais alguns anos além dos previstos na concordata inicial, mas nunca deixou de sair do *status* de concordatária. Mas, por fim, foi à falência, gerando perdas a todos os credores, inclusive àquele que se opusera. Gerou também desemprego, queda de arrecadação de impostos e contribuiu para a concentração no nicho de varejo em que a empresa atuava. Quem ganhou? A concorrência. Quem perdeu? Credores, acionistas, empregados, governo (por meio da menor arrecadação) e consumidores.
>
> Na nova lei, planos de reestruturação podem ser modificados se a maioria dos credores aprovar. Essa possibilidade legal inviabiliza comportamentos oportunistas de alguns em detrimento da maioria. É um grande avanço para a economia brasileira.
>
> No processo de construção da confiança, reciprocidade é a chave. "Uma mão lava a outra." Tudo deve ser feito com equilíbrio, justiça e bom senso, mas sem perder a assertividade de seus objetivos. A confiança é uma conquista poderosa nos relacionamentos e nas negociações.

O poder da confiança também pode causar situações inusitadas, como a que descrevemos a seguir.

> **NA PRÁTICA:** há alguns anos, fomos contratados para vender uma empresa processadora de carnes de porte médio. Fizemos a avaliação e contatamos potenciais compradores. Entre eles, o vendedor tinha um predileto. Tratava-se de um grupo europeu, cujo proprietário era muito "amigo" do vendedor, do tipo de passar férias juntos em um castelo na Europa. Para esse grupo, a aquisição da empresa do nosso cliente era uma grande oportunidade de entrar no mercado brasileiro, no qual o custo do milho e da soja, fator crítico de competitividade na indústria de processamento de carnes, era muito mais barato que na Europa.

> Solicitamos propostas indicativas de interesse de todos os contatados e recebemos uma proposta interessante do europeu: R$ 70 milhões. Na época não era um valor muito alto, mas estava próximo à nossa avaliação, e acreditávamos poder negociar um preço melhor. Contrariando nossas veementes recomendações, nosso cliente fez concessões importantes a seu amigo: autorizou que fizesse uma *due diligence* completa na empresa antes de assinar um MOU e um acordo de confidencialidade. Nosso cliente permitiu ainda que seu amigo conhecesse o que quisesse sobre a operação, seus executivos e os negócios de sua empresa.
>
> Após dois meses de *due diligence*, os europeus nos avisaram que estavam preparados para vir ao Brasil e fazer uma oferta final pela empresa-alvo. Reunimo-nos todos em uma sala, com um tradutor, e ouvimos, atônitos, a oferta final do europeu: R$ 10 milhões. Foi uma cena inusitada. Todos estávamos perplexos: se a empresa realizasse seu capital de giro (vendesse seus estoques, coletasse suas contas a receber e pagasse seus fornecedores), receberia R$ 15 milhões líquidos.
>
> Obviamente, o negócio não foi fechado. Em poucas semanas, descobrimos as razões daquele inusitado comportamento. O "amigo" comprou um concorrente do nosso cliente. Com as informações de mercado e das operações do nosso cliente, o "amigo" pôde comparar as duas empresas e até contratar executivos importantes do nosso cliente para sua nova operação. Este é o poder da confiança, e do deslumbre também!

Apesar desses abusos, não restam dúvidas de que tendemos a confiar mais em pessoas que agem como nós, que compartilham de nossos interesses e experiências ("princípio da similaridade"). Preferimos dizer sim às solicitações das pessoas que conhecemos e gostamos ("regra da afinidade"). Construir confiança depende muito de saber ouvir e entender as necessidades do outro.

Antes de iniciá-lo, vale a pena mais um comentário sobre *due diligence*. Em minha experiência comprando e vendendo empresas, já me deparei com muitas dificuldades nesta fase, que começa, geralmente, logo após as partes terem acordado os termos básicos do negócio (preço, forma de pagamento, responsabilidades etc.). Nela, entram em cena os advogados, que são pagos para identificar e mensurar riscos de todas as espécies, pois, é claro, como qualquer negócio significativo, comprar uma empresa envolve muitos riscos. No entanto, alguns advogados, até por características pessoais, tendem a exagerar os riscos a que seus clientes podem estar expostos.

> **NA PRÁTICA:** lembro-me de um caso curioso. Estávamos vendendo uma empresa que era intensiva em mão de obra. Entretanto, os funcionários, ao entrar na empresa ou ao deixá-la, não "batiam o ponto". O advogado do comprador, ao se deparar com este fato, não teve dúvida: pegou o número total de empregados que essa empresa teve em sua história, multiplicou por 24 horas do dia e pelo tempo médio de casa. Deduziu as oito horas do turno normal. Multiplicou a diferença pelo salário médio com os adicionais de hora extra. O total dessa conta era, segundo ele, o passivo trabalhista oculto da empresa. Ou seja, segundo ele, todas as pessoas que trabalharam algum dia na empresa poderiam processá-la cobrando horas extras trabalhadas, e a empresa não teria como se defender. Era possível que isso ocorresse? Sim, era. Era provável? Não!

Não preciso dizer que esse "passivo oculto" era, algumas vezes, um valor maior que o de toda a empresa. Ou seja, pelo advogado, a transação nunca ocorreria.

A solução foi contrária ao acordo por ele sugerido. A saída foi utilizar a média histórica dos processos trabalhistas por horas extras trabalhadas e não pagas que a empresa historicamente sofreu e perdeu, e deduzir esse montante do preço de compra da empresa. Afinal, não há negócios sem riscos. Inclusive, o WACC foi criado para precificá-lo!

Interesses da outra parte

Ouvir e entender o que o outro lado quer é crítico. É importante aprender tudo sobre os credores e os potenciais compradores, o que começa por identificar a pessoa com poder de decisão, o que nem sempre é explícito. Precisávamos entender como a pessoa-chave pensava e quais eram seus interesses para entender como estes poderiam nos ajudar a conquistar nossas metas: renegociar a dívida e vender a Quixote. A maioria das pessoas tende a supor que as necessidades das outras sejam contrárias às suas. Para entender o outro, é sempre útil tentar trocar de papéis.

NA PRÁTICA: lembro-me de que uma vez tentamos articular a fusão de duas grandes siderúrgicas nacionais, de portes similares (medidos pela capacidade de produção em milhões de toneladas de aço).

Quanto aos aspectos operacionais e estratégicos, a fusão fazia todo o sentido. As grandes siderúrgicas do mundo estavam se fundindo para ganhar escala, e, no Brasil, as empresas desse setor ainda relutavam em acompanhar a tendência mundial. Como as siderúrgicas brasileiras em questão eram grandes exportadoras e competiam de frente com os grandes conglomerados em formação, fazia todo o sentido aumentar a escala para manter a competitividade e rentabilidade no comércio internacional. No entanto, logo nas primeiras reuniões, percebemos uma preocupação: quem seria o presidente da nova empresa resultante da fusão? Quem seria o presidente do Conselho de Administração (considerado um papel de importância mais simbólica que real)? Nesse momento, percebi que a fusão nunca ocorreria, pelo menos não com os atuais presidentes de ambas as empresas. A vaidade estava acima dos negócios. E, até o momento da edição deste livro, a fusão não ocorreu.

Interesses compartilhados estão ocultos em todas as negociações. Que motivos levariam a outra parte a dizer não? As razões são muitas, como vaidade, *status* e outras necessidades não financeiras. Prestar atenção aos "sinais" **verbais e não verbais** que a outra parte envia por meio de sua conduta é a chave.

NA PRÁTICA: tenho outro exemplo da importância de entender os interesses ocultos da outra parte que me custou caro. Fomos contratados por uma família para vender um de seus negócios. Tratava-se de uma empresa de varejo que estava enfrentando forte concorrência e perdendo rentabilidade. A família tinha outro negócio de varejo de nicho que estava indo muito bem. A seu pedido, avaliamos

> os dois negócios e preparamos todo o material para vender aquele que não ia bem. Apresentamos nossas estimativas de valor, que mostravam claramente a discrepância de valor entre os dois negócios. O negócio a ser vendido valia pouco, talvez até abaixo de seu valor patrimonial.
>
> Estávamos prontos para contatar os potenciais investidores quando recebemos uma ordem de abortar a venda. Atônitos, questionamos nosso cliente. Com muita tranquilidade, ele nos disse que a família havia decidido fechar a empresa pouco lucrativa e transferir seus pontos de venda para a empresa com maior capacidade de crescer e rentabilidade. Solução sensata. Então, qual foi o problema?
>
> O problema foi que falhamos em não perceber a dinâmica da família e o interesse oculto de seus membros. Parte da família já sabia de tudo o que havíamos concluído em nossos exercícios de avaliação econômica. Era aquela que estava empenhada em fazer a empresa de nicho crescer rápido e percebia o valor dos pontos de venda da outra empresa em dificuldades. Entretanto, esta parte não queria se indispor com a outra, que gostava da empresa em dificuldades, pois havia sido a primeira empresa da família, que gerara boa parte de sua fortuna. Ou seja, nós, assessores, fomos usados por parte da família para dar as más notícias sobre o valor da empresa. Trabalhamos meses na avaliação das empresas, porém, 95% da nossa remuneração estava atrelada à venda da empresa. Agregamos valor ao cliente, mas não fomos recompensados por isso. Falha minha em não ter previsto no contrato o que se conhece por *drop-off fee*.

Atender ao interesse da outra parte pode ser muito vantajoso na construção de um relacionamento de confiança, não custar muito caro a quem está fazendo uma concessão, tampouco comprometer o alcance das suas metas. Vendedores de automóveis são muito bons nessa estratégia: para convencer o cliente a comprar um carro, oferecem jogos de tapetes, instalação de alarme e/ou película protetora, e tantos outros produtos que lhes são de menor valor agregado, mas não para os clientes.

Exemplo de concessão que pode ser uma maneira de agregar valor à empresa em negociação é incluir na transação outro ativo, como um contrato de fornecimento ou prestação de serviços. A venda de empresas com contratos de prestação de serviços e/ou fornecimento de produtos é um tipo frequente de transação, pois, muitas vezes, aquisições feitas no passado foram motivadas por interesses estratégicos de assegurar a prestação de serviço e/ou fornecimento de matéria-prima. Esse tipo de transação é muito mais complexo no antes e no depois. Trata-se não apenas de vender uma empresa e receber o dinheiro, mas também de manter uma relação comercial importante por muito tempo. Os interesses das partes e o relacionamento são cruciais. O caso *Crazy Fish* ilustra uma interessante situação de venda de empresa com contrato de fornecimento de longo prazo.

> **NA PRÁTICA:** lembro-me até hoje, com desconforto, de uma das primeiras experiências profissionais que tive em fusões e aquisições. Meu chefe me pediu que fizesse uma análise sobre o futuro da petroquímica brasileira e avaliasse os ativos de um grupo brasileiro que estava começando a investir no setor e adquirindo empresas. Queríamos impressioná-lo com nossa capacidade analítica, a fim de obter um mandato para comprar outras empresas para o grupo.

Era 1995. O setor petroquímico tinha passado por uma onda de privatizações, e tudo estava mudando muito rápido. Eu tinha acabado de chegar dos Estados Unidos, após seis anos afastado da economia brasileira. Meu chefe me sugeriu usar os conhecimentos de um famoso consultor, uma autoridade em petroquímica, para obter insumos para minha análise. Lembro-me de quando o conheci. Fiquei admirado com seu vasto conhecimento. Não falava muito. Respondia objetivamente às minhas perguntas, sem divagar. Eu tinha de estudar muito antes de falar com ele.

Antes da apresentação ao grupo brasileiro, nosso cobiçado (pretenso) futuro cliente, fui ter uma última conversa com o consultor, que me disse: "Esse grupo precisa de assessoria, pois não tem uma estratégia".

Inseguro, mesmo após muito preparo, fiz a apresentação para o Conselho de Administração do grupo. Seus membros ouviram com atenção, e fui ganhando confiança em mim mesmo e no meu trabalho. Em minhas conclusões, larguei a bomba: "O mercado diz que vocês não têm estratégia de crescimento".

Eles ouviram e não disseram nada. Agradeceram a apresentação e foram embora. Nunca mais voltaram. Hoje, esse grupo é um dos maiores e mais bem-sucedidos do Brasil na petroquímica. Suas aquisições foram oportunas e muito estratégicas.

Ficaram as lições: humildade, não acatar a autoridade do outro sem questioná-la e saber ouvir e perguntar. Não há demérito em perguntar quando não sabemos. Uma boa pergunta pode valer mais que uma pretensa boa resposta.

Poder de influência

Como discutimos no Capítulo 1, Shell (2001) chama de "poder de influência" a capacidade de não apenas fechar um acordo, mas também fechá-lo conforme as condições apresentadas. Uma das precondições para criar esse poder é prestar atenção às necessidades dos outros (acionistas da Quixote e seus credores), não para resolvê-las, e sim para atingir seus objetivos. Qual das partes tem mais a perder caso o acordo não venha a se realizar?

Para obter um real poder de influência, você deve convencer a outra parte de que, caso o acordo fracasse, perderá algo de concreto na transação, neste caso, a Quixote iria à falência.

Para exercer o poder de influência, deve-se possuir (ou fazer a outra parte acreditar que possui) a melhor alternativa para o acordo negociado. Ameaças serão efetivas somente se forem convincentes (e civilizadas).

Vale ressaltar que o poder de influência baseia-se em percepções da outra parte, e não necessariamente em fatos. Em geral, demonstrações de urgência enfraquecem este poder.

NA PRÁTICA: para encerrar esta seção, quero compartilhar uma lição que aprendi com um porteiro. Em 1989, fui aos Estados Unidos pela primeira vez conhecer o país e a universidade em que faria meu doutorado. Peguei um trem para Nova York. Com pouca fluência no inglês, entendi que os alto-falantes do trem tinham anunciado que a próxima parada era "New York". Saltei do trem e logo

> percebi que havia cometido um erro. Certamente, eu não estava na Grand Station. Estava em uma pequena estação, sem nenhum arranha-céu por perto e só eu havia descido do trem.
>
> Desorientado, encontrei o porteiro da estação. Com meu inglês engasgado, contei-lhe que era um estudante brasileiro e estava perdido. Ele riu e me contou que eu não estava em New York, mas em Newark, uma cidade próxima a Nova York. Acalmou-me e disse que não havia problemas. Em dez minutos passaria outro trem para Nova York e eu poderia tomá-lo por mais US$ 30. Expliquei que não entendia bem inglês e que não achava que devia pagar por meu desentendimento. Ele riu. E me disse com muita tranquilidade: "Este é o preço da educação. Hoje, só vai te custar US$ 30. Amanhã pode custar US$ 10 mil, ou US$ 100 mil. Hoje, o preço foi de US$ 30. Sorte sua".
>
> Trata-se de uma grande lição, que se aplica às negociações: quando não entendemos a língua do outro, não estamos preparados para chegar aonde pretendemos ir, e pagamos um preço por isso. Não há curso nem livro de negociação que ensinem tudo o que precisamos aprender. Negociação se aprende com a vida, diariamente, seja nos eventos banais do cotidiano, seja em nossas grandes decisões. Razão e sensibilidade têm de andar juntas nesse longo e penoso aprendizado.
>
> Tive um chefe que era um exímio negociador. Quando o via atuar em uma negociação, perguntava-me onde teria aprendido esta arte. Um dia, perguntei-lhe. Ele respondeu: "Tenho três filhas pequenas e uma esposa. Elas me ensinaram".

Fusão: "o salvador da pátria"

Negociando com os credores

Como banco assessor estratégico do sr. Quixote, simulamos um novo cenário de projeção para a empresa, assumindo sua venda para um terceiro que pudesse trazer sinergias operacionais e o capital necessário para tirá-la da crise de liquidez. O objetivo era estimar a capacidade de pagar a dívida da Quixote e propor seu reescalonamento aos credores.

Como discutido na seção anterior, os **temas de posicionamento** para os credores eram compostos pelas verdades a seguir:

- Na atual estrutura societária, mesmo com um esforço hercúleo de reestruturação operacional, a Quixote não conseguiria honrar a concordata, o que a levaria à falência.
- Na falência, havia a possibilidade de os credores não receberem nada, pois as dívidas trabalhistas e tributárias tinham prioridade no recebimento dos proventos da massa falida.
- Já que a dívida era impagável, e o risco do crédito altíssimo, por que não renegociá-la para apoiar uma fusão que não apenas melhoraria o risco de crédito, mas também fortaleceria um canal de vendas importante?
- O plano de reestruturação não exigiria que os credores aumentassem sua exposição de crédito à Quixote. Nas projeções, as compras de mercadorias dos credores seriam pagas à vista e não haveria operações de financiamento a clientes que não fossem aquelas feitas por instituições financeiras especializadas.

- Haveria troca de acionistas e administradores na Quixote. Este era um ponto importante para os credores. Eles precisavam sinalizar a seus clientes (outras redes varejistas) que "abusos de confiança" seriam punidos. Do ponto de vista dos credores, sr. Quixote havia alocado o dinheiro do capital de giro, sustentado pelos prazos generosos para pagar aos fornecedores e financiar os clientes, que, posteriormente, não honraram suas dívidas. Era preciso mandar o recado "ao mercado" de que o sr. Quixote estava sendo punido com a perda de sua empresa.

Nesse contexto, elaboramos o cenário fusão, cujas principais premissas de projeção eram:

- Seriam abertas dez novas lojas por ano.
- O crediário aos clientes permaneceria completamente terceirizado para não introduzir mais risco à operação. Com capacidade de compra de mercadorias e por se tornar um cliente maior, a financeira contratada aumentaria o limite de exposição, chegando a financiar 50% da ROB da Quixote. Com essas ações, a ROB/m² e a margem bruta da Quixote poderiam se recuperar em um ritmo mais consistente.

Nossas premissas de projeção para o faturamento indicavam que a venda por m² da Quixote aumentaria de R$ 5,2 mil em 2000 para R$ 6,1 mil em 2003, um aumento de cerca de 18%. Era um crescimento agressivo? Em 1997, um ano que não foi dos melhores, a venda média por m² era de R$ 9,2 mil. As projeções, portanto, pareciam conservadoras no tocante à recuperação da venda média por m² (Quadro 5.66).

Quadro 5.66 – Cenário fusão: projeção do número de lojas e faturamento (R$ milhões)

	1999	2000	2001	2002	2003	2004
Número de lojas	200	210	220	230	240	250
Área total	160.000	168.000	176.000	184.000	192.000	200.000
ROB/m²	5.174	5.174	5.278	5.542	5.819	6.110
Δ ROB/m²	-30%	–	2%	5%	5%	5%
% ROB financiada	10%	50%	50%	50%	50%	50%
ROB mercantil	828	869	929	1.020	1.117	1.222
ROB crediário	153	–	–	–	–	–
ROB total	981	869	929	1.020	1.117	1.222

- Assumimos que a margem bruta, em 2000, ainda sofreria com a guerra de preços, mas que se recuperaria gradualmente até se estabilizar no equivalente a 28% da ROB.

- Com os ganhos de escala obtidos nos gastos com propaganda e marketing, as despesas com vendas seriam reduzidas de 20% para 5% da ROB. As despesas administrativas da Quixote poderiam ser reduzidas rapidamente de R$ 80 milhões para R$ 10 milhões anuais, pois toda a infraestrutura administrativa e a supervisão de lojas poderiam ser suportadas com as estruturas do comprador.
- A financeira terceirizada pagaria à Quixote a TAC de 2,5% das vendas financiadas. Com a operação de crédito totalmente terceirizada, a Quixote não precisaria constituir provisões para devedores duvidosos.

Essas premissas indicavam que era possível reverter a queda na margem EBITDA da Quixote já em 2000. Essa margem evoluiria para o equivalente a 23% em três anos, o que poderia ser considerado razoável, levando-se em conta os ganhos de escala (Quadro 5.67).

Quadro 5.67 – Cenário fusão: projeção do DRE da Quixote (R$ milhões)

	1999	2000	2001	2002	2003	2004
ROL	814	722	771	846	927	1.014
Lucro bruto	152	87	167	286	313	342
Margem bruta	15%	10%	18%	28%	28%	28%
TAC	2	11	12	13	14	15
Despesas com vendas	-196	-43	-46	-51	-56	-61
% DV/ROB	20%	5%	5%	5%	5%	5%
Despesas administrativas	-80	-10	-10	-10	-10	-10
EBITDA	**-189**	**44**	**122**	**237**	**261**	**286**
Margem EBITDA	-19,3%	5,1%	13,2%	23,3%	23,4%	23,4%

- Em relação aos fornecedores, consideramos que 100% das compras de mercadoria seriam pagas à vista. Essa era uma premissa importante para efeitos de negociação. Sr. Quixote não estava pedindo aos credores que aumentassem sua posição de risco na empresa. Com o tempo, e o sucesso do plano de reestruturação, os fornecedores até poderiam aumentar os prazos de pagamento, mas esta iniciativa deveria partir deles.
- Mantivemos a premissa das projeções dos acionistas, em que se previa a reestruturação dos estoques por meio de um grande esforço para otimizar a logística e explorar sinergias a fim de reduzir o saldo médio do equivalente a 60 dias de CMV.

- Projetamos a abertura de dez novas lojas por ano, a um investimento de R$ 1 milhão cada, além dos R$ 3 milhões de investimentos anuais em manutenção da rede.

Com essas premissas, o FOC da Quixote poderia voltar a ser consistentemente positivo a partir de 2000. Essa já era uma perspectiva animadora, pois o novo comprador não precisaria capitalizar a empresa em 2000 (Quadro 5.68).

Quadro 5.68 – Cenário fusão: projeção do FOC da Quixote (R$ milhões)

R$ milhões	2000	2001	2002	2003	2004
EBITDA	44	122	237	261	286
IR & CS desalavancado[21]	-3	-21	-48	-53	-59
Investimentos	-13	-13	-13	-13	-13
Δ Contas a receber	-17	0	0	0	0
Δ Estoques	-28	-5	-7	9	9
Δ Fornecedores	0	0	0	0	0
Δ Capital de giro	45	5	7	-9	-9
FOC	74	94	183	186	205
FOC acumulado	74	167	351	536	741

As projeções indicavam que a Quixote poderia acumular um fluxo operacional de caixa de R$ 741 milhões. Esse número deveria ser suficiente para saldar a dívida com os credores com algum juro. Para tanto, por tentativa e erro, simulamos várias possíveis combinações entre o montante de juros a serem pagos e a extensão do prazo de amortização. Quanto maiores os juros, mais tempo a Quixote demoraria para amortizar a dívida.

A melhor combinação entre juros e extensão do prazo de amortização encontrada foi: 5% ao ano e amortização em quatro anos (de 2000 a 2003). No entanto, as amortizações teriam de ser proporcionais à geração de caixa da empresa. Seria destinado 90% do fluxo operacional de caixa anual para pagar juros, e o restante para amortizar o principal. Os outros 10% do FOC seriam mantidos na empresa para eventualidades. As projeções indicavam que seria possível pagar toda a dívida até o final de 2003, porém, em 2000, a amortização seria muito pequena. A proposta de reescalonamento da dívida, portanto, incluía um ano de carência (Quadro 5.69).

---

[21] Assumimos que 30% do imposto devido seria compensado por prejuízos acumulados entre 1998 e 1999, que somavam R$ 496 milhões.

Quadro 5.69 – Cenário fusão: projeção do FLC da Quixote

	1999	2000	2001	2002	2003	2004
Fluxo operacional de caixa	**-436**	**74**	**94**	**183**	**186**	**205**
Receita financeira	1	–	1	1	3	6
Desp. financeira	–	-21	-19	-15	-8	–
Dividendos pagos	–	–	–	–	–	–
Ajuste IR&CS	–	3	4	3	1	-1
Amortização dívida credores		-49	-72	-155	-153	–
Fluxo livre de caixa	**-435**	**5,5**	**8**	**17**	**29**	**209**

Em 2000, as projeções indicavam que a Quixote pagaria R$ 21 milhões em juros para os credores e amortizaria apenas R$ 49 milhões de sua dívida de R$ 429 milhões, ou seja, um pouco mais que 10% do saldo. A nova empresa encerraria o ano 2000 com R$ 5,5 milhões em caixa. Seria um ano muito apertado para a nova Quixote e seu novo acionista. Entretanto, em 2004, quando se estimava que a Quixote estaria livre de suas dívidas, o fluxo livre de caixa para os acionistas somaria R$ 209 milhões. Essas projeções não assumiam nenhum apoio dos fornecedores na forma de prazo para pagar suas compras. No entanto, seria provável haver novos fornecedores que poderiam estar dispostos a dar prazos em troca de espaços nas prateleiras da nova Quixote. Em 2002, as projeções indicavam que o patrimônio líquido da empresa poderia se tornar novamente positivo, o que resultaria em segurança aos novos fornecedores (Quadro 5.70).

Quadro 5.70 – Cenário fusão: projeção do balanço patrimonial da Quixote

	31/12/1999	31/12/2000	31/12/2001	31/12/2002	31/12/2003
Total do ativo	**339**	**279**	**260**	**247**	**262**
Aplicações	–	5,5	13	31	60
Contas a receber brutas	83	–	–	–	–
(-) PDD	-66	–	–	–	–
Contas a receber	17	–	–	–	–
Estoques	132	104	99	92	101
Ativo imob. líquido	190	169	147	125	101
Total do passivo e PL	**339**	**279**	**260**	**247**	**262**

continua

continuação

	31/12/1999	31/12/2000	31/12/2001	31/12/2002	31/12/2003
Fornecedores	–	–	–	–	–
Dívida fornecedores	**429**	**380**	**308**	**153**	**–**
Patrimônio líquido	**-91**	**-101**	**-49**	**94**	**262**
Capital social	10	10	10	10	10
Lucros acumulados	-101	-111	-59	84	252

Esse cenário indicava que o novo investidor não precisaria alocar capital adicional à Quixote, a não ser suas sinergias e expertise operacionais. Apenas assim o EBITDA poderia reverter seus resultados negativos e atingir a alta margem de 23%.

Nesse momento, foi feita uma análise qualitativa do interesse de cada uma das partes envolvidas na venda da Quixote. Haveria benefícios e custos, sem dúvida, mais interessantes que com a falência da Quixote (Quadro 5.71).

Quadro 5.71 – Momento pré-venda: análise de custo e benefício dos agentes envolvidos na venda da Quixote

Agentes	Benefícios	Custos
Acionista atual	Salvar a empresa. Não ter responsabilidade pelas contingências. Receber algum dinheiro por suas ações.	Vender suas ações por muito menos que valeriam se a empresa não estivesse em crise de liquidez.
Acionista futuro	Adquirir uma rede de 200 lojas e marca forte pagando pouco pelas ações. Em quatro anos, a nova empresa teria uma robusta geração de FLC. O investidor aumentaria seu poder de barganha sobre os fornecedores.	Esforço operacional de maximizar sinergias. Arcar com o risco se a reestruturação da empresa não der certo. Arcar com o risco de materialização das contingências acumuladas antes da aquisição.
Credores	Manter o canal de distribuição, receber o dinheiro de volta e melhorar a qualidade de crédito de um cliente importante.	O valor presente da dívida deve ser reescalonado em quatro anos com juros de 5%, o que, sem dúvida, estava aquém do custo de oportunidade da maior parte dos credores.

O novo plano parecia oferecer uma alternativa estratégica muito mais sólida aos credores que a concordata. O primeiro credor a conhecer o plano foi o sr. Gelox, o comissário da concordata. Com sua reação interessada, o plano foi apresentado ao juiz, que permitiu, extraoficialmente, que os credores o apreciassem. O plano foi, então, apresentado para cada um dos 50 principais credores da empresa que respondiam por 75% da dívida. Os outros

25% estavam pulverizados entre outros 50 credores. Para estes, o plano foi apresentado coletivamente em um auditório.

Todo esse esforço de apresentação levou mais de três meses. Em todas as reuniões, além dos executivos do banco de investimento, sr. Quixote e seus principais executivos fizeram questão de estar presentes, responder às perguntas e demonstrar seu comprometimento com a viabilidade da empresa, na qual, após a venda, não trabalhariam mais. Essa demonstração de interesse pela solução e perpetuidade da Quixote trouxe mais credibilidade ao plano, e a reação dos credores foi favorável.

Os 50 maiores credores, formados pelas grandes empresas produtoras de eletrodomésticos, apoiaram o plano formalmente, assinando cartas de intenção que confirmavam sua concordância com o reescalonamento da dívida para quatro anos, caso o comprador da Quixote concordasse em honrá-la. Os outros 50 pequenos credores tiveram mais dificuldade para chegar a um consenso, mas finalmente chegaram. Alguns deles não conheciam conceitos de finanças, como o FOC, mas perceberam a coerência lógica do plano de reestruturação. Além disso, o fato de os 50 maiores credores terem apoiado formalmente o plano lhes proporcionava maior tranquilidade. Apesar de as apresentações terem levado mais de três meses, sr. Quixote estava muito satisfeito com os resultados. Obter 100% de adesão, mesmo que condicional, era um feito histórico, uma vez que bastava um credor não aceitar para que todo o esforço de salvar a empresa fosse comprometido. As grandes falências e concordatas insolúveis que estavam ocorrendo no setor talvez tenham ajudado a mostrar aos credores que tentativas genuínas de reestruturação financeira mereciam consideração e apoio.

Com a adesão formal de 100% dos credores, começamos a abordar os potenciais compradores. No entanto, a Quixote ainda não estava salva. O plano de reestruturação tinha sido aceito apenas condicionalmente. Era preciso encontrar um comprador que concordasse em pagar a dívida reescalonada.

Abordamos grandes e médias empresas varejistas, que eram os investidores estratégicos preferidos para ter a capacidade de explorar as sinergias tão necessárias a fim de reverter o prejuízo operacional da Quixote. Também abordamos outros tipos de investidores, como os fundos de *private equity* e "investidores empresários". Estes últimos formavam um grupo interessante: eram empresários brasileiros que ficaram ricos após vender suas empresas a multinacionais, haviam tirado longas férias, mas queriam voltar a trabalhar e buscavam novos desafios. Estavam dispostos a trabalhar e investir parte do capital, que estava aplicada em bancos ganhando juros. A todos esses potenciais investidores que se interessaram e assinaram um Acordo de Confidencialidade, fornecemos Memorandos de Oferta, os quais descreviam as operações da Quixote, o plano de reestruturação da dívida e seus últimos demonstrativos contábeis, nossas premissas e projeções do FOC e do FLC até 2004. A transação proposta consistia na venda de 100% das ações do sr. Quixote e de sua família e a assunção completa da dívida junto aos fornecedores nos termos do plano de reescalonamento previamente aceito por eles. O novo acionista também se responsabilizaria por todas as contingências acumuladas pela empresa antes da data da troca das ações.

Não tardou para as negociações começarem. Não havia tempo a perder.

Negociando com Sr. Gerson

Após dois meses de contatos e apresentações, apenas dois interessados se manifestaram. Ambos eram grandes empresas do varejo de eletroeletrônicos. O primeiro, uma rede com 500 lojas, tinha interesse apenas em adquirir os PDVs da Quixote que complementassem sua rede. Não queria, portanto, comprar ações nem muito menos assumir dívidas. As negociações não avançaram muito além das primeiras reuniões.

O interesse do segundo empresário, que tinha uma rede com 400 lojas, foi além dos PDVs. Ele aceitava adquirir as ações e a dívida, mas a negociação foi dificílima. Esse empresário, sr. Gerson, era do tipo "competidor", como descrito na seção sobre negociação. Ele sabia que não havia interessados e que tinha poder econômico e operacional para viabilizar a Quixote, e maximizaria o uso do poder de barganha que tinha. Não estava disposto a deixar nenhum ganho a ser realizado por outro a não ser ele mesmo.

Muito habilmente, a primeira estratégia do sr. Gerson foi mudar o padrão da negociação: ignorou a linguagem das projeções e do FDC e voltou à contabilidade. Logo na primeira negociação, ele conseguiu nos deixar atordoados. Em seu escritório, usou um quadro para escrever o resumo do balanço patrimonial da Quixote em 31 de dezembro de 1999 (Quadro 5.72).

Quadro 5.72 – Balanço patrimonial da Quixote em 31 de dezembro de 1999

Total do ativo	**339**
Aplicações	–
Contas a receber brutas	83
(–) PDD	– 66
Contas a receber	17
Estoques	132
Ativo imob. líquido	190
Total do passivo e PL	**339**
Fornecedores	–
Dívida fornecedores	429
Patrimônio líquido	– 91

No mesmo quadro, para cada saldo contábil do balanço patrimonial, sr. Gerson estimou seu "valor de mercado" usando argumentos que, na prática, eram razoáveis:

- Depois de toda a inadimplência acumulada entre 1997 e 1999, supor que havia R$ 17 milhões de saldo nas contas a receber era pouco provável. Na melhor das hipóteses, a inadimplência ainda deveria consumir no mínimo metade desse valor. No entanto, em sua opinião, assumir nenhum valor a este ativo era sensato.

- Os estoques cujo saldo contábil era de R$ 132 milhões estavam superestimados. Sem ir ao centro de distribuição, o empresário não tinha dúvidas de que deveria haver muitas mercadorias avariadas, obsoletas e/ou com pouco apelo de compra. No mínimo, estimava que o valor de mercado dos estoques não passaria de R$ 50 milhões.
- O saldo do ativo imobilizado líquido também estava superestimado. Muitos dos equipamentos, principalmente os de informática (*hardware* e *software*) e de telecomunicações, já deviam estar parcialmente obsoletos. Os gastos em reformas e abertura de lojas também eram questionáveis. Os valores do terreno e da construção do centro de distribuição davam uma média do m², que pareciam muito mais altos que os valores médios de mercado. Em sua estimativa, portanto, o ativo imobilizado líquido deveria ser no máximo de R$ 100 milhões.
- Do lado do passivo, a contabilidade não previa o possível efeito das ações trabalhistas dos funcionários que estavam sendo demitidos e/ou contestando horas extras. Esses funcionários provavelmente não se dariam ao trabalho de processar uma empresa pré-falimentar, mas, no caso da aquisição da Quixote por uma grande empresa, poderia haver uma "avalanche" de processos trabalhistas. Além disso, será que a Quixote estava pagando todos seus impostos em dia? Era difícil acreditar. Em suma, deveria haver um passivo oculto a ser gerado por essas contestações trabalhistas e fiscais de, no mínimo, R$ 50 milhões.
- Por fim, haveria outro passivo oculto: as contestações dos valores a receber que os credores em concordata podiam promover. Essas contestações poderiam facilmente adicionar mais R$ 50 milhões ao déficit de caixa. Ou seja, sr. Gerson estimava que a dívida com os credores somava R$ 479 milhões.

Em suma, sr. Gerson acreditava que o verdadeiro valor do patrimônio líquido da Quixote não era negativo em R$ 91 milhões, mas sim em R$ 379 milhões.

Quadro 5.73 – Balanço patrimonial "ajustado" da Quixote em 31 de dezembro de 1999

	Valores contábeis	**Valores ajustados**	**Diferenças**
Total do ativo	339	150	-189
Contas a receber	17	–	-17
Estoques	132	50	-82
Ativo imob. líquido	190	100	-90
Total do passivo e PL	339	150	-189
Outros passivos	–	50	50
Dívida fornecedores	429	479	50
Patrimônio líquido	-91	-379	-288

Indignado conosco, sr. Gerson terminou sua exposição exclamando: "Vocês querem que eu compre ações desta empresa? Por quanto? Vocês deveriam me pagar R$ 379 milhões para eu levar a empresa como está!".

Atordoados, tentávamos voltar à lógica das projeções que indicavam que sr. Gerson estaria comprando uma plataforma operacional que geraria caixa rapidamente. Com uma taxa de desconto real de 30%, considerada alta justamente para compensar o novo investidor pelos riscos da crise de liquidez, estimamos o valor presente das ações em R$ 71 milhões. Essa estimativa era composta por uma perpetuidade simples calculada com a mesma taxa de desconto de 30% (Quadro 5.74).

Quadro 5.74 – Simulação I: VEE e VEA no cenário fusão (R$ milhões)

	2000	2001	2002	2003	2004	Total
Fluxo operacional de caixa	74	94	183	186	205	741
Valor presente FOC (30%)	57	55	84	65	55	316
VP da perpetuidade simples (30%)						184
VEE						500
Valor da dívida*						-429
VEA						**71**

* O valor de mercado da dívida da Quixote seria bem inferior a seu valor contábil se houvesse um mercado secundário para ela. Bastaria imaginar se os fornecedores aceitariam um deságio em suas dívidas em troca de pagamentos à vista. Portanto, o VEA poderia ser muito superior às nossas estimativas.

Se fosse adotada uma taxa de desconto diferente para a perpetuidade, por exemplo, 25%, a estimativa do valor presente das ações seria de R$ 155 milhões. Adotar uma taxa de desconto diferente para a perpetuidade no contexto da nova empresa parecia fazer sentido, uma vez que, após 2004, teria sua dívida liquidada e seu risco financeiro muito reduzido (Quadro 5.75).

Quadro 5.75 – Simulação II: VEE e VEA no cenário fusão (R$ milhões)

	2000	2001	2002	2003	2004	Total
Fluxo operacional de caixa	74	94	183	186	205	741
Valor presente FOC (30%)	57	55	84	65	55	316
VP da perpetuidade simples (25%)						268
Valor da empresa (VEE)						584
Valor da dívida						-429
Valor das ações (VEA)						**155**

Sr. Gerson, entretanto, não nos deu trégua, e, com muita pertinência, usou as projeções contra seus autores: "Vocês ainda têm a coragem de me pedir que trabalhe cinco anos 'de graça' para pagar por uma dívida que não criei? Querem que eu reverta a margem EBITDA desta empresa de −19% para +23% em três anos 'de graça'?"

De determinado ponto de vista, sr. Gerson estava certo: havia altos riscos na aquisição da Quixote não apenas na materialização de contingências, mas também na operação de seus ativos. Mas ele estava negociando. Por que chamar o banco para uma reunião e fazer todo esse raciocínio se não havia interesse algum?

Entrando na lógica patrimonial do sr. Gerson, contra-argumentamos: "Você quer comprar 200 bons pontos de venda por nada? Sem correr riscos? Esses pontos de venda aumentariam sua rede em 50% do dia para a noite. Isso não tem valor para você?" Lançamos um argumento que atingia em cheio algo que os competidores mais valorizam, sua vaidade: "Com essa aquisição, sua empresa se tornará uma das principais líderes de mercado!" Era o argumento que sr. Gerson precisava ouvir para dar seu próximo passo. A negociação havia entrado em uma nova fase.

Sr. Gerson insistia que o valor das ações da Quixote era zero. Para o sr. Quixote, isso era inaceitável. Ele queria vender a empresa e viabilizar o pagamento da dívida aos credores, porém, fazer tudo isso por nenhum dinheiro estava além da sua capacidade de aceitação. Para resolver o impasse, propusemos que o sr. Gerson "pagasse" pelas ações em mercadorias e recebíveis que acreditasse não terem valor de mercado. Desde 1995, a Quixote acumulava R$ 414 milhões em recebíveis a valores contábeis. Sr. Gerson havia estimado que o valor de mercado dos estoques da Quixote, em 31 de dezembro de 1999, não passava de R$ 50 milhões, contra R$ 132 milhões do seu valor contábil. A diferença, R$ 82 milhões, também poderia, portanto, ser dada ao sr. Quixote como pagamento pelas ações. Era um meio de criar uma nova moeda de troca, que, do ponto de vista do sr. Gerson, não tinha valor, visão não compartilhada pelo sr. Quixote.

Obviamente, sr. Gerson não concordou com a proposta, mas aceitou transferir ao sr. Quixote o direito de receber cerca de R$ 66 milhões em recebíveis que estavam há mais de um ano com pagamentos atrasados, já contabilizados como PDD em 31 de dezembro de 1999. O valor de mercado dessa "carteira podre", com um bom trabalho de cobrança, poderia chegar a valer 10%, ou R$ 6,6 milhões. Para um VEA entre R$ 71 milhões e R$ 155 milhões, pagar R$ 6 milhões pelas ações parecia um negócio excelente.

Sr. Quixote, após dois desgastantes meses de negociação, aceitou a proposta do sr. Gerson e transferiu suas ações em troca de uma "carteira podre" de contas a receber com o valor contábil de R$ 66 milhões, enquanto o sr. Gerson assumiria a dívida, as contingências e os ativos da Quixote.

Os credores ficaram satisfeitos com o fim das negociações, apesar de preocupados com a concentração de mercado. A rede do sr. Gerson passaria de 400 para 600 lojas, o que a tornaria uma das maiores do Brasil na época. Negociador difícil com 400 lojas, sr. Gerson seria muito mais agressivo em suas compras com 600. Fazia mais de seis meses que a Quixote entrara em concordata, e não havia mais tempo a perder.

Sr. Gerson percebia a preocupação dos credores e impôs uma condição à conclusão da aquisição das ações da Quixote: exigiu que o sr. Quixote assinasse um termo de venda de suas ações, que dependeria da ratificação definitiva dos credores aos termos do reescalonamento da dívida, o que seria feito em até 30 dias. Era uma medida prudente por parte do sr. Gerson, e o sr. Quixote a acatou. A reunião de assinatura do termo de venda foi serena. O sr. Quixote estava triste por assistir ao fim de seu percurso como empresário que um dia fora muito bem-sucedido. Sr. Gerson, por sua vez, também demonstrava apreensão com os próximos desafios, não somente pelos compromissos com os credores, mas também pelo desafio de absorver as operações da Quixote e maximizar as sinergias.

Os 30 dias após a assinatura do termo de vendas das ações demonstraram uma verdade sobre tipos de competidores como sr. Gerson: são pessoas muito inseguras em sua essência. São "tigres de papel".

Para surpresa de todos, ao buscar a adesão definitiva dos credores ao reescalonamento da dívida, sr. Gerson lhes propôs novos termos com prazos mais longos de amortização da dívida e juros menores. Pior que querer "mudar as regras do jogo durante a partida", sr. Gerson propôs termos diferentes para credores diferentes, introduzindo um tratamento diferencial recebido muito negativamente pelos credores. Incansável, ele ainda foi capaz de pedir 180 dias de prazo para pagar o fornecimento das mercadorias de que a Quixote precisaria.

Indignados, nenhum dos 50 grandes credores da Quixote aceitou os novos termos do sr. Gerson, tampouco ratificaram os termos anteriormente acordados. A venda da Quixote foi, simplesmente, abortada pelos próprios credores!

Desespero

Com o fim das negociações, o desespero tomou conta dos credores. Já estávamos em setembro de 2000, o Natal, época mais importante para as vendas do varejo, se aproximava, e a Quixote encontrava-se em um impasse. Não havia outro potencial comprador à vista. Se não fosse pelos estoques acumulados, a Quixote não sobreviveria ao primeiro aniversário da concordata.

Em meio ao desespero, alguns credores importantes começaram a indagar seus colegas sobre a pertinência de dar mais uma chance ao sr. Quixote e a seus executivos. Apesar de não ser o sinal ideal a outros clientes em concordata, parecia que a melhor saída era apoiar sr. Quixote em seu plano de reestruturação. Entretanto, sem os ganhos de escala advindos de uma fusão, a capacidade de pagamento da dívida seria menor, o que implicava pagar aos credores mais quatro anos, e com juros menores que 5% ao ano. Além disso, o penúltimo cenário já havia indicado que, sem ganhos de escala, o pagamento da dívida somente seria possível com compras de mercadoria a prazo. Seria necessário que os fornecedores/credores aumentassem sua exposição à Quixote. Era um remédio amargo, mas a falência seria muito pior.

Em meio ao desespero e à perplexidade dos credores e acionistas da Quixote, elaboramos outro cenário, incluindo prazos de pagamento aos fornecedores, e concluímos que a dívida poderia ser paga em oito anos (2007), a juros de 6% ao ano, se os credores aumentassem gradualmente seus prazos médios de venda para 45 dias, a partir de 2000, até alcançar

180 dias em 31 de dezembro de 2003. Nessa data, o prazo médio de 180 dias de compras equivaleria a R$ 199 milhões de saldo na conta Fornecedores, equivalente a 46% do valor da dívida de R$ 429 milhões. Ou seja, os fornecedores estariam literalmente financiando a Quixote a pagar a eles mesmos.

Esta era uma constatação difícil de aceitar para os credores, mas parecia ser a única alternativa à falência. Foi nesse momento de aceitação de uma realidade que parecia inevitável que surgiu uma nova esperança: o sr. Mobilete.

Negociando com a Mobilete

Em meio ao desespero, eis que surge a Mobilete Ltda., uma empresa varejista atuante em outra região geográfica complementar à da Quixote. Na época, a Mobilete tinha 220 lojas, e a fusão com a Quixote fortaleceria ambas as empresas e consolidaria um grande canal de distribuição alternativo às maiores redes. Em um primeiro momento, a Quixote permaneceria uma empresa separada, mas já desfrutando dos benefícios do novo acionista. As premissas e projeções do cenário fusão foram ratificadas pelo sr. Mobilete, que acreditou na viabilidade e na dimensão dos ganhos de sinergias na fusão das duas empresas.

Os termos do reescalonamento da dívida em quatro anos seriam mantidos com juros anuais de 6%. Os créditos dos credores contra a Quixote foram todos agregados a uma **debênture privada conversível** com o valor de face de R$ 429 milhões e juros de 6% ao ano, com um cronograma de amortizações crescente e predefinido. Em caso de inadimplência da Quixote, os credores poderiam converter seus créditos em ações da Quixote, o que lhes daria a opção de assumir sua administração e sua propriedade, se a Mobilete não honrasse seus compromissos. A debênture também dava direito aos credores de eleger três dos cinco membros que compunham o Conselho de Administração da Quixote com o poder de: contratar e/ou demitir executivos-chave da Quixote, e vetar a contratação de investimentos novos e daqueles acima de certo valor que pudessem comprometer a liquidez da empresa. O Conselho de Administração se reuniria mensalmente com o presidente da Quixote e seus diretores, que deveriam reportar os resultados da empresa (DRE, BP e DAR), além de justificar possíveis desvios entre o orçamento do mês e sua projeção, fazendo eventuais ajustes que fossem necessários.

Outro direito interessante, que a maioria dos votos no Conselho de Administração dava aos credores, era a possibilidade de renegociar o cronograma de pagamento da debênture se algum efeito adverso externo atingisse negativamente a empresa, apesar dos seus melhores esforços operacionais. Ou seja, em seus termos originais, a debênture deveria ser amortizada com 90% do fluxo operacional de caixa anual, que, de acordo com as projeções, possibilitaria o seguinte cronograma de pagamentos do principal: 11% ao fim do primeiro ano (2000), 17% ao fim do segundo, 36% ao fim do terceiro e 36% ao fim do quarto ano (2003). Entretanto, se uma nova crise internacional abatesse a economia brasileira no segundo ano, impossibilitando a Quixote de amortizar o principal da debênture de acordo com o cronograma projetado, por maioria, o Conselho de Administração poderia concordar que ela pagasse menos que o previsto, mas sempre sujeito ao mínimo de 90% do FOC da empresa naquele ano, se este fosse positivo. Era um dispositivo engenhoso para dar flexibilidade ao cronograma de amortização da debênture com total anuência dos credores, sem criar crises de confiança na viabilidade da empresa.

Uma vantagem importante da debênture de uma sociedade anônima, como a Quixote, era possibilitar que os debenturistas pudessem vendê-las no mercado aberto. Aqueles credores menores com necessidade de liquidez poderiam, portanto, vender suas debêntures, provavelmente a um deságio, adiantar o recebimento da dívida e ainda lançar a perda de capital como despesa tributável.

As negociações ocorreram de maneira rápida e assertiva. Sr. Mobilete manteve a proposta do sr. Gerson de transferir R$ 66 milhões em créditos "podres" ao sr. Quixote e, o mais importante, eximi-lo da responsabilidade sobre qualquer passivo oculto que pudesse surgir no pós-venda e que tivesse sido originado antes da venda. Os fornecedores apoiaram o novo acionista, e a fusão operacional foi efetuada com sucesso e a tempo de aproveitar as vendas do Natal de 2000.

Conclusões

O sr. Mobilete fez um negócio muito melhor do que jamais poderíamos prever. Ele maximizou todas as possibilidades de valor da Quixote. Em primeiro lugar, usou os altos níveis de estoques da empresa para abastecer suas próprias lojas, que estavam relativamente desabastecidas. Segundo, fechou seus centros de distribuição e concentrou toda a distribuição em dois grandes depósitos, muito bem posicionados estrategicamente, incluindo o depósito da Quixote. Terceiro, diluiu custos fixos e evitou investimentos em automação e comunicação utilizando a infraestrutura moderna e subutilizada da Quixote. Quarto, cindiu os ativos relacionados às operações de análise e cobrança de crédito da Quixote, incluindo seu extenso e completo banco de dados. Em seguida, vendeu esses ativos a uma financeira estrangeira que estava estreando no mercado brasileiro e precisava de séries históricas e sistemas adaptados à realidade nacional.

Em quinto lugar, e mais importante, utilizou sua posição de mercado para conseguir condições melhores de compra de mercadorias para suas 220 lojas, mantendo a promessa de compra à vista para as 200 lojas da Quixote. Além disso, utilizou esse poder de barganha para conseguir verbas de publicidade cooperada com os fornecedores. Sexto, negociou a exclusividade do acesso a seus 420 PDVs à financeira de um grande banco, que concordou em pagar uma quantia substancial em dinheiro para financiar os clientes da nova empresa. Sétimo, abandonou a marca "Mobilete", que era menos famosa, e passou a usar a marca Quixote em todas as 420 lojas. Oitavo, com o tempo, o próprio sr. Mobilete foi comprando a deságio as debêntures de alguns credores com situação financeira mais limitada, reduzindo a dívida total da Quixote. Por último, com um primeiro ano relativamente bem-sucedido, vendeu parte da empresa a um fundo de *private equity* e embolsou mais capital.

Poucos, entretanto, conhecem o aspecto mais importante dessa transação: na época da aquisição, a Mobilete estava evoluindo rapidamente para uma concordata, pois também havia sofrido com a forte inadimplência dos anos 1997/1999. Com a aquisição da Quixote, a Mobilete conseguiu as mercadorias e os ativos liquidáveis para se recapitalizar. Foi uma aquisição mais que estratégica. Foi genial. Mesmo que nada desse certo, a posição de concordatária de 420 lojas era melhor, em termos de poder de barganha, que com 200 lojas. Se os credores tinham problemas com seus créditos na Quixote, teriam problemas ainda maiores com a Mobilete pós-fusão. Quanto maior a dívida, mais sensíveis e abertos a soluções os credores estariam.

O caso Quixote ilustra vários aspectos interessantes do desafio de avaliar uma empresa e elaborar cenários realistas sobre seu futuro; do processo que gera uma crise financeira; da negociação da venda de uma empresa em concordata; e dos limites que uma lei, como a de concordata e falências, impõe a soluções para crises financeiras que **qualquer** empresa pode atravessar.

Este caso ilustra ainda a diversidade de fatores que interagem para gerar uma crise e sua solução. É uma convergência de percepções de valor de diversos agentes econômicos (fornecedores, acionistas, investidores) sobre um mesmo objeto: uma empresa e sua posição de mercado. A crise da Quixote começou em 1997, com a insistência do sr. Quixote em achar que a crise asiática era apenas um choque temporário. Dois anos depois, ele aprendeu que entre nossa percepção da realidade e a realidade pode haver quilômetros de distância.

Em 1999, sr. Quixote, seus empregados e credores aprenderam rapidamente que a crise de liquidez da empresa exigiria sacrifícios importantes de todos os envolvidos. Em 2000, as negociações catastróficas com sr. Gerson mostraram que, apesar de toda a boa vontade do sr. Quixote em encontrar a melhor solução para todos, assim como a dos credores em alongar suas dívidas, não ter alternativas era o que de pior poderia ocorrer em uma negociação. Por fim, a fusão com a Mobilete mostrou como uma empresa sem valor para muitos pode ser muito valiosa para outros. Depende apenas da posição estratégica de quem a avalia. Depende também da flexibilidade de todas as partes envolvidas em aceitar a realidade, por mais dura que seja.

Como diria o porteiro da estação de Newark: "Esse é o preço da educação".

Por fim, a proposta de destinar 90% do FOC aos credores não somente construiu muita confiança no plano de reestruturação, como também alinhou os interesses entre acionistas e fornecedores. Quanto maior fosse o apoio dos fornecedores à Quixote, mais depressa o novo acionista pagaria as dívidas da empresa.

CASO *CRAZY FISH*

Introdução & Contexto

Introdução

Após a discussão do caso Quixote, no qual a alavancagem financeira e um choque exógeno geraram uma crise de liquidez que quase destruiu uma empresa, vamos apresentar e discutir um caso em que a alavancagem financeira ajudou a recriar uma empresa.

Tal como o caso Quixote, o caso *Crazy Fish* foi adaptado de uma experiência profissional vivida por nós, cujas circunstâncias foram devidamente alteradas para não permitir a identificação das partes envolvidas.

> **NA PRÁTICA:** o estranho codinome *Crazy Fish* vem de outra experiência profissional que vivi, mas que utilizo no presente caso. Nessa experiência, estava assessorando um cliente na aquisição de uma empresa cujo escritório ficava na famosa Rua Haddock Lobo, no bairro dos Jardins, em São Paulo. Tivemos a nossa primeira reunião nesse escritório na presença de um bem-humorado advogado norte-americano, que falava um português misturado com espanhol e que representava o vendedor. Após a reunião, esse advogado ficou de enviar, por e-mail, os demonstrativos contábeis da empresa à venda. Quando o fez, o e-mail veio com um título bizarro: "Projeto *Crazy Fish*".
>
> Dar codinomes aos projetos é uma prática comum às Fusões & Aquisições, contexto em que a confidencialidade é muito importante. Geralmente, o codinome está relacionado a alguma característica do cliente, mas nesse caso, eu não conseguia imaginar qual era a associação que o advogado americano havia encontrado.
>
> Ficamos alguns meses trocando e-mails e o codinome *Crazy Fish* permaneceu designando o nome da empresa à venda. No fim das negociações, em um momento de descontração, perguntei ao advogado norte-americano o porquê do codinome. Ele riu e disse: "é obvio! É o nome da rua do escritório do meu cliente!" Não entendi. "O que tem *Crazy Fish* a ver com Haddock Lobo?" Ele respondeu: "Haddock é um tipo de peixe, daí o *fish*. "*Loco*" quer dizer "*crazy*" em português." Eis a solução do mistério. Ele só não sabia que não era "*loco*", e sim "lobo".

O caso *Crazy Fish*, em parte, envolve questões metodológicas e negociais que, na essência, são similares àquelas apresentadas no caso Quixote. Talvez, a maior novidade deste caso esteja em duas de suas principais características. Trata-se de um *Management Buy-Out* (MBO) e de um *Leveraged Buy-Out* (LBO) viabilizado por meio de uma estrutura de financiamento muito interessante: a securitização de recebíveis. Ao longo da discussão do caso, abordaremos essas características.

O principal desafio do caso *Crazy Fish* pode ser resumido em uma frase: como comprar uma empresa sem capital próprio? A única resposta possível é: com o dinheiro dos outros.

Contexto

A *Crazy Fish* Ltda. ("CF" ou "Empresa") era uma empresa agroindustrial, monoprodutora, que processava uma semente tropical, cujo extrato tinha uso farmacêutico específico. Parte importante das transações de compra e venda desse extrato ocorria em bolsa de mercadorias no mercado internacional, onde seus preços variavam com o grau de pureza do produto. O grau de pureza mais alto era muito mais raro e difícil de se encontrar em grandes quantidades no mercado internacional.

A árvore que produzia a semente processada pela CF era nativa de certos tipos de floresta, sob condições climáticas muito específicas. A árvore só começava a gerar as sementes após 30 anos de vida. Tais características impediam a produção em escala dessa árvore. A coleta das sementes era feita diretamente na floresta, de forma extrativista, por nativos dessas regiões. Isso tornava limitada a oferta das sementes em todo o mundo.

A CF foi comprada por um laboratório farmacêutico francês, a *Poison Foule* (PF ou Matriz), nos anos 1980, para fornecer insumos estratégicos semi-elaborados para uma linha de remédios. Ao longo dos anos, a CF aprimorou suas técnicas de extração e suas fontes de fornecimento das sementes, o que permitiu que a empresa fosse uma das maiores produtoras do extrato com alto grau de pureza. A CF exportava boa parte de sua produção para a Matriz.

No fim da década de 1990, surgiu uma nova crença de que as empresas e a remuneração de seus principais executivos deveriam ter sua performance medida por meio de índices como o Lucro Líquido sobre o Patrimônio Líquido (Retorno sobre o Capital, ou em inglês, *Return on Equity* – ROE) e/ou o Lucro Líquido sobre o Total de Ativos (Retorno sobre Ativos, ou em inglês, *Return on Assets* – ROA). Como é muito mais difícil aumentar lucros do que reduzir ativos, a PF propôs-se a vender a CF.

A venda da CF teria duplo efeito para a Matriz: reduziria o grau de imobilização da PF e seus custos administrativos relacionados ao monitoramento e ao gerenciamento da CF. Entretanto, a PF constatou que, vendendo a *Crazy Fish*, incorreria no risco de perder o controle da qualidade do fornecimento do insumo estratégico para sua linha de medicamentos. A solução seria vender a Empresa com a condição de que o comprador firmasse um acordo de fornecimento de longo prazo, pelo qual o novo proprietário venderia toda a produção dos ingredientes da mais alta qualidade que a empresa produzisse por preços definidos nas bolsas de mercadorias internacionais.

Era um ótimo negócio para o vendedor, a Matriz, que manteria o fornecimento da matéria-prima e diminuiria o valor consolidado dos ativos, melhorando o ROA. Para o comprador, também era um ótimo negócio, pois compraria uma empresa com um grande cliente cativo.

Nessas condições, quanto valeria a *Crazy Fish*?

A multinacional nos contratou para vender a *Crazy Fish* e enviou um resumo de seus principais aspectos contábeis e financeiros. No final do ano 1998, a *Crazy Fish* gerou um faturamento líquido de US$ 69 milhões e um EBITDA de US$ 10 milhões, conforme descrito no resumo de sua DRE (Quadro 5.76).

Quadro 5.76 – Resumo da DRE da *Crazy Fish* de 1998

Em US$ milhões	1998	% ROL
ROL	68,6	100%
Lucro bruto	15,2	22%
Despesas gerais	4,9	7%
EBITDA	10,3	15%
EBIT	9,2	13%
Despesas financeiras	-2,4	-3%
Lucro líquido	4,5	7%

A maior parte do faturamento era gerada pelas exportações do extrato de alto grau de pureza para a Matriz. A Matriz adquiria o extrato a preços de mercado, conforme ditava as boas regras corporativas e contábeis entre uma empresa e suas subsidiárias. Ao produzir o extrato de maior grau de pureza, a partir das melhores sementes, era inevitável a produção residual de extratos com grau de pureza inferior que também eram vendidos a preços menores, no mercado interno e para outros mercados internacionais (Quadro 5.77).

Quadro 5.77 – Volume de vendas e preços médios em 1998

Mercados	Volume vendas (em toneladas)	%	Classificação por grau pureza	Preço líquido (em US$/ton)
França	5.000	76%	A	11.000
Mercado interno	800	12%	B	10.000
Exportação	800	12%	C	7.000
Total	**6.600**	**100%**	–	–

Em 31 de dezembro de 1998, a CF tinha um patrimônio líquido de US$ 30 milhões (Quadro 5.78).

Quadro 5.78 – Balanço Patrimonial da CF em 31/12/1998

Em US$ milhões	31/12/98		31/12/98
Contas a receber	5,7	Dívida curto prazo	4,0
Estoques	26,7	Dívida longo prazo	16,0
Imobilizado bruto	28,0		
Imobilizado líquido	12,0		
Investimentos	5,6[22]	Patrimônio líquido	30,0
Total ativo	**50,0**	**Total passivo**	**50,0**

Utilizamos o método do fluxo descontado de caixa para estimar o valor da empresa para seus atuais acionistas. Projetamos o Fluxo Operacional de Caixa e o Fluxo Livre de

---

[22] Há alguns anos, a CF havia contratado um empréstimo no BNDES para investir em uma fazenda experimental, onde desenvolveria novas espécies da árvore que geravam as sementes usadas para fazer o extrato. Após muito investimento em terras, plantio, instalações e equipamentos, o projeto não gerou os resultados esperados e foi abortado. Do projeto restaram as terras da fazenda (contabilizados por US$ 5,6 milhões) e a dívida com o BNDES de US$ 20 milhões, com juros de 12% e cinco anos de prazo restante para a amortização. As perdas com esse projeto não abalaram a confiança da Matriz nos principais executivos da CF, mas criaram uma resistência à aprovação de novos projetos de investimento, independentemente do volume de recursos a serem alocados.

Caixa da Empresa por cinco anos (1999 a 2003), em moeda US$ nominais, assumindo um cenário sem crescimento de quantidade e preços de venda:

1. A receita operacional líquida foi projetada constante em US$ 68,6 milhões ao ano, ou seja, mantivemos os preços, em US$, e o volume de vendas constantes aos níveis de 1998.
2. A margem bruta foi mantida constante em 22% do ROL, pois os custos eram em moeda local e deveriam crescer com a inflação, acompanhando a desvalorização cambial. Ou seja, em US$, os custos diretos permaneceriam constantes ao longo da projeção.
3. As despesas administrativas e com vendas foram mantidas constantes em US$ 4,9 milhões ao ano.
4. Não foram previstos investimentos no ativo permanente e a depreciação foi projetada pela média de 4% ao ano sobre o Ativo Imobilizado Bruto.
5. Os saldos médios das contas a receber (CAR) e Estoques foram mantidos constantes aos níveis de 31/12/1998.
6. A amortização do saldo da dívida do BNDES ocorreria em cinco anos (todo dia 2 de janeiro), gerando uma despesa financeira de 12% sobre o saldo médio entre o início e o fim de cada ano.
7. Consideramos a alíquota de 33% para o IR&CS sobre o Lair.
8. Por fim, não consideramos a aplicação financeira sobre o excesso de caixa, uma vez que era política da Matriz recolher esse excesso na forma de dividendos (Quadro 5.79).

Quadro 5.79 – Projeção do FLC da CF no cenário sem crescimento

Em US$ milhão	1999	2000	2001	2002	2003
ROL	68,6	68,6	68,6	68,6	68,6
EBITDA	10,3	10,3	10,3	10,3	10,3
IR&CS desalavancado	-3,0	-3,0	-3,0	-3,0	-3,0
Investimentos	–	–	–	–	–
Inv. capital de giro	–	–	–	–	–
FOC	**7,3**	**7,3**	**7,3**	**7,3**	**7,3**
Despesa financeira	-1,9	-1,4	-1,0	-0,5	–
Amortização da dívida	-4,0	-4,0	-4,0	-4,0	-4,0
Ajuste IR&CS	0,6	0,5	0,3	0,2	–
FLC	**2,0**	**2,3**	**2,6**	**2,9**	**3,3**

O fluxo livre de caixa foi descontado a valor presente à **taxa meta** para investimentos fora da Europa da Matriz de 10% ao ano e aplicou-se uma perpetuidade simples para estimar o valor terminal. Por coincidência, os assessores deduziram que o valor econômico das ações, pelo fluxo descontado de caixa, era de US$ 30 milhões, confirmando a meta da Matriz. Ou seja, aparentemente, a Matriz considerava que a *Crazy Fish* não era uma empresa em crescimento e sua rentabilidade atual era sustentável sem requerer investimentos em ativos permanentes ou capital de giro.

Uma vez acordado com a Matriz, o parâmetro do preço de venda e as projeções da Empresa, elaboramos um memorando de oferta, descrevendo a Empresa e a transação. Distribuímos o memorando a dezenas de potenciais investidores no Brasil, na Europa, nos Estados Unidos e na Ásia. Entre os potenciais investidores, havia: *tradings* que comercializavam o extrato no mercado internacional; empresários brasileiros com interesse no agronegócio em geral; concorrentes locais e estrangeiros da *Crazy Fish* etc.

Muitos desses potenciais investidores vieram visitar as instalações da CF, mas quando solicitamos propostas indicativas de interesse, só obtivemos três: uma de US$ 10 milhões de uma *trading*; outra de R$ 15 milhões de um empresário do agronegócio; e, por fim, outra de um empresário brasileiro do ramo, que fez uma proposta de US$ 28 milhões.

Empolgados com as perspectivas, nós e o comprador fomos a Paris para negociar e tentar fechar o negócio. Após algum esforço, conseguimos chegar ao preço de US$ 30 milhões. Ao finalizar as discussões sobre os termos do negócio, abrimos uma *champagne*.

Após a primeira taça, o comprador, em conversa informal com o representante da Matriz, pediu-lhe ajuda técnica para manter a qualidade do fornecimento do extrato, uma vez que, apesar de ser do ramo, sua experiência era com produtos de menor qualidade. O representante da Matriz ouviu o pleito do comprador e calou-se. Despediu-se do empresário e dos assessores e disse que mandaria os contratos para o crivo do seu departamento jurídico e iria para o Brasil para assiná-los.

No entanto, os contratos nunca chegaram.

A transação tinha sido abortada.

Ao mostrar insegurança em manter a qualidade do fornecimento, o potencial comprador tinha tocado em um assunto mais que delicado: um *deal breaker*. Para a multinacional, assegurar a qualidade daquele extrato era muito mais importante do que US$ 30 milhões.

O contrato de assessoria em Fusões & Aquisições com a Matriz foi cancelado, e a *Crazy Fish* não estava mais à venda.

Alguns meses após o ocorrido, recebemos uma ligação do presidente da *Crazy Fish*, no Brasil. Diante do ocorrido, os principais executivos brasileiros da CF articularam um MBO, que responderia aos anseios da Matriz na desmobilização e ao mesmo tempo garantiria o fornecimento do extrato de alta pureza.

No MBO, o presidente e seus diretores comprariam as ações da CF e se tornariam proprietários da empresa em que, por tantos anos, foram funcionários. Era um sonho. Mas seria possível? Como essas pessoas arrumariam os recursos para pagar a Matriz? Enquanto pessoas físicas, seus recursos eram muito limitados. O dinheiro teria de vir de empréstimos. Seria uma aquisição totalmente financiada por terceiros, um LBO.

Era um duplo desafio: negociar um MBO, que por si só é uma tarefa muito complexa; e estruturar um LBO. Para tanto, os executivos da CF nos contrataram. Como havíamos terminado nossa relação de assessoria com a Matriz, pudemos aceitar o desafio sem gerar conflitos de interesse.

Estruturando o MBO & LBO

O MBO & LBO da *Crazy Fish* era uma transação que nos fascinava. Tratava-se de uma operação muito interessante que levaria os empregados de uma empresa a se tornarem seus proprietários. Era uma solução para muitas situações não raras, inclusive para empresas familiares sem sucessão e sem atrativos para investidores externos à empresa. Ou ainda, empresas intensivas em capital intelectual, como consultorias, agências de publicidade e empresas de moda. Entretanto, apesar da pertinência dos MBOs como solução para várias empresas, havia poucos casos de sucesso no Brasil. Provavelmente, devido à dificuldade de estruturar o LBO com a captação de financiamentos de longo prazo.

Iniciamos nossa análise da viabilidade do LBO projetando o fluxo de caixa de CF para mensurar seu valor e sua capacidade de autofinanciamento. Junto com os executivos da CF, analisamos, profundamente, cada aspecto da operação. O objetivo era estimar os custos e as receitas da CF sob uma nova direção, muito mais espartana e sem as limitações administrativas às quais uma subsidiária geralmente tem de obedecer. Acima de tudo, a estrutura de incentivos na nova CF mudaria significativamente.

Começamos nossa análise pelo *mix* dos produtos vendidos e suas margens brutas (Quadro 5.80).

Quadro 5.80 – Análise do *mix* e da margem bruta da CF em 1998

Em US$ / t	Quantidade	Grau de pureza	Preço	Custos	Margem
França	5.000	A	11.000	8.090	26%
Mercado interno	800	B	10.000	8.090	19%
Exportação	800	C	7.000	8.090	-16%
Total/Média ponderada	6.600	–	10.394	8.090	22%

O produto de melhor margem bruta era o do tipo A. O tipo C teve uma margem bruta negativa em 1998, mas era um mercado consumidor importante de ser mantido por questões estratégicas. Os executivos identificaram algumas ações que poderiam otimizar o *mix* de venda e a margem bruta, por meio de certos investimentos em equipamentos e processos que, apesar de envolverem pouco dinheiro, a Matriz relutava em fazer, justamente pela estratégia de desmobilização. Esses investimentos somavam US$ 1,8 milhão e poderiam ser realizados ao longo de 1999 a 2001. Esses investimentos deveriam ser acrescidos do investimento mínimo anual de US$ 500 mil para modernização geral da fábrica (Quadro 5.81).

Quadro 5.81 – Cenário MBO: projeção dos investimentos para CF

Em US$ milhões	1999	2000	2001	2002
Processos	0,6	–	–	–
Equipamentos	0,4	0,4	0,4	–
Geral	0,5	0,5	0,5	0,5
Total	**1,5**	**0,9**	**0,9**	**0,5**

A nova composição de máquinas e equipamentos no ativo imobilizado bruto aumentaria a taxa média de depreciação de 4% para 6% ao ano. Com esses investimentos, os executivos acreditavam que o volume de venda e o *mix* dos três tipos de extrato evoluiriam da maneira apresentada no Quadro 5.82.

Quadro 5.82 – Cenário MBO: projeção do *mix* e Volume de vendas

Volume de vendas (em toneladas)	Grau de pureza	1998	% 1998	1999	2000	2001	% 2001
França	A	5.000	76%	5.000	5.600	6.000	79%
Mercado interno	B	800	12%	1.000	1.200	1.600	21%
Exportação	C	800	12%	600	400	–	0%
Total	–	**6.600**	100%	**6.600**	**7.200**	**7.600**	100%

Nessa projeção, as melhorias nos processos de extração elevariam o grau de pureza do extrato gradualmente ao longo de três anos. Ao fim desse período, os executivos acreditavam que, com a mesma quantidade de sementes, a produção do extrato aumentaria em mil toneladas, graças à redução de perdas no processo de tratamento das sementes. A melhor eficiência na extração evitaria a produção do grau C. A produção do grau B dobraria e a do grau A aumentaria em mil toneladas, o que, segundo os executivos acreditavam, seria absorvido pela Matriz com facilidade. Caso a Matriz não quisesse comprar essas mil toneladas adicionais, a CF conseguiria vendê-las no mercado internacional sem problemas.

Além da melhoria no *mix* vendido, os executivos esperavam que o investimento em equipamentos e processos reduziria os custos diretos de produção mais importantes: perdas na manipulação e tratamento das sementes e mão de obra (Quadro 5.83).

Quadro 5.83 – Cenário MBO: projeção dos custos médios unitários

US$/tonelada	1998	1999	2000	2001
Semente	5.000	4.800	4.600	4.400
Mão de obra	3.000	2.800	2.600	2.500
Embalagem	90	90	90	90
CMV médio	**8.090**	**7.690**	**7.290**	**6.990**

Projetamos o impacto do investimento no novo *mix* e nos custos diretos de produção sobre a margem bruta, mantendo constante os preços médios observados em 1998. Como os preços do extrato no mercado internacional, historicamente, apresentavam pouca variação e o ano de 1998 foi um ano de preços abaixo da média histórica, nossa premissa de preços estáveis ao nível daquele ano era conservadora. Os resultados foram impressionantes, conforme se vê no Quadro 5.84.

Quadro 5.84 – Cenário MBO: projeção da margem

Em US$ / t	Unidade	1998	1999	2000	2001	Δ 1998/2001
Vendas	Tons.	6.600	6.600	7.200	7.600	15%
Preço médio	US$/ton.	10.394	10.485	10.611	10.789	4%
CMV médio	US$/ton.	8.090	7.690	7.290	6.990	-14%
ROL	US$ milhão	68,6	69,2	76,4	82,0	20%
CMV	US$ milhão	-53,4	-50,8	-52,5	-53,1	-1%
Lucro bruto	US$ milhão	15,2	18,4	23,9	28,9	90%
Margem bruta	% ROL	22%	27%	31%	35%	–

O aumento na produção do extrato e a melhoria do *mix* aumentariam o faturamento líquido em 20%, entre 1998 e 2001. A combinação desse aumento com a redução nos custos diretos aumentaria o lucro bruto em 90%, entre 1998 e 2001. A margem bruta passaria do equivalente a 22% do faturamento líquido para 35%.

Em relação às despesas operacionais, os executivos não conseguiram identificar nenhuma ação significativa para reduzir despesas com vendas, que incluía, basicamente, frete e comissões a corretores. Já nas despesas administrativas, as economias possíveis eram significativas. O escritório central da empresa que se localizava em um bairro nobre poderia ser fechado e suas atividades transferidas para a fábrica. As despesas com auditores independentes (franceses e brasileiros) seriam reduzidas. Processos administrativos poderiam ser simplificados e o quadro de funcionários de apoio poderia ser reduzido. Os salários e os benefícios do presidente e toda sua diretoria seriam todos cortados, pois, como acionistas, estes receberiam dividendos somente se a CF gerasse lucro suficiente. Todas essas ações reduziriam as despesas administrativas em 80%: de US$ 4 milhões em 1998 para US$ 800 mil em 2001, conforme o Quadro 5.85.

Quadro 5.85 – Cenário MBO: evolução das despesas operacionais

Despesas Operacionais	Unidade	1998	1999	2000	2001
Vendas	US$ / tonelada	140	140	140	140
Administrativas	US$ milhões	4,0	1,0	0,8	0,8

Com o aumento do faturamento, da margem bruta e as reduções nas despesas administrativas, a projeção do EBITDA para 2001 era quase três vezes o valor do EBITDA gerado em 1998 (Quadro 5.86).

Quadro 5.86 – Cenário MBO: Projeção do EBITDA da CF

Em US$ milhão	1998	1999	2000	2001	Δ 1998/01
ROL	68,6	69,2	76,4	82,0	20%
CMV	-53,4	-50,8	-52,5	-53,1	-1%
Lucro bruto	15,2	18,4	23,9	28,9	90%
Margem bruta	22%	27%	31%	35%	–
Despesas vendas	-0,9	-0,9	-1,0	-1,1	15%
Despesas administrativas	-4,0	-1,0	-0,8	-0,8	-80%
EBITDA	10,3	16,5	22,1	27,0	163%
% EBITDA/ROL	**15%**	**24%**	**29%**	**33%**	–

O próximo passo era estimar o capital de giro. As compras das sementes eram todas feitas à vista, portanto não havia nenhuma geração de caixa por prazo ao fornecedor. As vendas eram todas pagas em até 30 dias após serem faturadas. Em relação ao investimento em estoques, as necessidades de capital, ao longo do ano, variavam muito, devido ao ciclo da colheita das sementes que começava em novembro e continuaria até março. Os estoques eram acumulados durante o quarto e o terceiro trimestres. Gradualmente, ao longo do segundo e terceiro trimestres, os estoques eram consumidos (Quadro 5.87).

Quadro 5.87 — Cenário MBO: necessidades de capital de giro da CF ao longo do ano

Capital de giro	Unidade	31/Mar.	30/Jun.	30/Set.	31/Dez.
Contas a receber	% ROL	8%	8%	8%	8%
Estoques	% CMV	69%	56%	22%	50%

Com base nessas premissas operacionais e assumindo uma taxa média de depreciação de 10% ao ano sobre o ativo imobilizado bruto, projetamos o FOC da *Crazy Fish* até 2003. A partir de 2003, os grandes investimentos já estariam completados e seus efeitos sobre a produção e custos estariam capturados pelas projeções, ou seja, o FOC estaria **normalizado** (Quadro 5.88).

Quadro 5.88 — Cenário MBO: projeção do FOC da CF pós-MBO

Em US$ milhão	31/12/98	31/12/99	31/12/00	31/12/01	31/12/02	31/12/03
AIB	28,0	29,5	30,4	31,3	31,8	32,3
Depreciação (6%)	1,7	1,8	1,8	1,9	1,9	1,9
Depreciação Acumulada	-16,0	-17,8	-19,6	-21,5	-23,4	-25,3
AIL	12,0	11,7	10,8	9,8	8,4	7,0
Capital de giro	**31/12/98**	**31/12/99**	**31/12/00**	**31/12/01**	**31/12/02**	**31/12/02**
CAR	5,7	5,8	6,4	6,8	6,8	6,8
Δ CAR	n.a.	0,1	0,6	0,5	–	–
Estoques	26,7	25,4	26,2	26,6	26,6	26,6
Δ Estoques	n.a.	-1,3	0,9	0,3	–	–
Fluxo op. de caixa	**1998**	**1999**	**2000**	**2001**	**2002**	**2003**
EBITDA	10,3	16,5	22,1	27,0	27,0	27,0
Depreciação	-1,7	-1,8	-1,8	-1,9	-1,9	-1,9
EBIT	8,6	14,8	20,3	25,1	25,1	25,1
IR&CS desalavancado	-4,9	-6,7	-8,3	-8,3	-8,3	-4,9
Investimentos	-1,5	-0,9	-0,9	-0,5	-0,5	-1,5
Inv. capital de giro	n.a.	-1,5	-0,8	0,0	0,0	1,3
FOC	**n.a.**	**11,4**	**13,0**	**17,0**	**18,2**	**18,2**
FOC acumulado	**n.a.**	**11,4**	**24,5**	**41,5**	**59,7**	**78,0**

As projeções indicavam que a Empresa poderia acumular US$ 78 milhões em fluxos operacionais de caixa entre 1999 e 2003. Esse volume de recursos nos parecia muito promissor para viabilizar o LBO. No entanto, antes disso, precisávamos completar a estimativa de valor econômico para os acionistas da CF.

Com as projeções do FOC, o próximo passo era estimar o WACC da *Crazy Fish*. Essa foi uma tarefa pouco trivial, uma vez que não havia empresas similares à CF de capital aberto, tampouco listadas em qualquer bolsa norte-americana. A saída para estimar o risco (por meio do β), o custo de oportunidade e a estrutura de capital ótima da CF foi buscar dados sobre seu principal cliente: a indústria farmacêutica.

Selecionamos uma amostra de 12 grandes laboratórios farmacêuticos com ações listadas na bolsa, cujos dados de mercado foram divulgados por uma empresa especializada. Primeiro, com as informações sobre o β alavancado (β_a) e a estrutura de capital (D/C), conseguimos deduzir o β desalavancado (β_d), utilizando a alíquota média do imposto de renda corporativo dos EUA, que era de 45%.[23] O β_a médio da amostra era de 1,03, que, desalavancado pela estrutura média de capital da amostra, 4%, produzia um β_d médio de 1,00 para amostra.

Eram empresas, em geral, muito pouco alavancadas. A média da relação entre a dívida onerosa e o total do patrimônio líquido era de 4%, o que equivalia a uma relação do patrimônio líquido pelo total de ativos (A) de 96%. Com essa estrutura média de capital e levando em consideração a alíquota do imposto de renda brasileiro (33%), deduzimos o β alavancado médio de 1,03 (Quadro 5.89).

Quadro 5.89 – Cenário MBO: estimando o WACC para a CF

Empresas "Similares"	β_a	D/C	β_d	C/A
American Home Product	0,90	6%	0,87	96%
Biogen	1,30	2%	1,29	96%
Bristo&Myers	1,05	2%	1,04	96%
Glaxo	0,90	5%	0,88	96%
Lilly	1,05	3%	1,03	96%

continua

---

[23] Lembrando que:

$$\beta_d^{EUA} = \left[\frac{\beta_a^{EUA}}{1 + (1 - IR_{EUA}) \times \left(\frac{D_{EUA}}{C_{EUA}} \right)} \right]$$

$$\beta_a^{CF} = \beta_d^{EUA} \times \left[1 + (1 - IR_{BR}) \times \left(\frac{D_{CF}}{C_{CF}} \right) \right]$$

continuação

Empresas "Similares"	β_a	D/C	β_d	C/A
Merck	1,05	2%	1,04	96%
Perrigo	0,95	13%	0,89	96%
Pfizer	1,10	3%	1,08	96%
Pharma&Upjohn	1,00	5%	0,97	96%
Quintiles	0,85	5%	0,83	96%
Schering-Plough	1,20	0%	1,20	96%
Warner-Lambert	0,95	3%	0,93	96%
Média	1,03	4%	1,00	96%

Fonte: *Value Line Investment Survey* (30 de outubro de 1998).

Para estimar a expectativa de retorno esperada pelos acionistas (R_e), assumimos:

- Prêmio de mercado ($R_m - R_f$) de 7,80% correspondente à média geométrica do *Standard & Poors* 500, entre 1926-1992.
- Taxa livre de risco norte-americana de 4,95%, correspondente ao *yield* do *T-Bond* de 30 anos (em 1998).
- Risco Brasil de 5,70%, correspondente ao *Discount Bond* da República de 30 anos (média do primeiro semestre de 1998).

Aplicando essas premissas, chegamos a um R_c médio de 18,68%:

$$R_c = R_f + (R_m - R_f) \times \beta + \text{Risco Brasil} = 4,95\% + 1,03 \times 7,80\% + 5,70\% = 18,68\%$$

Assumimos um custo médio para dívida de longo prazo (R_d) de 12%, que na época, corresponderia à taxa cobrada no empréstimo do BNDES que a *Crazy Fish* havia contratado. Apesar dos efeitos da alavancagem do MBO, por consistência, utilizamos a estrutura média de capital da amostra norte-americana de 96% (C/V). O WACC para CF foi estimado em 18,27%:

$$WACC = \left(\frac{C}{V}\right) \times R_c + \left(\frac{D}{V}\right) \times R_d \times (1 - IR\&CS)$$

$$12\% \times (1 - 33\%) \times (4\%) + 18,68\% \times 96\% = 18,27\%$$

Embora essa estimativa de WACC pudesse parecer dissonante a uma avaliação da CF que, com o MBO, passaria seus primeiros anos muito alavancada, se incluíssemos alguma alavancagem, o WACC só diminuiria, se não ajustássemos o β para o risco da operação.

Nessa estimativa do WACC, em termos de valor, a taxa de desconto utilizada era quase toda referente à expectativa de retorno do acionista, que, em última instância, eram aqueles que arcariam com os riscos do MBO & LBO.

Assumimos como valor residual uma perpetuidade sem crescimento, estimamos o valor das ações da *Crazy Fish* em US$ 70 milhões, o que representava o dobro do valor do patrimônio líquido em 31 de dezembro de 1998 e sete vezes o valor do EBITDA daquele ano (Quadro 5.90).

Quadro 5.90 — Cenário MBO: estimativa do VEE e VEA para a CF

WACC = 18,3%	US$ milhões	%
(+) VP do fluxo operacional	46,5	52%
(+) VP perpetuidade	43,1	48%
(=) VEE	89,6	100%
(−) VP da dívida	−20,0	−22%
(=) VEA	69,6	78%
VEA/patrimônio líquido (31/12/98)	2,3	
VEA/EBITDA (98)	6,8	
VEA/lucro líquido (98)	16,8	

Ainda inquietos com a estimativa do WACC, elaboramos uma análise de sensibilidade, que indicava que o valor econômico para os acionistas corresponderia ao valor do patrimônio líquido, ou seja, US$ 30 milhões, a um WACC de 31%. Ou seja, se a Matriz concordasse em vender a CF aos executivos, sua remuneração esperada seria, na média, de 31%. Uma remuneração bem interessante para correr o risco de o MBO & LBO abrirem mão da estabilidade e do conforto de seus salários e benefícios para se tornarem empresários (Quadro 5.91).

Quadro 5.91 — Análise de sensibilidade: WACC × VEA

WACC	VEA (em US$ milhões)
18,0%	72
20,0%	61
25,0%	44
31,0%	30

Esta era a boa notícia: se a Matriz mantivesse sua expectativa para o valor de venda de US$ 30 milhões, os executivos estariam fazendo um negócio potencialmente muito bom. A notícia que ainda preocupava era como arrumar US$ 50 milhões em dinheiro. Sim, US$ 50 milhões, sendo que US$ 30 milhões seriam usados para pagar as ações e os outros US$ 20 milhões para amortizar a dívida do BNDES, que dispunha de uma cláusula de aceleração dos pagamentos se a empresa mudasse de acionistas.[24] Mas não era só isso. Seriam necessários também mais recursos para os investimentos no Ativo Imobilizado (US$ 4,3 milhões) e no capital de giro ao longo do ano. Simulamos a necessidade ao longo de 1999, assumindo que as vendas se distribuiriam uniformemente ao longo do ano e deduzimos que no primeiro trimestre haveria um déficit no fluxo operacional de caixa que precisaria ser financiado com o caixa acumulado na tesouraria da Empresa, aporte dos acionistas ou empréstimos bancários (Quadro 5.92).

Quadro 5.92 – Simulação da necessidade de recursos para os investimentos em capital de giro e no ativo imobilizado durante o ano de 1999

R$ milhões	31/12/98	1T09	2T09	3T09	4T09
ROL		17,3	17,3	17,3	17,3
EBITDA		4,1	4,1	4,1	4,1
Investimentos		-0,4	-0,4	-0,4	-0,4
IR&CS desalavancado		-1,2	-1,2	-1,2	-1,2
FOC pré-capital de giro		2,5	2,5	2,5	2,5
CAR	5,7	5,8	5,8	5,8	5,8
Δ CAR		0,1	–	–	–
Dias de estoques		250	200	80	180
Estoques	26,7	35,2	28,2	11,3	25,4
Δ Estoques		8,5	-7,0	-16,9	14,1
Inv. capital de giro		**8,6**	**-7,0**	**-16,9**	**14,1**
FOC		**-6,1**	**9,6**	**19,5**	**-11,6**
FOC acumulado		**-6,1**	**3,5**	**23,0**	**11,4**

O primeiro trimestre seria o mais apertado, necessitando cerca de US$ 6 milhões de novos recursos por aproximadamente quatro meses e meio. Logo no trimestre subsequente, a geração de caixa permitiria amortizar um eventual empréstimo de US$ 6 milhões e

---

[24] Essa é uma cláusula muito comum em empréstimos bancários, e não só do BNDES. Em inglês, essa cláusula é conhecida como "*exchange of control clause*".

seus juros. Portanto, pelo menos para a primeira metade de 1999, os executivos precisariam captar US$ 56 milhões, dos quais US$ 50 milhões deveriam ser adquiridos por meio de empréstimos de longo prazo, que, pelas nossas projeções, deveriam ser de no mínimo cinco anos. Dependendo da taxa de juros, o prazo de amortização poderia ter de ser superior a cinco anos (Quadro 5.93).

Quadro 5.93 – Cenário MBO: projeção do FOC da CF

Em US$ milhão	1999	2000	2001	2002	2003
FOC	11,4	13,0	17,0	18,2	18,2
FOC acumulado	11,4	24,5	41,5	59,7	78,0

Como conseguir esses recursos? Na época, todas as alternativas de captação de capital e financiamentos tradicionais foram contempladas, com suas vantagens e desvantagens. Vale lembrar que, naquela época, o Brasil estava vivendo os efeitos das crises da Ásia e da Rússia. As taxas de juros de curto prazo estavam muito altas e os prazos de financiamentos, muito curtos. O país estava sofrendo de forte ajuste macroeconômico, que culminou com a desvalorização do Real em 1999. As fontes de financiamento eram muito escassas e caras.

Foi discutida uma possível estratégia de captação de capital envolvendo a venda de participação minoritária a um investidor estratégico. A venda de participação minoritária a investidores financeiros, como *private equities*, embora teoricamente fosse pertinente, não o era para as circunstâncias do Brasil naquele momento e para o setor de atuação da CF, que não era foco desse tipo de investidor naquela época.

Foram analisadas cinco possíveis estratégias de captação de financiamentos: três de longo prazo (acima de dois anos); a Resolução 63, como captação de médio prazo (até dois anos); e o ACC[25] como captação de curto prazo (até seis meses), conforme Quadro 5.94.

Quadro 5.94 – Análise das potenciais fontes de recursos

Fonte	Vantagens	Desvantagens
Investidor estratégico	Os investidores adquiririam participação minoritária na CF, dividindo o risco com os executivos. Injeção de capital não geraria despesas financeiras que restringiriam o FLC.	Potenciais investidores eram concorrentes da Matriz ou outros clientes internacionais da CF (outras indústrias e *trading companies*). Por que esse tipo de investidor compraria um pedaço da CF se não fosse para ter acesso ao extrato de alta pureza? A Matriz certamente vetaria a transação.

continua

---

[25] Adiantamento de contrato de câmbio.

continuação

Fonte	Vantagens	Desvantagens
Matriz	A Matriz poderia parcelar o MBO, exigindo as ações como garantia se a qualidade do extrato ou a dívida não fossem honradas. A Matriz conhecia a capacidade da empresa e a idoneidade dos executivos.	A Matriz dificilmente aceitaria financiar o MBO, até para não criar o perigoso precedente perante os executivos de suas diversas subsidiárias ao redor do mundo. Solicitar tal financiamento também poderia indicar que os executivos da CF estavam especulando, o que teria implicações negativas nas suas reputações.
BNDES (Finame)	Os termos eram muito interessantes: prazo do financiamento de cinco anos; taxa média de juros de 12% ao ano; um ano de carência, inclusive de juros; garantias requeridas tradicionais (hipotecas e aval).	O BNDES não financiava aquisições. Além disso, exigia que as garantias cobrissem 130% do valor do empréstimo (US$ 65 milhões) e o valor de mercado dos ativos da CF não seriam suficientes. Por fim, o prazo de cinco anos poderia ser apertado.
Securitização de Recebíveis	Como se trata de uma antecipação de recursos provenientes de exportações e o risco de crédito da Matriz era excelente, a securitização atrairia muito interesse e provavelmente teria baixo custo total (12% ao ano).[26] Os juros seriam pagos mensalmente, com carência de um ano para amortizar o principal. A garantia requerida eram os recebíveis da Matriz.	O prazo de financiamento era apertado (cinco anos), mas, pelo fato de a securitização não requerer outras garantias, a empresa poderia captar outros financiamentos, dando garantias reais como hipotecas, penhor de máquinas e equipamentos.
Resolução 63	Era uma fonte muito popular na época entre empresas exportadoras, tratava-se de linhas de repasse de recursos externos para empresas brasileiras. Os juros eram pagos semestralmente e o principal só no final.	Apesar de a taxa de juros não ser especialmente alta (14% ao ano), o prazo de financiamento era só de dois anos.
ACC	Eram antecipações de receitas de exportações, excetuando o que estava comprometido para pagamento de juros e principal da securitização. A taxa de juros era excepcional (8% ao ano).	Prazo de financiamento de curtíssimo prazo (até 180 dias).

A solução para o LBO estava em um ativo oculto da *Crazy Fish*: o contrato de fornecimento de longo prazo com uma multinacional com excelente risco de crédito no Brasil e no exterior. Haveria um fluxo de pagamentos constante e de longo prazo sendo feitos pela Matriz, que só seriam interrompidos se a *Crazy Fish* não exportasse o volume contratado do extrato. Historicamente, esse risco operacional era muito baixo. Portanto, o fluxo de pagamento, tanto do lado do vendedor (CF) quanto do lado do comprador (Matriz) era muito

---

[26] O *all-in cost* inclui não só as despesas com os juros, mas também despesas com advogados, banqueiros e outras instituições que viabilizam a estruturação e subscrição da securitização de recebíveis.

seguro. No caso extremo de a Matriz deixar de comprar o extrato da CF, por exemplo, por interromper a produção do medicamento, haveria outros interessados nos mercados internacional e nacional. No caso extremo de a CF interromper as exportações, por exemplo, por causa de um incêndio ou seca severa que comprometesse a colheita, a Empresa poderia contratar um seguro que cobrisse os lucros cessantes.

Com base na análise das vantagens e desvantagens dessas alternativas de captação, elaboramos a estratégia para o MBO & LBO em seis passos, utilizando datas fictícias para fins de exposição.

Primeiro passo: os executivos se tornariam acionistas da Empresa. Confirmada a intenção da Matriz de vender a CF por US$ 30 milhões, os executivos adquiririam 1% das ações da CF de propriedade da Matriz, ao valor patrimonial, ou seja, US$ 300 mil, com recursos próprios.

Segundo passo: a CF captaria recursos por meio de securitização. A CF captaria o equivalente a US$ 50 milhões via securitização de recebíveis e manteria os recursos em sua tesouraria (Quadro 5.95).

Quadro 5.95 — Simulação do BP da CF no momento da captação da securitização (em 2/01/1999, R$ milhões)

Disponibilidades	50,0	BNDES	20,0
CAR	5,7	Securitização	50,0
Estoques	26,7		
AIL	12,0	Patrimônio líquido	30,0
Investimentos	5,6		
Total ativos	**100,0**	**Total passivos**	**100,0**

A securitização teria um custo de 12% ao ano, por cinco anos, incluindo um ano de carência de amortização de principal (mas não de pagamento de juros) (Quadro 5.96).

Quadro 5.96 — Projeção do saldo e serviço da dívida da securitização

Securitização	31/12/99	31/12/00	31/12/01	31/12/02	31/12/03
Saldo	50,0	37,5	25,0	12,5	–
Amortização	–	-12,5	-12,5	-12,5	-12,5
Juros	-6,0	-4,5	-3,0	-1,5	–

Terceiro passo: a Empresa compraria suas próprias ações. Com os recursos da securitização no caixa da CF, a própria empresa compraria os 99% restantes das ações pertencentes à Matriz por US$ 29,7 milhões e as depositaria na tesouraria (Quadro 5.97).

Quadro 5.97 – Simulação do BP da CF no momento da compra das ações da Matriz (em 3/01/1999, R$ milhões)

Disponibilidades	20,3	BNDES	20,0
Ações em tesouraria	29,7	Securitização	50,0
CAR	5,7		
Estoques	26,7	Patrimônio líquido	30,0
AIL	12,0	Capital próprio	0,3
Investimentos	5,6	Ações em tesouraria	29,7
Total ativos	**100,0**	**Total passivos**	**100,0**

Quarto passo: pré-pagamento da dívida com o BNDES. Por causa da mudança societária, a dívida de US$ 20 milhões com o BNDES teria seu vencimento antecipado. A dívida seria paga pela Empresa com seus recursos em tesouraria (Quadro 5.98).

Quadro 5.98 – Simulação do BP da CF no momento do pagamento ao BNDES (em 4/01/1999, R$ milhões)

Disponibilidades	0,3	BNDES	0,0
Ações em tesouraria	29,7	Securitização	50,0
CAR	5,7		
Estoques	26,7	Patrimônio líquido	30,0
AIL	12,0	Capital próprio	0,3
Investimentos	5,6	Ações em tesouraria	29,7
Total ativos	**80,0**	**Total passivos**	**80,0**

Quinto passo: captação de ACC. Para financiar o capital de giro do primeiro trimestre de 1999, a Empresa captaria R$ 6 milhões em ACC, a um custo de 8% ao ano, para pagá-lo em seis meses (Quadro 5.99).

Quadro 5.99 – Simulação do BP da CF no momento da captação do ACC (em 5/01/1999, R$ milhões)

Disponibilidades	6,3	ACC	6,0
Ações em tesouraria	29,7	Securitização	50,0
CAR	5,7		
Estoques	26,7	Patrimônio líquido	30,0
AIL	12,0	Capital próprio	0,3
Investimentos	5,6	Ações em tesouraria	29,7
Total ativos	**86,0**	**Total passivos**	**86,0**

Sexto passo: executando o MBO. A Empresa cancelaria as ações em tesouraria e os executivos, com 1% das ações, controlariam a CF, pois possuíam 100% das ações *outstanding* (Quadro 5.100).

Quadro 5.100 — Simulação do BP da CF no momento do MBO (em 6/01/1999, R$ milhões)

Disponibilidades	6,3	ACC	6,0
Ações em tesouraria	0,0	Securitização	50,0
CAR	5,7		
Estoques	26,7	Patrimônio líquido	0,3
AIL	12,0	Capital próprio	0,3
Investimentos	5,6	Ações em tesouraria	0,0
Total ativos	**56,3**	**Total passivos**	**56,3**

Nesse momento, a alavancagem da *Crazy Fish* atingiria um grau elevado, típico de MBO & LBO: a relação dívida total sobre o patrimônio líquido seria de 187 vezes. Mas as projeções indicavam que essa alavancagem iria reduzir-se gradualmente e poderia até haver algum recurso disponível para pagar dividendos já em 1999 (Quadro 5.101).

Quadro 5.101 — Projeção do fluxo livre de caixa da CF pós MBO & LBO

US milhões	1999	2000	2001	2002	2003
FOC	**11,4**	**13,0**	**17,0**	**18,2**	**18,2**
Captação ACC	6,0	–	–	–	–
Captação securitização	50,0	–	–	–	
Receitas financeiras[27]	–	0,5	0,3	0,5	0,8
Despesas financeiras	-6,2	-4,5	-3,0	-1,5	–
Amortização dívidas	-26,0	-12,5	-12,5	-12,5	-12,5
Compras de ações	-29,7	–	–	–	–
Ajuste IR&CS	2,1	1,3	0,9	0,3	(0,3)
FLC	**7,5**	**(2,2)**	**2,7**	**5,0**	**6,3**
FLC acumulado	**7,5**	**5,4**	**8,1**	**13,2**	**19,4**

---

[27] O saldo das disponibilidades seria investido em CDBs de bancos de primeira linha a uma taxa real de 10% ao ano.

O ano de 1999 seria um ano de muito trabalho, com altos investimentos (US$ 1,5 milhão) e reestruturação de custos e despesas (que somariam um total de US$ 4 milhões, equivalentes a 7% do total dos custos e despesas em 1998). A folga financeira dada pelos 12 meses de carência na amortização do principal era essencial para criar uma reserva de dinheiro à Empresa nesse momento de grandes ajustes. Se tudo corresse bem, o ano de 1999 acabaria com a Empresa alavancada em oito vezes seu patrimônio líquido (Quadro 5.102).

Quadro 5.102 – Evolução dos principais índices de endividamento

US milhões	31/12/99	31/12/00	31/12/01	31/12/02	31/12/04
PL	6,0	16,9	31,9	48,1	65,4
Dívida	50,0	37,5	25,0	12,5	0,0
Dívida/PL	8,3	2,2	0,8	0,3	–
Índice de cobertura	0,4	1,0	1,3	1,4	1,5
Disponibilidades	7,5	5,4	8,1	13,2	19,4

O segundo ano mais crítico seria o ano de 2000, quando a Empresa pagaria a primeira parcela de amortização da dívida, que, somada aos juros, consumiria US$ 17 milhões. Excluindo o ano de carência, seria o ano de pico dos índices de endividamento: dívida total 2,2 vezes maior do que o Patrimônio Líquido; e o EBITDA líquido igual ao serviço da dívida no ano (o famoso índice de cobertura).[28] A administração das disponibilidades seria chave para honrar o serviço da dívida, pois o FOC de 2000 não seria suficiente para pagar todos os compromissos financeiros do ano. Seria impensável distribuir dividendos entre 1999 e 2000 (Quadro 5.103).

Quadro 5.103 – Projeção do balanço patrimonial da CF após MBO & LBO

Ativos	31/12/98	06/01/99	31/12/99	31/12/00	31/12/01	31/12/02	31/12/03
Disponibilidades	–	6,0	7,5	5,4	8,1	13,2	19,4
CAR	5,7	5,7	5,8	6,4	6,8	6,8	6,8
Estoques	26,7	26,7	25,4	26,2	26,6	26,6	26,6
AIB	28,0	28,0	29,5	30,4	31,3	31,8	32,3
Depreciação Acum.	-16,0	-16,0	-17,8	-19,6	-21,5	-23,4	-25,3
AIL	12,0	12,0	11,7	10,8	9,8	8,4	7,0

continua

---

[28] O índice de cobertura é dado pela seguinte relação matemática: (Ebitda – IR&CS) / (amortização de principal + despesas com juros).

continuação

Ativos	31/12/98	06/01/99	31/12/99	31/12/00	31/12/01	31/12/02	31/12/03
Investimentos	5,6	5,6	5,6	5,6	5,6	5,6	5,6
Total de ativos	50,0	56,3	56,0	54,4	56,9	60,5	65,4
Passivos	**31.12.98**	**06.01.99**	**31.12.99**	**31.12.00**	**31.12.01**	**31.12.02**	**31.12.03**
BNDES	20,0	–	–	–	–	–	–
ACC	–	6,0	–	–	–	–	–
Securitização	–	50,0	50,0	37,5	25,0	12,5	–
Patrimônio líquido	30,0	0,3	6,0	16,9	31,9	48,1	65,4
Passivos + PL	50,0	56,3	56,0	54,4	56,9	60,6	65,4

Após o ano de 2000, o futuro parecia muito mais promissor, não apenas em relação aos índices de endividamento, mas também com relação ao acúmulo de caixa. Era importante elaborar planos de contingência. Se houvesse uma queda de preços do extrato no mercado internacional, ou se os cortes de custos e despesas não se confirmassem tanto nas suas dimensões quanto com o seu cronograma, a Empresa precisaria ter acesso a fontes complementares de financiamento, como, por exemplo:

- Como a CF exportou US$ 60 milhões e iria securitizar US$ 50 milhões, haveria um excedente de US$ 10 milhões que a Empresa poderia usar para contratar ACC's para financiar seu capital de giro a partir do ano 2000, se fosse necessário.
- Se fosse necessário, a Empresa poderia financiar os investimentos em processos e equipamentos de US$ 1,8 milhão por meio do programa Finame do BNDES.
- Se fosse preciso aumentar o volume de caixa disponível, os novos acionistas poderiam vender a fazenda, cujo valor contábil era de US$ 5,6 milhões.

O importante era não captar linhas de curto prazo para sustentar investimentos de longo prazo. O ACC, com seu baixo custo, era uma fonte tentadora,[29] mas perigosa, uma vez que o governo poderia intervir no mercado e mudar seus prazos a qualquer momento.

Se tudo ocorresse conforme nossas projeções indicavam, em 2001/2002, a alavancagem financeira da *Crazy Fish* estaria em níveis muito confortáveis. Ao fim de 2003, a dívida do LBO estaria totalmente amortizada e os novos acionistas teriam acumulado US$ 19,4 milhões na tesouraria da Empresa, que poderiam começar a ser distribuídos como dividendos. Daí para a frente, todo ano, o fluxo livre de caixa da Empresa era de US$ 27,2 milhões ao ano. Os ex-executivos e novos acionistas da CF estariam milionários. Nada mal para um investimento de US$ 300 mil, conforme o Quadro 5.104.

---

[29] De fato, muitas empresas exportadoras captavam recursos via ACC (a um custo de variação cambial mais 8%) para investir no CDI (que pagava uma taxa muito superior à variação cambial mais 8%).

Quadro 5.104 – Projeção da alavancagem e do fluxo livre de caixa da CF pós MBO & LBO

US milhões	1999	2000	2001	2002	2003	2004
Dívida/PL	8,3	2,2	0,8	0,3	–	–
Índice de cobertura	0,4	1,0	1,3	1,4	1,5	–
FLC	7,5	(2,2)	2,7	5,0	6,3	19,0
FLC acumulado	**7,5**	**5,4**	**8,1**	**13,2**	**19,4**	**38,4**

A estratégia operacional (plano de investimentos e corte de despesas e custos) e a estratégia do LBO pareciam estar sólidas e consistentes. Agora, precisávamos ir a Paris apresentar nossas intenções à Matriz.

NA PRÁTICA: no começo da década de 1990, quando estudei finanças nos Estados Unidos, a área de Fusões & Aquisições era a mais interessante. Estavam no auge as grandes transações, como o LBO da RJR Nabisco, que já mencionamos e que foi descrito no livro de Burrough & Helyar (1990). A onda de grandes aquisições alavancadas dessa época trouxe fascinantes inovações em termos de instrumentos e estruturas de financiamento. Talvez a mais interessante de todas tenha sido os LBOs financiados com os *junk bonds* de Michael Milken. Por meio de *bonds* de alto risco, mas que prometiam alta remuneração, Milken viabilizou várias aquisições hostis de empresas, cujo valor das ações em bolsa estava depreciado por conta das administrações ineficientes. Surgiram os **corporate riders**, que eram investidores agressivos, que identificavam essas empresas e as oportunidades de reestruturação operacional e/ou reorganização de ativos, compravam o controle dessas empresas na bolsa financiados com os *junk bonds* de Milken. Os *riders* compravam as empresas, as reestruturavam e depois as vendiam, no todo ou em partes, gerando altos ganhos de capital. Era o princípio da **superaditividade**, em que a soma das partes valia mais do que o todo.

Os argumentos de venda de Milken para os *junk bonds* nasceram durante seu MBA na famosa escola de finanças da Universidade da Pensilvânia: Wharton Business School. Sua pesquisa mostrava que em um portfólio diversificado valia a pena subscrever *junk bonds*, pois mesmo que seus riscos fossem maiores, seus altos retornos aumentavam a rentabilidade média dos portfólios.

Em termos econômicos, Milken estava prestando um grande serviço à eficiência da base produtiva americana ao proporcionar a troca de controle das empresas de empresários que não souberam atualizar suas estratégias operacionais e comerciais por outros empresários supostamente mais capazes. O problema foi o fator humano. A ambição de Milken e de seus colegas, que, não contentes em ganharem fortunas com os *junk bonds* e a compra e venda de empresas subavaliadas, começaram a ganhar fortunas vendendo informações privilegiadas. Mais cedo ou mais tarde, a rede de informações de Milken foi desmascarada pela *Security and Exchange Comission* (SEC), a CVM americana, e quase todos foram presos, inclusive o próprio Milken.

Para aqueles que se interessarem, recomendo a leitura de dois livros. O livro de Bruck (1988) tem uma extensa descrição dos feitos de Milken antes de sua derrocada. O livro de Stuart (1993) já descreve a investigação e os eventos que antecederam a prisão de Milken. Vários filmes também

> foram feitos para retratar, em maior ou menor grau, aspectos da época dos LBOs. Podemos citar, entre eles: *"Barbarian at the Gate"*, com James Garner; *"O Dinheiro dos Outros"*, com Danny DeVito; e *"Wall Street"*, com Michael Douglas.

Desfecho

Negociando o MBO & LBO com a Matriz

Com uma apresentação sobre a estratégia do MBO & LBO, nós e os principais executivos da CF fomos ao escritório central da Matriz em Paris. Nos reunimos com o superior imediato do presidente da *Crazy Fish* na França, que ouviu atentamente nossos planos. Receptivo, mas cauteloso, respondeu que iria consultar os seus superiores e nos daria uma resposta em breve.

De volta ao Brasil, em duas semanas, tivemos uma sinalização positiva de que o MBO estava sendo analisado e já havia uma indicação de que o fundo de pensão da Matriz teria interesse em subscrever toda a emissão da *Crazy Fish*. Para o fundo de pensão, era um ótimo negócio, pois investiria em um título de renda fixa de risco AAA, mas com uma remuneração de *junk bond*. A estrutura jurídica da emissão da securitização de recebíveis permitiria que, legalmente, o fundo de pensão subscrevesse a emissão sem incorrer em nenhum conflito de interesse.

Ficamos exultantes com as notícias, e os executivos já começaram a cotar os equipamentos que iriam comprar. Entretanto, nas semanas subsequentes a Matriz permaneceu em um inquietante silêncio, e não tivemos notícias. Até que, finalmente, descobrimos a razão: a Matriz tinha sido vendida a um grande laboratório americano. O MBO estava abortado. O sonho dos executivos de se tornarem empresários e milionários tinha acabado, pelo menos até que a Matriz revisasse sua estratégia de desinvestimentos.

Considerações finais sobre o caso *Crazy Fish*

Apesar do desfecho inglório do caso *Crazy Fish*, algumas lições interessantes podem ser aprendidas:

- Em negócios, muitas variáveis estão em jogo. Por melhor que sejam as estratégias e as estruturas de endividamento, as condições negociais podem mudar repentinamente por fatores exógenos, que, por definição, estão fora do controle de todos. As circunstâncias iniciais da *Crazy Fish* e da Matriz e a estratégia do MBO & LBO indicavam que a transação seria bem-sucedida, mas mesmo assim fracassou.
- Vimos como seria possível construir uma estrutura financeira que permitiria a compra de uma empresa com um Patrimônio Líquido de US$ 30 milhões com US$ 300 mil em dinheiro. Sob condições favoráveis, o endividamento da *Crazy Fish* alcançaria, em um certo momento, uma dívida (US$ 56 milhões) 187 vezes maior do que seu patrimônio líquido (US$ 300 mil).

- Os executivos da *Crazy Fish* estiveram muito próximos de trocar seus salários por dividendos milionários. Sem dúvida, essa troca só seria possível sob circunstâncias muito especiais, muito trabalho e uma boa dose de risco pessoal, já que muitos deles, já com 55 anos de idade em média, poderiam ter dificuldades de encontrar emprego se a proposta de MBO gerasse uma crise de confiança da Matriz.

- A função do planejamento estratégico cuidadoso e responsável sobre o futuro de uma transação alavancada seria chave para seu sucesso. Já vimos essa importância no caso Quixote também.

- Mercados de capital desenvolvidos não são "cassinos", como dita a crença popular. Por meio deles, transações alavancadas podem ser viabilizadas, elevando a eficiência e o dinamismo da economia. Empregos podem ser criados (ou destruídos) e a competência empresarial pode ser valorizada.

- As visões estratégicas e, por consequência, as perspectivas de valor sobre um mesmo ativo podem ser radicalmente diferentes. Para a Matriz, as ações da CF valiam US$ 30 milhões. Para o grupo de executivos motivados e alinhados, com informações superiores e *know-how* técnico, as mesmas ações valiam US$ 70 milhões. Talvez, o valor da CF para os americanos que compraram a *Poisson Foule* seja outro, muito diferente das duas perspectivas de valor anteriores.

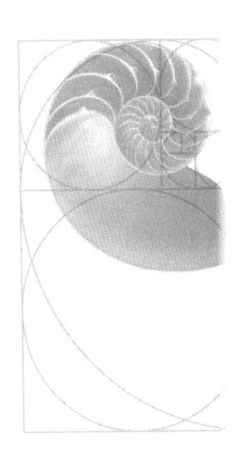

CONSIDERAÇÕES FINAIS

Em um artigo, um advogado resumiu bem os desafios do Mergers and Acquisitions (M&A):

> Sim, é possível que, diante de um raro alinhamento planetário, uma transação se efetive em 9 ou 10 meses. A regra geral, todavia, faz indicar que um time altamente técnico, com conhecimentos plurais e complementares, vão ficar dedicados por mais de ano, a contar da originação, mergulhando em números contábeis e informações empresariais, preparando memorandos, montando narrativas e avenidas de crescimento, selecionando potenciais investidores para diante de propostas não vinculantes, adentrarem na diligência e, mediante sustentação das premissas apresentadas, conseguir desembocar na fase final de contratos vinculantes e suas validações entre o *signing* e o *closing*.
>
> Paixão Jr. (2024, p. E2)

Apesar de tudo o que já discutimos aqui, há muito a ser dito e analisado. *Due diligence*, governança corporativa, integração organizacional, estratégia, atos de concentração, avaliação de empresas: estes são alguns dos temas sobre os quais há muito para se escrever. Contudo, antes de terminar, enfatizo seis pontos cruciais:

1. **Destruição de valor em Transações:** apesar das terríveis estatísticas sobre destruição de valor em M&A, com certeza continuarão ocorrendo simplesmente pelo seu potencial impacto estratégico. Uma indústria estrangeira, por exemplo, querendo entrar no mercado brasileiro, tem três opções: abrir um escritório de representação para importar seus produtos; montar uma fábrica nova; e/ou comprar uma empresa já existente. Destas, a última escolha pode ser o meio mais rápido de ganhar uma fatia relevante do mercado local. Por que não seguir com ela?

Transações de M&A podem ser muito salutares para o dinamismo de uma economia. Podem também causar concentração de mercado e gerar efeitos opostos. O Cade tem papel fundamental e desafiador em diferenciar as duas possibilidades.

Uma boa aquisição pode mudar significativamente a posição de mercado do Comprador. Já testemunhei casos como este em que, diante do sucesso de uma aquisição, o Comprador se entusiasma e passa a adquirir outras empresas, por vezes sem conseguir o mesmo sucesso. Além do entusiasmo causado por uma aquisição bem sucedida, o mercado passa a ver o Comprador como um candidato natural a novas Transações e passa a assediá-lo com novas oportunidades.

Para o Comprador, se não houver uma boa justificativa estratégica para a Transação, é alto o risco de destruir valor. Minha última recomendação para o Comprador é, portanto, que pense estrategicamente, mas lembre-se: crescer não é estratégia, é meta.

O aspecto tributário da Transação para o Vendedor também é crucial e pouco antecipado.

2. **Avaliação do Alvo:** desde 1995, avalio empresas e a partir de 1998 comecei a lecionar sobre avaliação de empresas. Todo dia penso como é difícil avaliar uma empresa. É montar um quebra-cabeças com peças faltando. Vai ter sempre alguma variável importante que não foi considerada no *valuation* e que se revelará para o Vendedor e o Comprador após a assinatura dos contratos. Ou seja, se você é um Vendedor ou um Comprador, tenha muita atenção a este ponto, que pode inviabilizar sua Transação: empresas boas são caras. Não acredito em "galinha morta", mas há muita empresa ruim à venda. Isso porque, ao perceber que sua empresa não tem futuro, a primeira iniciativa do empresário será vendê-la. Como separar as boas empresas das ruins? Investigação profunda. Não há atalhos.

O valor do Alvo não é único. Depende de quem o analisa. Diferentes Compradores terão estimativas distintas para o valor do Alvo, mesmo que suas ofertas sejam próximas, pois não existem Compradores iguais. O desafio do Vendedor é tentar se beneficiar ao máximo dessas diferenças. Para tanto, o Vendedor precisa estudar, ouvir e entender cada um dos potenciais Compradores. Todos os casos do Capítulo 5 ilustram esses fatos.

3. ***Due diligence:*** o Brasil é um país muito rico, mas muito complicado para se fazer negócios. Regras excessivas e complexas geram contingências, mesmo nos Alvos mais bem administrados. O papel do auditor do Comprador é alertá-lo para os riscos. No entanto, cuidado com excesso de conservadorismo, pois não há Transação sem risco. A Transação chega a um ponto que tem de acontecer ou não. Nesse momento, raramente o Comprador e, também, o Vendedor estão absolutamente tranquilos sobre as contingências passadas. O desconforto faz parte do processo.

4. **Integração Pós-transação:** jamais a integração do Alvo deve ficar a cargo de amadores ou inexperientes. O Comprador deve recrutar seus melhores executivos para fazê-la e incluir na equipe os melhores executivos do Alvo. A integração começa na liderança. Planeje com muita antecedência e comece a implementá-la no dia seguinte ao Fechamento. Não improvise e não procrastine. Sinergias não caem do céu. É preciso investir para materializá-las.

> **NA PRÁTICA**: o Diretor de M&A de uma grande empresa de sistemas de TI nos contou que seu bônus é pago apenas após cinco anos da aquisição de um Alvo. E que, ao longo dos cinco anos, a equipe de M&A acompanha a integração para entender se as projeções foram bem calibradas. Se não foram, por quê? Onde se errou? Erros são uma certeza na vida, mas aprender com eles é opcional e muito valioso!

5. **Liquidez do Alvo:** o Vendedor deve ter em mente que nem todo Alvo é vendável. O momento do mercado de atuação, o contexto societário e tendências setoriais e macroeconômicas podem inviabilizar a venda de boas empresas e também podem promover a venda de empresas ruins (por exemplo, na bolha da Internet do fim do século XX).

> **NA PRÁTICA**: conheci uma empresa que produzia artefatos de acrílicos que estava em má situação tanto comercial quanto financeira, até vir a pandemia de Covid-19. Com a demanda explosiva por protetores de acrílico, a empresa se transformou completamente. Antes da pandemia, os donos queriam vendê-la, mas ninguém queria comprá-la. Na pandemia, eles viraram compradores! É a tal da peça faltando no quebra-cabeça...

6. **ESG e o Risco Reputacional:** os temas ESG, Governança, meio ambiente e social são cada vez mais importantes, em especial para fundos de *private equity* e investidores com relações com a União Europeia. "Nos últimos anos, houve um aumento significativo de desistência de aquisições empresariais devido a problemas detectados durante a auditoria dos critérios ambientais, sociais e de governança" (Bernardino; Yuasa, 2024, p. C6). As autoras desta frase, advogadas do renomado Trench, Rossi Watanabe, citam uma pesquisa da Deloitte com empresas líderes de M&A e fundos de *private equity* que constatou que 70% das desistências durante o processo de M&A se deram por questões referentes a ESG apontadas no *due diligence*.

É isso! Coragem, boa sorte e bom trabalho!

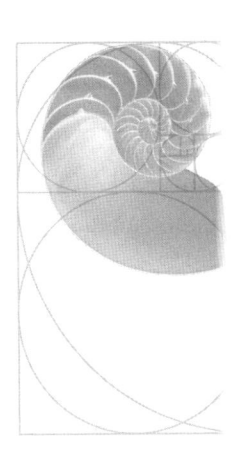

REFERÊNCIAS

ANDERSON, C. *The long tail*: Why the future of business is selling less of more. Nova York: Hyperion, 2006.

BATISTA, E. *Eike Batista*: o X da questão. Rio de Janeiro: GMT Editores, 2011.

BERNARDINO, S.; YUASA, R. Questões de ESG em processos de M&A. *Jornal Valor Econômico*, São Paulo, 30 ago. 2024, p. C6.

BERNHOEFT, R. Como criar, manter e sair de uma sociedade sem brigar. *Jornal Valor Econômico*, São Paulo, 15 abr. 2011, p. D12.

BREALEY, R.; MYERS, S. *Princípios de finanças corporativas*. Lisboa: McGraw-Hill, 1998.

BREALEY, R.; MYERS, S. *Capital investment & valuation*. Nova York: McGraw-Hill, 2003. Edição brasileira: *Investimento de capital e avaliação*. Porto Alegre: Editora Bookman, 2006.

BREALEY, R.; MYERS, S. *Finanças corporativas:* financiamento e gestão de riscos, São Paulo: McGraw-Hill, 2005.

BRUM, E. *A vida que ninguém vê*. Porto Alegre: Arquipélago Editorial, 2006.

BRUM, E. *A menina quebrada*. Porto Alegre: Arquipélago Editorial, 2013.

BRUNER, R. F. *Applied mergers & acquisitions*. Hoboken, NJ: John Wiley & Sons, 2004.

BRUNER, R. F. *Deals from hell*: M&A lessons that rise above the ashes. Hoboken, NJ: John Wiley & Sons, 2005.

CALACANIS, J. *Angel*: how to invest in technology startups. [S. l.]: Harper Business, 2017.

CAMPOS, S. É preciso ter metas claras e intolerância ao baixo desempenho, jornal *Valor Econômico*, São Paulo, 2 dez. 2013, p. D3.

CARREYROU, J. *Bad blood*: fraude bilionária no Vale do Silício, Rio de Janeiro: Alta Books, 2019.

CARROL, P. B.; MUI, C. *Billion dollar lessons*. Nova York: Portfolio/Penguin, 2009.

CHIARA, M. Está mais difícil manter a liderança. *O Estado de S. Paulo*, São Paulo, 7 out. 2013, p. B7.

COLLINS, J. *Good to great:* why some companies make the leap and others don't. Nova York: HarperCollins, 2001. Edição brasileira: *Empresas feitas para vencer:* por que algumas empresas alcançam excelência... e outras não. São Paulo: HSM Editora, 2018.

COLLINS, J. *How the mighty fall.* Nova York: HarperCollins, 2009. Edição brasileira: *Como as gigantes caem*. Rio de Janeiro: Editora Campus, 2010.

COLLINS, J.; HANSEN, M. T. *Great by choice:* uncertainty, chaos, and luck – why some thrive despite them all. Nova York: HarperCollins, 2011.

CORREA, C. *Sonho grande*: como Jorge Paulo Lemann, Marcel Telles e Beto Sicupira revolucionaram o capitalismo brasileiro e conquistaram o mundo. Rio de Janeiro: GMT Editores, 2013.

COUTO, M. *Um rio chamado tempo, uma casa chamada terra*. São Paulo: Companhia das Letras, 2003.

Da MATTA, R. Grandes ideias. *O Estado de S. Paulo*, São Paulo, 14 mar. 2012, p. D8.

DAMODARAN, A. *Avaliação de empresas*. São Paulo: Pearson Education do Brasil, 2007.

DE GEUS, A. *A empresa viva*: como as organizações podem aprender a prosperar e se perpetuar. São Paulo: Editora Campus, 1998.

DEENER, B. Mega-deals stifle shares, survey implies. *Dallas Morning News*, 30 nov. 1999, p. D1 e D6.

DEOGUN, N.; LIPIN, S. Deals & deals makers: big mergers of 90's prove disappointing to shareholders. *The Wall Street Journal*, 30 out. 2000, p. C1.

DOSTOIÉVSKI, F. *Crime e castigo*. 4. ed. São Paulo: Cosac & Naify, 2004.

ERNST & YOUNG; FIPECAFI. *Manual de normas internacionais e contabilidade*: IFRS *versus* normas brasileiras. São Paulo: Atlas, 2010.

FINKELSTEIN, S. *Why smart executives fails*: and what you can learn from their mistakes. Nova York: Portfolio, *paperback edition*, 2004. Edição brasileira: *Por que executivos inteligentes falham*: como solucionar problemas de tomada de decisões e de liderança. São Paulo: M. Books, 2007.

FINNERTY, J. *Project finance:* engenharia financeira baseada em ativos. São Paulo: Qualitymark Editora, 1999.

FRANCIS, P. 29 aforismos de Paulo Francis. *Revista Bula*, abr. 2013. Disponível em: https://www.revistabula.com/286-29-aforismos-de-paulo-francis/. Acesso em: 21 fev. 2025.

GARTNER, W. B. "Who is an entrepreneur?" is the wrong question. *American Journal of Small Business*. Summer, 1989. Disponível em: https://www.researchgate.net/publication/237360637_'_Who_Is_an_Entrepreneur_Is_the_Wrong_Question. Acesso em: 20 fev. 2025.

GAUGHAN, P. A. *Mergers, acquisitions and corporate restructurings*. Hoboken, NJ: John Wiley & Sons, 2011.

GERSICK et al. *Generation to generation*: life cycle of the family business. Boston, MA: Harvard Business Review Press, 1997.

GOMES, L. *1808*, 2. ed. São Paulo: Planeta. 2011.

GUIMARÃES, F.; MATTOS, Adriana. Mais empresas optam por recuperação extrajudicial. *Jornal Valor Econômico*, São Paulo, 10, 11 e 12 ago. 2024, p. B.

GUIMARÃES, F.; SCARAMUZZO, M. Empresas em crise viram alvo de aquisição por valor simbólico e assunção de dívida. *Jornal Valor Econômico*, São Paulo, 7 ago. 2024, p. B.

HAMEL, G. *Leading the revolution*. Boston: Harvard Business School Press, 2002.

HARDING, D.; ROVIT, S. *Mastering the merger*: four critical decisions that make or break the deal. Boston: Harvard Business School, 2004.

HIDAY, J. L. Most mergers fail to add value, consultants find. *The Wall Street Journal*, Nova York, 12 out. 1998, p. B91.

HOUAISS, A. *Dicionário Houaiss da língua portuguesa*. Rio de Janeiro: Editora Objetiva, 2004.

IBGC. *Código das melhores práticas de governança corporativa*. São Paulo: Atlas, 2010. Versão eletrônica. Disponível em: https://conhecimento.ibgc.org.br/Paginas/Publicacao.aspx?PubId=24640. Acesso em: 25 jul. 2014.

ISAACSON, W. *Steve Jobs*. São Paulo: Companhia das Letras, 2011. p. 351 e 353, respectivamente.

IUDÍCIBUS, S.; MARTINS, E.; GELBCKE, E. R. *Manual de contabilidade das sociedades por ações*. São Paulo: Atlas, 2010.

JENSEN, M.; RUBACK, R. The market for corporate control: the scientific evidence, *Journal of Financial Economics*, Amsterdam, 11, 1983, p. 5-50.

KOIKE, B. Abril Educação investe em colégios. *Jornal Valor Econômico*, São Paulo, 5, 6 e 7 jul. 2013, p. B4.

KPMG. *Pesquisa de fusões e aquisições 2010*: 4o trimestre. São Paulo, 2011.

LACAN, J. *Os complexos familiares*. 2. ed. Rio de Janeiro: Jorge Zahar Editores, p. 28, 1985.

LEO, S. *Ascensão e queda do império X*: Eike Batista e as jogadas, as trapaças e os bastidores da história da fortuna de US$ 34 bilhões que virou pó. Rio de Janeiro: Nova Frontcira, 2014.

LUZIO, E. *Finanças corporativas – teoria & prática*: estudos de casos sobre geração e destruição de valor em empresas. São Paulo: Cengage Learning, 2. ed. revista e ampliada, 2015.

MARTIN, J. D.; PETTY, J. W. *Value based management*: the corporate response to the shareholder revolution. Boston: Harvard Business School Press, 2000.

MASCAGNI, P. *Cavalleria Rusticana + I Pagliacci* – Ruggero Leoncavallo. São Paulo: Edição Theatro Municipal de São Paulo, temporada 2014, p. 104.

MURAKAMI, H. *Do que eu falo quando eu falo de corrida*. São Paulo: Alfaguara, 2010.

O ESTADO DE S. PAULO. Para aprovar fusão, Cade quer venda de lojas do Ponto Frio e da Casas Bahia, São Paulo, 17 abr. 2013, p. B12.

OSTERWALDER, A.; PIGNEUR, Y. *Business model generation*: a handbook for visionaries, game changers, and challengers. Hoboken, NJ: John Wiley & Sons, Inc., 2010.

PAIXÃO JR. S. V. P. da. M&A, planejamento tributário e as regras do jogo. *Jornal Valor Econômico*, São Paulo, 21 ago. 2024, p. E2.

PARENTE, Norma CVM, 2002, Rio de Janeiro. *Governança Corporativa – A Cartilha da CVM*, palestra proferida pela diretora da CVM. Rio de Janeiro: Procuradoria Geral do Estado do Rio de Janeiro, 14 ago. 2002.

PESSOA, F. *Odes de Ricardo Reis*. Porto Alegre: L&PM Editores, 2006.

PORTER, M. *Competitive strategy:* techniques for analyzing industries and competitors. Nova York: The Free Press, 1980. Edição brasileira: *Competição*. Rio de Janeiro: Editora Campus, 1999.

PWC. *Fusões e aquisições no Brasil*: dez. 2013 (relatório com data-base de 20 dez. 2013). Disponível em: https://www.pwc.com.br/pt/guia/assets/guia-demonst-financ-13.pdf. Acesso em: 21 fev. 2025.

RAGAZZI A. P. Tarpon deixa Arezzo e embolsa R$ 435 milhões. *Valor Econômico*, São Paulo, 14 jul. 2012.

RAPPAPORT, A. *Creating shareholder value:* a guide for managers and investors. Nova York: The Free Press, 1998.

RATNER, S. Mergers. Windfalls or pitfalls?, *The Wall Street Journal*, Nova York, 11 out. 1999, p. A22.

REED, S.; LAJOUX, A. *The art of M&A:* a merger acquisition buyout guide. Nova York: Irwin, 1995.

REIS, R. *Poemas de Ricardo Reis* (heterônimo de Fernando Pessoa). Disponível em: http://www.dominiopublico.gov.br/download/texto/jp000005.pdf. Acesso em: 14 fev. 2025.

ROCK, M. L.; ROCK, R. H.; SIKORA, M. *The merger & acquisitions handbook*. 2. ed. Nova York: McGraw-Hill, 1994.

RUMELT, R. P. *Good strategy, bad strategy*: the difference and why it matters. Nova York: Crown Business, 2011. Edição brasileira: *Estratégia boa, estratégia ruim*. Rio de Janeiro: Editora Campus, 2011.

SAFRANSKI, R. *Schopenhauer and the Wild Years of Philosophy*. Cambridge: Harvard University Press, 1991.

SAINT-EXUPÉRY, A. *O pequeno príncipe*. 48. ed. Rio de Janeiro: Agir, 2004.

SANT'ANA, J. Como o sonho de um banco em criar a maior rede de farmácias do país acabou afundado em dívidas. *Gazeta do Povo*, Paraná, 23 fev. 2025. Disponível em: https://www.gazetadopovo.com.br/economia/nova-economia/como-o-sonho-de-um-banco-em-criar-a-maior-rede-de-farmacias-do-pais-acabou-afundado-em-dividas-0e5qnv2infl3jcfo7x1kljqtl/. Acesso em: 20 fev. 2025.

SARASVATHY, S.; MENON, A. Failing firms and successful entrepreneurs: serial entrepreneurs as a serial machine. *Working paper*, University of Washington, Washington, 2002.

SAVAGE, S. L. *The flaw of averages*: why we underestimate risk in the face of uncertainty. Hoboken, NJ: John Willey & Sons, 2009.

SCARAMUZZO M. Desinchar para crescer é o lema na Hypermarcas. *O Estado de S. Paulo*, São Paulo, 9 dez. 2013, p. B3.

SCHROEDER, A. *Efeito bola de neve*: a biografia de Warren Buffett, o maior investidor do mundo. Rio de Janeiro: Sextante, 2009.

SHELL, R. G. *Negociar é preciso*. São Paulo: Negócio Editora, 2001.

STEVENSON, S. O adolescente que quer reinventar a leitura. Traduzido do *Wall Street Journal* e publicado no jornal *Valor Econômico*, São Paulo, 18 nov. 2013, p. B7.

TANURE, B. Por que é tão difícil avaliar um Conselho de Administração? *Jornal Valor Econômico*, São Paulo, 12 jun. 2014, p. D3.

TANURE, B.; PATRUS, R. *Os dois lados da moeda em fusões & aquisições*: o case da F&A dos bancos ABN AMRO, Real, Sudameris e Santander. São Paulo: Elsevier Editora, 2011.

TETT, G. *Fool's gold*: the inside story of J.P. Morgan and how Wall St. greed corrupted its bold dream and created a financial catastrophe. Nova York: Free Press, 2009.

TORRES, Fernando. EBX tem R$ 1,44 bilhão em vencimentos até junho. *Jornal Valor Econômico*, São Paulo, 9 abr. 2013, p. B6. Disponível em: https://valor.globo.com/empresas/coluna/ebx-tem-r-144-bilhao-em-vencimentos-ate-junho.ghtml. Acesso em: 29. jan. 2025.

VERAS, P.; MENAI, T. *Unicórnio verde-amarelo*: como a 99 se tornou uma start-up de um bilhão de dólares, Penguin Books, 2020.

VILLAR, M. Micro e pequenas empresas batem recorde e lideram pedidos de recuperação judicial. *Jornal Valor Econômico*, São Paulo, 20 ago. 2024, p. E.

WARD, J. et al. *Empresa familiar como paradoxo*. Porto Alegre: Editora Bookman, 2011.

WESSEL D. Uma fórmula para estimular auditores a dizer a verdade. *Jornal Valor Econômico*, São Paulo, 24 jul. 2013, p. B9.

WHEELER, M. *The art of negotiation*: how to improvise agreement in a chaotic world. Nova York: Simon & Schuster, Harvard Business School Press, 2013.

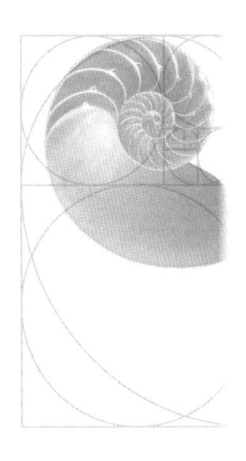

ÍNDICE ALFABÉTICO

A

Abordagem, 12, 38
Abordagem a potenciais investidores, 56, 67
Abordagem aos alvos seletos, 153
Abril Educação, 8
ABVCAP, 4
Abuso de poder do minoritário, 180
Acordo de acionistas, 116
Acordo de confidencialidade, 33, 56, 244
Advogados do diabo, 130
Aging de carteira, 156
Alíquotas de impostos diretos e IR&CS, 286
Alpargatas, 10
Alta gestão do alvo, 188
Alvo, 2
Alvo no FDC, 229
Alvos selecionados, 154, 155
Alvos seletos, 153
Ambev, 187
American Depositary Receipts (ADRs), 364
Análise de múltiplos de bolsa, 194
Análise de múltiplos em transações de M&A, 201
Análise de sensibilidade, 50, 224
Análise de um plano, 235

Análise do alvo pelo comprador, 71
Análise do momento do mercado, 44, 52
Anúncio de jornal, 12
Anúncio público, 41
Apple, 133
Aprovação do Cade, 183
Aquisição concêntrica, 8, 22
Aquisição de conglomerado, 10, 22
Aquisição de tecnologias, 133
Aquisição horizontal, 7, 22
Aquisição vertical, 9, 22
Armazenagem e logística, 269
Assessor, 2
Assessores técnicos, 88, 168
Ativo imobilizado, 271
Ativo intangível, 271
Ativos realizáveis a longo prazo, 270
Ausência de conflitos de interesses, 31
Avaliação de empresas, 193
Avaliação do alvo, 438
Avaliação preliminar dos alvos selecionados, 154, 161

B

Backward integration, 9
Banco Nacional, 225

Bandeiras vermelhas, 59
Barreiras de entrada e seus elementos, 145
Barricadas culturais, 188
Bola de cristal, 47
Bom senso na avaliação do Alvo, 33
Brasil Insurance, 7
Brasil Pharma, 7
Brasil Realty, 7
Brokers, 31
Brownfield, 16
Business Plan, 51

C

Cade, 23, 183
Cálculos do FOC, 232
Canais de distribuição, 269
Capacitações do assessor, 31
Capital de giro, 286
Caracterização do vendedor, 37
Carta de Intenção, 33, 59
Caso Collins, 307
Caso *Crazy Fish*, 412
Caso Ícaro, 295
Caso Lispector, 331
Caso Quixote, 345
CCVA, 21, 91, 92
Cenário base, 48, 49
Chocolates Garoto, 7
Cinco estágios do declínio, 126
    arrogância do sucesso, 126
    buscando a salvação, 126
    condenação à morte ou irrelevância, 126
    crescimento indisciplinado, 126
    negação dos riscos, 126
Cinco poderosas forças econômicas, 144
Cisão, 1
Cláusulas de indenizações, 94
Cláusulas típicas de um contrato de assessoria, 37

Clientes, 267
Clima organizacional, 56, 67, 105, 186
Closing, 61, 110
Columbia, 189
Competidores, 82
Componentes de uma oferta, 163
Comprador, 2
Comprador em Mergers & Acquisitions (M&A), 121
Comunicação interna, 185
Concepção e planejamento estratégico, 136, 141
Concordata, 36, 82, 190, 229
Concorrência na transação, 160
Condições para o fechamento da transação, 63
Condições suspensivas, 178
Confidencialidade, 41
Conselho administrativo de defesa econômica (Cade), 23
Conselho de administração, 53, 116
Consumidores, 146
Consumidores existentes, 145
Conta caução, 61
Contexto, 37
Contratação de assessores técnicos, 88, 168
Contratação do assessor em M&A, 30, 43, 152
Contrato de assessoria, 37
Contrato de compra e venda de ações (CCVA), 35, 60, 96
Contratos com fornecedores, 104
Contratos comerciais, 105
Contratos relevantes, 104
Controle, 116
Coopetição, 141, 253
Cosan, 9
Covenants, 94
Crédito ao consumidor, 270
Crenças, 48
Crescimento, 140
Crise de liquidez, 25
Curva de aprendizagem, 164
Custo de oportunidade dos acionistas, 216

Custo de reposição, 227
Custo médio ponderado do capital, 218

D

Data de fechamento da transação, 93
Deal breaker, 61, 165, 390
Declínio: cinco estágios, 126
Dedicação sênior, 33
Definição da transação, 37
Denominador do múltiplo, 196
Desafio de estimar o valor residual, 225
Desafios, 47
Descrição de obrigações vencidas, 265
Deseconomias de escala, 159
Desempenho operacional e financeiro histórico, 257
Design, 140
Despesas, 40
Despesas com mão de obra (MDO), 284
Destruição de valor em transações, 437
Dez macrofases do processo de M&A, 15
Diagnóstico, 139
Diferencial competitivo, 252
Dinâmica, 140
Direito de primeira recusa, 117
Diretor financeiro do comprador, 239
Disponibilidade, 33
Distribuição disfarçada de lucros (DDL), 285
Diveo Broadband, 9
Doze fases para o comprador, 123
Drag along, 117
Due diligence, 62, 102, 103, 438

E

Earn-out, 16, 22, 40, 49, 93
EBITDA, 57
EBX, 127
Echo chambers, 130
Economias de escala, 8
Economias de escopo, 8

Economias e deseconomias de escala, 159
Efeito rede, 140
Elaboração da estratégia competitiva, 138
Elaboração do memorando de oferta, 52
Elementos do contrato de assessoria, 37
Emerging Markets Bond Index, 3
Endividamento e serviço da dívida, 286
Engenharia financeira, 132
Engesa, 225
Enron, 225
Enterprise Value (EV), 194
Entregas diretas na loja (EDL), 270
Equipe multidisciplinar, 171
Equity Research, 31
Erros comuns na Pós-transação, 189
Escolha da LOI, 65
Escopo da assessoria, 37
ESG e o risco reputacional, 439
Especializações, 35
Esso, 9
Estilo pessoal, 81
Estimativa do valor do alvo, 46
Estimativa do valor do alvo para o vendedor, 44
Estimativa do valor residual, 225
Estratégia, 136
Estratégia competitiva, 137
Estrutura básica de um CCVA, 92
Estrutura de armazenagem e logística, 269
Estrutura resumida do MDT, 240
Estrutura societária, 25, 256
Evitadores de conflito, 82
Exclusividade, 32, 37
Execução, 38
Execução contratual (*Signing*), 91, 101, 174, 181
Exemplo de organograma administrativo, 257
Exemplo de um organograma societário, 256
Expectativas, 73
Experiência em transações similares, 34
Exposição a riscos do projeto, 234

F

Fairness Opinion, 184
Fale conosco, 53
Falta de coesão societária, 318
Fases do processo de M&A, 20
Fases do processo de M&A para o comprador, 123
Fatos negativos (FNs), 106, 107
Fechamento (Closing), 110
Fill in the blanks, 64
Financiamentos, 105
FLC, 232
Fluxo descontado de caixa (FDC), 15, 159, 202
Fluxo operacional de caixa, 289
Foco no negócio principal, 133
Fontes de poder de uma boa estratégia, 139
Forma de pagamento, 176
Fornecedores, 146, 268
Forward integration, 9
FPE, 4
Funcionários por departamento, 273
Fundo livre de caixa (FLC), 276
Fundos soberanos, 4
Fusão, 1
Fusões pessoais, 71
Futuro da geração de caixa, 203

G

Geração de caixa, 203
Gestão de cargos e salários, 187
GMROI, 260
GMROL, 260
GMROS, 260
Going concern, 225
Google, 133
Greenfield, 16
Grupo econômico, 111

H

Happy hour, 57
Honorários de desistência, 40, 53
Honorários de retenção, 39
Honorários de sucesso, 39, 153
Honorários fixos, 39
Hypermarcas, 10

I

ICSD, 26
Ilusões e heroísmo, 35
Implicações para uma transação, 224
Incorporação, 1
Indenização, 41, 179
Indicadores de liquidez, 265
Índice de alavancagem, 265
Índice de cobertura do serviço da dívida (ICSD), 26, 265
Índice de títulos da dívida de mercados emergentes, 3
Inércia e entropia, 140
Initial Public Offerings, 4
Insider trading, 56
Integração cultural, 187
Integração de sistemas de TI, 188
Integração Pós-transação, 438
Integridade pessoal, 36
Integridade profissional, 36
Interesses da outra parte, 78
Investimentos em capital de giro, 286
Itens do ativo imobilizado, 271
Itens do ativo intangível, 271

J

JBS, 8
Joint venture, 1

K

KPMG, 2, 11

L

Lajida, 57
Lehman Brothers, 225, 260
Letter of Intent (LOI), 59, 61
Leveraged Buyout (LBO), 16
Licenças ambientais, 105

Limites, 35
Liquidez do Alvo, 439
LL x FOC x FLC, 204
LLX, 127
LOI × MOU, 69
LOI, 60, 61

M

M&A, 7, 13
Maldição do vencedor, 122
Management Buyout (MBO), 16
Mappin, 225
Market Cap (MC), 194
MDT, 15, 239
Mecanismos de resolução de conflitos, 117
Memorando da transação (MT) do comprador, 184
Memorando de análise da transação (MAT), 16, 290
Memorando de oferta (OM), 16, 33, 42, 44, 52, 226, 241
Memorando descritivo da transação (MDT), 15, 44, 239
Memorandum of Understanding (MOU), 60
Mercados adjacentes, 133
Mergers & Acquisitions (M&A), 19
Méritos, 74
Mesbla, 225
Metas, 73
Método do fluxo descontado de caixa, 202
Métodos de avaliação de empresas, 193
Microsoft, 24
MMX, 127
Modelo de negócios da empresa, 141, 253
Modo de pagamento, 40
Momento de maturidade, 59
Momento do mercado, 52
Monitoramento da gestão, 117
Morgan Stanley, 121
Motivações explícitas, 24
Motorola, 133
MPX, 127

Multiplicidade, 48
Múltiplos de bolsa, 194
Múltiplos do mercado, 227
Múltiplos em transações de M&A, 201

N

Não competição, 65, 92, 98, 179
Negociação, 38, 68, 86, 162
Negociação eficaz, 72
Nestlé, 7
NetJet, 48
New York Stock Exchange, 11
Nokia, 24
Non-Disclosure Agreement (NDA), 56, 244
Normal course of business, 94
Normas dominantes, 78
Nove componentes de uma oferta, 163
Nyse, 11

O

Objetivos da fase de negociação, 68
Objetivos factíveis, 140
Objeto da transação, 61
Offering Memorandum, 44
OGX, 127
Opções de compra e venda, 117
Organização, 12, 15
Organograma administrativo, 257
Organograma societário, 256
Originação e seleção de alvos, 142, 151
Osklen, 10

P

Padrões dominantes, 78
Pan Am, 225
Partes, 2
Payback composto, 181, 211, 305, 354
Pequena central hidroelétrica (PCH), 15
Percepção de valor em M&A, 13
Performance da empresa, 6

Perpetuidade com crescimento, 228
Perpetuidade simples, 227
Pesquisa e desenvolvimento (P&D), 24
Placar externo, 129
Planejamento estratégico, 136
Plano de ação, 139
Plano real, 2
Poder, 48
Poder de influência, 84
Poder de veto, 116
Porteira fechada, 82
Pós-fechamento, 113
Posição de mercado, 24
Possíveis novos competidores, 144
Pós-transação, 113, 185, 189
Potenciais compradores, 54
Potenciais investidores, 56
Pragmatismo, 33
Prazo de pagamento, 61
Prazo, rescisão e *"tail"*, 41
Preço, 2
Preço das ações, 195
Preço de reserva, 165
Preço e forma de pagamento, 176
Preços médios unitários (PMU), 279
Prelúdio, 74
Prelúdio e mérito, 23, 124
Prêmio de controle, 196
Premissas críticas de uma projeção eficaz, 277
Preparação, 37, 44, 55, 82
PricewaterhouseCoopers (PwC), 1
Primeiro contato, 57
Principais itens do ativo imobilizado, 271
Principais itens do ativo intangível, 271
Private banks, 4
Private equities, 4
Processo de aquisição 19
Processo de aquisição: comprador, 121

Processo de fusão, 19
Processo de fusão: comprador, 121
Processo de M&A, 20
Processo de VEE, 221
Processo negocial, 70
Produtos e mercados, 254
Projeção das despesas com MDO, 285
Projeção eficaz, 277
Projeções financeiras da administração, 74

Q

Quadro de funcionários por departamento, 273
Quaker Oats, 171, 189
Qualidade da informação, 148

R

Razão e sensibilidade, 34
Reality bites, 75
Receita operacional bruta (ROB), 43
Recuperação judicial, 4, 16
Recursos humanos, 271
Redação de um memorando de análise da transação, 290
Redação de um memorando de oferta, 241
Rede de relacionamentos, 34
Regras de sucessão, 117
Relação comercial, 115
Relação de confiança, 36
Relação de crédito, 114
Relação de *earn-out*, 114
Relação de responsabilidade jurídica, 114
Relação de trabalho, 115
Relação inquilino-proprietário, 115
Relação societária, 115
Relacionamentos, 76
Relações trabalhistas, 104
Remuneração contingente, 32
Remuneração do capital: taxas de desconto, 214
Representação, 42
Résumé da equipe, 42

Retorno e qualidade da informação, 148
Right of first refusal, 117
Risco moral, 175
Riscos do projeto, 234
Roda da estratégia competitiva, 137
Roll-ups, 132

S

Saatchi & Saatchi, 190
Salas de eco, 130
Seleção adversa, 175
Seleção de alvos, 146
Serviço da dívida, 286
Sete Brasil, 225
Signing, 91
Simulações de Monte Carlo, 236
Sinergias, 131, 158
Singer, 225
Sistema Mackenzie de Ensino, 8
Sistemas de informação, 266
Sistemas interligados, 140
Snapple, 189
Sobrevida da empresa, 226
Solucionadores de problemas, 83
Somos Educação, 8
Sony, 189
Subjetividade, 47
Substitutos, 145
Success Fee, 32
Sumário executivo, 58, 246

T

Tag along, 117
Tarpon, 8
Táticas, 137
Táticas norteadoras, 139
Taxa interna de retorno (TIR), 217
Taxa mínima de atratividade (TMA), 218
Taxas de desconto, 214

Tendências setoriais, 24
Tópicos de um memorando de oferta, 242
Transação de M&A, 1
Transação para o comprador, 6
Transação proposta, 42, 74, 249
Transações de M&A, 201
Transações *money out*, 231
Transações *money in*, 231
Transbrasil, 225
Transigentes, 82
Triarc Company, 189
TV Tupi, 225

U

UOL, 9

V

Vale, 133
Validade da proposta de assessoria, 42
Valor da logística integrada, 133
Valor da oferta, 61
Valor das marcas, 159
Valor de liquidação, 227
Valor do alvo no FDC, 229
Valor econômico agregado (VEA), 39
Valor presente líquido, 209
Valor residual, 225
Vantagem competitiva, 139
VEE, 221
Vendedor, 2
Vetores impactantes no valor de uma empresa, 251

W

Waiver, 111, 177
Wealthy individuals, 4
Weighted Average Cost of Capital, 74
Winner's curse, 122

Z

Zopa – Zona Parcial de Acordo, 166

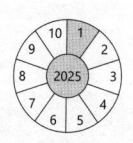